绿色金融系列
Green Finance

绿色金融概论

AN INTRODUCTION TO GREEN FINANCE THEORY AND PRACTICE

主　编　陈诗一
副主编　李志青

复旦大学出版社

图书在版编目(CIP)数据

绿色金融概论/陈诗一主编. —上海：复旦大学出版社，2019.12（2025.7重印）
（绿色金融系列）
ISBN 978-7-309-14665-3

Ⅰ.①绿… Ⅱ.①陈… Ⅲ.①金融业-绿色经济-概论-研究生-教材 Ⅳ.①F83

中国版本图书馆 CIP 数据核字(2019)第 225940 号

绿色金融概论
陈诗一　主编
责任编辑/鲍雯妍

复旦大学出版社有限公司出版发行
上海市国权路 579 号　邮编：200433
网址：fupnet@fudanpress.com　http://www.fudanpress.com
门市零售：86-21-65102580　团体订购：86-21-65104505
出版部电话：86-21-65642845
上海新艺印刷有限公司

开本 787 毫米×1092 毫米　1/16　印张 25.75　字数 550 千字
2025 年 7 月第 1 版第 5 次印刷

ISBN 978-7-309-14665-3/F·2630
定价：66.00 元

如有印装质量问题,请向复旦大学出版社有限公司出版部调换。
版权所有　　侵权必究

目 录

引言　绿色金融的概念及内涵 1

第一章　绿色金融的制度与政策 7
学习要求 7
本章导读 7
第一节　绿色金融的制度及分类 7
第二节　我国绿色金融相关制度 13
第三节　国际开发性金融机构的绿色金融政策 19
本章小结 23
思考与练习 24
参考文献 24

第二章　绿色金融市场 25
学习要求 25
本章导读 25
第一节　绿色金融市场 25
第二节　绿色金融市场的机构 30
第三节　绿色金融市场的交易机制 33
本章小结 40
思考与练习 41
参考文献 41

第三章　绿色金融法律制度 42
学习要求 42
本章导读 42
第一节　绿色金融法律制度概述 43
第二节　我国绿色金融法律制度立法规范 50
本章小结 60
思考与练习 61
参考文献 61

第四章 绿色金融与一带一路 ... 62
- 学习要求 ... 62
- 本章导读 ... 62
- 第一节 "一带一路"的绿色发展需求 ... 62
- 第二节 绿色"一带一路"与绿色金融 ... 68
- 第三节 构建"一带一路"绿色金融体系 ... 80
- 本章小结 ... 81
- 思考与练习 ... 81
- 参考文献 ... 82

第五章 金融机构环境风险管理 ... 83
- 学习要求 ... 83
- 本章导读 ... 83
- 第一节 金融机构环境风险概述 ... 83
- 第二节 金融机构环境风险管理框架和流程 ... 85
- 第三节 国际社会绿色金融管理中的环境风险管理 ... 93
- 第四节 环境风险对金融机构的影响 ... 96
- 本章小结 ... 103
- 思考与练习 ... 103
- 参考文献 ... 103

第六章 绿色财税 ... 105
- 学习要求 ... 105
- 本章导读 ... 105
- 第一节 导论 ... 105
- 第二节 绿色财税政策梳理 ... 109
- 第三节 国外绿色财税政策 ... 112
- 第四节 我国绿色财税政策 ... 118
- 本章小结 ... 126
- 思考与练习 ... 127
- 参考文献 ... 127

第七章 新能源与气候变化投融资 ... 129
- 学习要求 ... 129
- 本章导读 ... 129
- 第一节 气候变化投融资概述 ... 129
- 第二节 落实应对气候变化国际合作的关键——资金 ... 131

第三节　我国应对气候变化的投融资措施 ……………………………………………… 140
本章小结 ………………………………………………………………………………… 147
思考与练习 ……………………………………………………………………………… 147
参考文献 ………………………………………………………………………………… 147

第八章　绿色金融科技 …………………………………………………………………… 148
学习要求 ………………………………………………………………………………… 148
本章导读 ………………………………………………………………………………… 148
第一节　金融科技的定义 ………………………………………………………………… 148
第二节　金融科技在绿色金融领域的应用模式 ………………………………………… 149
第三节　绿色金融科技面临的机遇与挑战 ……………………………………………… 162
本章小结 ………………………………………………………………………………… 165
思考与练习 ……………………………………………………………………………… 165
参考文献 ………………………………………………………………………………… 166

第九章　绿色信贷 ………………………………………………………………………… 167
学习要求 ………………………………………………………………………………… 167
本章导读 ………………………………………………………………………………… 167
第一节　绿色信贷概述 …………………………………………………………………… 167
第二节　绿色信贷的政策演变 …………………………………………………………… 169
第三节　绿色信贷的管理 ………………………………………………………………… 173
第四节　绿色信贷创新产品 ……………………………………………………………… 180
第五节　绿色信贷的案例 ………………………………………………………………… 183
本章小结 ………………………………………………………………………………… 188
思考与练习 ……………………………………………………………………………… 189
参考文献 ………………………………………………………………………………… 189

第十章　绿色基金 ………………………………………………………………………… 190
学习要求 ………………………………………………………………………………… 190
本章导读 ………………………………………………………………………………… 190
第一节　绿色基金概述 …………………………………………………………………… 190
第二节　绿色基金发展历程、现状及展望 ……………………………………………… 196
第三节　绿色基金的分类及简介 ………………………………………………………… 201
本章小结 ………………………………………………………………………………… 207
思考与练习 ……………………………………………………………………………… 207
参考文献 ………………………………………………………………………………… 207

第十一章　绿色并购金融 ... 208
学习要求 ... 208
本章导读 ... 208
第一节　绿色并购概述 ... 208
第二节　绿色并购的参与机构 ... 214
第三节　绿色并购金融的运作 ... 219
第四节　绿色并购金融的风险防范 ... 223
本章小结 ... 226
思考与练习 ... 226
参考文献 ... 226

第十二章　绿色供应链金融 ... 227
学习要求 ... 227
本章导读 ... 227
第一节　绿色供应链的基本概念 ... 227
第二节　绿色供应链金融的形成和模式 ... 230
第三节　绿色供应链金融模式的主要类型 ... 237
本章小结 ... 246
思考与练习 ... 246
参考文献 ... 246

第十三章　绿色 PPP 金融 ... 247
学习要求 ... 247
本章导读 ... 247
第一节　绿色 PPP 金融概述 ... 247
第二节　绿色 PPP 金融的参与机构 ... 250
第三节　绿色 PPP 金融的项目融资模式 ... 255
第四节　绿色 PPP 金融的项目风险防范 ... 259
本章小结 ... 266
思考与练习 ... 267
参考文献 ... 267

第十四章　绿色保险 ... 269
学习要求 ... 269
本章导读 ... 269
第一节　绿色保险概述 ... 270
第二节　国外绿色保险制度和实践 ... 273

第三节　我国绿色保险的制度建设 ………………………………………………… 280
　　本章小结 …………………………………………………………………………… 290
　　思考与练习 ………………………………………………………………………… 290
　　参考文献 …………………………………………………………………………… 291

第十五章　绿色债券 …………………………………………………………………… 294
　　学习要求 …………………………………………………………………………… 294
　　本章导读 …………………………………………………………………………… 294
　　第一节　绿色债券概述 …………………………………………………………… 294
　　第二节　国际绿色债券发展 ……………………………………………………… 300
　　第三节　国内绿色债券发展 ……………………………………………………… 305
　　第四节　绿色债券交易与管控 …………………………………………………… 308
　　第五节　绿色债券的发展机遇与挑战 …………………………………………… 311
　　本章小结 …………………………………………………………………………… 312
　　思考与练习 ………………………………………………………………………… 313
　　参考文献 …………………………………………………………………………… 313

第十六章　绿色债券评估认证 ………………………………………………………… 315
　　学习要求 …………………………………………………………………………… 315
　　本章导读 …………………………………………………………………………… 315
　　第一节　绿色评估认证概述 ……………………………………………………… 315
　　第二节　绿色评估认证标准政策 ………………………………………………… 319
　　第三节　绿色债券认证 …………………………………………………………… 322
　　第四节　存续期评估认证 ………………………………………………………… 325
　　第五节　认证过程的风险管理 …………………………………………………… 330
　　第六节　认证报告 ………………………………………………………………… 331
　　第七节　中国绿色债券的国际认证 ……………………………………………… 332
　　本章小结 …………………………………………………………………………… 334
　　思考与练习 ………………………………………………………………………… 334
　　参考文献 …………………………………………………………………………… 336

第十七章　绿色证券 …………………………………………………………………… 337
　　学习要求 …………………………………………………………………………… 337
　　本章导读 …………………………………………………………………………… 337
　　第一节　绿色证券概述 …………………………………………………………… 337
　　第二节　绿色证券标准的建立及市场发展 ……………………………………… 340
　　第三节　绿色证券指数 …………………………………………………………… 344

第四节　绿色证券环境效益 …………………………………………………… 346
第五节　上市公司 ESG 披露 ………………………………………………… 348
第六节　ESG 投资 …………………………………………………………… 351
第七节　绿色金融科技助力企业信息披露 …………………………………… 354
第八节　绿色证券挑战与展望 ………………………………………………… 355
本章小结 ………………………………………………………………………… 356
思考与练习 ……………………………………………………………………… 356
参考文献 ………………………………………………………………………… 357

第十八章　特色环境要素权益金融 …………………………………………… 359
学习要求 ………………………………………………………………………… 359
本章导读 ………………………………………………………………………… 359
第一节　特色环境要素权益金融概述 ………………………………………… 359
第二节　排污权权益融资 ……………………………………………………… 363
第三节　林权权益融资 ………………………………………………………… 368
第四节　用能权和用水权权益等其他环境权益融资 ………………………… 374
本章小结 ………………………………………………………………………… 380
思考与练习 ……………………………………………………………………… 381
参考文献 ………………………………………………………………………… 381

第十九章　碳金融 ………………………………………………………………… 383
学习要求 ………………………………………………………………………… 383
本章导读 ………………………………………………………………………… 383
第一节　碳金融的背景与意义 ………………………………………………… 383
第二节　国际碳金融应用 ……………………………………………………… 386
第三节　国内碳金融应用 ……………………………………………………… 393
第四节　我国碳金融存在的问题及未来发展 ………………………………… 402
本章小结 ………………………………………………………………………… 404
思考与练习 ……………………………………………………………………… 404
参考文献 ………………………………………………………………………… 404

后记 ………………………………………………………………………………… 406

引言 绿色金融的概念及内涵

一、绿色金融概念的起源

关于绿色金融的概念和定义,国内外都从不同角度进行了解读。国际社会中,绿色金融起源于"赤道原则"(Equator Principles,EPs)的提出,最早出现于2003年6月,由一群私人银行所制定,参与制定的银行有花旗集团、荷兰银行、巴克莱银行、西德意志银行等。他们采用世界银行的环境保护标准与国际金融公司的社会责任方针,制定了这套原则:将"环境要素的考量"作为国际项目融资的新标准与规范,其内容为所有新融资项目中资金总成本超过1 000万美元的项目以及因扩充、改建对环境或社会造成重大影响的原有项目都可以基于赤道原则来开展。表1展示了绿色金融的发展历程。

表1 国际绿色金融的发展历程

年 代 与 事 件	内　　容
1987年召开世界环境与发展委员会	《我们共同的未来》报告中首次提出"可持续发展"概念
1992年召开联合国环境与发展大会	《21世纪议程》向绿色产业和低碳经济倾斜
1997年签订《京都议定书》	明确了"绿色经济"和"绿色金融"的研究发展内容
2001年世界银行发布《做出可持续的承诺——世界银行环境战略》报告	金融行业运营的基本目标是促进经济的发展、贫困的减少与环境的改善
2003年国际金融公司与世界著名银行共同发起建立了"赤道原则"	商业银行以自愿为原则、在项目融资上全面考虑环境因素和社会问题的国际金融行业基准
2009年哥本哈根气候大会召开	金融发展与"碳减排"之间的协同关系成为共识
2015年巴黎气候峰会	全球达成"巴黎共识"

资料来源:作者整理。

从国际社会对于绿色金融的认识变化来看,总体特点是逐渐由宏观框架落实微观金融单位,由口号性的提倡转变为实质性的措施条文。同时,越来越多的国家加入这项事业中,这为未来国际的碳减排工作营造了很好的氛围。

直至2016年G20绿色金融研究小组才给出了绿色金融较为权威的定义。梳理国外文献,"绿色金融"的前身来自"环境金融"一词。根据《美国传统词典》,"环境金融"和"可持续金融"收录为一个词条,定义为"利用多样化金融工具来保护环境",因国外文献多用"环境金融",因此绿色金融的内涵应追溯于环境金融。

鉴于金融的本质是汇集闲散资金,支持和服务实体经济。环境金融的产生则是为了调整人类发展和自然环境之间的失衡关系,解决传统经济体系无法解决的环境外部性问题,使得具有正外部性的经济活动得到有效的资源分配,具有负外部性的经济活动得到停止。基于此,环境金融的实质是作为经济资源配置的核心,作为环境经济学的分支而成立。1992年美国经济学家和企业家 Richard L. Sandor 首次明确提出"环境金融"的内涵,即"与金融相关的经济和市场支持环境保护活动,在不损害盈利能力的同时改善投资等商业活动对环境的影响"。1994年英国环境律师 Hugh Devas 发表了题为《绿色金融》的论文,从法律角度明确了环境对金融部门造成的影响,如借款人承担的环境损害责任、环境法规升级造成金融部门的损失、污染罚款导致公司股价下跌等。该文章虽然没有对绿色金融给出系统的完整定义,但指出了绿色金融和环境风险、法律责任之间的联系,对理解绿色金融提供了风险角度。

二、绿色金融概念的演进

回顾国际社会对于绿色金融的理解,主要分为两大类。

第一类是将绿色金融看作改善环境的投融资活动,即绿色投资。该内涵实质在于弥补环保投资的缺口。根据联合国可持续金融专家报告,为实现2030年联合国可持续发展目标,全球需要每年投入5万亿—7万亿美元,各国目前公共部门资金有限,无法满足在基础设施建设、清洁能源开发、水资源等方面的集约利用。绿色金融则能发挥私人部门资金对绿色产业的投资作用,形成财政资金的杠杆工具作用。

第二类则是侧重在金融投资中纳入环境因素,包括环境成本、风险和回报。1996年 Mark A. White 在分析金融与环境之间关系时,将绿色金融定义为环保的金融工具创新,将环境风险作为决策评价的重要因素。2014年 Lindenberg 认为绿色金融应包括相关法律、经济和体制的框架。在实践过程中,普华永道认为金融服务应该纳入环境因素,在银行的投资决策、贷后监管等方面进行全流程环境风险评估。

上述两类理解都从绿色金融的功能、目标和管理等角度进行了阐释。共同点在于认为金融部门都忽视了环境所带来的风险,对绿色项目的回报缺乏量化的手段,对高污染高环境风险的行业投资过多等。因此,在金融活动中,需要正视环境风险所带来的信息不对称问题,在决策中充分考虑环境因素,引导多样化资本进入绿色行业。

2016年,在中国倡议下,G20首次将绿色金融列入核心议题,并成立了由中国人民银行和英格兰银行作为共同主席的G20绿色金融研究小组。研究的主要任务是"识别绿色金融发展面临的体制和市场障碍",研究内容包括"银行业、债券市场、机构投资者"三个领域,核心问题在于"风险分析"与"指标体系"。在2016年9月发布的《G20绿色金融综合报告》中,揭示了绿色金融发展主要面临的五大挑战,如表2所示。

同时,发布了国际社会能够达成共识的绿色金融定义,即"绿色金融是指能够产生环境效益以支持可持续发展的投融资活动。这些环境效益包括减少空气、水和土壤污染,降低温室气体排放,提高资源使用效率,减缓和适应气候并体现其协同效应等。发展绿色金融目标是将环境外部性内部化,并强化金融机构对环境风险的认知,以提升环境友好型的投资和抑制污染型的投资"。

表 2 绿色金融发展面临的五大挑战

挑战类型	具 体 说 明
环境外部性	外部性风险内部化没有合适的量化工具,项目回报率低
期限错配	绿色项目涉及基础设施建设,贷款周期较长,但银行由于负债端期限较短,难以维持长期外贷
"绿色"标准不清	绿色项目、活动、产品的界定没有统一标准,造成投资者无法识别
信息不对称	企业环境信息不公开,绿色技术的商业可行性不了解,导致投资者避险不投
环境风险分析不足	没有有效的环境风险识别量化工具

资料来源:《G20 绿色金融综合报告》,2016 年 9 月。

三、我国关于绿色金融的内涵定义

国内关于绿色金融的学术研究可以追溯至 1998 年,高建良首次使用了"绿色金融"一词,定义为"通过金融业务运作体现可持续发展战略",促进环境资源保护和经济发展协调。李心印[1]认为"绿色金融"可定义为"通过投融资行为对社会资源的引导作用,促进经济可持续发展和生态协调";李小燕[2]等认为绿色金融关键在于对环境价值进行测算,并运用于金融资源的配置和评价活动;卓贤和张丽平[3]认为应使用金融工具将绿色发展的外部性进行内部化,故应量化环境成本和收益,提高金融部门对绿色项目的偏好,减少对环境有负面影响的实体经济活动或资产的融资,对促进节能减排、污染治理等有积极环境作用的资产或活动进行融资。马骏[4]首次从政策工具角度对绿色金融定义,认为绿色金融是通过贷款、私募基金、发行债券和股票、保险等金融服务将社会资金引导至环保、节能、清洁能源和交通等绿色产业发展的一系列政策和制度安排。

2016 年 8 月,中国人民银行、财政部、环保部等七部委联合发布《关于构建绿色金融体系的指导意见》,首次进行了绿色金融的官方定义:绿色金融是指为支持环境改善、应对气候变化和资源节约高效利用的经济活动,即对环保、节能、清洁能源、绿色交通、绿色建筑等领域的项目投融资、项目运营、风险管理等所提供的金融服务。

梳理国内对于绿色金融的内涵阐释,可归纳其共性为:

(1) 绿色金融的本质是一种经济金融服务,主要支持绿色项目的投融资、项目运营和风险管理服务;

(2) 目标是促进环境和资源的协调共进、实现社会的可持续发展,具体包括环境改善、应对气候变化、资源高效利用等;

(3) 通过金融体制和产品创新引导社会资源优化配置;

---

[1] 李心印.刍议绿色金融工具创新的必要性和方式.辽宁省社会主义学院学报,2006(4).
[2] 孟凡伟,李小燕,宋根生.企业内部控制有效性评价的国际经验借鉴.财会月刊,2007(29).
[3] 卓贤,张丽平.绿色金融让绿水青山变为金山银山.上海证券报,2014(12).
[4] 马骏."十三五"时期绿色金融发展十大领域.中国银行业,2016(1).

（4）明确绿色项目类别，有利于对绿色金融产品贴标，有助于绿色企业和绿色投资者获得应有的"声誉效应"，激励更多的绿色投资。

四、绿色金融、环境金融等几组概念辨析

从国际历史上看，"绿色金融"又称"环境金融""生态金融"或"可持续性金融"，主要内容包括提供绿色抵押贷款、碳金融等产品与服务，并衍生出PPP、第三方治理、特许经营等多种投融资模式，为企业创造了巨大的商业机会。表3为关于绿色金融的各种表达和内涵。

表3 绿色金融的各种内涵

名称	内涵
环境金融	采用多样性的金融工具来保护环境，保护生物多样性
绿色金融	在金融机构投融资行为中重视对生态环境的保护和污染的治理，注重绿色产业的发展，通过对社会资源的引导，促进经济社会的可持续发展与生态的协调发展
自然资源的货币化	将自然资源存量或人类经济活动造成的自然资源损耗和环境损失，通过评估测算的方法，用环境价值量或经济价值量进行计量，并运用于金融资源配置、金融活动评价领域

资料来源：王凤荣等.绿色金融的内涵演进、发展模式与推进路径——基于绿色转型视角.理论学刊，2018(3).

正是由于存在多种交叉解释，"绿色金融""环境金融""可持续金融""气候金融"等多个术语常常被混用。若从定义外延来看，可持续金融覆盖范围最大，绿色金融次之，气候金融较小。为了更准确地理解绿色金融，有必要对这几组概念进行辨析。

（一）绿色金融与可持续金融

可持续金融主要对应于可持续发展理念，通过金融工具实现经济社会的可持续发展。国外的可持续金融可追溯至16世纪西方教会为信徒制定的投资准则，主要从文明、和平等角度要求信徒进行"富有社会责任"的投资交易，并逐渐衍化为"社会责任投资"，其中加入"对于环境和社会的考量"。

特别是自18世纪工业革命以来，人类对煤、石油及天然气等需求逐年增加。尤其第二次世界大战后，伴随世界文明的高速发展和产业革命，一次能源作为支撑整个经济发展的基础，消耗量更是大大增加。发达国家由于工业化较早、进程较快，发展中国家近些年专注于发展且能源消费较快，后来居上，造成全球气候变暖等环境风险。近年来，温室气体排放及全球气候变化问题成为国际热点之一。1987年世界环境与发展委员会在《我们共同的未来》报告中提出"可持续发展"，1992年联合国环境规划署发布金融倡议（UNEPFI），希望金融机构能够把环境、社会和治理（ESG）因素纳入决策中，使得投资人、保险机构、交易所都重视ESG因素带来的机遇和挑战。

绿色金融主要侧重于"环保因素"在治理决策中的影响，范围略小。社会治理所应遵守的公平性、包容性、道德守则等也会对政府、企业治理的绿色化有影响。

（二）绿色金融和气候金融

由于气温升高、海平面上升、南北极冰盖融化以及各地出现的极端天气引起了人们的广泛关注。2007年，联合国政府间气候变化专门委员会(IPCC)发布报告，从1906—2005年，地球表面平均温度上升了0.74 ± 0.18℃，导致海平面上升20厘米。该报告指出，全球变暖90%的原因可能是人类生产、生活活动排放较多温室气体造成的。为了控制人类开发的强度和改变高耗能的生产生活方式，国际社会普遍意识到须将金融手段介入人类活动中，以期在资金的"输出——运行"环节中控制开发活动，达到客观上减少温室气体排放的目标，由此，"气候金融"概念应运而生。

为此，2009年哥本哈根大会基本确定到2020年募集100亿美元的"绿色气候基金"，帮助发展中国家减缓和适应气候变化(UNFCCC,2011)。资金流向一般由发达国家流向发展中国家。由于气候金融来源于气候谈判框架，决定了其资金属性具有公共性，主要用于碳减排，涉及投融资项目为清洁能源利用、清洁建筑、可再生能源研发等，集中于节能和减缓气候变化。

绿色金融的范围更广，不仅包含应对温室气体排放，还包括治理大气污染、黑臭水体治理、土壤污染等投融资活动。

五、本书章节安排

本书结合绿色金融体系建设和教学安排，将按照以下章节顺序对绿色金融相关概念展开介绍。引言"绿色金融的概念及内涵"由陈诗一编写；第一章"绿色金融的制度与政策"由李志青、刘瀚斌编写，分析绿色金融制度的经济学相关理论，对国内外关于绿色金融的政策法规进行系统性说明。第二章"绿色金融市场"由李志青编写，介绍绿色金融市场的概念和市场构成，包括绿色金融市场的参与机构和交易机制。第三章"绿色金融法律制度"由张燕编写，解释绿色金融法律制度的概念，归纳绿色金融法律制度的产生和发展、现状和展望，同时介绍我国绿色金融的立法规范。第四章"绿色金融与一带一路"由张俊杰编写，利用全球统计数据，描绘"一带一路"建设的环境风险分布，梳理"一带一路"建设过程中的绿色投资实践与评判标准探讨，最后为"一带一路"绿色金融管理机制的优化和完善提出具体的政策建议。第五章"金融机构环境风险管理"由包存宽、刘瀚斌编写，介绍金融机构的环境风险内涵范畴、管理框架、管理流程，并对国际金融机构的环境风险管理以及不同类型的环境风险对金融机构的影响进行阐述。第六章"绿色财税"由邱达春编写，总结绿色财税的概念、理论基础，介绍国内外绿色财政的政策。第七章"新能源与气候变化投融资"由刘佳编写，给出气候变化投融资的定义，并阐释气候变化和可持续发展的关系，针对应对气候变化的国际合作与博弈和我国应对气候变化的投融资措施进行介绍。第八章"绿色金融科技"由李瑾编写，阐述绿色金融科技的概念，并通过具体案例说明绿色金融科技在环保、能源等行业的应用模式，通过分析绿色金融科技的发展现状，总结绿色金融科技在未来发展过程中将面临的机遇和挑战。第九章"绿色信贷"由吴狄编写，从绿色信贷的历史背景开始叙述，介绍绿色信贷在国际上的起源和理论发展，接着对中国的绿色信贷政策演进的四个阶段分别介绍。并且对银行的绿色信贷的主要操作管理内容和主要创新产品进行介绍。第十章"绿色基金"由阮安然编写,明确绿色基金定义,介绍其发展背景、发展价值及国内外有关政策法规。对绿色基金进行系统分类,并对不同类型做了简介。第十一章"绿色并购金融"由宋宇阳编写,从绿色并购的核心概念和绿色并购理论着手,系统、完整地阐述绿色并购的特征和绿色并购贷款,并提出绿色并购金融的风险防范管理和风险管理策略。第十二章"绿色供应链金融"由胡冬雯编写,从绿色供应链开始介绍,逐步展开介绍绿色供应链金融的形成过程和类型,并对绿色供应链金融的发展前景提出可能的方向。第十三章"绿色PPP金融"由宋宇阳编写,从绿色PPP的核心概念和绿色PPP理论着手,系统、完整地阐述绿色PPP的概念特征、绿色PPP金融的运作机制,绿色PPP金融的项目融资模式,并提出绿色PPP金融的风险防范管理和风险管理策略。第十四章"绿色保险"由陈冬梅、虞伟编写,介绍绿色保险产生的背景、概念、特征、功能和作用;介绍欧美等西方国家绿色保险的法律制度和实践,回顾国内绿色保险尤其是环境污染责任保险的发展历程以及相关的政策法律制度和实践应用。第十五章"绿色债券"由李菁编写,对绿色债券的发展形式、基本知识、交易管控、发展与挑战等方面进行介绍。第十六章"绿色债券评估认证"由李菁编写,对绿色债券认证的基本知识、认证标准要求、认证方法及风险管理进行阐述。第十七章"绿色证券"由李菁编写,对绿色证券的发展、绿色证券对企业ESG信息披露等内容进行分析讲解。第十八章"特色环境要素权益金融"由宋宇阳编写,从特色环境要素权益金融的核心概念和理论着手,系统、完整地阐述多种特色环境要素权益金融概念特征、金融运作机制、贷款要求,并提出相应的风险管理策略。第十九章"碳金融"由李瑾、范华编写,阐明碳金融的定义、背景及意义,并通过对国际碳金融产品和业务的介绍,总结国际碳金融市场的发展经验;详细介绍中国基于清洁发展机制、基于国内碳市场和基于低碳业务的碳金融,并分别阐述对应的碳金融产品和业务发展情况;最后系统分析碳金融市场存在的问题及未来发展方向。全书由陈诗一和李志青统筹,由胡时霖负责相关文字校对。

第一章　绿色金融的制度与政策

[学习要求]

1. 理解绿色金融制度的经济学相关理论；熟悉国内外关于绿色金融的政策法规。
2. 了解国外对于绿色金融制度的重点性和局限性。
3. 熟悉我国绿色金融制度的历史演变，已形成的政策体系和分类内容，总结我国绿色金融发展的难点和未来方向。

[本章导读]

绿色金融是实现可持续发展的一条重要手段，其内涵包括金融机构投融资活动的"绿化"，即决策时充分考虑环境因素，减少或停止对污染项目的支持，加大对治理环境项目的扶持，而且将环境因素纳入金融机构的风险管理体系，更好地管理中长期风险，实现金融体系自身的可持续发展。

第一节　绿色金融的制度及分类

一、绿色金融制度的理论基础

制度(Institution)，是社会科学中的概念。从社会科学的角度来理解，制度泛指以规则或运作模式规范个体行动的一种社会结构。这些规则蕴含着社会的价值，其运行标志着一个社会的秩序。建制的概念被广泛应用到社会学、政治学及经济学的范畴之中。相应的，绿色金融制度则是建立新型金融模式，规范投融资活动，达到促进环境保护和资源节约的正效应。

绿色金融制度的经济学理论基础是外部性与产权理论。其中，外部性理论是绿色金融的重要特征，产权理论是绿色金融制度和政策制定的工具依据。外部性也称外部效应，是由马歇尔和庇古在20世纪初提出的，是指一个经济主体(生产者或消费者)在自己的活动中对旁观者的福利产生了一种有利影响或不利影响，这种有利影响带来的利益(或者说收益)或不利影响带来的损失(或者说成本)，都不是生产者或消费者本人所获得或承担的，是一种经济力量对另一种经济力量"非市场性"的附带影响。

外部性分为正外部性和负外部性。正外部性是指经济活动中一个经济主体的行为对另一个经济主体的利益有益(外部经济),负外部性是指经济活动中一个经济主体的行为对另一个经济主体的利益有损(外部不经济)。根据外部性理论,外部性造成了私人边际成本和社会边际成本的不一致,解决这种不一致的策略就是解决外部性的对策:当存在外部性问题时,私人边际净产值总是与社会边际净产值存在差异,所以完全利用市场机制实现资源的最优配置是不可能的,必须采取政府征税或提供补贴的办法才能解决。环境污染是一个典型的外部性实例,环境污染外部性使私人(生产者与消费者)不愿为使用生态环境支付成本,这就可能导致私人对生态环境的过度使用直至边际效益为零,并且不会关心边际社会成本的增加。所以,在环境保护问题上容易出现"市场失灵",需要依靠政府干预。图1.1中P_s是反映社会福利损失的产品价格,P_p是未考虑外部性影响所形成的市场价格。

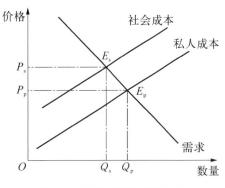

图 1.1　外部性影响下的社会成本与私人成本

解决外部性的基本思路是让外部性内部化(Internalize the externalities),即通过制度安排经济主体的经济活动所产生的社会收益或社会成本转为私人收益或私人成本,是技术上的外部性转为金钱上的外部性,在某种程度上强制实现原来并不存在的货币转让。现代产权理论为弥补市场失灵提供了有效路径(即科斯定理[1])。该理论认为:产权的界定可以有效克服外部性,促进资源的优化配置,这就为解决外部性问题、提高资源配置效率提供了新的思路。

按照现代产权理论的表述,发挥市场机制作用的前提条件是清晰的产权界定和有效的产权制度安排,即只要产权界定清楚、产权制度安排合理,外部性问题就可以通过市场机制得到解决,如政府可创建一种生态环境的新产权(排污权)。如果法律规定保护经济主体向生态环境排污的权利,那么经济主体就可以向政府购买排放这种权利,并可以进行权利的买卖,即进行排污权交易。排污权交易便是依据产权理论所形成的环保权益归属,该理论重新界定了"外部性"所关注的环保产权,由此衍生出碳排放权交易、水权交易、林权交易、矿业权交易等,且在发达国家取得了良好效果。

现代产权理论也对发展绿色金融提供了方向。其一,为绿色金融通过市场机制实现发展提供了理论依据。例如,政府一旦立法明确了公民的环境权,金融机构就有责任为有利于生态环境的项目融资,也有责任拒绝向环境污染项目融资。其二,由于财政收支缺口日益庞大,政府对绿色金融的支持有时候是力不能及的。此时发展绿色金融更优的选择可以是在明确界定并保护好产权后,主要依靠市场机制来进行运作,如明确环境债权在全部债权中的优先受偿地位,这样环境债权的信用风险更低,融资成本也就更低,可以吸引

---

[1] 科斯定理:如果存在产权划分,交易成本较低且参与人数较少的时候,人们可以通过私下谈判来解决外部性问题。

更多的投资者；为环境融资设定更低的风险权重，使得生态环境项目的风险比其他项目融资风险更低，从而促使更多金融机构投资生态环境项目；生态产权明晰且生态产权交易市场完善，生态权益配额不足的经济主体就可以从生态权益配额富裕的经济主体那里购买到生态权益配额，不仅有利于经济活动的开展，而且也使生产者有动力通过技术进步减少环境污染或资源的低效利用。

基于以上理论阐述，绿色金融制度构建首先应该着眼于对"绿色"进行清晰的界定。《G20绿色金融综合报告》也认为，当前全球绿色金融制度建设面临的主要障碍便是缺乏对"绿色"一词的清晰定义。

绿色金融作为一种直接融资工具，不仅能够融通更多资金支持可持续发展项目，还能够通过提供中长期投融资工具，实现金融系统融资结构的优化，减轻金融体系的期限错配风险。绿色金融制度为高效服务融资，应作为金融系统的一部分看待，包括"三大要素、一个市场、三大功能"。

三大要素，是指资本、政策制度和绿色经营理念以及企业社会责任，分别为绿色金融系统提供了经济保障、政策保障和绿色指引。

一个市场，是指金融市场，其核心功能是实现资金的融通，即通过金融中介和金融工具实现社会总资本的有效循环，满足绿色治理领域的融资需求和激发投资方的绿色投资主动性。

三大功能，是指绿色资本配置、绿色资本供给、环境和社会风险管理。绿色资本配置是绿色金融系统的核心功能，绿色资本供给是绿色金融系统的基础功能，环境和社会风险管理则是绿色金融系统区别于其他金融系统的显著特征。

二、国外绿色金融相关制度的介绍

为了更好地应对气候变化和环境污染治理，世界各国相继采取了多种措施推动绿色经济的发展，许多国家和地区通过制定绿色增长战略、促进绿色投资、建立循环经济发展计划等，或通过制定法律、法规、标准等来推动金融机构和金融市场减少对污染和高耗能企业的资产配置。在国际社会的制度安排中，大部分制度是以法律、法规等形式出台，具有一定的强制性和稳定性。发达国家和发展中国家的制度安排其侧重点有所不同，发达国家更加注重应对气候变化和新能源开发，发展中国家更侧重于雾霾、水体污染、土壤污染等。

(一) 美国的《超级基金法》

美国在进行环境污染治理法律进程中，主要从"历史遗留"的污染土地入手，特别是工业危废填埋场和露天化工废物倾倒场地。1980年美国国会通过了《综合环境处理、赔偿和责任法》（简称"超级基金法"）。该法旨在"确定潜在责任方，按照污染者付费原则承担污染场地的修复费用"，减少污染场地对公众健康和环境产生的威胁和危害。

根据《超级基金法》的框架和内容，其显著特征就是"连带性"，即任何潜在的污染责任方都必须支付所有的清理费用，包括贷款人。在1996年对《超级基金法》修订前，持有抵押贷款、不参与经营的债权人不承担环境污染治理责任。然而，法院对该条款的保护范围持有不同解读,认为贷款人只要有行使控制权的能力,而不论该控制权有无行使,贷款人都被认为参与经营。因此,在1996年10月重新修订《超级基金法》时,重新定义了贷款人,即不仅包括特定的受监管的银行机构,还包括担保人、所有权保险人等。其次,明确了认定贷款人没有参与管理的条件,包括不再认定有行使控制权的能力为参与管理。这种法律约束极大地提升了银行业对项目环境影响评估的重视程度,推动了银行业向绿色化的转型。大型银行通常将环境因素纳入发放贷款的考虑因素,并设有环境风险管理部门,致力于管控环境信用风险,以及培训银行的贷款人员、信贷人员和贷款管理人员。

超级基金法的进步在于对污染环境方有了无限期的追溯权力,形成了严格的制裁力度。超级基金法针对有可能伤害人群健康和环境的场地建立了"优先国家名录",定期更新且每年至少更新一次,保证了超级基金制度的实施。

(二)英国的《温室气体排放披露指南》

英国绿色金融制度建设主要聚焦于"应对气候变化"主题,针对碳排放信息强制需要披露。2000年前后先后制定了《英国气候变化协议》和《碳减排承诺(CRC)能源效率计划》,规定了英国温室气体排放的主要内容。为了明确企业披露相关碳排放信息,制定了《气候变化法案》《温室气体排放披露指南》和《碳减排承诺》。2013年则修订《公司法》,要求英国在主要股票交易市场[1]上市公司须在年报中详细披露温室气体的排放信息。对于披露的信息,包括量化企业温室气体排放种类和规模。

(三)法国的《格勒奈尔法案》和《能源转型法》

2001年,法国通过《新经济规范法》对上市公司环境、社会和治理(ESG)的披露框架进行了规定,但仅对上市公司的信息披露作出了规定,而对非上市公司没有要求。2012年,根据格勒奈尔环境论坛所讨论的问题和方案,通过了《格勒奈尔法案》,要求拥有超过500位员工的企业必须公布环境和社会影响,并由董事会批准。但该法案也存在瑕疵,如对不进行信息披露的企业没有相应的处罚措施,设立了"不披露就解释"的准则。

2016年生效了《能源转型法》,在环境信息披露上要求比《格勒奈尔法案》更进一步,在第173条规定:银行、借贷方也需要在年报中披露气候变化风险,以及要求机构投资者披露环境、社会和治理(ESG)中的因素、气候变化的相关风险等。法国也因此成为首个强制要求机构投资者披露气候变化相关信息的国家。

在此法案指导下,多家法国投资者率先披露了气候变化相关信息,如Axa集团2015年便发布了集团投资项目的碳足迹。《能源转型法》切实推动了投资者投资过程中的环境、社会和治理(ESG)因素,并在气候报告中进行了详细披露。

(四)欧盟的《环境责任指令》和《循环经济行动计划》

2004年欧盟颁布了《欧盟环境责任指令》,在污染者付费基础上,建立了一套系统的框架。基于该框架,欧盟成员国将出台资金激励性措施,推动环境责任相关的资金保障工具和市场的发展。但欧盟成员国的环境责任资金保障范围较窄,主要来源于保险公司开

---

[1] 主要股票交易市场是指伦敦证券交易所、纽约证券交易所、纳斯达克证券交易所等。

发,其次才是银行担保或其他市场化工具,如债券、基金等。

举例而言,法国保险业 1989 年在 GIE Garpol 基础上组建了环境责任再保险共保体(Assurpol),由 50 个保险人和 15 个再保险人组成,承保能力高达 3 270 万美元,主要是为了克服污染风险和灾难性风险单家保险公司无力承保的缺陷,因此由多家保险公司和再保险公司成立联合承保体[1]。

2014 年,有 8 个欧盟成员国先后出台了强制性环境责任资金保障要求:保加利亚、葡萄牙、西班牙、希腊、匈牙利、斯洛伐克、捷克和罗马尼亚。这些强制性保险资金需要根据相关行业和运营商的风险评估进行赔偿上限确定。葡萄牙、西班牙、希腊的强制性资金保障本应该是 2010 年生效,但由于基本条款尚在讨论中,资金保障还未实际到位。

2015 年,欧盟委员会为了促进欧洲经济转型、促进可持续经济发展等,针对循环经济、废弃物处理等制定了一系列政策和法律条文。其中,《欧盟循环经济行动计划》明确了具体的行动目标和宏伟计划,覆盖了从生产消费到废弃物管理和二手原料市场,目标包括:2030 年回收 65% 的城市垃圾、2030 年回收 75% 的包装废弃物、为生产绿色产品和再循环方案提供经济激励等。

为支持循环经济发展,欧盟通过多种途径发展循环经济,成立了欧盟凝聚资金(Cohesion Fund),对人均国民收入低于欧盟平均水平 90% 的国家给予资金支持,对重复使用、维修、改进生产供给、产品设计等中小企业,提供 630 亿欧元资助。而为了更好地吸引社会资本加入,欧盟专门成立了欧洲战略投资基金(European Strategic Investments),鼓励金融机构资助与循环经济相关的项目。欧盟还制定了"地平线 2020 计划",在 2014—2020 年投入共计 770.28 亿欧元资助研发和创新,其中 59.31 亿欧元用于安全、清洁和高效能源领域,30.81 亿欧元用于气候变化、环境资源效率提升和原材料领域。

(五)巴西的《社会和环境责任政策》

2008 年以来,巴西在金融机构的环境保护管理采取了一系列有效措施,巴西中央银行(Banco Central do Brasil)将社会和环境因素考虑至监管政策中,主要集中于三方面内容:风险缓解、统一金融体系与公共政策、提高行业效率。表 1.1 总结了部分典型政策。

表 1.1　巴西中央银行与社会和环境相关政策

决议通知	受监管业务	简　介
决议 3545/2008	农村信贷:亚马逊区域内的环保合规	要求金融机构在向亚马逊区域内的借贷者发放贷款时,须获取环保合规文件
决议 3813/2008	农村信贷:扩张甘蔗种植	禁止金融机构对特定区域的甘蔗扩张项目提供融资
决议 3896/2010	农村信贷:低碳农业	建立减少温室气体排放项目清单
决议 4008/2011	应对和适应气候变化	针对应对和适应气候变化项目融资规定

---

[1] 资料来源:http://www.assurpol.fr/。

(续表)

决议通知	受监管业务	简　介
通知 3547/2011	资本充足评估的内部流程	要求金融机构展示如何考虑和计算社会及环境风险的暴露水平
决议 4327/2014	社会和环境责任政策	金融机构环境和社会风险管理

资料来源：Monzoni，Belinky & Vendramini，2014。

2014年，巴西中央银行正式颁布了《社会和环境责任政策》，所有由巴西中央银行授权运营的金融机构都必须起草和执行《社会和环境责任政策》，对运营中的社会和环境风险进行分类、评估、监测、减缓和控制风险都提供了系统性框架，在该框架下，金融机构必须对新产品和服务的社会和环境风险进行评估。

（六）印度尼西亚的《绿色金融路线图 2015—2019》

印度尼西亚负责监管金融业的部门是"金融服务管理局"（Otoritas Jass Keuangan，OJK）。2014年，金融服务管理局对外颁布了关于绿色金融发展的路线图——《印度尼西亚绿色金融路线图 2015—2019》，对印尼的金融业向绿色转型提供了中期和长期规划，远期规划至2024年。

根据该路线图，印尼发展绿色金融的目标可分为两个部分，即中期目标和长期目标。中期目标主要集中在基本的监管框架和报告体系建设，如对印尼绿色金融的定义和原则的条例、绿色金融投资组合的政策法规。长期目标则集中在综合风险管理、公司治理、银行评级、绿色金融产品和综合绿色金融信息系统的建立，如发展绿色债券、绿色指数等。

（七）蒙古的《绿色金融发展原则》

2014年12月，蒙古颁布了《绿色金融发展原则》和《行动指南》，为银行在发放贷款和设计新产品时整合环境和社会因素提供了总体框架。《绿色金融发展原则》主要由蒙古国银行业协会、环境与绿色发展和旅游部、蒙古银行制定。《行动指南》主要明确了发展领域，包括农业、建筑和基础设施、制造业、采矿业。

《绿色金融发展原则》于2015年1月生效，主要基于下述八项原则：保护自然环境、保护民众和社区、保护文化遗产、促进绿色经济增长、促进金融包容性、促进金融道德和公司治理、促进透明度和问责制、实践特色方案。

（八）尼日利亚的《绿色银行业原则》

2012年，尼日利亚中央银行、商业银行、开发性金融机构共同发布了《绿色银行业原则》，并在2012年9月成为强制性原则。《绿色银行业原则》由九项原则构成，即环境和社会风险治理、环境和社会足迹、人权、妇女经济能力保障、金融包容性、环境和社会治理、能力建设、合作伙伴关系和报告，目的是为了使金融机构在运营中，对社区、环保、文化等起促进作用，并明确了电力、农业、石油和天然气这三个行业的监管准则。

（九）南非的《金融委员会关于公司治理的第三号报告》

南非的公司治理十分强调企业的社会责任、可持续性和领导力，旨在帮助企业提高社会、环境和经济表现。这些准则可以应用在公共企业、私人企业和非营利机构上,并鼓励所有实体采纳《金融委员会关于公司治理的第三号报告》,对社会、环境信息进行披露,南非是全球首个强制要求上市公司采用综合性报告进行社会、环境信息披露的国家。

约翰内斯堡证券交易所也要求公司对于信息披露遵守"不披露即解释"原则,所有在交易所的上市公司都要求遵守该规则。同时,为了避免公司仅限于编制信息披露报告,促进公司将可持续性、环境、社会和治理因素纳入商业决策中,约翰内斯堡证券交易所采用两种方法进行督促:创建社会责任投资指数(JSESRI),以鼓励投资者根据上市公司的环境、社会和治理绩效投资;组织编写年度环境、社会和治理投资者简报,该简报为上市公司提供向机构投资者展示环境、社会和治理绩效、风险的机会。

第二节　我国绿色金融相关制度

一、我国绿色金融政策演进历程

我国的绿色金融政策发展主要基于三方面考虑:第一是金融所服务的实体经济需要完成的绿色化目标;第二是作为一项创新金融业务,不论是更好地服务于环保和新能源等新型产业,还是弥补绿色投融资方面的巨大缺口,绿色金融政策均具有鲜明的创新特征;第三是绿色金融需要依赖于金融市场自身的完善和其他非金融领域的改革,因此需要整体设计、联动协调。根据政策内容可将绿色金融政策体系划分为三个阶段(见表1.2)。

表1.2　我国重要绿色金融政策一览

政策文件	发布时间	发布部门	主　要　内　容
《关于落实环境保护政策法规防范信贷风险的意见》	2007年7月	环保总局、央行、银监会	未通过环评审批或环保设施验收不可新增授信支持;建立信息沟通渠道;依据国家产业政策分类放款;对排污企业实行严格限制流动资金
《关于环境污染责任保险工作的指导意见》	2007年12月	国家环保总局和保监会	选择部分环境危害大、最易发生污染事故和损失最易确定的行业、企业和地区,率先开展环责险试点工作
《关于重污染行业生产经营公司IPO申请申报文件的通知》	2008年1月	证监会	重污染行业生产经营活动的企业申请首次公开发行股票的,申请文件中应当提供国家环保总局的核查意见,未取得相关意见不受理申请
《关于加强上市公司环境保护监督管理工作的指导意见》	2008年2月	国家环保总局	公司申请首次上市或再融资时,环保核查将变为强制性要求
《绿色信贷指引》	2012年2月	银监会	明确银行业对绿色信贷支持方向和重点领域,要求实行有差别、动态的授信政策,实施风险敞口管理制度,建立相关统计制度

(续表)

政策文件	发布时间	发布部门	主要内容
《关于开展环境污染强制责任保险试点工作的指导意见》	2013年2月	环保部和保监会	涉重金属企业和石油化工等高环境风险行业推进环境污染强制责任保险试点

资料来源：作者整理。

（一）启动阶段（2006—2010年）

1995年，中国人民银行发布了《关于贯彻信贷政策与加强环境保护相关问题的通知》，要求各级金融机构将信贷与环境保护、资源节约结合起来，银行发放贷款需要考虑环境保护和污染防治的效果。这是我国最早出现的直接与绿色金融相关的文件，但由于当时政策大环境及配套政策的缺失，导致尚未产生显著的市场效果。直至2007年，绿色信贷、绿色保险、绿色证券的相关政策相继出台，2007年6月，中国人民银行发布了《关于改进和加强节能环保领域金融服务的指导意见》，正式拉开了我国绿色金融政策的大幕。

绿色信贷政策出台最早。2007年7月，中国人民银行、国家环保总局、银监会三部门联合发布了《关于落实环境保护政策法规防范信贷风险的意见》。该意见明确表明：银行发放贷款必须严格遵守国家产业政策分类发放，对未通过环评审批或环保设施验收的项目，不得新增任何形式的授信；对违规排污企业需要严格限制流动资金贷款。该意见还表示要建立信息沟通机制。这一文件是国家环境监管部门和金融监管部门首次展开的合作，改变了以往单个部门出台环保政策的做法，具有里程碑意义，也标志着我国绿色信贷制度的确立。

2007年12月，环保部门与金融部门的合作范围继续扩大，由环保总局和中国保险监督管理委员会联合发布了《关于环境污染责任保险工作的指导意见》正式对外公布，选择了部分环境危害大、容易发生污染事故和损失容易确定的行业、企业和地区，开展环境污染责任保险试点工作。这也标志着绿色保险制度的正式启动，成为绿色信贷后的重要绿色金融政策。

2008年1月，证监会发布了《关于重污染行业生产经营公司IPO申请申报文件的通知》，指出从事火力发电、钢铁、水泥、电解铝行业和跨省从事其他重污染行业生产经营活动的企业申请首次公开发行股票的，申请文件必须提供国家环保总局的核查意见，未取得相关意见的不受理申请。2008年2月，环保总局也发布了《关于加强上市公司环境保护监管工作的指导意见》，规定未来公司申请首发上市或再融券，环保核查将变为强制性要求，以上两个文件标志着绿色证券制度的创建。

（二）发展阶段（2011—2013年）

进入2011年，我国对环境保护的重视程度进一步提高，专项出台了《全国环境保护法规和环境经济政策建设规划》，其中重点论述了绿色金融政策对环保资金募集、激励企业减排等方面的主要作用。绿色金融作为环境经济政策的重要组成部分，与价格政策、财税政策、环境价值评估政策等相辅相成。2012年2月银监会发布了《绿色信贷指引》，对银行业金融机构开展绿色信贷、大力促进节能减排等提出了明确要求。2013年2月,环保部、保监会进一步发布了相关政策文件,提出针对涉重金属、石化、化工等高环境风险的企业、行业展开环境污染强制责任保险制度。

(三)飞跃阶段(2013年—至今)

党的"十八大"后,中央高度重视环境保护工作,生态文明建设提升至空前高度。2013年11月,《中共中央关于全面深化改革若干问题的决定》对"加快生态文明制度建设"提出了明确要求。2015年10月,党的十八届五中全会提出了"创新、协调、绿色、开放、共享"五大发展理念,提出美丽中国建设目标,为全球生态安全作出贡献。

以上关于生态文明建设的相关改革任务都与绿色金融密切相关,比如:要对自然资源和产品价格进行市场化改革;要求对生态环境损害进行赔偿;需要对领导干部任内的自然资源资产负债进行清点等。这些都需要对绿色金融的内涵、运行环境进行重新调整,特别是"如何把绿水青山变为金山银山"将是未来绿色金融大有作为的时代命题。

二、我国绿色金融政策体系、内容概述与分类

根据近十年的发展,我国已初步形成较完整的绿色金融政策体系,不仅包括推动绿色金融自身发展的一系列政策,还包括与其配套的外部政策环境。从基本框架角度分析,可以归纳为两方面。

一是银保监会、证监会等主要金融领域都在政策层面明确了金融的绿化导向和措施。环保部门和金融监管部门合作,搭建了绿色信贷、绿色证券和绿色保险的政策框架,并且在各自范围内不断完善相关制度建设。2012年2月,银监会印发了《绿色信贷指引》,从组织流程、政策制度、内控管理和信息披露等方面对金融机构的节能减排、环境保护、防范环境与社会风险提出了具体要求。2013年银监会则制定了《绿色信贷统计制度》,对银行业金融机构开展绿色信贷业务进一步加以规范。此外,银监会2012年和2013年分别发文,以便建立绿色信贷实施情况的考核评价体系。这样从业务指引到统计制度到考核评价,绿色信贷的政策体系日趋健全。

二是绿色金融政策作为环境经济政策体系的有机组成部分,注重配套制度建设,其中,环境经济政策体系涵盖内容十分广泛,包括财税政策、价格改革政策、基础设施建设等。绿色金融的发展需要上位法等其他法律制度的配合,如2015年1月,新《环境保护法》将环境污染责任险制度正式纳入,明确鼓励企业投保环境污染责任险,有利于环责险在全社会范围内推广。同时,2018年正式开征环境税,取代排污费,更有针对性地对污染企业进行超标收费。

(一)绿色信贷

这主要包括三方面内容:(1)差异化的信贷政策:根据项目环境风险状况,对节能减排、环保投资等绿色项目予以信贷支持,对"两高一资"行业的信贷供给侧则施行严格的限制甚至不予以贷款。(2)信贷环境信息平台建设:企业的环境行为应纳入中国人民银行征信系统,为银行评估借贷风险以及监管部门监督银行的主要依据。目前,环保部门已累计向中国人民银行征信系统提供了约8万多条环境信息。(3)绿色信贷政策效果评估制

度:主要由地方政府推动。例如,2010年底山西省发布了由央行太原支行、省环保厅联合制定的《山西省绿色信贷政策效果评价方法(试行)》,评价对象为全省银行业金融机构,主要是对绿色信贷实施效果进行综合量化评分定级,评价结果将作为考核和奖励金融机构的重要依据,按照百分制,90分以上为优秀单位,80—90分为良好单位,70—80分为达标单位,60—70分为基本达标单位,60分以下为不达标单位。

(二) 绿色保险

绿色保险制度主要分为三类。其包括高环境风险领域试行的环境污染责任险,这是指以企业发生污染事故对第三者造成的损害依法应承担的赔偿责任为标的的保险。自2007年起,环保部和保监会在部分地区的高环境风险领域试点环境污染责任险,2013年进一步明确涉重金属的企业必须投保环境污染责任险。但2014年新《环保法》对于企业投保环境污染责任险尚未采用"强制",目前仍存在自愿性。在环责险的配套制度建设方面推出环境风险评估技术规范:环保部和保监会陆续针对硫酸、氯碱等行业的环境风险评估技术出台了指南,同时针对环境污染损害责任认定和鉴定评估机制,且从2011年起环保部陆续在河北、江苏、山东、河南、湖南、重庆、昆明五省二市试点,但专门的环境污染损害鉴定评估机构还较少,影响了环境污染评估的鉴定。

(三) 绿色证券

在证券领域的"绿色化"主要体现在IPO、环境信息披露等方面,包括:(1) 上市公司环保核查及后续监督:主要针对高污染企业的IPO或再融资,必须根据环保总局规定进行环保核查;未取得环保核查意见的,证监会将不再受理相关融资申请,旨在引导证券市场的投融资行为的绿色化,但效果较差,近年来上市公司的环境污染事故频发;(2) 上市公司的环境信息披露制度:主要分为强制公开和自愿公开,对于可能对上市公司证券及其衍生品种交易价格产生较大影响且与环境事故密切相关的事件,目前上市公司的环境信息披露还不完善,如环境信息披露内容不规范、不全面,所披露信息主要为企业环保认证、环境风险、财务信息等,对于企业主要污染物的排放情况、污染治理措施效果等重要信息披露不足。

(四) 绿色债券

绿色债券概念可追溯至"十二五"规划中提出的"开展环境保护债券的政策研究,积极支持符合条件的企业发行债券用于环境保护项目",2012年巢湖市城建公司公开发行债券,总额达到12亿元,筹得资金全部用于巢湖市入湖河道水环境综合治理工程项目建设。根据近年来的案例,绿色债券发布主要集中于两方面,包括用于节能减排和环保目的的绿色债券和碳债券。

2015年12月22日,中国人民银行发布2015年39号公告和《绿色债券支持项目名录》,在银行间债券市场推进绿色债券,为金融机构发行绿色债券提供了制度指引,对绿色产业项目界定、募集资金投向、存续期间的资金管理、信息披露和独立机构评估或认证等方面进行了引导和规范,强调募集资金只能用于支持绿色产业项目。2016年1月,国家发改委印发了《绿色债券发行指引》,界定了绿色企业债券的项目范围和支持重点,公布了审核条件及相关政策,对绿色债券的发放不设指标限制。2016年3月沪深交易所发布了《关于开展绿色公司债券试点的通知》,绿色公司债正式进入交易所债市通道开启。2017

年 3 月,证监会发布了《中国证监会关于支持绿色债券发展的指导意见》,引导交易所债券市场进一步服务绿色产业健康有序法,建立了审核绿色通道,适用"即报即审"政策,提升了企业发行绿色公司债券的便利性。中国证券业协会也定期发布"绿色债券公益榜",将证券公司承销绿色公司债券的情况作为证券公司分类评价中社会责任评价的重要内容,同时要求绿色公司债券募集资金必须投向绿色产业项目。我国第一支绿色债券是由新疆金风科技 2015 年 7 月在中国香港市场发行的,总价 3 亿美元。

此外,绿色债券市场还包括"碳债券"。2014 年 5 月以中广核风电有限公司为主体,浦发银行主承发的 10 亿元附加碳收益中期票据在银行间市场成功发行,发行期限 5 年,在产品定价中加入与企业碳交易收益相关的浮动利息收入。

(五) 排污权有偿使用和交易相关金融政策

2007 年起,财政部、环保部、国家发改委等先后批复了天津、江苏、浙江、陕西等 11 省(市)作为国家级试点单位,积极探索试行排污权有偿使用和交易制度,财政部下拨数亿元进行污染物排放监测监管与交易平台建设。2008 年起,北京、天津、上海等地区陆续成立环境交易所开展排污权交易,但交易量较少。与之相关的金融活动主要由地方商业银行开展,主要金融产品是排污权抵押贷款,如 2014 年央行石家庄中心支行与河北省环保厅联合出台了《河北省排污权抵押贷款管理办法》,允许通过交易有偿获得的排污权,可作为抵押物进行贷款,但近三年曾发生过重大环境事故或偷排违法事件的企业,不得办理排污权抵押贷款。

(六) 绿色金融配套政策

配套政策的目的是建立更加有效的激励约束机制,以及理顺外部发展环境,使得绿色金融开展能够更加法制化长效化。这可以分为财税政策类、价格政策类和基础设施建设类。

财税政策类:财政领域设置排污收费制度、环保预算投入、政府采购和排污权交易机制。当生态保护、重大环保基础设施市场参与不足时,财政资金可发挥重大作用。税收政策主要通过环境税、资源税等税种引导企业实现绿色发展。

价格政策类:市场化的价格政策有助于社会资金对绿色项目的投资,并且能够抑制"两高一资"行业的投资。实施了差别电价、差别水价、提高污水处理收费、生态补偿基金等,对资源环保产品形成价格机制。

基础设施建设类:针对绿色发展所依赖的基础设施建设设置了包括环境保护综合名录,明确了"高污染高风险"产品、企业环境行为信用评价制度。2013 年 12 月,环保部等联合发布《企业环境信用评价办法(试行)》,建议银行业等金融机构对环保不良企业审慎授信,甚至压缩贷款,建立环境损害鉴定和评估制度,便于金融机构在投融资时,对所投项目的污染程度、资源消耗市场价值有清晰的判断。

三、绿色金融政策在国内实行的效果

回顾绿色金融在国内发展的历程,各类绿色金融政策进展巨大,一些政策填补了空白,一些政策由于缺乏配套措施无法得到有效落实,一些则是实施不久对市场影响还未显现。表 1.3 对各类绿色金融政策的运行进展进行了总结。

表 1.3　中国重要的绿色金融政策及其初步效果评估

类　别	主要内容	政策效果初步评估
绿色信贷	差异化信贷政策;绿色信贷环境信息网络途径和数据平台等	一定程度抑制了"两高一资"行业贷款;环境信息陆续纳入央行征信系统
绿色保险	高环境风险领域试行环境污染责任保险	2007年启动,2013年在部分领域试行强制保险制度,全国大部分省市已陆续启动该工作
绿色保险	地方层面对环境污染责任保险的探索	部分地区实施了保费补贴,将企业投保环境污染责任险作为申报环保专项资金、开展行业准入审查的前置条件
绿色保险	环境风险的评估技术规范和环境污染损害责任认定	已出台环境风险评估体系,环境损害鉴定评估制度已在全国7个地方展开了试点
绿色证券	上市公司环保核查及后续监督制度	公司申请首发上市或再融资时,必须进行环保核查,但上市公司的环保事故仍然较多
绿色证券	上市公司环境信息披露制度	缺乏强制要求,已披露的环境信息实质内容缺乏
绿色证券	上市公司环境绩效评估	略
绿色证券	绿色债券	2013年国家发改委发布鼓励政策、2014年发布首支碳债券
绿色证券	地方鼓励政策	鼓励企业利用主板、新三板、区域股权市场、债券市场等多层次资本市场融资,节能环保企业能够有限享受相关政策优惠
排污权有偿使用和交易相关的金融活动及政策	排污权抵押贷款	排污权有偿使用和交易在部分地区试点,但交易量较小;部分地区环保部门和央行共同推动下,商业银行可以使用有偿获得的排污权进行抵押贷款
配套政策与制度	财税激励政策	财税政策主要针对生态环保企业或项目展开,对金融机构开展的绿色金融业务支持较少
配套政策与制度	价格政策	主要形成了资源价格形成机制、环保收费制度等,其他试点尚在摸索阶段
配套政策与制度	基础设施建设政策	主要指PPP的生态环保类政策

资料来源:张承惠等.中国绿色金融:经验、路径与国际借鉴.中国发展出版社,2015.

四、当前我国绿色金融政策的难点

近年来我国绿色金融的发展规模不断增长,市场初步建立,政策体系逐步形成,以绿色信贷为代表的部分绿色金融业在世界领先。但也存在以下一些难点。

(一)法律体系不完备,立法层次低,责任归属不明确,操作性不强

完善的法律法规是推动绿色金融健康发展的制度性保障。如以1995年央行颁布的《关于贯彻信贷政策与加强环境保护工作有关问题的通知》为标志,迄今出台了多部规章和规范性文件。现有绿色金融规范性法律文件制定主体是国务院及其部委,没有全国人

大及其常委会制定的效力层级最高的绿色金融法律。缺少法律责任规定,现阶段绿色金融立法条款多是建议和鼓励性要求,但对于如何追究落实责任和处罚手段,即"违法究错"的规定落实不够。

(二)缺乏顶层设计,部门间协调合作不够

绿色金融工作既牵涉生态保护问题,也涉及金融问题,是多个主管部门的系统工程,应该建立多部门间协调机制。但是,现有绿色金融制度在细节沟通方面还存在诸多问题,如协作沟通不足、措施落实不力等。

(三)市场服务中介体系发展滞后

绿色金融业务涉及环境风险评估、碳交易等十分复杂且不断发展更新的专业技术,对金融机构的风险评估和管理工作提出了更高要求,基于分工需要专业性服务机构为金融机构提供一系列配套服务,目前国内的专业性服务机构,如信用评级机构、资产评估机构、会计师事务所、律师事务所、咨询公司等多未涉足绿色金融服务领域,其他环境损害鉴定评估机构、环境风险评估机构、数据服务公司等中介服务机构也尚未建立。专业性中介服务体系的缺位和滞后是制约绿色金融快速发展的关键因素。

第三节 国际开发性金融机构的绿色金融政策

一、开发性金融机构的绿色金融政策概述

在国际社会中,绿色金融政策的制定主要集中于开发性金融机构,如世界银行及其下属的国际金融公司、亚洲开发银行、非洲开发银行、泛美开发银行等。根据政策制定者可划分为:(1)国际机构制定的自愿准则,如联合国环境规划署金融行动机构的环保承诺;(2)由国际或地区性开发金融机构制定的标准,如世界银行的《环境、健康与安全指南》、世界银行集团下属的国际金融公司的《环境、社会和治理绩效标准》等;(3)由行业组织或金融机构发起制定的标准,如项目融资的环境国际规范《赤道原则》等;(4)由各国政府如中国、巴西、尼日利亚、肯尼亚、越南、蒙古等或其监管部门制定的具有一定强制力的绿色金融国家标准,鼓励绿色投资。

国际开发性金融机构在制定和实施环境和社会保障政策时,一般均具有层次分明的综合体系,包括政策声明、治理原则、运营保障要求、综合环境与社会评估程序以及相应的导则文件等。国际金融的绿色金融政策能够制定较高标准,主要是由于这些金融机构强调信息公开透明和利益相关方的多方参与。例如,世界银行对其环境和社会标准进行修订时,召开了分国别分类别的利益相关方征询会,而亚洲开发银行也有定期召开论坛等形式听取各方意见。国际开发性金融机构的绿色金融政策和实践会对其成员国或项目所在地国家的政府和商业性金融机构的绿色金融政策产生积极影响。比如,国际商业银行所制定并自愿执行的项目融资环境和社会标准——《赤道原则》就是在世界银行集团下属的

国际金融公司(IFC)的推动和支持下形成并不断完善的。在中国 IFC 又支持中国银保监会实施绿色信贷政策,为中国银行业协会组织绿色信贷培训,为兴业银行等金融机构提供《赤道原则》的技术支持。

二、亚洲开发银行的绿色金融政策简述及实践

作为亚太地区最大的区域性政府间开发金融机构,亚洲开发银行(Asian Development Bank,ADB)于 1966 年成立,其主旨在于促进亚洲及太平洋地区减贫困、经济发展以及区域合作。在环境恶化日益严重成为全球性问题时,亚行如何有效实施可持续发展战略,推动环境友好型增长,成为亚行面前的重大课题。正是由于亚行首要目标是帮助发展中成员平衡发展,实现可持续性,亚行作为金融组织不断制定环境政策,致力于推动亚行参加多边环境协定,2002 年 11 月,亚行通过一项环境政策,主要包括五大因素:第一,促进环境发展,以减轻贫困;第二,在经济增长中考虑环境问题的解决;第三,保持全球与地区性生态支持系统;第四,建立伙伴关系;第五,将环境因素纳入亚行日常运作。

亚洲开发银行目前在绿色金融政策制定上主要体现在 2009 年发布的《保障政策声明》(Safeguard Policy Statement)。声明中提出了一系列旨在避免亚洲开发银行项目在设计、实施、管理过程中产生的环境和社会方面的潜在影响。亚洲开发银行《保障政策声明》的基本模式如图 1.2 所示。亚洲开发银行环境保障政策的目标是保证环境安全和项目的可持续性,并支持在项目决策过程中综合考虑环境因素。其政策的重点基本原则有三项。

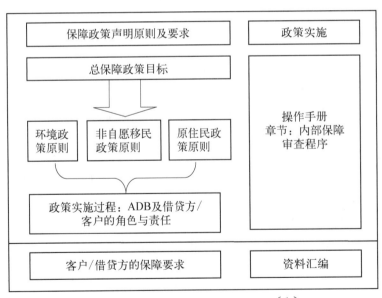

图 1.2　亚洲开发银行保障政策声明[1]

(1)环境评价嵌入项目的投资审批决策:所有拟定项目都要进行梳理,决定恰当的环境评价范围和类型,并对潜在的环境影响和风险进行深入分析。

---

[1] 资料来源:https://www.adb.org/zh/documents/safeguard-policy-statement。

（2）环境评价是项目投资审批的重要依据：对每个拟定项目都要进行环境评价，以识别项目对于环境、生态、社会、经济等方面直接的、间接的以及累积的影响。若有必要，应启动战略环境评价。

（3）项目应准备合理的替代方案：针对项目的地点、设计、技术、结构及其对环境和社会可能造成的影响，制定替代方法，包括选择取消项目。

在武汉的城市污水与雨水管理项目中，为实现可持续污水治理和水资源保护，2005年亚洲开发银行启动了该市的污水和雨水管理项目前期筹备技术援助，目的就是通过拟建项目的实施，帮助该市政府建立一套实际可行的改善城市环境服务的办法，并通过增强污水处理和雨水管理引进水资源和污染控制思想。该项目的实施使得武汉市2010年污水收集和处理能力提高至80%，同时城市的洪涝现象发生频率和严重程度随之降低，从而改善城市环境，减少对商业和社会活动的影响。

三、泛美开发银行绿色金融政策简述及实践

泛美开发银行（简称IADB）是以发展中国家为主发起的跨国开发银行，较早关注经济增长以外的社会发展、社会公平、环境保护、气候变化等可持续性议题，是第一个引入环境条款的多边发展银行。IADB的环境条款主要包括三点：

第一，通过所在银行资助的项目和活动中强调环境管理的重要性，并提高借款国的环境管理能力，提高其成员国的长期发展收益；

第二，保障所有银行的项目和活动都是环境可持续的；

第三，在银行的框架下鼓励企业履行环境责任。银行的所有相关活动都强调环境的重要性，并促进环境意识的主流化。

在内容方面，IADB的环境条款主要分为两大类，即环保主流化条款和环境保护条款。环保主流化条款适用于涉及公共部门的相关项目和活动，致力于提高公共政策的激励水平，从而催生环保市场的机遇。环境保护条款同时适用于公共部门和私人部门，旨在保障银行相关项目和活动的环境质量。IADB所有资助项目都需要满足环境保障条款要求（见图1.3）。

IADB的环境条款运行可以分为以下三个阶段：第一，项目正式获批前的预评；第二，项目进行中的报告、监测和核查；第三，项目完成后的评估和补偿。在IADB内部，所有项目和项目运营中环境条款的执行情况的环境影响预评均由OVE来负责，详细的运行和反馈流程如图1.4所示。

IADB在贷款和投资操作中有严格的内部评估体系，包括：事前评估——过程监管——事后评估——IADB环境条款适用。在项目获批和执行前，IADB资助的所有项目都要按照潜在的环境影响进行预评和分类。根据提交的环评报告分类分级。

A类项目指具有重大负面环境和社会影响，且对自然资源产生深远影响的项目，借款方常被要求建立一个咨询专家委员会监督和指导环评过程，大型基础设施项目归为此类。

B类项目指那些具有局部或短期负面环境影响和相关社会影响的项目，这些项目已受

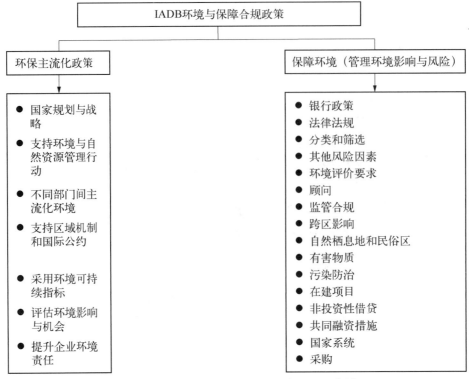

图 1.3　IADB 环境与保障合规政策流程图[1]

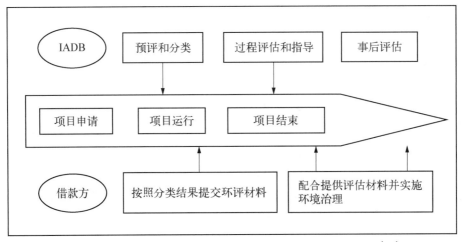

图 1.4　IADB 与借款方在环境条款的运行反馈过程中的互动[2]

到有效的当地环境政策监管。

C 类项目指那些负面环境和社会影响较小或完全没有的项目,这些不提供环保和监管信息。环境治理和生态补偿项目属于此类。

---

[1]　资料来源:https://www.iadb.org/en。

[2]　资料来源:https://www.iadb.org/en。

四、国际金融公司的绿色金融政策及实践

国际金融公司(简称 IFC)是世界银行的两大附属机构之一,于 1956 年 7 月 24 日成立,1957 年 2 月成为联合国的一个专门机构。宗旨是:辅助世界银行,通过贷款或投资入股的方式,向成员国特别是发展中国家的私人企业提供资金,以促进成员国经济的发展。

IFC 制定了《可持续性框架》,明确表达了其可持续性战略的承诺,并将可持续性作为一种重要的风险管理方法。其制定的《环境和社会可持续性政策》明确界定了 IFC 在环境和社会可持续性方面的承诺、角色和责任。

《绩效标准》则主要针对客户,界定了客户在管理其环境和社会风险方面的责任,为其提供如何识别风险和影响的指导,旨在帮助客户避免、减缓和管理风险和影响,实现可持续经营,包括利益相关者参与和客户项目活动相关的披露义务。对于直接投资,IFC 要求客户采用《绩效标准》来管理环境、社会风险和影响,以促进其可持续发展。

IFC 将资金提供给印度风电项目,致力于开发相关项目,总发电容量达 242.2 MW,根据 IFC 的项目《环境和社会审查程序》,该项目被定位 B 类项目,因为其可带来有限的特定环境和社会影响,通过遵守公认的绩效标准、指南或设计标准可避免或减缓环境影响。IFC 投资自 2015 年起,每年帮助避免大量的温室气体排放,并创造了众多的就业机会。

[本章小结]

绿色金融是一种有特定"绿色"偏好的金融活动。金融机构在投融资决策中会充分考虑环境因素的影响,并通过一系列的体制安排和产品创新,将更多的资金投向环境保护、节能减排、资源循环使用等可持续发展的企业和项目,同时降低对污染性和高能耗的企业和项目融资,以促进经济的可持续发展。

绿色金融的理论基础来源于"外部性"和"产权理论",通过将环境权益明晰化,将外部问题内部化。作为一项新金融制度,核心在于建立一套规范化、程序化的政策体系,指金融部门把环境保护作为一项基本政策,在投融资决策中要考虑潜在的环境影响,把与环境条件相关的潜在的回报、风险和成本都要融合进银行的日常业务中,在金融经营活动中注重对生态环境的保护以及环境污染的治理,通过对社会经济资源的引导,促进社会的可持续发展。绿色金融制度的建设需要根据不同环境要素、环境风险类型展开,建立环境评估流程和分类标准,在对绿色项目的认定中不断评估绿色绩效。

通过介绍国际开发性金融机构的绿色金融政策,可以发现具有较多共性:第一,银行的保障体系结构完善。大多数开发银行的保障政策层次分明并有综合体系,一般都有政策声明、治理原则、环境评估程序以及相应的导则文件。第二,保障体系涵盖范围广泛。一般开发银行的保障体系涵盖内容包括气候变化、生态系统服务、环境治理等核心议题,并设计了包含利益相关方的协商机制。

[思考与练习]

1. 根据各国绿色金融制度的介绍,总结它们的共性特征和特色特征。
2. 总结我国绿色金融政策制定和实践中的难点。
3. 国际开发性金融机构的绿色金融政策具有哪些共性和不同点?

[参考文献]

1. 安国俊.构建绿色金融市场体系.中国金融,2016(1).
2. 葛察忠,翁智雄,段显明.绿色金融政策与产品:现状与建议.环境保护,2015(2).
3. 国务院发展研究中心"绿化中国金融体系"课题组,张承惠,谢孟哲,田辉,王刚.发展中国绿色金融的逻辑与框架.金融论坛,2016(2).
4. 侯亚景,罗玉辉.我国"绿色金融"发展:国际经验与政策建议.经济问题探索,2016(9).
5. 蓝虹.科斯定理与环境税设计的产权分析.当代财经,2004(4).
6. 蓝虹.外部性问题、产权明晰与环境保护.经济问题.2004(2).
7. 刘明.绿色金融、环境变化与自然资源资产核算研究.人民出版社,2019.
8. 马骏,周月秋,殷红.中国绿色金融发展与案例研究.中国金融出版社,2016.
9. 马骏.国际绿色金融发展与案例研究.中国金融出版社,2017.
10. 马中,蓝虹.产权、价格、外部性与环境资源市场配置.价格理论与实践,2003(11).
11. 王运维.德国绿色金融发展经验研究.北京外国语大学硕士论文,2018.
12. 杨帆,邵超峰,鞠美庭.我国绿色金融发展面临的机遇、挑战与对策分析.生态经济,2015(11).
13. 杨娉,马骏.中英绿色金融发展模式对比.中国金融,2017(22).
14. 袁丽兰.英国绿色金融发展研究.吉林大学硕士论文,2018.
15. 张伟,李培杰.国内外环境金融研究的进展与前瞻.济南大学学报(社会科学版),2009(2).
16. 张宇,钱水土.绿色金融理论:一个文献综述.金融理论与实践,2017(9).
17. 中国人民大学重阳金融研究院.绿色金融与"一带一路".中国金融出版社,2017.
18. 周宏春.世界碳交易市场的发展与启示.中国软科学,2009(12).
19. Bert Scholtens. Finance as a Driver of Corporate Social Responsibility. *Journal of Business Ethics*. 2006 (1).
20. Earth Science; Studies from China University of Mining and Technology in the Area of Earth Science Described (Can Green Financial Development Promote Regional Ecological Efficiency? A Case Study of China). Science Letter, 2019.
21. IDFC. *Green Finance Mapping Report 2016*. 2017.

第二章 绿色金融市场

[学习要求]

1. 通过本章学习,了解绿色金融市场的概念和市场构成。
2. 熟悉绿色金融市场的参与机构。
3. 了解绿色金融市场的交易机制。

[本章导读]

绿色金融是我国金融改革创新的重要方向,也是实现社会、经济、资源、环境可持续发展的有效手段,完善的绿色金融体系必将对国民经济转型升级发挥积极的作用。因此,理解绿色金融市场的构成和交易机制,并促使形成有效的市场机制尤为重要。

第一节 绿色金融市场

一、绿色金融市场概论

金融市场是指一切货币资金进行融通活动的场所,亦即资金的需要和供给的市场。通过金融市场的沟通,为资金的盈余者找到出路,以满足资金缺乏者对资金的需要。所以说,金融市场是债权人与债务人互相接触,以各种不同金融工具或证券进行交易的场所,其实质是开展资金供需关系市场的总称。

金融市场可以分为货币市场和资本市场两大类。货币市场一般是放款期在一年以内的往来资金市场,主要是工商企业的经营资金,或短期流动资金的需要。在资金市场上交易的对象是政府的短期国库券、商业票据、银行承兑汇票、可转让定期存款证、同业拆款等。这些证券和票据是近似于货币的,可以说是"准货币",因为可以在市场上随时出卖变成现金,其流动性或变现力极高,风险极小,与货币的差别不大,所以称为货币市场,但因其偿还期很短,最长不超过一年,又称短期资金市场。资本市场是为筹措产业固定设备的中、长期资金交易的市场。根据其供给资金的形式,可分为长期放款市场和广义的债券市场。其交易的对象是比较长期性证券,如公债、股票、债券、抵押契约等。给予信用期间,短则一年以上,长则数十年。在市场经济国家,有的证券(如股票)甚至没有到期日。所以,资本市场也称为长期资金市场。

金融市场上的各种交易是通过银行和证券交易所的媒介而进行的,因此还可分为借贷市场和证券市场。证券市场又可分为债权证券即债券市场和所有权证券即股票市场;证券市场还可分为证券发行市场和证券交易市场。按不同的交易方式,金融市场还可分为现货市场和期货市场、贴现市场和外汇市场等。按一般惯例,通常使用的则是以资金到期日为准绳,即一年以上的资本市场(长期资金市场)和一年以内的货币市场(短期资金市场)。

绿色金融市场即指进行能产生环境效益从而支持可持续发展的投融资活动的场所,亦即满足绿色项目的资金需要和供给的市场。

二、绿色金融市场的构成

为了更充分地理解金融市场的构成,下面从以下两个角度来对金融市场进行分类。

(一) 按照标的物划分为绿色保险市场、绿色信贷市场、绿色债券市场和碳交易市场

1. 绿色保险市场

(1) 绿色保险市场的国际发展。

国际上,绿色保险通常指的是与环境风险管理有关的各种保险计划,实质是将保险作为一种可持续发展的工具,以应对如气候变化、污染和环境破坏等问题,针对不同的环境问题推出了不同的绿色保险品种,其中尤为突出的是环境责任保险(简称"环责险")。

环责险是以企业发生污染事故对第三者造成的损害依法应承担的赔偿责任为标的的保险。环责险的发展历史并不悠久。1970 年以后,环保浪潮席卷了整个西方发达工业国家,在这个大背景之下,一系列环境保护法案纷纷出台。为了遏制日益严重的工业污染,各国对环境污染行为实行了极为严格的追责和处罚制度,罚金之高有时会使得非故意造成污染的企业面临破产倒闭的危险,企业迫切需要将这样的责任风险转移出去,环责险也就产生并发展起来了。在西方发达国家,环境责任保险已成为了责任保险的重要组成部分,并呈现出了强大的生命力,促进了生态经济的发展。

(2) 中国绿色保险市场的发展及现状。

由于我国的特殊国情,现阶段中国绿色保险的品种并没有像西方国家这么多,而是仅限于环责险,这意味着我国还没有将气候变化这一更为长期的环境风险纳入绿色保险范畴内。

我国最早是在 20 世纪 80 年代有了环责险,主要集中在核事故责任及海洋环境责任领域。到了 20 世纪 90 年代初,保险公司在大连、沈阳等部分城市推出了环责险产品,但是由于政策、法律条件不具备等原因,市场规模很小,到了 20 世纪 90 年代中期已经基本上处于停滞状态。2007 年底,环保部与保监会联合发布了《关于环境污染责任保险工作的指导意见》,决定选择部分环境危害大、最易发生污染事故和损失容易确定的行业、企业和地区,率先开展环责险的试点工作。2013 年,环保部与保监会联合印发《关于开展环境污染强制责任保险试点工作的指导意见》,尝试在没有法律依据的情况下,以政策性文件在涉重金属行业推动强制环责险。2015 年 9 月,《生态文明体系改革总体方案》要求在环

境高风险领域建立强制环责险制度。

环责险的各个环节都是由地方政府推动的,政府和保险业界也对环责险制度的推行十分重视和积极,具体运营模式在不同地区存在显著差别,整体来看业务发展并不理想:第一,大量企业没有续保意愿;第二,保费收入已经突破亿元大关,但是相对于我国2.5万亿元的保险规模来说几乎可以忽略不计,与美国环责险保费每年40亿美元相比,更是微不足道。

2. 绿色信贷市场

(1) 绿色信贷市场的国际发展。

绿色信贷起源于赤道原则。赤道原则是2002年10月世界银行下属的国际金融公司和荷兰银行,在伦敦召开的国际知名商业银行会议上,提出的一项企业贷款准则。这项准则要求金融机构在向一个项目投资时,要对该项目可能对环境和社会的影响进行综合评估,并且利用金融杠杆促进该项目在环境保护以及周围社会和谐发展方面发挥积极作用。截至2017年年底,来自37个国家的92家金融机构采纳了赤道原则,因此它形成了一个实务上的准则,协助银行及投资者了解应该如何加入世界上主要的发展计划,对它们进行融资。

(2) 中国绿色信贷市场的发展及现状。

2007年,环保总局、中国人民银行、中国银监会联合出台了《关于落实环境保护政策法规防范信贷风险的意见》,标志着绿色信贷作为一种经济手段开始参与污染治理与环境改善,这也意味着我国绿色信贷市场步入发展起步阶段。2008年,中国环保总局与世界银行国际金融公司合作颁布了《绿色信贷环保指南》,制定了符合中国实际的绿色信贷环保指南,为深化绿色信贷政策提供了基础支持。2012年2月,银监会制订了《绿色信贷指引》,提出银行业金融机构要从战略高度推进绿色信贷,加大对绿色经济、低碳经济、循环经济的支持。2014年,银监会拟定了《绿色信贷实施情况关键评价指标》,提出了绿色信贷的具体评价指标。2015年,银监会与国家发改委联合印发了《能效信贷指引》,激励和引导商业银行积极开展能效信贷业务。2016年,央行、财政部等七部委联合印发了《关于构建绿色金融体系的指导意见》,推动银行业自律组织逐步建立银行绿色评价机制,推动绿色信贷资产证券化,在风险可控的前提下对绿色企业和项目加大支持力度,降低绿色信贷成本。

目前我国商业银行的绿色金融实践主要以传统绿色信贷为主,更多地通过总量控制、行业限贷等手段,限制污染型企业贷款。国内绿色信贷项目主要集中在绿色经济、低碳经济、循环经济三大领域。截至2017年年底,在中国绿色信贷占全部贷款余额比重为10%,仍有进一步提升的空间;而绿色信贷对于循环经济的支持较少,可能仅占其中的2%左右。

3. 绿色债券市场

(1) 绿色债券市场的国际发展。

2007年,绿色证券由欧洲投资银行创新发行。2013年,国际金融公司与纽约摩根大通共同发行IFC绿色债券,绿色金融市场开始蓬勃发展。国际上绿色债券的标准和规范多由国际组织推动设立,政府部门则起到示范以及以财政政策为主的政策引导作用。国际原则和标准主要包括联合国责任投资原则(UNPRI)、绿色债券原则(GBP)、气候债券标准(CBS)和赤道原则。

(2) 中国绿色债券市场的发展及现状。

2015年12月,中国人民银行发布《关于发行绿色金融债券有关事宜的公告》,中国金融学会绿色金融专业委员会(以下简称绿金委)发布《绿色债券支持项目目录》,为市场提供了项目筛选的基本参考工具。此后仅一个月,兴业银行和浦发银行便获准发行共计1 000亿元额度的绿色金融债券,中国绿色债券市场由此启动。

中国现已成为全球最大的绿色债券市场。Climate Bonds Initiative公布的2016年度《债券与气候变化》报告显示,目前全球共计6 940亿美元存量绿色债券中有36%来自中国发行人、35%以人民币计价。在中国绿色债券市场爆发式增长这一因素的推动下,2016年全球绿色债券发行量的增长可能在60%以上。2016年7月初,中国银行发布公告称该行卢森堡分行、纽约分行同步发行了等值30亿美元的绿色债券,其中美元、欧元、人民币发行金额分别为22.5亿美元、5亿欧元、15亿元人民币。这是国际市场上有史以来发行金额最大、覆盖币种最多的绿色债券。我国绿色债券发行主体以非上市公司、央企和国企为主,债券项目类别以清洁交通和清洁能源为主,发行品种以短融、政府支持机构债和中票为主。

2018年中国发行人在海内外的绿色债券(含可持续债券)发行总量约为360亿美元,全球排名第二,仅次于375亿美元的美国。中国发行人仍以金融类机构为主,而企业类发行占比有所下降。各地陆续为发行人、担保人出台了激励措施,并且继续加强与离岸金融中心的合作,这些将有望使中国在2019年的发行总量接近400亿美元新高。

4. 碳交易市场

(1) 碳交易市场的国际发展。

"碳交易"又称碳排放权交易或温室气体排放权交易,来源于两个国际公约——1992年《联合国气候变化框架公约》和1997年《京都议定书》的通过和实施。2005年,《京都议定书》正式生效,规定自2008—2012年,全球二氧化碳排放量在1990年的基础上平均降低5.2%。在《京都议定书》的框架下,超额排放的国家向未超额排放的国家购买温室气体减排指标(主要是二氧化碳的减排指标),碳交易和以二氧化碳排放权为对象的碳排放权交易市场应运而生。

(2) 中国碳交易市场的发展及现状。

我国碳交易市场发展经历了试探性CDM阶段、试点配额交易阶段、2017年全面启动全国碳排放交易体系三个阶段。在试探性CDM阶段,我国作为发展中国家,主要涉及清洁发展机制(CDM),是全国最大的CDM项目供应国,主要呈现以下特征:第一,项目结构不均衡,偏向新能源和可再生能源;第二,项目区域性分布不均衡,西部地区多东部地区少。在试点配额交易阶段,我国是以试点区域为主进行碳配额交易的。2011年,国家发改委正式批准北京、天津、上海、重庆、湖北、广东及深圳开展碳交易试点,2013年,这7个省市碳交易试点相继开市,市场初具规模。截至2017年12月31日,我国碳配额累计成交4.70亿吨,成交总额达到104.94亿元,积极稳步有序推进了制度建设,夯实了技术基础和能力。

宏观上,碳交易试点起步,但全国碳市场尚未建立。目前中国碳市场的建设,是由七个试点交易平台构成的。2011年年底,但到目前为止尚未建立起统一的碳排放权交易平台。中观上,各地区发展不均衡,跨区域交易较少。我国由于各地区的经济结构、能源结构、减排压力等存在差异,导致各试点城市的碳交易价格差异较大,深圳市碳交易的价格甚至是湖北省的四倍多。另外,低碳转型与平衡经济增长的矛盾突出,各试点地区都面临如何处理好经济发展与能源消费总量增加、碳排放配额总量设置之间的相互关系的棘手问题。因此,如何加强跨区域交易,谋求共同发展成为一个亟须解决的课题。微观上,企业对碳交易认识不足,自愿参与度低。由于我国目前的碳交易还处于自愿交易阶段,政府并未要求企业进行强制减排,加之碳交易尚属于新鲜事物,大多数企业缺乏经营碳市场的意识,甚至尚未意识到企业的碳排放行为是有成本的。因此,以企业为代表的微观主体,缺乏购买碳指标的意识,主动参与碳交易的企业较少。从调研结果来看,大部分企业并未建立起专业的人才队伍来核算自身的碳排放情况,目前企业的碳交易也仍然是为了履约。

(二) 按照金融资产的发行和流通划分为绿色一级市场和绿色二级市场

狭义金融是指货币类高流动性资产和证券类低流动性资产的融通活动。前些年,我国财经类金融教科书上将金融定义为货币的发行、流通和回笼,贷款的发放和收回,存款的存入和提取,汇兑的往来等经济活动。显然,这一定义更为狭窄。在这个定义下,金融仅仅是指货币交易和短期商业信贷过程的加总。

然而,以货币为例,上述概念仅仅是交易货币和工商信贷的内容。它既不包括货币类资产的理财过程,也不包括资本类资产的增值和升值过程。换句话说,狭义概念似乎丢失了不少理应属于金融的内涵成分。显然,狭义货币只从货币和证券本身的生成及交易活动来看待金融过程。广义金融的概念既包括货币和证券自身的形成和交易活动,还包括货币和证券自身交易活动这个相对独立的过程。从整个金融活动的过程来看,金融是货币和证券发行的市场(一级市场)和两者流动的市场(二级市场)群的组合。

因此,广义上的金融可定义为:所有高流动性资产(货币与准货币类资产)和低流动性资产(资源、产权、股权、股票及其对应未来收入流的有价票据)的形成过程——一级市场和流动过程以及二级市场及其相互联动的总和。有了金融一、二级市场及其互动的综合内涵来补充狭义金融概念,绿色金融才会变得可理解和可操作。多年来投资于环境资金的市场匮乏(仅仅是公共部门的投资)才有可能变得可动员和可交易。绿色金融概念属于广义金融的范畴,即绿色金融应该是绿色金融资产动员(一级市场)和流转(二级市场)的综合。

1. 绿色金融一级市场

绿色金融的一级市场是指绿色资源的动员,这里包括环境类资源技术发明类(比如节能减排技术)和环境保护类(比如排污权和捕捞使用权等)的确权、授权、评估、授信、担保、增级、卖方回购、第三方托管、托管、置换等资产证券化类业务等,其形成的做市主体应能够使得本行业的投资报酬率和其他行业的投资报酬率持平,否则,一级市场的效益将得不到充分动员。目前,我国绿色金融一级市场尚未开始有效运行,一级市场中最重要的是绿色金融资源的动员有回购式的担保支持,有了担保式产品回购支撑,资产的证券化才是可能实现的。同时,做市主体类别应该分类完全,做市主体数量也需要达到一定标准,否则,产品的形成和投资报酬率持平只是一句空话。

2. 绿色金融的二级市场

绿色金融的二级市场是在一级市场动员的基础上,形成让场内交易头寸活跃的做市主体,将场外业务导入场内来的做市主体,还有让交易成本降到最低的价格收敛商主体,并且,三者在结构配比合理的基础上要达到门槛性数量。一般而言,三者的比例应该是1∶10∶10,做市主体数量不少于12—15家,最好在100家左右,三者加起来的数量不少于1500家。就我国的实际情况来看,绿色金融二级市场的形成还处在前期状态。因此,就资本市场的发展来看,需要有绿色金融的独立市场。

3. 绿色金融市场的互动与关联

一个好的绿色金融市场,应该要具备下述功能:一是动员区域"块块"绿色金融资源;二是与国家"条条"金融机构有效对接;三是与广域范围一级和二级资本市场"并网";四是三者结合起来,能够在我国形成以地方试点为基础的绿色金融全国第三方市场平台。仅依靠20世纪形成的证券交易所和债券市场,完成绿色产业投融资服务的成本将会非常高。

第二节 绿色金融市场的机构

绿色金融市场中的金融机构是绿色金融资金和服务的主要提供方,包括传统的银行、保险公司和与证券相关的金融机构,以及政策性金融机构等。

一、中国人民银行

中国人民银行是国务院的组成部分,在国务院的领导下,制定和执行货币政策,防范和化解金融风险,维护金融稳定。2016年8月,中国人民银行等七部委联合发布的《关于构建绿色金融体系的指导意见》,第一次系统性地提出了绿色金融的定义、激励机制、披露要求和绿色金融产品发展规划和风险监控措施等。2018年7月,为提升绿色金融支持高质量发展和绿色转型的能力,落实《关于构建绿色金融体系的指导意见》,大力发展绿色信贷推动绿色发展,中国人民银行制定了《银行业存款类金融机构绿色信贷业绩评价方案(试行)》。绿色信贷业绩评价定量指标包括绿色贷款余额占比、绿色贷款余额份额占比、绿色贷款增量占比、绿色贷款余额同比增速以及绿色贷款不良率,评价结果纳入银行业存款类金融机构宏观审慎(MPA)考核。开展绿色信贷评价将结果纳入MPA考核,有利于督促商业银行在业务发展、风险管理、公司治理等方面更加规范,同时又有利于推动金融机构优化绿色资产配置,增强绿色金融创新动力和环境风险的管理能力。

二、商业银行

商业银行是提供绿色信贷的主体。绿色的概念最先在商业银行中体现。

2012年原中国银监会出台《绿色信贷指引》,该指引是我国第一部绿色信贷的专项政策文件,作为银行业金融机构发展绿色信贷的纲领性文件,对银行绿色化转型提出了具体要求。据中国人民银行公布的《2018年金融机构贷款投向统计报告》显示,2018年年末本外币绿色贷款余额8.23万亿元,余额同比增长16%,比同期企业及其他单位贷款增速高6.1%。

2008年,兴业银行成为中国第一家遵循赤道原则的金融机构。兴业银行在总行设立绿色金融部作为全行绿色金融业务管理部门,在省分行建立分行绿色金融部管理区域绿色金融,并配备绿色金融产品经理。其他各家商业银行也逐步制定了相应的绿色信贷政策。

中国银行于2016年提出"绿+"计划实施方案,旨在"为绿色发展加一把力",对所支持的融资项目进行绿色分级,并与有意愿承担社会责任、坚持绿色经营的客户结成绿色合作伙伴,在绿色金融层面开展更多合作。2018年中行印发了《行业信贷投向指引(2018年版)》,全面强化环境与社会风险管理,密切关注环保、能耗、安全、质量等标准的提高和淘汰落后产能任务对产业转型升级和产能过剩行业的影响。截至2018年年末,中行绿色信贷余额为6 326.67亿元。

中国农业银行于2013年制定印发《关于落实绿色信贷工作的实施意见》,从部门职责、信贷政策、业务流程、风险管控等多个维度规范绿色信贷管理,建立了较为完整的绿色信贷工作体系,并于2017年制定《中国农业银行绿色金融发展规划(2017—2020年)》。

中国建设银行于2015年发布了《中国建设银行绿色信贷实施方案》,在信贷领域明确将清洁能源、清洁交通、节能减排、节能环保服务、治理污染等领域以及先进制造业、信息技术产业等具有低碳环保特征的行业作为优先支持领域,加大金融倾斜力度;将满足"节能减排"要求及能源消耗、污染物排放标准作为建立信贷关系的底线要求,对发生环保违法违规情况的客户实行"环保一票否决制";支持企业采用节能减排的新设备、新技术,有力促进传统产业结构调整和技术改造升级。2016年建设银行成立了绿色信贷委员会,负责全行绿色信贷业务发展规划制定、政策制度建设、业务推进的研究、议事和协调机构。

中国工商银行于2007年出台《关于推进绿色信贷建设的意见》,2010年印发《关于加强绿色信贷建设工作的意见》和《关于对境内公司贷款实施绿色信贷分类及管理的通知》,2011年印发《绿色信贷建设实施纲要》,2015年董事会审议通过《中国工商银行绿色信贷发展策略》。截至2018年年末,中国工商银行投向生态环保、清洁能源、资源循环利用等节能环保项目的绿色信贷余额12 377.58亿元。

交通银行于2012年制定并下发了《交通银行股份有限公司绿色信贷政策》,将绿色信贷确立为交行的一项长期发展战略,并明确了相关工作路径、推动措施及考核安排。2017年交通银行修订了《交通银行绿色信贷工作考核评分表》,按季进行考核评分,加强考核与问责,提升绿色信贷工作质效。

三、政策性银行

国家开发银行、中国进出口银行和中国农业发展银行,是1994年由国有独资商业银行分社出来的三家政策性银行。

国家开发银行是直属于中国国务院领导的政策性金融机构,主要通过开展中长期信贷与投资等金融业务,为国民经济重大中长期发展战略服务。《国家开发银行关于绿色金融发展的指导意见》中指出:用美丽中国的思想指导绿色金融建设,将促进生态文明建设、促进产业绿色发展、促进银行自身可持续发展三者结合,努力践行绿色金融体系行动计划,增加绿色金融供给。对外绿色投融资合作中,不断提高绿色化水平,助力全球经济社会与环境可持续发展。国开行围绕"生态环境保护、绿色城乡建设、工业绿色转型"三大主攻板块,加大绿色信贷支持力度;拓展绿色项目筹资渠道,积极发行境内外绿色金融债券,引导社会资本参与绿色投资。国开行通过与多部委和各地政府合作,积极筹集和引导社会资金投向绿色产业、生态环保领域。国开行专门成立了由总行行长任组长的绿色信贷工作组,将绿色信贷发展战略纳入国开行"十三五"业务发展规划的范畴,并积极发挥开发性金融优势,主动探索绿色金融债券发行。

中国进出口银行是由国家出资设立、直属国务院领导、支持中国对外经济贸易投资发展与国际经济合作、具有独立法人地位的国有政策性银行。进出口银行于2007年确立了"鼓励绿色信贷业务发展并主动控制授信业务环境与社会风险"的绿色信贷战略,成为国内银行践行绿色金融的先行者之一,2015年制定了《绿色信贷指引》,从组织管理、政策制度、流程管理、内控管理和信息披露等方面对加强信贷项目的环境和社会风险管理提出要求。目前中国进出口银行已经逐步建立了以绿色信贷为主体,以绿色基金、碳金融服务为补充的多元化绿色金融业务体系。根据自身业务特点,建立了以转贷款、节能环保贷款、转型升级贷款、传统优势信贷产品为核心的绿色信贷产品体系,推动企业、产品和服务绿色"引进来"、绿色"走出去";根据碳排放权交易市场发展,推出以碳资产咨询顾问业务为重点的碳金融业务。

中国农业发展银行直属国务院领导,是我国唯一一家农业政策性银行。其主要任务是以国家信用为基础,以市场为依托,筹集支农资金,支持"三农"事业发展,发挥国家战略;支撑通过广泛筹集社会支农资金,引导各类市场主体主动参与和支持生态环境保护和改善,重点支持农业和农村的经济节能环保绿色发展重点项目。农发行通过信贷标准、客户选择、行业政策来支持产业转型,将绿色发展、支持"三农"与社会责任相融合,在保障国家粮食安全的同时,增加绿色优质农产品供给,构建绿色发展产业链,变绿色为效益,促进农民增收,助力脱贫攻坚。发挥扶贫银行品牌特色,立足自身业务特点,大力发展兼具环保和扶贫效应的产品和服务,将脱贫攻坚与绿色发展有机结合起来。目前,农发行已形成绿色债券、绿色信贷、绿色基金(重点建设基金的重要内容)等相对完善的绿色金融服务支持体系。

四、保险公司

保险公司提供的绿色保险产品主要为环境污染责任保险。2006年国务院出台《关于保险业改革发展的若干意见》,明确要求开展环境污染责任保险试点。2013年环保部与中国保监会联合印发《关于开展环境污染强制责任保险试点工作的指导意见》,启动环境污染强制责任保险试点工作。保险公司承担企业环境风险事故的赔偿责任,倒逼保险公司在承保前组织专家进厂评估并出报告,合理评定企业环境风险等级,并据此与企业协商确定保费,使环境风险损害与保险保障相匹配。在承保期间,保险公司对企业适时进行"环保体检",企业通过参保得到保险公司的协助,加强环境风险的管理能力,提升污染治理水平。

中国人民财产保险股份有限公司在20世纪90年代先后在大连、长春、沈阳开展了绿色保险试点工作。2016年12月,中国人民保险财险衢州市分公司签出全国首张保单,为浙江中天氟硅材料有限公司企业从业人员和周边受影响的第三者提供安全生产事故和环境污染事故风险保障,保障金额达到2.9亿元。2018年2月中国太平洋保险财险成功中标青岛经济技术开发区公共区域环境污染清理费用保险项目。该款保险是国内首例以公共区域环境污染清理为标的,由政府为工业企业集中区域投保的一款责任保险。

五、PE/VC及机构投资者

绿色私募股权和风险投资基金(PE/VC基金)是绿色金融重要融资方式。我国的绿色产业项目大多处于发展初期,与传统成熟行业相比,风险较高,一般没有太多的资产作为抵押向银行融资,也很难通过公开市场上市或者发行债券来金融融资。因此,PE/VC基金成为这些企业重要的融资来源,应该作为支持绿色创新企业的重要手段。随着绿色产业的不断发展,各地区不断成立各种绿色产业基金。目前,国内的绿色产业基金一般由政府引导基金进行投资,行业内的大型机构发起或参与。例如:2016年,信银振华(北京)股权投资基金管理、行业龙头金风科技、中国中信集团有限公司及其下属公司联合成立信银金风(北京)基金管理公司。该基金管理公司计划发起成立信银金风风电产业基金(有限合伙),主要投资于国内中小型民营风电项目公司的股权,并谋求控股权。

在绿色金融发展初期,机构投资者刚刚介入相关绿色行业,通过与行业内龙头企业有限公司、成立股权投资基金,可以弥补金融机构在相关绿色行业经验不足的短板,既能够借助上市公司行业内资源进行管理运作,发挥金融机构在金融领域的专业优势进行资本运作,又能够以上市公司平台作为退出渠道,在推动绿色经济发展的同时获取收益。

2018年11月,中国证券投资基金业协会正式发布了《中国上市公司ESG评价体系研究报告》和《绿色投资指引(试行)》,界定了绿色投资的内涵,明确了绿色投资的目标、原则和基本方法,对基金管理人开展绿色投资活动进行了全面的指导和规范,引导从事绿色投资活动的基金管理人、基金产品市场化、规范、专业化,并为上市公司环境信息披露提供参考框架,鼓励ESG投资。

第三节 绿色金融市场的交易机制

交易机制作为金融市场微观结构的一个重要组成部分,在保持市场流动性和稳定性、提高市场有效性和透明度以及降低交易成本方面起着重要的作用。在绿色金融市场,交易机制的建设和完善是保证市场有效运行的必要条件,绿色金融市场交易机制与现有金融市场交易机制不可分割。因此,本节将从金融市场交易机制出发,了解绿色金融市场的运行机制。

一、金融市场交易机制的定义与内涵

市场微观结构理论研究的是交易机制如何影响价格的形成过程,并分析在一定的交易机制下资产交易的过程和结果。市场微观结构的概念有狭义和广义之分:广义的微观结构是各类交易制度的总称,包括价格发现机制、清算机制、信息传播机制等方面;狭义的交易机制特指市场的交易规则和保证规则实施的技术,以及规则和技术对定价机制的影响,包括价格形成机制、指令形式、交易离散构件、交易信息披露、交易披露机制。本节内容将对狭义的金融市场交易机制进行探讨。

一般地,金融产品进入市场会经历两个阶段:第一阶段是发行阶段,即一级市场;第二阶段是流通阶段,即二级市场。在某些国家和地区还存在三级市场、四级市场等。另外,与场外市场的协定定价不同的是,场内金融产品有明确的交易与价格形成机制。

一级市场,以投资银行、经纪人和证券商为经营者,承担政府和公司企业新发行证券和股票的承购和分销业务,是证券或票据等金融工具最初发行的市场。证券的发行是证券买卖、流通的前提。证券发行者与证券投资者的数量多少,是决定一级市场规模的关键因素[1]。

二级市场,主要由证券商和经纪人经营已上市的股票或证券,是金融工具流通和转让的市场。金融资产的持有者需要资金时,可在二级市场出售其持有的金融资产,将其变现。想要进行投资却并未进入一级市场的,可以在二级市场购买金融资产。二级市场上买卖双方的交易活动,使得金融资产的流动性大大增强,促进了经济的繁荣。值得注意的是,虽然一级市场上发行的证券并非全都进入二级市场流通,但由于只有二级市场才赋予金融资产以流动性,故二级市场的规模和发展程度也是衡量金融发达与否的重要标志。

(一) 一级市场的价格形成机制

从全球发行市场来看,发行价格定价机制主要有以下四类:固定价格机制、拍卖机制、累计投标询价机制、混合机制。在实践中,各国证券监管机构根据本国证券市场的实际情况,通常规定采用其中的一种或几种方式。

1. 固定价格机制

固定价格机制是指由行政方式确定,或由承销商根据对发行公司的价值评估,在估价结果范围内与发行公司协商确定一个固定的发行价格,并根据该价格向投资者公开发售。

固定价格机制具有低成本、符合"公平原则"等优点,适用于市场容量较小、个人投资者占比高的国家或发行量较小的项目。但是,由于在固定价格机制下,承销商与投资者缺少互动博弈的过程,因此市场化程度不足,定价效率较低。

---

[1] 李心丹.金融市场与金融机构.中国人民大学出版社,2013年.

2. 拍卖机制

在拍卖机制下,投资者在规定时间内申报申购价格和数量,申购结束后,主承销商对所有有效申购按价格从高到低进行累计,累积申购量达到新股发行量的价位就是有效价位,高于此价位的所有申报中标。

拍卖机制在定价过程中收集投资者的需求,具有较高的市场化程度,保证了发行的透明度和不易产生腐败,但易引发"搭便车"行为,可能会导致超额认购和严重溢价,从而扭曲定价过程。

3. 累计投标询价机制

在累计投标询价机制下,承销商在发行初期根据拟发行公司的估价确定一个初步的价格区间,然后通过路演等方式向潜在的投资者推介发行公司的基本情况,并根据法律规定披露发行公司的相关信息。同时,承销商与潜在的机构投资者接触,并要求机构投资者在价格区间按照不同的发行价格申报认购数量,这一申报认购价格和数量的时期就是累计投标询价期。当累计投标询价其结束,承销商将所有投资者在同一价格的申购量累计计算,得出一系列在不同价格上的总申购量。最后,按照总申购金额超过发行筹资额的一定倍数确定发行价格,并根据预订单情况对投资者发行金融资产。通常情况下,在股票挂牌交易后一定时间内,承销商为金融产品提供保价服务,即当二级市场跌破发行价时,承销商需从二级市场买入发行产品,以维持价格。

累计投标询价机制结合了固定价格机制和拍卖机制的特点,但由于承销商拥有分配的权力,倾斜机构投资者,个人投资者的权益不能得到保障,曾被爆出承销商要求机构投资者在二级市场购买产品或支付过高佣金的丑闻。

(二) 一级市场的价格形成机制

根据流动性提供的方式不同,二级市场价格形成机制可以分为指令驱动交易制度和报价驱动交易制度两种。

1. 指令驱动交易制度

指令驱动交易制度,又称拍卖制度,交易者提交指令并在拍卖过程中等待执行指令,交易系统根据一定的指令匹配规则来决定成交价格。要注意,在交易者提交指令时价格还没决定,因此指令驱动交易制度最本质的特征是通过提交限价指令来向市场提供流动性。

指令驱动交易制度的优点在于:透明度高,信息实时向市场发布;运行费用低,适合处理大量小额交易指令。

2. 报价驱动交易制度

在报价驱动交易制度下,做市商不断向投资者报出特定金融资产的真实买卖价格,并在该价位上接受投资者的买卖要求,以其自有资金和股票与投资者进行交易。投资者直接与做市商交易,无须等待指令的执行,因此这种交易机制也被称为连续交易商市场。

报价驱动交易制度优点在于成交及时,无须等待交易对手的买卖指令;交易价格稳定,做市商报价受市场交易规则约束,能够及时处理大量指令,减缓对价格变化的影响;抑制股价操纵,操纵者对持仓做市有所顾虑。

二、绿色金融市场交易机制的定义与内涵

绿色金融市场交易机制尚未形成达成广泛认同的定义,根据金融市场的交易机制的研究,绿色金融市场交易机制是指对支持绿色产业发展而产生的绿色金融工具定价的市场交易规则和保证规则实施的技术,以及规则和技术对定价机制的影响。这些绿色金融的工具包括绿色信贷、绿色保险、碳金融等。

与金融市场类似,绿色金融市场可以分为一级市场和二级市场,下面将对两种市场进行讨论。

(一) 绿色金融市场中的一级市场

绿色金融一级市场涉及与环境技术发明和环境保护相关的所有产品,如节能减排技术、排污权和捕捞使用权等。上述资源的所有权界定、转让授权、价格评估、评级、授信、担保、交易、托管、置换等行为构成了绿色金融一级市场的主要业务[1]。亦有学者认为,绿色金融一级市场即是绿色金融资产动员[2]。

绿色金融一级市场有效运行的关键是市场主体在本行业的投资收益率与其他行业持平,否则,一级市场的效益得不到充分的动员。为此要求绿色金融资源的资产证券化过程能够得到担保支持,市场主体数量充足。

目前,我国绿色金融一级市场尚未开始有效运行。

(二) 绿色金融市场中的二级市场

绿色金融二级市场是在一级市场资源和主体动员的基础上,形成让场内交易头寸活跃的做市主体、将场外业务导入场内来的做市主体、让交易成本降到最低的价格收敛商主体,并且三者在结构配比合理的基础上要达到门槛性数量[3]。

目前,就我国的实际情况来看,绿色金融二级市场的形成还处在前期状态。因此,就资本市场的发展来看,需要有绿色金融的独立市场。

三、绿色金融市场交易机制实例——以碳金融为例

2005年,Blue-Next交易所推出碳排放权配额的现货交易,同时欧洲气候交易所(European Climate Exchange,ECX)陆续推出以碳排放权配额为基础资产的期货、期权,使碳排放权具有金融资产的性质。但目前,"碳金融"尚未有统一定义。

世界银行出版的《碳市场现状和趋势》,认为碳金融指为购买产生的温室气体减排量的项目提供资源,主要指的是为碳减排项目进行相关投融资。

国内部分学者将其分为狭义碳金融和广义碳金融。狭义碳金融指以排放权期货和期

---

[1] 马骏.中国绿色金融发展与案例研究.中国金融出版社,2016.
[2] 曹和平.绿色金融的两级市场和三重含义.环境保护,2015(2).
[3] 有学者认为,三者加总应不少于1 500家,三类主体比例应达到1∶10∶10,做市主体数量不少于12—15家,最好在100家左右。参见曹和平.绿色金融的两级市场和三重含义.环境保护,2015(2).

权为代表的金融衍生产品的交易流通。广义碳金融不仅仅包括碳排放权及其衍生产品的投资交易、投机、买卖活动,同时也包括发展低碳能源项目的担保、咨询、融资等行为。

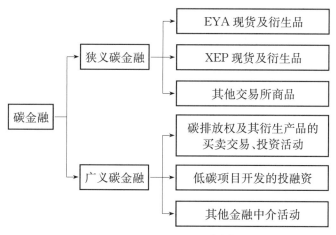

图 2.1　碳金融内涵[1]

目前碳金融的理论和实践尚不成熟,较难准确定义碳金融,但可以定论的是,碳金融是环境金融的一个重要分支,是应对期货变化所采取的金融行为。

碳排放权配额交易市场较为成熟,碳交易市场成交量和成交额均大幅上涨,碳排放权交易的流动性大大增强,为碳金融的发展提供了良好的基础。碳金融一方面可以使金融资本投资于减排或者创造碳资产的项目,另一方面依托于碳排放权资产开发碳指标交易、碳期货期权交易、碳债券等交易。

案例 2.1　碳金融一级市场案例——中广核风电附加碳收益中期票据[2]

1. 基本情况

发行主体	中广核风电有限公司
发行额	人民币 10 亿元
面值	人民币 100 元
期限	5 年
信用评级	AAA(主体)/AAA(债项)
评级机构	联合资信评估有限公司
债券性质	无担保债务

---

[1] 莫大喜等.碳金融市场与政策.清华大学出版社,2013.
[2] 马骏.中国绿色金融发展与案例研究.中国金融出版社,2016.

(续表)

发行时间	2014年5月8日
票面利率	固定利率＋浮动利率 固定利率：5.65%，比相同期限信用债估值低46个基点 浮动利率：根据本期中期票据发行文件设定的浮动利率定价机制确定，浮动利率按年核定，浮动利率的浮动区间为[5 BP,20 BP] 碳收益率：发行人按照计算期内碳收益计算得出的碳收益率。计算公式：碳收益率＝计算期碳收益/本期中期票据发行金额×100%。在计算过程中，该收益率采用百分数表示并保留小数点后两位 浮动利率定价机制：参照碳收益率确定煤气浮动利率，即： (1) 当碳收益等于或低于0.05%(含碳收益率为零的情况)时，当期浮动利率为5 BP； (2) 当碳收益等于或高于0.20%时，当期浮动利率为20 BP； (3) 当碳收益介于0.05%—0.20%时，按照碳收益率换算为BP的实际数值确认当期浮动利率
主承销商	上海浦东发展银行股份有限公司
联席主承销商	国家开发银行有限公司
发行对象	全国银行间债券市场的机构投资者
绿色认证机构	无(非贴标)[1]
募集资金用途	用于置换公司本部银行贷款或中广核财务有限责任公司贷款，拓宽融资渠道，降低财务成本

由于中广核该债券浮动收益和碳市场联动的作用，在某种意义上实现了"债券投资者通过投资碳债券而间接参与到蓬勃发展的国内碳交易市场"，属于绿色债券与碳金融积极关联的创新实践。

2. 案例启示

(1) 这是国内碳债券发行的首次实践，也是国内企业债券与碳金融的首次结合。这说明作为我国金融体系中重要的融资手段之一，企业主体在我国现有债券发行制度框架下发行碳债券已有必要性和可行性。企业碳债券是指符合债券监管要求的融资主体发行的，与其所从事的碳资产经营和管理活动相关的债券。从这一定义看，狭义的碳债券之所以区别于一般企业债券，在于发行主体的经营活动与碳资产具有不同程度的"相关性"。与碳资产经营和管理活动相关主要包括但不限于获得中国核证自愿减排量(CCER)的主体。随着政策引导的不断加强，市场碳风险定价等机制逐渐完备，投资者对碳金融产品的认可程度提高，预计企业碳债券作为以金融市场手段引导多元化资本投向节能减排的重要工具的作用将更加凸显。

(2) 碳债券创新当前政策风险较高。由于我国正处在全国性碳市场的积极构建阶段，从原来的局部试点到一个统一的市场体系，需要多方面的探索和实践积累。加上国际碳市场体系的变化甚至震荡，使得碳债券在未来一段时间内仍将持续具有较高的风险。

---

[1] "非贴标"指债券发行人未作自我声明，未对债券募集资金如何投向绿色项目做出说明和承诺，但募集资金实际用于投于绿色项目。

本债券中五个风电项目均已根据《联合国气候变化框架公约》和《京都议定书》完成了在联合国情节发展机制(CDM)项下的注册,但均须由CDM转入CCER项目才能取得碳收益。然而,其备案申请暂时还都处于搁置状态,因此相关碳收益都还未能实现。

(3) 碳债券的产品定价既要降低债券发行主体的融资成本,又要兼顾投资者的收益。中广核碳债券突出的定价创新体现在"固定利率+浮动利率"的定价方式,固定利率作为债券投资人的保底收益,浮动收益在5—20 BP,相当于内嵌了碳收益期货的金融属性。这种利率结构的设计既体现了投资人主动承担推动经济低碳发展的责任,又为碳债券利率低于市场同级别债券利率做了补偿,开拓了债务资本市场与碳交易市场相结合的新篇章。若未来可大规模推进,在一定程度上能够促进金融体系和资本市场向低碳循环经济导向下的新兴市场转变。

(4) 碳债券的发行基础既可以是项目本身,也可以是企业主体资产。其中,项目债的核心是作为基础资产的碳项目未来能够产生稳定的现金流,并能够获得国家核证自愿减排认证。债券可结合项目的总投资、建设周期、项目收益及收益回收期等情况设计债券的金额、期限、增信、利率等主要条款。由于节能减排项目通常具有资本支出较大、开发周期长、资金回报缓慢、外部政策不确定等特点,这类债券投资者认可度低、发行难度较大。

相对而言,主体债碳债券以企业的信用为基础,发行与碳资产经营与管理有关的债券。中广核发行的碳债券即以普通债权为基础,附带与碳金融资产收益相关的利率产品的主体债模式。该种模式通常只能解决主体评级较高的大中型减排企业融资问题,属"锦上添花"。很难解决主体评级较低的中小微减排企业融资问题,实现"雪中送炭"。

(5) 碳债券能否有效推动节能减排不完全取决于资金的直接用途,而体现于资金能否通过碳交易等市场机制得以有效配置。在碳金融市场发展初期,实现这一目标仍需要更多的政策引导。在注册或审批过程中,应着重考量债券募集资金与碳金融市场的相关性。相关性体现在募集资金直接用于能够获得国家核证自愿减排认证的有关节能减排项目上,并要求发行主体披露项目的运营情况,是债券监管部门和投资者更清晰地了解和跟踪节能减排项目,实现社会引领示范效应;另外,也要允许发行主体提高对谈金融市场的参与程度,提高节能减排项目、碳资产经营管理在企业经营中的比重,缩短募集资金与节能减排的距离,通过碳市场机制配置更为广泛的资金。

案例2.2 碳金融二级市场案例——北京碳市场交易规则[1]

1. 参与主体(交易参与人)

北京碳排放权交易的主体指符合北京环境交易所规定的条件,并签署《碳排放权入场交易协议书》的法人、其他经济组织或自然人,具体分为履约机构交易参与人、非履约机构

---

[1] 马骏.中国绿色金融发展与案例研究.中国金融出版社,2016.

交易参与人和自然交易参与人三类。

2. 交易产品

目前,北京碳市场的交易产品主要包括两类四种,分别是碳排放配额和经审定的项目减排量两类,后者分三种。

碳排放配额(BEA)是指由北京市发展改革委核定的,允许重点排放单位在本市行政区域一定时期内排放二氧化碳的数量,单位以"吨二氧化碳"(tCO_2)计。

经审定的项目减排量是指由国家发展改革委或北京市发展改革委审定的核证自愿减排量(CCER)、节能项目和林业碳汇项目的减排量等,单位以"吨二氧化碳"(tCO_2)计。

3. 交易规则

北京碳市场的交易方式,分为线上公开交易和线下协议转让两大类。

公开交易是指交易参与人通过交易所交易系统,发送申报/报价指令参与交易的方式。申报的交易方式分为整体竞价交易、部分竞价交易和定价交易三种方式。在整体竞价交易方式下,只能由一个应价方与申报方达成交易,每笔申报数量须一次性全部成交,如不能全部成交,交易不能达成。部分竞价交易方式下,可以由一个或一个以上应价方与申报方以申报方的申报价格达成交易,允许部分成交。

协议转让是指符合《北京市碳排放配额场外交易实施细则(试行)》规定的交易双方,通过签订交易协议,并在协议生效后到交易所办理碳排放配额交割与资金结算手续的交易方式。根据要求,两个及以上具有关联关系的交易主体之间的交易行为(关联行为),以及单笔配额申报数量10 000吨及以上的交易行为(大宗交易)必须采取协议转让方式。

[本章小结]

绿色金融市场即指进行能产生环境效益从而支持可持续发展的投融资活动的场所,亦即满足绿色项目的资金需要和供给的市场。

绿色金融市场按照标的物划分为绿色保险市场、绿色信贷市场、绿色债券市场和碳交易市场;按照金融资产的发行和流通则可以划分为绿色一级市场和绿色二级市场。

绿色金融市场中的金融机构是绿色金融资金和服务的主要提供方,包括传统的银行、保险公司和与证券相关的金融机构,以及政策性金融机构等。

交易机制作为金融市场微观结构的一个重要组成部分,在保持市场流动性和稳定性、提高市场有效性和透明度以及降低交易成本方面起着重要的作用。在绿色金融市场,交易机制的建设和完善是保证市场有效运行的必要条件,绿色金融市场交易机制与现有金融市场交易机制不可分割。绿色金融市场交易机制尚未形成达成广泛认同的定义,根据金融市场的交易机制的研究,绿色金融市场交易机制是指对支持绿色产业发展而产生的绿色金融工具定价的市场交易规则和保证规则实施的技术,以及规则和技术对定价机制的影响。这些绿色金融的工具包括绿色信贷、绿色保险、碳金融等。

[思考与练习]

1. 如何划分绿色金融市场？不同分类的绿色金融市场包括哪些？
2. 绿色金融市场的参与机构包括哪些？分别发挥什么职能？
3. 请结合金融学相关知识指出绿色金融市场的交易机制包括哪些？

[参考文献]

1. 曹凤岐,贾春新.金融市场与金融机构.北京大学出版社,2002.
2. 曹和平.绿色金融的两级市场和三重含义.环境保护,2015(2).
3. 单国俊.我国绿色金融的发展：执行标准、市场状况与政策演进.商业经济,2018(10).
4. 黄贤.我国绿色金融发展问题及对策探讨.Environmental Protection，Vol.42(No.14)2014.
5. 《交通银行2017年企业社会责任报告》.
6. 金风科技投资产业基金被关注.证券时报,2016-04-19,http：//company.stcn.com/2016/0419/12677274.shtml.
7. 李心丹.金融市场与金融机构.中国人民大学出版社,2013.
8. 刘婧.国际碳交易市场发展特点对中国的启示研究.财经界,2018(9).
9. 马骏.论构建中国绿色金融体系.金融论坛,2015(5).
10. 马骏.中国绿色金融发展与案例研究.中国金融出版社,2016.
11. 莫大喜等.碳金融市场与政策.清华大学出版社,2013.
12. 欧睿智.环境污染责任保险在我国的发展趋势.世界金属导报,2017-7-25.
13. 齐闻潮.发展绿色金融走向新时代 发行绿色债券作出新贡献.中国金融新闻网,2017-11-21,http：//www.financialnews.com.cn/sc/zq/201711/t20171121_128110.html.
14. 田辉.中国绿色保险的现状问题与未来发展.宏观经济,2014(5).
15. 田惠敏.中国绿色金融市场的现状与展望.中国市场,2016(39).
16. 王振洲.我国绿色信贷发展历程及实践.时代金融,2018(12).
17. 魏学坤.深耕细作,构建国际领先的绿色信贷银行——中国工商银行绿色信贷实践与探索.中国城市金融,2016(1).
18. 吴腾华.金融市场学.立信会计出版社,2004.
19. 杨锦琦.我国碳交易市场发展现状、问题及对策.企业经济,2018(10).
20. 《中国工商银行股份有限公司2018社会责任(环境、社会、管治)报告》.
21. 《中国农业发展银行2017年社会责任报告》.
22. 《中国银行2018年度社会责任报告》.
23. 周慧,杨鸿雁.中国证券市场交易机制研究.合作经济与科技,2009(7).

第三章 绿色金融法律制度

[学习要求]

1. 掌握绿色金融法律制度的概念。
2. 了解绿色金融法律制度的产生和发展、现状和展望。
3. 熟悉我国绿色金融的立法规范。

[本章导读]

本章首先介绍了绿色金融法律制度的含义,并对绿色金融法律制度的调整对象——绿色金融的法律定义进行了分析。接着,本章以绿色金融综合性法律规范以及绿色信贷、绿色投资、绿色债券、绿色保险法律规范为重点,对绿色金融法律制度的产生和发展进行了阐述,并对绿色金融法律制度的现状和展望进行了分析。之后,本章对我国绿色金融的立法现状进行了介绍,对其中存在的问题进行了剖析,并提出了相应的对策建议。

绿色金融法律制度是调整绿色金融的全部现行法律规范的总称。从国际和国内绿色金融法律制度的发展情况来看,绿色金融法律制度与绿色金融相伴而生,其通过设定绿色金融的规范体系和目标,为绿色金融的发展奠定了坚实的基础并提供了充分的保障,是绿色金融可持续发展的基本要素之一。绿色金融法律制度对于绿色金融发展所起的重要作用,充分印证了知名经济学家 Mishkin 先生的著名论断,即"法律制度(该制度不仅由法律法规组成,而且还包括法院和市场监管者的基本架构)系经济发展的主要决定因素,尤其是在金融发展方面"[1]。

---

〔1〕 转引自阿尔巴尼亚银行行长 Ardian Fullani 先生 2008 年 11 月 17 日在银行法专题研讨会上的讲话,https://www.bankofalbania.org/Press/Press_Releases/Speech_of_the_Governor_of_the_Bank_of_Albania_Mr_Ardian_Fullani_at_the_Banking_Law_Workshop_Tirana_International_Hotel_17_November_2008.html, Speech of the Governor of the Bank of Albania, Mr., at the Banking Law Workshop, Tirana International Hotel, 17 November 2008,2018 年 10 月 1 日访问。

第一节 绿色金融法律制度概述

一、绿色金融法律制度的产生和发展

一般认为,绿色金融法律制度发端于 1980 年美国制定的《综合环境应对、赔偿和责任法》(Comprehensive Environmental Response, Compensation and Liability Act, CERCLA,又称《超级基金法》),该法案要求贷款人承担其参与管理的污染设施的清理费用,提高了贷款人的风险,从而对金融机构将环境考量纳入其决策程序起到了巨大的推进作用。受该法的影响,银行及其他金融机构(比如保险公司)开始建立风险管理及环境评估机制,以管理环境风险并确定其可能的金融后果[1],这推动了绿色金融综合性国际和国内法律规范,以及绿色金融各领域(包括绿色信贷、绿色投资、绿色债券、绿色基金、绿色政府与社会资本合作、绿色保险、环境权益等)国际和国内法律规范的制定,使得绿色金融法律制度逐步发展起来。限于篇幅,本书将重点介绍绿色金融综合性法律规范,以及绿色信贷、绿色投资、绿色债券、绿色保险法律规范的发展。

(一) 绿色金融综合性法律规范的发展

绿色金融综合性法律规范系指涵盖一个以上绿色金融领域的法律规范。

1.《联合国气候变化框架公约》

1992 年,联合国召开地球问题首脑会议,达成《联合国气候变化框架公约》。《联合国气候变化框架公约》是一份基础性的气候公约,该公约迈出了解决气候变化问题的第一步,并且为后续的诸多国际气候公约,包括《京都议定书》《巴黎协定》等提供了平台。截至目前,该公约已获得几乎所有国家的批准,已有 197 个国家成为该公约的缔约国[2]。

在绿色金融方面,该公约首次对作为绿色金融重要组成部分的气候金融作出了规定。具体而言,其一,根据该公约第四条的规定,发达国家缔约方和其他发达缔约方应提供新的和额外的资金,以支付发展中国家缔约方为履行向缔约方会议提供含有相关内容(包括用缔约方会议推行和议定的可比方法编成的关于《蒙特利尔议定书》未予管制的所有温室气体的各种源的人为排放和各种汇的清除的国家清单等)的信息而产生的全部费用。它们还应提供发展中国家缔约方所需要的资金,包括用于技术转让的资金,以支付为执行该条规定的相关措施(包括用缔约方会议议定的可比方法编制、定期更新、公布并提供关于《蒙特利尔议定书》未予管制的所有温室气体的各种源的人为排放和各种汇的清除的国家清单等等)的全部增加费用。此外,它们还应帮助特别易受气候变化不利影响的发展中国

---

[1] Oren Perez, The New Universe of Green Finance: From Self-Regulation to Multi-Polar Governance, http://citeseerx.ist.psu.edu/viewdoc/download?doi=10.1.1.535.1969&rep=rep1&type=pdf,2018 年 10 月 1 日访问。

[2] 参见联合国网站的介绍,https://www.un.org/zh/sections/issues-depth/climate-change/,2018 年 11 月 3 日访问。

家缔约方支付适应这些不利影响的费用。其二,根据该公约第十一条的规定,公约建立了一个在赠予或转让基础上提供资金、包括用于技术转让的资金的机制。该机制应在公约缔约方会议的指导下行使职能并向其负责,并应由缔约方会议决定该机制有关资金的政策、计划优先顺序和资格标准。该机制的经营应委托一个或多个现有的国际实体负责。目前负责的国际实体为全球环境基金(Global Environment Facility)以及绿色气候基金(Green Climate Fund)。同时,该公约第十一条还规定,发达国家缔约方还可通过双边、区域性和其他多边渠道提供并由发展中国家缔约方获取与履行公约有关的资金。

2.《京都议定书》

1997年,在《联合国气候框架公约》第三届缔约方大会上,各缔约国通过了《京都议定书》。在气候金融方面,《京都议定书》重申了《联合国气候变化框架公约》有关发达国家缔约方和其他发达缔约方应提供新的和额外的资金,以及发展中国家缔约方所需要的资金,以支付全部费用和全部增加费用的义务。同时,《京都议定书》还规定,发达国家缔约方和其他发达缔约方也可以通过双边、区域和其他多边渠道提供并由发展中国家缔约方获取履行该议定书第十条规定的承诺(包括制定、执行、公布和定期更新载有减缓气候变化措施和有利于充分适应气候变化措施的国家或区域的方案等等)的资金。除了对气候金融作出规定之外,《京都议定书》还对温室气体排放交易作出了规定,从而涵盖了绿色金融的另一个重要领域——环境权益。

3.《巴黎协定》

2015年12月,《联合国气候变化框架公约》的缔约方在巴黎气候变化大会上达成《巴黎协定》。这是继《京都议定书》后第二份有法律约束力的气候协议,为2020年后全球应对气候变化行动作出了安排。与《联合国气候变化框架公约》和《京都议定书》一样,《巴黎协定》亦对气候金融作出了规定。首先,该协定第八条规定,缔约方应当在合作和提供便利的基础上,在气候变化不利影响所涉损失和损害方面加强理解、行动和支持,相关领域可包括风险保险机制、气候风险分担安排和其他保险方案。其次,根据该协定第九条的规定,发达国家缔约方应为协助发展中国家缔约方减缓和适应两方面提供资金,以便继续履行其在《联合国气候变化框架公约》下的现有义务。作为全球努力的一部分,发达国家缔约方应当继续带头,从各种大量来源、手段及渠道调动气候资金。此外,该条规定还首次鼓励其他缔约方自愿提供或继续提供资金。

(二)绿色信贷法律规范的发展

所谓绿色信贷,系指专门用于为新的和/或既存的适格绿色项目全部或部分提供融资或再融资的任何类型的贷款工具。

1.《银行业关于环境和可持续发展的声明》

1992年,联合国环境规划署联合世界主要金融机构成立金融倡议组织,并于当年发布了《银行业关于环境和可持续发展的声明书》。该声明书强调了将环境考量纳入银行的标准风险评估流程的必要性。该声明书于1997年被修改为《金融机构关于环境和可持续发展的声明书》。修改后的声明书由第1条"对可持续发展的承诺"、第2条"环境管理和金融机构"、第3条"公共意识和交流"组成。其中第2条规定"我们承诺遵从适用于我们的业务和商业服务的地方、国家和国际环境法规。我们要争取将环境考虑纳入我们在所有市场的业务、资产管理和其他商业决策之中"(第2.2条);"我们确认,认明环境风险并将之以数量表示应是国内和国际业务上环境评估和管理的正常程序中的一环。关于我们的顾客,我们认为,遵守对他们适用的环境法规、使用正确的环境做法是证实有效公司管理的重要因素"(第2.3条);"我们将努力采用最好的环境管理方法,包括能源效率、再循环以及将废物量减至最低。我们将设法遵循相似的高环境标准的伙伴、供应商及分包商建立商业关系"(第2.4条);"我们打算定期更新我们的做法,以便纳入环境管理方面的有关发展。我们鼓励金融界在这些和有关领域进行研究"(第2.5条);"我们认识到有必要定期地进行内部环境评审,以对照我们的环境目标衡量我们的活动"(第2.6条);我们鼓励金融服务界发展能促进环境保护的产品和服务(第2.7条)。第3条规定:"我们建议,金融机构应拟订并发表它们的环境政策声明,并定期报告它们采取了什么步骤促进它们的业务同环境考虑相结合"(第3.1条);"我们将酌情同顾客共享资料,以便他们能够加强其本身减少环境风险的能力,促进可持续发展"(第3.2条)。该修改后的声明书于2010年与保险业关于环保承诺的声明书合并为一个声明书,即《金融机构关于可持续发展的承诺的声明书》,并最终于2011年定稿。此声明书的内容与《金融机构关于环境和可持续发展的声明书》的内容基本相同。

2.《赤道原则》

2003年6月,10家全球性金融机构发布了《赤道原则》,该原则系金融机构采用的、在融资过程中用于确定、评估及管理项目中的环境及社会风险的风险管理框架。该原则的主要目的,是为项目尽职调查和监督提供最低标准以支持负责任的风险决定的作出[1]。该原则发布后,历经2006年、2012年和2013年三次修改,目前适用的是2013年6月发布的版本。2013版《赤道原则》的主要内容包括序言、范围、方法及原则声明等。

首先,关于该原则的适用范围,2013版《赤道原则》明确规定,该原则适用于全球各行各业。在支持一个新融资项目时,该原则适用于下述四种金融产品。

第一,项目资金总成本达到或超过1 000万美元的项目融资咨询服务。

第二,项目资金总成本达到或超过1 000万美元的项目融资。

第三,符合下述四项标准的用于项目的公司贷款(包括出口融资中的买方信贷形式):
(1) 大部分贷款与客户拥有实际经营控制权(直接或间接)的单一项目有关;
(2) 贷款总额为至少1亿美元;
(3) 接受赤道原则的金融机构单独贷款承诺(银团贷款或顺销前)为至少5 000万美元;
(4) 贷款期限为至少2年。

第四,过桥贷款,贷款期限少于两年,且计划借由预期符合上述相应标准的项目融资或一种用于项目的公司贷款进行再融资。

此外,对于该原则能否追溯适用的问题,该原则明确,虽然该原则原则上不追溯适用于过往项目,但当现有项目涉及扩充或提升现有设备,而有关改动在规模或范围上或会对环境及社会造成重大风险和影响,又或对现有影响的性质或程度带来重大转变,则接受赤

---

[1] 参见赤道原则网站的介绍,https://equator-principles.com/about/,2018年11月3日访问。

道原则的金融机构会就有关项目所涉及的融资应用赤道原则。

其次,关于该原则的适用方法,2013版《赤道原则》规定,对于项目融资和用于项目的公司贷款,接受赤道原则的金融机构仅会为符合该原则规定的10条原则的项目提供项目融资和用于项目的公司贷款。对于项目融资咨询服务和过桥贷款,接受赤道原则的金融机构则会在提供项目融资咨询服务和过桥贷款时,让客户明白赤道原则的内容、应用和在预期项目中采用赤道原则的益处。接受赤道原则的金融机构会要求客户在其后物色长期性融资时,向该机构表示有意遵守赤道原则的规定。该机构会指导并支持客户循序渐进地应用赤道原则。对于原则1中所界定的A类或B类的过桥贷款,如果在贷款期限内,项目处于可行性分析阶段并预计不会产生任何影响,接受赤道原则的金融机构将确认客户会进行一次社会和环境评估操作。如果在贷款期限内,社会和环境评估文件已准备好,项目开发即将开始,会适当与客户合作确定一名独立环境和社会顾问并开展一定量的工作,以着手进行原则7所界定的独立审查。

再次,关于适用的具体原则,2013版《赤道原则》规定了10条原则:原则1,审查和分类;原则2,环境和社会评估;原则3,适用的环境和社会标准;原则4,环境和社会管理系统以及赤道原则行动计划;原则5,利益相关者的参与;原则6,投诉机制;原则7,独立审查;原则8,承诺性条款;原则9,独立监测和报告原则;原则10,报告和透明度。

3.《绿色信贷原则》

2018年3月,贷款市场公会(Loan Market Association)发布了《绿色信贷原则》(*Green Loan Principles*)(以下简称《原则》),该《原则》明确规定了绿色信贷的四个基本原则:原则一,贷款资金的使用;原则二,项目评估和选择过程;原则三,资金的管理;原则四,报告。原则一强调,绿色信贷的根本决定因素,是将贷款资金用于绿色项目(包括其他相关和支持性支出,包括研发支出),该等使用应在融资文件中予以恰当描述。原则二指出,绿色信贷的借款人应明确告知贷方:(1)其环境可持续性目标;(2)其确定其项目如何符合《原则》附录1中规定的适格类别(包括但不限于可再生能源、能效等)的过程;(3)相关的适格标准,包括(如适用)排除标准或用于识别和管理与拟议项目相关的潜在重大环境风险的任何其他过程。原则三强调,绿色贷款资金应记入专用账户或由贷款人以适当方式跟踪,以保持透明度并促进产品的完整性。如果绿色信贷采用一笔或多笔贷款的形式,则必须明确指定绿色部分,绿色部分的收益记入单独的账户或由贷款人以适当的方式跟踪。原则四指出,借款人应对有关贷款使用的容易获得的最新信息每年予以更新,直至贷款已被完全提取,此后如有必要,借款人应在出现重大发展的情况下对前述信息予以更新。

(三)绿色投资法律规范的发展

绿色投资的概念通常有广义和狭义两种,广义的绿色投资又可被称为社会责任投资、责任投资,系指一种投资方法,该方法的目标,是将环境、社会和公司治理因素纳入投资决策之中,更好地规制风险并产生可持续的、长期的回报[1]。狭义的绿色投资则是社会责任投资的一种,具体而言,根据OECD报告,狭义绿色投资系指:(1)针对主要在可再生能源、清洁

---

[1] What is Responsible Investment? https://www.unpri.org/pri/what-is-responsible-investment, 2018年11月3日访问。

技术、环境技术或与可持续相关的市场中经营的公司和项目以及所使用的金融工具进行的低碳和气候适应型投资;(2) 特定于气候变化的投资[1]。本书使用广义绿色投资的概念。

1.《责任投资原则》

2006 年,联合国环境规划署金融倡议、联合国全球契约以及 32 家机构投资者共同发布了《责任投资原则》。该原则的目的是认识环境、社会和治理问题对投资的影响,并支持签署方将这些问题纳入投资和所有权决策[2]。迄今为止,该原则已有来自 50 个国家的 1 400 多个签署方。该原则主要由以下六个具体原则组成。

原则 1:投资者将会把环境、社会和治理问题融入投资分析及决策作出程序之中。

原则 2:投资者将会成为积极的所有权人并将环境、社会和治理问题融入投资者的所有权政策和实践之中。

原则 3:投资者将寻求其投资的实体就环境、社会和治理问题进行恰当的披露。

原则 4:投资者将提高原则在投资业界的接受度和执行度。

原则 5:投资者将共同协作以增进执行原则的效果。

原则 6:投资者将各自报告其有关执行原则的活动及进展。

2.《投资者义务与责任全球声明》

2016 年 6 月 29 日,联合国环境规划署金融倡议、联合国责任投资原则、联合国环境规划署可持续金融系统探寻项目和世代基金会共同发布了《投资者义务与责任全球声明》。该声明呼吁国际政策制定者和各国政府明确投资者和投资体系中其他组织的义务和责任;该声明还特别要求各国政府明确投资者和投资体系中的其他组织必须仔细审慎、勤勉尽责,必须为其受益人和客户善意诚信行事,必须在其投资流程及与其所投资的公司与发行人沟通的过程中考虑环境、社会及治理因素。该声明可由投资者签署加入,签署该声明的投资者既可以以此为框架与政策制定者进行沟通,也可以借此表明这是投资者切实关心的问题。对政策制定者而言,该声明可以让他们明确,这是一项受投资者关心的举措,从而坚定他们明确投资者义务与责任的信心。

3.《"一带一路"绿色投资原则》

2018 年 11 月,中国金融学会绿色金融专业委员会与伦敦金融城在伦敦公布了《"一带一路"绿色投资原则》的文本。参与该原则起草工作的机构还包括世界经济论坛、联合国责任投资原则组织、"一带一路"银行家圆桌会、绿色"一带一路"投资者联盟、保尔森基金会等多家机构[3]。2019 年 4 月 25 日,20 余家国际大型机构在北京签署了该原则。

《"一带一路"绿色投资原则》主要由以下七个原则组成:原则一,将可持续性纳入公

---

[1] Inderst, G., Kaminker, Ch., Stewart, F., "Defining and Measuring Green Investments: Implications for Institutional Investors' Asset Allocations", OECD Working Papers on Finance, Insurance and Private Pensions, No.24. OECD Publishing, https://www.oecd.org/pensions/WP_24_Defining_and_Measuring_Green_Investments.pdf, 2018 年 10 月 1 日访问。

[2] PRI Brochure, https://www.unpri.org/pri/about-the-pri, 2018 年 11 月 3 日访问。

[3] 全球 27 家机构签署《"一带一路"绿色投资原则》, http://greenfinance.xinhua08.com/a/20190426/1821954.shtml, 2019 年 5 月 20 日访问。

司治理;原则二,充分了解环境、社会和治理风险;原则三,充分披露环境信息;原则四,加强与利益相关方沟通;原则五,充分运用绿色金融工具;原则六,采用绿色供应链管理;原则七,通过多方合作进行能力建设。

(四)绿色债券法律规范的发展

绿色债券,系指将募集资金专用于为新增及/或现有合格绿色项目提供部分/全额融资或再融资的各类型债券工具。

1.《绿色债券原则》

《绿色债券原则》系由美国银行美林证券、花旗银行、法国东方汇理银行等10余家投资银行于2014年共同制定。之后,该原则的相关事项,包括秘书处的指定和监督、该原则的修订等,均由绿色债券发行人、投资机构和承销商组成的绿色债券原则执行委员会负责。自2014年以来,该原则每年均进行了更新,目前最新的版本是2018年6月公布的《绿色债券原则》2018版。

《绿色债券原则》是一套自愿性的流程指引,通过明确绿色债券的发行方法提高信息透明度与披露水平,提升绿色债券市场发展中的互信程度。该原则为发行人发行可信的绿色债券所涉及的关键要素提供指引;促进必要信息的披露,协助投资者评估绿色债券对环境产生的积极影响;建立标准披露规范,帮助承销商促成交易。根据《绿色债券原则》2018版的规定,绿色债券的基本原则主要有四:其一,募集资金用途;其二,项目评估与遴选流程;其三,募集资金管理;其四,报告。

2.《气候债券标准》

2010年12月,气候债券倡议组织发布了《气候债券标准》的1.0版本。此后,气候债券倡议组织又分别于2015年12月、2017年1月发布了《气候债券标准》的2.0版本、2.1版本。根据《气候债券标准》第2.1版的规定,《气候债券标准》为评判债券或其他债务工具的绿色资质提供了明确标准。该标准旨在提供有力的方法,就债券募集资金投向与低碳和气候适应型经济的实现相符的项目和资产予以核查。《气候债券标准》的核心部分,是气候债券标准和认证机制。该机制迈出了从《绿色债券原则》中载明的宽泛的诚信原则发展至有力及有效的认证系统的重要一步,其主要特点包括:(1)与《绿色债券原则》的最新版本完全契合;(2)有关募集资金用途、跟踪、报告的明确的强制性要求;(3)针对低碳和气候适应项目和资产的特定资格标准;(4)具备独立核查机构和明确核查流程的鉴证框架;(5)由独立的气候债券标准委员会所批准的认证。

除了对气候债券标准和认证机制作出规定之外,《气候债券标准》还对发行前要求、发行后要求以及气候债券认证作出了规定。

目前,气候债券倡议组织正在草拟《气候债券标准》的3.0版本,该版本对2.1版本的主要修改为:根据《绿色债券原则》的规定,提高了披露要求;对债券发行前和发行后的要求进行了更多的澄清;为阶段性分配收益的债券的发行人提供了更多的灵活度等[1]。

---

[1] Development of the Climate Bonds Standard, https://www.climatebonds.net/standard/download,2019年5月1日访问。

(五) 绿色保险法律规范的发展

绿色保险通常是指与环境风险管理有关的各种保险计划，其实质是将保险作为一种可持续发展的工具，以应对与环境有关的一些问题，包括气候变化、污染和环境破坏[1]。绿色保险包括环境污染责任保险、气候变化保险、可再生能源项目保险、绿色建筑保险、节约能源保险、碳捕捉/存储保险等。

1.《保险业环境承诺声明》

联合国环境规划署金融倡议组织于1995年发布了《联合国环境规划署保险业环境承诺声明》。该声明第2.1条规定："我们将在我们的核心活动中加强对环境风险的关注。该等活动包括风险管理、损失防范、产品设计、索赔处理以及资产管理"。该声明书于2010年与《金融机构关于环境和可持续发展的声明书》合并为《金融机构关于可持续发展的承诺的声明书》，并最终于2011年定稿。该声明书的相关内容可参见"绿色信贷国际法律规范的发展"部分有关《银行业关于环境和可持续发展的声明》的介绍。

2.《可持续发展保险原则》

联合国金融倡议组织2012年6月于联合国可持续发展大会上发布了《可持续发展保险原则》，将近30家保险公司签署了该原则。该原则就管理保险业中范围广泛的全球性及正在出现的风险（从气候变化和自然灾害到缺水、食物不安全以及疾病流行）提供了全面的举措。该原则系第一个保险业全球可持续发展的框架，此框架考虑了自然资本、社会资本以及善治的基本经济价值。

原则1：保险业将在其决策中嵌入与其保险业务相关的环境、社会及治理问题。

原则2：保险业将与其客户和业务伙伴一起努力提高对环境、社会及治理问题的意识，管控风险及制定解决方案。

原则3：保险业将与政府、监管者以及其他重要利益相关者一起促进全社会有关环境、社会及治理问题的广泛的行动。

原则4：保险业将通过经常性公开披露其执行原则的进展，展示其责任心和透明度。

二、绿色金融法律制度的现状和展望

(一) 绿色金融法律制度的现状

目前，在绿色金融综合性领域以及其他基本领域（包括绿色信贷、绿色投资、绿色债券、绿色基金、绿色PPP、绿色保险、环境权益等），一些国际组织（包括联合国及其下属机构、OECD等政府间国际组织，以及贷款市场公会、气候债券倡议组织等非政府国际组织）和金融机构已经制定了一定数量的法律规范，构建了基本的法律框架。纵观这些绿色金融现行国际法律规范，可以看出如下两类特点。

首先，在性质方面，这些法律规范大部分属于"软法"性质的法律规范，亦即这些法律

---

[1] 国务院发展研究中心：中国绿色保险的现状、问题与未来发展，http://www.drc.gov.cn/xscg/20140506/182-473-2879817.htm，2019年1月7日访问。

规范属于自愿、非正式的指导原则,其并不创设任何法律上的义务[1]。在此情况下,这些法律规范的实施效果如何,不无疑问。以绿色信贷国际法律规范中的赤道原则为例,有关该原则的一个最为引人注目的意见是,该原则实际上无法强迫接受该原则的金融机构(以下简称"赤道原则金融机构")做任何事情。在相关赤道原则金融机构未执行赤道原则的情况下,目前既不存在将该金融机构除名的机制,也无法要求该金融机构承担任何民事或刑事责任。这意味着,一个选择承受公众批评的赤道原则金融机构仍然能够在其视为合适的任一项目中选择性地执行赤道原则[2]。由此,尽管联合国和其他国际组织未来制定的声明、原则等可能具有更强的执行力,但赤道原则似已在强制国际银行遵守其社会和环境义务方面到达其上限[3]。

其次,在内容方面,目前制定的绿色金融国际法律规范多为原则性规定,操作性不强,且未就"绿色""绿色金融"等基本概念作出明确、统一的界定,这就为所谓的"漂绿"亦即绿色信贷、绿色投资、绿色债券、绿色基金、绿色PPP、绿色保险等绿色产品的提供者就其产品的环境友好性作出误导性的陈述留下了空间[4]。

(二)绿色金融法律制度的展望

伴随着可持续发展理念的日益普及和《巴黎协定》的深入实施,相关国际组织以及相关金融机构等制定的绿色金融国际法律规范仍将持续出现。不过,囿于绿色金融市场尚处于成长期,各领域均不太成熟的现实情况,短期内新的绿色金融国际法律规范很可能仍以"软法"为主,以引导尽可能多的包括金融机构在内的绿色金融市场主体自愿遵守这些规范,并且,这些规范短期内也不太可能就"绿色""绿色金融"等基本概念作出明确、统一的界定。但从长期来看,一旦绿色金融市场经过一段时间的发展而趋于成熟,则软法性质的国际法律规范可能因约束力不足而无法满足规制绿色金融市场的要求。在此情形下,具备约束力的"硬法"性质的绿色金融国际法律规范很可能将越来越多,并有可能成为绿色金融国际法律规范的主流。同时,这些法律规范有可能就绿色金融各方面的问题,包括"绿色"和"绿色金融"的基本概念作出全面、统一且富有操作性的规定。

第二节 我国绿色金融法律制度立法规范

一、我国绿色金融的立法现状

我国现行绿色金融立法包括绿色金融综合性规范立法、绿色信贷立法、绿色投资立

---

[1] Joshua A. Lance, Equator Principles III: A Hard Look at Soft Law, 17 N.C. Banking Inst. 175 (2013), p.175, http://scholarship.law.unc.edu/ncbi/vol17/iss1/8., 2018年10月1日访问。

[2] Ibid., p.198.

[3] Ibid., p.199.

[4] DIE, Green Finance: Actors, Challenges and Policy Recommendations, https://www.die-gdi.de/uploads/media/BP_23.2016.pdf, 2018年10月1日访问。

法、绿色债券立法、绿色基金立法、绿色PPP立法、绿色保险立法以及环境权益立法等。考虑到我国目前正在大力发展绿色金融,同时考虑到在绿色金融各领域中,绿色信贷、绿色债券以及绿色保险的重要性位居前列。因此,本书将重点介绍绿色金融综合性规范、绿色信贷、绿色债券和绿色保险的立法现状,同时讨论这些立法中存在的问题并提出相应的对策建议。

(一)绿色金融综合性规范的立法现状

目前,我国制定的、涵括一个以上绿色金融领域的绿色金融综合性法律规范,主要包括中共中央、国务院以及国务院相关部门制定的规范性文件。据不完全统计,2007年至今,中共中央、国务院以及国务院相关部门已制定了20余件绿色金融综合性规范性文件。其中较为重要的有以下三项。

第一,2015年9月,中共中央、国务院制定的《生态文明体制改革总体方案》。该方案在明确提出建立绿色金融体系的同时,还对推广绿色信贷、研究设立绿色股票指数和发展相关投资产品、研究银行和企业发行绿色债券、支持设立各类绿色发展基金、在环境高风险领域建立环境污染强制责任保险制度、推行碳排放权、排污权、用能权和水权交易制度等作出了规定,从而基本完成了我国绿色金融综合性规范立法的顶层设计。

第二,2016年8月,七部委为贯彻《生态文明体制改革总体方案》而发布的《指导意见》。该意见一是明确界定了绿色金融和绿色金融体系的含义;二是就大力发展绿色信贷、推动证券市场支持绿色投资、设立绿色发展基金、通过PPP模式动员社会资本、发展绿色保险、完善环境权益交易市场、支持地方发展绿色金融、推动开展绿色金融国际合作、防范金融风险等作出了较为详尽的规定,从而基本建立了我国绿色金融综合性规范立法的四梁八柱。

第三,2019年3月,国家发改委、工业和信息化部、自然资源部、生态环境部、住房城乡建设部、中国人民银行、国家能源局联合发布的《绿色产业指导目录》。该目录在广泛征求意见的基础上,就"绿色产业"作出了明确的、具有权威性的界定,即绿色产业包括节能环保产业、清洁生产产业、清洁能源产业、生态环境产业、基础设施绿色升级以及绿色服务六大类别,在这六大一级分类下又细分为30项二级分类以及211项三级分类[1]。经由对绿色产业的界定,该目录廓清了我国绿色金融中"绿色"的含义,弥补了此前《生态文明体制改革总体方案》及七部委指导意见因未就绿色金融中的"绿色"进行定义,导致实践中存在泛绿化现象的缺憾,从而在很大程度完善了绿色金融综合性规范立法的顶层设计,加固了绿色金融综合性规范立法的四梁八柱。

除了中共中央、国务院和国务院相关部门制定的绿色金融综合性规范性文件之外,我国地方政府及政府部门也制定了许多绿色金融综合性规范性文件,比如福建省人民政府制定的《福建省绿色金融体系建设实施方案》、新疆维吾尔自治区人民政府制定的《关于自治区构建绿色金融体系的实施意见》、江苏省环保厅、江苏省人民政府金融办、江苏省财政

---

〔1〕 发改委有关负责人就《绿色产业指导目录(2019年版)》答记者问,http://www.h2o-china.com/news/288530.html,2019年5月15日访问。

厅、江苏省发改委、江苏省经济和信息化委员会、中国人民银行南京分行、江苏省银监局、江苏省证监局、江苏省保监局制定的《关于深入推进绿色金融服务生态环境高质量发展的实施意见》等。这些规范性文件也是我国绿色金融法律规范的重要组成部分。

纵观中共中央、国务院、国务院相关部门以及地方政府和相关部门制定的绿色金融综合性规范性文件，可以看出，我国现行绿色金融综合性法律规范具有如下两个特点。

(1) 绿色金融综合性法律规范的内容日益全面。根据笔者掌握的信息，我国制定的第一个绿色金融综合性法律规范，是2007年5月国务院制定的《关于印发节能减排综合性工作方案的通知》，该通知一方面对绿色信贷作出了规定，即鼓励和引导金融机构加大对循环经济、环境保护及节能减排技术改造项目的信贷支持；另一方面则对绿色保险作出了规定，即研究建立环境污染责任保险制度。之后，伴随着我国绿色金融的发展，我国制定的绿色金融综合性法律规范所涉及的绿色金融领域日益增多，内容亦日益全面。此方面的典型范例，是2016年8月七部委发布的《指导意见》，该意见不仅明确界定了绿色金融和绿色金融体系的含义，而且还就绿色信贷、绿色债券、绿色投资、绿色发展基金、绿色PPP、绿色保险、环境权益等诸多绿色金融领域作出了规定。

(2) 绿色金融综合性法律规范的可操作性日益增强。起先，由于实践不足，经验欠缺等原因，我国制定的绿色金融法律规范均较为原则，可操作性不强。此后，由于我国有关绿色金融的实践日渐增多，经验日渐丰富，我国绿色金融综合性法律规范的可操作性亦日渐增强。在中央法律规范层面，此方面的典型范例，是2017年6月中国人民银行、国家发改委、财政部、环境保护部、银监会、证监会、保监会等七部委针对浙江省湖州市、衢州市，广东省广州市，江西省赣江新区，新疆维吾尔自治区哈密市、昌吉州和克拉玛依市以及贵州贵安新区等五个绿色金融改革创新实验区，分别制定的五份总体建设方案。这五份方案分别根据五个绿色金融改革创新实验区的不同情况，提出了既具共性（比如五份方案均提出发展绿色保险），又有差别（比如广州市的方案即针对广州市对外开放程度高的特点，特别提出支持实验区外资企业的境外母公司或子公司按规定在境内银行间市场发行人民币绿色债券等）的绿色金融发展思路。在地方法律规范层面，此方面的典型范例则是江苏省九部门制定的《江苏省推进绿色金融意见》，该意见结合实践经验，对如何推进绿色金融作出了富有操作性的规定，比如建立环保项目贷款风险分担机制、对绿色信贷进行贴息、对成功发行绿色债券的非金融企业年度实际支付利息的30%进行贴息等。

(二) 绿色信贷的立法现状

据不完全统计，截至目前，我国国务院及国务院相关部门已经制定了40余件有关绿色信贷的法律规范，其中较为重要的有五项。

第一，2007年11月，银监会发布《节能减排授信工作指导意见》。一方面，该意见对银行业金融机构做好节能减排授信工作，提出了需要重点把握的内容，包括从战略上高度关注高耗能、高污染给银行业金融机构带来的各类风险。根据本机构的业务特点、风险特征和组织架构，制定应对高耗能、高污染引起的各类风险的工作方案等。另一方面，该意见对银行业金融机构授信工作提出了六项新的要求：一是提出了加强环境和社会风险管理的新要求；二是提出了"三个支持""三个不支持"和"一个创新"的新要求；三是提出了

"名单制管理"的新要求;四是提出了引导性的新要求;五是提出了能力建设的新要求;六是提出了信息披露的新要求[1]。该意见对银行业金融机构节能减排授信工作作出了较为全面的规定,从而构建了绿色信贷的基本法律框架。

第二,2012年1月,银监会发布《绿色信贷指引》。该指引从原则、组织管理、政策制度及能力建设、流程管理、内控管理与信息披露、监督检查等方面,对银行业金融机构开展绿色信贷提出了明确要求,从而进一步加强和完善了《节能减排授信工作指导意见》所构建的绿色信贷基本法律框架,并成为该法律框架的核心。该指引提出主要七个相关要求:(1)银行业金融机构应当从战略高度推进绿色信贷,加大对绿色经济、低碳经济、循环经济的支持,防范环境和社会风险,提升自身的环境和社会表现,并以此优化信贷结构,提高服务水平,促进发展方式转变。(2)银行业金融机构应当有效识别、计量、监测、控制信贷业务活动中的环境和社会风险,建立环境和社会风险管理体系,完善相关信贷政策制度和流程管理。(3)银行业金融机构的董事会或理事会、高级管理层应履行各自在绿色信贷方面承担的职责。(4)银行业金融机构应当根据国家环保法律法规、产业政策、行业准入政策等规定,建立并不断完善环境和社会风险管理的政策、制度和流程,明确绿色信贷的支持方向和重点领域,对国家重点调控的限制类以及有重大环境和社会风险的行业制定专门的授信指引,实行有差别、动态的授信政策,实施风险敞口管理制度。(5)银行业金融机构应当加强授信尽职调查,根据客户及其项目所处行业、区域特点,明确环境和社会风险尽职调查的内容,确保调查全面、深入、细致。必要时可以寻求合格、独立的第三方和相关主管部门的支持。(6)银行业金融机构应当将绿色信贷执行情况纳入内控合规检查范围,定期组织实施绿色信贷内部审计。检查发现重大问题的,应当依据规定进行问责。(7)银行业金融机构应当根据本指引要求,至少每两年开展一次绿色信贷的全面评估工作,并向银行业监管机构报送自我评估报告等。

第三,2013年8月,银监会发布《绿色信贷统计制度》,2014年6月,银监会办公厅发布《绿色信贷实施情况关键评价指标》。前者要求各家银行对所涉及的环境、安全重大风险企业贷款和节能环保项目及服务贷款进行统计,通过归纳分类,明确了12类节能环保项目及服务的绿色信贷统计口径,从而对银行业开展绿色信贷业务统一了标准,进行了规范。后者则要求银行业金融机构对照绿色信贷实施情况的两类关键评价指标,亦即定性评价指标和定量评价指标,开展本机构绿色信贷实施情况自评价工作,从而引导银行业金融机构全面落实《绿色信贷指引》。这两部规章作为《绿色信贷指引》的配套规定,进一步夯实了以《绿色信贷指引》为核心的绿色信贷法律制度。

第四,2015年1月,银监会、国家发改委发布《能效信贷指引》。该指引系银监会、国家发改委为在能效行业领域实施绿色信贷政策而制定的更为细化、更具针对性的法律规范。该指引从能效项目特点、业务重点、业务准入、风险审查要点、流程管理、产品创新等

---

[1] 中国银监会有关部门负责人就《节能减排授信工作指导意见》答记者问,http://www.cbrc.gov.cn/chinese/home/docView/20071228F3D78F306C396938FFA2A4BF72C73600.html,2019年2月16日访问。

方面,就银行业金融机构开展能效信贷业务提出了具有可操作性的指导意见。该指引作为我国制定的首个针对特定领域的绿色信贷法律规范,既对以《绿色信贷指引》为核心的绿色信贷法律制度进行了有益的补充,也为我国今后针对其他领域制定相应的绿色信贷法律规范积累了经验。

第五,2016年8月,中国人民银行、财政部、国家发改委、原环境保护部、原中国银监会、中国证监会发布《关于构建绿色金融体系的指导意见》中有关绿色信贷的规定。该意见在第二部分"大力发展绿色信贷"中,提出七项具体举措:一是构建支持绿色信贷的政策体系;二是推动银行业自律组织逐步建立银行绿色评价机制;三是推动绿色信贷资产证券化;四是研究明确贷款人环境法律责任;五是支持和引导银行等金融机构建立符合绿色企业和项目特点的信贷管理制度、优化授信审批流程,在风险可控的前提下对绿色企业和项目加大支持力度,坚决取消不合理收费,降低绿色信贷成本;六是支持银行和其他金融机构在开展信贷资产质量压力测试时,将环境和社会风险作为重要的影响因素,并在资产配置和内部定价中予以充分考虑;七是将企业环境违法违规信息等企业环境信息纳入金融信用信息基础数据库,建立企业环境信息的共享机制,为金融机构的贷款和投资决策提供依据。该意见就绿色信贷所作的规定,进一步完善了我国绿色信贷法律制度。

与绿色金融综合性法律规范一样,在绿色信贷法律规范方面,除了国务院和国务院相关部门制定的中央层面的规范性文件之外,我国地方政府及政府部门也制定了许多有关绿色信贷的地方性规范性文件,这些规章和规范性文件既包括内容涉及绿色信贷的绿色金融综合性规章和规范性文件,比如前述福建省人民政府制定的《福建省绿色金融方案》、江苏省九部门制定的《江苏省推进绿色金融意见》,同时也包括专门针对绿色信贷制定的规范性文件,比如浙江省湖州市技术监督局就制定的《绿色银行评价规范》等。

综合我国国务院以及国务院相关部门制定的有关绿色信贷的规范性文件的内容,可以看出如下特点:

(1) 绿色信贷法律规范的制定时间较早,数量较多。基于银行信贷在我国金融业中所处的支柱地位,在绿色金融所涉及的诸多领域中,绿色信贷在我国的起步较早。与此相应,有关绿色信贷的法律规范的制定时间亦较早,且数量较多。就制定时间而言,早在1981年2月,国务院即制定了《关于在国民经济调整时期加强环境保护工作的决定》,规定新建大中型项目应通过环评,否则不予贷款。就数量而言,据不完全统计,迄今为止,我国国务院及国务院相关部门制定的绿色信贷法律规范的数量已达40余件,其数量居于绿色金融各领域之首。

(2) 绿色信贷法律规范的内容较为全面,体系较为完整。具体而言,我国现行绿色信贷法律规范的内容涵盖了"识别准入——环境风险评估——放贷标准程序——贷后监控"四个阶段的内容[1],内容较为全面。并且,我国现行绿色信贷法律规范已形成了囊括业务指引、认定标准、统计制度、考核评价制度的体系,体系较为完整。

---

[1] 周杰普:论我国绿色信贷法律制度的完善,http://www.iolaw.org.cn/showNews.aspx?id=59494,2019年2月16日访问。

(三) 绿色债券的立法现状

目前,在绿色债券方面,中共中央、国务院以及国务院相关部门已制定了约20部规范性文件,其中较为重要的有以下五项。

(1) 2015年12月,中国人民银行发布《关于在银行间债券市场发行绿色金融债券有关事宜的公告》。该公告规定了绿色金融债券的概念,即绿色金融债券是指金融机构法人依法发行的、募集资金用于支持绿色产业并按约定还本付息的有价证券。该公告同时规定了金融机构法人发行绿色金融债券应当具备的条件、应当报送的材料、发行方式、募集资金使用、募集资金使用情况披露、鼓励发行人向市场披露由独立的专业评估或认证机构出具的评估报告等。该公告同时发布了《绿色债券支持项目目录》,作为界定绿色产业项目范围的参考。

(2) 2015年12月,国家发改委发布《绿色债券发行指引》。该指引首先规定了绿色债券的适用范围和支持重点,其中明确界定了绿色债券的概念,即绿色债券是指募集资金主要用于支持节能减排技术改造、绿色城镇化、能源清洁高效利用、新能源开发利用、循环经济发展、水资源节约和非常规水资源开发利用、污染防治、生态农林业、节能环保产业、低碳产业、生态文明先行示范实验、低碳试点示范等绿色循环低碳发展项目的企业债券。同时,该指引还规定了绿色债券的审核要求,并明确了绿色债券的相关政策。

(3) 2016年8月,七部委发布《指导意见》中有关绿色债券的规定。相关规定包括:第一,完善绿色债券的相关规章制度,统一绿色债券界定标准;第二,采取措施降低绿色债券的融资成本;第三,研究探索绿色债券第三方评估和评级标准,规范第三方认证机构对绿色债券评估的质量要求。

(4) 2017年3月,证监会发布《关于支持绿色债券发展的指导意见》。该意见明确界定了绿色公司债券的含义,即绿色公司债券是指符合《证券法》《公司法》《公司债券发行与交易管理办法》及其他相关法律法规的规定,遵循证券交易所相关业务规则的要求,募集资金用于支持绿色产业项目的公司债券。同时,该意见对绿色公司债券发行人的条件、绿色公司债券申报受理及审核、发行人的披露义务、募集资金用途、鼓励发行人提交由独立专业评估或认证机构就募集资金拟投资项目属于绿色产业项目所出具的评估意见或认证报告等作出了规定。

(5) 2017年10月,中国人民银行、证监会发布《绿色债券评估认证行为指引(暂行)》。该指引规定绿色债券评估认证机构由绿色债券标准委员会统筹实施自律管理。绿色债券标准委员会是在公司信用类债券部际协调机制下设立的绿色债券自律管理协调机制。同时,该指引还规定了绿色债券评估认证机构的机构资质、业务承接、业务实施、报告出具等。

除了中共中央、国务院和国务院相关部门制定的有关绿色债券的规范性文件之外,我国的证券交易所、银行间市场交易商协会也制定了一些有关绿色债券的规范性文件,包括(1) 2016年3月,上海证券交易所发布的《关于开展绿色公司债券试点的通知》;(2) 2016年4月,深圳证券交易所发布的《关于开展绿色公司债券业务试点的通知》;(3) 2017年3月,中国银行间市场交易商协会发布的《非金融企业绿色债务融资工具业务指引》等。

由我国目前有关绿色债券的规范性文件可见,我国绿色债券法律规范具有如下三个特点。

（1）有关绿色债券的法律规范起步较晚，数量不多。我国绿色债券法律规范起步于国务院2008年7月制定的《关于印发2008年节能减排工作安排的通知》，该通知明确规定支持发行节能减排方面的企业债券。迄今我国先后制定了20余件绿色债券法律规范。从我国绿色债券法律规范的制定时间和数量来看，我国绿色债券法律规范的起步较晚，数量不多。

（2）囿于我国绿色债券分头监管的现实，不同种类绿色债券的法律规范分布由不同的政府部门予以制定。具体而言，由于目前我国的绿色金融债券、绿色企业债券、绿色公司债券分别由中国人民银行、国家发改委及中国证监会监管，因此，中国人民银行、国家发改委和中国证监会分别制定了《关于在银行间债券市场发行绿色金融债券有关事宜的公告》《绿色债券指引》和《关于支持绿色债券发展的指导意见》，对上述绿色债券予以规制。

（3）绿色债券法律规范的内容较为全面。我国绿色债券法律规范虽起步较晚，但却因此得以吸收《绿色债券原则》《气候债券标准》等绿色债券国际法律规范的合理内核，其涵括了募集资金用途、募集资金的管理、募集资金使用情况披露、第三方评估认证等内容，较为全面。

（四）绿色保险的立法现状

据不完全统计，目前，在绿色保险方面，中共中央、全国人大常委会、国务院以及国务院相关部门已制定了2件法律、5件行政法规和数十余件规章和规范性文件，兹概述如下。

1. 有关绿色保险的法律

这方面的法律主要与环境污染责任保险相关，具体有二：一是2013年12月修正的《海洋环境保护法》，该法第66条规定，国家建立船舶油污保险制度，具体办法由国务院规定；二是2014年4月修正的《环境保护法》，该法第52条规定，国家鼓励投保环境污染责任保险。

2. 有关绿色保险的行政法规

这方面的行政法规也主要与环境污染责任保险相关，具体有五个方面。一是国务院根据《海洋环境保护法》第66条的规定于2009年制定、2013年修正的《防治船舶污染海洋环境管理条例》，该条例按照国际惯例，采用了"责任保险"与"提供担保"两者选其一的制度[1]。该条例第53条规定："在中华人民共和国管辖海域内航行的船舶，其所有人应当按照国务院交通运输主管部门的规定，投保船舶油污损害民事责任保险或者取得相应的财务担保。但是，1 000吨以下载运非油类物质的船舶除外。"二是1983年国务院制定的《海洋石油勘探开发环境保护条例》，该条例也采用了"责任保险"与"提供担保"两者选其一的制度[2]。该条例第9条规定："企业、事业单位和作业者应具有有关污染损害民事责任保险或其他财务保障。"三是2006年国务院制定的《防治海洋工程建设项目污染损害海洋环境管理条例》，该条例第27条规定："海洋油气矿产资源勘探开发单位应当办理有

---

[1] 全国人大常委会法制工作委员会行政法室.中华人民共和国环境保护法解读.中国法制出版社，2014.

[2] 全国人大常委会法制工作委员会行政法室.中华人民共和国环境保护法解读.中国法制出版社，2014.

关污染损害民事责任保险。"四是国务院2002年制定,2011年修正的《危险化学品安全管理条例》,该条例也采用了"责任保险"与"提供担保"两者选其一的制度[1]。该条例第57条第2款规定,通过内河运输危险化学品的船舶,其所有人或者经营人应当取得船舶污染损害责任保险证书或者财务担保证明。五是2011年国务院制定的《太湖流域管理条例》,该条例第51条第2款规定,国家鼓励太湖流域排放水污染物的企业投保环境污染责任保险。

(五)有关绿色保险的规范性文件

1. 有关环境污染责任保险的规范性文件

此类文件中较为重要的有五项。

一是2007年5月国务院发布的《节能减排综合性工作方案》、2007年12月原国家环境保护总局、中国保监会发布的《关于环境污染责任保险工作的指导意见》。这两份规范性文件均明确规定,建立环境污染责任保险制度。

二是2011年10月国务院制定的《关于加强环境保护重点工作的意见》。该意见规定,健全环境污染责任保险制度,开展环境污染强制责任保险试点。为落实该意见,原环境保护部、中国保监会于2013年1月制定了《关于开展环境污染强制责任保险试点工作的指导意见》,对试点企业范围、环境污染强制责任保险条款和保险费率的设计、环境风险评估和投保程序、环境风险防范和污染事故理赔机制、信息公开等作出了规定。

三是2015年9月中共中央、国务院发布的《生态文明体制改革总体方案》。该方案从顶层设计的高度,明确规定在环境高风险领域建立环境污染强制责任保险制度。

四是2016年8月七部委发布的《指导意见》。该意见规定,在环境高风险领域建立环境污染强制责任保险制度,按程序推动制修订环境污染强制责任保险相关法律或行政法规,由环境保护部门会同保险监管机构发布实施性规章。选择环境风险较高、环境污染事件较为集中的领域,将相关企业纳入应当投保环境污染强制责任保险的范围。

五是2017年6月原环境保护部及保监会制定的《环境污染强制责任保险管理办法(征求意见稿)》。该征求意见稿的主要内容为:一是界定了环境污染强制责任保险的含义,即环境污染强制责任保险是指以从事环境高风险生产经营活动的企业事业单位或其他生产经营者因其污染环境导致损害应当承担的赔偿责任为标的的强制性保险;二是明确了环境污染强制责任保险的适用范围,即在中国境内从事环境高风险生产经营活动的企业事业单位或其他生产经营者,应当投保环境污染强制责任保险;三是规定了环境污染强制责任保险的具体保障范围;四是就环境污染强制责任保险的投保和承保作出了规定;五是就风险评估与投保后风险排查作出了规定;六是对赔偿作出了规定。据报道,该征求意见稿已于2018年5月7日由生态环境部部务会议审议并原则通过,但截至目前,该征求意见稿尚未颁布实施。

2. 有关巨灾保险等其他绿色保险产品的规范性文件

此类文件中较为重要的有三项。

---

[1] 全国人大常委会法制工作委员会行政法室.中华人民共和国环境保护法解读.中国法制出版社,2014.

一是 2013 年 11 月十八届三中全会通过的《中共中央关于全面深化改革若干重大问题的决定》,该决定明确提出建立巨灾保险制度。

二是 2014 年 8 月国务院发布的《关于加快发展现代保险服务业的若干意见》。该意见规定除规定建立巨灾保险制度之外,还提出探索天气指数保险等新兴产品和服务。

三是 2016 年 8 月七部委发布的《指导意见》。该意见规定,鼓励和支持保险机构创新绿色保险产品和服务。建立完善与气候变化相关的巨灾保险制度。鼓励保险机构研发环保技术装备保险、针对低碳环保类消费品的产品质量安全责任保险、船舶污染损害责任保险、森林保险和农牧业灾害保险等产品。同时,该意见还提出,鼓励保险机构发挥在环境风险防范方面的积极作用,对企业开展"环境体检"。积极推动保险机构参与养殖业环境污染风险管理,建立农业保险理赔与病死牲畜无害化处理联动机制。鼓励和支持保险机构参与环境风险治理体系建设。

除了国务院和国务院相关部门制定的法规、规章和规范性文件之外,我国地方政府及政府部门也制定了一些有关绿色保险的规范性文件,比如新疆维吾尔自治区人民政府办公厅制定的《关于自治区构建绿色金融体系的实施意见》即就绿色保险作出了规定,主要内容包括在环境高风险领域建立环境污染强制责任保险制度,选择在石油化工、涉重金属、危险化学品运输等高风险行业,将相关企业纳入应当投保环境污染强制责任保险的范围。鼓励和支持保险机构研发针对低碳环保类消费品的产品质量安全责任保险、风力(光伏)发电指数保险、绿色企业贷款保证保险、森林保险和农牧业灾害保险等产品。鼓励保险机构对企业开展"环保体检",研究建立面向环境污染责任保险投保主体的环境风险监控和预警机制,实时开展风险监测,定期开展风险评估,及时提示风险隐患,高效开展保险理赔,及时救济污染受害者、降低对环境的损害程度等。

综合我国目前制定的有关绿色保险的法律、法规、规章和规范性文件,可以看出如下三个特点。

(1) 现行绿色保险法律规范由全国人大常委会制定的法律,国务院制定的行政法规,中共中央、国务院、中央政府各部门、地方政府及政府部门制定的规范性文件组成,法律体系较为健全。

(2) 现行绿色保险法律规范主要以有关环境污染责任保险的法律规范为主,这些法律规范一是明确了环境污染责任保险的含义;二是确定了强制保险和自愿保险结合的保险方式,即从事环境高风险生产经营活动的企业(目前包括涉重金属企业和按地方有关规定已被纳入投保范围的企业,在《环境污染强制责任保险管理办法(征求意见稿)》通过之后,还将包括从事石油和天然气开采、收集、贮存、利用、处置危险废物等生产经营活动的企业)以及海洋油气矿产资源勘探开发单位应当投保环境污染强制责任保险,在我国管辖海域内航行的船舶(1 000 总吨以下载运非油类物质的船舶除外)的所有人、海洋石油勘探开发单位和作业者,通过内河运输危险化学品的船舶的所有人或经营人则应投保相应的环境污染责任保险,或取得相应的财务担保。除此之外的其他企业可以自愿投保环境污染责任保险;三是就环境污染强制责任保险的赔偿范围、责任限额、保险费率、环境风险评估和投保程序、风险防范、污染事故理赔、信息公开、保障措施等作出了原则性规定,从而构建了我国环境污染责任保险的基本法律框架。由于原环境保护部及保监会2017年6月制定的《环境污染强制责任保险管理办法（征求意见稿）》还就环境污染强制责任保险的保险合同、承保、通知义务、合同解除、合同解除通知环保部门、保险期间与续保、保险责任触发、赔偿责任、对应保未保的处罚措施等作出了较为详尽和全面的规定，因此，该办法颁布实施之后，将在相当程度上夯实并完善现行环境污染责任保险法律框架。

（3）现行绿色保险法律规范还就除环境污染责任保险之外的其他绿色保险产品，如巨灾保险、环保技术装备保险、针对低碳环保类消费品的产品质量安全责任保险、风力（光伏）发电指数保险、绿色企业贷款保证保险、森林保险、农牧业灾害保险等作出了原则性规定。同时，现行绿色保险法律规范亦就鼓励保险机构发挥在环境风险防范方面的积极作用，对企业开展"环境体检"；推动保险机构参与养殖业环境污染风险管理；鼓励和支持保险机构参与环境风险治理体系建设等作出了原则性规定。但这些规定均较为简略，可操作性不强。

二、我国绿色金融立法存在的主要问题及对策建议

综合考量我国绿色金融综合性规范、绿色信贷、绿色投资、绿色债券、绿色基金、绿色PPP、绿色保险、环境权益的立法现状，可以看出，我国现行绿色金融立法存在以下四个方面的主要问题。

（一）立法层级不高

我国现行绿色金融法律规范主要是国务院及国务院相关部门制定的规范性文件和部门规章，由最高权力机关即全国人大或其常委会制定的法律，以及由国务院制定的行政法规数量较少，这种情况造成了我国现行绿色金融法律规范权威性不足[1]。由于法律的权威性是法律实施的根本保障[2]，现行绿色金融法律规范在权威性方面的瑕疵，导致这些法律规范的实施情况不甚理想，法律效果不佳。

（二）立法多寡不均

我国现行绿色金融法律规范中，数量最多的是有关绿色信贷的法律规范，数量较少的是有关绿色投资、绿色债券、绿色基金、绿色PPP等的法律规范。由于绿色信贷属于间接融资方式，而绿色投资、绿色债券、绿色基金、绿色PPP则属于直接融资方式，现行绿色金融法律规范所处的，就间接融资方式规定多、就直接融资方式规定少的多寡不均的状态，与我国目前大力鼓励直接融资的现状不甚匹配，不利于我国绿色金融的全面均衡发展。

（三）立法可操作性不强

我国现行绿色金融法律规范中，有不少规定只是笼统上进行说明，针对性不强，具体性、适用性条款缺乏，造成在实际执行过程中可操作性低[3]。

---

[1] 刘乃贵、吴桐.绿色金融法律保障机制研究.财经科学，2017(10).
[2] 张文显.法学.高等教育出版社，2018.
[3] 王飞.中国商业银行绿色信贷研究，北京工业大学2009年硕士学位论文。转引自刘乃贵、吴桐.绿色金融法律保障机制研究.财经科学，2017(10).

(四)立法效力不足

我国现行绿色金融法律规范中,大部分(如《绿色信贷指引》《绿色债券发行指引》)属于指导性规则,强行性规则较少。由于指导性规则只具有指导意义而不具有强行性,是一种命令性较弱的义务性规则[1]。指导性规则的这一特点,导致我国现行绿色金融法律规范的强制性程度不高,法律效力即约束力不足。

对于我国绿色金融现行立法存在的上述问题,可以考虑采取以下应对措施:

一是提高立法层级。一方面,对于目前已经制定的、不属于法律或行政法规的绿色金融法律规范,可以根据"成熟一件、升级一件"的原则,在相关法律规范经过实践检验,升级为法律的条件成熟时,将该法律规范升级为全国人大或其常委会制定的法律,或国务院制定的行政法规。另一方面,对于新出现的绿色金融相关事项,可以秉持民主立法、科学立法的原则,在加强立法调研,充分听取各方面意见的基础上,直接由全国人大或其常委会或国务院制定法律或行政法规予以规范。

二是保持立法均衡。顺应我国目前大力鼓励直接融资的趋势,加强绿色投资、绿色债券、绿色基金、绿色PPP等直接融资方式的立法,改变我国现行绿色金融法律规范中,有关绿色信贷这一间接融资方式的法律规范居多,有关绿色投资、绿色债券、绿色基金、绿色PPP等间接融资方式的法律规范偏少的失衡情况,实现立法均衡。

三是加强立法的可操作性。根据《立法法》有关"法律规范应当明确、具体,具有针对性和可执行性"的规定,对现行绿色金融法律规范中笼统性、原则性的规定及时进行细化、解释和补充,力争做到"能具体尽量具体,能明确尽量明确"[2]。同时,在制定新的绿色金融法律规范时,强化立法前论证、立法中调研、立法后评估等各个环节的工作,特别是要在立法调研、充分听取各方面意见上做好文章。在立法的精细化上下工夫,坚持从实际出发,坚持辩证思维,做到合理可行,确保立得住、行得通、真管用[3]。

四是提高立法的效力。针对现行绿色金融法律规范大部分属于指导性规则、强制性规则较少的问题。根据绿色金融各个领域的具体情况,在有必要制定强制性规则的相关领域(比如绿色保险中的环境污染强制责任保险领域),遵循《立法法》确立的从实际出发科学合理地规定公民、法人和其他组织的权利与义务、国家机关的权力与责任的原则,及时制定相关强制性规则,以提高绿色金融法律规范的整体效力。

[本章小结]

绿色金融法律制度是调整绿色金融的全部现行法律规范的总称。绿色金融法律制度以绿色金融为调整对象。绿色金融法律制度肇始于1980年美国制定的《综合环境应对、赔偿和责任法》,迄今绿色金融法律规范在绿色信贷、绿色投资、绿色债券、绿色基金、绿色

---

[1] 张文显.法理学.高等教育出版社,2018.
[2] 全国人大常委会法制工作委员会国家法室.中华人民共和国立法法释义.法律出版社,2015.
[3] 全国人大常委会法制工作委员会国家法室.中华人民共和国立法法释义.法律出版社,2015.

PPP、绿色保险、环境权益等绿色金融各领域均取得了很大的发展。尽管目前绿色金融法律规范存在着软法偏多、硬法不足等问题,但伴随着可持续发展理念的日益普及和《巴黎协定》的深入实施,绿色金融法律制度仍将乘风破浪,持续成长。具体到我国的情况,我国绿色金融立法目前均处于发展中阶段,存在着一些问题和不足,但只要我们秉持"绿色青山就是金山银山"的绿色发展理念,勇于面对问题,勤于解决问题,积极探索,大胆实践,敢于借鉴,我国绿色金融立法就一定能够向更高水平发展,最终走出一条有中国特色的绿色金融立法之路。

[思考与练习]

1. 什么是绿色金融法律制度?
2. 目前,世界各国制定的绿色投资法律规范可以分成哪几类?
3. 绿色债券的国际法律规范主要有哪些?我国现行绿色债券立法有何问题?相应的对策建议是什么?
4. 环境污染责任保险有何特点?我国目前有关环境污染责任保险的立法现状、存在问题和对策建议是什么?

[参考文献]

1. 国际资本市场协会(绿色债券原则)网站,https://www.icmagroup.org/.
2. 联合国环境规划署可持续金融项目网站,http://unepinquiry.org/.
3. 联合国网站,https://www.un.org/.
4. 欧盟委员会网站,https://ec.europa.eu/.
5. 气候债券标准网站,https://www.climatebonds.net/.
6. 责任投资原则网站,https://www.unpri.org/.
7. OECD网站,https://www.oecd.org/.

第四章 绿色金融与一带一路

[学习要求]

1. 了解"一带一路"沿线国家的气候、生态和环境情况,以及"一带一路"建设的环境风险分布。
2. 熟悉"一带一路"建设过程中的绿色投资实践与评判标准。

[本章导读]

推动共建"丝绸之路经济带"和"21世纪海上丝绸之路"(以下简称"一带一路")是中国全面对外开放的总体方略,横跨亚、欧、非三大洲,具有深刻的地缘政治意蕴和深远的社会经济影响。

本章首先利用全球统计数据,描绘"一带一路"建设的环境风险分布,梳理"一带一路"建设过程中的绿色投资实践与评判标准探讨,最后为"一带一路"绿色金融管理机制的优化和完善提出了具体的政策建议。

第一节 "一带一路"的绿色发展需求

绿色"一带一路"建设是中国与"一带一路"沿线国家的共同需求,也是"一带一路"合作战略的应有之义。"一带一路"倡议在为我国企业提供良好境外投资机遇的同时,还需要建立企业境外投资方向的引导和规范机制,推动境外投资的可持续健康发展,实现"一带一路"沿线国家互利共赢、共同发展的战略目标。绿色金融作为灵活的市场手段,可以利用经济激励或行政约束手段,鼓励"一带一路"绿色投资,使更多的清洁、绿色产业输入沿线地区。利用绿色金融工具促进"一带一路"的绿色发展,还须进一步开发理论基础扎实、适用性强的绿色投资评估工具,通过准入和评级等手段引导企业自觉开展环境友好型境外投资,规范"一带一路"境外投资的发展方向。

在促进中国与沿线地区协同发展的同时,"一带一路"战略也将引发了新的区域环境命题。"一带一路"沿线地区生态环境复杂,是环境、气候、生态等问题的敏感区域[1][2],

---

[1] 柴麒敏,祁悦,傅莎.推动"一带一路"沿线国家共建低碳共同体.中国发展观察,2017(9).
[2] 叶琪."一带一路"背景下的环境冲突与矛盾化解.现代经济探讨,2015(5).

而"一带一路"国际产能合作必然伴随自然资源开发和基础设施建设,引发自然资源损耗和生态环境损失。自然因素与社会因素的交汇决定了"一带一路"战略将面临巨大的生态环境挑战,需要摒弃"先破坏、后治理"的发展思路,在战略伊始将生态环境保护问题纳入其中,推动绿色"一带一路"建设[1][2][3]。

一、"一带一路"沿线的生态环境条件

"一带一路"沿线的地理环境复杂,集中了海拔超过8 000米的所有山脉,1 000公里以上的河流60多条。其中,16个国家沙漠覆盖率高于40%,19个国家拥有不到10%的森林面积,且60%的"一带一路"国家森林覆盖率都低于世界平均水平(如图4.1)。在陆上"丝绸之路经济带"中,中国—中亚—西亚的经济走廊主要是荒漠、半荒漠和草原地带,气候异常干燥,降雨量极其稀少,极端气候灾害频发,生态环境较为脆弱。东南亚地区的商业开发和快速的工业化使当地热带雨林面积快速缩小,环境污染与生态压力日益加剧。海上丝绸之路沿线也长期存在气候变化、自然海岸线丧失、陆源污染排放过量、渔业资源枯竭等环境风险[4][5]。

"一带一路"沿线国家的能源资源储备丰富,拥有全球80%和60%的天然气和石油储量,在全球能源供应中占据主要地位。2013年世界前十位原煤可采储量最多的国家中,"一带一路"国家占据六席(分别是俄罗斯、中国、印度、哈萨克斯坦、乌克兰和印度尼西亚),其储量总和可达到全球总储量的48%[6]。虽然受地区经济发展水平限制,沿线国家的人均能源消费水平较低,仅为世界平均水平的66.71%(2014年世界银行数据),但在高污染、高能耗的粗放型经济发展模式下,沿线国家的单位GDP能耗较高,约为世界平均水平的1.57倍(包含中国为1.68倍)、OECD国家的15.66倍(包含中国为16.74倍)、美国的19.35倍(包含中国为20.69倍)。社会生产仍以资源密集型产业为主,具有较大的产业转型需求。以化石能源为主的能源储备结构使其能源消费以化石燃料为中心,可再生能源仅占一次能源消费总量的16.9%。因此,"一带一路"国家在拥有丰富能源资源储备的同时还具有强烈的低碳转型需求[7]。

"高碳"的能源消费结构伴随着大规模的二氧化碳排放。国际能源署(IEA)统计数据显示,2015年全球碳排放总量为32.3 Gt,其中"一带一路"沿线66个国家及地区的碳排放总量为17.9 Gt,占全球碳排放总量的55.4%。其中,沙特阿拉伯、阿曼、哈萨克斯坦等均

---

[1] 赵春明."一带一路"战略与我国绿色产业发展.学海,2016(1).
[2] 解然.绿色"一带一路"建设的机遇、挑战与对策.国际经济合作,2017(4).
[3] 朱源,施国庆,程红光."一带一路"倡议的环境社会政策框架研究.河海大学学报(哲学社会科学版),2017(1).
[4] 杨振,申恩威."一带一路"战略下加快沿线国家绿色投资的探讨.对外经贸实务,2016(9).
[5] 王文,曹明弟.绿色保险护航"一带一路"建设.中国金融家,2018(1).
[6] 王敏."一带一路"能源战略合作研究.经济研究参考,2016(22).
[7] 夏侯沁蕊,刘冬惠,张俊杰.经济驱动下的"一带一路"战略及其绿色发展需求.一带一路与绿色发展,2018.

为全球人均碳排放最高的国家,人均碳排放分别为16.4吨、14.1吨、12.9吨。高赢等人曾利用"一带一路"沿线32个国家1996—2015年的资本投入、劳动力投入、技术投入、能源投入以及GDP产出和二氧化碳排放产出,建立了"一带一路"沿线国家低碳发展效率的测评体系。测评结果显示,沿线各国低碳发展效率普遍较低,绝大多数国家的低碳经济发展水平十分落后,且各国低碳发展绩效水平差异较大[1]。根据国际货币基金组织(IMF)的预测,"一带一路"沿线国家到2022年GDP年均增速会达到4%以上,其对于石油、煤炭等化石能源的需求也将随之大幅上升。因此,如何在满足基本发展需求的同时摆脱高碳发展的路径,减缓并适应气候变化,是"一带一路"国家面对的重要难题。

以PM2.5和O_3污染为例,全球高污染浓度分布带与"一带一路"沿线高度重合。极高的大气污染背景值意味着极少的大气环境容量开发空间,给"一带一路"投资项目提出了更为严格的环境影响限制。Boys和Martin等人利用卫星数据反演全球PM2.5数据,研究发现"一带一路"中的北非、中东、东南亚特别是印度北部和中国东部的PM2.5在1998—2012年有强烈增长趋势。其中印度恒河流域增长显著,超过每年1毫克每立方米,埃及和伊拉克地区的PM2.5显著增长超过1.5—2毫克/立方米[2]。其中,北非和中东地区的高浓度PM2.5大多由空气流动吹来的矿物粉尘引起,东南亚地区是由于多种来源的燃烧排放,包括家庭固体燃料使用、燃煤发电厂、工业和运输相关的排放等。Brauer和Freedman等人利用卫星数据反演O_3分布情况,研究发现臭氧浓度较高的地区主要为美国和亚马逊盆地,以及"一带一路"沿线的撒哈拉以南非洲地区和大部分的南欧、中东和亚洲地区[3]。

二、"一带一路"投资的环境影响

自2003年以来,中国对外直接投资流量已实现连续14年的快速增长。2017年,中国对外直接投资流量高达1 582.9亿美元,对外直接投资存量达到18 090.4亿美元,分别位居全球的第3位与第2位,占全球流量与存量的比重分别为11.1%和5.9%。近年来,随着中国深化与周边国家间的互联互通,成立上海合作组织并推进"一带一路"战略,中国与中亚的贸易规模不断扩大,中国对"一带一路"沿线国家的直接投资快速增长。图4.1具体描述了2009—2017年中国对"一带一路"沿线国家直接投资流量的变化趋势。可以看出,中国对"一带一路"沿线国家直接投资活动不断增强,占中国对外直接投资流量的比重由2009年年末的8%提高到2017年年末的12.8%,最高在2012年时达到15.2%。近年来,我国的对外投资潜力日益凸显。2014—2017年,中国对"一带一路"相关国家直接投资由136.6亿美元增至167.1亿美元,年均增长7.0%,高于同期中国对外直接投资的年均增速2.4%。2017年,受多种因素影响,中国对外直接投资整体降幅较大,而中国对"一

---

[1] 高赢,冯宗宪."一带一路"沿线国家低碳发展效率测评及影响因素探究.科技进步与对策,2018(21).

[2] Boys B, Martin R, van Donkelaar A, et al., Fifteen-year Global Time Series of Satellite-derived Fine Particulate Matter. *Environmental Science & Technology*, 2014(19).

[3] Brauer M, Freedman G, Frostad J, et al., Ambient Air Pollution Exposure Estimation for the Global Burden of Disease 2013. *Environmental Science & Technology*, 2015(1).

带一路"沿线国家直接投资仍增长8.9%,占中国对外投资比重由上年的7.8%提升至13.4%,显示出良好的投资基本面。

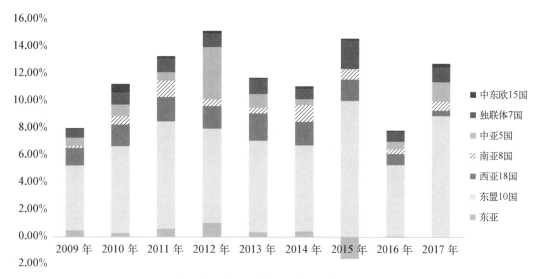

图4.1 中国对"一带一路"国家直接投资流量占比情况

数据来源:《2017年度中国对外直接投资统计公报》。

中国对"一带一路"沿线国家的直接投资较为集中。从区位分布来看,中国对东盟10国的直接投资比重最大,基本相当于中国对"一带一路"沿线投资的一半左右。从经济体类型来看,中国几乎75%左右的直接投资集中于发展中国家,对沿线转型经济体的直接投资比例呈上升趋势(见图4.2),对沿线发达经济体的投资比重较少[1]。

图4.2 中国对"一带一路"沿线不同国家直接投资比重

数据来源:《2017年度中国对外直接投资统计公报》。

[1] 周五七."一带一路"沿线直接投资分布与挑战应对.改革,2015(8).

自"一带一路"倡议提出以来,中国与"一带一路"国家的贸易关系愈发紧密。贸易结合度指数(Trade Intensity Index,TII)是衡量两国贸易方面相互依存度的综合性指标。从中国与主要贸易伙伴的 TII 变化趋势中可以看出(如图 4.3),美欧虽是我国长期以来重要的贸易合作伙伴,但受 2008 年经济危机影响,发达国家需求市场疲软,与中国等主要商品出口国的贸易合作强度也逐步下滑。相比之下,"一带一路"沿线国家多为新兴经济体,存在强烈的经济发展需求和广阔的贸易合作空间。在此背景下,"一带一路"国家经济发展需求旺盛,与中国的贸易关系不断向好,自 2010 年起快速增温,到 2015 年已基本与中美贸易结合度持平,并有继续赶超趋势。

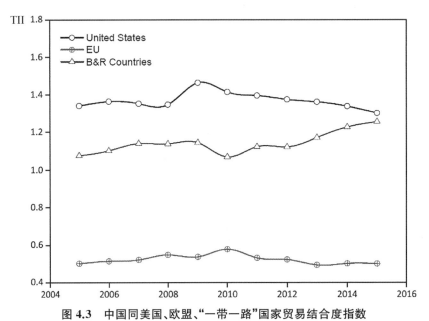

图 4.3 中国同美国、欧盟、"一带一路"国家贸易结合度指数

数据来源:中国统计年鉴、WTO[1]。

2014—2017 年,中国与"一带一路"沿线国家货物贸易规模基本保持在 1 万亿美元左右水平,占中国货物贸易总额的 1/4 以上。除货物贸易稳定增长外,2017 年,中国与"一带一路"沿线国家服务贸易总额达 977.57 亿美元,同比增长 18.4%,占中国服务贸易总额的 14.1%[2]。目前,中国已成为新加坡、马来西亚、越南、泰国、俄罗斯、沙特阿拉伯、印度等"一带一路"沿线地区的主要出口目的国,以及沿线主要贸易伙伴国的第一进口市场,其中在越南进口市场的占比最高,已达到 34.7%[3]。"一带一路"沿线国家和地区已成

---

[1] "贸易结合度指数"是用来衡量两国在贸易方面相互依存度的综合性指标,由经济学家布朗(A.J. Brown,1947)提出。其计算方法为:$TCD_{ab}=(X_{ab}/X_a)/(M_b/M_w)$,$TCD_{ab}$ 表示 a 国对 b 国的贸易结合度,X_{ab} 表示 a 国对 b 国的出口额,X_a 表示 a 国出口总额;M_b 表示 b 国进口总额;M_w 表示世界进口总额。如果 $TCD_{ab}>1$,表明 a,b 两国在贸易方面的联系紧密,如果 $TCD_{ab}<1$,表明 a,b 两国在贸易方面的联系松散。

[2] 商务部国际贸易经济合作研究院.中国"一带一路"贸易投资发展研究报告.2018.

[3] 数据来源:《"一带一路"贸易合作大数据报告 2017》.

为中国企业对外承包工程合作的重要伙伴,对外承包工程业务迅速发展。以"一带一路"国家为重点的基础设施领域海外并购项目数量增多。商务部对外投资和经济合作司数据显示,2018年1—7月我国在"一带一路"沿线国家新签对外承包工程合同额571.1亿美元,占同期总额的45.6%。对外承包工程新签大项目多,行业分布集中,主要集中在交通运输、电力工程和建筑等基础设施建设行业,合计占新签合同总额的68.3%[1]。

"要想富,先修路"。国家发改委、外交部和商务部于2015年联合发布的《推动共建丝绸之路经济带和21世纪海上丝绸之路的愿景和行动》中指出,基础设施互联互通是"一带一路"建设的优先领域,要在尊重相关国家主权和安全关切的基础上,加强交通、能源和信息基础设施的国际合作。2017年的统计数据显示,几乎3/4的"一带一路"投资项目集中于能源和交通领域(如图4.4所示)。此类投资项目可以为拉动沿线国家的经济增长提供有力抓手,但同时也多存在高污染高能耗特征。不仅需要大量的自然资源投入,而且可能伴随显著的污染物和温室气体排放,增大"一带一路"沿线地区的生态环境风险(如图4.5所示)。

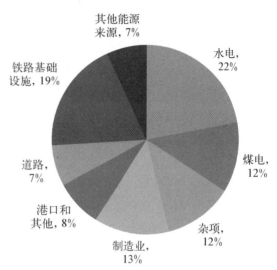

图4.4 "一带一路"投资项目类型[2]

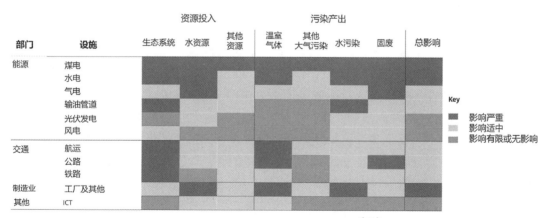

图4.5 "一带一路"投资的环境影响[3]

---

[1] 数据来源:https://www.yidaiyilu.gov.cn/xwzx/gnxw/63169.htm,访问时间:2018年12月22日.

[2] Kirchherr J, Repp L, van Santen R, et al., *Greening the Belt and Road Initiative: WWF's Recommendations for the Finance Sector*. WWF. 2018.

[3] Kirchherr J, Repp L, van Santen R, et al., *Greening the Belt and Road Initiative: WWF's Recommendations for the Finance Sector*. WWF. 2018.

第二节 绿色"一带一路"与绿色金融

绿色"一带一路"建设是中国与"一带一路"沿线国家的共同需求,也是"一带一路"合作战略的应有之义。"一带一路"不仅是对外深化经济合作交流的平台,更是中国对创建区域协同可持续发展新模式的尝试。因此,中国高度重视绿色"一带一路"建设,将生态环保作为"一带一路"倡议的根本要求[1]。在2017年5月举办的"一带一路"国际合作高峰论坛开幕式上,习近平主席发表主旨演讲明确提出"践行绿色发展的新理念,倡导绿色、低碳、循环、可持续的生产生活方式,加强生态环保合作,建设生态文明,共同实现2030年可持续发展目标",将绿色发展理念切实融入"一带一路"发展战略内涵。

在中国大力推进"一带一路"和绿色金融发展进程的背景下,商务部、外交部、环保部和国家发改委于2017年4月联合发布《关于推进绿色"一带一路"建设的指导意见》。该指导意见是"一带一路"投资环境保护的纲领性文件,明确了绿色"一带一路"的建设需加强对外投资的环境管理,推进绿色投资、绿色贸易和绿色金融体系发展,促进经济发展与环境保护双赢,打造"一带一路"沿线的利益共同体、责任共同体和命运共同体。2017年5月,环保部发布的《"一带一路"生态环境保护合作规划》进一步将推进绿色投融资作为建设绿色"一带一路"的重要组成部分。2017年9月,中国绿色金融委员会等七个机构发起《中国对外投资环境风险管理倡议》,鼓励和引导中国金融机构和企业在对外投资过程中强化环境风险管理,遵循责任投资原则,将绿色发展理念融入"一带一路"建设,推动落实联合国《2030可持续发展目标》《巴黎协议》和构建绿色金融体系。

在"一带一路"战略中构建绿色金融体系,坚持"一带一路"绿色投资原则,以发展绿色投融资为落脚点,一方面与国内供给侧改革政策相配合倒逼高耗能高污染产业转型升级,另一方面利用绿色金融工具鼓励、支持绿色产业"走出去"。应中英两国政府于2017年年底签署的《第九次中英经济财金对话成果要求》,中国金融学会绿色金融专业委员会与绿色金融城牵头多家机构共同起草并发布了《"一带一路"绿色投资原则》。该原则在现有责任投资倡议的基础上,将低碳和可持续发展议题纳入"一带一路"倡议,致力于强化对投资项目的环境和社会风险管理,推动"一带一路"投资的绿色化。该原则从战略、运营和创新三个层面提出了七条原则性倡议,供参与"一带一路"投资的全球金融机构和企业在自愿的基础上采纳和实施。原则内容具体包括:(1)将可持续性纳入公司治理;(2)充分了解环境、社会和治理风险;(3)充分披露环境信息;(4)加强与利益相关者沟通;(5)充分运用绿色金融工具;(6)采用绿色供应链管理;(7)通过多方合作进行能力建设。

一、"一带一路"投资主体及其绿色实践

"一带一路"基础设施项目建设的资金来源主要包括企业自有资本金、合作方共同出

---

[1] 关成华,刘华辰.关于完善"一带一路"绿色投融资机制的思考.学习与探索,2018(2).

资、金融机构资金和社会资金四个渠道[1]。其中,金融机构是"一带一路"项目开发资金的重要来源。民生证券研究院的研究成果显示,"一带一路"战略中主要包括五类融资机构,分别为:(1)新兴多边开发性金融机构:亚洲基础设施投资银行、上合组织开发银行、丝路基金和新开发银行;(2)国内政策性金融机构:中国进出口银行、国家开发银行;(3)传统世界多边金融机构:世界银行、亚洲开发银行;(4)商业性金融机构:中国银行、工商银行、建设银行和农业银行[3]。以2016年年末的投资数据为例,国有四大商业银行是"一带一路"投资的主要融资来源,融资贡献超过50%,直属国务院领导的政策性金融机构——国家开发银行次之,融资贡献约为40%(如图4.6)。

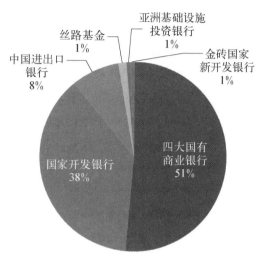

图4.6 "一带一路"投资资金来源[2]

银行作为间接融资的重要渠道,不仅拥有庞大的资金规模,而且具备较为完善的风险管控体系[4]。在赤道原则等国际标准的推动下,多数国内外传统与新兴多边金融机构多已将环境保护和应对气候变化工作作为金融机构的核心领域之一,通过建设环境保障审查程序确保投资项目符合相关法律法规要求,并且不造成严重的环境、健康、社会和安全影响。下面将以亚洲开发银行、亚洲基础设施投资银行、中国进出口银行为例介绍各类金融机构的投资项目环境风险保障体系。

(一)传统多边金融机构——亚洲开发银行

亚洲开发银行是致力于促进亚洲及太平洋地区发展中成员经济和社会发展的区域性政府间金融开发机构。亚洲开发银行68个成员国中48个来自亚太地区,在"一带一路"战略中的区位优势十分明显。《保障政策声明》(2009)确立了亚洲开发银行的环境保障审查程序,以确保投资项目符合相关法律法规要求,并且不造成严重的环境、健康、社会和安全影响。亚洲开发银行投资的所有项目必须符合《保障政策声明》的要求。

保障政策的目标是:(1)尽可能避免项目对环境和受影响人群产生不利影响;(2)如果负面影响不可避免,则尽量减轻和缓解项目对环境和受影响人群的不利影响,并/或给予补偿;(3)帮助借款人/客户强化它们的保障制度,以及发展应对环境和社会风险的能力。

---

[1] 数据来源:http://finance.eastmoney.com/news/1350,20170508736150698.html,访问时间:2018年12月22日。

[2] 数据来源:http://knowledge.wharton.upenn.edu/article/us-losing-ground-to-china/,访问时间:2018年12月22日。

[3] 数据来源:http://finance.sina.com.cn/china/gncj/2017-05-14/doc-ifyfeivp5689995.shtml?cre=financepagepc&mod=f&loc=1&r=9&doct=0&rfunc=100,访问时间:2018年12月22日。

[4] 王遥,范高雁,夏晗玮.绿色金融支持"一带一路"建设与发展的路径研究.环境保护,2017(12).

项目识别阶段,亚洲开发银行根据项目潜在的环境影响和风险进行项目分类。与世界银行类似,亚洲开发银行投资项目的环境分类包括四类。

(1) A类。如果拟定项目可能对环境产生重大的、不可逆转的、多种形式或没有先例的不利影响,将被归入A类。这些影响的范围可能会超出项目所在地的范围。对这类项目需要开展环境影响评价,包括环境管理计划。

(2) B类。如果拟定项目对环境的潜在负面影响小于A类,将被归入B类。这类项目的环境影响局限于项目所在地,而且很少产生不可逆转的环境影响;与A类项目相比,在多数情况下都可以很快制定和采取减缓措施。对这类项目需要开展初始环境审查,包括环境管理计划。

(3) C类。如果计划的项目只会对环境产生轻微的负面影响,或根本不会产生负面影响,将被归入C类。尽管对这类项目不须开展环境评价,但仍须评价其环境影响。

(4) 金融中介类。如果待议项目涉及亚洲开发银行金融中介或通过金融中介进行投资,将被归入金融中介类。

A类和B类项目都必须提交环境评价报告。报告的详细和复杂程度取决于项目的潜在环境影响和风险程度。环境评价报告包含以下内容:(1) 政策、法律和管理框架;(2) 项目说明;(3) 环境描述(现状数据);(4) 预期影响和减缓措施;(5) 替代方案分析;(6) 信息公开、公众参与和协商;(7) 申诉机制;(8) 环境管理计划;(9) 建议与结论。

经济评价是亚行评估项目环境效益的重要措施。亚行指定的工程项目经济分析导则指出,任何产生一定环境影响的工程项目均须开展环境成本和效益评估。为了解决环境问题,使用自然资源和环境资源的项目应该支付全部的使用成本,并且承担适当的减排费用。同样,如果项目在实施过程中创造了环境效益,这些收益应该被重视并列入项目经济分析中。亚行在项目规划阶段主要关心的问题是,项目是否进行了适当的环境影响评估,采取了适当的缓解措施,还有其经济分析是否充分反映了环境成本(以货币还是非货币的形式都可)。

环境评估报告的经济分析应具体阐明:(1) 环境影响的成本和效益;(2) 缓解措施的成本、效益和成本效率;(3) 涉及不能以货币价值描述的环境影响,应尽可能进行量化讨论。原始工程资料和相关文献资料是亚行项目环境经济分析的主要数据来源。环境经济分析原则上应使用原始工程资料数据,但当工程项目环境影响不明显,或进行环境影响预评估时,可以采用项目文献资料中的二手数据。即使在这种情况下,也须利用效益转换等方法保证二手数据在该项目评估中的适用性。另外,由于环境评估仅为亚行审核投资项目的一个环节,因此,环境评估中的"环境经济分析"应建立在项目总体评估的基础上,与行长建议报告书中的"项目经济分析"采用一致的评估思路和原则。

(二) 新兴多边金融机构——亚洲基础设施投资银行

亚洲基础设施投资银行(简称"亚投行")是由中国于2015年年底发起成立的亚洲区域多边开发机构,重点支持亚洲各国的基础设施建设。在可持续发展目标的指导下,亚投行强调以平衡、综合的方式处理经济、社会和环境可持续发展三者的关系,投资项目强调三大硬性标准:财务可持续性好、环境友好和被当地社会接受。

与世界银行和亚洲开发银行类似,亚投行同样将所有投资项目分为四类,并强调将环境影响和社会影响纳入同一分析框架,以综合评估的方式分析项目在环境和社会两方面伴随的风险和影响,并对该影响提出相应的缓解和监测措施。亚投行的环境、社会综合评估框架应包括:(1)项目描述,包括项目的性质和规模;(2)项目适用的政策、法律和行政框架,包括适用于该项目的国际和国内法律框架;(3)范围界定,包括利益相关者识别和咨询计划;(4)比较替代方案,包括项目开发阶段相关项目的替代方案和"无项目"情况,并记录用这些投资替代方案来解决发展目标的理由或是这些技术替代品在项目中的位置、设计、技术和操作;(5)确定环境和社会评估的基准情景及相关数据;(6)评估环境和社会的风险和影响,包括可预测和避免的风险和影响,不可避免但可尽量减少风险和影响(包含减少环境和社会影响的成本分析);一旦风险和影响得到最小化或减少,就可减轻风险和影响,但仍然存在残留的风险或影响;环境和社会影响评价可采用常规的战略和项目环境、社会影响评价工具,并可酌情采用环境审计、危害和风险评估、应急计划等工具;(7)公众咨询和信息披露;(8)以《环境与社会管理计划》(*Environment and Social Management Project*,ESMP)或《环境与社会管理计划框架》(*Environment and Social Management Project Framework*,ESMPF)为依据制定项目减排,监测和管理环境和社会风险及影响的措施和行动。

(三)国内政策性金融机构——中国进出口银行

中国进出口银行是国务院直属的政府全资拥有的国家银行。在"一带一路"建设方面,从2014年至2016年11月,中国进出口银行在"一带一路"沿线国家累计签约项目超过900个,签约金额约6 000亿元,发放贷款4 500多亿元,累计支持商务合同金额超过3 600亿美元。支持项目以设施联通、经贸合作、产业投资、能源资源合作为主,且以公路、铁路、机场、水运等交通领域基础设施互联互通为支持重点[1]。

中国进出口银行在投资项目审查阶段执行严格的评审标准,建立并实施"环保一票否决"机制,坚持做到"四个不"提供:不符合相关国家环评、节能审查和土地预审要求的项目,不提供各类授信支持;不符合相关国家产业政策和本行授信政策的项目,不提供各类授信支持;列入国家淘汰类的项目,不提供各类授信支持;违规建成的项目,不发放流动资金类贷款。

中国进出口银行要求支持的项目须符合我国及项目所在国的相关环保政策和法律法规,并取得必要的我国有权审批机关及项目所在国的批准,相关审批手续完备。如果项目所在地环境保护机制不健全、缺乏相应的环境和社会影响评价政策与标准,进出口银行将参照我国标准或国际惯例进行审查。在实际操作中,评估审查部门严格执行上述要求,将取得项目所在地环境保护部门的批准作为送审前提条件和要素之一,将环保风险作为风险分析中不可或缺的重要部分。同时,重点加强对拟授信客户的合规审查,制定了相应的规范性要求。在审查过程中,如果发现对环境影响评价不完备的项目,审查部门将采取暂缓审批或退卷等措施。

---

[1] 数据来源:http://finance.sina.com.cn/china/gncj/2017-05-14/doc-ifyfeivp5689995.shtml?cre=financepagepc&mod=f&loc=1&r=9&doct=0&rfunc=100,访问时间:2018年12月22日。

进出口银行还根据客户和项目的环境和社会风险的性质和严重程度,确定合理的授信权限和审批流程。如钢铁、水泥、平板玻璃、电解铝、船舶、光伏等产能过剩行业的新增产能境内固定资产投资项目统一由总行审批,以进一步加强对上述行业的产能控制和环保审核[1]。

二、"一带一路"绿色投资及其属性界定

在绿色"一带一路"倡议的指导下,国内外金融机构正积极利用绿色金融工具识别并推动"一带一路"战略中的绿色产业发展。绿色信贷已成为"一带一路"绿色项目主要的融资来源。除此之外,国家开发银行已于2017年11月成功发行了首笔中国准主权国际绿色债券。该债券包括5年期美元债5亿元和4年期欧元债10亿元。债券募集资金主要用于支持"一带一路"建设相关清洁交通、可再生能源和水资源环保等绿色产业项目。首笔国际绿色债券执行最高国际绿债标准,严格按照国际绿色债券标准(GBP)执行,并获得国际气候债券倡议组织(CBI)颁发的气候债券标识,得到国际投资者的广泛认可。丝路基金和绿色丝路基金是围绕"一带一路"战略的中长期开发设置的投资基金,主要为"一带一路"框架内的经贸合作和多边互联互通提供融资支持,按照市场化、国际化、专业化的原则开展投资业务。绿色基金是指资产总值60%以上用于绿色项目的基金。绿色基金投资周期较长,且不需要企业提供抵押担保或拥有良好的财务状况,更关注绿色企业的长期收益,有利于绿色技术的研发和绿色产业的规模化发展。2015年先后设立的丝路基金和绿丝路基金均为绿色专项基金的典型代表。丝路基金资金规模为400亿美元,主要投向于周期相对较长的绿色环保类基础设施建设。绿丝路基金首期募集资金300亿元人民币,投资周期相对较短,主要投向于生态能源、生态修复和生态农业等绿色项目[2]。

(一)"一带一路"中的绿色投资

杨振等人总结"一带一路"战略中的绿色投资内容主要包括可再生资源投资、清洁能源投资、海水淡化与污水处理、制造业清洁改造投资和绿色生态工业园区投资五个部分[3]。表4.1根据"中国一带一路网"信息整理了部分"一带一路"中的绿色项目经典案例[4]。

表4.1 "一带一路"绿色投资项目案例

绿色投资类型	项目名称	开工/验收/运行时间	投资目的国	中国承建方
可再生资源	上马相迪A水电站	2013.1.8开工 2017.1.1运行	尼泊尔	中国水电—萨格玛塔电力有限公司
	乌鲁都东水坝项目	2010.2开工 2018.11.17验收	文莱	中国电力建设集团有限公司

---

[1] 进出口银行.中国进出口银行绿色金融白皮书,2017.
[2] 杨振,申恩威."一带一路"战略下加快沿线国家绿色投资的探讨.对外经贸实务,2016(9).
[3] 杨振,申恩威."一带一路"战略下加快沿线国家绿色投资的探讨.对外经贸实务,2016(9).
[4] 信息来源:https://www.yidaiyilu.gov.cn/info/iList.jsp?cat_id=10045,访问时间:2018年12月23日.

（续表）

绿色投资类型	项目名称	开工/验收/运行时间	投资目的国	中国承建方
可再生资源	克罗地亚塞尼风力发电项目	2018.11.20 开工	克罗地亚	北方国际
	尼鲁姆-杰卢姆水电站项目	2018.4.13 运行	巴基斯坦	中国葛洲坝集团股份有限公司和中国机械设备进出口总公司组成的联合体
	乌克兰中部大型太阳能电站项目	2019.3 运行	乌克兰	中国机械设备工程股份有限公司
	老挝南涧水电站项目	2018.2.24 试运行	老挝	中国能建葛洲坝集团
	喀麦隆曼维莱水电站	2012.12 开工 2018.2.8 试运行	喀麦隆	中国电力建设集团
清洁能源	亚马尔液化天然气（LNG）项目	2018.11 运行	俄罗斯亚马尔	中石油
	斯里兰卡液化石油气罐区项目	2018.11.23 验收	斯里兰卡	中石油天然气集团旗下的中国寰球工程有限公司
	阿姆河天然气项目	2016.12.30 开工 2017.11.30 运行	土库曼斯坦	中国石油阿姆河天然气公司
	中缅合资天然气发电厂	2018 年运营	缅甸	/
	鲁迈拉"绿色油田"项目	2017.12 完工	伊拉克	中国石油工程建设有限公司
海水淡化/污水处理	斯里兰卡库鲁内格勒水厂（污水处理）	2018.8 竣工	斯里兰卡	中国机械设备工程股份有限公司
	马尔代夫海水淡化项目	2018 年开工	马尔代夫	众合海水淡化工程有限公司
制造业绿色升级	津巴布韦万盖燃煤电站扩机工程（增加脱硫技术）	2018 年开工	津巴布韦	中国电建

1. 可再生资源投资

可再生资源投资是"一带一路"战略中绿色投资的主要领域，包括水能、风能、太阳能等绿色能源投资。随着 2005 年《可再生可再生能源法》及配套政策措施的出台，我国的可再生能源进入了快速发展阶段，其中风电与光伏发电的装机容量增长尤为迅速（如图 4.7 所示）。2016 年我国已成为世界上风力发电设备装机容量最大的国家。截至 2018 年 5 月，中国并网光伏装机容量已超过 1.4 亿千瓦，新增装机容量连续五年全球第一。而"一带一路"沿线国家多蕴藏体量巨大的可再生能源，日照时间长且强度大，太阳能与风能充沛。在"一带一路"沿线投资可再生能源是促进我国优势产能走出去，带动"一带一路"沿线实现可持续发展的重要手段。

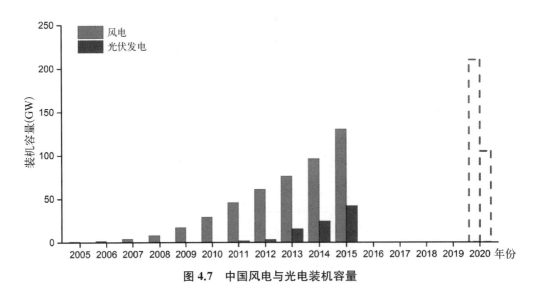

图 4.7 中国风电与光电装机容量

2. 清洁能源投资

清洁能源主要指核能、天然气等高效、低污染的能源。"一带一路"沿线国家蕴藏着丰富的铀资源和天然气资源。中国在核能利用与天然气开发方面拥有世界先进的核能开发技术和成熟经验,有条件通过投资开发沿线国家的核能与天然气资源来推动沿线地区的能源转型。

3. 海水淡化与污水处理投资

"一带一路"沿线,尤其是西亚和北非地区淡水资源匮乏,且内河水污染问题严重。以世界银行 2014 年数据为例,65% 的"一带一路"沿线国家的人均淡水资源低于全球平均水平的 5 922 m³。显然,海水淡化、污水处理等水资源利用问题已成为"一带一路"沿线国家亟须解决的关键问题,也为中国的相关绿色技术产能提供了投资契机。

4. 制造业清洁改造投资

"一带一路"沿线国家工业基础薄弱,传统制造业能耗高且污染排放严重。相比之下,中国自"十一五"时期开始加速节能减排进程,先后实施的千家企业节能行动、万家企业节能低碳行动、节能评估审查制度等行动均以钢铁、有色、煤炭、电力、石油石化、化工、建材、纺织、造纸等高耗能产业为目标,加速高耗能企业的节能监管工作,促进企业加快节能技术改造。经过十多年的节能改造进程,我国工业企业的能源利用效益已大幅提升,部分企业已达到国际先进水平或行业领先水平。在此背景下,中国与沿线国家的制造业绿色升级投资将成为促进双边产能合作,实现互利共赢的重要领域。

5. 绿色生态工业园投资

发展绿色生态工业园区是绿色投资的一个重要载体。中国目前已在"一带一路"沿线投资新建了中巴工业园区、中马工业园区、中白工业园区、中埃苏伊士经贸合作区等。在此基础上,中国企业还应加强园区内的循环经济建设,形成完成的供应链聚集。在园区内充分利用清洁能源的多功能性减少能耗与污染排放(见表 4.1),将工业园区打造成"低污染、低能耗、对当地环境和生态低影响"的生态工业园。

(二) 绿色投资界定的制度实践与理论探讨

目前,对"一带一路"投资项目"绿色"或"棕色"属性的判断往往是一个相对概念,并没有落实到绿色金融政策实施过程中形成客观评价标准。绿色投资项目界定机制的缺失是在"一带一路"建设过程中发展绿色金融的首要瓶颈之一。绿色金融和产品的适当定义是发展绿色金融的前提条件之一,也是投资企业强化环境风险管理的重要依据之一。

目前,中国、孟加拉国和巴西虽已在国家层面推出了绿色信贷的定义和指标,国际资本市场协会(ICMA)和中国金融学会绿色金融专业委员会也分别推出了绿色债券的"国际定义"和"中国定义",但国际社会尚未形成统一、明确的投资项目、技术、产业的绿色属性认定标准。一方面,现有标准多采用绿色投资列举法的方式来进行产业类型划分。该界定方法虽可在一定程度上描绘出绿色投资的涵盖范围,但仍是一种模糊化的界定方式,且存在一定的技术滞后性[1]。另一方面,现有的绿色投资界定标准尚未在国际社会形成统一共识,甚至存在激烈争议[2]。例如,国际社会认为煤炭的清洁利用技术在应对气候变化方面的表现较差,不应作为绿色金融的支持对象,而对于中国而言,推进煤炭清洁高效利用可以有效防治大气污染,同样需要利用金融工具内部化其环境正外部性。

各国环境治理优先事项和难度的差异化是国际社会难以实现绿色属性界定标准化的主要原因。一方面,各国的环境治理优先事项不同。中国等发展中国家除了需要应对气候变化之外,还要解决大气、水体、土壤污染等诸多传统环境问题。相比之下,发达国家的传统环境问题已不显著,在界定投资项目、技术的绿色属性时更加强调其碳减排能力。另一方面,各国的环境治理难度不同。由于不同国家的生态环境条件与社会经济发展状态不同,各国的环境容量也存在显著差异,因此对减排技术的减排强度要求不同。比如,虽然发展中国家在多数环境保护领域的技术进步步伐略慢于欧美发达国家,但在大气污染治理领域,中国已出台"史上最严"的火电厂大气污染物排放标准。2015年国家发改委出台的新国标实施了更加严格的"超低排放改造标准",即在基准含氧量6%条件下,烟尘、二氧化硫、氮氧化物排放浓度分别不高于 10 mg/m³、35 mg/m³、50 mg/m³,远低于美国和欧洲的火电厂排放限值。该差异的存在取决于国家间差异化的污染减排需求而非能力。欧美地区大气环境容量大,因此符合欧美环境质量要求的减排技术未必能够达到中国的绿色发展技术要求。由此可见,在项目投资绿色属性的标准化过程中,与绝对概念相比,基于绿色投资意义的相对衡量标准往往更为可行[3]。

1. 绿色投资"基准线"

投资项目绿色属性的衡量标准是判断投资项目是否为绿色投资的重要依据,是绿色投资在某项环境特征上的最低表现。投资项目达到衡量标准时所处的项目情景为识别和分析绿色投资的"基准线"情景。对基准线的讨论常见于清洁发展机制(Clean Development Machine, CDM)和碳排放权交易市场的相关研究中。根据政策和研究目标的不同,基准

---

[1] 陈柳钦.国内外绿色信贷的实践路径.环境经济出版社,2010.
[2] 钱立华.我国银行业绿色信贷体系.中国金融出版社,2016.
[3] 张俊杰."一带一路"投资的绿色标尺.人民出版社,2018.

线有不同的定义和用途。常见的基准线定义有两种。第一种基准线(Baseline)是假设没有实施所讨论的政策或项目的虚拟情景。在这种情境下,各项社会、经济、环境指标照常发展,作为衡量所讨论的政策或项目有效性的重要参照。例如,在分析 CDM 项目的减排能力时,可以通过对比基准线情景与 CDM 情景下的区域排放量来计算 CDM 项目实现的额外减排效果,即在虚拟情境下不会发生的减排量。第二种基准线(Benchmark)是针对所讨论的政策或项目而设定的环境表现目标,旨在引导政策或项目将其环境表现改善到某一水平。例如,基准线法是碳市场中常用的排放权分配方法,即将某一排放强度作为基准线,根据该基准强度和实际产量来确定某一企业或机组的初始排放权分配量。在该方法作用下,排放强度高于该基准线的企业或机组将通过减排或购买排放权的方式合规,从而使社会平均排放强度向基准线水平靠拢。判定投资项目绿色属性的基准线情景是绿色投资与非绿色投资的临界状态,即绿色投资的环境表现应在基准线情景之上,更接近于第二类基准线定义。

在基准线的设定过程中应考虑多个维度的影响因素。

(1) 衡量范围。衡量范围指的是基准线作为参照指标的作用范围,具体包括地域范围和经济活动范围。地域范围方面,如果所研究政策或项目在不同地域的投入、产出和生产过程较为接近,则可以在不同地域间采用同一个基准线;如果在不同地域间,所研究政策或项目的投入、产出、生产过程差异较大,导致环境影响明显不同,则要在不同地域间分别设置基准线。经济活动方面,要根据研究需求确定采用相同基准线的生产部门范围,具体包括技术部门、产品部门或工业部门。"一带一路"沿线国家在经济发展阶段、社会政治体制等方面差异较大,在判定投资项目的绿色属性时应以国家为单位设置基准线。绿色"一带一路"发展强调为沿线国家输入环境友好型的基础设施服务,因此,应基于产品部门设置基准线,从而筛选出环境影响较小的基础设施服务或产品提供项目或技术。例如,在支持电力部门绿色投资项目或技术时,应基于电力产品设置基准线,在煤电、油电、气电、风电等不同发电技术间择"绿"投资。

(2) 衡量指标。衡量指标指的是衡量所研究项目和政策的环境治理效果的具体指标,包括覆盖的污染物种类和衡量单位。污染物种类方面尤其需要分析是否将排放量较小的污染物纳入考量范围之内。可供选择的衡量单位包括:① 总排放量;② 直接或间接排放量;③ 单位产品排放、单位产能排放、单位热量排放、单位能耗排放等排放强度指标。衡量单位的选择须综合考虑政策或项目特征与目的。例如,提高能源效率降低电量损耗的项目会间接地减少上游发电厂的排放,则在设定基准线时要确定是否将这类间接排放也考虑进来。又如,评估碳市场减排效果时,选择碳排放总量作为基准线衡量单位有利于控制区域内的总排放规模,但也会增加因经济活动规模过度收缩或扩张导致市场排放配额冗余或紧缺的风险。在判定投资项目和技术的绿色属性时,由于不同项目的产量规模差异较大,应选取投资项目或技术主要污染物的单位产品排放强度作为衡量单位,且只考虑项目运行中的直接排放,而不考虑受其影响产生的上游或下游间接排放。

(3) 基准线水平。基准线水平指的是对所研究政策或项目在特定环境表现方面的基准要求水平。碳市场通常根据三种基准线水平分配排放配额,分别为:① 市场个体的平均水平;② 略低于平均值的水平,例如平均值的 90%;③ 表现较优市场个体的平均水平,例如按照环境表现的优劣水平排序所有市场个体,选出环境表现最优的、累计产能占比达到一定比例(通常为10%或20%)的企业,计算其平均水平。不同基准线设定方式的实际案例如表4.2所示。在基准线计算过程中,市场个体的选取方式也将影响基准线水平的高低。其中,市场个体的投产日期越近,越接近于未来的发展趋势,就能越好地模拟未发生所研究政策或项目时的虚拟情景。

表 4.2 基准线设定方式及其案例

基准线设定方式	实 际 案 例		
	碳市场	涉及行业	配额发放方式
碳排放平均水平	中国区域碳市场试点(全国待定)	水泥等	免费发放(基准线法)
		电力、热力、钢铁、石化、油气开采	免费发放(电力行业基准线法)
碳排放前 10%最优表现的平均水平	欧盟碳市场	电力、工业设施等	免费发放(第三阶段基准线法)、拍卖
碳排放平均水平的 90%	加州碳市场	电力、工业设施、炼油等	免费发放(基准线法)、拍卖

2. 绿色投资、技术的投资意义

在判定投资项目的绿色属性时,基准线水平的确定应根据绿色投资的战略意义而定。现有研究主要从以下两方面理解绿色投资、技术的投资意义。

(1) 绿色投资项目可以帮助投资目的国避免"先污染后治理"的发展模式,最终实现绿色发展。

环境库兹涅茨曲线可以在一定程度上具象化先污染后治理和绿色发展两种发展模式,并指出绿色投资项目、技术在此过程中发挥的作用。依据环境库兹涅茨曲线,当一个国家的经济发展水平较低时,环境污染的程度也较轻。随着人均收入的增加,环境污染将由低趋高,即经济的增长将加剧该地区的环境恶化程度。但是,当经济发展水平达到某一"拐点"时,环境污染将由高趋低,环境质量将随着经济的发展而逐步改善,如图 4.8 所示。在各国环境容量有限的情况下,经济发展造成的环境影响若超出当地的最大容纳量,即超出安全阈值时,当地的生态平衡和环境功能将遭到破坏,出现严重的环境污染事件,如伦敦烟雾事件、洛杉矶光化学烟雾、日本水俣病、北京雾霾等。此类发展模式即为先污染后治理。若该国的经济发展在污染影响超出安全阈值前出现拐点,则经济发展不至于引发环境损害,即可在生态环境容量和资源承载力的约束下,平衡经济发展与生态保护,实现绿色发展。在"一带一路"倡议中,绿色投资与技术在提供基础设施建设服务的同时,应帮助投资目的国减缓环境损害的上升坡度,将经济发展拐点时的环境影响降到安

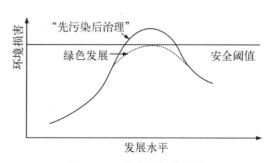

图 4.8 环境库兹涅茨曲线

全阈值之下,从而帮助"一带一路"沿线国家避免先污染后治理的发展模式,实现绿色发展。若定义绿色发展模式下经济发展程度与特定环境污染指标的相关关系为绿色发展曲线,则特定经济发展程度对应的污染指标水平为绿色投资项目、技术在该经济发展程度下的基准上限,而绿色发展曲线便为该基准上限的动态变化趋势。

在实际分析过程中,绿色发展曲线的量化难度较大。"一带一路"沿线国家多处于经济发展的初级阶段,模拟未来的发展趋势需要参照已实现绿色发展的发达国家的发展轨迹,并且要求参照国与投资目的国具备类似的环境容量和经济社会特征。实际上,包括美国、英国在内的多数发达国家均存在先污染后治理的发展历程,实现绿色发展的发达国家案例较少,且多与"一带一路"国家存在不同的环境损害安全阈值和较大的社会文化差异。因此,从绿色发展的"结果端"难以倒推绿色投资项目、技术的环境表现基准线。在此情况下,可以尝试从绿色发展的"手段端"衡量绿色技术能否帮助投资目的国实现绿色发展。

"一带一路"沿线国家均遵循可持续发展理念,积极应对气候变化。截至 2017 年 4 月,已有 69 个"一带一路"沿线国家签署了《巴黎协定》,66 个国家已经制定并提交各自的国家自主贡献(NDC),向国际社会做出了减缓和适应气候变化的承诺。其中,超过 3/4 的"一带一路"沿线国家根据各自的国情和能力,提出了多样化的国家自主贡献减缓目标形式,并为实现国家自主贡献减缓目标,建立完善适应气候变化机制机构、完善基础设施建设,从电力、交通、农业、林业、工业和废弃物等部门制定减排政策。因此,投资目的国在环境保护和应急气候变化等方面的战略要求是"绿色发展"的一种间接描述。绿色投资项目、技术应不影响投资目的国实现上述国家战略,符合相关政策要求。

(2)绿色投资项目应使投资目的国的生产技术向更为绿色的方向发展,即绿色投资技术的环境和气候表现应优于现有生产技术的平均水平。

依据该理解,投资项目绿色属性判定的基准线应为未实施绿色技术时,投资目的国实现某项基础设施服务的环境和气候表现平均水平。以电力服务为例,绿色投资项目的环境和气候变化影响应小于现阶段投资目的国包括煤电、油电、气电、风电等不同发电技术在内的环境和气候变化影响平均水平。

通过实际调研的方式收集行业数据是核算投资目的国实现特定基础设施服务的环境和气候变化影响平均水平的最佳方式,但该方法对投资目的国的环境管理能力和信息公开程度要求较高,且所需的行政成本和时间成本较高。除直接核算外,还可选择合适的指标表征当地生产技术环境表现的平均水平。在绿色投资、技术成本普遍较高的情况下,投资企业作为理性经纪人通常会将环境表现改善到合规水平为止,以追求企业经济利益的最大化。由此可见,地方法律标准可以在一定程度上表征某项技术在投资目的国的环境和气候变化影响平均水平。因此,在模拟某项基础设施服务的投资项目绿色属性判定基准线时,可以该基础设施服务各项主要生产技术的产量比例为权重,加权平均其主要环境和气候变化影响物的排放标准,以此得到未投资绿色投资时,投资目的国提供该产品、服务的加权平均环境影响,并将其作为投资项目绿色属性的衡量标准。

案例 4.1　巴基斯坦 A 发电站绿色属性的界定

巴基斯坦 A 发电站是由亚洲开发银行援助建设的能源项目,是中巴经济走廊中的合作项目之一。中巴经济走廊是中国总理李克强于 2013 年 5 月访问巴基斯坦时提出的,以加强两国互联互通,促进两国共同发展的合作战略。合作领域包括交通、能源、海洋等多个领域。2013 年,习近平主席提出"一带一路"倡议构想后,中巴经济走廊作为"一带一路"倡议的有益补充,其战略重要性进一步得到提升。巴基斯坦基础设施相对落后,电力工业严重不足。全国日平均电力缺口约 400 万千瓦,伊斯兰堡、拉合尔等大城市每天都会多次拉闸限电[1]。"中巴经济走廊"推动了多项中巴煤电合作项目,既可为巴基斯坦的基础设施建设提供电力支撑,又可推动"一带一路"倡议下的能源合作。巴基斯坦 A 发电站计划建设两台装机容量为 660 MW 的发电机组。第一台 660 MW 机组由亚洲开发银行全额资助,第二台机组由亚洲开发银行和伊斯兰开发银行联合资助。中国建筑第三工程局某公司承担了 A 电厂三台火力发电机组的全部土建工程。

A 燃煤发电厂项目引进的超临界燃煤发电技术是巴基斯坦目前最先进的技术。该技术对环境的影响将小于现有的重质燃料油(重油)燃煤发电厂和更常用的亚临界燃煤发电技术。A 燃煤发电厂项目采用先进超临界燃煤技术和飞灰回收技术,共可减排 50.3 万吨二氧化碳,具有较高的应对气候变化价值[2],且可大幅降低大气污染排放量,将颗粒物、二氧化硫和氮氧化物等污染物排放浓度控制在 30 mg/Nm³、254(200) mg/Nm³ 和 75 mg/Nm³,远低于巴基斯坦的当地排放浓度要求。

判断 A 燃煤电站的绿色属性,首先须明确其主要的环境影响因素及其绿色属性判定基准线。燃煤电站在煤炭燃烧发电的过程中将排放颗粒物、二氧化硫和氮氧化物等大气污染物,并将释放大量温室气体。由于缺少燃煤电站的燃料使用数据,本处将仅从大气污染减排的角度入手分析两个投资项目的绿色属性。

绿色投资项目应推动投资目的国实现绿色发展,不应阻碍投资目的国实现其环境保护和应对气候变化国家战略。A 燃煤电站在投资建设过程中符合巴基斯坦的相关环保政策和法律法规,符合巴基斯坦的环境影响评价要求、节能审计要求和土地审批等要求。除此之外,绿色投资项目应推动投资目的国的基础设施建设向绿色化方向发展,使其基础设施建设的环境和气候变化影响不断变小。因此,投资项目的主要污染排放浓度应低于绿色属性基准线,即未投资该项目时,巴基斯坦电力生产的平均污染排放浓度。本处利用巴基斯坦各类发电机组的污染排放标准表征其平均排放水平,利用各类机组的发电量占比计算巴基斯坦电力部门主要污染排放浓度的算术平均值。巴基斯坦的国家电力管理局行业报告显示,2013 年全国所有电力供应绝大部分来自国内自产(除 0.38% 来自进口)。其

---

[1]　宋旸,耿兴强,刘向晨.卡西姆港燃煤电站首台机组发电为中巴友谊再添新动力.中国电力报,2017-12-20.

[2]　RRP, *Contribution to the ADB Results Framework*, 2017.

中,燃煤发电占比最高,为36.1%;水电和燃气发电次之,分别占比30.8%和28.4%;核电、燃煤发电与风电分别占比4.22%、0.04%和0.03%。利用该发电结构加权平均各类发电机组的污染物排放浓度标准得到巴基斯坦发电项目的绿色属性基准线如表4.3所示。对比A燃煤电站与绿色基准线下的污染排放浓度,贾姆肖罗的排放浓度均低于基准线水平,可以使巴基斯坦的发电技术向绿色方向发展。值得强调的是,采用"相对基准线"而非"决定概念"的方式来界定绿色项目虽更能满足"一带一路"的多边机制需求,但基准线水平的选取原则还需通过广泛的国际合作与交流来达成共识。

表4.3 巴基斯坦发电项目绿色属性基准线及案例实际排放 单位:mg/Nm³

	基准线	A
颗粒物	114	30
二氧化硫	644	254/200
氮氧化物	347	75

第三节 构建"一带一路"绿色金融体系

在"一带一路"框架下发展绿色金融是实现环境风险内生化、绿色理念国际化和绿色成果贡献化的重要举措。

第一,必须强化"一带一路"框架下的绿色金融体系顶层设计,在"一带一路"的纲领性文件——《推动共建丝绸之路经济带和21世纪海上丝绸之路的愿景与行动》的指导下,完善"一带一路"框架下的绿色金融体系建设要求。将推动沿线国家开展绿色金融领域国际合作,鼓励和引导绿色投资,稳妥推进绿色证券市场双向开放纳入资金融通的合作重点。在合作机制中创设绿色金融合作交流机制和平台,向沿线国家推广绿色发展理念,并结合国内绿色金融体系构建实现,率先发起"'一带一路'框架下的绿色金融体系倡议",以中国规则引导区域规程,进而提升中国在国际绿色金融事务规划中的话语权与影响力[1]。

第二,建立多层次的绿色投融资组织架构。企业层面应完善环境风险管理组织架构,通过绿色生产协会、绿色生产链等方式发挥先进企业的绿色溢出效应,实现项目环境风险评估与管理常态化。金融机构层面应在机构内部设立可持续金融事业部,强化境内金融机构和"一带一路"投资主体的绿色投融资意识和绿色金融工具开发能力。主管机构方面应建立由中国人民银行、财务部、商务部、发展改革委、环保部、银监会、证监会、保监会等多部委在内的"一带一路"绿色投融资联席会议机制,在机构成熟过程中逐步纳入"一带一

---

[1] 李玫,丁辉."一带一路"框架下的绿色金融体系构建研究.环境保护,2016(19).

路"沿线国家的政府和相关职能部门,加强各主管部门在"一带一路"绿色投融资机制议题上的联络[1]。

第三,分阶段培育多元化、多层次的绿色投融资工具体系。先以绿色信贷、绿色债券和绿色基金等绿色投融资工具为发展重点,利用金融工具设置"一带一路"投资的绿色门槛,并为沿线国家的绿色发展汇聚资金支持。在"一带一路"资金流逐步稳定的情况下,重点发展绿色保险等市场化环境风险治理机制。利用绿色保险机制强化企业的环境污染防范意识,并在此基础上为"一带一路"沿线国家设置生态环境修复资金,分担环境修复责任与成本[2]。

第四,构建"一带一路"战略中的绿色金融信息技术平台。构建并完善环境和社会风险信息公开制度。一方面,通过投资项目的环境信息披露强化绿色金融工具的监管力度,优化监管效果,保障绿色投资环境效益的持续性和有效性。另一方面,在企业环境信息披露的基础上引入公众参与机制,使投资目的国客观、及时地了解投资项目的环境风险范围与污染情况,消除因信息不对称导致的国际合作压力与阻力[3]。

[本章小结]

作为"一带一路"倡议的推动者和绿色金融领域的全球领导者,中国应继续在统一绿色投资识别机制等方面发挥重要作用,争取制定出各国投资者普遍接受的、高质量的国际标准。在中国资本走出国门,扎根"一带一路"沿线国家的过程中,我国政府及多边机构不仅要关注对外投资的经济共赢,还要严把环境影响关,利用绿色金融工具充分撬动国内绿色资本的国际影响力。通过完善投资项目的环境影响评估机制,将与环境相关的潜在回报、风险和成本考虑到金融机构的投融资决策之中,提高金融机构和投资企业的环境风险管理能力。尽快出台"一带一路"投资项目的环境准入门槛,以绿色评级手段为基础设置有效的对外投资引导工具,切实打造"一带一路"命运共同体。

[思考与练习]

1. 如何在经济发展与生态环境保护的平衡中,界定"一带一路"投资的绿色标准。
2. 如何进一步发挥多边金融机构在绿色"一带一路"建设过程中的推动作用。
3. 除绿色投资的界定与评级标准外,在"一带一路"倡议下发展绿色金融还需完善哪些基础性制度工具和能力建设。

---

[1] 关成华,刘华辰.关于完善"一带一路"绿色投融资机制的思考.学习与探索,2018(2).
[2] 王遥,范高雁,夏晗玮.绿色金融支持"一带一路"建设与发展的路径研究.环境保护,2017(12).
[3] 关成华,刘华辰.关于完善"一带一路"绿色投融资机制的思考.学习与探索,2018(2).

[参考文献]

1. 王文,曹明弟.绿色金融与"一带一路".中国金融出版社,2017.
2. Kirchherr J, Repp L, van Santen R, *et al*,. *Greening the Belt and Road Initiative: WWF's Recommendations for the Finance Sector*. WWF. 2018.

第五章　金融机构环境风险管理

[学习要求]

1. 掌握绿色金融实践中环境风险的内涵和范畴。
2. 了解金融机构在环境风险管理的框架和一般性流程。
3. 熟悉各类环境风险在绿色金融中的传递流程和应对方法。
4. 了解国际金融机构在环境风险管理上的实践。

[本章导读]

　　金融机构通过开展环境风险分析、降低环境风险事件的发生,既源于自身得天独厚的优势,也是出于自身经营的需要。可以说,金融机构的实际经营中纳入环境风险的考量,不仅是其作为金融机构履行社会责任的要求,也是其在绿色经济背景下服务高质量发展的必然选择。通过环境风险量化分析,有助于提升对融资企业可持续发展水平的筛选能力和价值发现能力。本章对金融机构的环境风险内涵范畴、管理框架、管理流程以及国际金融机构的环境风险管理进行了介绍,最后针对不同类型的环境风险对金融机构的影响进行了阐述。

第一节　金融机构环境风险概述

一、金融机构环境风险的产生背景

　　环境风险在环境学科中,主要指由于人类活动引起的,通过环境介质传播,能对人类赖以生存的环境和社会、经济系统产生破坏乃至毁灭性影响的事件的不确定性。环境风险的发生将导致大气污染、水污染、土壤污染、森林火灾、飓风、海平面上升等问题,同时也包括如天津港大爆炸、石油泄漏等重大环境污染事故,极易造成企业利润下降。

　　在绿色金融中讨论环境风险,还包括来自与环境相关的政策法规、标准技术更新等所造成的变化。如联合国提出的可持续发展目标和《巴黎协定》,促使相关国家积极推出清洁能源政策,导致煤炭、石油、火电等传统能源需求和盈利下降。许多煤炭、石油、火电企业最终被迫退出市场,这对煤炭、石油、火电行业是危机,但对新能源行业则是难得的机遇，这就是由于政策目标所造成的行业上行或下行风险。近年来，我国新《环保法》的实施，大气十条、水十条、土壤十条的相继发布，都对以生产制造业务为主的企业带来一定影响。另外，碳交易市场的建立也造成碳排放相关企业的产能变化，对于火电、钢铁、水泥、化工、建材等高碳行业是很大的下行风险，但对于低碳行业和节能产业将是利好机遇。环保督察、排放提标等都会对污染企业的生产、流通、消费等环节产生抑制作用，带来生存压力。

在上述背景下，金融监管部门会敏锐意识到环境风险将会对所服务的部分企业的金融资产产生影响。环境风险通过影响实体经济的可持续性，逐渐衍化为单个金融机构的风险和整个金融体系的稳定性风险。追溯金融机构中环境风险的产生，主要是从识别和管理环境风险工作开启。

20世纪后半叶，美国经济转型，大批企业由市区搬至郊区，在转移过程中搬迁遗留了大量的"棕色地块"（Browned Site），如废弃的工业用地、汽车油库、存放涉重金属工艺装置的库房土地等，这些污染的地块对周边土壤和人群健康造成了严重威胁。1978年美国纽约州北部的拉夫运河镇就发生了由于遗留的化学物质造成危害居民健康的土壤污染事件。以此为契机，1980年美国国会通过了《综合环境反应、赔偿和责任法》（简称《超级基金法》），主要用于治理全国境内闲置或废弃使用的危废处理地块，并对危险物品泄露作出了紧急响应。该法针对金融机构工作中可能导致的环境污染风险明确界定了"严格、连带和具有可追溯力"的责任，即贷款银行是否参与了造成污染的借款公司的经营、生产活动或者废弃物处置。可以看出，准确识别和管理环境风险是金融业促进可持续发展的重要工作。

随着全球变暖成为国际社会共识，气候因素也逐渐成为影响金融风险的一个重要来源：2015年9月，英国央行审慎监管局（PRA）发布了《气候变化对英国保险业的影响》研究报告；2015年7月，法国出台了《能源转型法》，提出减少污染、加快推动绿色和可再生能源的使用，长期目标是到2050年能源总消耗减少到50%，温室气体减少75%，而中期目标是到2030年，能源总消耗减少30%，温室气体降低40%。2016年G20峰会将绿色金融纳入了财经渠道，并发起了G20绿色金融研究小组，提出鼓励金融机构开展环境风险分析和改善公共环境数据可获得性和可用性的倡议。2018年1月，由法国、中国、英国、德国、墨西哥、荷兰、新加坡、瑞典8个国家的央行和金融监管机构发起了央行与监管机构绿色金融网络，对如何推动金融机构披露环境信息和开展环境风险分析成为议题的重要主题。

二、金融环境风险内涵与范围

金融机构的风险一般是指各种不确定因素或事件对其资产、负债、经营利润及其倒闭带来的负面影响。可以说，金融机构的环境风险可通俗表达为"可转化为金融风险的环境风险"。根据金融活动的类别可将金融机构的环境风险活动分为五类。

（一）经营风险

经营风险（Operational Risk）是指环境和社会风险导致被投资方运营中断，导致相关投资金融机构的风险。如飓风、洪涝、毒气等致使厂房、生产设备、人员受损，企业被迫中断正常的经营活动，从而导致金融机构的贷款或投资损失。

(二) 信用风险

若借贷方由于违法排污、环境处罚导致不愿或无法履行合同,金融机构将面临信用风险;未投保资产损失也会导致银行贷款抵押品的价值下降,从而加大银行的信用风险(Credit Risk)。如2016年中国工商银行针对水泥、钢铁、火电等高污染、高耗能企业贷款进行压力测试,结果表明环保标准的提高会增加上述行业企业贷款等违约率和信用风险,进而提高银行呆坏账。

(三) 市场风险

由于气候问题导致金融机构持有的资产或贷款抵押资产价值下降,金融机构将面临市场风险(Market Risk)。例如,未来碳价上升10倍,部分保险公司和资产管理公司所持有的高碳行业股票价格有可能下跌80%。

(四) 责任风险

责任风险(Liability Risk)是指金融机构持有贷款或其他资产时,可能会面临由于借款人或被投资方的环境、社会责任而带来的风险,包括被起诉、罚款并承担赔偿或污染治理费用等。例如,气候变化导致巨灾频率上升,而保险公司所提供的巨灾保险保费未反映该概率,将导致承担巨额赔付责任带来的损失。

(五) 声誉风险

若被投资方的环境问题带来了负面的社会影响,提供贷款或投资的金融机构将面临声誉风险(Reputation Risk)。一旦声誉受损,该机构则可能会因此失去未来客户、订单,融资也会变得更难或更贵。

第二节 金融机构环境风险管理框架和流程

一、环境风险管理系统框架及流程

为了防范环境风险,贷款银行主要在其业务流程中建立环境风险管理体系(如图5.1),流程一般为"建设项目的环境影响评价——企业经营中环境保护工作审计——环境风险评估审核和信贷审核——环境条款协议——环境风险管理成本纳入贷款利率——贷后环境风险管理"。

由于银行对项目融资和传统融资方式在信贷审核过程中关注的重点不同,造成环境风险管理的侧重点也不同。项目融资是以项目未来的预期收益为贷款审核基础的,一般以专门组建的项目公司为借贷方,没有可供银行参考的历史业绩,在此情况下贷前的环境审计是不可能进行的。因此,在环境风险评估中,主要依靠项目的环境影响评估。在此过程中:第一,需要向借贷方提交贷款申请时,同时提交项目所在国所批准的环境影响评价审核通过证书;第二,贷款申请方需要对项目按照赤道原则进行环评,并提出环境问题解决方案;第三,贷款银行接受借贷方的贷款申请后,应对拟贷款项目要派送环境风险管理专家对项目进行现场审核;第四,贷款银行要将环境影响评估审核意见提交董事会进行关

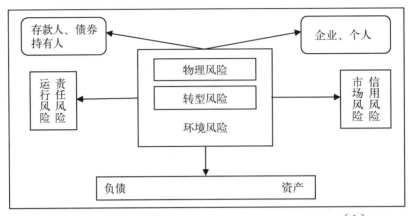

图 5.1 环境因素对商业银行行动带来的风险：分析框架[1]

注辩论；第五，贷款实施后若有发现新的环境问题，还要进行新的环境影响评估。

在项目融资后，项目公司就有了财务报表和环境风险管理内容，因此可要求项目管理方在贷后每年都提交环境审计报告，以了解有无真正按照贷款协议管理环境风险，有无真正按照减缓计划购买和使用相关环保治理设备。

二、环境影响预评价

环境风险评价是金融机构风险管理的重要内容，首先应该按照项目潜在的环境影响大小进行分类，然后再决定其评估标准。贷款银行在进行环境风险评价时，应首先要求申请贷款方提交所在国家环保部门对项目的环境影响评价，作为重要的行政许可。若一个项目未通过国家环保部门的环境影响评价审核，贷款银行应对该项目贷款申请直接否决。比如，世界银行贷款的环境影响评价，要求该项目首先已完成了项目所在国的环境管理部门对环境影响评价报告的批复，否则就不受理项目的贷款申请。即使贷款项目的环评报告通过了，世界银行还要按照自己的环评要求进行复核。亚洲开发银行、欧洲复兴开发银行都有类似的规定。其中，欧洲复兴开发银行对于小水电项目信贷审核中，环评不仅需要项目获得必要的行政许可，还要对河流流量、水质、鱼道保护、流域保护、濒危物种保护、休闲娱乐、文化遗产、社区等方面提出要求。

国内外对于环境影响评价的分类标准和评价重点各不相同。中国的环境影响评价在项目分类方面是根据《建设项目环境保护分类管理名录》来进行的，根据项目对环境影响分为三大类：A类项目主要指对环境具有重大影响；B类项目主要指对环境有中等影响；C类项目主要指对环境影响较小。通过项目分类决定了环境影响评估的详细程度，也对应决定了环境风险预测的准确性。

亚洲开发银行、世界银行、花旗银行等是采取初步环境评估的方式来进行项目环境影响分类的。亚洲开发银行对灌溉、水力发电等17个敏感行业都设计了快速环境影响评价

---

[1] 周月红等.环境因素对商业银行信用风险的影响——基于中国工商银行的压力测试研究与应用.金融论坛,2016(2).

清单,通过该清单的分析能够首先回答项目所在地的环境资源敏感性和易损性,然后分析项目造成的重大不利环境影响的可能性。在快速进行环境影响评价基础上,由亚洲开发银行地区业务局的行业处完成环境分类表格,并呈交环境与社会发展处处长、地区和可持续发展局首席监督官批准。

上述两类环境影响预评价方法对环境风险的预测并不相同,国内的管理名录可以直接定位每个项目的特点和分类方法,但缺点是过于机械、固定,过多强调了规模在环境影响程度中的作用,没有注意每个项目的独特性;而亚洲开发银行、世界银行等推行的初步环境评价进行项目分类的方法,更加注重依据具体项目所处的不同环境和项目的独特属性来确定项目的环境分类,操作灵活,适应性更广,缺点是分类程序相对复杂,且更依赖于银行环境风险管理人员的自身经验和主观判断。具体到金融行业的环境风险,更加强调风险规避的经济有效性,所以银行的环境影响评价看重的是评估项目的独特属性所产生的环境影响。

金融机构的环境影响评价人员,和上述从事项目环境影响评价的人员思路侧重点不同,一般从事项目环境影响评估的业务注重的是该项目是否会给周围环境带来那些不利影响,而金融机构则是围绕资产是否会因环境因素贬值等评估环境不利影响程度。因此,金融机构的环境影响评价灵活性更强,更加依赖于银行环境风险管理专家的个人经验和主观判断。

三、对项目和公司的环境审计

环境审计是金融机构量化环境风险影响的一种重要的管理手段,是在预防环境风险、模拟环境风险发生时的一种预防手段。通过对企业环境管理的相关组织、设备等进行系统的、客观的估价,帮助企业环境操作合规合法。国际会计师联合会对环境审计的内容概括为四项内容:第一,对场所污染的评价;第二,对拟投资项目环境影响的评价;第三,公司环境绩效报告审计;第四,对公司环境法律法规遵守情况的审计。其中,公司环境绩效报告审计与外部财务报表审计的性质是一致的。

银行对拟贷款项目和公司进行环境审计,主要目的也是为了管理环境风险,因此银行环境审计主要集中在环境合规性审计和将环境合规成本纳入财务收支的审计。对那些存在高环境风险的行业或公司,银行要求它们提交年度环境评估表、进度报告,还要提交时间表来确定改进公司流程和废物处理的方法来达到环境合股、有毒废物减量化的目标。

环境审计的意见作为独立第三方提供的一种客观、公正的鉴定和识别,在一定程度上也减缓了银行与借款方的信息不对称程度,逐渐成为银行风险管理的重要管理工具。为了有效管理信贷风险,我国银行逐步引进了借款方信用评价体系和贷款风险分类制度,审计意见被列为企业信用评级的一个重要评分项目。不少文献也把审计意见作为银行内部评级时很重要的评级指标考量。

环境风险引发的对拟贷款企业财务状况的影响,主要包括静态的财务状况(资产、负债等)影响和对动态的财务状况(现金流)的影响,将涉及资产负债表和现金流量表上的许多项目。表5.1对财务项目影响进行了归纳。

表 5.1　环境风险对财务项目的影响

财务项目	影响内容
货币资金项目	在企业资产影响方面,拟贷款企业环境负债的支付、环境收益的取得都需要货币资金项目,环境管理设备、环境事故处理等支出都会影响企业的现金流量以及偿债能力
应收账款、应收票据等债权项目	如果拟贷款企业生产的产品对环境造成危害或对消费者造成不利影响,则会受到法律法规限制或消费者抵制,企业就可能会对产品进行降价处理甚至赊销;或者拟贷款企业与存在环境问题的企业存在债权债务关系,如果债务方企业因环境问题而被环保部门强令关停并转或大规模技术改造,那么作为债权方的拟贷款企业债权也将受到影响
存货	国家法律法规的调整或加大环保督察,有可能导致某些存货项目的减值或报废,若存在减值,则企业必须就这些存货计提"存货跌价准备",如果是报废,则应计入当期的"营业外支出"项目,并减少存货价值。尤其是一些有毒有害物品,大多具有专用性而变现能力受到限制
固定资产	随着环境法律法规的晚上,一些可能产生污染或者能耗太高的设备使用可能受到限制,或必须进行某种技术改造后才能继续使用;其次,在旧设备被限制甚至禁止使用情况下,企业就需要购买新的降低污染和能耗的设备;第三,企业需要按照新标准购买新的环保设备,也导致固定资产价值的变动。可以说,环保法规的逐渐严格,使得产生污染的机器设备的真实价值肯定低于账面价值
无形资产	长期受污染侵蚀的土地、房屋建筑物的场地使用权,存在污染问题的专利权、专有技术、商标使用权和商誉,都可能因环境问题而使其使用价值降低甚至报废,进而减损价值
企业负债	环境法律法规的执行必然会增加企业的支出,从而增加企业的负债,如果企业污染对当地环境和民生造成了严重负面的影响,环保部门执法要求污染企业进行整顿改造,企业就需要在较短时间内发生较大金额的环境费用支出,其偿还贷款的能力就会受到影响。同时,若企业污染对职工造成了身体伤害,还可能导致企业用于支付职工的医疗保健的费用增加,造成大额费用支出,增加企业负债

资料来源:作者整理。

关于环境事项影响财务信息的审计,1998 年 4 月国际会计师联合会(IFAC)发布的《财务报表审计中对环境事项的考虑》,这份文件是国际社会首份指导审计人员操作的权威文件。审计人员在识别和表达环境事项对财务信息的实质性影响主要关注四方面内容:(1)根据合同和环境法律法规要求,为阻止、减少和纠正对环境的破坏;(2)背离环境法规的后果;(3)被审计单位采取的其他行为导致环境破坏的后果;(4)法定的代偿责任。以上审计内容也要求审计工作人员对相关环境法律法规有较好的了解。

2006 年 2 月,我国财政部也颁布了《中国注册会计师审计准则第 1631 号——财务报表审计对环境事项的考虑》,该项准则要求注册会计师在审计时要关注:所处行业存在的重大环境问题,包括已有的和潜在的风险;所处行业通常面临的环境保护问题;适用于被审计单位的环境法律法规;被审计单位的产品或生产过程中所使用的原材料、技术、工艺及设备等是否属于法律强制要求淘汰或行业自愿淘汰名单等。

四、环境风险纳入信贷审核

信贷审核是银行管理信贷风险重要的管理环节。一般采用内部评级制度。这是巴塞尔新资本协议所倡导的方法。所谓内部评级,是由银行专门的风险评估部门和人员,运用一定的评级方法,对借款人按时、足额履行相关合同的能力和意愿进行综合评估,并用简单的评级符号表示相应的信用风险大小。一个有效的内部评级系统需要对风险评级标志风险符号,银行内部风险等级通常分为十级,其中 AAA 级为最佳级,CCC 为危险级,D 为严重损失级。如果贷款后发现借款企业信用状况发生变化,银行可以变动借款企业的信用等级。评级方法一般为:模型评级法、专家定性评级法、定量和定性结合的评级方法。

银行通过信贷审核人员将通过环境影响评价和环境审计获得的环境信息纳入银行的信贷审核中。银行在信贷审核中需要配备能够理解和分析这些环境信息并能纳入银行信贷审核的人员。他们需要具备环境问题、环境政策等方面的知识,要能够正确分析通过环境评价、环境审计收集的信息和意见。例如,在抵押资产分析中,要关注环评和环境审计所提供的对抵押品环境质量的相关信息;在控制分析中,要关注环境政策法规变动对借款人信用评估的影响;在环境分析中,要关注借款人是否触犯环境法律法规等。在国际项目投资上更要明确生态环境形势对借款人所在行业的影响,如新能源行业就严峻地受到国际国内气候变化政策的影响。

银行在培训信贷审核人员时,要将环境风险评估、环境审计、环境法规分析等内容纳入信贷审核人员的培训计划。银行应该按照国际金融公司模式,在银行内部设立环境部,为银行内部的各种环境业务提供专业知识。国际金融公司(IFC)推荐的典型识别环境与社会风险的流程为:由客户关系负责人员,根据融资项目的环境合规性、工作场所的安全性、土地污染和自然灾害等要素,进行客户的初步筛选;由负责信贷审批的人员对评估进行审核,是否需要进行更加严格的环境影响评估;分析量化环境和社会风险。

行业分析在银行环境风险信贷审核中十分重要,根据借款者来自不同行业,以专家视角和法律审核具有行业特点的各种信贷申请项目和公司的环境风险,归纳同一行业比较集中典型的环境问题,找到分析环境风险的共性特征。特别是表现在财务分析中的环境风险还经常与该行业的产业机构、行业发展前景、市场结构等有重要相关性。因此,通过不同行业的环境风险比较,可以在一定程度上更好地了解这些环境风险对不同行业借款人的信用风险水平影响。

案例 5.1 乌克兰的 AVAL 银行

乌克兰的 AVAL 银行拥有 320 万个人客户、21 万公司客户、1 400 家分行和支行。该银行按照国际财务报告准则编制财务报表,并由安永会计师事务所进行审计。AVAL 在 2004 年因贸易发展项目的成功而得到欧洲复兴开发银行的青睐,并获得 1 000 万美元的资金承诺,用于实施住房融资承诺。该银行已经在风险控制体系中加入了社会和环境因素,体现在所有信贷文件和流程中,如信贷风险评估、贷款审批指引和客户协议等。银行运用各种方法来评估可持续发展机会,分析客户和潜在客户的经营周期和投资周期、销售渠道、供应链和利益相关者构成等。

贷款协议是指借款人与银行签订的约定双方权利和义务关系的合同。协议的目的是在借款人偿债能力出问题时保护银行的利益,因此签订贷款协议是银行风险防范的重要手段。对于已经通过相应环境影响评价审核的项目,银行的环境风险管理相对简单,排除了重大环境风险,但仍然存在潜在环境风险,此时工作重点放在设计规避环境风险的条款和条件上来。主要内容包括如下五个方面。

第一,对于存在潜在环境风险的借款方,贷款协议要包括:借款方将遵守所有国家、地方的环境法律法规;对现在或将来可能发生的污染,需要立即实施补救措施。

第二,若借款方收到任何来自国家或地方环境执法机构的通告,包括环境违法行为或执法程序,借款方有义务将信息通知贷款银行,使贷款银行的环境风险管理人员或部门可以获得充分信息。

第三,贷款协议要明确,进行环境影响评估和环境风险评估的费用,以及环境审计的费用,都应该由借款方承担。另外,借款方每年要提供年度环境报告、治理进度报告、保险情况报告等。

第四,保障条款,以保障银行避免承受由于借款方的环境问题而导致的连带责任,如危险废弃物的处理和清洁;由于储藏、倾倒有毒化学物质所可能导致的损害赔偿责任以及修复费用和修复责任。

第五,披露条款,借款人应保证所有已知的环境问题信息已披露,并无待解决环境法律责任。

抵押资产的价值稳定性关系到贷款的安全。从银行角度而言,抵押品通常是房屋、土地使用权、机器设备等。这些抵押品受环境要素影响导致价值变动可能性极高。例如,厂房土地若受到有毒化学品污染,其价值必然大大贬值。因此,在贷款协议中需要规定一部分贷款专门应对环境法律法规的服务和环境风险的防范,这部分贷款资金可作为个人担保资金,从而刺激企业和项目负责人加强环境管理和环境风险的防范。

五、环境风险压力测试

在银行的环境风险管理中,确定一个合理的贷款利率是形成贷款业务的关键。一旦环境风险管理成本也纳入考虑之中,贷款利率就是一个十分复杂的计算和决定。因此,在确定贷款利率前,需要进行环境风险压力测试。

压力测试是在特定甚至是在极端情景下,考察金融机构的资产、负债和其他财务指标(如利润、资本金等)表现的方法。由于情景设定的灵活性,压力测试可以不受现实情况的约束,考察极端风险情形对金融机构带来的损失,而压力测试模型的多样性,也为研究同一风险的不同传导渠道提供了便利。由于其具有前瞻性和量化能力方面的优势,金融危机后全球金融业普遍加强了对压力测试工具的运用。

环境压力测试是借鉴压力测试思路,对金融机构可能面临的环境风险进行量化的一类方式,其具有三项特征。

(1) 环境压力测试可以用来分析大概率环境因素变化对金融机构的影响。例如,巴黎协定的落实要求各国都要加大对能源转型推动的力度,石化能源的需求将因此下降,可再生能源的需求也会加速上升。这种具有较大确定性的趋势,但多数金融机构尚未对该趋势造成的金融资产导致的影响开展定量分析。环境压力测试就是要帮助金融机构充分了解此类影响,并在此基础上采取应对措施,调整自身资产组合,规避风险和争取把握绿色产业的发展机遇。

(2) 环境压力测试可以对较小概率或非常不确定的环境事件所导致的结果进行分析,包括水灾、旱灾、飓风、海平面大幅上升,以及碳价和水价大幅上升等。目前,欧洲和美国公共管理部门在政策设计方面已采用风险预防原则,衡量环境因素或事件可能为银行和其他金融机构带来的风险影响和程度,并让这些机构做"最坏打算"的准备和采取措施。

(3) 环境压力测试能量化特定情景下的风险敞口和导致的损失。如果仅采用定性分析,往往会高估或低估风险,造成应对的措施不够精准。环境压力测试是在给定可量化的环境因素冲击(如环保标准提高、气候变化、环保事件、碳价格变化等因素)情况下,通过数量模型来估算金融机构面临的风险敞口的变化和违约率、损失率的变化。在某些情况下,模型还能考虑到风险的传播性和经济金融系统变化的非线性特征。

环境压力测试的基本流程,以对银行持有资产所开展的环境压力测试为例,一般形成如下步骤:选择承压对象并确定承压指标——选择压力因素以及压力指标——情景设定——确定环境压力测试的传导路径——分析压力测试结果及政策建议。

(一) 选择承压对象及承压指标

承压对象是指进行压力测试所需关注的被测试主体,而承压指标则是指承压对象在某一方面的表现。我国当前商业银行主营业务的对象以存款和贷款类客户为主,因此压力测试也应该以存款类和贷款类客户对信贷指标的影响为研究对象。按照测试对象的递进关系,将银行信用风险的承压对象分为"债务人或交易对手""组合类"和"宏观类"三个层次,分别对应个体、产品、银行整体层面。

组合类压力测试的常用承压指标可分为技术型指标和管理型指标两大类。技术类指标表征一些能表示风险损失量本身的指标,包括违约率、损失率、预期损失、非预期损失、风险敞口等,这些指标与商业银行在内的金融机构的日常运营息息相关;管理型指标则包括了资本充足率、不良贷款率、经济资本、利润率等,这些通常都是监管机构和政府所关心的重点。

(二) 选择压力因素及压力指标

主要存在三方面压力因素:政策标准和执法力度的变化,环境政策收紧会对企业成本有一定的影响;环境风险的价格因素,价格变动导致资产负债表和损益表的变动一直也是压力测试关注的重点,包括碳交易价格、排污权交易价格和环境税率等;自然灾害的影响,温室气体效应加剧,环境和气候灾害频率上升,上升速度还是非线性的,需要预测小概率事件的自然灾害发生频率以及覆盖范围的逐步扩大影响。

(三) 情景设定

在选择压力测试对象和压力因素后,对压力因素变动范围的设定通常被称为情景设定,依据设定不同,设为历史情景、假设情景和混合情景三类。历史情景指按历史真实发生的情况设定的压力范围;假设情景则是风险管理者主观选取的情景,可模拟历史上从未发生的事情;混合情景则是将历史情景和假设情景结合分析。

(四) 确定环境压力测试的传导路径

构建压力传导模型是压力测试的核心。对不同风险的压力测试,如市场风险、信用风险、流动性风险、操作性风险,压力传导模型是不同的。在数据缺乏、计量技术不普遍情况下,可采用多财务模型法,对于一些微观层面的信用风险,压力传导关系比较清晰,较容易用财务模型进行传导关系的刻画;但对信用风险的宏观压力测试,对微观个体层面影响路径很复杂,传导过程很难刻画,计量模型就更适合用来描述这种传导机制。

(五) 分析压力测试结果及政策建议

通过对压力测试传导路径的分析,对结果进行比较,从而得出政策建议,若承压指标变化与预期偏差较大,还需要对压力情景与传导机制进行对应调整。

案例 5.2　中国工商银行的环境风险压力测试

中国工商银行是最早展开环境风险压力测试的金融机构。首先选择高污染、高能耗行业进行压力测试,然后设置环境风险压力情景,这些都需要结合实际情况和压力测试目标。目前,工商银行已经相继对火电、水泥、钢铁、电解铝等高污染、高能耗行业环境政策收紧,对其信贷质量影响进行了分析。具体操作如下(以火电行业为例):

1. 环境压力:截至 2013 年年末,我国火电行业脱硫率已达 91.6%,脱硝安装率达到 50%,而除尘改造刚刚起步,未来节能改造空间较大。对重点污染企业和地区,排放限值有提高,若按当时的污染物排放收费标准,企业排污费总额将增加 2—3 倍。

2. 压力情景:对火电行业压力测试情景分为轻、中、重三类。对于火电行业,按环保部 2014 年标准、国务院 2015 年标准、国务院对东部地区特别限值标准(2020 年),得到火电企业节能减排轻度、中度、重度三种压力情景。在此基础上,再考虑排污费分别提高 2 倍、3 倍、4 倍对企业成本的影响。

3. 压力测试结果:虽然环保标准趋严,对火电行业产生了较大成本,但得益于宏观经济平稳发展,中国工业电力需求仍然巨大,未来火电行业整体仍然保持稳定发展。环保部提标将对火电行业产生结构性影响,对中小企业形成较为明显的财务压力。

4. 政策建议:维护 AAA 级用户,继续拓展五大电力中的优质客户。关注环境政策对 AA+级以下企业财务成本、信用风险的影响,对 BBB+级下客户要重点关注。关注环保技术引起的上下游细分市场变化。

第三节　国际社会绿色金融管理中的环境风险管理

一、赤道原则概述及运用案例

赤道原则（Equators Principles,EPs）是由国际主要金融机构根据国际金融公司和世界银行政策和指南建立的，目的在于为判断、评估和管理项目融资中环境与社会风险提供一个金融行业基准。

赤道原则是由一系列文件所构成的银行项目融资环境和社会风险管理的国际行业标准，具体包括政策、绩效标准、实施工具三个层次。主要政策包括：赤道原则的10项原则、国际金融公司信息披露政策和可持续性政策；绩效标准主要是国际金融公司环境和社会绩效标准；实施工具主要包括国际金融公司的环境与社会审核程序、8项绩效标准指导说明、环境健康安全指南等。按照赤道原则执行惯例，在项目融资时必须执行政策和绩效标准，实施工具则是为了帮助赤道银行执行上述政策和绩效标准而发展起来的，以指导和帮助赤道银行理解和实施这些政策和绩效标准。

案例 5.3　巴克莱银行投资水力发电

巴克莱银行在20世纪中叶，作为牵头银行在冰岛投资了一座大坝进行水力发电，由于水电能够免于温室气体排放，而且解决大规模就业问题，看起来这个项目是十分有益的，但该项目还是受到了大批国际NGO的质疑。因为他们认为大坝的建设导致冰岛上的濒危动物粉腿鹅的减少，影响了该物种的夏季栖息地，也影响了驯鹿的迁移路线。虽然冰岛也按巴克莱银行要求进行了大量广泛的环境影响评价，但国际社会的强烈抵制导致项目无法顺利开展。为此巴克莱银行对生态物种影响展开了细致调研，聘请了专家收集10年以上数据进行分析。结果表明，粉腿鹅的减少主要是岛上人口的扩张，而非大坝建设。

赤道原则的另一要求就是贷后管理，这是指贷款发放后直到本息收回或信用结束的全过程的信贷管理。贷后管理是控制风险、防止不良贷款发生的重要一环，环境风险管理必须延伸到贷后管理，才能真正做到对环境风险的控制。借贷方的环境问题可能是千变万化的，存在信贷审批授信前的环境管理状况良好，但中央或地方对环境政策的变化、借款方自身在经营中对环境风险的控制的疏忽以及全球环境问题和环境风险的改变等，都有可能导致贷款项目或企业环境风险的增加。贷后环境风险管理就是要跟踪贷款项目或企业所在行业的相关环境政策法规标准的变动，监督借款方是否按照贷款协议执行环境管理的相关措施，分析国际环境形势变动可能对贷款项目或企业造成影响，以有效控制环境风险。

贷款银行应以自然年度为单位进行环境审计,对一些重大环境问题每年进行复审。若发现新的环境问题,或因为情况变动产生了新的环境问题,就需要对这些新环境问题重新评估,以便为贷后环境风险管理提供依据。

二、国际项目融资中环境风险控制的多元参与机制

建立利益相关者互动机制是赤道原则的重要内容之一。建立利益相关者互动机制是商业银行融资中防范环境风险的重要措施。其作用和重要性主要来自两方面:第一,利益相关者互动有利于项目操作方及时收集环境风险信息,从而加强环境风险防范;第二,建立利益相关者与项目最高管理人员的沟通协商机制,可以通过协商沟通调整及时化解因为项目的环境影响而导致的利益相关者对项目的强烈抵制。

在评估金融机构的环境风险时,建立利益相关者互动机制,有助于项目操作方及时收集环境风险信息,从而更好地防范环境风险,由于与项目环境利益密切联系和互动,可以将项目信息详细地告知各利益相关者,项目一旦有环境风险,他们有动力及时与项目风险管理人员进行沟通,使环境风险管理人员及时获得信息,并向项目管理高层提出建议措施来及时消除这些不利的环境影响,从而避免环境风险危害项目的执行。

建立利益相关者的互动机制方法,应与赤道原则中的其他部分紧密相连,如审查、分类、评估、监测等环节,并贯穿项目的整个生命周期。具体在以下三方面进行一致性分析。

(一)利益相关者互动机制规模应与项目分类和项目规模相一致

赤道银行应将拟融资项目根据初步筛选分为A、B、C三类,A类为高风险、B类为中等风险、C类为低风险。赤道银行应根据项目的风险程度和项目的规模,来审核和要求项目操作方建立与之相适应的利益相关者互动机制。赤道原则是商业银行项目融资环境风险管理系统,所以,风险规避收益与风险规避成本之间的平衡,是基本准则。程度越高的利益相关者互动机制建立必然意味更高成本的投入,因此,利益相关者互动机制规模必须和项目的风险程度和规模相一致。如若已评估为C类项目,就只需要建立信息披露机制,并设置一个反馈热线,使得利益相关者了解该项目信息,若有意见和建议,可反馈至项目公司和贷款银行。若是B类项目,则需要将所有环境和社会影响评估文件都披露给利益相关者。若是A类项目,由于环境影响较大,涉及利益相关者较多,则更需要环境风险管理专家根据项目的特殊性,帮助客户制定利益相关者互动策略,并积极参与和严格监督客户执行,且互动机制要贯穿整个生命周期。

(二)利益相关者互动机制要与环境和社会影响评估相结合

环境风险的评估预测重点在于风险防范,赤道原则二规定:对于每个评估为A类或B类的项目,贷款银行应该要求借款方开展环境和社会影响评估,并提出减缓和管理风险措施以防范环境和社会风险。借款方递交贷款银行审核的环境影响评估报告和减缓风险的行动计划应该是与利益相关者进行互动后的结果,而贷款银行则在收到评估报告和行动计划后派出自己的环境和社会专家到项目所在地对借款方进行的环境影响评估进行实地审核。审核通过后,帮助借款方修订环境和社会影响评估文件以及行动计划,对其审核,写出《环境和社会影响审查报告》,并在项目所在地和贷款银行网站进行公布。

(三) 利益相关者互动机制应融入贷后监控管理

有效监控对于获得环境风险管理的全部收益是至关重要的,通过评估和预测,贷款银行要求和帮助借款方建立了与项目适宜的会环境风险减缓措施和管理规模,然而由于项目融资都是针对大型项目,特别是需要运用赤道原则规避环境和社会风险的项目,融资额度均超过1 000万美元,且贷款期都超过10年。因此,贷后监控必须以利益相关者互动为基础,及时察觉环境风险变动,防范评估中未预测到的新环境风险。

(四) 信息披露、磋商和投诉管理机制建立是利益相关者互动的重要环节

信息披露是防范和化解商业银行环境和社会风险的主导性制度安排,是商业银行防范环境风险的内控机制和外控机制的有机结合点,通过信息公开,公众就成为商业银行环境风险监管的重要组成部分。再加上有效磋商和投诉机制以及利益相关者的监督和参与,一方面给商业银行外界压力,促使努力完善内控系统;另一方面利益相关者意见和建议也降低了商业银行完善内控机制的交易费用。

三、环境风险管理的保险机制及类型

环境保险是贷款银行项目融资环境风险管理的重要工具。在贷款银行项目融资环境风险管理中,主要是针对可控和不可控环境风险所造成的环境风险有两类管理手段:通过在贷款银行内部建立一套根植于业务流程的环境管理系统来管理环境风险;通过环境保险转移高强度和低频率的环境风险。

环境保险解决环境风险也是建立在金融机构内部控制手段实施的基础上的,只有内部控制手段相对完善,才能更加合理利用环境保险工具来管理环境风险,在充分对拟贷款项目进行完善尽职调查基础上,环境风险专家也才知道要购买何种环境保险,购买保险的目的是什么,并通过与保险公司的环境风险专家与团队的合作,来评估保险的可能性和保费的标准。

特别对于偶然的、意外的、不可控环境事故风险,由于其高强度和低频率特点,贷款银行的环境风险专家要尽可能通过在保险市场购买环境保险,将不确定的不可控的环境风险用保险费形式转化为一种确定的可控制的成本。

企业的环境风险管理,其中要对突发性事件重点关注,因此在环境风险的管理中务必重视意外的、未知的、突发的污染对第三方产生的损害,其保险给付主要是用于对突发事故对第三方损害的索赔,包括由被保险财产的污染导致的第三方的场外人身伤害、财产损失以及消除污染费用。例如,购买保险人的被保险财产曾经受到污染,虽然购买保险人已进行了污染清理,但购买保险人不知道清理过程中地下水是否受到渗透污染物的污染,因地下水迁移导致附近供水站点的环境风险,此时的环境保险就能够保护被保险人免受来自第三方诉讼的、未知的、巨大的、灾难性的环境责任。

正是由于环境保险是管理高度不确定性环境风险的有效工具,因此环境保险主要针对不可预测的环境风险投保,对于可以完全预测的未来进行保险是多余的。不确定性是环境保险的基本责任标准,并不对那些正常营运状态下的继续性或复合性污染所致的损失负责,任何不属于突然和意外发生的污染,如故意和恶意污染行为等,都属于除外责任。

没有突发性和意外性的除外责任,就会使得被保险机构放松环境管理,任何监控、减缓或消除污染的措施都会对被保险公司都不具有经济有效性。保险公司对非突然和意外的环境事故的排除,除了技术鉴定外,还将通过事故发生频率大小设定差别费率以及保险合同中的免赔条款和责任限额来限制投保人的环境行为。

针对环境风险的保险险种,主要包括污染的法律责任保险(针对意外的、未知的、突发的污染给第三方造成的危害)、污染营业中断保险(针对因突发意外的环境污染事故导致企业中断经营)、贷款人保险(针对抵押品受污染免被起诉)、成本上限保险(针对已知污染源,清除时超出预算外的清污费用)。

第四节 环境风险对金融机构的影响

一、经济转型因素对金融机构的风险分析

转型风险是指环境因素引起的社会经济转型带来的风险。具体表现为:环保政策和法律的趋严,导致企业或项目运营成本的增加、政策变化导致资产贬值或提前清偿债务、环保处罚导致公司治理不稳定。另外,由于生产技术或工艺的更新换代,也会导致资产搁浅。

(一) 环保节能和低碳执法力度加大

2015 年生效的《环境保护法》为更多社会组织(NGO)起诉污染企业确立了坚实的法律依据。最高法发布的环境公益诉讼典型案例中包括化工企业的水污染、超标废水违法排污至沙漠、玻璃加工企业大气污染、矿物公司水库污染等。随着公众环保意识的加强和法律制度的完善,环境诉讼案件越来越多。

(二) 环保节能和低碳标准提高

为加大大气污染防治力度,原国家环保部在 2017 年修改了包括《大气污染物综合排放标准》在内的 20 项国家污染物排放标准,修改主要体现为增加排放限值、增加部分控制措施要求等。2016 年,原国家环保部发布了《轻型汽车污染物排放限值及测量方法》;在节能方面,中国已制定了 200 项节能领域的国家标准,并且计划到 2020 年建成先进的节能标准体系,包括能耗限额标准等强制性标准,届时将有 80% 以上能效指标达到国际先进水平。

(三) 环保节能和低碳相关定价机制的进一步完善

国务院 2014 年颁布《关于进一步推进排污权有偿使用和交易试点工作的指导意见》明确了排污权有偿使用是未来制度创新和改革的方向。各试点地区在指导意见框架下推动排污权有偿使用初始价格制定工作。2016 年广东省确立 SO_2、COD、NO_X、NH_3-N 的排污权有偿使用每吨初始价格分别为:1 600 元/年、3 000 元/年、1 800 元/年、4 000 元/年;同时排污权交易价格实行最低限价管理,需按不低于初始价格进行交易。

(四) 环保技术创新改造

技术创新将会增加企业前期研发费用、设施改造的费用以及新生产工艺带来的费用。如《水污染防治行动计划》规定:2017 年年底前,造纸行业力争完成纸浆无氯漂泊改造或

采取其他低污染纸浆技术,钢铁企业焦炉完成干熄焦技术改造等,这些都会导致技术更新换代,这种技术转型将会对企业的金融资产损益产生影响。

二、水环境风险分析与对金融机构的影响

水作为人类生活和生产活动的必要因素,随着气候变化和城市化进程,水资源逐渐匮乏。除了自然气候变化因素外,水资源的过度浪费、水体的污染、干旱和洪涝灾害等都加剧了水资源供应的日趋紧张。水供应的日益短缺已威胁到人类的经济和生活正常进行,企业个体会因为水污染事件陷入监管和声誉风险,造成企业评级和融资成本异动。为了应对水短缺,企业不得不在基础设施和运营方面投入大量资金。世界资源研究所的全球水风险地图对全球各流域的水压力进行了数据统计分析,并以风险地图形式直观呈现,成为评估水风险管理工具的数据基础。

各行业受水压力影响程度和表现不同。水密集、水依赖型行业,受水量变化影响较大;一些行业生产原料、生产工艺过程对水质要求较高、受水质影响较大;一些企业邻近生态保护区,发展生态旅游业、公路基础设施等,都会受到来自维持正常生态系统和生态系统服务的用水压力;还有一些则是因排污严重或企业受到公众密切关注等原因,考虑社会经济等因素后水资源可获得性降低,监管和声誉风险上升。表5.2反映了金融机构水风险案例和传导分析。

表5.2 金融机构水风险案例与传导机制

类型	案例	风险传导分析
信用风险	湘江纸业位于湘江上游,因污水排放和废气废渣排放,于2013年被纳入湖南省湘江母亲河治理和源头保护,并于2015年年底关停,开始实行公司"搬迁并转"	湘江纸业搬迁对母公司岳阳林纸股份有限公司收入产生了较大影响,同时因短期债务规模大,形成偿债压力。2016年岳阳林纸作为发债企业,信用评级由AA下调至AA-
市场风险	1995年投资人在Fleet Financial Group公司抵押品拍卖中以4.5万美元购得位于新罕布什尔的房产,后却发现该地地下水已受到附近工厂污染的事实,于是向罗德州最高法院提起了诉讼	被告Fleet Financial Group公司对抵押品估值12万美元,拍卖准备期发现水质污染后在拍卖中减价7.7万美元,最终法院判定该房产无法获得安全用水,且房产受此影响转售价值降低,原告经济利益受损。最终判Fleet Financial Group公司给予投资人514万美元赔偿
声誉风险	DAPL公司达科他州输油管道项目由于经过立石印第安人保留地,对当地水源安全构成威胁。加拿大多伦多道明银行等17家银行为DAPL公司达科他州输油管道提供了3.6亿美元的项目融资	银行对污染项目的资金支持引起当地居民、非政府组织的强烈不满。在媒体对项目背后支持金融机构予以报道后,2016年9月12日,道明银行温哥华支行遭到群众抗议,抗议者以举牌示威关闭资产形式,要求银行停止对此项目的支持

资料来源:马骏.金融机构环境风险分析与案例研究.中国金融出版社,2018.

水风险对企业的现金流和资产负债造成一定的影响,从而给金融机构带来客户违约的信用风险,其中政府对水污染超标企业进行关停整改限产时,这些企业往往具有行业集

中性和区域集中性,且关联企业违约风险大,将促使金融机构面临较大的信用风险。另一方面,由于水污染问题导致与交易相关的抵押品贬值,金融机构将面临市场风险,尤其会给金融机构带来风险,若抵押品受到污染,金融机构将有可能被强制要求使用内部资源满足政府的治理要求或进行清理,甚至出售资产。金融机构客户的用水、排水和水管理表现不佳,都会使得金融机构风险控制能力和社会责任受到质疑,降低投资人对金融机构的收益预期,影响投资人偏好。

三、大气污染风险对金融机构的影响

大气污染一是来自地表产生的氡气等自然源排放,二是来自工厂烟囱排放的化学物质等人为源排放,会对生态环境和人体健康造成损害。摄入或吸入有毒气体将会增加人群患疾病的概率。大气污染所带来的风险很多,包括直接风险和间接风险,造成空气质量恶化,从而增加对人体健康和社会经济等的影响风险。间接风险则是指企业和个人生产和生活成本增加的风险,如政策和标准的趋严加大投入风险,进而影响支持企业信贷、保险等相关业务的金融机构,增加了其信用风险和投资决策风险等。

大气污染会对投资产生影响,随着人类对大气污染问题的严重性,世界银行、欧洲投资银行、亚洲开发银行等国际金融机构以及多家国内商业银行已逐渐减少或停止了对煤炭、燃煤电厂等传统高污染行业的投资,转向对清洁能源、工业节能、绿色交通、绿色建筑等绿色领域的投资。

绿色投资需求增加。中国大气污染形势严峻,以可吸入颗粒物和细颗粒物为特征污染物的区域性大气环境问题日益突出。国务院2013年发布了《大气污染防治行动计划2013—2017》(简称"大气十条")。环境规划院联合南京大学等单位对大气十条测算了投融资需求,结果显示,实施中国大气污染防治计划,在优化能源结构、移动源污染防治、工业污染治理、面源污染治理等领域共计需要投资资金约1.84万亿元。正是基于对大气污染带来的风险和资金需求空间,金融业为规避风险,将重新调整投资组合,更多面向绿色投资,包括对可再生能源与清洁能源、绿色基础设施和环境污染治理等的直接投资,通过比对各行业的可持续性绩效,挑选最佳减排者,撤出对高排放企业的投资,其投资组合碳足迹将削减一半。

大气污染对投资风险存在一定的影响。这可能导致剥离高污染行业资产。由于投资高污染行业产生大气污染风险或气候变化风险,同时又带来未来财务风险,众多国际财团和能源巨头纷纷剥离其煤炭等高污染行业的资产或业务。例如,从投资组合中出售煤炭等高污染行业相关公司股份,剥离出煤炭相关公司,废弃煤炭等高污染行业投资项目,以及从高污染行业中撤资等。

影响银行信贷资产安全,抑制银行资产总量增长。大气污染可能导致企业从银行获取资金的成本增加,造成银行贷款无法正常收回。大气污染会给一些行业或企业进行负面影响,使得企业遭受了经济损失,容易引起企业现金支付增加或现金流入的减少,导致现金净流入减少,从而影响企业的偿债能力和支付能力,不能按时偿还贷款。

影响保险业投资资产。大气污染可能会对企业的应收账款等经营性资产以及油价证

券、贷款等以投资为目的的投资性资产带来一定的损失。特别是保险公司投资的不动产，该领域的投资面临的风险更大。但是，大气低排放也为保险业创造了投资机遇，当前全球经济正向以低能耗、低污染、低排放的低碳经济模式转变，则与之相关的节能减排、绿色能源、产业转型将产生巨大的资本需求和基础设施投入，这将为保险资金的运用提供了机会。

四、土壤污染对金融机构的风险分析与管理介绍

土壤污染是指人类活动产生的污染物进入土壤并积累到一定程度，引起土壤的组成、结构和功能发生变化，有害物质通过"土壤—水—植物—人体"间接被人体吸收，危害人体健康。

土壤污染对土地价值投资的影响。土地价值投资是以土地为载体，或以土地价值为投资对象，通过对土地进行开发，促进土地增值，从而获得收益。当土壤污染之后，土地价值将会受到较大影响，不仅增加了土地的开发成本，而且治理后的土地价值也需要进行评估。因此，对于一般的经济活动，加强土壤污染风险的分析与管理，重视土壤污染风险所带来的资产减损。盘活存量污染土地，提高污染土地集约化利用率，对推动我国经济可持续发展具有重要的实践意义。

为实现土壤污染的治理和再开发利用，需要对土壤污染进行治理修复，达到可利用标准后进行再投资。2016年5月《土壤污染防治行动计划》发布，对污染土壤的安全利用率提出了目标，按照"谁污染，谁治理"的原则，明确治理与修复主体。2018年《土壤污染防治法》正式发布，对土壤污染责任人有了认定，土壤污染修复费用主要由土壤污染责任人承担。土壤污染责任人无法承担修复责任的，由地方人民政府代为修复。随着一系列顶层设计推出，土壤污染防治治理路径和时间表逐步明朗。我国的土壤修复产业处于早期发展阶段，其修复项目资金主要来自政府，融资渠道单一。在拓宽土壤修复项目的融资渠道过程中，银行业金融机构在绿色信贷中明确支持包括土壤环境治理在内的污染防治项目，加大支持土壤修复环保绿色产业的发展，推进土壤修复综合治理。

对于土壤污染风险的定义，应概括为自然因素和人类活动行为引起的一些潜在的与土壤污染有关的风险。由于自然环境、经济环境、技术环境、社会环境和政治环境都和土壤污染投资有密切联系，因此对于土壤污染风险评估应有详细的框架和内容。主要采用概率方法对土壤污染造成的某种危害后果出现的可能性进行表征估算，包括危害识别、暴露评估、毒性评估、风险表征、土壤和地下水风险控制值计算五个方面。这些风险对金融机构70%—80%的环境风险来自土壤和地下水污染。实际上在没有预见、没有披露情况下，金融机构在确定贷款和资本价格过程中，将土地、社会和环境等风险通过制度或税收等方式实质性反映出来，并在商品或服务价格中真实清晰地揭示出土地环境服务的价值。如有土壤环境污染争议项目的企业经营风险增大，提供资金的金融机构必将承担部分相应的风险。总之，土壤污染风险对金融机构产生的影响主要体现在决策、投资、信贷等过程，主要涵盖信用风险、担保风险、法律风险、声誉风险、操作风险。

由于土壤污染程度不同，将会导致污染量化指标也存在较大不同，仅从财务层面分析，金融机构对贷款企业的土壤污染风险评估，可以从企业土壤环境成本投入来估算企业未来的收益并预测其经营情况；或者对受污染土地的治理成本及再开发价值进行估算，借此评估土壤环境风险对金融机构财务指标的影响,主要可通过收益法和成本法对土壤风险投资及土地价值进行估算。具体的金融机构土壤污染管理框架如图 5.2 所示。

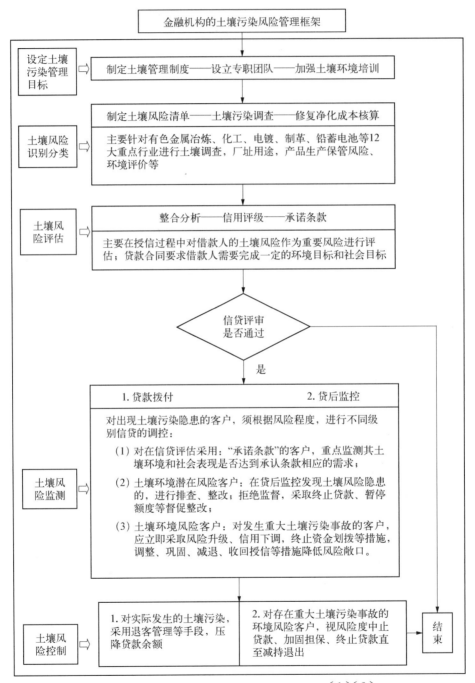

图 5.2 金融机构的土壤污染风险管理框架[1][2]

---

[1]《中华人民共和国土壤防治法》.
[2] 李云祯等.基于风险管控思路的土壤污染防治研究与展望.生态环境学报,2017(6).

五、碳减排、气候变化对金融机构的风险分析介绍

人为原因导致的气候变化,已成为国际社会的公众问题,对地球生态系统、粮食生产、公共卫生和安全都会带来持久而广泛的灾难性影响。减缓和适应气候变化,是全人类面临的共同挑战。2015年12月,巴黎气候大会通过了里程碑式的《巴黎协定》,明确要求把全球平均升温控制在工业革命前的2度以内,并在21世纪下半叶实现温室气体全球零碳排放。据IPCC估计,截至2018年,累积排放温室气体碳当量已经达到550亿吨,减排成本所对应的21世纪全球总体消费增长率每年降低0.04%—0.14%。

气候变化所带来的转型风险主要通过碳定价体现。

(1)碳定价途径。政府的减排承诺,必须通过主要排放领域的重点排放机构及设施的强化减排行动实现。主要途径是通过碳税或碳排放权交易等碳定价措施,将温室气体减排成本内部化至企业的成本结构中,最终通过企业行为的改变来推动实现整体经济和社会生活的低碳转型。

(2)碳排放权交易。基于"总量与交易"原理的市场化机制,政府确定排放总量上限后,将碳排放权配额分配给重点控排行业的控排主体,并允许通过市场交易活动出售多余的配额,或购买不足的配额用于履约。

(3)碳风险的分析思路。由于物理风险的促发主要基于特定的地理及气象条件,而转型风险的促发则主要来自政府的控排措施以及所带来的合规压力,基于此,对于企业和金融市场而言,相较于物理风险,转型风险将成为更为常态化的风险来源,碳排放权交易所带来的市场化碳定价机制,是转型风险的主要压力点。碳价影响因素与驱动机制见图5.3所示。

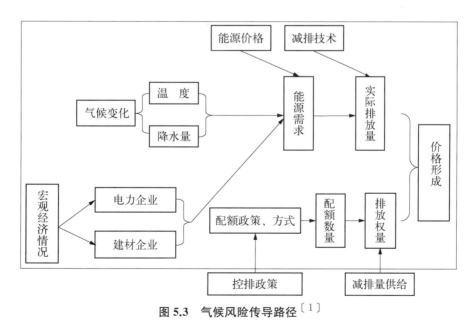

图5.3 气候风险传导路径[1]

---

[1] 马骏.金融机构环境风险分析与案例研究.中国金融出版社,2018.

对于企业的气候风险,主要包括两个层面:其一是实物资产层面在气候变化带来的物理风险中的敞口,比如由于气候变化带来的海面上升、风暴潮、暴雨洪水、泥石流、极端干旱等自然灾害导致的房地产与生产设施的受损以及贬值,以及企业拥有的化石能源储量等资源型资产的估值产生大幅度变动;其二是经营活动层面在气候变化带来的转型风险中的敞口,比如能源密集型生产活动由于减排政策措施不断强化所带来的成本增加。

针对气候风险金融市场需要有自身的应对措施。

气候风险传导路径。 从产品及功能角度,金融市场可以大致分为信贷、证券和保险三大子系统。金融市场关注的是如何对资产进行估值和风险定价,并在此基础上建立或调整自己的资产组合,企业则是其资产组合中的核心载体。因此,气候变化给企业带来的风险,无论是物理风险敞口还是转型风险敞口,都会叠加起来传导给金融市场。

气候风险关注的重点。 信贷市场是基于标的资产提供的短期或长期债务融资服务市场,对于企业气候风险的关注:一是作为抵押品的实物资产估值的变化;二是运营成本变动带来的还本付息能力的变化。证券市场是基于标的资产提供的短期或长期期权或债权融资服务市场,对于企业气候风险关注的是由此给企业整体估值带来的变化。保险市场是基于标的资产提供的长期风险定价及分摊服务市场,对于企业气候风险关注的是实物资产的物理风险敞口变化以及由此带来的责任风险积累程度。

对于商业银行,需要形成碳价压力测试框架。对于信贷市场最重要的是关注碳价风险传导,重点分析碳价因素带来的减排成本内部化导致的控排企业成本增加,会给商业银行信贷资产带来多大违约风险,可设计商业银行碳定价压力测试的框架,包含选择要测试的资产组合、选择施加的压力因素及压力指标、选择承压对象并确定承压指标、构建情景、构建传导模型、执行压力测试和结果分析。

(1)承压对象与承压指标。承压对象是指进行压力测试所需关注的被测试主体,而承压指标则是指承压对象在某一方面的表现。按照测试对象的递进关系,可将银行信用风险的承压对象分为债务人或交易对手类、组合类和宏观类三个层次,测试目标或对象分别对应为具体企业、行业及区域,以及银行的全部资产和整体风险。组合类压力测试常用承压指标可以分为技术型指标和管理型指标两类:技术类指标主要指一些表示风险损失量的指标,包括违约率、损失率、预期损失、非预期损失、风险暴露等,这些指标与商业银行的日常运营息息相关;管理型指标则包括了资本充足率、不良贷款率、经济资本、利润率等指标,通常是监管机构和政府所关心的重点。

(2)压力因素。① 政策标准和执法力度。政策驱动是碳市场形成和发展的要素之一,七省市试点阶段,各地均发布了相应的政策指导文件,北京和深圳通过人大立法形式强化了减排的约束力。全国碳交易建设中,《碳排放权交易管理条例》也已被列入优先立法环节,一经批准,强制减排压力必然会对企业的生产成本、经营方式造成巨大影响。② 气候风险的价格因素。价格变动导致的资产负债表和损益表变动一直是压力测试的重点,气候风险中的价格因素主要是指碳交易等制度安排,这将对高耗能的企业产生成本压力,从而影响企业的还款能力。

(3)情景设定。所谓碳减排主题的情景通常是指对压力因素变动范围的设定,可采用根据历史碳价和预测碳价相结合的混合情景,既包含了历史事件的信息,又具有假设情景的灵活性。在碳价情景设定上,可设置试点碳市场现状碳价、全国碳市场预期碳价和强化减排的未来碳价三种情景。

(4)碳价压力测试传导路径。主要考虑碳价风险对商业银行资产负债表、现金流量表和损益表等多方面影响,从成本、收益、风险等多个角度模拟和构建风险传导路径。再根据财务报表的勾稽关系推算出压力情景下新的财务报表,通过工商银行客户评级模型得到压力情景下企业信用等级和违约概率变化,最后通过违约概率与不良率关系得到相关行业在压力情景下的不良率增长。

通过本章的学习,我们较为全面地了解了金融机构环境风险的定义内涵,对其产生的背景有了认知;根据国内外金融机构的实践,总结了金融机构环境风险的管理框架和流程,并结合各类典型的环境风险进行了剖析,掌握了商业银行在面临环境风险时常用的压力测试模型。

1. 金融机构的环境风险是如何定义的?其涵盖的范围有哪些?请简述。
2. 用框线图概况金融机构对于环境风险管理的流程,并标注其关键要点。
3. 赤道原则的定义是什么?国际社会是如何运用该原则的,请总结。
4. 针对环境风险,金融机构大多采取压力测试进行分析,请就现实新闻报道中的大气环境、水环境或土壤环境风险自己模拟测试。

 [参考文献]

1. 毕军.区域环境风险分析和管理.中国环境科学出版社,2006.
2. 曹杨,郑静.借鉴国际经验加强我国投融资环境风险监管.绿叶,2018(12).
3.《建设项目环境风险评价技术导则》(HJ/169—2018).
4. 蓝虹.环境保护、可持续金融与政府支持.中国金融,2007(22).
5. 蓝虹.商业银行环境风险管理.中国金融出版社,2012.
6. 李霞.中国对外投资的环境风险综述与对策建议.中国人口·资源与环境,2015(7).
7. 刘蓓蓓,俞钦钦,毕军,张炳,张永亮.基于利益相关者理论的企业环境绩效影响因素研究.中国人口·资源与环境,2009(6).
8. 刘勇.商业银行环境风险管理的动因思考.金融纵横,2007(15).
9. 鲁政委,方琦.金融监管与绿色金融发展:实践与研究综述.金融监管研究,2018(11).
10. 吕培辰,李舒,马宗伟,毕军.中国环境风险评价体系的完善:来自美国的经验和启示.环境监控与预警,2018(2).

11. 马骏,周月秋,殷红.金融机构环境风险分析与案例研究.中国金融出版社,2018年.

12. 马骏.推进金融机构环境风险分析.中国金融.2018(2).

13. 马秋君,刘文娟.基于绿色信贷的我国商业银行环境风险管理体系研究.中国人口·资源与环境,2013(S2).

14. 索尼亚·拉巴特.环境金融：环境风险评估与金融产品指南.北京大学出版社,2014.

15. 肖蓓.中国企业投资"一带一路"国家的生态环境风险及法律对策研究.国际论坛,2019(4).

16. 张宏军.环境外部性的计量、矫正及其治理——兼论"庇古手段"与"科斯手段"的偏颇.改革与战略,2007(8).

17. 中债资信评估有限责任公司.中国对外直接投资与国家风险报告.社会科学文献出版社,2017.

18. Dombrovskis V. Greening Finance for Sustainable Business. http：//europa.eu.2017.

19. European Banking Federation. Towards a Green Finance Framework. https：//www.ebf.eu.2017.

20. Markus C. Arnold；Robert M. Gillenkirch；R. Lynn Hannan. The Effect of Environmental Risk on the Efficiency of Negotiated Transfer Prices. *Contemporary Accounting Research*. 2019：1122-1145.

第六章 绿色财税

[学习要求]

1. 了解绿色财税的概念。
2. 理解绿色财政的理论基础。
3. 知悉国内外绿色财政的政策。

发展绿色经济,是建设生态文明和美丽中国的必经途径,是转变发展方式和调整经济结构的重要抓手。绿色金融则是为绿色经济进行资金融通,推进绿色发展的一种金融模式。作为绿色金融的一部分,绿色财税是指充分发挥公共财政资金的各项职能,促进绿色发展的财税制度。绿色财税的内涵随着实践的发展而不断丰富完善,从一开始防治污染的税收和排污费制度,逐渐扩大到涵括绿色发展的各种财税政策。在实践中,绿色财税制度主要包括绿色财政和绿色税收两个部分。绿色财政主要涵括绿色投资、绿色采购和绿色补贴三方面的内容。绿色税收主要涵括税收体系中与生态环境、自然资源利用保护以及绿色发展有关的各个税种和税目的总称,涵括绿色税收、税收优惠和相关收费。

第一节 导 论

一、绿色财税的概念

绿色金融是为绿色经济进行资金融通,推进绿色发展的一种金融模式。财税资金是绿色金融的一个重要组成部分。绿色财税是使用公共财政资金促进绿色发展的财税制度。绿色财税制度包含绿色财政和绿色税收两部分内容。

从收入支出的角度来划分,绿色财税可以分成绿色财税收入和绿色财税支出(详见表6.1)。绿色财税收入主要来源于环境污染税、环境保护税、其他绿色税收和相关环保费用。绿色财税支出是指投入到绿色经济的公共财政资金,主要有三个方面:绿色投资、绿色采购和绿色补贴。绿色财税的收入和支出之间相互联系且相互影响。绿色财政收入的增加为绿色财政支出打下基础,而绿色财政支出的扩大反过来能够促进绿色财政收入的提高。绿色税收政策的作用主要是通过税收的杠杆作用,促使生产和消费的绿化。举例来说,考虑到绿色税收的因素,企业会产生绿色生产的动力,这也意味着绿色产品的成本会降低,这种价格效应可以传导到产品的价格上,从而刺激消费者进行绿色消费。相应地,加大对绿色生产的财政资金支出比如绿色投资、绿色补贴等,也可以体现为提高企业生产绿色产品的收入,从而引导企业不断加大绿色技术的研发,扩大绿色生产规模,促进绿色发展。

表 6.1 绿色财税的主要内容

绿色财税收入	环境污染税
	环境保护税
	其他绿色税收
	排污费
绿色财税支出	绿色投资
	绿色采购
	绿色补贴

绿色财政作为一种经济调控手段,在污染防治、环境保护、节能减排以及促进绿色发展等方面发挥着重要作用。其内涵有狭义和广义之分。狭义的绿色财政是指政府运用财政和税收杠杆合理地分配自然资源。广义的绿色财政则是指在传统的财政理论中结合可持续发展理论,综合考量经济、社会、财政和自然因素,建设可持续的绿色公共财政体系,既着眼于当代的污染防治、环境保护以及经济增长,又充分考虑子孙后代的可持续发展。本节所指是广义的绿色财政,它是促进绿色发展的重要政策工具,也是促进绿色发展的有效手段,通过财政资金对社会资本的引导和激励作用,促进社会资本投向绿色产业。

绿色税收是指国家为了实现自然环境保护和促进绿色发展的目的,依据有关税收法律法规,对单位和个人无偿地、强制地取得财政收入的特殊调控手段。绿色税收正常是兼顾效益和公平的环境经济政策手段[1]。绿色税收也有广义和狭义之分。狭义的绿色税收是指为防止污染和保护环境目的而专门征收的税收。广义的绿色税收是指除了防止污染、保护环境之外,与绿色发展有关的各个方面的税种和税目的总称。本节所指为广义的绿色税收。广义的绿色税收还包括排污费,即以污染者付费原则为理论基础,通过对污染者的排放进行收费,以此治理污染的一种调控手段。

二、绿色财税的理论基础

绿色财税是绿色金融的重要组成部分,是促进绿色发展的重要推手。其经济学机理主要基于外部性理论、公共产品理论、可持续发展理论和污染者付费原则这四个基本理论。外部性理论为解决环境问题提供了征收庇古税的思路,由此奠定了财税政策在环境保护中的作用。公共产品理论解释了产生环境污染的外部性原因,为公共财政通过财政

---

[1] 黎初,余为秀,林鹭,陈全.构建广西绿色财税政策体系的几点思考.经济研究参考,2009(41).

预算、环境税收、财政补贴、发行国债等路径提供绿色公共产品做了理论解释。可持续发展理论进一步明确了绿色财税在当代利益和后代利益之间寻求平衡发展的必要性。污染者付费理论则对使用绿色财税手段进行外部性矫正的具体运用方法进行了探讨。

(一) 外部性理论

所谓外部性,它是指"一种向他人施加不被感知的成本或效益的行为,或者说是一种影响无法完全体现在它的市场价格上的行为"[1]。以污染企业为例,如果外部性所造成的影响没有内化,产品的市场价格就无法真正反映产品的生产成本,最终导致企业边际收益和社会边际收益,或者企业边际成本和社会边际成本的不一致。针对这个问题,庇古认为应该对污染环境的企业采取征收税收等调控手段,将企业在生产过程中转嫁给社会的外部成本内部化,使产品的价格真正体现其社会成本,这是庇古税理论的基本原理。由此,对企业而言,当其生产污染产品的边际成本和相应的绿色税收之和大于污染产品所带来的边际收益时,企业就会考虑停止该产品的生产,从而可以促进企业更多地考量环境问题,减少污染产品的生产。对消费者而言,如果他破坏环境的消费行为所付出的经济代价(包括其承担的消费税)大于消费所取得的收益时,消费者就会考虑放弃这种消费行为,从而减少污染性消费行为。外部性理论提供的庇古税解决方案已成为绿色财税理论发展的最初形态,目前已被许多国家广泛运用到环境经济手段中,并在实践中得到了发展。

以鼓励绿色技术创新的绿色财税政策为例,绿色财税政策的目的之一是通过促进绿色技术的创新,实现经济社会和生态的协调发展。绿色技术创新所带来的绿色技术和运用绿色技术所生产的绿色产品具有正的外部性,可以带来环境效益,比如生态环境的改善、温室气体的减排、环境污染的减少、能源效率的提高和居民健康的提升等,受益人众多,然而所有受益人并没有支付相应的成本,所以需要通过绿色财税政策等手段来对其外部性进行补偿,通过减少绿色技术创新的成本或者增加绿色技术创新的收益,才能够解决绿色技术创新领域的市场失灵问题。对于污染性企业而言也是如此,若其不进行绿色技术创新或改造,则会产生外部不经济,因此也需要绿色财税政策的介入,内化其外部成本,才能实现社会资源的有效配置。

(二) 公共产品理论

萨缪尔森认为公共产品是"那种不论个人是否愿意消费,都能使整个社会每一成员获益的物品"[2],它具有每一个人对这种产品的消费,并不会减少任何他人也消费该产品的特征。相对私人产品而言,公共产品具有非排他性和非竞争性的特点。西方经济学理论认为,虽然公共产品并不一定非由政府提供,也可以由企业或者个人等市场主体提供,然而由于公共产品的非排他性特点,容易出现"免费搭便车"问题,最终导致公共产品供应不足。因此,政府和市场具有理论的边界,一般而言,公共产品更适合由政府提供,私人产品更适合由市场来提供。政府提供公共产品所需费用则主要通过税收和有关收费的方式来实现。

---

[1] 萨缪尔森,诺德豪斯.经济学(第19版).商务印书馆,2013.
[2] 萨缪尔森,诺德豪斯.经济学(第19版).商务印书馆,2013.

绿色经济中包含了很多公共产品，比如生态环境、资源能源、绿色技术和绿色产业等均具有公共产品的特性，再比如水、大气和森林等自然生态资源属于公共产品范畴。它们是人类共有的，不具有分割性，同时具备非竞争性和非排他性，容易产生"免费搭便车"的现象，也容易造成无节制争夺有限的生态资源的现象，进而产生所谓的"公共地悲剧"。因此，与传统经济相比较，绿色经济在市场机制之外，往往需要财税政策的引导、调节和强化，最终实现形成绿色经济的市场拉动和政府推动的"双轮驱动"[1]。

(三) 可持续发展理论

可持续发展理论指既满足当代人的需求，又不损害后代人满足其需求的发展理论[2]。

可持续发展理论的内涵很丰富，它考虑到人和自然的关系、人和人之间的关系、当代人与后代人的关系，它的目的是实现人类的共同、协调、公平、高效、多维的健康发展。在绿色经济方面，可持续发展要求经济的发展能够实现"速度、数量、质量"的绿色运行，主要包括三个方面：经济的可持续发展、社会的可持续发展和环境的可持续发展。这三者的关系，环境的可持续发展是底线，经济和社会的可持续发展是大框架。因此，为了避免过去产生的环境资源困境，经济发展要充分考虑环境资源的约束条件，经济发展必须进行绿色化转型，这一点要求与绿色财政的内涵是高度一致的[3]。

(四) 污染者付费原则

污染者付费原则 (Polluter Pays Principle，简称 PPP)，又称损害环境者付费原则，是指对环境造成污染的单位和个人有责任对其污染源和被其污染的环境进行治理；对自然资源进行利用或从中受益的人应当给予生态补偿[4]。1972 年，OECD 理事会提出了这一原则，被国际社会广泛采纳。这个原则的做法是由政府向污染环境的单位和个人收取一定的费用，以补偿其污染行为造成的损失。

20 世纪初以来，随着工业经济的发展和技术的进步，人类排放污染物的种类、数量及浓度都大规模增加，远超过环境的自净能力，致使空气、水、土地等人类赖以生存的环境要素受到严重的污染和破坏，新鲜的空气、洁净的水和安全的土壤已成为短缺资源，必须付出一定的代价，支付大量的成本才能获取。经济学界认为这种成本应由污染者支付，因为污染者损害环境质量，同消耗原材料一样，需要支付一定的费用，不应将这笔费用转嫁给社会。污染者付费原则也是庇古税理论在实践中的应用。环境污染行为通常具有外部性，排放污染的个人或组织的生产成本并未充分反映其污染行为的外部性所涵括的社会成本。如果向其征收一定的污染费用，则可将污染环境的成本反应在排污者的私人成本中，这被称为外部成本的内化，有助于促使污染者减少排污并提高效率，实现社会资源的有效配置。

---

[1] 梁云凤.运用财税政策引导绿色经济发展.绿色经济与应对气候变化国际合作会议会刊.中国国际经济交流中心,2010(2).
[2] 刘晓薇.绿色消费与可持续发展论略.综合竞争力,2010(6).
[3] 茹晓颖.绿色财政：内涵、理论基础及政策框架.财经问题研究,2016(4).
[4] 曹明德.论生态法的基本原则.法学评论,2002(6).

污染者付费原则改变了过去认为环境资源免费取得的观点,比如免费的空气、免费的水和免费的土壤,确立了环境资源有价的思想,成为绿色财税政策的理论依据。

第二节 绿色财税政策梳理

20世纪中期,美国多诺拉事件、英国伦敦的烟雾事件等环境污染事故引起了国际社会广泛关注,促使发达国家开始在工业化发展的同时高度重视环境保护问题,并因此提出相关绿色财税政策的需求,也因此出台了大量绿色财税政策。迄今为止,绿色财税制度的发展主要可以分为三个阶段。第一阶段是20世纪七八十年代,绿色财税政策主要体现为根据污染者付费的原则要求排污者承担排污的成本和费用,具体的形式如用户费、特定用途收费等。第二阶段是20世纪80年代到90年代,绿色财税政策主要体现为各种绿色税种的设立,比如排污税、碳税、产品税和能源税等。第三阶段是20世纪90年代中期到现在,这个阶段是绿色财税制度迅猛发展和内涵不断丰富完善的阶段,除了税费外,许多西方发达国家还进行了综合的绿色财税改革,在环境保护、循环经济、提高能效和低碳发展等领域不断加大绿色财税资金的投入。通过这三个阶段的制度的推演,绿色财税制度的内涵不断扩大,从最初的污染治理逐渐转向源头预防,从对污染企业征收税费扩大到促进绿色发展。

一、绿色财政政策

绿色财政政策的具体做法主要指政府通过财政预算中拨付环境保护、节能减排资金以及设立绿色基金等环保投资方式,治理污染、保护环境和促进绿色发展,从而矫正污染所导致的市场失灵现象的调控手段,主要可以归纳为绿色投资、绿色采购和绿色补贴三个方面。

(一)绿色投资

绿色投资是指国家通过财政预算,将财政资金投入到环境保护、节能减排、循环经济等领域,实现促进绿色产业发展目的。经济学界认为政府的绿色投资是一种定向投资,能够产生乘数效应,刺激社会资本共同投入绿色经济,促进绿色经济发展。目前世界上许多国家都将一定比例的财政支出用于环境保护,详见图6.1。根据国际经验,环境保护投资占GDP的比例达到1%—1.5%时,可以控制环境污染的趋势;比例达到2%—3%时,可以实现环境质量的改善。美国自20世纪90年代以来,其用于污染削减的财政支出占其GDP的比率总体保持稳定,均达到1.6%。荷兰、奥地利、瑞士等欧洲国家以及日本政府对环境也很重视,财政投入力度也大。此外,加拿大、德国、荷兰、挪威等OECD国家都建立了专门的节能环保专项资金,专门用于能源节约和环境污染削减[1]。

---

[1] 黄溶冰,赵谦.我国环境保护财政资金的绩效评价(2006—2011年)——基于审计结果公告的内容分析.财政研究,2012(5).

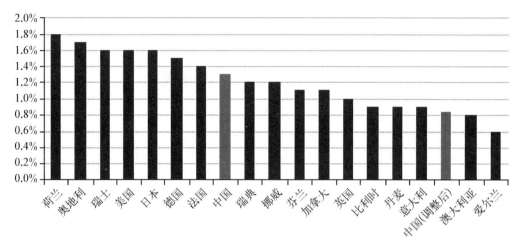

图 6.1 截至 2012 年世界主要国家财政支出中用于环保投入的平均比例

（二）绿色采购

绿色采购是绿色财政的一个重要组成部分，其源于工业革命后的西方发达国家。随着工业化的发展，西方国家开始越来越重视环境问题，为此引入了政府绿色采购的理念。绿色采购是指政府优先购买环保类且对人体有益的产品或服务，包括货物、服务、工程，从而引导环保产业的发展，以达到环境改善的目的，具体做法主要体现为政府根据环境标志产品政府采购清单以及节能产品政府采购清单来进行采购工作。随着政府绿色采购在产品的服务、生产及销售处于完全自由市场的市场结构下，其自由价格机制所引导的市场经济在体制中起着愈来愈显著的作用。政府采购机制作为公共财政管理体系中重要的核心部分，亦是国家管理直接支出的一项重要的基本方式及手段。

虽然各国的学者和政府对于政府绿色采购的定义表述并不统一，但究其本质，绿色采购是政府采购行为与政府环境责任的结合，是以传统的政府采购为基础对采购活动进行绿化和发展[1]。2006 年，欧盟委员会将政府绿色采购定义为："政府当局利用其购买力选择环境友好型产品、服务、工程，进一步促进可持续消费和生产。"

绿色采购对绿色经济有积极的促进作用，因为它能够影响政府采购的供应商，促进其提高绿色环保意识，加强节能减排和提高能效，争取进入政府的绿色采购清单；而且它还会对消费者产生影响，提高消费者的环境保护意识，使得消费者更倾向于购买环保类产品，进行绿色消费。

（三）绿色补贴

绿色补贴是指政府以扩大绿色转移支付的方式对从事绿色节能环保行业的生产者或者购买节能环保型产品的消费者进行补贴的政策措施。绿色补贴形式多样，包括绿色研发补贴、绿色生产补贴、财政贴息、物价补贴、节能补贴、环保节能型企业亏损补贴

---

[1] 绿色是政府采购的一项标准，并不能代替政府采购的所有标准，政府采购还应服务于经济有效性的基本目标和体现社会公平的政策目标。

等形式。绿色补贴的原理是通过绿色补贴减少从事绿色环保领域的企业的生产成本或者增加企业的收入,提高这些企业的收益率,从而引导社会资源流入绿色行业,加快绿色产业发展进程。

绿色补贴的作用有一定的争议,许多学者认为绿色补贴短期内对于绿色经济发展可以起到促进作用,但是它们也有一些副作用,比如增加公共预算压力、干扰正常的市场机制,因此政府在采用这种政策工具时都比较慎重。

二、绿色税收

绿色税收是指国家为了实现自然环境保护和促进绿色发展的目的,依据有关税收法律法规,对单位和个人无偿地、强制地取得财政收入的特殊调控手段。狭义层面,绿色税收是指国家为控制环境污染对污染者征收的环境污染税,如垃圾处理税;中义层面,绿色税收可理解为对开发利用环境资源(包括自然资源、环境容量资源)的经济主体,依据其对环境资源的开发利用的强度和对环境污染破坏的程度进行征收的一种税,包括环境污染税和自然资源税;广义层面,绿色税收泛指与环境保护和资源利用有关的所有税种和税目的总称,不但包括狭义层面和中义层面的绿色税收等,还包括为实现特定的环境目的而筹集资金的税收,以及政府为调控环境相关的经济活动而征收的税、税收优惠和相关的收费[1]。

实践中,绿色税收是由政府通过征收税收的方式,增加企业的污染成本,提高企业的绿色收入,激励企业多生产环保产品,倡导整个社会的绿色消费方式,促进绿色经济的发展。考虑到污染存在于产品的整个生命周期"自然资源开采—产品生产—消费—处理",从发达国家的做法来看,绿色税收贯穿于产品的整个生命周期。目前绿色税收的内容主要包含环保税、资源税、碳税、其他税收和排污费等方面。

(一) 环保税

为促进社会可持续发展,保证经济和自然的和谐发展,世界上很多国家都以环境保护为目标设立了专门的环保税。环保税是庇古税在环境污染领域的实际运用。它的目的是将污染企业的污染行为所产生的外部性进行内化,将破坏生态环境者的行为所产生的对环境破坏的私人边际成本矫正为社会边际成本。对于政府而言,环保税是治理环境污染,筹集环保资金和增加环保投入的重要手段。目前美国、欧盟等均已征收了环保税。我国从2018年1月1日起开始征收环保税。

(二) 资源税

自然界很多资源都是稀缺的,不可再生的。政府通过征收资源税,有利于将企业生产所产生的环境污染、资源消耗等外部性成本内化为企业的生产成本,将从上游开始就对资源性行业形成压力,促使企业从产品开发开始到制造、使用资源产品时各个环节都注意节约,提高资源的使用效率,督促企业进行技术创新和经济转型。

---

[1] 田淑英,徐杰芳."双重红利"下地方绿色税收体系的优化.河北大学学报(哲学社会科学版),2017(4).

(三) 碳税

在应对气候变化方面,庇古税体现为碳税的形式。碳税是一种约束手段,它以减少二氧化碳的排放为目的,对化石燃料(如天然气、煤炭、汽油和柴油等)按照其碳含量或碳排放量征收的一种税。通过征收碳税的方式,提高了二氧化碳排放的企业成本,给产业释放出一个清晰的价格信号,从而通过市场机制,减少对碳排放量大的能源的需求,增加对替代能源的需求,促进整个社会各个行业二氧化碳的减排。自20世纪90年代开始,挪威、瑞典、芬兰以及丹麦等北欧国家已开征全国性碳税。2005年欧盟实施碳排放交易体系后,挪威继续执行碳税政策,但是碳税征收的对象不包括挪威境内被欧盟排放交易体系覆盖的设施。2007年10月1日、2008年7月1日加拿大魁北克省和不列颠哥伦比亚省先后开征碳税,2019年4月1日,加拿大联邦碳税计划正式实施,为碳税的理论和实践注入了新的活力。此外,日本、新西兰以及法国等国家也在考虑开征碳税。

总的来看,虽然征收碳税也存在一定的争议,有人担心碳税可能会对消费者、生产者和更广泛的经济活动带来新的负担。但是,考虑到碳税征收可操作性强,大多数国内外学者仍倾向于征收碳税。2019年1月16日,全美45位顶尖的经济学家(包括27位诺贝尔奖获得者、美联储3位前主席)在华尔街日报发表了运用碳税应对气候变化的公开信。当然,实施碳税的时机选择仍然需要十分谨慎,才能保证碳税的实际效果。

(四) 消费税及其他税种

随着环境保护理念的增强,消费税走上了"绿化"之路,在促进企业"绿色生产"、引导人们"绿色消费"方面发挥着重要作用。因此,许多国家都对消费者消费的涉及环境保护内容产品进行征税,比如我国对实木地板、一次性筷子等进行征税,此外还对大排量乘用车、成品油等征收相关的消费税。

除了消费税外,车船税、增值税、企业所得税和关税等税目中也含有绿色税收的特点,比如许多国家对大排量的乘用车征收车船税时实施较高的税率、对一些资源综合利用产品或者污水处理等综合利用劳务实施免征增值税,对一些清洁生产企业实施所得税税收优惠,以及设立绿色关税等制度。

(五) 排污费

排污费是指政府按照国家排污收费相关法律法规的规定,根据其排放污染物的种类、数量和浓度,向污染者收取的费用。排污费制度最早在德国得以运用。1904年,德国率先在污染严重的鲁尔工业区实行排污收费制度。1976年9月,原联邦德国正式制订了世界上第一部专门针对排污费的法律——《废水收费法》。此后,包括欧洲的一些国家、中国、澳大利亚等在内的世界各国相继仿效。排污费的收取范围也随着实践的发展而不断扩大,从废水扩大到废气、废渣和其他公害物质。

第三节　国外绿色财税政策

自20世纪70年代开始,随着人们对环境保护日益重视,发达国家开始陆续制定各项绿色财税政策。1972年,OECD国家提出了污染者付费PPP原则。20世纪80年代,随着可持续发展理论不断普及,许多发达国家的政府开始推行绿色财税制度。各国的做法主要有两类:一是兴建环保设施、环境开发技术项目、废弃物再利用项目、合理利用能源项目、可再生能源研究与开发项目,逐步形成对节能环保绿色产业的稳定增长的财政投入机制;二是构建贯穿产品生命周期全过程的"绿色"税收体系,包括灵活高效的"绿色"税收优惠政策和排污收费制度。

一、美国的绿色财税政策

美国绿色财政财税制度涵盖绿色财政支出和绿色税收两部分,其财税政策具有"以市场为主,以政府为辅"和"以简洁引导为主,以直接支持为辅"两个特点。

绿色财政方面,美国主要有购买性支出和财政补贴方面的政策。美国财政方面的环保支出主要用于环保技术的开发和环境的专项治理。该项费用自20世纪70年代起逐年增加,目前已超过其GDP的2%[1]。举例而言,在环保技术开发方面,美国在《21世纪清洁能源动议》中提出由政府提供4.9亿美元鼓励清洁能源的使用和出口;财政支持气候变化技术动议,提高能源使用效率[2]。2009年,美国政府将拨款24亿美元的财政资金来补贴新型电动车、动力以及零部件等研发和应用。在环境治理方面,美国政府要求每年投入15亿美元鼓励土地持有人保护生态脆弱地区。除了直接投资外,美国政府还采取直接研究与开发投资相结合的方式支持环保高新技术产业发展。在财政补贴方面,2002年美国政府就将17亿美元的节能消费和支付能源消耗费用补贴给了450万户低收入家庭;除此之外,美国还采取了消费者补贴等方式来推广节能家电等节能环保型产品。

在绿色采购方面,美国没有单独制定绿色采购法,其法律依据散见于《联邦采购条例》《资源保护和回收法》《污染防治法》等法律法规中,主要涵括鼓励循环利用和开发利用新能源方面的内容。《联邦采购条例》明确政府机构应"最大限度地利用有利于环境的产品和服务"。在具体的绿色采购中,美国政府主要采用"负面清单"制度。比如,在环境治理领域,除了军事外交行动、严重影响私人生命、自由和财产权等19项政府固有职能,其余均属于可以外包的事项,可以进行采购。再比如,根据《控制水污染法》《清洁空气法》美国政府还规定所有州政府必须优先购买和使用可再生资源材料,如果没有按照规定购买,美国政府要求环保署列出空气和水污染的设备的负面清单,要求政府采购的承包商必须保证不使用负面清单内的设备。

美国拥有比较健全的绿色税收体系(见表6.2),涉及资源、能源、日常用品和消费行为领域,涵括环境税、能源税、资源税、燃料税、污染税和化学品税等税目。在税收优惠领域,美国政府主要采取直接税收抵免、投资税收抵免、加速折旧等形式。

---

[1] 中国环境保护投融资机制研究课题组.创新环境保护投融资机制.中国环境科学出版社,2004.
[2] 高维蔚.促进绿色发展的财政支出政策研究.中国财政科学研究院,2018.

表 6.2 美国绿色税收一览表

种　类	具　体　税　目
燃料税	汽油、高耗油车税、柴油税
能源税	煤炭税、开采税
环境税	一次性剃刀税、垃圾控制税和垃圾税、旧轮胎税、氯氟烃税
税收优惠	直接税收减免、投资税收抵免、加速折旧等

二、欧盟各国的绿色财税政策

(一) 德国

德国是欧洲最大的经济体,它十分重视绿色环保、循环经济和新能源等绿色产业,因此出台了许多绿色财税政策,其经验也十分值得借鉴。

在绿色财政方面,德国积极立法,通过采取绿色投资、绿色采购和绿色补贴的方式来促进绿色经济发展。比如,为了促使企业购买环保类设施,德国设立了专项基金,对企业购买环保类设施进行贷款利息优惠,并且还设置了优于市场条件的还款方式。德国非常重视能源结构的转化。在新能源的选择方面,德国选择太阳能、风能和生物质能源等清洁能源,放弃核电。根据《可再生能源法》明确政府对可再生能源可采取财政补贴的形式,因此为鼓励企业开发利用太阳能,德国政府实施了"十万个太阳能屋顶计划",对太阳能发电进行补贴,同时为了解决太阳能并网的问题,对并入公共电网的太阳能电力给予财政补贴。此外,德国政府颁布了《货物和服务业招标投标法》和《建筑合同标准范本》这两部法律,其中也引入了绿色政府采购的理念。

在绿色税收方面,德国的征税项目繁多,包含环境税、资源税、交通税、消费税等税目。比如,德国不仅对矿物能源征收生态税,而且还对超过含硫量标准的汽油、柴油以及用电征收生态税。与此同时,德国还制定了各种各样的税收优惠,比如为鼓励工农业生产和开发、鼓励使用清洁能源,德国对农林、采矿、供水、电力、建筑等行业的用电和取暖给予最高40%的税率优惠。而且,还明确对农业生产所消耗的燃油,可以免征其生态税。在公共交通方面,如果采用天然气或者生态燃料作为其燃料的交通工具,给予最高45%的税率优惠。此外,对于积极治理污染的企业,可以依据情形免缴或者少缴消费税。

(二) 法国

法国环保的财政支出由环境保护部负责,具体做法是环保部根据所掌握的基本情况,将财政资金拨给全国6个大区的环保中心,然后再由环保中心负责安排各项环保支出。环保的财政支出与其他财政支出一样,每年都需先编制财政预算,其执行情况和资金的使用情况要接受审计监督。法国同样也采用绿色补贴方式,它通过制定一系列环境友好型产品的目录,明确对生产和消费这些产品的企业和个人给予补助,引导企业和消费者进行绿色生产和绿色消费。以电动汽车为例,法国政府不仅对电动汽车的企业给予补助,还对购买电动汽车的消费者也给予一定的补贴。

法国的绿色税收制度是比较严格的,这体现在四个方面。一是对高污染、高风险企业征收惩罚性税收。具体系数视企业污染程度而定。二是在同一税种中根据产品的污染情况,对不同税目进行区别对待。比如,消费税的税目可以分为无铅汽油和含铅汽油,对含铅汽油提高消费税税率。三是对生产造成污染的商品征收高税率,对生产经营建设中排放的废弃物对生态环境造成公害的,要依法限期治理,而且还要征收有关税费。四是提高污染型能源的税率[1]。虽然法国的绿色税收实际并不多,但却极大地促进了环境保护,以20世纪80年代塞纳河的污染治理为例,其经费来源主要来自绿色税收。

此外,法国政府还实施了许多减免税优惠政策,鼓励社会公众在各个领域范围内优先使用节能环保型产品。比如,通过对电能或太阳能汽车实施加速折旧的优惠政策来鼓励企业广泛生产这类汽车,鼓励消费者购买这类汽车。再比如,对企业购买的特定设备甚至允许当年100％税前扣除、节能设备允许其加速折旧、对环保投资支出允许给予税前扣除等优惠。

(三) 荷兰

荷兰是全球范围内实施环境税的领头羊,是世界上最早开征垃圾税的国家之一。自1960年以来,为了实现环保和节能这两个目标,荷兰出台了大量的绿色财税政策,尤其形成了内容丰富而成熟的绿色税收制度,被许多发达国家所研究、学习和借鉴。

荷兰绿色税目丰富,其出发点主要是为了保持生态的协调性和完整性,其内容主要包括燃料税、垃圾税、水污染税、土污染税、垃圾税、噪音税、地下水税、汽车特别税、剩余粪肥税和石油产品的消费税等。在设置了丰富的税目的同时,荷兰也制定了大量的税收优惠政策,比如原油产品消费税的差别计税、对绿色投资免税、加速折旧等税收优惠政策。为鼓励促进环保产业,1991年荷兰还针对环保设备提出绿色投资免税制度和自由的税金偿还制度。

燃料税是对汽油、柴油、天然气等燃料征收的税收,目的用于环境保护。税收的形式采用定额税额的方式,具体由政府每年根据确定的环境保护目标所需金额来确定。

碳税是以减少二氧化碳的排放为目的,对化石燃料(如天然气、煤炭、汽油和柴油等)按照其碳含量或碳排放量征收的一种税。1990年,荷兰开征二氧化碳税。1992年,荷兰的二氧化碳税被改为能源税和碳税两种税,两者各占一半。碳税适用于所有能源,没有豁免,电力行业是对使用燃料进行间接征收的。能源税则对部分能源密集型部门,比如大型天然气消费者是豁免的。

能源调节税的征收对象是能源企业。自1996年开始,荷兰的能源调节税把矿物油(汽油、柴油等)代替天然气使用的家庭用户和小型企业也列入纳税对象。该税有两种免税情况:一是用于运输的燃料和用于温室园艺部门的天然气;二是不作燃料用途和用于发电的天然气。

水税由水污染税和地下水税两部分组成。水污染税针对污染水资源的行为,主要根据排放物质的耗氧量和重金属的量来征收,因此不同的水资源保护区税率不同。地下水

---

[1] 朱丽娜.论绿色税收与中国的可持续发展.内蒙古科技与经济,2009(9).

税则是对水资源的开采和使用征税。

垃圾税是指为筹集资金用于垃圾的收集和处理,对每个家庭处理垃圾而征收的税收。由于该税是根据家庭来征收的,而不是根据垃圾的数量来征收,因此从公平的角度,人口少的家庭可以获得一定的减免。此外,为了体现环境税的公平,荷兰政府还设置了垃圾收集税,并允许各地政府在垃圾税和垃圾收集税两者中进行选择。垃圾收集税是根据每个家庭产生的垃圾数量而征收的税收,具体根据每个家庭装垃圾箱的数量及每个垃圾箱的单位数额来征收。

剩余粪肥税是中央政府对全国范围内产生粪便的农场征收的一种税,税率是根据农场每公顷农田所生产的磷的重量来确定的[1]。

三、日本的绿色财税政策

二战后,日本经济快速发展的同时,环境也因之付出了沉重的代价,遭遇过严重的水污染、大气污染等问题,此外日本还是资源稀缺型国家,因此它对环保节能的态度是十分重视和支持的。20世纪90年代后,日本政府开始着手构建低碳、循环和与自然共存社会,制定了大量与绿色经济相关的法律法规。

在绿色财政方面,日本政府主要注重环保节能技术和环境保护方面的财政投入。20世纪80年代以来,日本政府采取了诸多举措推进绿色经济的发展。一是通过"竞争性资金制度"资助加大环境科技创新方面的财政投入。截至2009年,日本全国科技研发经费占国民生产总值高达3.26%。二是日本政府实施了"新阳光计划",每年投入百亿日元财政资金用于支持能源科技、再生能源技术的研究。三是财政全额拨款支持"国家节能技术开发项目",加大应对气候变化的财政投入,制定了相关的法规和能效标准标识。四是大力支持创新性能源研发,建设新一代能源园区示范项目、推进绿色基础设施建设,如支持智能电网和智能电表的技术实验项目、可再生能源发电上网项目、新能源汽车充电基础设

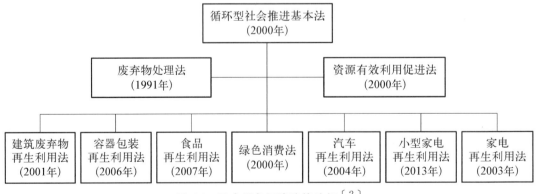

图6.2 日本绿色经济法律法规[2]

---

[1] 詹奎芳.国外绿色税收制度对构建我国绿色税收体系的启示.潍坊学院学报,2011(1).

[2] 施锦芳,李博文.日本绿色消费方式的发展与启示——基于理念演进、制度构建的分析.日本研究,2017(4).

施和低碳交通基础设施等。五是通过财政补贴支持老、旧建筑进行节能改造,安装太阳能设施来减少能源消耗,并不断支持环境保护检查强化、公害被害者保护、公害防治项目资助及自然环境保护等方面的财政投入。比如,2009年日本颁布了绿色汽车减税政策和绿色汽车购买补贴制度,明确对符合条件的新能源车给予50%以上的购置税和汽车重量税优惠,并对符合条件的新上牌车给予10万日元的补贴等。补贴政策效果明显,迅速将新一代节能汽车的销量由2%提升到12%。此外,日本政府还推广了环保分制度,明确消费者若购买了符合一定环保节能标准的电器,可以获得环保积分,积分可以兑换成货币,在下次消费时抵扣,从而鼓励消费者购买绿色环保产品。

在绿色采购政策方面,日本不仅注重产品在使用过程中的节能环保,同时注重产品生产过程中的生态占用,并且注重产品废弃后的回收利用,为此制定了《绿色采购法》《绿色采购共同化协议》《绿色采购用户指南》。日本还建立了绿色采购网(Green Purchasing Network,GPN)和大力推进环保标示制度等配套措施。日本的绿色采购主要考虑以下因素:一是产品的环境负担大小;二是产品生产到销售全生产周期的生态占用大小;三是从使用的生态要素减量化—再利用—资源化—能量回收这样从优到劣四个梯度进行划分。

绿色税收方面,日本的政策主要可以分成1990—2010年和2010年至今的两个阶段。在第一个阶段,日本政府的绿色税收政策主要针对环保节能,征收了能源税、燃料税以及废气排放物征税。面对温室气体排放所造成气候变化,日本于2010年开展了税收改革,在当年6月出台了能源消耗计划,提出了二氧化碳的减排目标为2030年的二氧化碳排放量控制在1990年的70%的水平,而且明确从2011年10月起按照三步走的方式开征碳税,详见表6.3。

表6.3 日本分段实施碳税表[1]　　　　　　　　　　　单位:日元

阶　　　段	原油/石油产品 (每升)	瓦斯状碳税化合物 (每吨)	煤炭 (每吨)
现行税率	2 040	1 080	700
第一阶段:2011年10月1日	2 290	1 340	920
第二阶段:2013年4月1日	2 540	1 600	1 140
第三阶段:2015年4月1日	2 800	1 860	1 370

四、国外绿色财税政策的主要特点

绿色财税制度是一个系统工程,它体现为绿色财税收入和绿色财税支出相互协调和配合的体系。绿色财税收入来自绿色税收和相关收费,比如排污收费。绿色税收、税收优惠、差别税率是西方国家绿色财税政策的重要组成部分,他们通过税收的杠杆作用将社会资金引导到生态环保领域。同时,为了实现绿色财税收入的科学使用,绿色财税收入主要投入

---

[1] 崔景华.日本环境税收制度改革及其经济效应分析.现代日本经济,2012(3).

到绿色投资、绿色采购和绿色补贴领域。而且,考虑到税收中性原则,许多西方发达国家还将绿色税收的收入用于抵减劳动和资本的税收收入,或用来减少其他税收收入[1]。

经过几十年的发展完善,西方发达国家的绿色财税制度已经比较完善了。总体而言,西方国家的绿色税收制度要比绿色财政制度更规范,更系统。绿色财政方面,西方国家的绿色财税政策主要包括绿色采购和绿色补贴方面,绿色投资方面的内容较为单薄。绿色税收发展至今,已经形成了丰富的税种,根据OECD的整理归类,大致可以分为能源税、机动车辆及交通工具税、资源类税和环境治理类税四大类别[2]。其中,交通税和能源税这两项占比最高,可以达到90%以上。这四类绿色税收还可以细分为各种绿色税收,如污染税还可以分为水污染税、废气税、噪音税、垃圾税、固体废物税等五类。此外,从西方国家的绿色税收的制度变迁过程来看,环境税重点正从对收入征税逐步转移到对环境有害的行为征税,即在劳务和自然资源及污染之间进行税收重新分配,将税收重点逐步从工资收入向对环境有副作用的消费和生产转化[3]。

第四节　我国绿色财税政策

我国现行绿色财税政策可以追溯至1979年9月通过的《中华人民共和国环境保护法(试行)》,该法中明确对超标排放可以征收排污费,反映了我国防止污染的态度。经过四十年的发展和完善,我国的绿色财税政策已经基本形成,内容主要包括绿色财政政策和绿色税收政策,具体形式散见于法律法规和一些政策文件之中。

随着我国经济的发展,环境问题逐渐显现,人们开始广泛关注到大气、水和土壤等的污染问题,我国政府也越来越深刻地认识到我国不能再只关注GDP,不能为了发展牺牲资源环境,还要同时处理好环境问题。当然,我国目前的经济发展阶段也决定了我国不能像发达国家那样在经济发展到一定阶段,再大力投入环境保护问题,必须在发展中解决环境问题。因此,20世纪以来我国出台了大量的绿色财税政策。

2011年我国将环境保护纳入各级政府的财政年度预算。2014年新修订的《环境保护法》明确政府加大对环保产业的扶持力度。2015年,我国国民经济和社会发展第十三个五年规划指出"支持绿色清洁生产,推进传统制造业绿色改造,推动建立绿色低碳循环发展产业体系,鼓励企业工艺技术装备更新改造。发展绿色金融,设立绿色发展基金"。党中央十八届第五次会议公报指出:"'十三五'时期是中国全面建成小康社会的决胜阶段,中国将为人民提供更多优质生态产品,推动形成绿色发展方式和生活方式:优化国土空

---

[1] 中国国际税收研究会、北京市地方税务局课题组,王力,张志勇,杨志强,薛钢.推动"绿色税制"建设的国际借鉴研究.国际税收,2018(1).

[2] 中国国际税收研究会、北京市地方税务局课题组,王力,张志勇,杨志强,薛钢.推动"绿色税制"建设的国际借鉴研究.国际税收,2018(1).

[3] 詹奎芳.国外绿色税收制度对构建我国绿色税收体系的启示.潍坊学院学报,2011(1).

间开发格局,有度有序利用自然;全面节约和高效利用资源,推动绿色低碳循环发展;加大环境治理力度,实现环境质量总体改善;实施山水林田湖生态保护和修复工程,筑牢生态安全屏障;健全生态文明法律法规,积极推进国际交流合作。"十八大提出生态文明建设与经济建设、政治建设、文化建设、社会建设共同形成"五位一体"的总布局,同时提出了推进绿色发展、循环发展、低碳发展的执政理念和"建设美丽中国"的发展目标。这些执政理念和发展目标的推出,伴随着相关的绿色财税政策不断落地,我国逐渐形成了具有中国特色的绿色财税体系。与此同时,我国可持续发展的理念不断深入社会的方方面面,绿色经济不断蓬勃发展,与污染治理和生态保护相关的环保产品也日渐丰富。截至2018年,我国已经生产提供3 000余种环保产品。工业一般废水治理、工业废渣综合利用和烟气净化等技术已经位于国际前列,在大型城市污水处理、除尘脱硫产业和垃圾焚烧发电等行业已具备相应的自行设计制造关键设备及成套化的能力[1]。

一、我国的绿色财政政策

(一) 绿色投资

我国主要通过财政的直接投入、设立绿色发展基金等方式进行绿色投资。

在直接投入方面,2006年我国正式把环保支出纳入财政预算,2007年我国政府收支分类科目新设立"环境保护"科目。由此,我们可以从财政节能环保支出规模看出我国对于环境问题的重视程度。财政节能环保支出规模体现了政府对环保事业的重视程度,是考察政府环境财政投入的重要指标,是指一定时期内财政资金花费在节能环保方面的支出情况。从数据来看,我国对环保的投入呈逐年递增的趋势,从"七五"期间的投资仅为476.42亿元,到"十二五"期间的42 786.2亿元[2],增长了近90倍。近几年,全国节能环保支出总额不断上升,2007年节能环保支出仅为995.82亿元,2017年达到了5 617.33亿元,是十年前的5.64倍(见表6.4和图6.3)。

表6.4 财政支出中的环境支出数据(2007—2017年)　　　　单位:亿元

	2007	2008	2009	2010	2011	2012	2013	2014	2015	2016	2017
环境支出	995.82	1 451.36	1 934.04	2 441.98	2 640.98	2 963.46	3 435.15	3 815.6	4 802.89	4 734.8	5 617.33
财政支出	49 781.35	62 592.66	76 299.93	89 874.16	109 247.79	125 952.97	140 212.1	151 785.56	175 877.77	187 755.21	203 085.49

数据来源:中国统计年鉴。

综上,我国财政节能环保支出的总额不断增加,但从节能环保支出占全国财政总支出的比重来看,一直维持在2%左右。这说明我国政府对环保的重视程度还有待进一步加强。

在绿色基金方面,2016年8月,中国人民银行、财政部、国家发展改革委、环境保护部、银监会、证监会、保监会印发的《关于构建绿色金融体系的指导意见》中提出为体现我国对绿色

---

[1] 陈芳.政府绿色采购相关问题分析.经贸实践,2018(22).
[2] 吴丽丽.构建绿色财政体系的几点思考.山西能源学院学报,2017(4).

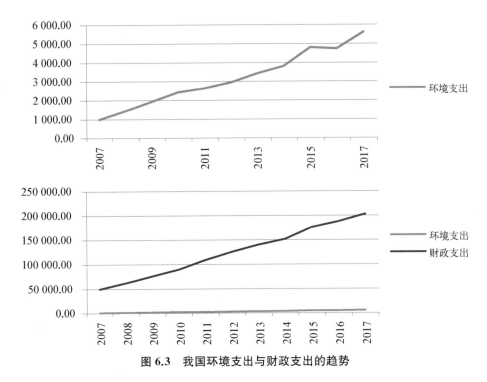

图 6.3　我国环境支出与财政支出的趋势

投资的引导和发挥政策信号作用,我国中央财政整合现有节能环保等专项资金设立国家绿色发展基金,设立专门的政策性绿色金融机构——国家绿色发展基金,投资绿色产业。由于目前社会各界对何为绿色产业还存有疑虑,为统一标准,将有限的资金确实投入到绿色发展中去,有效服务于重大战略、重大工程、重大政策,为打赢污染防治攻坚战、建设美丽中国奠定坚实的产业基础,2019年国家发展改革委、工业和信息化部、自然资源部、生态环境部、住房城乡建设部、人民银行、国家能源局共同发布《绿色产业指导目录(2019年版)》(以下简称目录)发改环资〔2019〕293号,明确节能环保、清洁生产、清洁能源、生态环境产业、基础设施绿色升级和绿色服务等6大类行业是我国要扶持的产业。而且,要求各地方、各部门要"以《目录》为基础,根据各自领域、区域发展重点,出台投资、价格、金融、税收等方面政策措施,着力壮大节能环保、清洁生产、清洁能源等绿色产业"。《绿色产业指导目录》明确界定了绿色产业,明确了我国鼓励引导绿色投资的态度,对于今后中央和地方各部门出台相应的绿色财税鼓励政策等指引了方向,也使真正的绿色投资者更加放心。

(二) 绿色采购

我国的政府绿色采购制度虽然起步晚于西方发达国家,但是推进得比较快,陆续颁布了《节能环保政府采购实施意见》《国务院关于加快发展循环经济的若干意见》《关于环境标志产品政府采购实施的意见》《中华人民共和国政府采购法》《中华人民共和国清洁生产促进法》《财政部关于印发〈国有金融企业集中采购管理暂行规定〉的通知》等绿色采购财税政策,对绿色采购进行了规范,对全社会进行绿色采购的引导。其中,《中华人民共和国清洁生产促进法》《中华人民共和国政府采购法》两部法律因其法律效力高,成为我国政府绿色采购制度的法律基石。

2004年,《节能产品政府采购实施意见》的颁布标志着我国正式启动了绿色采购制度。这个意见是我国首个促进节能与环保的政府采购具体政策,其中第一次公布了我国政府的绿色采购清单,明确政府将优先采购汽车、电脑等8类100多种节能产品,为我国政府接下来推进绿色采购制度积累了经验,奠定了基础。

2005年7月,国务院发布了《国务院关于加快发展循环经济的若干意见》,鼓励使用有能效标识、节能节水和环境标志的产品,减少过度包装和对一次性用品使用的相关文案,明确我国将在发展经济的同时兼顾保护环境,不以牺牲环境作为代价发展经济。

2006年11月,财政部和环保总局共同出台了《关于环境标志产品政府采购实施的意见》,强调了政府绿色采购的环境意义,并正式发布了环境标志产品政府采购清单。它标志着我国正式在政府采购中纳入环境准则,规范了政府绿色采购的范围、产品清单以及具体的相关管理办法等。该意见明确于2008年1月1日起生效,开启了我国政府绿色采购的新局面。在此之后,我国财政部门和环境保护部门每年多次颁布《关于调整环境标志产品政府采购清单的通知》,截至2018年8月,已颁布22期。

2015年,我国颁布修订后的《中华人民共和国环境保护法》,2016年我国颁布修订后的《中华人民共和国节约能源法》,2018年财政部推出了《关于印发〈政府采购代理机构管理暂行办法〉的通知》《关于印发〈国有金融企业集中采购管理暂行规定〉的通知》等文件,为我国政府绿色采购完善了相关法律法规基础。随着这一系列政策的制定,我国形成了以节能环保产品政府采购清单为基础的强制采购和优先采购制度,先后公布了22期环境标志产品政府采购清单和24期节能产品政府采购清单,初步建立了绿色采购制度框架,并取得积极成效。

十年来,绿色采购已经成了中央和地方政府采购的主旋律,绿色采购规模逐年递增,2005年我国政府绿色采购规模为2 927.6亿元,到2016年达到31 089亿元,增长了约9.62倍。2017年,全国强制和优先采购节能产品规模为1 733亿元,占同类产品采购规模的92.1%。全国优先采购环保产品规模为1 711.3亿元,占同类产品采购规模的90.8%。截至2018年第22期,我国政府绿色采购的环境标志产品政府清单已包含40大类[1]。

(三)绿色补贴

截至目前,我国出台了大量绿色财政补贴政策,如高效照明产品推广财政补贴、废弃电器电子产品处理基金、节能产品惠民工程财政补贴、绿色节能产品的购买补贴、清洁能源发电的电价补贴、新能源汽车的补贴。近日,财政部、农业部印发的《建立绿色生态为导向的农业补贴制度改革》,首次提出到2020年,基本建成以绿色生态为导向、促进农业资源合理利用与生态环境保护的农业补贴政策体系和激励机制,要求对政策性资金进行市场化运作和专业化管理,加上杠杆式放大效应,来对接和结合商业性的信贷,支持绿色金融的发展。

绿色财政补贴的采用通常也存在一定的争议,比如对商品采取直接补贴的形式有可能会引起相关产品产能过剩或者逆向选择,举例而言,为了推进节能产品惠民工程,扩大

---

[1] 陈芳.政府绿色采购相关问题分析.经贸实践,2018(22).

节能家电产品消费和推广,我国中央财政 2012—2013 年提供了补贴资金 265 亿元。可是,一旦财政补贴停止,节能家电产品的消费量急剧下降,最终形成节能产品产能过剩的现象。

二、我国的绿色税收

(一) 我国的绿色税收政策

我国绿色税收的税种主要包括环境税、资源税、消费税、城市维护建设税、车船使用税、城镇土地使用税、耕地占用税等内容。这些税种构成了我国绿色税收体系的基本雏形。但是,目前这几项绿色税收收入的比重很低,现行税制很难对纳税人起到较大的制约或激励作用,因此对环境保护产生的影响还十分有限(见表 6.5)。

表 6.5 2006—2017 年绿色税收体系主要税种的税收收入情况 单位:亿元

年份	税收总收入	资源税	城市维护建设税	城镇土地使用税	土地增值税	车船税	车辆购置税	耕地占用税	绿色税收总收入	综合占比
2006	34 804.35	207.11	939.72	176.81	231.47(地方)		687.46	171.12	2 182.22	6.30%
2007	45 621.97	261.15	1 156.39	385.49	403.1	68.16	876.9	185.04	3 336.23	7.30%
2008	54 223.79	301.76	1 344.09	816.9	537.43	144.21	989.89	314.41	4 448.69	8.20%
2009	59 521.59	338.24	1 544.11	920.998	719.56	186.51	1 163.9	633.07	5 506.39	9.30%
2010	73 210.79	417.57	1 887.11	1 004.01	1 278.29	241.62	1 792.6	888.64	7 509.83	10.30%
2011	89 738.39	595.87	2 779.29	1 222.26	2 062.61	302	2 044.9	1 075.46	10 082.38	11.20%
2012	100 614.28	904.37	3 125.63	1 541.72	2 719.06	393.02	2 228.9	1 620.71	12 533.42	12.50%
2013	110 530.7	1 005.65	3 419.9	1 718.77	3 293.91	473.96	2 596.3	1 808.23	14 316.76	13%
2014	119 175.31	1 083.82	3 644.64	1 992.62	3 914.68	541.06	2 885.1	2 059.05	16 120.98	13.50%
2015	124 922.2	1 034.94	3 886.32	2 142.04	3 832.18	613.29	2 792.6	2 097.21	16 398.5	13.10%
2016	130 360.73	950.83	4 033.6	2 255.74	4 212.19	682.68	2 674.2	2 028.89	16 838.09	12.90%
2017	144 369.87	1 353.32	4 362.15	2 360.55	4 911.28	773.59	3 280.7	1 651.89	18 693.45	12.90%

数据来源:国家统计局网站。

环境税自 2018 年 1 月 1 日起开征,这是我国财税体制改革的重要举措,是我国税收体系中旨在专门保护生态环境的税种,是保护环境、加快生态文明建设的重要举措。我国的环境税是由运行 38 年的排污费制度平移而来,属于费改税的一项举措。我国通过开征环保税,有利于促进不同绿色税收之间的协调配合,有利于充分利用绿色税收手段,构建有效约束和激励机制,促进经济发展与生态环境相协调。从短期看,开征环保税有利于实现我国对重点污染物的减排目标,获得良好的资源节约、环境保护效应。从中长期看,有利于鼓励企业探索和利用节能、环保和低碳技术,促使企业走内涵扩大再生产和清洁生产的道路,发展资源节约型、环境友好型、质量效益型和科技先导型的产业和企业,促进经济结构调整优化和发展方式转变[1]。环境保护税属于费改税,未来的发展方向应该是慢慢地放大征税范围,在税率方面寻找一个最优点,这对于绿色环境保护与完善我国绿色税制都有着重要的意义。

资源税开征于 1984 年,根据该年财政部发布的《资源税若干问题的规定》,我国于 1984 年 10 月 1 日起,对原油、天然气、煤炭等先行开征资源税。一开始我国征收资源税并非为了保护环境,而是为了调节资源开采中的级差收入,促进资源合理开发。1994 年 1 月 1 日起,我国对所有矿种的所有矿山,包括开采原油、天然气、煤炭、其他非金属矿原矿、黑色金属矿原矿、有色金属矿原矿和生产盐均征收资源税。开征资源税的目的开始越来越多地考虑到促进资源合理的开发和利用,避免滥用资源和破坏生态。

消费税是指在转让或交易的环节中,针对特定的消费对象或消费行为而征收的税种。我国征收消费税的消费品主要包括烟、酒、烟花爆竹、奢侈品、化妆品、贵重首饰及珠宝玉石、高尔夫球及球具、高档手表、成品油、小汽车、游艇、实木地板、木制一次性筷子、汽车轮胎等产品。随着我国对节能环保的重视,消费税也逐渐引入节约资源、环境保护和可持续发展的理念。除了过度消费可能会产生健康危害的产品、奢侈品外,消费税还倾向于对那些高耗能、高耗材、资源性和环境危害性的产品进行征税。

城市维护建设税是对从事工商经营、缴纳增值税、消费税、营业税的单位和个人征收的一种税,我国于 1985 年正式开征城市维护建设税,其初衷是为市政建设和维护筹集资金。随着时代的发展,现在城市维护建设费的目的被重新定义,也涵括了治理环境等目的。

城镇土地使用税是按规定税额对拥有土地使用权的单位和个人征收的一种税。即使在我国这样幅员辽阔的国家里,土地资源也十分稀缺,因此为了鼓励和促进企业有效利用土地,提高土地使用率,合理节约用地,我国开征了城镇土地使用税。虽然这一税种的目的并非为了环保,但是它从客观上也起到了节约资源和环境保护的作用。

耕地占用税是针对一些单位或者个人占用耕地从事与农业无关的生产建设活动所征收的,其意义在于保护国家耕地范围,合理配置土地资源并加强土地管理。车船使用税的征收对象为我国范围内的车船,对那些拥有并使用车船的单位或个人征收一定的税额,以便加强车船管理,合理的配置地方车船使用,并且让政府能够合理利用税收管理地方车船。这两个税种和城镇土地使用税一样,虽然初衷也并非为了保护环境,但是其征收的最终效果也是能够起到节约资源和环境保护的作用。

除了相关的税收法律法规,我国还出台了一些绿色税收优惠的政策,比如 2019 年 4 月,财政部、税务总局、国家发展改革委、生态环境部发布了 2019 年第 60 号《关于从事污染防治的第三方企业所得税政策问题的公告》,决定自 2019 年 1 月 1 日起至 2021 年 12 月 31 日止,对符合条件的从事污染防治的第三方企业减按 15% 的税率征收企业所得税。

(二)我国的排污费制度

我国的排污收费制度包括对废气、废水、噪音、固体垃圾和辐射等 200 种物质的排放

---

[1] 王槟.以开征环境保护税为契机推动财税体制绿色化改革——访中国财政科学研究院院长刘尚希.中国税务,2018(1).

进行收费,收费的范围处在世界前列。从实践看,虽然政府实施了排污收费制度,并把排污收费所取得的很多资金专项用于环境治理,但是并未取得预期的效果,没有成功阻止空气和水的污染。以排污收费的形式整治环境污染显得刚性不足,执法力度不够,企业也没有给予足够的重视。此外,排污费的征收带有强烈的地方色彩,地方政府可以主导排污费的征收,某些地区为了招商引资、发展经济而忽视了环境保护,少征甚至不征排污费。为了解决这一问题,我国决定征收环境税,用以取代排污收费制度。2016年12月全国人大常委会通过了《中华人民共和国环境保护税法》,并于2018年年初开始实施。本次立法是按照"税负平移"的原则,将现行排污费制度向环保税制度转移。

三、我国绿色财税政策存在的问题

在绿色财政政策实施过程中,我国主要存在以下四个问题。

第一,绿色财税制度不够健全和规范。我国有关绿色财税制度分散,散见于各种法律政策规章制度中,导致其发挥作用的范围和力度太小,很难形成有效的激励机制。

第二,绿色财税制度并未形成系统的统一框架,在制定制度时并未从绿色的角度出发,只是在有关制度中通过一个或者几个条款的方式对相关的绿色财税制度进行明确。比如,绿色税收中消费税、城市维护建设税等并非从绿色发展角度处罚,只是含有了与绿色相关的内容。再比如,所得税和增值税等相关税种可能在一定程度上也涉及环境保护内容,但是这些税种的税收目的不是直接针对环境保护,各种分散的措施很难形成合力,也无法向生产企业和消费者释放明确的鼓励绿色发展的信号,难以有效促进环境保护和可持续发展。

第三,绿色税收的制度设计存在征税范围缺位、税率设计偏低和征税环节存在漏洞等问题。各类绿色税种的税收政策繁杂,有些政策甚至会相互抵消,甚至有些税收优惠政策客观上反而与绿色发展背道而驰,如对农膜、农药(尤其是不可降解农膜、剧毒农药)免征增值税的税收政策事实上并不利于土壤和水资源的保护[1]。

第四,税收优惠设计不够合理。全国目前跟节能减排相关的税收优惠措施主要限于减税和免税,措施单一,缺乏针对性、灵活性。国际上通用的、能有效增加环保税收政策灵活性和有效性的,如加速折旧、再投资退税、延期纳税等方式,我国几乎都没有运用。

四、我国绿色财税政策的趋势演进分析

(一)明确绿色财税制度服务于生态文明建设的指导思想

改革开放以来,中国经济飞速发展,形成了以GDP为单维目标的粗放型经济发展模式,与财政制度的引导也有一定的关系。现在,随着我国决定采用建设生态文明,发展绿色经济的战略,过去的简单追求GDP的速度型财政观念应逐渐转变为绿色财税观念,希望通过绿色财税政策的调控手段,在引导经济发展的同时实现生态环境良好、资源能源节

---

[1] 中国国际税收研究会,北京市地方税务局课题组,王力,张志勇,杨志强,薛钢.推动"绿色税制"建设的国际借鉴研究.国际税收,2018(1).

约高效利用、绿色技术创新活跃的目标,不断培育环保产业、能源产业等绿色产业成为新的经济增长点[1]。

(二)构建绿色财税制度体系

绿色财税制度涵括绿色财政制度和绿色税收制度。绿色财政制度主要包括绿色投资、绿色采购和绿色补贴三个部分。绿色税收涵括环境税、资源税、能源税、消费税等,以及其他税收优惠和收费等。我国可以借鉴西方国家较为成熟的绿色财政体系,构建我国系统的绿色财税制度(见图6.4)。

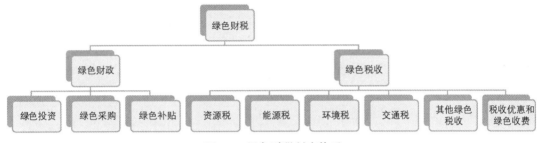

图6.4 绿色财税制度体系

(三)绿色财税制度的基本要素

要构建适合我国的绿色财税制度,主要可以从以下五个方面着手。

第一,要根据绿色财税收入和支出的关系,理顺绿色发展"钱从哪来""用到哪去"的机制。绿色财税收入主要来自绿色税收和有关费用,应将与环境保护、节能减排、循环经济和低碳经济有关的产品涉及的有关税收进行厘清,明晰绿色财税的收入来源。绿色财政支出方面,应在中央和地方政府的财政预算中,明确设立支持绿色发展的专项资金、引导基金、转移支付项目,助推污染防治和绿色产业的培育和成长的预算比例,构建成一套绿色财税政策体系。

第二,要确立政府科学引导市场行为的机制。在防治污染和促进绿色发展时,政府并不能代替市场,而主要履行市场失灵补缺的职责,引导市场资源投入到防止污染和绿色经济中去,负责环境保护的规划、标准、监测、科研等方面,完善绿色标准,界定绿色产业,根据污染者付费的原则出台相关的绿色财税政策,通过政策信号将有关市场资源配置到绿色产业,提升整个社会的环境管理能力,加强对污染总量的控制,完善排放标准。直接的绿色财政支出应通过绿色投资、绿色采购和绿色补贴等方式,逐步转移到基础预防和科技研发、发展节能和可再生能源技术,对环境监测体系、生态保护修复、基础科学研究等方面投入等方面。通过政府的引导,污染企业根据"污染者付费"的原则,足额缴纳有关税收,治理污染者或者生产消费节能环保产品的企业和个人则能因此而受惠,从而实现治理污染和促进绿色发展的目的。

第三,建立绿色财政支出持续增长机制。目前,跟发达国家相比,我国的财政预算中

---

[1] 梁云凤.运用财税政策引导绿色发展.绿色经济与应对气候变化国际合作会议会刊.中国国际经济交流中心,2010.

的环保支出比例并不高,还有增长的空间,这也就要求我国政府根据国情,持续加大投入力度,不断建立支出增长机制。首先,要做实财政节能环保支出科目,把环境保护支出作为国家财政支出的倾斜性重点支出项目,研究制定新增财政收入优先用于环境保护的规则制度,增长率应高于财政总支出增长率,不低于其他各项支出平均增长率。其次,扩宽融资渠道,吸引社会资本共同进行绿色投资。环境保护产业往往需要巨大的投资,而且回收周期比较长,因此比较难吸引到社会资本。然而,单纯依靠财政支出是不现实的,因此要通过制定优惠的绿色财税政策,发挥财政资金的指导作用,鼓励市场资源自动投入到环保节能领域,调动企业、个人、公益组织投资环保领域的积极性,通过贷款、BOT、TOT、PPP等模式,建立多元化、多渠道的资金投入机制。再次,在保证公平和效率的原则基础上,通过不断完善绿色采购标准,不断完善绿色采购公开信息和不断扩大绿色采购的产品范围,不断完善我国的绿色采购机制。最后,探索建立合理的绿色补贴机制,避免骗补贴的现象,避免企业躺在补贴上不思进取,通过制定合理的绿色补贴政策,可以促进企业更好地生产绿色产品,消费者更愿意消费绿色产品。

第四,建立绿色财政支出的环境绩效评价。一是对所有财政收入、财政支出、财政政策等,都从与绿色发展的相关性的角度进行评价,形成一套评价体系,促进财税体系绿色化[1]。二是参照国外税式支出预算制度,建立绿色财政支出预算管理制度,建立资金使用环境绩效评价规则,明确绿色财政资金使用的对象、程序、方法、资金使用部门的责任和分工,使绿色财政资金的使用过程受到全方位的监督。三是加强与环境相关的绿色补贴政策和绿色税收优惠的管理,尽可能发挥绿色补贴和绿色税收优惠政策的引导作用。

第五,完善绿色税收体系。我国绿色税制的核心环节应以环境保护税、资源税和消费税为重点,结合城市维护建设税、城镇土地使用税、土地增值税、耕地占用税等相关绿色税种,构建全周期控制环境污染的绿色税收体系。此外,资源税应从量征收逐渐转变为从价征收,并不断扩大覆盖面,促进社会不断提高资源使用效率。环保税则应再进一步优化调节机制,且在合适的时机适时考虑征收碳税,促进社会不断提升节能减排意识,提高能源使用效率,不断优化我国的绿色税收体系。

[本章小结]

随着工业化的发展,人类的生存环境不断受到各种挑战,大气、水和土壤的污染问题日益突出,环境的承载力不断得到关注。如何防治污染、保护生态环境、合理开发自然资源、促进节能减排,形成绿色发展模式已是迫在眉睫的任务。绿色财税制度作为绿色金融的一个重要组成部分,对于改善生态环境质量、保护资源、促进可持续发展都具有重要的推动作用。绿色财税制度主要涵括绿色财政和绿色税收两个方面。绿色财税制度的发展

---

[1] 王槟.以开征环境保护税为契机推动财税体制绿色化改革——访中国财政科学研究院院长刘尚希.中国税务,2018(1).

内涵从防治污染不断扩大到促进绿色发展。在我国当前大力推进生态文明建设,促进绿色发展的大背景下,推进绿色财税制度正当其时,也最值得思考。本章通过介绍绿色财政和绿色税收等政策工具,期望读者可以在阅读的同时思考哪些政策是最适合中国的政策工具,能够切实促进我国的绿色发展,真正让"绿水青山"成为"金山银山"。

[思考与练习]

1. 绿色财税制度的定义和内涵。
2. 绿色财政主要涵括哪些内容?
3. 我国采用环保税替代排污费的原因是什么?

[参考文献]

1. 陈虹.促进经济可持续发展的绿色税收研究.江西财经大学硕士论文,2013.
2. 段美娟.节约型社会视角下的绿色财政税收政策.2019(3).
3. 李龙.基于节约型社会视角下的绿色财政税收政策分析.纳税,2018(12).
4. 刘克勇,刘浩,刘璨.参加印度"绿色财政与社区林业"研讨会报告.林业经济,2016(5).
5. 刘涛.浅议节约型视角下的绿色财政税收政策.现代商业,2016(17).
6. 吕敏.中国绿色税收体系改革研究.东北师范大学博士论文,2015.
7. 茆晓颖.绿色财政:内涵、理论基础及政策框架.财经问题研究,2016(4).
8. 倪艳秋.绿色财政与FDI对绿色全要素生产率的影响研究.湖南大学硕士论文,2018.
9. 丘爱春.试论基于节约型视角下的绿色财政税收政策.财经界(学术版),2019(1).
10. 王环庆.论节约型社会视角下的绿色财政税收政策.财经界(学术版),2015(15).
11. 魏吉华,蒋金法.绿色财政支出:理论与实践——对党的"十九大"关于深化绿色发展的思考.当代财经,2018(12).
12. 文康宏.浅议绿色财政税收政策.知识经济,2017(10).
13. 吴丽丽.构建绿色财政体系的几点思考.山西能源学院学报,2017(4).
14. 谢美娥,谷树忠.绿色财政.中国经济时报,2016-04-08.
15. 许文立,刘晨阳.外国绿色财政改革经验及启示.财政科学,2016(3).
16. 杨光.节约型社会背景下的绿色财政税收政策分析.2019(2).
17. 曾艳,王俊祎.关于节约型社会下推进绿色财政税收政策有效开展的思考.赤峰学院学报(自然科学版),2017(7).
18. 张彩云.中国式财政分权下绿色财政对地方环境污染的影响研究.湖南大学硕士论文,2017.
19. 张晓娇,周志太.构建促进绿色产业发展的绿色财政体系.合肥工业大学学报(社会科学版),2017(5).

20. 张燕.浅析节约型社会视角下的绿色财政税收政策.现代经济信息,2018(15).

21. 赵峰征.关于推进绿色财政税收政策有效开展的思考.纳税,2017(18).

22. 赵红.节约型社会视角下的绿色财政税收政策分析.科技经济市场,2016(6).

23. 周凌飞.基于环境保护税的我国绿色税收制度研究.上海海关学院硕士论文,2018.

第七章　新能源与气候变化投融资

[学习要求]

1. 了解气候变化投融资的定义。
2. 了解国际气候融资的主要组成。
3. 了解我国应对气候变化投融资在财税政策、市场机制等方面的主要举措。

[本章导读]

无论是《巴黎协定》还是早期的《京都议定书》，这些气候协定的初衷，都是以应对气候变化为基点，维护全人类的共同利益。而时至今日，如何平衡国家利益和国际责任已经成为国家之间气候融资国际博弈的焦点。中国作为最大的发展中国家、第二大经济体，主动承担责任，采取了切实行动应对气候变化、推进低碳发展，同时积极参与全球气候治理，提出有建设性的中国方案。发展气候投融资不仅是我国承担国际责任的具体表现，也是自身坚持可持续发展，走高质量发展道路的内在需要。

本章将介绍新能源与气候变化投融资的概念、发展历程，应对气候变化国际合作资金的来源、需求及相关机制等，阐述我国气候投融资在财税政策、市场机制等方面采取的具体措施。

第一节　气候变化投融资概述

一、气候变化投融资的定义

气候投融资，也称"气候金融"，其概念源自应对气候变化挑战的资金需求，从联合国应对气候变化框架公约关于资金机制的谈判中衍生而来。狭义的气候投融资，指为帮助发展中国家应对气候变化、履行公约义务而进行的投融资活动，其特征是以公共部门资金为主要对象，资金流向是从发达国家向发展中国家流动。随着全球气候变暖问题越来越受到国际社会的关注，气候投融资的定义逐步得到扩展。世界银行认为，优惠的气候融资对于支持发展中国家建立对日益恶化的气候影响的恢复能力并促进私营部门开展气候投资至关重要。气候政策倡议组织(CPI)提出资金流动应是多方向的，并且不仅仅是跨国流动,也包括国内流动。从相对广义的角度来讲,气候投融资应包括为应对气候变化而进行的一切投融资活动,如可再生能源、节能和提高能效、低碳交通、绿色建筑以及气候适应等项目。

气候投融资涵盖了融资和投资两个方面的活动,目的是引导资金的归集、流动,以便更好地投向应对气候变化领域,支持应对气候变化行动,促进经济和社会的低碳转型发展和气候适应性发展。中国社会科学院金融研究所、国家应对气候变化战略中心联合开展的关于地方气候投融资试点的一份研究报告对气候投融资做了如下定义:在一般投融资过程中评估气候变化影响和风险、优化碳排放资源配置,或引导投资流向低碳产业、支持我国经济发展低碳转型、提高适应气候变化能力的投融资活动。气候投融资涉及应对气候变化资金的筹措、决策和使用,具有财政与金融两种特性,在工作开展中的职能定位于弥补商业性投融资过程中对气候变化领域的空隙和市场机制缺陷,实现经济效益与应对气候变化目标的协同发展。

二、发展气候变化投融资的必要性

(一)应对气候变化的紧迫性日益凸显

极端天气事件的增多,时刻提醒我们应对气候变化的紧迫性。2018年夏天全球地表温度再创纪录,高温席卷多个国家,北极圈出现罕见的32℃高温。世界各国意识到,气候变化已经切实影响到了每一个人的生活质量。不仅如此,气候变化还关系着人们的粮食安全、水安全和生态安全,对经济社会发展具有综合性、全局性和长远性的影响。2018年10月,联合国政府间气候变化专门委员会发布《IPCC全球升温1.5℃特别报告》指出,与将全球变暖限制在2℃相比,限制在1.5℃对人类和自然生态系统有明显的益处。不管是升温控制在2℃还是1.5℃,都是非常大的挑战,需要在减缓、资金、技术创新等方面采取更加有效的行动。

(二)实现应对气候变化目标面临巨大资金缺口

国际能源署估计,为使全球在21世纪内升温控制在2℃,全球在能源结构调整和提高能效方面的资金需求累计将达53万亿美元。未来气候变化将为我国政府、企业、甚至个人增加额外的资金需求。随着气候变暖问题日益严峻,气候领域的资金投放越晚,减缓排放的成本越高,规避气候风险的机会越小。

(三)将气候因素纳入投融资体系有利于我国抓住降碳源头

为刺激经济企稳回升,我国加大了基础设施的投资力度,而这些重大投资项目具有长期的碳排放效应,容易造成经济增长的碳锁定。金融资本市场具有引导资源配置的社会责任,为防止基础性投资造成的高碳锁定效应,防止碳排放由东部向西部转移,应尽快将气候因素纳入现有的绿色投融资体系,从源头上确保气候友好的投融资导向。开发低碳投融资工具,建立低碳投融资机制,将碳的指标放在我国金融体系中,有利于更好地满足地方政府和企业低碳转型的资金需求。国务院在2016年10月印发并实施《"十三五"控制温室气体排放工作方案》,明确要求"以投资政策引导、强化金融支持为重点,推动开展气候投融资试点工作",同时要求"出台综合配套政策,完善气候投融资机制,更好发挥中国清洁发展机制基金作用,积极运用政府和社会资本合作(PPP)模式及绿色债券等手段,支持应对气候变化和低碳发展工作"。

（四）国际经验证明投融资是重要的气候激励工具

国际经验证明，具有降碳导向的投融资机制对鼓励企业控制温室气体排放能够起到重要的激励作用。据不完全统计，国际多边的气候投融资基金包括欧洲投资银行的"清洁能源基金"、世界银行托管的"气候投资基金"、联合国气候变化框架公约下的"全球环境基金"和"绿色气候基金"等，均是主旨于应对气候变化的专项基金。以英法为例，英国将绿色金融作为低碳转型的政策工具，于2012年以30亿英镑的公共资金启动了绿色投资银行，发布了绿色投资手册，为风险大、回报期长、融资难的低碳项目提供资金支持。法国被评为年度全球气候变化表现指数最佳国家，在构建绿色投融资体系中表现卓著。法国2015年颁布的《绿色增长能源转型法》，针对法律中的各项主要能源转型目标都规定了相关的金融激励措施，明确了财政措施的资金数量、资金来源和资金使用方式，鼓励政府为企业和个人提供资金补贴、税收减免、贷款优惠和专项资金支持，鼓励企业发行绿色债券融资。

第二节 落实应对气候变化国际合作的关键——资金

一、应对气候变化国际合作资金需求

应对气候变化，减少碳排放，尤其在一些产生大量温室气体的领域，无论是减排活动还是适应活动，存在大量的资金需求，所以资金问题是关键。发达国家在工业化阶段取得了先发展，并对环境产生了不可挽回的影响，而对于发展中国家而言，目前发展经济仍然是首要工作，两者之间需要通过执行相关国际机制实现协同，并实现碳排放的全球治理。世界银行在《2010年世界发展报告》中指出，发展中国家在应对气候变化的减缓方面的花费在未来的20年将达到1400亿—1750亿美元，而用在适应气候变化带来的影响方面将达到300亿—1000亿美元。

《联合国气候变化框架公约》秘书处发布的全球应对气候变化资金需求表明，到2030年为实现温室气体减排每年需投入2000亿—2100亿美元，其中发展中国家需求为760亿—770亿美元。如果发展中国家要真正实现经济转型，低碳发展，建立起节能环保的适应气候变化的经济体系，需要大量的资金投入。所以，应对气候变化，实现可持续发展需要大量知识、技术及资金的投入，不是所有的国家都具备这样的能力与政治意识，尤其是广大发展中国家。"巴厘路线图"将资金问题提升到了与减缓问题、适应问题及技术问题并列的高度，达到《联合国气候变化框架公约》长期合作的层面，并强调将作为之后国际气候谈判中的核心议题[1]。

就我国情况而言，中央财经大学气候与能源金融研究中心联合相关机构，开发了气候

---

[1] 唐静.国际气候合作中的资金问题研究.外交学院硕士论文,2015.

融资需求分析模型。从模型结果可以得出,要在2030年达到排放峰值的目标,资金需求对应三个阶段。一是早期投资阶段(2020年前),需要快速增加投资,预计每年资金需求增速超过4%,直到2020年逐渐增大到资金需求的峰值2.56万亿元人民币,相当于当年度GDP的1.79%。二是平稳投资阶段(2020—2030年),资金需求相对稳定,每年的投资规模稳定在2.5万亿元人民币左右,到2030年资金需求为2.52万亿元人民币,相当于GDP的1.8%。三是投资收益阶段(2030—2050年),受益于早期持续投资的长期收益,该阶段资金需求将快速下降,到2050年资金需求降低为1.5万亿元人民币。当前中国气候融资的发展处于第一阶段,该阶段需要加快追加投资规模,直到达到中国GDP的1.8%左右,并在第二阶段维持投资规模。值得注意的是,即使采用保守的预测方式,2030年之后资金需求将显著下降,这是由于早期持续的投资将使得中国在2030年之后显著受益于低碳技术创新和规模化应用带来的成本降低[1]。

二、应对气候变化国际合作资金来源

国际气候融资逐年上涨,但距离实现巴黎协定目标仍有较大差距。由于私营资本天然的逐利性使其不能亦不会主动提供气候公共物品和服务,公共部门资金仍是气候融资的驱动力量。《联合国气候变化框架公约》资金机制常设委员会研究结果表明,国际气候融资规模从2013年的399亿美元提升至2016年的557亿美元,在规模和增速上均表现出逐年上涨的趋势。尽管占比不超过10%,但国际气候融资却是全球气候融资的核心组成部分,亦是推动全球气候治理进程的关键因素,其主要通过多边气候基金、多边发展银行、双边机构及区域组织等渠道流向发展中国家,涉及赠款、优惠贷款、股权投资、担保等金融工具,支持领域涵盖减缓、适应及交叉重点领域。考虑到发展中国家实现2015—2030年国家自主贡献国际资金需求0.7万亿—2.8万亿美元的预期目标,现阶段国际气候融资规模距实现巴黎协定目标仍有差距。

表7.1 国际气候融资组成　　　　单位:亿美元

	2013年	2014年	2015年	2016年	小计
多变资金	168	191	188	211	768
公约资金机制	5.6	7.7	6	16	35.3
多边气候基金(含公约资金机制)	19	25	14	24	82
多边发展银行(发达国家贡献部分)	149	166	174	197	686
双边资金	231	239	299	336	1 105
合计	399	430	487	557	1 873

数据来源:UNFCCC 2018。

---

[1] 李高.国家发改委应对气候变化司副司长李高:中国将在气候融资领域扮演重要角色.http://finance.eastmoney.com/news/1365,20161208691779559.html,2016.12.08.

多边气候资金规模整体低于双边资金。2013—2016年,多边气候资金共计768亿美元,占国际气候融资总规模的41%,远低于双边气候资金1 105亿美元的水平。其中,多边发展银行是多边气候资金的主要组成部分,2013—2016年占比分别为88.7%、86.9%、92.5%和89%。根据非洲发展银行、亚洲开发银行、欧洲复兴开发银行、欧洲投资银行、泛美开发银行及世界银行气候融资2018年联合报告,上述银行2011—2017年共提供气候融资1 940亿美元,其中仅2017年资金量即为352亿美元,同比增长28%,创下近7年新高。多边气候基金规模在2015年有所下降,但从2016年起却大幅增长,主要原因是2015年GCF刚启动运营,支持项目资金规模仅1.68亿美元,GCF业务能力自2016年迅速提高至13.1亿美元,2018年更是达到了20亿美元的规模。与此同时,气候投资基金等公约外气候资金由于发达国家注资下降导致业务有所降低。

适应资金占比依然较低。长期以来,国际气候融资的支持领域一直以减缓为主。相对来讲,双边资金对适应领域的支持在各渠道中相对较高,2015—2016年年均317亿美元的规模中,适应领域资金占比29%,减缓50%;其次为多边气候基金,适应领域资金占比25%,减缓53%;多边发展银行占比相对最低,2015—2016年年均244亿美元的规模中,适应领域资金占比21%,减缓79%。近年来,在发展中国家的呼吁和努力下,双边和多边气候基金均开始加大对适应领域的支持,GCF亦明确规定,资金将在减缓和适应领域平衡分配。据OECD研究结果显示,适应资金呈逐年上升趋势,从2013年的78亿美元上升至2017年的129亿美元,增幅为65%。由于统计方法的不同,不同机构对适应资金的评估结果存在一定差异。

减缓领域资金优惠度低于适应资金。赠款是支持适应活动的主要金融工具。在2015—2016年年均值中,双边适应资金和多边气候基金适应资金使用赠款的占比分别为62%和94%,而同期多边发展银行适应资金赠款使用率仅占9%。双边气候资金、多边气候基金、多边发展银行减缓资金中赠款的使用率占比分别为25%、31%和4%。

亚洲是国际气候融资的主要受援地区。亚洲是接受国际气候融资最大的地区,其次为非洲和拉丁美洲。2015—2016年,亚洲地区获取双边气候资金42%的支持,在多边气候基金和多边发展银行中的占比也分别达到31%和41%。同期双边气候资金中,对最不发达国家和小岛屿国家的支持分别为24%和2%,且50%为支持适应领域资金;多边气候基金对最不发达国家和小岛屿国家的支持分别为21%和13%,多边发展银行的支持比例为15%。

中国气候资金来源包括发达国家公共资金,即发达国家公共资金通过多边金融机构、双边金融机构以赠款或优惠贷款等形式流入中国。此外,传统金融市场、国内中央和地方政府的财政预算、国际和国内的碳市场、慈善事业和非政府机构以及企业直接投资、外商直接投资等也是中国气候融资的供给来源[1]。

三、应对气候变化国际资金机制(气候基金)

陈欢等在气候变化绿皮书《应对气候变化问题的谈判及进展》中提到,《联合国气候变

---

[1] 陈兰,张黛玮,朱留财.全球气候融资形势及展望.环境保护,2019(1).

化框架公约》(以下简称《公约》)是目前气候变化国际合作的根本框架和法律基础,《公约》第十一条规定了一种资金机制,即"一个在赠款或转让基础上,包括用于技术转让的资金机制。该机制应在缔约方会议的指导下行使职能并向其负责,并应由缔约方会议决定该机制与本公约有关的政策、计划优先顺序和资格标准。该机制的经营应委托一个或多个的国际实体负责"。《公约》规定,发达缔约方应向发展中缔约方提供充足的、可预测的履约资金,发展中缔约方有效履行公约义务的程度取决于发达缔约方有效转移资金和技术的程度。我们把这种机制称为《公约》资金机制。该资金机制应在《公约》缔约方会议(COP)指导下发挥作用,对COP负责。COP应决定该资金机制与《公约》有关的政策、规划的优先内容和合格资助标准。目前,有关资金机制的谈判包括资金机制的建立和管理、资金安排和资金使用绩效的评审等内容。

《联合国气候变化框架公约》内的气候资金机制包括了一系列的资金主体、运行机构和资金实体。2010年坎昆气候大会后建立的资金常设委员会是目前气候资金的主要决策机构,相关机制包括全球环境基金(GEF)及其下托管的气候变化特别基金(SCCF)和最不发达国家基金(LDCF)、《京都议定书》下的适应基金(AF)以及作为未来资金主渠道的绿色气候基金(GCF)等;《公约》外的机制以多边金融机构和私营部门专门基金为主,部分发达国家也通过各自的发展署、对外援助等机构对发展中国家进行资金支持。

《巴黎协定》第二条特别提出了气候资金发展的长期目标,即"使资金流动符合温室气体低排放和气候适应型发展的路径"。气候基金作为支持应对气候变化行动而设立的资金操作实体,经过近30年的发展已经成为气候资金最重要的管理方式。气候基金的运营往往更为商业化、市场化和专业化,能够灵活利用一系列适配的金融工具,为减缓和适应气候变化提供可持续的资金支持。从1992年《公约》订立到2001年马拉喀什气候大会期间的九年是气候基金发展过程中至关重要的起步期。1994年,《公约》正式达成并生效,为全球气候治理夯实了政治基础,也为之后气候资金模式的设立铺平了道路。1994年,GEF顺利从世界银行中脱离并实现了改组,并开始了第一次增资,确立了国际气候资金机制的运营实体。1997年通过的《京都议定书》引入的联合履行(JI)、清洁发展机制(CDM)和排放贸易(ET)三大机制为气候基金创新了资金来源。但是,2001年美国布什政府上台后拒绝签署《京都议定书》,为当时的气候谈判进程蒙上了一层阴影。从2001年到2009年哥本哈根气候大会期间,全球气候基金由于气候谈判局势的变化特别是"双轨制"的启动迎来了一个多元拓展期,其中SCCF、LDCF以及AF都在这期间成立。气候基金形式的拓展并不是因为资金总量的大幅度增加,而是来源于发达国家出资意愿的敷衍和资金领域分配的不平衡。《京都议定书》在2005年艰难生效后,发达国家开始淡化出资责任,不愿意因为出资而凸显气候责任。开辟新基金是发达国家和发展中国家在资金领域上的妥协。2007年巴厘气候大会出台了《巴厘行动计划》,成立了适应基金。2008年,14个欧美发达国家联手出资成立了气候投资基金,标志着气候资金正式进入最具影响力国家决策部门的视野。在2009年哥本哈根气候大会上,《哥本哈根协议》却无疾而终,延迟了相关机制的建立和完善。2009—2012年多哈气候大会期间,气候基金发展经历了三年动荡的调整期。发达国家作出了"到2020年为发展中国家应对气候变化每年动员

1 000亿美元"的长期资金(LTF)承诺和"2010—2012年提供300亿美元快速启动资金(FSF)"承诺。在多哈《公约》第十八次缔约方大会上也宣告已经向FSF注资总计330亿美元,即已超额完成捐资任务,但由于国际资金机制中的规定过于简略,缺乏统一的出资标准,且没有专门的监管部门,没有方式对发达国家的出资额进行评估,以及对其计算方式"一金多用"的嫌疑进行检查,以致遭到了广大发展中国家的不满。2009年哥本哈根气候大会上"绿色气候基金"(GCF)概念被首次提出,意在通过成立《公约》资金机制新的独立运营实体重新布局。2010年坎昆气候大会对成立GCF提供了正式授权,决定新的多边适应资金的很大部分应当通过GCF提供,并指出要确保使用专题供资窗口以支持发展中国家缔约方开展的项目、方案、政策和其他活动。坎昆会议还就GCF秘书处的设立和董事会组成、受托管理人以及过渡委员会等要素达成了共识。2011年,《绿色气候基金治理导则》在德班《公约》第十七次缔约方大会上获得通过。德国和丹麦分别宣布向GCF注资4 000万欧元和1 500万欧元。2012年以来,气候基金逐渐迈入了以GCF为主的新阶段。2012年10月20日,韩国仁川松岛成为GCF秘书处所在地。在此基础上,韩国承诺直至2019年每年为GCF提供100万美元支持基金运作,并在2014—2017年以信托基金的形式向GCF援助4 000万美元。在2018年4月前的过渡阶段,世界银行作为其临时托管方负责接收、保障、投资并负责转移来自投资者的资金。2017年特朗普政府上台后,拒绝履行其向发展中国家提供气候资金支持和向GCF注资的义务,这对《公约》框架下的资金机制再次造成了极大的影响[1]。

(一) 资金问题博弈(资金机制国际谈判)

国家之间在合作减排提供资金问题上的博弈已经成为制约气候融资的瓶颈。

1. "共同而有区别的责任"原则屡遭挑战

1992年里约热内卢环境与发展大会通过的《里约宣言》提出了环境保护的"共同而有区别的责任"原则,成为《公约》等国际条约各缔约方参与全球应对气候变化时应该遵循的根本原则。这一原则具有"共同责任"与"区别责任"的双重属性,认为发达国家在工业化期间排放温室气体是造成当前全球气候变化的重要原因,发达国家应承担相应的历史责任,以其所掌握的技术和财力资源,在追求可持续发展的国际努力中负有主要责任。但是,一些发达国家缺少提供足额资金的诚意和信用,试图割裂历史,逃避这一原则,无论是哥本哈根气候大会上的《丹麦提案》,部分发达国家试图"双轨变单轨"的提议,还是《巴黎协定》中涉及"自主贡献"的条款均面向所有缔约国而未对发达国家与发展中国家进行区分,均明显违背了"共同而有区别的责任"这一原则。

2. 融资"软协议"导致履约不足

美国总统特朗普于2017年6月1日宣布美国退出《巴黎协定》,原因之一是特朗普政府认为《巴黎协定》将损害美国经济利益,是"将美国的财富重新分配到其他国家",而且指出"如果坚持《巴黎协定》,意味着到2040年,美国将损失超过3万亿美元GDP、650万个工作机会以及86%的煤炭产量"。可见,气候融资国际博弈的焦点在于如何平衡国家利

---

[1] 柴麒敏,安国俊,钟洋.全球气候基金的发展.中国金融,2017(12).

益和国际责任。当发达国家认为降低碳排放、为发展中国家提供资金支持等条款有损本国利益时,就可能阻碍气候融资机制发挥作用,造成资金供给不足。尽管《公约》及《巴黎协定》等都提出发达国家应为发展中国家应对气候变化提供稳定的援助资金,但由于基本上都是"软协议",对各个国家出资没有明确的、硬性的要求,也缺乏履约不足时的责任追究机制,使得计划的筹资额度无法按时到位,完成目标的期限一再拖延。例如,《巴黎协定》强调共建意识,缺乏对各国具有法律约束力的承诺目标的相关规定,而由国家根据国情自主贡献,淡化了履约情况的评估审查机制,导致难以保障资金来源的稳定性。

另外,多边基金运行效率低下,资金、技术限制条件多;清洁发展机制的融资方式程序复杂,交易成本和风险较高,很多发展中国家参与碳融资面临技术和资金的双重障碍。然而,对于发展中国家尤其是贫穷国家而言,能否获得来自国际的资金支持是决定他们是否继续参与《公约》等的关键因素。如果不能保证稳定且充足的资金来源,贫穷国家为碳减排支付的成本得不到补偿,必然打击他们应对气候变化的积极性,削弱其进行碳减排的动力,甚至退出不具有约束力的国际条约。

3. 资金使用的导向性作用值得关注

气候融资资金主要在减缓气候变化和适应气候变化两个领域进行平衡和分配。减缓气候变化离不开先进的节能减排技术,因此发展中国家要通过减缓类的项目来获得融资存在困难,而通过适应类项目获取资金相对容易。但是,适应领域的项目多为基础设施建设,投资周期长、回报低。在公共资金不足的情况下,市场化的资金不愿意介入,因而投向减缓领域的资金远远超过投向适应领域的资金。同时,资金使用中还存在以下两个问题。一是支持项目多是大型项目,而小型的社区项目支持少。因为大型项目能够产生一次性、大规模的减碳效应,更符合基金的评价要求;而且资金也多通过联合国开发计划署、世界银行等机构来使用,这些机构擅长并倾向投资于大规模项目,而对次级地区、小型项目的投资缺乏管理经验和精力。二是多依靠多边机构专家提供技术支持,而很少依赖本国内部的力量,这一方式不利于从根本上加强发展中国家的能力建设。

4. 退出机制缺乏有效约束

美国于2001年退出《京都议定书》,随后日本、澳大利亚、加拿大等多个发达国家效仿退出或降低减排力度,《京都议定书》的效力大大削减;2016年美国再次退出《巴黎协定》,对《巴黎协定》的履约前景造成不良影响。发达国家退出相关条约的随意性反映出退出机制设置存在的问题。《京都议定书》《公约》及《巴黎协定》等,虽然都对退出作出了时间上的限制,但缺乏具有权威性和强制性的约束,对违约、不能履约等情况缺乏惩戒措施,退出机制反应迟缓,严重影响了条约的稳定性,削弱了国际法的履约效力。例如,《京都议定书》第二十七条、《巴黎协定》第二十八条都规定,"自生效之日起三年后,缔约方可随时向保存人发出书面通知退出本协定……退出《公约》的任何缔约方,应被视为亦退出本协定"。但是,在退出机制上没有对违约、不能履约等情形进行限制,使得缔约国可以退出条约而不负任何责任,姑息了未履行条约义务的国家为逃避惩罚而退出等行为。例如,加拿大退出《京都议定书》后可以免遭由于未完成减排承诺而需承担的140亿加元的惩罚。《巴黎协定》没有对各国直接规定具有法律约束力的承诺目标,对于不遵守协定的情况,只能在非对抗的、非惩罚性的原则下通过谈判的方式施压,因而对缔约国尤其是发达国家缺少约束力[1]。

(二) 现行气候变化国际合作资金机制

《联合国气候变化框架公约》框架下的资金机制包括全球环境基金、最不发达国家基金、气候变化特别基金、适应基金和正在建设中的绿色气候基金等其他的多边双边渠道在发挥作用,多边气候基金是气候资金转移的重要渠道。多边气候基金的资金通常来源于各国政府赠款,另外还包括国际资本市场的资金,以及企业和个人的慈善捐款等。

1996年第二次缔约方大会上建立了全球环境基金(Global Environmental Facility,GEF),至今作为发展中国家接受气候变化国际合作援助的主要资金渠道。在2001年马拉喀什会议上,决定在GEF之外建立三个新基金,即气候变化特别基金(SCCF)、最不发达国家基金(LDCF)和《京都议定书》下的适应基金(AF)。这四个基金构成了《公约》框架下的资金机制。除了适应基金根据议定书的CDM项目供资外,其他三个基金都是由附件二缔约方依据公约供资,并且,这三个基金都是通过全球环境基金来运作的。

1. 全球环境基金

全球环境基金(GEF)成立于1996年公约第二次缔约方大会上,最开始是作为世界银行投资10亿美元的一个试点项目,用来援助全球环境保护运动促进可持续发展,现在发展成为《公约》的主要资金机制,是发展中国家在应对气候变化中进行国际合作、接受气候变化国际渠道的主要资金渠道之一,为发展中国家加强应对气候变化的能力提供赠款。GEF也是联合国气候变化框架公约等四个公约的资金机制,GEF是通过联合国开发计划署(UNDP)、联合国环境规划署(UNEP)和世界银行(WB)三个执行机构来提供资金给各发展中国家的,全球环境基金秘书处在职能上独立于这三个执行机构,直接对全球环境基金理事会和大会负责并为其提供服务。GEF帮助将惠及一国范围内的计划转变成全球环境利益,并将提供额外的新赠款和持续的优惠资金。

GEF目前已经进行了五轮增资,第四轮增资(2006—2010年)有31个国家承诺为气候变化领域捐资超过10亿美元,大多应用于气候变化的减缓和适应活动。GEF第五轮增资(2011—2014年)有40个国家一共向气候变化重点领域捐资13.5亿美元,目前已经为232个项目出资近8亿美元。第六轮增资期是2015—2018年,预计有30亿美元的可利用资金。

2. 气候变化特别基金

气候变化特别基金(The Special Climate Change Fund,SCCF)是在《公约》框架下于2001年在马拉喀什气候会议上成立的,是对全球环境基金关注的气候变化领域的活动、项目或措施的补充,其资金来源主要是《公约》附件Ⅱ的国家或者其他国家的自愿捐款。主要通过四种援助途径发挥作用:适应、技术转化、区域特别项目、对于能源依赖经济多样化发展的援助,其中适应项目具有优先权。目前,在SCCF下有适应窗口(SCCF-A)和技术转让窗口(SCCF-B)这两个活跃的资金窗口。

不同于最不发达国家基金,气候变化专项基金对世界各地有需要的国家的适应需求提

---

[1] 耿欣,何峰.气候融资:制度缺陷及其完善.西南金融,2018(10).

供帮助,尤其是对最不发达国家的需求。全球环境基金是气候变化专项基金的实施主体,负责基金的运行发展。在UNFCCC框架下支持所有发展中国家缔约方的适应和技术转让。

3. 最不发达国家基金

《公约》第四条规定:"发展中国家缔约方能在多大程度上有效履行其在本公约下的承诺,将取决于发达国家缔约国对其在本公约下所承担的有关资金和技术转让的承诺的有效履行,并将充分考虑到经济和社会发展及消除贫困是发展中国家缔约方的首要和压制一切的优先事项。"并且,各缔约方在采取有关提供资金和技术转让的行动时,应充分考虑到最不发达国家的具体需要和特殊情况。最不发达国家基金于2001年在马拉喀什举行的第七次气候峰会上成立,主要用于满足公约下易受不利气候影响的49个最不发达国家的特别需求,其中包括《国家适应行动计划》(National Adaptation Programs of Action, NAPAs)的准备与实施[1]。

最不发达国家基金(LDCF)的设立是为了支持最不发达国家通过国家适应行动计划确定最迫切的适应需求项目。截至2016年11月,LDCF为222个项目提供了9.7亿美元赠款,撬动联合融资39.3亿美元。LDCF资助的项目规模在逐渐增加,由最初的平均规模为328万美元增加到目前的1757万美元。

4. 适应基金

适应基金(AF)面向的主体是议定书缔约国中发展中国家,为他们应对气候变化带来的深刻影响适应计划与项目提供资金支持,适应基金在《京都议定书》相关条约的基础上建立的,2001年《马拉喀什协议》中正式决定在《京都议定书》下建立该基金,也是第一个通过发展中国家国内相关机构提供直接资金的基金,于2008年正式启动。2009正式实施以来,包括来自发达国家的捐资承诺,总共接受资金6.42亿美元。最开始,《马拉喀什协议》规定资金应该来源于CDM项目转让温室气体减排量产生收入的一部分和其他来源,之后,又将CDM项目转让的温室气体减排量收入明确定义为《京都议定书》建立的清洁发展机制征收的2%的交易减排量卖出后所获收入。因为CDM项目在发展中国家开展,而所获得的收入为发展中国家所有,为发展中国家开展适应活动进行再分配。

适应基金有一个由16个成员国与16个候选国组成的适应基金董事会,负责基金的监督管理,在第十八次缔约方大会上,大会决定在《京都议定书》的第二承诺期。《京都议定书》规定的发达国家的减排要求没有达到,目前美国和加拿大都已退出,一些国家宣布不加入第二承诺期。发展中国家唯一能够直接获取资金支持的适应基金(AF)的前景随着《京都议定书》的前途而陷入未知。在《京都议定书》第二承诺期,减排承诺缺乏力度,而核证减排量(CER)的价格一直持续低迷状态,未来是否会有回升不可预期,所以适应基金的资金来源需要进行调整,原有的CDM项目资金来源是否将转为发达国家自愿捐资,需要各方进行进一步磋商。

5. 绿色气候基金

绿色气候基金(Green Climate Fund)是在2009年的哥本哈根会议上提出并建立的,

---

[1] 唐静.国际气候合作中的资金问题研究.外交学院硕士论文,2015.

是公约新成立的资金机制运营实体。该会议提出,发达国家到2020年应每年筹集1 000亿美元的长期资金,并呼吁建立新的绿色气候基金(Green Climate Fund,GCF),作为公约下新的资金机制。2010年坎昆会议上,各方经过艰难的谈判协商,最终同意建立绿色气候基金,在2011年的德班会议上正式启动了这一基金。绿色气候基金在之后将会成为国际公共资金流通的主要渠道。绿色气候基金将资助气候适应与低碳发展活动,主要支持发展中国家减缓气候变化的各个计划、项目等,并且承诺将在减缓和适应两方面对资金进行合理分配。目前,基金的秘书处设在韩国,关于它的运作规则仍在协商中。绿色气候基金是为了用作全球气候融资工具,尤其是将公共融资与私人融资整合在一起,帮助提高发展中国家政府在低排放与经济增长协调上进行模式转换。

基金不仅支持项目发展,也支持发展中国家以气候变化战略和计划相一致的实施方案,如低碳发展战略或计划、国家适当减缓行动(Nationally Appropriate Mitigation Actions,NAMAs)、国家适应行动计划(National Adaptation Plans of Action,NAPAs)、国家适应计划(National Adaptation Programs,NAPs)以及其他相关活动。此外,GCF还在能力建设和发展中国家的国家报告的制定等方面提供资金支持。不同于其他基金的是,绿色气候基金将设立"私人部门基金"(Private Sector Facility),一方面能够带动发展中国家私人部门特别是地方机构的参与,另一方面在国际、国家和地区范围内能够为私人部门的减缓和适应活动等领域直接或间接融资。该私人部门基金还将支持私人部门投资小岛国和最不发达国家的活动。

6. 其他气候基金及多边机构

应对气候变化需要大量的资金投入,体制内资金有限,公共融资渠道的资金资源供给并不能满足现有的资金需求。《公约》第11条第5款规定,发达国家缔约方还可通过双边、区域性和其他多边渠道提供并由发展中国家缔约方获取与履行本公约有关的资金同时,能够以统一、协调的方式,透明、均衡和有效地治理资金。发达国家提供直接资金援助问题上一直很消极,即使存在《公约》框架下的基金,但发展中国家能够直接申请的只有适应基金,其他几个基金的申请程序都非常复杂,首先向托管机构申请,符合条件通过审核后才能得到资金援助。所以,在《公约》框架下,还存在许多其他的基金及多边和双边机构支持气候资金的管理。

(1) 气候投资基金。

2008年7月,气候投资基金(Climate Investment Funds,CIFs)成立,世行集团旗下的国际复兴开发银行是其托管人,基金的管理者是世界银行,其与非洲开发银行(AFDB)、亚洲开发银行(ADB)、欧洲复兴银行(EBRD)及泛美开发银行(IDB)其他四个多边银行共同负责项目实施。气候投资基金由两个子基金组成,包括清洁技术基金和战略气候基金,通过赠款、优惠贷款和风险减缓工具等方式,为发展中国家提供资金支持,在清洁技术、可持续林业管理、增加清洁能源获取及适应气候变化方面帮助发展中国家示范转型。气候投资基金在成立时,便获得了发达国家61亿美元的赠款承诺。气候投资基金只针对选定的发展中国家进行资金项目干预,其目标之一是促进公共资金在援助发展方式转变上得到最好的利用。

(2) 世界银行气候资金。

世界银行成立于1944年,最开始是一个单一的机构,现在已经发展成为世界银行集团,包括国际复兴开发银行(IBRD)、国际开发协会(IDA)、国际金融公司(IFC)、多边投资担保机构(MIGA)、解决投资争端国际中心(ICSID)五个紧密联系的发展机构。通常,狭义上所指的世界银行就是国际复兴开发银行,包括国际开发协会和国际金融公司两个附属机构。世界银行于1947年11月15日起成为联合国的常设专门机构。

世界银行一直关注气候变化对人类发展产生的影响,在促进环保事业方面一直发挥着重要作用,认为气候变化对人类生活发展产生了很大的影响,如果不及时采取行动,贫困问题将不会终止,人类发展将受限,我们越早采取行动,应对气候变化的成本将越低。1975年,世界银行与芬兰政府签署贷款协议,用于改善尤其是纸浆造纸业引起的水污染及其研究,这是世界银行第一笔用于改善环境的贷款。2000年,世界银行成立原型碳基金,作为第一个应对气候变化的以市场为基础的机制并促进发展中国家环境资金与技术的转换。世界银行应对气候战略上有四个核心目标:将气候风险与机遇植入并适应国家的内部发展进程中;在国际气候资金机制中扮演关键角色,促进低碳增长和投资;将世界银行建设成为方案解决者,包括工具提供、影响分析等;继续支持促进全球气温不高于2℃的目标实现,为平衡碳减排及减少极端贫困构建繁荣世界做出贡献。

(3) 国家气候基金。

很多发达国家直接向某个发展中国家提供援助并建立了双边机构。比如,一些工业国家设立了一些气候变化基金,向发展中国家的减排及适应气候变化提供支持,由于双边气候基金主要依靠援助国政府预算支出的自愿捐款,因此目前大多数的融资机构都在UNFCCC之外,而且没有达到必要的融资规模。例如,成立于2007年澳大利亚的森林碳基金(IFCI),主要通过赠款直接在印度尼西亚和巴布内新几内亚支持项目,投向减少发展中国家毁林及森林退化排放(REDD,Reducing Emissions from Deforestation and Forest Degradation in Developing Countries)领域。一些发展中国已经建立国家的基金,资金来源于国际或者国内财政及私人领域。印度尼西亚气候变化信托基金(The Indonesian Climate Change Trust Fund)是最先建立的国内基金之一。巴西的亚马逊基金,由巴西国家开发银行管理,是目前最大的国家气候基金,得到了来自挪威超过10亿美元的捐资。孟加拉国、菲律宾、肯尼亚、墨西哥等国也建立了国家气候基金,越来越多的国家在自己的应对气候变化战略与计划中建议成立国家气候基金。在大多数情况下,UNDP作为国家基金的管理者,但是关于国家气候基金的资金额度目前没有统计数据。

第三节 我国应对气候变化的投融资措施

一、财税政策和应对气候变化

由于生态环境和气候条件所具有的公共产品属性及其显著的外部性特点,导致在低碳经济和环境保护领域普遍存在市场失灵现象。根据外部性理论,在市场失灵的情况下,政府可以通过对特定市场活动进行财政干预。因此,政府财政应当承担起提供环境保护和气候变化保护等公共产品、有效配置资源的职能。

2013年11月发布的《关于印发国家适应气候变化战略的通知》(发改气候〔2013〕2252号)指出,要加大财税和金融政策支持力度,发挥公共财政资金的引导作用,落实并完善相关税收优惠政策,鼓励各类市场主体参与适应行动。同时,要推动气候金融市场建设,鼓励开发气候相关服务产品。2014年印发的《国家应对气候变化规划(2014—2020年)》(以下简称《规划》)提出,要建立碳交易制度与碳排放认证制度,并明确进一步完善财税和价格政策。《规划》指出,进一步加大财政支持应对气候变化工作力度,在财政预算中安排资金,支持应对气候变化试点示范、技术研发和推广应用、能力建设和宣传教育;加快低碳产品和设备的规模化推广使用,对购买低碳产品和服务的消费者提供补贴。同时,完善税收政策,综合运用免税、减税和税收抵扣等多种税收优惠政策,促进低碳技术研发应用等。

我国目前促进低碳经济发展的财税政策可以分为两大类,一类是财政支出政策,一类是税收政策。财政支出政策的作用方向是通过财政补贴、减免税款、税收奖励、政府采购等方式,降低企业提高能效的成本、购买节能产品的支出成本和开发节能减排技术、产品的成本等。税收政策的作用方向是通过税收或收费的方式,增加市场主体的耗能和污染排放成本,以此来鼓励企业节约能源、减少排放[1]。

二、市场机制投融资和应对气候变化

顶层设计的代表性综合方案《关于构建绿色金融体系的指导意见》于2016年8月31日的出台,标志着中国成为全球第一个有明确政府政策支持的、全面构建绿色金融体系的国家;生态文明建设被纳入"十三五"规划目标,绿色投融资需求日益明确;金融科技的发展进一步将绿色金融渗透到公众层面;中国金融学会绿色金融专业委员会(简称绿金委)发挥关键作用,自2015年4月组建以来,所有大型银行和许多大中型基金、保险和证券公司加入了绿金委,成员机构所管理的金融资产已占全国金融资产的2/3,在绿色金融的市场实践、前沿研究、理念普及、能力建设等方面发挥着整合各方资源与骨干推动作用。

绿色金融体系的构建对于气候融资市场的产品与服务创新助推作用显著。绿色信贷作为中国起步最早的绿色金融领域,在中国绿色金融体系构建中一直发挥着基础性作用,信贷规模保持稳定,银行主动推进绿色转型及产品创新。截至2016年年末,21家主要银行业金融机构的绿色信贷余额升至7.51万亿元,占各项贷款余额的8.83%。

另外,绿色债券种类日益丰富,第三方专业评估和评级市场发展迅速,市场公信力逐渐增强,2016年中国已一跃成为全球最大的绿色债券市场之一。政府与社会资本合作模式(PPP)在政策的推动下在绿色低碳领域的运用进一步深化,项目的投资回报机制不断健全,社会资本开始在气候投融资领域发挥作用,2016年绿色低碳PPP项目共7 826个,总投资6.44万亿元,与2015年年末相比,净增入库1 214个,净增投资额9 670亿元。巨

---

[1] 白洋.促进低碳经济发展的财税政策研究.中国社会科学院研究生院博士论文,2014.

灾保险制度开始在不同省市相继开展试点工作,在政府防灾减损中发挥重要作用。国内碳市场领域,2016年中国七个地区试点碳市场累计配额成交金额近25亿元人民币,2016年成交额为10亿元,较2015年增长22.1%[1]。

三、案例研究

(一)国际气候投融资实践案例

绿色投资集团(GIG)的前身是英国绿色投资银行(GIB),由英国政府于2012年发起成立,是世界上第一个专门的绿色投资机构,现已成为麦格理集团的一部分。作为清洁能源基础设施的先驱投资者,GIG立足于全球向绿色经济过渡的最前沿。

GIB强调绿色和有赢利两个基本特征,业务领域严格限定为海上风电、能效产业、废物处理和生物能源、在岸可再生能源四个方面。同等重视投资的环境绩效与财务绩效,制定了一套绿色投资原则、政策与流程,以确保能够始终如一地评估、监测和报告每个项目的绿色绩效。GIB与众多其他投资人合作,共同推动英国绿色经济投资,为扩展融资渠道,吸引更多私人资本进入绿色投资领域,2016年3月英国政府启动了GIB私有化进程,2017年8月麦格理集团完成收购,并更名为绿色投资集团(GIG)。GIB在私有化之前采用了"基金式"管理模式,通过私有化实现了向"银行式"管理模式的转型,总结其绿色发展的成功经验,有以下四点可供借鉴。

第一,强调项目选择标准的绿色性。GIB投资的基本要求是项目的绿色性,利用英国的自然资本比较优势,聚焦海上风电、能效产业、废物处理和生物能源、可再生能源四个绿色经济发展的核心领域和基础设施开展业务。在GIB成立之初,根据英国国会通过的《企业和监管改革法案2013》,其绿色性体现在必须至少实现五大绿色目标之一,这五大目标包括减少温室气体排放、提高自然资源使用效率、保护或改善自然环境、保护或改善生物多样化,以及促进环境的可持续性。以上五大目标在GIB章程文件中得到体现,若要修改或取消以上目标条款,需要同时获得政府主管部门和国会的批准。私有化以后,政府和国会的管理约束权失效,但通过特殊股权安排的机制设计,使其绿色性得以保持。2016年2月,英国政府宣布将设立特殊股份,由独立于GIB和政府的5名独立信托人管理的"绿色目标公司"(Green Purposes Company)持有,这一特殊股东的唯一职能就是决定是否同意或修改章程中的绿色目标条款。GIB正式出售后,政府法案中规定的绿色目标法律约束失效,"绿色目标公司"开始管理特殊股份,成为约束GIG继续坚持绿色性的制度保障。

表7.2 绿色投资集团的业务领域

业务领域	业务内容
海上风电	英国是全球风电领域的领跑者,GIB既支持风电建设项目,也支持运营项目。除直接投资外,还建立了离岸风电基金,通过全资子公司金融服务公司GIBFS投资运营风电企业

---

[1] 中央财经大学绿色金融国际研究院.2017年中国气候融资报告,2017.

(续表)

业 务 领 域	业 务 内 容
能效产业	为三类客户开发新的金融产品,以支持提高能效的产业: 1. 地方政府,如路灯改造计划、全民公费医疗服务计划等; 2. 物业业主和项目开发商,如商业地产合伙人、能源服务公司等; 3. 为项目融资的金融服务公司
废物处理和生物能源	1. 投资者与地方政府的 PPP/PFI 废物处理项目; 2. 利用工业废物等废料使用新的先进技术生产新能源; 3. 支持生物能源产业发展
可再生能源项目	1. 支持在岸风电和水电项目,提供长期建设融资和不加杠杆项目的股权融资,解决了这一领域金融支持方面的市场失灵。 2. GIG 与英国商业、能源和产业战略部 BEIS 合资成立的英国气候投资有限责任合伙公司 UKCI LLP,负责在发展中国家投资国际可再生能源和能源效率提升项目

第二,强调实现商业的可持续性。除绿色性的基本要求外,强调项目的可盈利性特征,努力建设成为自身可持续发展的金融机构,一旦实现较好盈利,政府就可尽快退出,以充分发挥市场和私人部门在绿色发展中的决定性作用。以能效融资项目为例,采用灵活的投资组合,但坚持三点投资原则:一是还款来源要有保障,偿还贷款的资金主要来源于系统运行过程中节省的能源支出;二是贷款期限与项目生命周期一致;三是提供有市场竞争力的融资利率。此外,GIB 在为项目量身定制融资方案的同时也尽可能地保证模式的可复制性,从而推动更多类似项目落地,使绿色项目的商业模式趋向成熟。近年来,GIB 是英国绿色经济的主要参与者之一,每投资 1 英镑,撬动社会资金的杠杆率为 1∶3。从经营业绩看,成立后前两年有少量亏损,第三年开始有盈利,并且盈利逐步增加,2017 财年盈利约为 2 700 万英镑。在私有化之前,GIB 为政府全资拥有,为了在避免扩大政府负债的前提下扩展融资渠道、吸引更多私人资本参与绿色投资,启动私有化进程并取得成功,GIG 继续担当在绿色投融资领域的市场领导者。

第三,强调建立现代金融企业制度和最高标准的公司治理结构。建立了由 11 人组成的董事会,董事会下设董事会主席委员会、审计和风险委员会、薪酬委员会、提名委员会、资产估值委员会、投资委员会、资产组合管理委员会、风险和合规委员会 8 个专门委员会,各司其职。强化透明度和信息披露,定期公布年报等信息,年报重点披露公司治理状况、绿色影响业绩和财务业绩。此外,还对外公开发布其风险管控框架和政策、绿色投资原则、绿色影响报告标准、赤道原则报告标准、公司环境政策、绿色投资政策和责任投资政策等一系列政策。强化风险内控管理,制定风险管理框架,建立完善风险管理的相关流程和标准,并把金融风险区分为信贷和交易对手方风险、市场风险、流动性风险、操作风险、绿色风险、声誉风险、行业投资风险等七大类,实施分类管理。从外部监管看,GIB 旗下全资子公司英国绿色投资银行金融服务有限公司由金融行为监管局授权经营并受其监管。

第四,强调专业化和人才战略。重视专家队伍建设,专家队伍由投资专家、资产管理人及支持控制人员三类员工组成,组建了投资银行、资本市场和投资战略三个投资专家团队,资产管理人主要包括行业投资专家和金融产品专家。金融产品专家具有结构金融、金融建模和定价、工程和建筑等专业背景。投资专家和技术专家占全部员工总数的60%以上。为吸引和留住人才,建立了有效的薪酬体系。薪酬标准制定的原则是,吸引、激励和保持员工具有相应的技能和工作积极性,以实现银行的目标,同时考虑股东的利益。董事或高管人员的薪酬具有一定的市场竞争力,除基本工资外,还基于公司和个人业绩建立激励计划。如对执行董事制定的长期激励计划,总额不超过基本工资的50%,其中80%与公司业绩完成情况挂钩,20%与个人业绩完成情况挂钩,递延两年支付。

(二) 国内气候投融资案例

1. 兴业银行:国内首家赤道银行、绿色金融的先行者

作为我国首家赤道银行和绿色金融的先行者,一直以来,兴业银行秉承"寓义于利"的可持续发展理念,在经营管理实践中将银行商业行为与企业社会责任融为一体,走出了一条具有兴业特色的社会责任实践之路。截至2018年9月,该行已累计对1 048笔项目开展赤道原则适用性判断,其中适用赤道原则项目376笔,所涉项目总投资1.58万亿元,项目遍及全国25个省市区。

兴业银行不断完善绿色金融的组织架构和体制机制,着力将绿色金融开展主体从银行扩展至旗下各子公司,并已形成门类齐全、品种丰富,涵盖绿色信贷、绿色租赁、绿色信托、绿色基金、绿色投资和绿色消费等在内的绿色金融集团产品服务体系,致力于"打造一流的绿色金融综合服务提供商、全市场领先的绿色金融集团",履行金融企业在促进国家生态文明体制改革、激活市场机制过程中的责任担当。多年来创新层出不穷:全国首笔落地的排污权抵押贷款、首笔碳资产质押贷款、首张以低碳为主题的信用卡、首笔绿色信贷资产支持证券、首只绿色金融债、首期兴业绿色景气指数(GPI)……截至2018年9月末,兴业银行已累计为16 435家企业提供绿色金融融资16 450亿元,上述资金所支持的项目约可实现每年节约标准煤2 959万吨、减排二氧化碳8 399万吨、节水40 923万吨。

积极参与各试点地区绿色金融体系建设。作为最早布局绿色金改创新试验区的商业银行,到2018年4月末,兴业银行在五个绿色金融改革创新试验省(区)已累计投放绿色融资达2 500亿元,融资余额为1 300亿元,占全行绿色融资余额近18%。

2. 浙江省湖州市绿色金融改革创新试验区特色案例

(1) 金管部门集成式推进绿色金融。

一是建立绿色识别标准体系。制定并发布《湖州市绿色项目认定评价方法》和《湖州市绿色企业认定评价方法》。健全指标体系,细化绿色评级,对绿色企业和绿色项目进行认定评价,并按绿色程度分为"深绿、中绿、浅绿"三个等级。建立打分卡评级模式作为金融机构授信审查的统一评分工具。二是建立再贷款支持绿色信贷专项机制。制定并发布《信贷政策支持类再贷款支持绿色信贷管理办法》,提高再贷款授信绿色门槛,制定授信准入条件。创新业务运营模式,再贷款资金直接对接特定环境友好型信贷产品并围绕该产品批量支持末端小微企业或农户。实施再贷款利率转移定价,通过利率加点封顶的制度安排实施利率传导。三是实施绿色信贷业绩评估,可视化绿色金融发展进程。制定并出台《银行业金融机构绿色信贷业绩评估实施方案》,建立绿色信贷业绩评估的指标体系、评

分标准、评估流程及管理规则。

（2）打造"湖州版"地方绿色银行体系。

一是湖州银行致力于建设全球首个小额信贷"赤道银行"。该行制定《绿色金融三年战略规划》，董事会下设绿色金融委员会负责实施绿色金融战略，总行设置绿色金融事业部，并与国际金融公司（IFC）及国内兴业银行广泛开展以绿色金融为主旨的技术交流与业务合作。开展绿色金融强基行动，建立《公司绿色信贷授信管理办法》《授信业务环境与社会风险评审制度》等制度体系，作为首批中英十家金融机构之一试点开展环境信息披露。实施赤道原则与小额信贷的结合改良，创新实施小微企业"四色分类法"并建立行业映射关系。创新推出"绿色园区贷""屋顶光能贷"等典型绿色信贷产品，专门用于支持块状"低小散"企业集聚入园，统一使用集中污水处理、集中供热供气、屋顶光伏发电、水资源循环使用等节能环保技术。二是安吉农商行绿色普惠银行建设方案。该行研发"环境和社会风险评估模型"对授信客户进行动态评估，开展绿色评级并实施差异化授信策略。构建绿色金融综合服务平台，建立既有贷款分类与《绿色贷款专项统计制度》的映射关系，开发绿色信贷自动识别与统计系统，实现绿色银行生态效益可视化。创新个人绿色信用积分模式，将客户的低碳出行、垃圾分类等环境与社会表现纳入个人信用评级体系，运用到金融信贷等支持决策中。

（3）打造"绿贷通"在线融资服务平台。

通过整合浙江省公共数据管理中心、湖州市大数据管理中心及第三方相关数据，汇总全市35家银行机构的绿色信贷产品信息，以及相关部门和金融机构的服务资源而建立。

3. 绿色金融改革创新试验区的"衢州模式"

衢州市获批国家绿色金融改革创新试验区以来，按照高起点谋划、高标准建设，以"顶层设计＋基层探索"为指导思想，以"标准＋产品＋政策激励"为改革突破口，以"绿色＋特色"为创新理念，以"体系建设＋产品创新"为抓手，创造出多项有全国影响力的成果。

（1）谋划顶层设计，健全体制机制。

根据七部委指导意见，衢州市科学探索切合实际的绿色发展模式，设计出全面的、可操作的绿色金融改革创新试验区的顶层框架。围绕"建成全国绿色金融改革创新示范区"总目标，衢州市先后编制出台《衢州市绿色金融发展"十三五"规划》《关于推进绿色金融改革创新试验区建设的实施意见》《关于加快推进国家绿色金融改革试验区建设的若干政策意见》，市政府将绿色金融改革工作纳入市对各县（市、区）、各部门和各银行业机构的年度综合考核体系。

（2）构建绿色企业（项目）识别体系。

衢州市委托权威第三方评级公司（中国诚信信用管理股份有限公司）共同探索构建绿色企业（项目）识别体系，围绕"金融支持传统产业绿色改造转型"的功能定位开展评价方法编制，出台《衢州市绿色企业评价方法》《衢州市绿色项目评价方法》。评价方法特别加入亩产税收、科研投入占营业收入的比重、万元GDP能耗等体现高质量发展的指标，旨在运用金融杠杆功能，引导社会资源加大对传统产业转型升级，对美丽经济幸福产业、数字经济智慧产业的支持。

(3) 政银企合力构建风险防控体系。

在推进标准体系建设、完善绿色金融机构组织体系的同时,积极构建风险防控体系,多部门合力推进绿色金融信用体系、评价体系建设,探索和尝试绿色信贷统计评价体系、权益类交易市场建设。江山农商银行科技支行为科润电力等三家企业发放专利权质押贷款各 200 万元,江山市财政统筹安排 1 000 万元科技型企业专利权质押贷款绿色担保基金(由中小企业贷款担保基金管理中心运作)助力企业发展,开辟了政银企三方合作、风险共担新局面。衢州市绿色产业引导母基金以 3 亿元参股设立 5 个子基金,带动其他社会资本共投资 12.5 亿元。全市不良贷款余额、不良贷款率保持"双降"良好态势。

(4) 金融支持传统产业转型升级的巨化模式。

巨化集团有限公司(以下简称"巨化集团")是全国最大的氟化工先进制造业基地和浙江省最大的化工基地。衢州市绿色金融持续支持巨化集团,助推其实现绿色发展和转型升级。从 2017 年年初到 2018 年 6 月末,四大国有商业银行累计向巨化集团发放贷款(含票据贴现)161.78 亿元。各金融机构通过协助配合企业上市、发行公司债、企业债、定向增发、产业投资基金、专项建设基金、PPP 项目融资等助其筹措资金,"十二五"以来直接融资累计达 289 亿元。巨化集团还获批开展跨国公司总部外汇资金集中运营管理试点工作,为集团用活内部资金提供平台支撑。老化工基地实现华丽转身。通过开展生态化循环经济改造,巨化集团着力培育装备制造业、物理性材料加工、生产性服务业、资源控制四大新的经济增长点,形成了化工新材料为核心的高端制造业产业结构。近五年累计投资 75 亿元,启动智慧总部、智慧工厂、智慧金融、智慧物流等顶层设计,并获国家工信部立项。采用新技术对传统装置和产业进行深化改造和升级,主动淘汰 27 套"两高一剩"产能装置。全面实施环保隐患整治,投入近 5 亿元对三废进行全面治理;对 19 家分公司、子公司实行强制清洁生产审核,开展 VOCs 核查及减排治理。两个 HFC-23 分解 CDM 项目被列为 UNFCCC 执行理事会项目,累计减排 6 619 万吨二氧化碳,产生项目收益 34 亿元。

(5) 安环险助推传统工业绿色发展。

一是创新保险模式,将以往分散实施的安全生产责任保险、环境污染责任保险和危险品运输保险整合为安环险,实施"三险合一"。对企业提供套餐式选项,提高工伤保险参保企业保障标准,新增危化品运输车辆超额保障。根据企业实际风险状况等级进行差异化定价。二是创新安环管理模式,实施第三方监管服务。由专业的第三方机构制定安环责任保险风险总体管理方案,对企业进行现场风险评估,提供安全技术服务和环境技术服务。三是创新财政资金使用模式,市政府专门安排财政资金用于企业参保安环险补贴和第三方服务费用补贴,推动安环风险防范前置。四是创新考核机制,打造政府主导、保险市场化运作和第三方风险管理服务为一体的安环保险风控体系。取得的成效有三项。一是市场化的安环治理机制逐步形成,让市场发挥日常监管作用,让政府将重心放在机制建设上,通过制度创新降低市场交易的成本和障碍。二是企业的安环意识不断增强,投保动力有所增加,及时完善内部管理制度,切实提升企业风险防控能力。三是第三方监督服务机制,使企业树立"以防为先"的责任理念,助推传统工业绿色化生产。

[本章小结]

气候投融资是指在一般投融资过程中评估气候变化影响和风险、优化碳排放资源配置，或引导投资流向低碳产业、支持我国经济发展低碳转型、提高适应气候变化能力的投融资活动。气候投融资涉及应对气候变化资金的筹措、决策和使用，具有财政与金融两种特性，在工作开展中的职能定位于弥补商业性投融资过程中对气候变化领域的空隙和市场机制缺陷，实现经济效益与应对气候变化目标的协同发展。

国际气候融资是全球气候融资的核心组成部分，也是推动全球气候治理进程的关键因素，其主要通过多边气候基金、多边发展银行、双边机构及区域组织等渠道流向发展中国家，涉及赠款、优惠贷款、股权投资、担保等金融工具，支持领域涵盖减缓、适应及交叉重点领域。现行气候变化国际合作的主要资金机制包括全球环境基金、气候变化特别基金、最不发达国家基金、适应基金、绿色气候基金、其他气候基金及多边机构等。

中国气候资金来源包括发达国家公共资金，即发达国家公共资金通过多边金融机构、双边金融机构以赠款或优惠贷款的形式流入中国。此外，传统金融市场、国内中央和地方政府的财政预算、国际和国内的碳市场、慈善事业和非政府机构以及企业直接投资、外商直接投资等也是中国气候融资的供给来源。

[思考与练习]

1. 发展气候投融资的必要性体现在哪些方面？
2. 制约气候投融资的瓶颈有哪些？有哪些创新的解决途径？

[参考文献]

1.《中国金融论坛工作论文》.英国绿色投资银行的转型及其启示，2017.

2. 中国人民银行研究局.浙江省湖州市、衢州市绿色金融改革创新试验区特色案例，2018.

第八章　绿色金融科技

[学习要求]

1. 了解金融科技的定义。
2. 掌握云计算、大数据、区块链、人工智能的技术特点及应用。
3. 了解绿色金融科技的定义,掌握绿色金融科技的应用场景。
4. 了解绿色金融科技的发展现状,了解绿色金融科技面临的机遇与挑战。

[本章导读]

本章详细阐述了绿色金融科技的概念,并通过具体案例说明绿色金融科技在环保、能源等行业的应用模式。最后,通过分析绿色金融科技的发展现状总结绿色金融科技在未来发展过程中将面临的机遇和挑战。

第一节　金融科技的定义

金融科技是一个舶来词汇,英文是 FinTech,即 Finance(金融)和 Technology(科技)的组合缩写,其核心在于科技。金融稳定理事会(FSB)[1]于 2016 年 3 月发布的《FinTech:分析框架和景象描述》中将金融科技定义为依靠技术所产生的金融创新。金融科技的目的在于通过区块链、云计算、人工智能、大数据等种种新兴前沿技术为传统金融行业提供新产品和服务,形成新的业务模式,以提升效率并降低运营成本。

在"金融科技"一词产生前,科技在市场和金融机构中的占比就已不容忽视。订单管理、投资分析、头寸报告等服务都离不开数字科技的辅助。过去十年中,金融科技经历了爆发式的成长,这一现象不能简单归因于银行对科技创新改善自身结构的重视。银行往往将大量的科技预算花费在中端和后台处理,并且此类技术改变一般是渐进式的,甚至有人认为银行机构上一个真正的创新是设立了 ATM 机,这和金融科技的大量涌现并不相符。

金融科技致力于通过 21 世纪发展的新科技创新来颠覆传统的大型金融机构,达到一种破而后立的效果。这些新科技主要集中在移动终端平台上,覆盖目标群体广泛,消费

---

〔1〕 金融稳定理事会是为促进金融体系稳定而成立的合作组织,成员包括 G20 所有成员国。

者、企业、投资人和政策决定者的需求都有涵盖,使得淘汰银行众多的实体支行成为可能。

金融科技企业的受众群人数庞大且与移动端联系紧密。这类企业大多由较精简的团队成立,大多创办人的愿景是打破现状。金融科技不单单代指那些应用此类技术的创新企业,一些传统的大型金融机构实际上也通过与小型企业合作、设立创新部门等方式参与其中。一些公司不通过IPO而通过大公司的收购进行融资退出。

第二节 金融科技在绿色金融领域的应用模式

绿色金融作为一个新兴领域,其核心是解决绿色产业的资金可获得性问题。同样,新兴的金融科技在降低获客成本、降低交易成本方面发挥的作用已经不容小觑。然而,对于绿色金融科技的概念,目前尚没有形成统一明确的定义。本书中对绿色金融科技的定义为,使传统金融领域产生环境效益而采取的科技手段,主要可分为云计算、大数据、人工智能和区块链等技术。

一、云计算在绿色金融领域的应用

(一) 云计算技术特点

云计算是分布式计算、网络存储等传统计算机和网络技术发展融合的产物,其特点有四项。

1. 超大规模

"云"具有相当大的规模,Google云计算已经拥有100多万台服务器,Amazon、IBM、微软、Yahoo等的"云"均拥有几十万台服务器。企业私有云一般拥有数百上千台服务器。"云"能赋予用户前所未有的计算能力。

2. 虚拟化

云计算支持用户在任意位置、使用各种终端获取应用服务。所请求的资源来自"云",而不是固定的有形的实体。应用在"云"中某处运行,但实际上用户无须了解,也不用担心应用运行的具体位置。只需要一台笔记本或者一部手机,就可以通过网络服务来实现我们需要的一切,甚至包括超级计算这样的任务。

3. 高可靠性

"云"使用了数据多副本、计算节点同构可互换等措施来保障服务的高可靠性,使用云计算比使用本地计算机可靠。

4. 通用性

云计算不针对特定的应用,在"云"的支撑下可以构造出千变万化的应用,同一个"云"可以同时支撑不同的应用运行。

(二) 云计算在绿色金融领域的作用

云计算是信息领域的重要基础设施,它在金融领域的应用也适用于绿色金融范畴。云可以帮助节省运营的资金成本,承包绿色项目的企业可以将更多的预算投入其主营业务,使资金的利用更为有效。云是提供大数据、AI等服务的载体,这些技术都对系统的快速查询和存储能力有一定的要求。云的海量存储能力和它的其他特性可以为风控和防欺诈提供海量数据的清洗和数据挖掘。结合物联网,往常需要耗时费力进行现场考察的排污点,如今通过云平台,在短时间内就能对控排企业的环境全貌进行掌控,减少了管控部门和金融机构进行绿色评估、风险评估的成本支出。达成企业更快合规与融资、监管调查机构节省办公成本并增加决策自信,多方都能更有效规避风险的双赢局面。

(三) 应用案例

云计算可提供基础设施、平台和软件作为服务,是承载其他信息科技的载体,和大数据技术的结合尤为紧密。云服务在数年前就已被运用,发展至今趋于成熟。表8.1列举了云计算在智慧环保中的应用实例,这些案例均为实际落地运行的项目。智慧环保云平台实现了环保业务的全线上化管理,联结数据"孤岛",提高了工作效率,使环保业务的监督管理规范化,预防环境污染事故的发生,降低了环境事故直接或间接造成的经济损失,创造了更加理想的投融资环境。

表8.1 智慧环保云项目

项目名称	功 能	目 的
银江智慧环保平台(2013)[1]	此平台是基于阿里云技术开发的环保设施物联网管理平台,系统对每个网点的设备运行状态实现远程全面感知和实时控制,对一线运维人员工作量和工作内容进行全面掌控,实现参与人员间更好的信息互动,确保工程项目长久高效的运行。	针对农村污水处理、河湖治理管理现状,致力于解决农村污水设施数量庞大、分布分散、类型多样、设施运维管理困难、政府监管困难问题及减排量统计难等问题。适用于缺乏污水处理专业管理人员的农村生活污水治理和河湖治理。有助于为类似小微企业申请投融资提供数据支持。
云创大数据"智慧环保云"(2014)[2]	采用云计算、物联网和信息网格技术,将某市既有的政务、投诉、污染检测等多套业务系统进行数据集成,实现数据相互印证补充的准确分析;多方数据结果自动综合,及时预警环境危险信号,规避风险;海量积累历史数据,对检测对象和整体环境趋势进行长期跟踪分析,达到长效管理。	建立一个基于云存储的、可扩展、具有统一规范数据格式的中心数据库。解决数据来源不同、统计口径不同、对环境状况掌握不全说不清的问题。
江苏盛泽智慧环保云平台(2015)[3]	该系统集成了全镇的环境地图和重点监控对象的具体信息;企业出现异常情况时,系统自动报警,同时向相关人员发送短信通知;执法人员通过移动终端处理环境违法企业,可实时反馈现场情况,接受远程监控,保证处理结果准确高效。	搭建了一张全方位的监控网,不仅是盛泽镇生态环境质量的"风向标",更是盛泽镇制定环保决策、开展治污工作的重要依据和手段。金融机构接入系统,可以全面掌握其环境状况和历史合规记录,帮助进行决策。

---

[1] 银江智慧环保平台,http://www.hzenjoy.com/application_6.html,2018年1月2日。
[2] "智慧环保云"解决方案,http://www.cstor.cn/Solution_6215.html,2018年1月2日。
[3] 江苏盛泽智慧环保云平台上线 将全面提升环境监管实时性和准确性,https://www.zhihuichengshi.cn/XinWenZiXun/ChengShiZhuanLan/21405.html,2018年1月2日。

(续表)

项目名称	功　能	目　的
盐城环保科技城智慧环保云项目(2015)[1]	此平台可随时掌握园区每一家企业重点污染源的基本信息、生产工艺、污染治理设施、排污状况、排污数据,提供全景照片和全景实时视频。一旦出现问题,系统会自动发出预警,相关人员可以及时作出应对。企业可实现对生产环节的全过程跟踪、识别以及追溯,对不合格原材料进行溯源,能降低人力成本、提高工作效率和准确率。政府可准确掌握企业排污情况和污染范围。	通过全球范围内动态配置的计算资源,形成企业与政府间、企业与企业间、企业与客户间的环保信息互动,实现环保减排及环保业务处理计算机化、业务管理规范化、信息共享网络化、管理决策科学化,全面提高工业企业的整体效率。使环境信息透明化、准确化。
中兴仪器南通市经济技术开发区智慧环保项目(2016)[2]	该项目建立了(1)环境数据资源中心,实现信息资源一体化,环境信息统一管理、统一发布和互联共享;(2)重点企业工况监控系统,实现企业排污全过程在线监控,预防企业偷排漏排;(3)环保行政处罚系统,实现业务电子、信息化处理;(4)企业综合监管信用评价系统,构建环境保护"守信激励"和"失信惩戒"机制。	满足环境管理的日常监管、行政监管执法、监控预警和应急处理需求,实现环境管理"管、控、预、治"四位一体、保障生态环境安全、改善环境质量的目标。有助于预防环境污染事件的发生,促进环境处理和监管力度,推动区域经济发展。
燃气报警云平台(2017)[3]	通过预先安装的燃气报警器,实时监控燃气使用情况,数据将在云平台中进行处理分析。燃气值突破阈值时,平台向相关人员不断发出短信与语音电话警报,直至问题被解决。	构建一套由业主、安全、维运人员联合保障,具有现场报警、短信通知、电话通知等多种预警方式的燃气泄漏预警机制,从而将安全隐患消除在萌芽之初。这套系统同样适用于绿色项目厂房和金融机构。

二、大数据在绿色金融领域的应用

(一)大数据技术特点

大数据是一种规模大到在获取、存储、管理、分析方面大大超出了传统数据库软件工具能力范围的数据集合,具有海量的数据规模、快速的数据流转、多样的数据类型和价值密度低四大特征。

(1)海量的数据规模。大数据技术具有多渠道的信息来源,包含相当大的数据信息。

(2)快速的数据流转。在当今高速发展的社会,科技发达,信息流通,人们之间的交

---

[1] 盐城环保科技城引进智慧环保云平台项目,https://www.zhihuichengshi.cn/XinWenZiXun/ChengShiZhuanLan/21881.html,2018年1月3日。

[2] 案例1中兴仪器南通市经济技术开发区智慧环保项目案例分析,http://huanbao.bjx.com.cn/news/20180711/911981.shtml,2018年1月2日。

[3] 凌晨两点突发燃气泄漏,短信+电话通知成功避免一起事故,http://www.cstor.cn/textdetail_12041.html,2018年1月3日。

流越来越密切,生活也越来越方便。大数据就是这个高科技时代的产物,具备数据快速流转的特征。

(3) 多样的数据类型。这是指大数据包含数字、符号、文本、图像、声音、影视等多种多样的类型。

(4) 价值密度低。合理运用大数据,可以以低成本创造高价值。例如,对大量消费者提供产品或服务的企业可以利用大数据进行精准营销;面临互联网压力之下必须转型的传统企业需要与时俱进充分利用大数据的价值。

(二) 大数据在绿色金融领域的作用

绿色金融面临的重要"瓶颈"在于市场缺乏多元化的产品体系,现有金融产品与客户需求匹配度低,二级市场流动性不足,反过来也会影响一级市场的交易积极性。通过大数据特有的优势,可以开发针对个人的绿色消费结构化产品。国外在个人绿色金融零售业务方面取得了较多进展,如加拿大推出的节能型住房的贷款、荷兰发行的气候信用卡、加拿大低排放汽车贷款等。此外,大数据风控使得评估企业的信用更加方便快捷,可以创造适合小微企业风险与收益的绿色金融产品,拓宽绿色金融融资渠道。

另外,在环保产业方面,随着互联网、物联网、智能终端、大数据分析等软硬件技术的快速发展,公共环境数据的想象空间比我们现在想象到的还要大很多。其中,由公共环境数据与大数据技术结合形成的环境大数据是特别值得关注的新事物,对绿色金融发展会有很大促进作用。

(三) 应用案例

1. 利用环境大数据推动数据共享

2017年7月13日,中国人民银行网站刊发《2017年G20绿色金融综合报告》全文。该报告聚焦在两个领域:一是环境风险分析在金融业的应用;二是运用公共环境数据开展金融风险分析和支持决策。该报告认为,绿色金融进一步发展所面临的挑战之一,是金融机构对环境因素可能转变为金融风险的认识不足,且许多金融机构尚不具备识别环境风险和量化评估其影响的能力,因此该报告鼓励各类金融机构开展环境风险分析。

但是,要开展环境风险分析,数据不可或缺。因此,《2017年G20绿色金融综合报告》特别讨论了公共环境数据(Publically Available Environmental Data,简称PAED)的重要性。该报告指出,公共环境数据能够帮助金融机构评估各类环境风险发生的概率及其影响,但因为可得性和可用性的问题,此类数据并未被广泛应用。对此,该报告提出四项政策建议:推动环境风险分析和环境成本与收益分析方法的共享、改善公共环境数据的质量和可用性、支持联合国环境署和经合组织开发公共环境数据指南、各国在国内推动支持金融分析的公共环境数据共享。

环保部门的环境监测数据、气象部门的天气数据、水利部门的水文数据,都可以纳入公共环境数据的范畴;城市里每天消耗的电费、水费也可以成为公共环境数据的一部分。在适当场景下,这些数据就可用来分析企业环境风险和金融机构的环境风险,发挥出价值。

2. 利用大数据加快产品创新

现有的互联网金融与绿色金融结合的尝试提供了经验借鉴。以蚂蚁金服为例,2016

年8月,蚂蚁金服在支付宝中推出绿色森林项目,个人的绿色行为可以转化为碳减排量,积累到一定数量后可由环保企业、公益组织购买并用于种植树木。根据2016支付宝账单显示,蚂蚁森林每天低碳减排量达1 000吨,累积植树52万棵。目前,蚂蚁森林已发展成为全球最大的个人碳账户交易平台,未来有望引进更多机构投资者。

三、人工智能在绿色金融领域的应用

(一)人工智能技术特点

新一代的人工智能主要是大数据基础上的人工智能。《新一代人工智能发展规划》当中讲到,人工智能呈现出深度学习、跨界融合、人机协同、群智开放和自主智能的新特点。

(1)从人工知识表达到大数据驱动的知识学习技术;

(2)从分类型处理的多媒体数据转向跨媒体的认知、学习、推理;

(3)从追求智能机器到高水平的人机、脑机相互协同和融合;

(4)从聚焦个体智能到基于互联网和大数据的群体智能;

(5)从拟人化的机器人转向更加广阔的智能自主系统,比如智能工厂、智能无人机系统等。

(二)人工智能在绿色金融领域的作用

随着国家对环保问题的重视,政府在保证经济增长的同时也要承担降低环境污染的压力。政府和金融机构对绿色项目的补助投资或是对高污染项目的削减都可以通过人工智能工具预测结果,以便获得更加直观即时的信息来做决策。

另外,政府和金融机构可以利用人工智能系统进行企业绿色项目的动态评估,并对绿色金融产品的发行进行风险预测,使资金从高排放或恶意排放企业流向拥有良好运行绿色项目的企业。

(三)应用案例

1. 人工智能大气预测工具

2016年,北京使用了IBM和微软公司开发的一个大气污染预测工具。这个工具融合了传统大气化学物理模型和人工智能工具,能在更短的时间内得到更准确的预测结果。据IBM报告,其3天预测准确性超过了80%,而其7—10天的预测准确性也达到了75%左右,可以预测1—2天内关闭处在城市迎风位置的工厂或降低交通压力产生的结果。政府相关部门可以使用这款工具,同时融合传统数据源和其他低成本、来源广泛的数据,进行综合考量后,预测每种提议干预后的排放输出和经济发展结果。

2. 阿里云ET环境大脑

以往污染恶性偷排事件时有发生,环保部门执法往往是事后发现,被动管理。阿里云基于大数据、数据挖掘和机器学习算法等技术,开发了ET环境大脑,实现生态环境综合决策的科学化、生态环境监管的精准化、生态环境公共服务的便民化,它能够将气温、风力、气压、湿度、降水、太阳辐射等信息进行交叉分析,可辅助政府、公益机构实现对生态环境的综合决策与智能监管,并以服务形式对外开放。

以固废处理项目为例,ET环境大脑的应用实现了固废管理创新。阿里云从减量化、资源化、无害化、诚信指数、企业经营发展能力五方面综合评估产废、处废企业,建立企业

评分模型,可以对产废、处废企业进行评价定级,规范产废、处废企业申报行为。不仅如此,固废生命周期的多个环节都得到了涵盖。ET 环境大脑能产生产废、处废企业的环境画像、环境综合能力评估模型和申报反欺诈模型。构建智能推荐模型,实现产废和处废企业的科学匹配。减少中间环节,提高交易效率。由于企业的绿色项目一般周期比较长,政府和金融机构通过 ET 环境大脑系统可以紧密跟踪项目进展,并按照实际状况调整相应的补贴和投资计划。

四、区块链在绿色金融领域的应用

(一) 区块链技术特点

区块链本质上是一个去中心化的数据库,主要具备以下四个特点。

1. 去中心化

由于使用分布式核算和存储,体系不存在中心化的硬件或管理机构,任意节点的权利和义务都是均等的,系统中的数据块由整个系统中具有维护功能的节点来共同维护。

2. 开放性

系统是开放的,除了交易各方的私有信息被加密外,区块链的数据对所有人公开,任何人都可以通过公开的接口查询区块链数据和开发相关应用,因此整个系统信息高度透明。

3. 信息不可篡改

一旦信息经过验证并添加至区块链,就会永久存储起来,单个节点上对数据库的修改是无效的,因此区块链的数据稳定性和可靠性极高。

4. 匿名性

由于节点之间的交换遵循固定的算法,其数据交互是无需信任的(区块链中的程序规则会自行判断活动是否有效),因此交易对手无须通过公开身份的方式让对方对自己产生信任,对信用的累积非常有帮助。

(二) 区块链在绿色金融领域的作用

区块链具有独特的技术特征,是推动绿色金融监管和绿色金融业务向数字化转型的有力工具。通过建立多方参与、覆盖面广、共享度高、时效性强的绿色信用体系,加强不同组织间的信息共享,为金融机构的贷款和投资决策提供依据。同时,通过区块链技术建立的共享账本,同一企业在不同金融机构办理不同方式的绿色融资时,不需要进行重复评估和认证,这大大降低了业务操作成本,进而推动绿色金融发展到分布式、智能化、可审计和易监管的高级形态。

(三) 应用案例

1. 区块链在碳交易市场的应用

碳交易市场最重要的就是控排企业碳排放量数据的真实性和透明度,关键在于避免数据造假。利用区块链技术的不可篡改和可追溯特性,可以确保碳资产所有相关数据上链后的唯一性、不可篡改、永久保存,并且可以准确追踪任何资产的权属变化和交易记录。比如某森林何时由谁栽种、树种类型、林权归属、多大面积、由谁调研勘查、审定、监测,每吨碳以多少价格在何时发生了交易等一切与数据流和资金流相关的信息。

以波塞冬基金会及零售店项目为例。据 CCN 报道,2018 年 7 月利物浦市议会(LCC)宣布与波塞冬基金会(Poseidon Foundation)建立合作关系,在未来为期 12 个月的试点阶段测试一套新的碳信用体系,创造出碳排放信用额度,用以降低伦敦的碳排,抵消城市气候影响超过 110% 的目标。

基金会拥有两个代币(Token)系统,分别为 Ocean 和 Carboncredit,Ocean 由消费者直接购买,Carboncredit 用来兑换减排项目的碳信用。同种代币间的交易完成消费者用碳信用抵消该次交易碳排放的过程完成。碳信用来源于和基金会合作的多个项目,每减排一单位则创造一单位的碳信用。基金会的后台有一个抵消 AI 引擎(Offset-AI engine),用于为消费者计算该使用哪个项目的碳信用。区块链实时办理两个代币系统之间的交易。

当消费者在零售店里买了一双鞋子,波塞冬的碳足迹 AI 引擎(Footprint-AI engine)计算出这双鞋子的碳足迹为 20 kg,消费者将支付稍高于鞋子本身的价格,高出的部分用以购买碳信用抵消交易排放。22 kg 的碳信用将抵消碳足迹对环境的负面效应,使本次交易变成"碳积极"(Carbon Positive)的状态。22 kg 代表 110% 的碳足迹,若用 20 kg 去抵消,则为"碳中性"状态。购买完成后消费者将在短时间内在手机 APP 上收到通知,提醒其交易已变为"碳积极"状态。

2. 区块链在绿色项目投融资方面的应用

以兴业银行的绿色金融系统为例。该系统通过区块链等技术手段实现了运营管理,比如说绿色项目的识别筛选、风险管理,包括跟环保部企业环境评价以及环境违法信息的整合。兴业银行计划把系统进一步升级,通过以往积累的绿色产业和绿色项目的经营数据和财务数据,对这个行业在未来的运营做一个预判,对行业的景气程度、绿色产业发展的趋势,甚至这些绿色技术的推广使用,做一些需求和供给上的匹配。另外,针对特定的具体融资主体,通过历史运营情况,或者上市公司有一些公开在资本市场的表现,以投资人对他的关注度、兴趣度,能够自动生成投融资服务方案方面的安排。

3. 区块链在环保行业的应用

(1) 水行业方面。

水行业面临许多问题,包括洪涝、水资源匮乏、设施老化、水质等。其中特别具有挑战性的是建立正确的水定价标准和激励措施,如此可以鼓励更高效的水资源管理,提高水质降低污染,以刺激对水利基建的投入。在水交易领域,区块链不单单能够为私人生态系统提供一种安全分布式的数据库,并能确保安全和数据一致性流向所有对手方。在水资源交易这样一个敏感的领域,区块链技术的公开透明性可以帮助防止投机。

Smart4tech[1] 提出了一个"水积分"项目(The Water Credits Project)。这个项目包括一个基于许多指标的金钱激励计划,以针对用水户的技术为重点,涉及的指标有用水绩效、创新、社区参与以及与水无关的指标。这个项目的主要目标是提高水利用效率,增强韧性,推进行业创新。由于此项目涉及多个公共的及私营的机构组织。该计划开发了一个战略平台,合作开发公私激励和地方税收方案,并进一步发展绿色金融工具(包括水债券)。

---

〔1〕 一个创新战略和技术的初创企业,涉及绿色金融、循环经济和技术思考。

为防止投机，Civic Ledger 在 2017 年考虑建立一个名为"水分类账"的平台（Water Ledger），基于区块链技术，这个平台可以实现安全透明的 P2P 水市场内水权利和分配的交易[1]。有助于增加灌溉人员的参与，提高水资源的整体配置效率。水分类账有望为政府提供物有所值的资金，增加灌溉收入，保持农业社区的强大，并为环境提供更多的水。

(2) 土壤固碳方面。

土壤固碳旨在通过植物光合作用将大气中的碳固定在土壤中来缓解温室气体的排放（也称作碳汇）。化石燃料的使用和土地利用变化打破了自然的碳循环，原有的植物光合作用和海洋吸收无法平衡大气中过剩的温室气体。有研究认为通过放大这种植物固碳的作用可以削减大气中的碳以达到缓和温室效应的目的。

据研究统计，自然循环中每年大约 1 200 亿吨碳能够通过光合作用进入土壤。土壤科学表明，通过人为干预每年全球的固碳能力在 3 亿—8 亿吨[2]，这种技术相较一般的农业技术被称为"再生有机农业技术"。联合国粮农组织声称全球大约 49 亿公顷的农业用地（包括耕地和草场）和 40.3 亿公顷的森林可能用于此类碳农业[3]。农夫和牧场主将会是主要施行者。

本案例提出了一种"碳存储系统"（Carbon-deposit System）的概念。通过区块链的技术支持，此系统收集"碳税"用以激励农民和牧场主进行土壤固碳。资金将会从排放高的工业区和城市流向施行碳农业的远郊。区块链在其中的作用是提供一种连接二氧化碳排放源和土壤碳汇的智能合约，并使整个交易核算过程透明化。

大气和土壤中的含碳量测量依赖于统计模型和遥感技术设施，为了金融交易进行的大范围土壤含碳量测定将会耗费大量的人力物力。这个复杂的核算系统需要一个有效的技术平台支撑。区块链技术可以通过一个共享且开放的分类账来追踪资产的整个生命周期，所有参与者都能阅读这个账本，而它的内容是不可更改的。在这个系统中，资产以每吨碳来计算，区块链对它的追踪从碳排直到碳汇。负责认证碳排和碳汇的审计人员和监管者也会被注册在不可变的区块链上，以保证审计过程的透明。

在碳存储系统运行中，碳排放应以与碳税评估相同的方式进行计算。这些记录将会被记录在区块链上，并由同样在区块链上标识的认证人员进行核对。每一单元的碳（即每吨碳）将会有单一的区块链。碳农业施行人员的固碳行为将会受到监控。当认证机构批准成功固定 1 吨碳时，这些数据将被输入区块链。条件合适时，嵌于其中的智能合约能自动支付给认证机构和碳农业施行人员。区块链是对大众可视的，因此第三方可以审计交易以防止欺诈。碳存储系统合乎逻辑，公平地提供了实现净零排放的激励机制。最终，全球范围内对碳农业的接受可能为人类应对气候变化提供转折点。

---

[1] 一个初创企业，进行了可行性研究以解决澳大利亚水市场的透明度问题，提高信心以期增加水交易的数量和可靠性。

[2] Paustian, K., Lehmann, J., Ogle, S., Reay, D., Robertson, P., Smith, P.. Climate Smart Soils, *Nature*, 2016, 532.

[3] UN FAO. World Agriculture: Towards 2015/2030. An FAO perspective. 2015.

4. 区块链在能源市场的应用

(1) 废弃蓄电池回收。

随着我国新能源汽车的快速增长和大量应用,预计2020年左右,12万—17万吨规模的车用动力电池将面临退役,对这些退役电池直接回收将浪费很大,将其功能发挥到最大的有效途径就是梯级利用,变成储能电池,之后再作为资源回收利用。

2018年1月,工信部发出关于《新能源汽车动力蓄电池回收利用管理暂行办法》(以下简称"《办法》")的通知。《办法》坚持产品全生命周期理念,为此,电池生产企业要与车企协同,按照国家标准对所生产的动力蓄电池进行编码。除此之外,车企应委托新能源汽车销售商等通过溯源信息系统记录新能源汽车及所有人溯源信息,并在汽车用户手册中明确动力蓄电池回收要求与程序等相关信息。

希链科技[1]运用区块链+物联网技术,通过赋予每个锂电池唯一身份二维码技术,对锂电池实施从生产到使用再到回收的产品全生命周期溯源,还可以通过物联网技术对锂电池实施实时云管理。并且,通过区块链技术将溯源信息存储在公有链上,实现溯源信息的真实不能篡改、信息公开透明、数据安全可靠等特点。希链科技通过区块链+物联网技术使重污染产品实现全程溯源、全程监控,使污染产品能够安全地进入回收利用体系。2018年2月,希链科技已与国内某汽车锂电池产业基地签订战略合作协议,为锂电池提供区块链+物联网系统,希望通过科技为绿色环境做贡献。

(2) 分布式能源互联网。

区块链在分布式能源交易方面的应用研究仍处于初步实验阶段。由于国内能源交易的特性,此类区块链的应用落地阻力更大,进展更慢。表8.2总结了国外一些项目在绿色能源交易方面运用区块链的一些探索,可为贴合中国实际情况的应用作参考。

表8.2 国外的区块链能源交易项目

开发企业/项目名称	项目内容	阶段
能源公司 LO3 Energy 与比特币开发公司 Consensus System	建立了一个基于区块链系统的可交互电网平台 TransActive Grid。平台上每一个绿色能源的生产者和消费者可以在平台上不依赖于第三方,自由地进行绿色能源直接交易。	小规模试点,仅在美国纽约布鲁克林 Gowanus 和 Park Slope 街区少数住户间试运行。
美国公司 Filament	在电网节点上布置了一套被称作"taps"的检测装置,并基于区块链系统为这些检测装置建立了相应的通讯机制。"taps"检测装置可以检测电网节点的运行状态,并可以将信息传送给200英尺外的下一个检测装置。所有用户都可以通过电话、平板电脑和个人电脑连接这些装置,并在区块链系统上发布和共享数据信息。最终,政府、媒体、电网维护公司,以及消费者都将获得这些信息。	小规模实验探索,在澳大利亚内敛的电网节点上进行。

---

[1] 希链科技是一家以软件开发为核心的高科技创新型企业,主要研发区块链底层公链和商品物联网系统及大数据分析系统。

(续表)

开发企业/项目名称	项 目 内 容	阶　　段
欧盟 SCANenergy 项目	小范围街区居民用户间电力生产、消费管理系统。通过该系统,产销合一用户(Prosumer)和普通用户之间可以进行智能的实时电能交易。在交易系统中每 15 分钟检测一次网络的生产与消费状态,并向能源供应者提供一种类似于比特币的 NRG 币作为能源生产的奖励。	尚处于设想阶段。
科技公司 Open Utility 与新能源 Good Energy 的 Piclo 项目[1]	位于英国的一个电子交易平台。该平台为用户提供与本地可再生能源发电商进行直接交易的服务。客户按需求可通过平台获得"匹配"服务。以 30 分钟为周期,自动从最短距离内寻找并选择最适合的电源进行匹配,以实现节省用户用电成本的目的。此外,项目还提供双向计量、数据管理等服务。	已实施一段时间。据公司统计,2016 年此项目用户的每千瓦时用电的平均输送距离为 177 英里,单月内用户最短平均输送距离为 35.8 英里,比英国国内电力用户的平均供电半径降低一半以上。
德国 PeerEnergyCloud 项目	基于云技术开发的本地电能交易平台,使用智能家居控制技术,在 Saarlouis 市区微网的范围内建立虚拟交易市场,开展 P2P 交易进行负荷平衡,消纳分布式可再生能源。平台统一由当地售电公司 Stadtwerke Saarlouis 通过光纤进行控制运营。分布式能源发电商和用户之间通过虚拟市场进行交易。	小规模试验阶段,该微网共有 500 座居民房和多个光伏发电系统。
软件开发公司 Power Ledger 的 Fremantle 项目	位于澳大利亚西澳洲,应用区块链技术研究 P2P 电力交易的可行性。该项目基于云技术建立用户账户,降低电力交易成本,并鼓励家庭和企业用户使用分布式能源用户,尤其是屋顶太阳能的电力。	处于研究阶段。

五、绿色区块链的应用场景

(一) 绿色区块链的概念

绿色区块链,相比以挖矿为代表的传统高能耗区块链系统,倡导和实践新型绿色区块链生态系统。

绿色区块链的商业模式包含以下三个要素。

1. 绿色数据

利用区块链的分布式、不可篡改和协同共识特性,将环境问题的各种方法学与智能合约化结合起来,连接分散的环境数据孤岛,构建覆盖全球的环境可信数据监测和采集网络。

2. 绿色资产

在环境数据确权和资产化的基础上,规划和设计有效的经济激励模型,将权利、义务、

---

[1] Piclo Project Website, https://piclo.energy/ (Dec 12, 2018).

激励有机结合,实现环境数据和资产在各国政府、企业、协会、社会和个人之间实现高效可信流通、共享和交换,将环境数据和资产的利益主体、监管机构、行业协会和个人纳入有机的治理体系中。

3. 绿色生态

绿色区块链提供开放而丰富的接口,为各方对环境数据和资产的共享、流转、分析、交易和监管提供服务,充分挖掘环境数据和资产的巨大价值,形成全球范围的绿色生态价值网络,把单纯依靠强制和处罚模式,转变为权利和义务相结合、监管和激励相促进的环境保护新模式,推动人类社会和生态环境的可持续发展。

(二)绿色应用生态体系

绿色区块链由绿色数据资产和绿色应用平台共同构成绿色应用生态体系。

1. 绿色数据资产

绿色区块链通过遍布全球的数据采集网络采集绿色数据,包括碳排放、森林覆盖、水和土壤资源及其污染状况,通过认证节点的核证和确权,将其存储在区块链上。环境数据经过验证、验真和确权后,即成为绿色价值网络上唯一且不可篡改的资产。以林业碳汇为例,只有在经过开发核证和上链确权后,才能从森林变成有效的环境资产。

2. 绿色应用平台

绿色应用平台由绿色应用开发平台,绿色去中心化用户身份和信用体系,绿色价值交易基础设施等部分组成。

(1)绿色去中心化应用开发平台(Green DApp)。

绿色去中心化应用开发平台提供强大的编程接口,以充分发掘和利用绿色价值网络的数据和资产的价值。对于数据平台,可以提供数据查询、验真、溯源等功能,为政府监管、企业环境资质和信用评定、环境与国土资源信息统计与分析等提供帮助。对于交易平台,可以开发面向全球各个国家、组织和个人去中心化交易服务,方便政府间以及政府与环境主体和个人间的环境权益交易和清算服务。

(2)绿色去中心化身份(GDI)。

绿色去中心化身份希望通过为用户创建一个去中心化、安全加密的身份通行证,从而连通数字世界和现实世界,创造一个可信的区块链环境。通过为全球每一个人创建一个绿色钱包,作为用户与绿色价值网络的连接桥梁,并且作为用户在绿色价值网络的唯一标识用户,用户个人相关的权益,收益和交易等直接与该钱包绑定。通过钱包所构造的去中心化身份体系,将国家、组织、机构和个人紧密关系起来,形成一张绿色社交网络。网络上各个实体通过数据交换和交易产生关联,通过这些交易和活动,结合用户对网络和环境的贡献,产生一个分布式去中心化的全球绿色信用体系。钱包身份默认是匿名的,具有唯一性且不可伪造,用户完全掌控自己的匿名身份,用户的数据可以有选择地加密保存在区块链上,比如用户提交碳排放权益证明,只有用户自己可以访问和操作数据,外界对数据的任何访问和操作都只有在获取用户授权的情况下才能进行。

(3)绿色价值交易基础设施。

相比目前各国集中化绿色环境交易市场,此类基础设施具有交易流程更透明、数据可信度更高、交易速度更快、交易费用更低、政府监管更便利等特点。以碳交易流程为例,对于环境资产供给方,将所拥有的环境数据提交上链申请,验证节点综合用户提交的资质证明材料、物联网采集的数据、政府部门有关该环境资产的证明数据等,结合方法学和智能合约,进行有效性合法性验证,共识通过后该环境数据即变成绿色价值网络上的有效环境资产,可以进行自由的流通和交易。环境资产需求方提交需求信息,在智能合约的自动控制下,通过链上资产交易系统进行撮合,包括进行相关的用户验证、资产验证、需求验证和合规验证等流程。所有验证流程通过后,需求方向供给方支付相应的通证,资产正式从供给方向需求方进行转移,交易即宣告完成。

(三)其他绿色应用场景

其他典型的绿色应用包括水、大气和土壤污染治理、环境公益监管、自助普惠环保等。

对于水、大气和土壤污染治理,主要是利用绿色价值网络,记录污染处理的全部生命周期,无论是项目创造者、参与者,还是消费者,都可以通过绿色价值网络来参与治理,并获取通证激励。

对于环境公益监管,环境资产捐助人可以实时查询所捐资金流向,包括涉及的主体和资金用途,实现了在没有可信第三方监管的条件下,让整个资金的流向清晰可查。

对于自主普惠环保,绿色区块链可应用于面向C端用户。通过用合理的机制量化和激励环保低碳行为,人们参与环保和低碳行动的积极性和持续性能够得到调动。依托绿色价值网络,选取具有广泛群众基础和数据支撑,并且充分体现生态环保和公益低碳领域行为纳入碳普惠行为,开发形成碳普惠行为方法学,利用智能合约将其计算化合约化,形成不可篡改的规范化标准化体系。在用户端,开发基于绿色价值网络的DApp,并与各移动终端设备商合作集成,提供开放接口供其他应用接入,实时收集和量化用户的绿色环保行为,比如步行、地铁出行、在线缴纳水电煤气费、网上缴交通罚单、网络挂号、网络购票等行为,对收集到的碳普惠行为相关数据进行安全存储,通过碳普惠行为方法学的智能合约,将参与者的碳普惠行为核算为减排量,并将对应的通证激励发放到参与者的绿色钱包中。普通用户通过碳普惠行为贡献的减排量,可用于抵消纳入碳市场范围控排企业的实际碳排放,通过碳普惠行为减排量交易基础设施,控排主体可以购买普通用户的减排量用于抵消。

【阅读资料】

1. 碳资产管理平台

2017年IBM联合能源区块链实验室在中国推出了碳资产管理平台[1],此平台在超级账本Fabric分布式分类账的基础上完成,计划通过碳资产开发(CER)来鼓励企业减少碳排。在设想中,这个平台基于智能合约的数字合作将有效促进碳资产的研发和管理。

---

[1] IBM Develops Blockchain Platform to Fight Carbon Emissions in China, https://www.ccn.com/ibm-develops-blockchain-platform-to-fight-carbon-emissions-in-china/.

区块链其永恒不变的账本实质能够为其在碳减排市场中的信用背书,透明度的提高和审计能力的增强也能促进监管者把区块链技术引入碳市场。预期该平台能大大缩短碳资产开发周期,并降低20%—30%碳资产开发成本,大幅提升碳资产开发的效益。如今,碳市场这个方向暂停,平台改为绿色资产信息登记平台,主要应用于新能源和电动汽车领域。基于在能源资产的过往经验,能源区块链实验室用光伏电站历史的运营情况可以推测历史的现金流,然后再用历史的现金流加上历史的运营情况,可以推测它未来的发电情况和未来的天气情况等,将上述数据内置到智能合约,就能把电站的未来现金流算出来。

2. 区块链绿色产业金融科技服务平台

杭州阳光智联科技有限公司在2018年10月12日推出全国首个"区块链绿色产业金融科技服务平台",为绿色产业和社会资本提供一站式服务。此项目结合区块链、物联网、科技金融等先进技术,实现了资产管理职能化、可信数字化及投融资效率优化。

平台的服务对象是新能源、节能环保、绿色交通、智慧城市等各类绿色企业,其核心设计理念是围绕绿色项目和现金流本身,运用先进技术对绿色项目运营进行全生命周期严格把控及风险管理,保障项目未来现金流的确定性,帮助企业打通外部资金的"最后一公里"。目前已落地的服务产品有:提供资产数字化托管的"阳光可信宝"、区块链绿色供应链金融服务"阳光易融链"、利用区块链技术对绿色企业ABS底层资产逐笔穿透监控的"阳光ABS"。

该平台采用四层架构:(1)基础设施层,各类绿色项目的资产通过数据采集设备上链;(2)接口层提供区块链数据标准和接口适配;(3)应用服务层包含用户体系、账户体系、认证体系、资产体系、权限体系等一系列模块,在这些模块上搭建了绿色供应链平台、投融资平台、交易平台和数字资产托管平台;(4)渠道接入层允许金融机构、投资商、经销商、碳交易所、第三方权威认证机构等接入应用层获取相应服务。

3. 高能耗的传统区块链

传统区块链是比特币的基层技术,新的比特币是通过一个被称为"挖矿"的过程产生的。在这个过程中,计算机需要消耗能量和算力资源来解决一个很难的数学问题,通过这个问题就可以验证最近的比特币交易块。解决数学问题的矿工将区块添加到区块链中并接收新生成的比特币。这个数学题的难度取决于网络的计算能力。随着比特币网络吸引了更多的矿工,其挖矿难度也在不断增加,而且通常一台挖矿设备所消耗的能量也在增加。同时,区块链自身特性需要所有节点一起同步信息,因此能耗也很高。金融经济学家Alex de Vries估算目前全球比特币挖矿至少需要2.55千兆瓦电力,等于全球电力消耗的0.5%,相当于整个爱尔兰的电力总消耗。并且,比特币网络处理单笔交易所消耗的电力足以支撑荷兰一个普通家庭的日常生活[1]。

4. 超级账本项目介绍

由Lunix基金会推出的超级账本项目(Hyperledger)回避了加密币带来的问题,它尝试在商业世界中标准化和民主化区块链,企业可以通过超级账本构建可满足特定需求的

---

〔1〕 Bitcoin Mining Could Use 0.5% of World's Electricity Energy in 2018 (May 17 2018), https://www.ccn.com/bitcoins-electricity-usage-could-power-all-of-austria-in-the-future/.

定制区块链。Hyperledger下有许多子项目,分拆了传统区块链的各项功能,以便适应企业的个性化定制。

针对传统区块链自身的高能耗,超级账本Sawtooth使用一种新的称为消逝时间证明(PoeT)的共识机制功能,并允许企业在没有中央权力机构的情况下运行分布式账本。PoeT是一种尝试通过公平的随机系统分配网络挖掘权的算法。它旨在消除比特币和其他密码货币使用工作量证明共识算法存在的环境和能源消耗问题。这个过程遵循的是公平的彩票系统,而不是去奖励最强大的节点。简而言之,网络中的每个参与节点需要等待随机选择的时间段,而第一个完成指定等待时间的节点就赢得了新的区块。

超级账本Sawtoot演示了对海鲜供应链的追踪。结合物联网,通过提供不可更改的鱼类等各种商品的来源和种类信息记录,企业可追踪任何鱼类从海洋到食客餐桌之间的整个过程。超级账本Fabric已拥有多种应用,一家名为Everledger商务公司以此技术跟踪高价值的商品,允许钻石供应链的客户、管理人员、律师以及每个中间人透明地跟踪钻石的记录过程。通过使用数字化的跟踪方法,替换基于纸张的跟踪方法,有效减少了珠宝欺诈带来的影响。在绿色金融领域的运用可以借鉴这些案例,例如运用超级账本底层技术实现对工厂物料的追踪,以污水混凝处理为例,通过将每日使用的混凝剂用量上链,企业和管控机构就能实时掌握药剂用量的情况,规范了厂房的药品管理,降低了可能的药品堆积、浪费带来的经济损失。

超级账本Indy是一个为去中心化身份而构建的分布式账本。它提供了用于创建和使用独立数字身份的工具、库以及可重用组件,且并没有使用工作量证明机制,同时它使用了基于区块链的身份解决方案。当银行对一项绿色技术进行价值评估或为企业贷款进行风险评估时,需要收集客户的个人身份信息和可能需要保密的技术信息,这些信息往往面临被黑客盗取的风险。此外,被评估主体通常需要与几家银行分享这些信息,以增加他们获得贷款的机会,但这也增加了滥用这些信息的机会。而使用超级账本Indy,申请人只需共享银行作出决策所需要的信息,而无须放置任何个人数据。由于有了安全的区块链,申请人可以自信地披露评估信息,银行可以遵守法规,并依赖这个充当真相来源的分布式账本。同时,内置许可是智能合约引擎的超级账本Burrow可以将贷款申请转变为智能合约,将身份附加到贷款上。

第三节 绿色金融科技面临的机遇与挑战

一、发展现状

金融科技如今正处在产业上升期,它给金融行业带来了强大的变革趋势。总的来看,大数据和云计算应用已趋于成熟,其功能在于实时获取海量的信息并进行分析,结合人工智能可以大大提高系统效率、减少设施和人力成本、帮助决策者做决定并进行风险防范。

区块链技术主要设想通过创建一个去中心化的交易平台,实现整个交易过程的即时性、自动化、高度透明和反投机与反欺诈。目前已有的区块链应用项目尚在小规模的实验探索过程中,仅有小部分投入实际运行的项目,大部分仍处于概念阶段。这可能归结为五个方面的原因:(1)国内在绿色金融领域的应用发展空间大,需要时间积累;(2)项目涉及各领域的交叉知识,信息不对称或者对需求的不了解会延缓技术应用的发展;(3)系统效率的提高有可能会造成岗位的流失,过去既有的已经成熟的系统也可能会成为区块链应用的障碍,企业会比较谨慎;(4)涉及环保信息和能源资源交易,较为敏感,目前没有强有力的政策可以引导应用项目得到实际而广泛的实施;(5)区块链无法保证数据上链前的真实性和可靠性,应用的实现需要技术的多方配合。

二、应用机遇

互联网时代、金融科技时代、新科技时代,改变的是资源配置方式与社会分工模式。这些改变与各个形态的绿色产业相结合,能产生众多变化,这也包括改变绿色金融的一些功能。以金融科技助力绿色金融发展,是实现技术和政策结合,符合经济社会可持续发展,提高经济社会效益的有效路径。

随着金融科技的发展壮大,比如大数据、云计算、人工智能和区块链等新技术的广泛应用,全球经济发展进入了金融科技高速发展的时代。金融为科技创新发展提供了资金支持,科技的创新又为金融发展提供了更先进高效的技术支持。科技与金融的有效融合,为促进产业金融的对接对接提供了有利的条件。2017年"两会"政府工作报告中提到了"绿色金融、互联网+、数字经济、人工智能等都将成为未来的发展方向",而金融科技作为先行者,它通过科技创新,为发展绿色金融寻求更多更好的机遇。国家在"十三五"规划中也强调了发展金融创新,运用新技术开发金融产品和服务,不断完善科技和金融相结合的机制对创新创业的重要推动作用。与此同时,金融科技的服务体系和服务平台也日益完善,开启了具有中国特色的金融科技的发展模式,实现了金融与产业的高度融合,促进并推动我国绿色金融发展高效运营的创新战略。

从科技发展角度来看,金融科技在绿色金融领域的应用机遇主要源于以下两个方面。

(一)环境数据的公开

金融科技在绿色金融领域的应用机遇,首先源自于环境数据的大幅扩展。比如,中国环保部门持续不断的信息公开,其他一些相关监管部门的资源公开,以及中央环保督察的强化监管和企业的相关环境表现数据。以手机应用里的蔚蓝地图为例,把这部分数据集成到手机上,就能看到全国3 600个以上空气检测的站点,包括众多河流、湖泊、引用水源、地下水,以及海洋的一些数据,还有土壤风险源的公开数据。对于企业来说,不但和数据库进行了一个关联,而且这些企业的环境表现都落到了电子地图上,可以形成对周边的影响,和它自身受周边各种环境条件影响的风险评估。这些是以往所没有的数据资源,政府和金融机构可以根据这些资源对企业的绿色项目进行筛选与评判。

(二)数据信息的应用

数据信息的科学应用给绿色金融的发展提供了机遇。比如,在绿色供应链方向,对于很多企业特别是国际大型企业来说,近几年在中央环保督察的强大压力下,甚至上到四五级供应商被关停,在某些危废或者园区污水处理厂被停的情况下,也能导致他们供应链的断供,这个断供的风险变成实实在在的商业风险。在这种情况下,即使是全球最优秀的企业,管理一二级供应商尚可应对,但是当同时监管的数据达到三级、四级甚至五级时却难以处理。这些企业希望能够用更加先进的方式和技术去解决这个问题,在此基础上,生态链系统应运而生。通过这套系统,大型企业和品牌能够实时动态地关注所有的供应商,包括不同级别的供应商,同时要求供应商也关注他们自己,再一级一级延伸。这样,基于生命周期的动态监管的可能性已经产生了,由这样一种关注所带来的就是实时动态多方信息同步,不再有原来那么多漫长的交流和解决问题的沟通成本。目前,很多金融机构在做这种大数据的整合,很多供应商被推动公开大量的数据,数据的交互能够给金融机构识别绿色的投资项目带来很好的机遇。

三、未来挑战

目前,金融科技在环保技术领域已经有非常好的应用。但是,金融科技和绿色金融的结合还存在比较大的挑战。

(一)绿色标准缺乏统一

如果缺乏对绿色金融活动和产品的清晰定义,投资者、企业和银行就难以识别绿色投资的机会。例如,在客户的识别方面缺乏相关标准,包括绿色农业、食品安全领域的标准都不是很清晰,因而在融资服务上存在一定的困难。此外,缺少绿色定义还可能阻碍环境风险管理、企业沟通和政策设计。因此,对绿色金融和产品的适当定义是将金融科技运用到绿色金融领域的前提条件之一。

由于各国的国情和政策重点不同,目前难以对绿色金融活动达成统一的定义。但是,若定义太多,比如每家金融机构推出一个自己的定义,交易对手之间没有"共同语言",也会大大增加绿色投资的交易成本。中国、孟加拉国和巴西已经在国家层面推出了对绿色信贷的定义和指标;国际资本市场协会(ICMA)和中国绿金委也分别推出了对绿色债券的"国际定义"和"中国定义"。但是,不少国家还没有采纳任何一种对绿色金融或对主要绿色资产类别的定义。

(二)技术落实存在困难

金融科技应用于绿色金融领域,能够真正落实到实践中的挑战是非常大的。以备受关注的区块链为例,真正需要落实的不是区块链这项技术,而是一个可追溯性数据的复制,最重要的还是如何确保原始的数据的真实性和可靠性,然后再用区块链的技术,以保证在各层级之间不会出现问题。区块链技术能够保障链上记录数据的真实性、完整性和不可篡改,但在涉及线下承兑、实物交付等场景时,难以覆盖业务流程的所有阶段,可能存在链上数据和链下资产实际信息不一致的问题。这些挑战在绿色环保方向也同样具有高度技术性和复杂性。

技术从产生到规模化应用,需要一定的探索过程。当前我国金融领域区块链技术的应用整体上仍停留在试点测试阶段,缺乏典型的创新应用。技术成熟度和应用场景挖掘能力相对不高是导致该问题的重要因素。一方面,区块链技术本身成熟度有待进一步提升,系统吞吐量、信息安全防护能力等有待进一步提升,区块链技术需要不断迭代演进与完善优化;另一方面,当前区块链技术应用主要集中于对实时性、交易吞吐量要求不高的现有业务场景的改进,相对来说金融机构挖掘创新业务场景的能力还存在不足。

[本章小结]

工业革命以来,高速的经济增长逐渐引发了严峻的环境污染问题。为了解决经济发展与环境保护之间的矛盾,人们越来越关注可持续发展理念,从而逐渐诞生了绿色经济、绿色金融等概念。随着科学技术在金融领域的不断发展与进步,金融科技在绿色发展道路上将成为必不可少的力量。本章主要介绍了金融科技的定义,并重点分析了其在绿色金融领域的应用场景以及面临的机遇与挑战。通过对本章知识的学习,使读者掌握绿色金融科技的概念和应用。

[思考与练习]

一、简答题

1. 简述金融科技的兴起原因。
2. 简述绿色金融科技的概念及其可能的应用场景。
3. 简述区块链的技术特点及绿色区块链的构成要素。

二、案例分析

1. 绿链森林项目

2018年10月20日,武汉市绿化委员会开启一项"绿链森林"项目,该项目将通过区块链技术,把树木和栽树者连接,让参与植树的市民可以随时跟踪自己种下的树木的情况。参与者可使用"绿链森林"小程序,完成义务植树登记工作,相关信息会进入后台区块链保存,不会丢失和被篡改。种植者还可以在平台上了解树木的生长情况,并不断获得碳积分,可用于交易。据介绍,"绿链森林"小程序预计于2018年年底上线,而APP平台则要2019上半年在全国上线运营。

2. 衢州移动"安环云"平台

衢州安环险融合了安全生产责任险与环境污染责任险,通过云平台开发了现场服务支持、数据集成管理、指标统计分析、数据输出和线上咨询服务等功能。该平台将隐患问题发现、整改、复核业务线上化,推动各项数据资源在平台叠加,实现全过程跟踪、全线上监控,有效提升运营效率。形成保险公司主导、服务机构竞争、企业深度参与、属地全程管理、部门监督考核的运行机制,最大程度发挥绿色安环保险效能。实现参保企业安全生产和环境保护线下线上双保险。

试说明以上案例中运用到的绿色金融科技,并分析其作用。

[参考文献]

1. 阿萨斯.杭州阳光智联科技有限公司推出"全国首个区块链绿色产业金融科技服务平台".万链之家,2018年10月13日.
2. 陈周阳.金融科技助力绿色金融 市场发展前景可期.中国金融信息网,2017年9月13日.
3. 郭沛源.环境大数据与绿色金融.中国金融信息网,2017.
4. 何宝宏等.中国金融科技前沿技术发展趋势及应用场景研究报告.中国信息通信研究院,2018(1).
5. 李国辉.金融科技:或将为绿色金融"赋能".金融时报——中国金融新闻网,2018年4月23日.
6. 刘宏斌.区块链技术对我国绿色金融发展的影响分析.西部金融,2017(5).
7. 马骏.国际绿色金融发展与案例研究.中国金融出版社,2017.
8. 沈艳兵.基于金融科技背景下我国绿色金融发展问题研究.金融视线,2017(3).
9. 苏珊娜·奇斯蒂、亚诺什·巴博斯.Fintech:全球金融科技权威指南.邹敏等译.中国人民大学出版社,2017.
10. 杨望.绿色金融的另一种可能.当代金融家,2017(3).
11. 易欢欢.从技术角度看绿色区块链.链向财经,2018年6月19日.
12. 俞勇.一文读懂金融科技在金融行业的应用.当代金融家,2018(4).
13. 张伟.借助区块链技术推进绿色金融发展.清华金融评论,2017(12).
14. 赵春璋,尚敬福,杨胜春.新型售电模式:基于微网的P2P电能交易平台设计.华北电力大学学报(社会科学版),2018(4).
15. John Hill. *FinTech and the Remaking of Financial Institution*. Candice Janco, 2018.
16. Citi Research. *Digital Disruption: How FinTech is Forcing Banking to a Tipping Point*. CitiBank/Citigroup, March 2016.
17. Dodge, E. Chapter 16 Carbon Deposites — Using Soil and Blockchains to Achieve Net-Zero Emissions. *Transforming Climate Finance and Green Investment with Blockchains*. Academic Press, 2018, pp.217-228.
18. Poberezhna A. Chapter 14 Addressing Water Sustainability With Blockchain Technology and Green Finance. *Transforming Climate Finance and Green Investment with Blockchains*. Academic Press, 2018, pp.189-196.

第九章 绿 色 信 贷

[学习要求]

1. 了解绿色信贷的起源、绿色信贷理论的发展和准确的含义。
2. 掌握中国绿色信贷的主要政策以及演变进程,重点熟悉《绿色信贷指引》等关键性规章的内容。
3. 应着重学习绿色信贷的管理与实施,包括绿色信贷的管理目标和具体实施。
4. 在具体实施的部分,应熟练掌握绿色信贷的组织管理、政策与制度管理等核心内容。

[本章导读]

本章从绿色信贷的历史背景开始叙述,介绍了绿色信贷在国际上的起源和理论发展。接着对中国的绿色信贷政策演进按酝酿萌生、起步发展、突飞猛进、全面深化四个阶段分别作了介绍。其中,由于《绿色信贷指引》是我国第一部由银行监管部门制定的,具有举足轻重作用的专项政策文件,文中安排了专门的章节进行表述。在绿色信贷的具体实施部分,本章根据银行的主要操作管理内容,按照绿色信贷的组织管理、政策与制度管理、流程管理、内控管理、信息披露和外部监督检查五个大类进行专题叙述。此外,本章还对银行的绿色信贷的主要创新产品进行了介绍,并附上了相应案例以加深理解。

第一节 绿色信贷概述

一、绿色信贷的起源

20 世纪以来,随着环境污染、资源耗竭、食品安全等问题的日趋严重,人类的环境保护意识逐步觉醒。环保、劳工、人权等公众运动的兴起,使得银行不得不面对因客户的环境社会问题而导致的风险,包括信贷项目搁浅、声誉受损,甚至流失其他客户等。1980 年12 月 11 日,美国颁布了《超级基金法》,又称《综合环境反应、赔偿和责任法》(CERCLA)。该法案明确规定,银行对其商业行为引起的环境污染负有责任。银行必须对其客户造成的环境污染负责并支付修复成本,且这种贷方责任可以追溯。这一法案导致很多美国银行对原有的信贷审查程序进行修正,专门增加了对借款人环境和社会影响情况的调查。正是从这一时期开始,发达国家的金融机构开始真正关注由信贷引起的潜在环境风险问题,并采取措施防范和应对连带责任风险,而绿色信贷也正由此起步。

二、国际绿色信贷理论的发展

在国际上,绿色信贷的定义较少。国外学者研究的重点是金融业与可持续发展之间的关系,绿色信贷的概念通常由环境贷款(Environmental Loan)、可持续贷款(Sustainable Loan)、赤道原则(Equator Principles)以及企业社会责任(Corporate Social Responsibility)构成。

1992年,里约地球峰会(Rio Earth Summit)发表了《联合国环境规划署银行业关于环境与可持续发展的声明书》,呼吁银行提高环境意识,应当在运营和服务时纳入环境因子的考量,并调动私人资本加大对环境友好技术与服务的投资。2002年,荷兰合作银行集团(Rabobank Group)的Marcel Jeuken在《金融可持续发展与银行业:金融部门与地球的未来》一书中提到,银行可以通过其融资政策为可持续商业项目提供贷款机会,并通过收费服务产生社会影响力。比较典型的收费项目包括为消费者提供投资建议等。此外,银行还可以综合利用各种知识与信息,调整贷款方式,促进可持续发展。这主要是由于银行对各种市场、法规和市场发展方面的信息有着无可比拟的相对优势。Paul Thompson和Christopher J. Cow-ton(2004)认为,绿色信贷就是银行在贷款的过程中,将项目及其运作公司与环境相关的信息作为考察标准纳入审核机制中,并通过该机制作出最终的贷款决定。

总之,国际上对银行在信贷业务上绿色化表现的专业术语界定不完全相同,但均涉及两个相同的特征:一是在普通的信贷决策流程中增加环境因子的考量,筛除污染型客户;二是增加对环境友好型企业的融资与服务,以促进可持续发展。

三、中国绿色信贷的提出

中国最早明确提出银行贷款环境风险的问题,是在2007年。2007年7月12日国家环境保护总局、中国人民银行和原中国银监会联合下发了《关于落实环保政策法规防范信贷风险的意见》。该文件对银行提出四个要求。一是充分认识利用信贷手段保护环境的重要意义。要加强环保和信贷管理工作的协调配合,即以强化环境监管促进信贷安全,以严格信贷管理支持环境保护。二是加强对建设项目和企业的环境监管与信贷管理。银行应根据国家建设项目的环保规定和环保部通报情况,严格贷款审批、发放和监督管理,同时还应根据国家产业政策,区分鼓励类、限制类和淘汰类项目采取差异化的信贷政策。三是加强环保与金融部门的协调配合,实现信息共享。四是加强监督检查,追究违规者的责任。对于商业银行违规向环境违法项目贷款的,依法予以严肃查处,对造成严重损失的,还应追究相关机构和责任人责任。

此后,陆续出台的一系列文件都涉及对银行的环境风险管理要求,但直到2012年原中国银监会发布了《绿色信贷指引》,绿色信贷才真正在中国官方的文件上出现,并有了明确的定义和要求。

四、绿色信贷的含义

综上所述,绿色信贷是指金融机构通过有效识别、计量、监测、控制信贷业务活动中的环境和社会风险,建立环境和社会风险管理体系,完善相关信贷政策制度和流程管理,充分发挥资源配置的功能,严格防范信贷资金流入污染行业,重点投向低碳经济、循环经济和生态经济等领域,以促进绿色产业、绿色经济的发展,推动经济和社会可持续发展的贷款行为。

绿色信贷的实施主体主要是各类有权发放贷款的金融机构。以我国为例,该类机构特指持有银行监管部门发放的《金融许可证》,可以依法发放贷款的政策性银行、商业银行、农村合作银行和农村信用社、村镇银行、贷款公司、农村资金互助社和非银行金融机构等。

第二节 绿色信贷的政策演变

一、绿色信贷的政策演变

我国绿色金融的政策发展可分为四个阶段:酝酿萌生阶段(1981—2005 年)、起步发展阶段(2006—2011 年)、突飞猛进阶段(2012—2015 年)、全面深化阶段(2016 年至今)。随着政策发展的日趋深入,政策内容逐步完善,环保、金融以及其他部门之间的协同性不断增强,发文机构的层级也不断提升。每一个阶段都对应着国民经济和社会发展规划期,演变发展阶段如表 9.1 所示。

表 9.1 中国绿色金融政策演变历程[1]

演变阶段	对应国民经济和社会发展规划期	政策演变特征
酝酿萌生阶段 (1981—2005 年)	"十一五"规划之前	发布零星文件,较少涉及部门联合发文,未能形成绿色金融政策框架体系。
起步发展阶段 (2006—2011 年)	"十一五"规划期	绿色信贷政策率先发布,密集出台,绿色证券和绿色保险政策接踵而至,由绿色金融产品构成的绿色金融政策体系初步建立;同时,部分联合发文逐步增多,政策效力不断增强。
突飞猛进阶段 (2012—2015 年)	"十二五"规划期	不仅出台了首部以绿色信贷为专题的政策,而且党的"十八大"确立生态文明顶层设计后,建设绿色金融体系也首次被纳入顶层设计,绿色金融体系框架的搭建指日可待。

---

[1] 参见兴业银行绿色金融编写组.寓义于利(第二章第一节及表 2-1).中国金融出版社,2018.

(续表)

演变阶段	对应国民经济和社会发展规划期	政策演变特征
全面深化阶段（2016年至今）	"十三五"规划期	借力于国家战略和顶层设计的东风，绿色金融政策体系已经全面完成构建工作，重要分支领域绿色债券方面的政策也呈现出百花齐放的局面，目前还在积极探索区域绿色金融发展。2016年至今虽然只有两年多的时间，但绿色金融的政策体系已进入全面深化阶段，推进力度之大前所未有。

（一）酝酿萌生阶段（1981—2005年）

该阶段政策的主要特点有三项。

一是绿色信贷政策依托环保法规的建立逐步萌芽。改革开放初期，环境保护进入我国政府视野。1979年，我国制定了环保领域首部法律《环境保护法（试行）》（以下简称《环保法》）。为贯彻落实《环保法》，1995年2月中国人民银行发布了《关于贯彻信贷政策与加强环境保护工作有关问题的通知》，提到"将支持资源保护和污染防治作为贷款的考量因素之一"。1981年2月国务院发布《关于在国民经济调整时期加强环境保护工作的决定》，首次提及信贷要和环境因素挂钩。

二是绿色信贷政策以限制环保不达标企业的贷款为主。比如，1996年8月国务院出台的关于《环境保护若干问题的决定》中提到"对不符合环保标准的项目，不予贷款"。上面提及的1981年的国务院文件指出，"新建大中型项目应通过环评，否则不予贷款"。随后我国国务院和国家部门陆续出台了数个文件涉及相关内容。2005年，国务院《关于落实科学发展观加强环境保护的决定》提到，"对不符合国家产业政策和环保标准的企业，应停止贷款"。

三是金融与环保等部门有少量联合发文。1995年中国人民银行发布了《关于贯彻信贷政策与加强环境保护工作有关问题的通知》的当月，国家环保总局发布了《关于运用信贷政策促进环境保护工作的通知》，要求各级环保部门学习信贷政策，主动同金融部门沟通，对具有经济效益和还款能力的环保项目争取贷款支持。这两个文件标志着银行监管与环保部门的正式合作与联动。随后，财政、发改委等部门也开始加入合作。在2002年对外贸易经济合作部、财政部联合发布的《技术更新改造项目贷款贴息资金管理办法》中，提到要"对企业技术更新改造项目给予适当贷款贴息，包括通过技改实现节能降耗、减少污染的项目"。2004年4月4日，中国人民银行、发改委、银监会的联合发文《关于进一步加强产业政策和信贷政策协调配合，控制信贷风险有关问题的通知》中提到，对于发改委目录中尽职的环境污染严重、产能严重过剩等项目，应停止新增授信；已建成项目如已实施授信，应妥善收回。

总体而言，20世纪80年代至"十一五"这一阶段，随着环保法律法规的建立，绿色信贷政策也逐步开始萌芽，但政策导向停留在停贷、限贷等简单层面，尚未形成体系和框架。环保与金融以及其他部门开展了政策层面的初步联合发文。

（二）起步发展阶段（2006—2011年）

这一阶段我国大量绿色信贷政策陆续出台。

一是重视信贷的环保风险,信贷风险政策密集出台。比如,2006年和2007年原银监会先后发布了《关于继续深入贯彻落实国家宏观调控措施 切实加强信贷管理的通知》和《关于贯彻落实国家宏观调控政策 防范高耗能高污染行业贷款风险的通知》,针对钢铁等六类产能过剩行业、水泥等四类规模过大行业,要求银行从严审批授信。2007年7月,国家环保总局、中国人民银行、原银监会联合发布了《关于落实环保政策法规 防范信贷风险的意见》,要求"以强化环境监管促进信贷安全,以严格信贷管理支持环境保护",加强对企业环境违法行为的经济制约和监督,改变"企业环境守法成本高、违法成本低"的状况。

二是重视节能减排工作,首次出台配套信贷政策。2007年11月,为配合国务院《节能减排综合性工作方案》的实施,银监会专门颁布了《节能减排授信工作指导意见》。该文件提出,银行业金融机构应将促进全社会节能减排作为本机构的重要使命和履行社会责任的具体体现,从战略规划、内部控制、风险管理、业务发展着手,防范高耗能、高污染带来的各类风险,加强制度建设和执行力建设,并在授信政策和授信管理方面提出了"三个支持、三个不支持,一个创新"、名单制管理、能力建设等引导性的具体要求。

三是重视信息沟通,首次出台环保信息共享政策。中国人民银行与环保部联合颁布了2006年的《关于共享企业环保信息有关问题的通知》、2008年的《关于规范向中国人民银行征信系统提供企业环境违法信息工作的通知》以及2009年《关于全面落实绿色信贷政策进一步完善信息共享工作的通知》,在银行信贷和环保信息的共享方面做出了初步的制度安排。

总体而言,"十一五"期间,绿色信贷政策进入正式起步阶段,政策要求逐步具体和清晰,出台频度不断提升,同时金融与环保部门的联动日益增强。

(三)突飞猛进阶段(2012—2015年)

一是党的十八大确立生态文明的顶层设计。2012年11月,党的十八大第一次明确了"生态文明建设"的内涵和地位,并将其纳入了中国特色社会主义"五位一体"的总体布局,通过"努力建设美丽中国,实现中华民族的永续发展"。

二是着手绿色金融的顶层设计。2015年,三项顶层设计明确了建设绿色金融体系的目标:"十三五"规划建议在生态文明建设的基础上提出"绿色发展"的理念;中共中央和国务院发布的《关于加快推进生态文明建设的意见》首次提及绿色信贷,《生态文明体制改革总体方案》中首次明确提及"建立绿色金融体系"战略,全方位涉及了绿色信贷、绿色债券等金融产品,进一步扩大了绿色金融的内涵和外延。

三是全面建立绿色信贷政策体系。2012年1月,原中国银监会继《节能减排授信工作指导意见》之后出台了一部具有历史意义的绿色信贷政策文件——《绿色信贷指引》。出台的该指引是我国银行业绿色信贷政策体系的重要组成部分,更是境内所有银行业金融机构发展绿色信贷的纲领性文件。之后,银监会陆续印发了《银行业金融机构绩效考评监管指引》《绿色信贷统计制度》《绿色信贷实施情况关键评价指标》和《能效信贷指引》。这一系列文件构成了基本的中国绿色信贷监管政策框架。

四是绿色信贷跟随环保政策不断提升力度和细化。习近平总书记在此期间提出了"绿水青山就是金山银山"的"两山"理念。政府对环境保护的重视程度不断提升,将环境经济政策上升至与环保法律法规建设同等重要的地位。比如,2013年和2015年,国务院分别发布了《打气污染防治行动计划》和《水污染防治行动计划》,分别简称为《大气十条》和《水十条》。上述文件中都提及要发展绿色信贷,严格限制环境违法企业贷款等。

总体而言,"十二五"期间,《绿色信贷指引》等一系列监管规章的出台标志着我国绿色信贷监管体系的正式建立。党的十八大确立生态文明的顶层设计后,以绿色信贷为主的绿色金融体系框架也开始逐步健全和完善。

(四) 全面深化阶段(2016年至今)

一是完成绿色金融体系的构建。2016年9月由中国人民银行、国家发改委等七部委联合出台的《关于构建绿色金融体系的指导意见》,将绿色金融真正上升为国家战略,为绿色金融的发展作出了顶层设计,在绿色金融政策历程上具有决定性的历史意义。这份文件包含了以绿色信贷、绿色保险、绿色证券为主的大部分绿色金融产品类型,搭建起一个较为完善的绿色金融政策体系框架。该文件在G20杭州峰会前夕出台,也彰显了中国在世界绿色金融舞台上所发挥的主导作用。

二是开展区域绿色金融的探索。2017年6月14日,国务院批准了五省区建立绿色金融改革创新试验区的方案,从发展绿色金融事业部、扩大绿色信贷和绿色债券发行、发展绿色基金、加快发展绿色保险、建立环境权益市场、建立绿色信用体系、强化政策支持等多个方面进行了部署。这是我国在顶层设计之后,通过调动地方积极性开展基层试点和探索,来摸索和创造一些可复制、可推广的经验,为全面推动绿色金融落地奠定坚实的基础。

总体而言,党的"十九大"明确了绿色发展的国家战略,以绿色信贷为主的绿色金融被纳入顶层设计,政策体系的构建更为全面和系统,整个政策体系的框架也日臻成熟。

二、《绿色信贷指引》解读

《绿色信贷指引》是我国第一部绿色信贷的专项政策文件。该文件不仅首次明确界定了绿色信贷的含义,而且全面、系统地规定了银行在组织架构、机制建设、流程管理、信息披露等方面绿色化转型的要求。该文件是为了贯彻落实《国务院"十二五"节能减排综合性工作方案》(国发〔2011〕26号)、《国务院关于加强环境保护重点工作的意见》(国发〔2011〕35号)等宏观调控政策的要求,实现监管政策与产业政策的结合,推动银行业金融机构以绿色信贷为抓手,积极调整信贷结构,有效防范环境与社会风险,更好地服务实体经济,促进经济发展方式转变和经济结构调整而制定的。该指引明确了绿色信贷的支持方向和重点领域,要求各行对国家重点调控的限制类以及有重大环境和社会风险的行业制定专门的授信指引,实行有差别、动态的授信政策,实施风险敞口管理制度。总体来看,该文件主要从六个方面对银行机构有效开展绿色信贷提出了明确要求。

一是从三方面着力推进绿色信贷。银行业金融机构应加大对绿色经济、低碳经济、循环经济的支持;严密防范环境和社会风险;关注并提升银行业金融机构自身的环境和社会表现。

二是有效控制环境和社会风险。银行业金融机构应重点关注其客户及其重要关联方在建设、生产、经营活动中可能给环境和社会带来的危害及相关风险,包括与耗能、污染、土地、健康、安全、移民安置、生态保护、气候变化等有关的环境与社会问题。

三是加强绿色信贷的组织管理。银行业金融机构应树立绿色信贷理念,确定绿色信贷发展战略和目标,建立机制和流程,开展内控检查和考核评价,明确高层管理人员和机构管理部门责任并配备相应资源,从组织上确保绿色信贷的顺利实施。

四是完善绿色信贷政策制度及能力建设。银行业金融机构应完善环境和社会风险管理政策、制度和流程,明确绿色信贷的支持方向和重点领域,推动绿色信贷创新,实行有差别、动态的授信政策,实施风险敞口管理制度,建立健全绿色信贷标识和统计制度,完善相关信贷管理系统。

五是在授信流程中强化环境和社会风险管理。银行业金融机构应通过加强授信尽职调查、严格合规审查、制定合规风险审查清单、加强信贷资金拨付管理和贷后管理,从贷前、贷中和贷后三个方面加强对环境和社会风险的管理。

六是完善内控管理与信息披露。银行业金融机构应至少每两年开展一次绿色信贷的全面评估工作,将绿色信贷执行情况纳入内控合规检查范围,建立绿色信贷考核评价和奖惩体系,公开绿色信贷战略、政策及绿色信贷发展情况。

第三节 绿色信贷的管理

绿色信贷与普通信贷的区别在于增加了对环境和社会风险的管控。因此,绿色信贷的管理目标包括两个层次:一是银行的借款人当前和未来的环境、社会风险可控;二是银行自身的信贷行为符合绿色信贷相关的监管规章和要求。

一、环境和社会风险的定义

环境和社会风险作为绿色信贷的管理目标,是指环境风险和社会风险的总和。环境风险通常指,由人类活动引起或由人类活动与自然界的运动过程共同作用造成的,对环境产生的破坏、损失乃至毁灭性作用等不利后果的事件的发生概率。社会风险是指一种导致社会冲突,危及社会稳定和社会秩序的可能性。本章节所指的环境和社会风险特指银行的信贷客户在生产经营中对自然环境造成破坏,或引起社会冲突的可能性。

《绿色信贷指引》也对环境和社会风险作出了明确界定,即指银行业金融机构的客户及其重要关联方在建设、生产、经营活动中可能给环境和社会带来的危害及相关风险,包括与耗能、污染、土地、健康、安全、移民安置、生态保护、气候变化等有关的环境和社会问题。值得注意的是,这个定义中环境和社会风险产生的主体不仅包括银行的直接客户,也包括客户的重要关联方,即有股权控关系或能施以重大影响的关联公司。还有一种情形也应视为重要关联方,即借款人重要的上下游客户。特别是当主要供货商出现环境和社会风险问题遭遇索赔而无力偿付时,诉讼人很可能以购买存在环境风险的产品为由,追索其下游客户的连带责任,以增加获得赔偿的概率。

二、环境和社会风险对银行的影响

环境和社会风险主要会给银行带来的影响主要体现在以下五个方面。

(一) 信用风险

信用风险,即银行的客户因发生环境和社会风险而导致贷款偿付能力急速下降,从而出现坏账的风险。比如,企业因偷偷排放污染物而被环保部门处罚,并被勒令要求更新生产设备,甚至停业整顿时,会出现现金流紧张、财务成本会突然增加等问题,从而影响其正常生产经营,甚至还会危及企业生存。此时,向其发放贷款的银行将被迫面对企业第一还款来源不足从而贷款不良的问题。

信用风险是银行所面临的最主要的风险之一。这里所指的环境和社会因素引起的信用风险,是指对银行影响最大、影响最多的一种环境和社会风险。2016年,中国工商银行在英国伦敦正式发布了《环境因素对商业银行信用风险影响的压力测试研究》。这是我国首个对环境风险传导机制的研究,同时对全球银行业开展绿色金融及环境风险量化研究也具有积极的引领作用。

(二) 市场风险

市场风险主要是指因银行债权项下抵质押的各类环境权益价格的波动造成的风险。比如政府部门若在短期内大量增加企业碳排放权的配额发放,原有二级交易市场上的碳排放权就可能会因为供给过多而出现价格下跌,其中银行贷款项下抵押的权益价值就会相应缩水,从而使其对贷款的担保和风险释缓功能大大减弱。以1 000万元贷款为例,原先按50%的抵押率,该笔贷款用评估价值为2 000万元的排污权抵押,但因为其价值下跌至1 000万元,按原有50%的抵押率计算,其实际可覆盖的贷款价值只有500万元,剩余的500万元则丧失了该权益的抵押担保,实际变为信用贷款。所以,银行在确定环境权益价格和抵押率的时候要充分考虑市场价格的波动。

(三) 操作风险

操作风险是指在对客户的环境和社会风险识别、管理和监测的过程中,因为银行工作人员有意或无意的失职、管理流程的缺陷、评估和管理系统的漏洞和各类突发外部事件等原因而引发的风险。比如,贷款审查岗银行员工可能因能力不足而无法有效识别出客户潜在的环境和社会风险;客户经理为完成绩效考核任务,提高业务完成量,故意放松对客户环境和社会风险的调查,或隐瞒已发现的问题,导致银行向潜藏高发环境和社会风险的客户发放贷款;环境和社会风险评估和管理系统不够完善,不足以协助银行员工有效识别相应风险等。所以,操作风险的防范既要培养一支具有优秀的风险识别能力的高素质员工队伍,建立健全科学合理、可操作性强的环境和社会风险管理制度,还要建立与激励约束机制相配套的内部检查监督机制,防范内部的道德风险。

(四) 法律风险

因为信贷客户在生产经营等活动中出现环境和社会违法行为被起诉,其贷款银行往往会被追究连带法律责任。具体来说,法律风险通常是指因银行未严格遵循现有的法律法规,在尽职调查、贷款管理与监督等方面存在失职与过错,导致不符合环保条件的企业获得贷款,并造成环境污染以及对社会产生负面影响,从而被监管、司法部门依法追责的风险。比如,银行在贷前调查时,发现新建项目未取得环境评价报告等必需文件,就擅自向该项目发放贷款;在贷款分阶段投放过程中,发现前期资金被挪用于污染项目,未采取有效措施进行制止,继续发放后续信贷资金等都属于违法违规行为,将面临巨大的法律风险。

近年来,已经出现了银行因为违反绿色信贷规章而被监管部门处罚的案例。2018年6月28日,天津银监局依据《中国银监会关于印发〈节能减排授信工作指导意见〉的通知》[银监发〔2007〕83号]第五条,《中国银监会关于印发绿色信贷指引的通知》[银监发〔2012〕4号]第十七条,以及《流动资金管理暂行办法》《中华人民共和国银行业监督管理法》的相关规定,认定平安银行股份有限公司贷前调查不到位,向环保未达标的企业提供融资;贷后管理失职,流动资金贷款被挪用,合计处于人民币罚款50万元。这是我国历史上第一张银行监管部门依据绿色信贷监管规章开出的罚单。

此外,2018年也首次出现了银行因为客户的环境污染问题而被起诉成为共同被告的案例。2018年6月6日,福建省绿家园环境友好中心因宜城市襄大农牧有限公司养殖废水污染汉江向湖北省十堰市中级人民法院提起环境民事公益诉讼后,该中心于7月9日向十堰中院提交追加被告申请书,追加中国农业银行股份有限公司宜城市支行、湖北宜城农村商业银行股份有限公司作为该案的共同被告参加诉讼。可以预见,未来对银行承担连带环境责任的诉讼将与日俱增。

(五)声誉风险

声誉风险是指银行因自身或信贷客户不当的环境和社会表现而招致的声誉损失风险。声誉风险通常是操作风险、法律风险等上述其他几类风险的衍生风险。特别要注意的是,当今社会公众对环境和社会安全方面的违法违规事件的关注度日益提高,一旦企业出现负面信息,给予其贷款资金的银行难免受到波及和牵连,其在社会公众面前的正面形象也会受损,从而影响该行其他业务的拓展。因此,声誉风险管理也是值得银行高度重视的。

三、绿色信贷的实施

绿色信贷的实施是一项综合性、系统性的工作,其核心是把绿色信贷理念融入银行的战略规划、信贷文化、政策制度、业务流程和能力建设等各个方面,建立起监测、考核、评价等一系列配套措施,从而形成绿色信贷建设和发展的长效机制,保证绿色信贷的可持续发展。

(一)绿色信贷的组织管理

商业银行稳健经营和健康发展的关键在于其公司治理的有效性,包括三会一层(股东大会、董事会、监事会和高级管理层)、股东及其他利益相关者之间的相互关系,组织架构、职责边界、履职要求等治理制衡机制,以及决策、执行、监督、激励约束等治理运行机制。因此绿色信贷必须贯穿于整个商业银行的治理架构,包含在银行的各项组织管理中,才能为业务的健康、有序发展奠定坚实的基础。比如,《绿色信贷指引》对三会一层中董事会、高管层,以及相关的归口管理层等作出了明确规定。

1. 董事会的管理职责

董事会对股东大会负责,对商业银行经营和管理承担最终责任。《绿色信贷指引》要求,在绿色金融的发展中,银行业金融机构董事会应当树立并推行节约、环保、可持续发展等绿色信贷理念,重视发挥银行在促进经济社会全面、协调、可持续发展中的作用,建立与社会共赢的可持续发展模式。

董事会在绿色信贷方面的具体职责:根据实际情况单独设立战略委员会,制定银行绿色信贷长期发展战略,审批高级管理层制定的绿色信贷经营目标,并监督、评估绿色信贷发展战略的实施和执行情况;制定银行绿色信贷风险容忍度、风险管理和内部控制政策,建立风险管理委员会,负责监督高级管理层关于绿色信贷业务的信用风险、市场风险、操作风险和声誉风险等风险的控制情况;建立审计委员会,检查银行绿色信贷风险及合规状况、会计政策等;制定资本规划,承担绿色信贷资本管理最终责任;建立薪酬委员会,确保建立科学合理的绿色信贷绩效考核机制等。

2. 高级管理层的职责

高级管理层由商业银行总行行长、副行长、财务负责人及监管部门认定的其他高级管理人员组成,对董事会负责,同时接受监事会监督。其依法在职权范围内的经营管理活动不受干预。《绿色信贷指引》要求,银行的高级管理层应当根据董事会的决定,制定绿色信贷目标,建立机制和流程,明确职责和权限,开展内控检查和考核评价,每年度向董事会报告绿色信贷发展情况,并及时向监管机构报送相关情况。

高级管理层在绿色信贷方面的具体职责:制定绿色信贷目标,经董事会审议后,按地区和业务条线对目标进行分解;依照银行章程和董事会授权开展绿色信贷业务,建立相关的工作机制和业务流程,明确职责分工及权限,开展内控和考核,确保绿色信贷业务经营与董事会所批准制定的绿色信贷发展战略、风险偏好及其各项政策相一致;定期向董事会及其专门委员会,以及外部监管机构报告绿色信贷发展情况。

3. 专业管理部门的职责

《绿色信贷指引》要求,银行高级管理层应当明确一名高管人员及牵头管理部门,配备相应资源,组织开展并归口管理绿色信贷各项工作。必要时可以设立跨部门的绿色信贷委员会,协调相关工作。

绿色信贷管理部门的具体职责:牵头负责和归口管理银行的绿色信贷业务,统筹安排、协调其他部门的相关工作,建立有效的工作协同机制,确保绿色信贷业务合理嵌入各项工作流程,各部门之间有序配合,绿色信贷业务在全行得到有效推进。

(二)银行的绿色信贷政策与制度管理

1. 绿色信贷政策

银行应根据国家环保方面的法律法规、产业政策、行业准入政策等规定,建立并不断完善环境和社会风险管理的政策、制度和流程,明确绿色信贷的支持方向和重点领域,对国家重点调控的限制类以及有重大环境和社会风险的行业制定专门的授信指引,实行有差别、动态的授信政策,实施风险敞口管理制度。比如,工商银行定期根据国家的产业政策、环保标准和行业风险,制定不同行业的专项绿色信贷政策,并给各个行业配置不同的经济资本占用系数,引导资金的绿色流向。

2. 绿色信贷制度

一是制定针对客户的环境和社会风险评估标准。对客户的环境和社会风险进行动态评估与分类,相关结果应当作为其评级、信贷准入、管理和退出的重要依据,并在贷款三查、贷款定价和经济资本分配等方面采取差别化的风险管理措施。

其中,准入和退出政策是最核心的绿色信贷政策。一方面,银行通常会依据国家产业政策、环保政策,制定每个行业的信贷准入要求,从而在贷前审核环节筛选掉能耗、水耗、污染物排放超标的客户,确保新增的信贷资金投向资源节约、环境友好的项目。另一方面,银行针对存量客户的绿色表现,会定期修订不同行业的信贷退出政策,对已经产生环保风险或潜在风险较大的项目和企业制定限期退出计划。

同时,银行还会对信贷客户按照其生产经营对环境和社会的影响程度而进行具体的细分,这通常被称为绿色信贷分类或环境和社会风险分类。比如,招商银行对企业贷款进行"四色"分类,即环保绿色贷款(环境友好型)、环保蓝色贷款(环保合格型)、环保黄色贷款(环保关注型)以及环保红色贷款(环保缺失型),并通过赋予不同的经济资本占用等方式来鼓励绿色贷款和蓝色贷款占比的提升。

二是建立重大风险客户名单制管理。银行应当对存在重大环境和社会风险的客户实行名单制管理,要求其采取风险缓释措施,包括制定并落实重大风险应对预案,建立充分、有效的利益相关方沟通机制,寻求第三方分担环境和社会风险等。列入监测名单的客户一般有两种类型:第一类是银行的信贷存量客户,通常因为受到技术、资金等条件的限制,无法提升原有的减排能力来适应不断趋严的国家环保政策和产业政策;第二类是突发风险事件的客户。部分银行信贷客户在生产经营中环保合规意识淡漠,违反相关法律法规,造成周边地区重大环境污染或社会风险事件,而被外部监管机构处罚、被媒体曝光或被公众举报等。

三是建立绿色信贷创新机制。银行应当建立有利于绿色信贷创新的工作机制,在有效控制风险和商业可持续的前提下,推动绿色信贷流程、产品和服务的创新。当前,我国银行业结合自身实际,大力开展特色绿色信贷产品和服务创新。比如,兴业银行通过多年的积累,开发出包括十项通用产品、七大特色产品、五类融资模式及七种解决方案的绿色金融产品服务体系,打造了国内领先的碳市场金融服务平台。浦发银行开展了绿色信贷的国际合作与自主创新,包括法国开发署中间信贷、碳金融和绿色装备供应链融资等。

四是建立自身绿色运营机制。严格意义上来说,绿色运营不属于狭义上的绿色信贷范畴,而是广义上的概念。但是,绿色信贷的理念要在一家银行真正落地,不能仅局限于银行对客户的绿色要求,也应在其自身的经营中得到充分体现。通过同时提升客户和自身的绿色表现,将绿色信贷的文化深植于每个员工的心中,才能确保一家银行真正从内到外贯彻落实绿色信贷发展战略。所以,每家银行应注重推行绿色信贷文化,加强绿色信贷理念的宣传教育,建立相关的绿色运营制度,规范经营行为,推行绿色办公,提高集约化管理水平,提升自身的环境和社会表现。

3. 绿色信贷的能力建设

银行业金融机构应当加强绿色信贷能力建设，建立健全绿色信贷标识和统计制度，完善相关信贷管理系统，加强绿色信贷培训，培养和引进相关专业人才。银行应培养一批兼具经济、金融、环保和工程等复合型知识的人才队伍，加快绿色信贷创新、风控、管理与运营的步伐。必要时可以借助合格、独立的第三方对环境和社会风险进行评审或通过其他有效的服务外包方式，获得相关专业服务。

（三）绿色信贷的流程管理

绿色信贷的管理应贯穿于整个信贷业务流程，从贷前、贷中、贷后三个环节对其环境和社会风险进行评估、监测与防范。

1. 贷前全面调查

这一阶段是初步识别环境社会风险的环节，银行客户经理对潜在客户相关资料收集的全面性、真实性、有效性，尽职调查和合规审查的范围与质量，绿色分类初步判断的准确性都会对后续阶段产生重要影响。

一是尽职调查。银行业金融机构应当加强授信尽职调查的管理，根据客户及其项目所处行业、区域特点，明确规定客户经理环境和社会风险尽职调查的内容，确保其调查全面、深入、细致。必要时，可以寻求合格、独立的第三方和相关主管部门的支持。

二是合规审查。银行业金融机构应当对拟授信客户进行严格的合规审查，针对不同行业的客户特点，制定环境和社会方面的合规文件清单和合规风险审查清单，确保客户提交的文件和相关手续的合规性、有效性和完整性，确信客户对相关风险点有足够的重视和有效的动态控制，符合实质合规要求。

三是绿色分类。根据前面收集到的信息进行环境和社会风险的初步判断，对其进行绿色分类。

2. 贷时审查审批

在这一阶段，潜在客户和项目从调查环节进入了审查、审批这一决定性的环节，通常由授信审批部或信贷审查委员会决定，包括授信审批与合同管理等。

一是授信审批。银行业金融机构应当加强授信审批管理，根据客户面临的环境和社会风险的性质和严重程度，确定合理的授信权限和审批流程。对环境和社会表现不合规的客户，应当不予授信。对于存在环境风险隐患的客户，银行综合评估其风险性质、程度，对还款能力的影响之后，可以基于自身的风险偏好，相应采取风险缓释措施。比如要求客户投保环境污染责任险，实施节能环保、安全生产等技改项目等。

二是合同管理。银行业金融机构应当通过完善合同条款督促客户加强环境和社会风险管理。对涉及重大环境和社会风险的客户，在合同中应当要求客户提交环境和社会风险报告，订立客户加强环境和社会风险管理的声明和保证条款，设定客户接受贷款人监督等承诺条款，以及客户在管理环境和社会风险方面违约时银行业金融机构的救济条款。

3. 贷后风险管理

这一阶段对贷款能否按预期收回起到重要作用。银行需要密切监控，及时应对各种突发风险，才能确保贷款本金和利息的安全。主要包括放款环节管理、贷后风险监测，及时跟进措施三个方面。

一是资金拨付管理。银行业金融机构应当加强信贷资金拨付管理,在考虑按项目进度拨付资金的基础上,将客户对环境和社会风险的管理状况也作为决定信贷资金拨付的重要依据。在已授信项目的设计、准备、施工、竣工、运营、关停等各环节,均应当设置环境和社会风险评估关卡,对出现重大风险隐患的,可以中止直至终止信贷资金拨付。

二是贷后风险监控。银行业金融机构应当加强贷后管理,对有潜在重大环境和社会风险的客户,制定并实行有针对性的贷后管理措施。密切关注国家政策对客户经营状况的影响,加强动态分析,并在资产风险分类、准备计提、损失核销等方面及时做出调整。建立健全客户重大环境和社会风险的内部报告制度和责任追究制度。在客户发生重大环境和社会风险事件时,应当及时采取相关的风险处置措施,并就该事件可能对银行业金融机构造成的影响向监管机构报告。

三是及时跟进措施。由于准确的分类管理是有效的贷后管理的前提,因此在发现风险后除了及时采取具体的风险缓释措施外,还应立即调整该企业或项目的绿色信贷分类标识。同时,还应按照规定线路启动重大环境和社会风险的内部报告程序,从而加快风险处置进度,尽量降低损失,防范信用风险、声誉风险等。

此外,银行业金融机构还应当加强对拟授信的境外项目的环境和社会风险管理,确保项目发起人遵守项目所在国家或地区有关环保、土地、健康、安全等相关法律法规。对拟授信的境外项目公开承诺采用相关国际惯例或国际准则,确保对拟授信项目的操作与国际良好做法在实质上保持一致。

(四) 绿色信贷的内控管理

1. 建立内部审计机制

银行业金融机构应当将绿色信贷执行情况纳入内控合规检查范围,定期组织实施绿色信贷内部审计。

2. 建立内部问责机制

银行业金融机构一旦在内部审计中发现绿色信贷规章执行不到位,出现重大问题的,应当依据相关规定对相关部门和责任人员进行严肃问责。

3. 建立激励约束机制

银行业金融机构应当建立科学、有效的绿色信贷考核评价体系和奖惩机制,落实激励约束措施,充分发挥其"指挥棒"的作用,提升基层网点和员工开展绿色信贷业务的积极性和主观能动性,确保绿色信贷在全行范围内得到持续有效开展。通常银行可以从考核评价、资源配置、差异化授权等方面建立绿色信贷激励约束机制。比如在考核评价方面,将绿色信贷考核指标嵌入综合考评指标体系中,并与费用、绩效挂钩;在资源配置方面,绿色信贷给予专项信贷规模和优惠的经济资本占用系数;在差异化授权方面,设立绿色信贷的专门审批通道等。

(五) 绿色信贷的信息披露

银行业金融机构应当公开绿色信贷战略和政策,充分披露绿色信贷发展情况。对涉及重大环境与社会风险影响的授信情况,应当依据法律法规披露相关信息,接受市场和利益相关方的监督。必要时可以聘请合格、独立的第三方,对银行业金融机构履行环境和社会责任的活动进行评估或审计。

目前绿色信贷的信息披露尚没有一个明确的标准,在披露的内容、方式、频率等方面银行都有较大的选择权。一般来说,要做好绿色信贷的信息披露工作,需要从以下两个方面着手:一是建立内部信息披露制度,明确归口管理部门和披露标准;二是明确信息披露载体和渠道。银行可以通过年报、中报、季报、可持续发展报告、赤道原则年度报告、环境与社会业绩报告等载体,全面披露包括环境与社会风险管理在内的重大经营管理信息。渠道方面既可以通过主流新闻报刊,也可通过一些官方网站、微博等网络媒体进行披露。此外,也要注意与利益相关方之间的交流与互动,重视其合理的利益诉求,重视与绿色非政府组织、公益组织的交流对话等。

(六) 绿色信贷的外部监督检查和其他

除了银行的内部控制管理之外,外部监管是重要一环。监管部门主要从以下四个方面创造良好的信息环境和开展监督检查。

一是推动建立信息共享机制。各级银行业监管机构应当加强与相关主管部门的协调配合,建立健全信息共享机制,完善信息服务,向银行业金融机构提示相关环境和社会风险。

二是开展绿色信贷的非现场监管。各级银行业监管机构应当加强非现场监管,完善非现场监管指标体系,强化对银行业金融机构面临的环境和社会风险的监测分析,及时引导其加强风险管理,调整信贷投向。银行业金融机构至少每两年开展一次绿色信贷的全面评估工作,并向银行业监管机构报送自我评估报告。

三是开展绿色信贷的现场检查。银行业监管机构组织开展现场检查,应当充分考虑银行业金融机构面临的环境和社会风险,明确相关检查内容和要求。对环境和社会风险突出的地区或银行业金融机构,应当开展专项检查,并根据检查结果督促其整改。

四是建立对银行绿色信贷自评估的外部激励和约束机制。银行业监管机构应当加强对银行业金融机构绿色信贷自我评估的指导,并结合非现场监管和现场检查情况,全面评估银行业金融机构的绿色信贷成效,按照相关法律法规将评估结果作为银行业金融机构监管评级、机构准入、业务准入、高管人员履职评价的重要依据。

第四节 绿色信贷创新产品

一、绿色信贷创新产品的概述

我国商业银行的绿色信贷产品创新是银行信贷产品创新的一个重要组成部分,既具有与其他创新相同的共性,比如遵循基本的创新方法与途径,同时也具有自身专属的特点,比如适应环保产业的发展需求等。

银行开展绿色信贷产品创新的原因主要有两个。一是合规经营和风险管理的需要。当前,银行信贷资产的借款主体仍然是非绿企业。然而近年来,国家的环保要求日益提升,政府部门接连出台系列政策文件要求银行放贷严格遵循环保政策要求。比如,对高污染、高能耗、产能过剩等"两高一剩"行业必须从严审批授信;对国家发改委禁止的环境污染严重、不符合准入要求甚至违反环保标准的项目停止新增授信及发放贷款,如果已经实施授信,应予以收回。各类外部政策的发展变化迫使银行必须研发一些绿色信贷产品,助推相关非绿产业进行转型升级,从而改善存量信贷资产的环境风险。二是拓展绿色新兴市场的需要。当前,大量绿色、低碳、节能环保产业快速发展,新业态、新商业模式不断涌现,银行必须快速研发出符合新绿色经济需求和特征的金融产品,才能提升市场竞争力,在这一新兴市场上抢得先机。

绿色信贷产品创新具有三个特征。

一是个性化。由于节能环保领域内容广泛,包括绿色农业开发、工业节能节水、自然保护与生态修复、灾害防控、资源循环利用等多个行业,不同行业所需要的产品创新形态会有较大差异,因此必须针对各个行业的具体特征来设计产品。

二是组合化。绿色信贷如果作为单一产品提供,通常不能完全满足新兴绿色企业的需求。银行必须将跨市场、多功能的系列产品,根据企业的特定需求进行打包组合,才能实现一站式满足企业的多种需求,提升自身的竞争力。

三是短期化。这与环境政策变化的节奏和绿色产业市场洗牌的速度密切相关。由于政府在绿色经济的发展中起到了至关重要的推动作用,其财政、税收政策以及其他相关强制措施的出台,直接影响市场的需求与供给。一旦政策在方向、力度上有所调整,原有的市场平衡会被打破,原有的绿色信贷产品也随之失效,需要研发新的产品来对接新的市场需求和新的产业模式。当前政策出台的频度和强度不断提升,此外同业的效仿和竞争的加剧也迫使银行加快绿色产品的创新步伐。

二、绿色信贷创新产品的分类

当前绿色信贷创新产品主要分为两大类:一类是零售类产品,主要针对居民绿色生活方面的融资需求,信贷资金用于鼓励家庭的低碳消费等;另一类是公司类产品,主要面向节能环保等绿色行业的企业客户开发的信贷产品,用于支持企业在低碳领域的生产经营。

(一) 零售类产品

零售类产品主要是指向自然人客户发放的,以绿色消费或经营为用途的贷款,包含绿色房产类贷款、绿色消费类贷款和绿色经营类贷款。此外,绿色信用卡等也属于绿色信贷创新类零售产品。

1. 绿色房产类贷款

一是绿色住房按揭贷款。银行向购买符合环保标准的绿色住房的客户发放的按揭贷款。与普通住房按揭贷款相比,银行对绿色住房的首付比例要求较低,同时该按揭贷款通常还可享受较优惠的贷款利率。比如,荷兰银行对绿色抵押贷款在普通抵押贷款利率的基础上减息1%。

二是绿色商业用房按揭贷款。银行向购买符合环保标准的绿色商用房的客户发放的按揭贷款。与绿色住房按揭贷款相似,此类贷款也可享受较普通商业住房贷款更低的利率,在绿色商业建筑保险方面的要求也相对较低。但是,银行在信贷准入时对建筑的绿色节能等级要求较高。

2. 绿色消费类贷款

较为常见的消费类贷款有以下两种。

一是光伏按揭贷,指银行向自然人发放的用于购置屋顶光伏发电设备的贷款。该贷款期限根据借款人光伏发电设备投入及电费销售收入的实际情况合理确定;贷款利率由银行与合作的光伏发电设备安装、销售公司协商确定。贷款通常为信用贷款,由借款人承诺以本人并网电费销售收入作为还款来源。有时,部分贷款也可能由光伏发电设备安装、销售公司进行担保。一些地区把这类贷款和扶贫相结合,对低收入农户安装光伏发电设备进行贷款贴息或定额的财政补助。

二是新能源汽车贷款,指银行向个人发放的用于购买新能源汽车的贷款。对于新能源汽车标准的界定通常以国家和地方的政策规定为准,因此随着时间的推移可能会有变化调整。比如,我国曾规定混合动力汽车、插电式混合动力汽车也属于新能源汽车范畴,可享受免购置税、或政府补贴、上绿色牌照等优惠,但从2019年1月10日开始,这两类汽车全部划归传统燃油汽车。国外也有些银行在普通汽车贷款上做了绿色化创新。比如,澳大利亚MECU银行发放的绿动(Go Green)汽车贷款,虽然用于购买普通燃油汽车,但要求借款人必须通过种树来冲抵自己汽车尾气增加的碳排放。

3. 绿色个体经营贷款

这主要指银行向个体工商户发放的用于绿色生产经营的贷款。比如,用于资助个体运输者购买节油设备的绿色运输贷款等。

4. 绿色信用卡

这也被称为低碳信用卡、环保信用卡等,通常在普通信用卡基本功能的基础上增加了绿色环保概念。这种附加绿色属性的获得途径既有通过银行让利的,也有通过客户让利的。银行让利又分为直接让利和挂钩让利。第一种直接让利,即银行为持卡人购买绿色产品和服务提供优惠的利率,用于鼓励客户的绿色消费,如英国巴克莱银行的呼吸卡等。挂钩让利,即银行按照客户用信用卡购买绿色节能产品的金额捐赠一定比例的利润给绿色产业、基金会等。第二种是客户让利,即银行鼓励客户将该卡的绿色积分捐赠给投资于温室气体减排的组织、兑换绿色商品等;或者鼓励客户根据个人每年产生的碳排放量,用信用卡购买相应的碳减排量,以此实现个人碳中和,消除个人的碳足迹,从而达到环保的目的,如兴业银行与北京环境交易所推出了国内首张低碳主题认同卡——兴业银行中国低碳信用卡。

(二) 公司和项目类产品

1. 绿色建筑贷款

这包括为建造绿色建筑发放的房地产开发贷款,或以绿色建筑为抵押的贷款。通常此类贷款在利率和保险费上会较普通贷款有所优惠。

2. 能效项目贷款

这是指银行对节能服务等能源效率提高类项目发放贷款,主要包括合同能源管理贷款和损失分担融资。

前者是指节能服务公司与用能单位以契约形式约定节能项目的节能目标,节能服务公司为实现节能目标向用能单位提供必要的服务,用能贷款以节能效益支付节能服务公司的投入及其合理利润的节能服务机制。其实质就是以减少的能源费用来支付节能项目全部成本的节能业务方式。在这一过程中,银行向节能服务公司贷款,用于该公司支付项目所需的成本投入,并以未来的收益权作抵押。

后者是指银行对符合准入条件的节能服务商、设备制造商、公用事业单位等提供项目贷款,用于支付节能项目建设。同时,银行和国际金融公司(IFC)约定一旦贷款发生风险,会实行双方的损失分担,即 IFC 运用赠款及其自有资金,按照约定比例为符合损失分担协议的贷款本金担保。在这一过程中,IFC 会提供相应的技术支持,用于评估和测算项目的技术风险与环境效益。

3. 排放权交易领域的贷款

由于一些可交易的排放权流动性好,市场价格评估方便,因此银行以此类权益作为抵押发放贷款。目前运用最为广泛的是碳排放权抵押融资和排污权抵押贷款。碳排放权抵押融资包括碳资产质押融资、碳保理等新型碳金融信贷产品;既有对国际碳交易卖方发放的,也有针对买方发放的贷款。排污权抵押贷款是指银行向企业发放贷款,以其拥有的排污权作为抵押,或向其发放贷款用于购买排污权,以企业利润归还的贷款。

要注意的是,当前中国的绿色信贷统计尚未将个人零售类产品纳入绿色信贷范畴,仍以公司项目类贷款为主,包括绿色农业开发、绿色林业开发、工业节能节水环保项目、自然保护、生态修复及灾害防控项目、资源循环利用项目、垃圾处理及污染防治项目、可再生能源及清洁能源项目、农村及城市水项目、建筑节能及绿色建筑、绿色交通运输项目、节能环保服务、采用国际惯例或国际标准的境外项目等 13 类。根据国外的经验以及我国绿色消费产业的发展趋势,未来个人零售类绿色信贷产品纳入绿色信贷范围将是大势所趋。

第五节　绿色信贷的案例

一、绿色信贷管理类案例

案例 9.1　兴业银行的组织与制度管理

多年来,兴业银行作为中国首家赤道银行,秉持"寓义于利"的绿色金融理念,积极履行社会责任,将发展绿色金融事业、履行社会责任与商业银行经营行为相融合,逐步形成一套具有自身特色的绿色金融服务和管理模式。该行在绿色信贷管理方面的良好做法主要体现在以下三个方面[1]。

---

[1] 兴业银行绿色金融编写组.寓义于利——商业银行绿色金融探索与实践.中国金融出版社,2018.

1. 董事会树理念、明战略、定规划。面对全球气候变化的背景和日益突出的环境问题,兴业银行董事会一是确立了绿色发展的公司理念,即"贯彻落实科学发展观,深化对银行社会责任与自身可持续发展间关系的认识,积极探索以多种方式履行社会责任"。二是制定绿色发展战略。该行将绿色金融业务打造成战略核心业务之一,以银行绿色信贷为基础,综合运用集团多元化产品,努力成为一流的"绿色金融综合服务提供商",力争成为真正的"绿色金融集团"。同时,制定了绿色金融发展五年规划,确立指导方针、确定目标及机制措施。2008年10月31日,兴业银行正式公开承诺采纳赤道原则,成为中国首家赤道银行。

2. 高管层搭架构、建规章、明流程。一是搭建层级架构。在高管层面,兴业银行成立了由董事长任组长的社会责任工作领导小组、赤道原则工作领导小组和环境金融集团化工作领导小组。在总行层面,设立绿色金融部,作为全行的绿色金融业务管理部门,负责全行在绿色金融领域的业务推动、产品、技术支持、专业评审等各项工作。在省分行层面,建立分行绿色金融部,作为区域绿色金融管理部门,负责组织推动辖内绿色金融。在分行绿色金融管理部配置2名以上专业产品经理,经过总行培训、认证、备案后按专业序列予以聘任,形成专业人才队伍。各地市分行配备专职绿色金融产品经理。二是制定各项管理办法。如该行通过采纳赤道原则不断建立和完善环境与社会风险管理体系,参照赤道原则和监管部门为绿色金融提供的整套理念、方法和工具,建立了兴业银行全面的风险管理体系。三是明确业务流程。对所有贷款项目在贷前、贷中、贷后各个环节都嵌入了环境与社会风险管理因子。对于适用赤道原则的项目融资,还增加了项目分类管理、环境与社会风险尽职调查等流程。四是建立绩效考核机制。该行非常重视建立和完善绿色金融激励约束机制,通过建立总行绿色金融部对部门、分行进行考核,各分行再对绿色金融业务推动部门进行考核的路径来推动各个层级的绿色金融工作。年度考评结果影响相关人员的行员等级晋升与绩效分配。

3. 专业部门重创新、强科技、推产品。兴业银行注重加强国际合作,并明确由绿色金融部下属的专业研究和产品开发团队专门负责研发各类创新产品,逐步形成了一套具有兴业特色的绿色金融服务模式,包括节能环保领域的产品体系、排放权领域的金融服务方案,以及个人消费领域的创新产品等。同时,该行还十分注重对绿色金融业务的科技支持,研发上线了业内首个绿色金融业务专业支持系统,集业务管理、风险管理和运营管理于一体。

二、绿色信贷产品类案例

(一) 绿色信贷公司类产品案例

案例9.2 沼气发电工程项目贷款[1]

1. 项目概要。D农业科技股份有限公司健康养殖生态园沼气发电工程项目,该项目

---

[1] 该案例摘自马骏.国际绿色金融发展与案例研究.中国金融出版社,2017.

总投资约 5 000 万元,能效贷款总额 1 600 万元,CO_2减排 8.3 万吨/年,贷款周期为 5 年。

2. 项目背景。D公司是一家致力于引领农业产业化、为消费者提供高品质绿色食品的生态农业企业,其投资者包括 IFC 和全球环境基金。D公司的生态养殖场每年产生大量鸡粪,若不能有效处理,将成为危害严重的污染源;而同时这些废物又是一个蕴含巨大能源和肥料生产潜力的生物质资源。因此,该公司开始论证设计沼气发电项目,这个变废为宝的计划得到了 IFC 和当地政府的大力支持。

3. 项目实施。次年,某银行批准了 D公司一笔 1 600 万元的 5 年期能效贷款的申请,用于支持企业在建的沼气发电项目。这是在 IFC 中国节能减排融资项目(CHUEE 项目:中国节能减排融资项目)框架下发放的第一笔针对农业企业的能效项目贷款,国际金融公司为该项目提供担保。同时,企业将把该沼气发电项目作为一个清洁发展机制项目在联合国进行登记,并将把此项目产生的已核准碳减排量出售给 IFC 的荷兰基金。D公司养殖场产生的鸡粪和污水将作为生成沼气的原料,通过沼气综合利用工程,每年可产生 700 万立方米沼气。这些沼气通过专用供热点联合机组发电,年发电能力将达 1 400 万千瓦时。

4. 项目效益。一是具有良好的经济效益。除能满足养殖场全年用电需求外,富余电量还将销售给国家电网,年可实现售电收入约 800 万元。由于该发电机组排烟余热被利用于对沼气发酵罐保温,并向蔬菜大棚及办公楼供暖,企业还将减少供热支持超过 200 万元。二是节能减排和环保效益好。沼气发电项目实现鸡粪无害化处理,每年减少二氧化碳排放达 8.3 万吨。沼气装置每年产生的沼液和沼渣将作为有机肥料,用于周边果树、蔬菜和玉米的种植,有助于降低农作物的种植成本,提高产品售价。三是实现企业与当地社区的可持续和谐发展。D公司定期购买该地区生产的玉米作为饲料,确保当地农民获得稳定的玉米销售收入 7 000 万元。此外,企业与当地政府联合开发新型农村住宅,向集中迁居的农户厨房和生活采暖提供廉价清洁能源。沼气发电项目的实施进一步增强了企业与当地农村社区的联系,带动开发周边农村有机农业和循环经济,有望实现企业的可持续发展。

案例 9.3　湖州银行"绿色园区贷"助力"低小散"产业悄然蜕变

1. 项目概要。绿色园区贷,其贷款期限为 5—10 年,担保方式为园区厂房产权和业主回购承诺,累计发放金额约 5 亿元。

2. 项目背景。服装产业集群是湖州市织里最具特色的区域块状经济之一,其产量和市场占有率均居全国前列。但其中的砂洗、印花等配套生产环节均为高污染产业,为解决"低小散"作坊带来的诸多环境与社会问题。该地区政府按照"关停淘汰一批,整合提升一批,集聚入园一批"的思路进行综合整治,将原先一层的厂房进行多层开发,提升土地综合利用率;将厂房及住房以优惠的价格出售或出租给入园企业,配套实行税收奖励等政策优惠,引导优质企业入园。为此,湖州银行配套创新开发出"绿色园区贷",用金融手段支持"低小散"企业集中入园,对集聚产业提供一站式、链条式金融服务,有效实现了能源的高效利用、土地的节约集约、污染的减排和传统产业的转型发展。

3. 项目实施。一是园区规划期。由该行采用结构化融资、银团贷款、绿色产业基金等方式为该园区提供资金,保障项目建设有效推进。二是企业入驻期。结合企业入园标准,园区与湖州银行达成合作协议,积极发挥合作平台的"双把关"作用,由园区提供筛选资质良好、技术先进的小微企业推荐给银行;银行配备专门的客户经理,开设绿色批量化受理审批通道,发放绿色园区贷款。三是后续配套服务。该行根据园区内小微企业的生产用能数据,对园区内企业在提供入驻的园区贷的基础上,还可根据企业申请配套流动资金贷款。根据企业资金回流的特点,创新还款方式,借款人可根据自身经营盈余逐年归还贷款,做到贷款期限与借款人还款能力匹配,创新设计推出"快捷贷"等多款产品,为入园企业提供全方位金融服务。

4. 项目效益。一是环境效益明显。该园区项目投产后,1 000 余家"低小散"升级为 300 余家合规企业,大量废气、废水、固废垃圾等污染物的偷排漏排现象得到有效控制,生产、排污等经营成本降低,土地资源利用率得到有效提升,生产管理进一步规范统一,行业总产值和利税额也得到大幅提升。二是破解小企业融资难题。通过园区与银行的深入合作,有效地解决了小微企业无闲置资金购买园区厂房的困难,加速了项目资金有效回流;同时,通过对园区内小微企业持续精准的金融服务,使园区进入健康、良性运营。三是助力企业降低成本。通过园区与金融机构的合作平台,企业获得贷款更为便捷、融资成本大大降低,获得的中长期贷款平均利率明显低于同业同类融资成本。通过在园区内的健康运行,企业相较入园前平均节省约三分之一的成本。四是银行自身效益显著。"绿色园区贷"的投放为湖州银行的业务发展找到新的增长点。除了贷款利息外,银行还获得了日均存款收益的增长和电子银行业务的拓展等。

(二) 绿色信贷零售类项目案例

案例 9.4　兴业银行　低碳信用卡

1. 概况。兴业银行中国低碳信用卡是由兴业银行推出的一款信用卡。该卡为兴业银行与北京环境交易所推出的国内首张低碳主题认同卡,旨在唤起社会各界对环保事业的重视,并为个人碳交易市场的运行开辟一个切实可行的通道。

2. 申请条件。要求本国居民 18—65 岁,境外人士 25—65 岁,具有稳定的工作单位、收入及固定住所,无不良信用记录。

3. 费用。首年免年费,之后每年刷卡 5 次免年费。另按规定收取提现手续费、设定网购限额等。

4. 功能。一是环保材料,环保对账。该卡片由新型可降解材料制成,减小了传统 PVC 卡片废弃后对环境的威胁,同时采用电子化账单,并定期传达绿色宣言,介绍低碳生活小常识。二是倡导碳中和。鼓励客户倡导低碳生活,特设消费满额赠送碳权益:核卡首年刷卡交易达到一定金额,即可获赠由兴业银行出资购买的1吨资源碳减排量。三是建立个人碳信用。持卡人将拥有"兴业银行个人购碳绿色档案",购买或获赠资源碳减排量的记录可予以追溯,登录上海环境能源交易所网站查询个人自愿碳减排量购买或获赠记录及所支持的资源碳减排项目信息。四是享受优惠的低碳生活。持卡人可获得绿色低碳游折扣,参与低碳俱乐部不定期活动,如参观风力发电厂、草原骑马、自行车环城游等活动,开启绿色低碳生活。五是设立"低碳乐活"购碳基金。持卡人每刷一笔,兴业银行出资1分钱,于4月22日世界地球日集中向上海环境能源交易所购买自愿碳减排量,倡导绿色刷卡理念。

5. 成效。一是提升银行自身绿色表现。通过采用环保材料制卡,采用无纸化对账,设立购碳基金由银行购买自愿减排量等,以自身的绿色行动传达环保理念。二是鼓励客户提升绿色表现。运用金融手段引导和支持客户体验"绿色、低碳"生活,包括:通过信用卡积分与购买个人碳减排量的挂钩,将普通的积分礼品兑换进行了绿色升级;通过给予旅游优惠等形式,鼓励信用卡客户参与乐活生活体验,增强客户的认同感;通过个人碳信用档案的建立和查询通道,提升个人碳减排的直观感受,增强客户碳减排的成就感和自豪感等。

案例9.5 安吉农村商业银行"两山农林贷"

1. 概要。两山农林贷是安吉农商行开发的一款专门为农民专业合作社等涉农经营主体量身打造的绿色信贷产品。该行对纳入"两山农林贷"风险补偿基金池管理、经营管理规范、经济和社会效益好或有发展前景的农民专业合作社提供专项信贷支持,全力帮助当地农民专业合作社等涉农经营主体做大做强。

2. 背景。2005年8月,安吉县是"两山"重要思想的诞生地,是中国美丽乡村的发源地,也是生态文明建设的先行地,先后获得首个全国生态县、全国首批生态文明建设试点县、国家可持续发展试验区等荣誉称号,是"联合国人居奖"的唯一获得县,是全国唯一"两山"理论实践试验县。安吉县则在《安吉县绿色金融产业发展规划(2016—2020)》中明确指出将重点支持竹产业、茶产业、林业、休闲旅游业等地方特色,推进绿色产业发展。安吉农商行作为当地县域金融主力军,积极对接政府有关部门,接力绿色金融,创新开发两山农林贷信贷产品,在破解涉农贷款难题,发展农村绿色产业方面进行了积极的探索,让"绿水青山就是金山银山"的重要理念成为具体实践。

3. 实施。

一方面,政府财政资金发挥酵母效应。2014年,安吉县成为中央财政支持农民合作社的创新试点。2015年6月,安吉县将创新试点补助作为风险金注入安吉县两山农林合作社联合社(以下简称两山联合社),同时与两山联合社注册资金一起存入安吉县农商行,再由安吉县农商行按照比例放大信贷投放规模。通过这种模式,财政资金通过发挥酵母效应,产生几十倍的放大效应,解决了农村合作社融资难的问题。

另一方面,银行通过绿色信贷发挥助推器作用。面对涉农经营主体存在的担保难、融资贵、融资难的问题,安吉农商行创新设计担保机制、风险防范机制,使两山农林贷这一贷款品种取得实效,并形成了诸多可复制、可推广的宝贵经验。

(1)突破创新,解决涉农经营主体担保难、融资贵问题。由两山联合社担保的涉农贷款,农商银行放款利率按基准利率适当下浮,两山联合社收取少量担保及尽调业务费,显著降低了涉农主体的融资成本。同时,为确保安吉农商银行作为市场经营主体的合理经营利润,县财政每年按"两山农林贷"放贷利息金额给予安吉农商银行一定比例贴息,用于弥补其实际放贷利率下浮的损失,并给予两山联合社按照担保额度一定比例的补贴,用于确保两山联合社正常经费开支及弥补担保坏账损失储备。

(2)盘活资产,解决涉农经营主体融资难问题。安吉农商银行两山农林贷的创新重点在担保中盘活农业生产资源,将农业产业主体的信用、资产、权利充分组合评判,形成担保授信的评价依据,为农业生产主体创新担保形式,充分挖掘土地承包经营权价值、经济作物价值、盘活林业资源等。

(3)风险共担,解决涉农经营主体分散、风险分散的局面。"要让银行敢放贷,关键是要降低风险",在具体操作层面,农商银行积极发挥金融主体优势,协助两山联合社详细了解客户金融需求,做好融资对接,创新采用了资金池的办法,出台了相关管理办法,签订《合作协议书》,开展融资担保、资金互助等业务。

4. 效益。

两山农林贷创造了"四赢"局面:财政资金撬动社会资本、农商行市场利息确保、农户得实惠、两山联合社持久发展。一方面,创建了农村经济合作互助生态圈。该模式以资金为纽带,将两山联合社构建成生产、供销、资金全产业链结合的"三位一体"联合体。目前,全县加入两山联合社的合作社已超过 300 家,成员接近 1 万个,带动农户 6 万余户,形成了一个合作互助的良好生态圈。安吉农商行目前借助省农信联社的资金互助社系统以及丰收驿站、丰收购、丰收家等平台,积极对接农民合作社发展,使生产、供销、信用联合得更加紧密,使互助生态圈的建设更加现实。另一方面,树立了政银企合作典范。地方政府利用财政资源,引入银行的资金介入,通过企业化的运作,既让当地政府找到了一个支持农业发展的好模式,也让银行找到了信贷资金投放方向,同时企业也得到了发展壮大,为政、银、企三方合作以及服务三农树立了良好的典范。目前,业务惠及耕地 27 000 亩、山林 69 000 亩,实现农业总产值 10 亿元。

[本章小结]

绿色信贷是指金融机构通过对客户环境和社会风险的管理,将信贷资金投向低绿色产业,从而推动经济和社会可持续发展的贷款行为。绿色信贷的实施主体主要是各类有权发放贷款的金融机构。银行绿色信贷的管理目的在于防范客户的环境和社会风险所带来的信用风险、市场风险、操作风险、声誉风险和法律风险等。为实现该目标,银行需要建立全面的管理体系,包括组织架构、政策与制度、业务流程、内部控制、信息披露。此外,还需监管部门实行外部监督,开展多部门信息共享等。按照国际惯例,绿色信贷创新产品分为零售、公司和项目类产品。目前中国尚未将零售类产品纳入绿色信贷范畴。

[思考与练习]

1. 请简述绿色信贷的国内外起源。
2. 什么是绿色信贷?它与可持续发展的关系是什么?
3. 中国绿色信贷政策演变分为哪几个阶段?分别有哪些特征?
4. 客户的环境和社会风险会给银行带来哪些风险?该如何管理这些风险?
5. 绿色信贷的实施包含哪些内容,你认为其中最关键的部分是哪项?为什么?
6. 请简述当前绿色信贷创新产品的特点和分类。

[参考文献]

1. 马骏.国际绿色金融发展与案例研究.中国金融出版社,2017.
2. 兴业银行绿色金融编写组.寓义于利.中国金融出版社,2018.
3. 中国银行业协会等.绿色信贷.中国金融出版社,2018.

第十章 绿 色 基 金

[学习要求]

1. 掌握绿色基金的定义,了解绿色基金的发展背景、发展价值及有关政策法规。
2. 了解绿色基金的起源和发展历程,清楚其现状、问题和趋势,思考有关对策建议。
3. 熟悉绿色基金的分类方式,掌握不同类型绿色基金的特点。

[本章导读]

绿色基金是以基金的形式实现绿色金融的具体手段,具有重要发展价值以及若干特点和优势。本章对绿色基金做了概述,明确其定义,介绍了其发展背景、发展价值及国内外有关政策法规;介绍了绿色基金的起源和发展历程、现状、问题及对策建议,总结了其发展趋势并进行展望;对绿色基金进行系统分类,并对不同类型的绿色基金做了简介。

第一节 绿色基金概述

一、绿色基金的定义

绿色基金在我国是一个新生的概念,政府、学术界、实务界对其都有不同的表述,并未形成明确的概念和统一的定义。通常需要在学术界对其进行深入研究、系统论证后,结合实务操作达成共识,再由政府有关部门推出政策并在相关法规中给出权威定义。目前,在人民银行、社科院以及部分金融机构有关专家的研究基础上,形成了一些初步的定义,在不同的著作中表述略有差异,包含的内涵和外延略有不同,本书在比较、分析、吸收有关研究成果的基础上,也做了独立的思考和总结,根据本书的研究和教学目标,形成了代表自身观点的绿色基金的定义。

绿色基金的定义是包含在绿色金融定义范畴内的,是以基金的形式实现绿色金融并服务于绿色经济和绿色事业的具体手段。综合国内外理论和实务界的各种观点,我们对绿色基金做出如下定义:

绿色基金是指响应政府绿色发展战略,履行绿色社会责任,能直接或间接产生环境效益,以绿色经济、绿色事业为资金投放方向或以绿色、可持续发展为价值取向的投资基金或公益基金。

定义有两层含义：首先，我们所定义的绿色基金范畴是符合、响应或贯彻国家绿色发展战略目标的，能够直接或间接产生环境效益，具有明显的外部性。其次，绿色基金成立的目的可能是基于投资价值判断，看好"绿色产业"，认为该领域有较高的投资价值，较好的投资回报，值得进行产业布局或资产配置，可以解释为资本回报驱动；或者目的是基于绿色发展、可持续发展等理念，权衡投资回报与推动生态环境改善的关系，以履行责任投资或支持绿色公益事业为首要原则，可以解释为社会责任驱动。

二、绿色基金的发展背景

从人类社会的发展趋势来看，可持续发展已经进入以绿色经济为主驱动力的新阶段，绿色发展已经在各主要经济体达成共识。我国正在构建多层次的资本市场，以完善金融体系服务于实体经济。绿色经济的发展必然要求建立完善的绿色金融服务体系进行配套支持，也即绿色金融要良好地服务于绿色发展，而绿色金融需要适当的工具手段或者金融产品来实现这一目标，于是产生了绿色信贷、绿色债券、绿色保险、绿色基金等金融产品和手段。这些金融工具彼此各有特点和优势，其中绿色基金由于具备特殊的功能以及其他金融工具无法实现的作用，在实践操作中被广泛应用，并得到快速发展。

从国际绿色金融的发展形势来看，绿色基金正逐步成为解决国际环境、气候、低碳、可持续发展中诸多问题的重要有效解决方式。相关国际组织纷纷发起各种绿色基金以实现其特定目标或计划，多数取得了不错的效果。例如：全球能效和可再生能源基金（GEEREF）由欧盟委员会、德国和挪威于2008年共同成立，其作为母基金向欧盟以外的新兴市场中拥有环境及经济可持续性项目的绿色基金提供资金支持。此外，我们可以看到绿色基金近二十年来在美国快速发展，极大促进了其社会生态效率的提高；日本通过绿色基金的投资在取得良好经济效益的同时也推动了生态环境的改善；欧洲的绿色基金是社会责任投资的主流产品，其专注于细分的绿色产业领域，增长速度明显。

从我国发展战略和基本国策来看，2016年8月底，党中央全面深化改革领导小组审议通过《关于构建绿色金融体系的指导意见》，随后中国人民银行等七部委也联合印发了该意见。这一政策性文件提出：通过政府和社会资本合作（PPP）模式动员社会资本，支持设立各类绿色发展基金，实行市场化运作。中央财政整合现有节能环保等专项资金设立国家绿色发展基金，同时鼓励有条件的地方政府和社会资本共同发起区域性绿色发展基金。

从绿色基金支持绿色经济发展的角度来看。首先，绿色产业拥有未来成长空间巨大，仅"十三五"期间绿色产业的融资需求就可达15万亿—30万亿元，其中大量项目需要以非标、直接融资等基金形式获取资金支持，这些都是绿色基金的用武之地。其次，绿色基金作为各级地方政府推动绿色转型、助力城市绿色发展的有力武器，已得到广泛应用，能够以灵活有效的方式服务政府发展目标和规划，未来必将在这些领域发挥巨大作用。再次，市场化资金以绿色基金形式参与绿色产业直接投资是最合适的选择，可以发起设立绿色风险投资基金、绿色股权投资基金、绿色产业投资基金以及绿色并购基金。最后，绿色基金还是中国与国际绿色金融合作的重要载体。通过中外合作绿色基金的形式，可以引入各类背景的国际资本，有效利用外资，帮助和服务于我国的绿色发展项目和计划。

三、绿色基金的发展价值

（一）对绿色产业的推动作用

发展绿色金融对国家绿色发展战略、绿色政策的执行、绿色产业的发展，具有明显的推动作用。绿色基金是绿色金融的一个重要组成部分，是推动绿色产业发展的重要金融工具和方式，不可或缺也无可替代。相较于绿色信贷，绿色债券以及绿色 ABS 等金融工具，绿色基金的运作形式更灵活，可以投资的领域也更多，可以将各类不同性质的资金集合在一起，实现各种目的或功能。

在绿色股权投融资活动中，绿色基金是主要的投资主体和组织形式，功能和作用是其他债权类产品无法实现的。特别是对于绿色产业中初创型、民营中小企业，大多数无法达到绿色信贷、绿色债券等途径的融资门槛，尤其需要天使投资和风险投资（VC），绿色股权投资基金则是可以与之相匹配的融资渠道，可以有效支持这类项目的启动和成长。

此外，绿色基金还可以投资于绿色债权类金融产品，而且既可以参与一级市场投资，也可以参与二级市场投资，可覆盖度投资范围广泛，对整个绿色产业的发展可以起到多角度的金融支持，对绿色产业的推动作用具有重要意义。

（二）享受绿色产业发展的红利

从另一个角度看，绿色产业近年来蓬勃发展，产业规模日益壮大，许多优质的绿色项目或企业都取得了快速的发展，既为社会产生了正的环境效益，同时也取得了相应的经济回报，其中不乏好的投资机会。

从金融的本质来看，资本承担风险，同时取得合理回报。看好绿色产业投资价值的资本，可以以绿色基金的形式，参与到绿色产业的发展过程中，享受其发展红利。绿色产业中的一些细分领域，例如：节能领域的合同能源管理，环保领域的危废、医费处理，新能源领域的太阳能、风能利用，绿色交通领域的新能源汽车都有一些优秀的企业快速成长，而参与这些领域投资的绿色基金也取得了丰厚的回报，形成了绿色产业和绿色金融发展的双赢格局。

（三）践行社会责任投资(SRI)的理念

随着社会的进步，人类命运共同体意识的增强，对环境保护、可持续发展的重视，社会责任投资（SRI）的理念日益在国际金融界成为一种新的共识和价值观；日益渗透到企业及金融机构的投资理念、决策和行为中，并最终成为投资绩效的价值评估标准之一。

基金是投资行为的重要载体和主要形式，因此发展绿色基金可以积极有效地践行社会投资理念。英国的绿色投资银行是全球第一家专门致力于绿色投资的绿色基金，其运作目标是减少温室气体排放、提高自然资源使用效率、保护或改善自然环境、保护或提高生物多样性和促进环境可持续发展[1]。

---

〔1〕 安国俊等.国内外绿色基金发展研究.中国金融出版社,2018.

从国际视野来看,参与责任投资的基金规模正快速壮大,众多公募基金、私募基金都将责任投资管理纳入其管理准则和投资逻辑。我国的各类基金近年来积极参与和践行社会责任投资的理念。根据有关统计,持牌的 119 家公募基金公司中,有 54 家以上表示在进行投资时会将社会责任履行情况列入投资决策考虑范围内,截至 2017 年年底,已有近百只践行社会责任投资的公募基金成立。

(四)在金融创新方面的探索

金融业通过创新可以更好地服务于实体经济,绿色金融的产生,正是金融创新的体现和成果。绿色基金由于具备一些独有的特点,对于绿色金融创新的探索有着不可替代的重要价值。

首先,绿色基金具有灵活性。相较于绿色信贷、绿色债券、绿色保险等产品,绿色基金可以根据细分的绿色行业特性、融资主体情况、政策合规要求等因素制定灵活多变的方案,以非标准化的方式设计和运作,最终实现投资目的或者融资方的需求,这些都是信贷、债券、保险等产品不一定能实现的。

其次,绿色基金具有广泛性。绿色基金可以更广泛地服务和渗透到各个绿色细分产业,针对不同的企业规模、情况和融资需求,可以有不同形式的基金与之匹配;同时,绿色基金可以和绿色信贷、债券、保险等产品工具组合搭配,更好地服务于企业或项目;此外,绿色基金还可以设计为投资绿色信贷、债券、保险等产品,为各类绿色金融产品的提供资金支持。

再次,绿色基金具有功能性。政府或社会推动绿色金融发展,具有其目的性、战略性,需要通过金融工具来实现必要的功能,从而达到政策目标、战略诉求。绿色基金可以有针对性地进行设计,实现特定的功能。例如,国家或地方政府发起的政策性绿色发展基金、城市发展基金、气候基金,扶持新能源产业发展的新能源产业专项基金,引导社会资金参与绿色投资的绿色担保基金等。

正是由于绿色基金具有以上这些特性,可以开展更多的金融创新探索,所以发展绿色基金具有重要价值和现实意义,值得更多的研究和实践。

四、绿色基金的政策法规梳理

(一)国际性及世界各国的有关法规及政策

1. 全球契约和赤道原则[1]

伴随绿色投资和社会责任投资的快速发展,再加上经济全球化的影响,越来越多的国际性规则开始出现,虽然它们多是自愿性规则,但对绿色基金和社会责任投资有很强的指引作用,其中最著名的就是全球契约和赤道原则。

全球契约于 2000 年 7 月 26 日在纽约联合国总部正式启动,达成了在人权、劳工和环境领域的十项普遍原则,其中关于环境保护的原则包括:"原则 7:企业应对环境挑战未雨绸缪。原则 8:主动增加对环保所承担的责任。原则 9:鼓励无害环境技术的发展与推广。"

---

[1] 赵帅.社会责任投资法律问题研究.中国政法大学硕士学位论文,2010.

赤道原则(the Equator Principles,简称 EPs)是随着金融业社会责任压力的不断增大,金融机构需要审慎地选择投资对象,尽量避免投资带来的环境和社会的负面影响;同时,也有越来越多的高级决策者从企业的长远发展出发,要求严格控制环境和社会风险,从而降低企业的金融风险。正是在这一背景下,2002 年 10 月世界银行下属的国际金融公司和荷兰银行提出赤道原则,目前全球已有 68 家金融机构宣布采纳赤道原则,项目融资额约占全球融资总额的 85%。

全球契约中关于环境方面所达成的共识以及赤道原则中对于确定、评估和管理项目融资过程所涉及社会和环境风险的指标做出的要求,对于国际性绿色基金的组建和管理,起到了指导性作用。

2. 国外与绿色基金有关的法律规制情况[1]

在美国,投资基金大多采用公司型的组织形式存在。有关法规体系健全,主要包括《投资公司法》《投资顾问法》《证券法》《证券交易法》和《证券投资者保护法》等。投资者作为公司股东,可以通过行使股东权利实现社会责任基金在设立时预期达到的目标。另外,美国的政府部分出台了规范企业社会责任的法律规范,为社会责任投资的发展提供良好的环境。

在英国,基金被称为集合投资计划,相关的法规包括《金融服务法》《股份有限公司法》《防止诈骗(投资)法》《投资业务管理办法》《金融服务受管计划法》《证券公募管理条例》等。至 2009 年,英国有超过 75% 的养老基金都采用了社会责任投资策略。荷兰是欧洲社会责任投资增长最快的国家,这主要得益于政府于 1995 年提出绿色储蓄和投资计划,投资于特殊"绿色"项目的企业得到税收减免。德国自 1991 年起,根据德国再生能源法案,有关绿色基金可取得税收优惠。进入 21 世纪以来,比利时、意大利、法国等国家纷纷颁布法规,要求基金在投资中必须考虑社会、环境或伦理因素,将此作为重要决策因素。

在日本,政府推出的一系列独特的鼓励性政策和法规,推动了 SRI 基金的发展,促使日本出现了多支生态基金。1951 年,日本颁布的《证券投资基金法》奠定了投资基金发展的基础。其他关于投资基金的立法还包括 1948 年的《证券交易法》、1966 年的《关于基金制度改革纲要》、1986 年的《证券投资顾问也管理法》和 1994 年的《关于投资信托制度改革的纲要》等。

(二)中国的有关法规及政策

1. 国内与绿色基金相关的法律法规

我国的绿色金融发展时间不长,尚未专门针对绿色基金立法,但是绿色基金应用广泛,相关联的法律法规为数不少,在此,我们做一个简要梳理。

首先,作为基金产品,与绿色基金相关的金融类法律包括证券投资基金法、证券法、信托法、合同法、合伙企业法、担保法等。其次,绿色基金与慈善、公益事业相关联,有关法律法规包括慈善法、公益事业捐赠法、基金会管理条例等。再次,与绿色及环境相关的法律

---

[1] 刘艳玲.社会责任投资基金的法律问题研究.天津大学硕士学位论文,2010.

包括循环经济促进法、可再生能源法、节约能源法、环境影响评价法、清洁生产促进法、水土保持法、环境保护法、海洋环境保护法、大气污染防治法、土壤污染防治法、固体废物污染环境防治法、放射性污染防治法、环境噪声污染防治法、防沙治沙法等。此外，还有若干各细分领域的环境保护管理条例，在此不一一罗列。

2. 国内绿色基金的政策梳理

相较于立法的滞后性，与绿色基金相关的政策则较为丰富且具时效性。

2015年11月3日《中共中央关于制定国民经济和社会发展第十三个五年规划的建议》正式发布，其中一大亮点便是："支持绿色清洁生产，推进传统制造业绿色改造，推动建立绿色低碳循环发展产业体系，鼓励企业工艺技术装备更新改造。发展绿色金融，设立绿色发展基金。"这是我国在政策层面首次明确了设立绿色发展基金的指导目标。

随后，2016年8月30日，中央全面深化改革领导小组第二十七次会议审议通过《关于构建绿色金融体系的指导意见》。该意见明确提出，通过政府和社会资本合作（PPP）模式动员社会资本，支持设立各类绿色发展基金，实行市场化运作。该意见首次提出中央财政整合现有节能环保等专项资金设立国家绿色发展基金，同时鼓励有条件的地方政府和社会资本共同发起区域性绿色发展基金。各省市在《意见》的基础上，根据各地实际情况，制定了符合自身发展需要的绿色金融发展政策，其中很多内容都与绿色基金相关。其中较为有特色的政策有：通过政府出资向社会资本让利等方式鼓励、吸引市场化资金参与设立各类绿色发展基金；对于区域内生态环保发展基金投资省内绿色企业出现损失后给予一定比例的风险补偿。

2017年6月14日国务院常务会议决定在浙江、江西、广东、贵州、新疆选择部分地方，建设各有侧重、各具特色的绿色金融改革创新试验区，在体制机制上探索可复制可推广的经验，其中明确提出：支持创投、私募基金等境内外资本参与绿色投资。

2018年7月12日，中基协发布了《绿色投资指引》，对"绿色投资"的内涵进行了界定，明确了遵循绿色投资理念的基金管理人可遵循该指引的要求开展绿色投资。基金管理人应为支持环境改善、应对气候变化和资源节约高效使用提供金融服务的绿色投资目标，以及在投资过程中应优先投向相关绿色产业和企业的基本原则，并规定了基金管理人要对绿色投资行为进行自我评估或第三方评估，且需接受协会监督管理。该指引是推动行业ESG责任投资的重要抓手，也是基金行业落实绿色发展理念、构建绿色金融体系的重要抓手。

此外，从基金的监管政策角度来看，对于绿色基金的合规、有序发展也提出了要求。重点包括：2017年年末至2018年年初一行三会发布的《关于规范金融机构资产管理业务的指导意见（征求意见稿）》也即俗称的"资管新规"、保监会发布的《关于保险资金设立股权投资计划有关事项的通知》、银监会发布的《商业银行委托贷款管理办法》、中基协发布的《私募投资基金备案须知》、财政部的发布的《关于规范政府和社会资本合作（PPP）综合信息平台项目库管理的通知》等。以上政策的核心目的主要在于防范金融风险、降低金融杠杆率、引导金融资本脱虚向实、回归本质。

第二节 绿色基金发展历程、现状及展望

一、绿色基金的起源及发展历程

(一) 绿色基金的起源

人类社会发展到第二次工业革命,电力、钢铁、铁路、化工、汽车等重工业兴起,石油成为主要能源,随之带来的环境污染也持续加重,问题日益显现,社会关注度也日益提高。到20世纪中叶,随着第三次工业及科技革命的崛起,人类环保意识不断增强。20世纪六七十年代环保运行兴起,在各国政府和民间力量的推动下,各种环境问题解决机制逐步被实施,国家、地区、机构、民间各类主体的环保社会责任意识日益强化,也开始设计以金融手段解决环境问题,实现绿色、可持续发展,绿色金融应运而生,绿色基金正是伴随着绿色金融的发展而出现和成长的。

绿色基金的概念最早是在20世纪80年代开始被提出,经济学者、政府有关部门以及金融机构开始倡导和呼吁以基金形式作为金融手段参与解决环境问题。美国作为社会责任投资发展最早的国家,对于绿色基金的探索也最为领先。世界上第一只将环境指标纳入考核标准的绿色投资基金"Calvert Balanced Portfolio A"于1982年在美国成立,随后英国的第一只绿色投资基金 Merlin Ecology Fund 1988年成立,标志着在欧美主要发达国家的带领下,绿色基金开始从概念被实践应用到金融投资领域,对绿色金融的推动和发展带来重要贡献。

(二) 国际绿色基金的发展历程

绿色基金虽然在20世纪80年代开始出现,但早期发展缓慢,到20世纪末,数量始终不多,没有得到快速推广、应用和发展。这与国际社会以及各国的环境政策、环保立法、政治博弈都有关系。

直到21世纪初,在国际社会各方的不断努力下,伴随各国对环境问题和绿色、可持续发展的重视程度的本质提升,在金融机构的持续参与下,绿色基金才开始快速发展。在美国、欧洲和日本等发达国家的示范和带领下,生态环境指标成为社会责任投资的主要关注点,绿色基金的运作发展模式被逐步提升完善,并开始进入快速发展阶段。与此同时,绿色基金的功能和作用开始显现,推动有关国家生态环境改善、经济生态效率提高。

进入21世纪,绿色基金也在实践操作中进化、发展,专注于细分行业、具体领域,资产规模快速增长,投资回报与社会效益日益得到认可,由此也反向促进更多的社会主体参与其中,形成良性发展和循环。

由于各国经济、金融市场发展水平不同,也影响到绿色基金在不同区域和市场的表现和发展水平。近年来,在欧美主要发达国家绿色基金已经进化到由民间组织或机构投资者主导,发展中国家目前主要还是政府以及大企业主导参与,市场化水平尚需进一步提高。

总体来说,当前绿色基金已经进入持续高速发展阶段,未来作为重要的绿色金融手段

必将发挥更大的功能和价值。

(三) 中国绿色基金的发展历程

中国的绿色基金产生和起步较晚,随着国家对于环保事业日益重视,政策不断强化,绿色金融发展得到有力支持,绿色基金于21世纪初开始萌芽出现。国内早期的绿色基金只带有一些绿色概念或标签,如含生态、环保、低碳等概念的产业基金或者二级市场基金,主要出现在2012年之前。从数量上来看,2012年之前的绿色基金成立数量,公募加私募合计不超过30只。

2012年以后绿色基金的设立数量和规模逐步增加,"十八大"以来我国积极推动生态文明建设,2016年七部委联合发布的《关于构建绿色金融体系的指导意见》明确提出——设立绿色发展基金,通过政府和社会资本合作(PPP)模式动员社会资本。由此,绿色基金进入高速发展的快车道,数量和规模大幅度增加。

随后的"十三五规划"以及"十九大"报告,又进一步为绿色金融和绿色基金的发展提供了政策支撑和指导方针,特别是在习近平总书记"绿水青山就是金山银山"的理论指引下,绿色基金的发展全面开花。各地各级政府纷纷发起设立绿色发展基金,民间企业和资本积极注册成立绿色创业投资和私募股权投资基金,上市公司发起设立绿色并购基金,国际合作形式的绿色基金也多有落地。绿色基金未来发展前景广阔,必将大有作为,在绿色金融体系中发挥必不可少的重要作用。

二、绿色基金的现状及问题

(一) 绿色基金的发展现状

1. 绿色基金的国际发展现状

绿色基金主要是在美国、欧洲以及日本等主要发达国家发展较为充分,已经形成一定的数量和规模,同时也进入了相对成熟的发展阶段,形成了一些可借鉴的模式。

美国是绿色基金发展最为领先和成熟的市场,其绿色基金是从社会责任投资演变派生出来,成为一个重要的独立分支,因此也可以称为绿色社会责任投资基金。自1996年社会投资论坛(U.S.SIF)成立以来,美国的绿色基金快速发展。至今,美国的环境、社会和治理(Environment Social Governance,ESG)的投资总额已超过2.5万亿美元,基金数量有500只左右[1]。其资金来源主要是养老基金以及私人资本。

欧洲的社会责任投资市场主要由机构投资者参与,包括政府资金、养老基金、储备基金、保险资金以及大学基金会等,私人出资很少。英国的绿色投资银行(GIB)是世界上第一家专门聚焦于绿色投资的投资银行,由英国政府全资控股,撬动了四倍以上的私人资本,其模式具有借鉴意义。挪威、荷兰等北欧国家绿色基金的发展也颇有成效。欧洲与ESG相关的绿色投资规模2011年就已达到8.76万亿美元,近年来仍保持持续增长。

亚洲国家中,日本的绿色基金发展较为领先,政府、金融机构及大企业特别注重绿色基金在经济效益与推动生态环境改善的平衡与协调,取得了很好的效果。韩国、中国、印

---

[1] 蒋华雄,谢双玉.国外绿色投资基金的发展现状及其对中国的启示.兰州商学院学报,2012(5).

度以及东南亚国家也都积极开展各种绿色基金的尝试和探索。

非洲以及拉丁美洲由于经济发展水平以及金融市场发达程度,绿色基金发展滞后,除南非的社会责任投资市场有一定规模,其他国家还需要国际社会支持以及自身的努力。

2. 绿色基金的国内发展现状

在政策和市场的双重催化下,中国的绿色基金发展步伐正日益加快。国际合作的绿色基金已先试先行,取得了不错的效果和宝贵的经验;发改委、财政部等国家部委牵头成立的国家级绿色发展基金正持续推进落地;各地省级、市级绿色基金已成立数十只,国企和政府合作的绿色基金也不断开花,民营企业以及民间资本发起设立的绿色基金更是不胜枚举。近年来,绿色基金已成百花齐放之势,效果也逐步显现,相信在不久的将来必将结下累累硕果。

从中国证券投资基金业协会备案的私募绿色基金数据来看,截至2016年年底,累计有265只,而2017年当年新增的绿色基金数量达到209只。2018年的新增备案数量则达到581只。

从证监会监管体系下证券、基金、期货公司等各类持牌金融机构发行的绿色基金产品来看,截至2018年年底各类资产管理计划、直投基金、公募基金专户等产品合计达到113只。

从公募绿色基金统计数据来看,截至2018年年底,存量股票型绿色基金31只,混合型绿色基金31只,债券型绿色基金1只。

以上的数据并不能完全覆盖我国绿色基金的全部情况,但已经可以清晰展示当前绿色基金的现状以及今后发展态势,为我们进一步学习、研究和实践操作绿色基金提供了现实的依据。

(二) 绿色基金发展中的问题及建议

当前,绿色基金的发展还存在不少现实问题,需要我们进行总结、分析并给出建议。

1. 社会对绿色基金的认知不够充分

绿色金融、绿色基金由发达国家起源并发展,在我国开展的时间还不长,国内社会对绿色基金的理解和认识还不充分,有些方面甚至存在误区。例如:认为"绿色"就是做公益,靠政府或慈善机构;绿色投资不赚钱,是不是"绿色"跟做投资没有关系;绿色基金只是概念,没有实际市场价值等,因此,需要政府、学术界、绿色事业从业者共同推广普及绿色基金的价值和意义,逐步提升全社会的认知水平,为其发展夯实广泛的社会基础。

2. 立法及政策的滞后性

近年来绿色基金在国内得到了快速实践和发展,但是相关立法及政策的支持还没有同步跟上,存在一定的滞后性,使得部分绿色基金产品的落地遇到一些阻碍或困难,更重要的是法律和政策上的保护、规范与监管还没有跟上,对于绿色基金的有序健康发展带来了挑战。因此,需要有关立法、执法与政策制定部门及时研究分析,尽快出台有关的法规和政策。

3. 政府唱戏为主,市场化水平不够

当前国内绿色基金的运作主要还是政府在主导,国家及地方各级政府积极贯彻中央的政策和战略,成立了一大批各种功能和目的绿色基金,发挥着各自的作用。但发展绿色基金应该是"政府搭台、市场唱戏",最终目的还是让多源的社会资源和力量参与,以市场化方式实现绿色融资、绿色发展。当前绿色基金无疑市场化水平还不够,需要在机制设计、利益安排、风险承担机制等方面进行创新,从而提升市场化运作水平。

4. 基金运行效率不高,与预期目标有差距

绿色基金在我国的发展模式尚在探索期,基于绿色理念的工作机制、投资逻辑、绩效评价机制都还不完善,因此普遍来看其运行效率还不高,所达到的效果与制定的预期目标还有差距。目前来看,对于绿色基金的绿色考核评价机制正逐步在建立完善,对于绿色基金的管理方式也在提升和借鉴,需要理论和实践方面的有识之士给出不断优化的答案。

5. 如何更有效地引入并利用好社会资本

发展绿色经济、绿色金融的核心目的就是引导和调动社会资本的积极性,让多渠道、大规模的社会资本进入绿色经济、绿色产业,改善环境与资源利用,实现可持续发展。市场经济形态下,资本的逐利性必然要求以利益驱动的机制设计来发展绿色经济、绿色金融。如何有效地制定绿色经济制度、绿色产业政策,从而能引导逐利性社会资本进入是值得深入研究的重要问题。不管是PPP模式,还是结构化基金产品的设计,还有风险担保基金的引入,都是在不断尝试,需要通过金融创新,最终实现社会效益与经济效益的统一。

三、绿色基金的发展趋势及展望

(一) 绿色基金的发展趋势

绿色基金发展至今,已形成一定的规模和体量,并且日益被市场所接受,成为全社会推动绿色发展的重要金融手段,其发展趋势可以总结归纳如下。

1. 国际合作与跨境投融资活跃

绿色经济从诞生之初,就是关系到人类共同命运的一项事业,其国际合作从一开始就在人类社会达成了共识。由于绿色投资具有跨国外部性,国际经验的分享和传播具有重要推动意义,绿色基金的跨国合作可以提升全球绿色投资的水平和能力。因此,随着人类命运共同体意识的不断增强,绿色金融、绿色基金伴随着绿色经济活动开展国际合作和跨境投融资业务的趋势将长期持续。

2016年,G20财长和央行行长会议提出成立"G20绿色金融研究小组",推进绿色金融在全球的发展与合作,将发达国家具有绿色偏好的资本引入发展中国家,解决绿色项目的资金运作问题。中国也积极顺应这一趋势,与美国联合成立了中美绿色基金,与亚洲开发银行合作成立绿色金融促进基金,以外汇储备及国有资本成立"丝路基金"对"一带一路"沿线国家积极开展绿色投资。

2. 绿色社会责任投资成为趋势

社会责任投资(SRI)是20世纪七八十年代在欧美兴起的新投资理念,随着时间的推移,人类社会对环境问题的关注持续提高,越来越多投资者将绿色责任投资纳入投资决策

框架,因此也形成了一种趋势和潮流。以美国为代表的绿色责任投资基金,满足了差异化的投资需求,无论是公募基金还是私募基金,都逐步形成了绿色责任投资的逻辑和框架,成为绿色基金的生力军。

我国在发展社会责任投资上也积极尝试和探索,公募基金已经有半数以上表示在投资决策时会将选股对象的社会责任履行情况作为考量标准,同时基金经理也将企业的社会责任表现与业绩的相关性进行分析,选择投资标的。近年来发行的责任投资概念的基金产品不断增多,绿色社会责任投资的趋势正逐步形成。

3. 广泛的市场化资本参与

绿色基金的发展离不开政府的引导和政策的支持,但市场化资本的广泛参与才是其充分发展的最终方向。在国际社会的支持下,政府的积极鼓励和推动下,我国的绿色基金从政府主导正逐步向社会广泛参与转变。

国内最早的绿色基金主要是各级政府设立的绿色产业基金、绿色引导基金,随后中外合作绿色基金开始试点,绿色公募基金产品开始出现,公私合营模式的PPP绿色基金逐步落地;2016年以来,为数众多的私募绿色基金正逐年呈爆发式增长。不难看出,这一趋势毋庸置疑,市场化资本的大规模参与,必将推动绿色基金发挥更大功能和作用。

4. 方向领域专业化、功能目的细分化

绿色基金的投资从早期围绕绿色概念做文章,投资范围不聚焦、功能定位不清晰,向专业化、细分化的趋势发展。

所谓专业化是指,绿色基金所投资的方向和领域所要求的专业程度越来越高,绿色经济、绿色产业中有不少分支都具有较高的技术含量或者专业要求,要想做好绿色基金的投资,必须配备具有足够行业经验的相关专业人才进行研究、分析和行业跟踪,专业水平缺失的绿色基金必将被市场淘汰。

所谓细分化是指,绿色基金定位的功能与目的越来越细分,单只绿色基金不再包揽众多绿色行业,而是聚焦于具有投资优势的小行业、新领域,力求在小范围取得突破和成功;或者是严格明确自身的功能定位,将能量发挥到点上,这样其功能性价值更能得到充分体现。

(二) 绿色基金的未来展望

1. 绿色基金发展潜力巨大

绿色经济、绿色产业蓬勃发展,其中所蕴含的机会数量众多、空间广阔。绿色基金由于灵活多变,拥有诸多特点和优势,发展潜力巨大。

绿色基金的发展潜力体现在两个方面。一是体现在其必将在绿色发展、绿色金融中发挥重要功能和作用,社会价值潜力巨大。在绿色金融活动中,企业或项目的融资需求各不相同,需要有针对性的、个性化的解决方案,绿色基金由于操作灵活,可以为不同的融资主体解决差异化的资金需求;另外,出资人对于资金的使用目的、风险偏好或预期回报也各有不同,可以通过设计风格不同、形式不同、目的不同的基金来满足。因此,绿色基金可以应用的范围和场景非常广泛,可以通过其优势发挥重要的社会价值。二是体现在通过绿色基金进行投资,将有机会获取高额回报,投资价值潜力巨大。在市场和政策的双重催化下,越来越多的细分绿色产业都显现出商业价值,其中不乏高成长型、高回报的优质项目,绿色基金如果能抓住好的投资机会,必将享受行业红利。

2. 绿色基金规模将不断壮大

根据中国人民大学和中国工商银行牵头编写的《中国绿色金融发展研究报告》统计的数据:2016—2018 年中国绿色投融资资金总量分别为 17 555 亿元、21 860 亿元、21 886 亿元。中关村新华新能源产业研究院发布的《中国城市绿色金融发展报告》(2017)显示:为实现绿色经济发展和推动生态文明建设的目标,绿色产业在今后 5 年内每年至少需要 2 万亿元(约占 GDP 的 3%)以上的投资。

目前绿色基金的规模在整个绿色金融市场规模中所占的比例还较小,但是由于其功能特点突出,其他金融工具无法替代,在绿色投融资中扮演着重要角色,所以其所占比例还有很大的上升空间。未来若干年,绿色基金无论在基金数量和资金规模上都将快速增长。

3. 绿色基金将对绿色金融创新做出重要贡献

绿色金融作为金融活动的新生事物,其服务的对象特性和需求有所不同,为更好地服务于绿色经济、绿色发展,必须加强金融创新。绿色基金本身就是绿色金融创新的产物,由于其投资范围广、应用场景多、形式多样灵活,特别适合尝试探索各类金融微创新。例如:将政府和社会资本有机结合的 PPP 模式的绿色基金、发挥特殊增信功能的绿色担保基金、政府绿色引导基金、股权与债权结合投贷联动的绿色发展基金、支持绿色权益及其衍生交易的碳基金等。

绿色基金的各类创新,为绿色金融服务于绿色产业发展提供了很多有益的探索和良好的解决方案,同时也满足了多元化资金的不同诉求,这些创新对于推动绿色可持续发展发挥了巨大作用,相信绿色基金的各种创新将不断涌现、长期持续,为绿色金融的创新发展做出重要贡献。

第三节 绿色基金的分类及简介

绿色基金有其特殊性,与普通的基金在分类上也略有不同,本书根据绿色基金的特性所形成的不同分类标准,将其分为若干类型。主要的分类标准一个是根据价值取向的差异,另一个是根据资金投向的不同。

一、以价值取向分类

根据价值取向的差异,可以将绿色基金分为:政策或功能型绿色基金、社会责任型及公益型绿色基金、市场化盈利型绿色基金。

(一) 政策或功能型绿色基金

政策或功能型绿色基金是指以实现政策意图或达到特定功能为目标的绿色基金。通常由政府或政府关联的国有企业发起,管理方通常也是国有基金管理机构。政府设立的绿色国家发展基金、绿色引导基金、绿色城市发展基金、环境或气候保护基金等都属于这一类型。

以下通过一些典型案例对政策或功能型绿色基金做一介绍和分析。

丝路基金——由中国外汇储备、中国投资有限责任公司、中国进出口银行、国家开发银行共同出资,按照市场化、国际化、专业化原则设立的中长期开发投资基金,重点是在"一带一路"发展进程中寻找投资机会并提供相应的投融资服务。其主要作用:一是对外大力践行和推广"一带一路"倡议精神;二是积极倡导绿色环保、可持续发展理念,履行社会责任;三是与国际、国内企业和金融机构精诚合作,彰显和放大国际合作效应。

国家绿色发展引导基金——由国家发改委牵头制定指导意见,规模为500亿元,使其实现撬动15 000亿元资金的效果。该基金旨在引导社会资本共同参与绿色发展领域的投资,推动实施一批环境基础设施的建设,推动工业污染治理和环境综合整治等公共项目,建立以绿色生产、绿色采购和绿色消费为重点的绿色供应链环境管理体系。

绿色城市发展基金——该类基金多为各级政府主导、通过国际合作或者国企及金融机构参与,旨在推动城市绿色低碳发展,实现政府的规划发展目标。例如:"中国绿色城市发展基金"(CGCDF),该项目由德国复兴信贷银行实施,由亚洲投资基金(AIF)资助,将支持中国实现《巴黎协定》减排目标和《2030年可持续发展议程》的相关政策。

气候基金——为应对全球气候变化,各国共同签署了《联合国气候变化框架公约》,气候基金是这一框架下全球性气候资金实施气候治理的主要金融工具以及运作平台。其主要出资方为签署公约的各国政府,发达国家与发展中国家形成了不同的分担机制。气候基金主要包括全球环境基金(GEF)及其下托管的气候变化特别基金(SCCF)、最不发达国家基金(LDCF)、适应基金(AF)、绿色气候基金,以及各大洲、各国发起设立的气候基金。中国的气候基金主要是中国清洁发展机制基金、气候变化南南合作基金。

绿色担保基金——该类基金是一种特殊的功能性基金,主要目的和功能是作为金融增信主体及中介机构,以担保为手段,引导资金流向,提高资金运作效率,从而实现政策目的,发挥健全绿色金融服务体系的功能。有关绿色担保基金的介绍可见下文。

(二) 社会责任型及公益型绿色基金

社会责任型及公益型绿色基金主要是由非营利性组织、社会民间机构、企业或个人发起成立的,以履行绿色社会责任以及实施公益为目的的绿色基金。以下我们对国内若干典型案例做一介绍,以便读者更好地学习了解。

中华环境保护基金会——1992年在巴西里约热内卢召开的联合国环境与发展大会上,曲格平教授获得了联合国环境大奖和十万美元奖金。他建议以这笔奖金为基础成立中华环境保护基金会,促进中国环境保护事业的发展。在政府的支持下,该基金会成立。其最高权力机构为理事会,理事会由国内外著名人士、社会各界热心环境保护事业的代表和主要捐赠者组成。从其公开年报信息[1]来看,该基金会为公募基金会,截至2017年年末,下设专项基金12只。基金会各只基金的资金主要来源是社会公开募集以及与企业的专项合作。

---

[1] 中华环境保护基金会.中华环境保护基金会2017年度工作报告.2018.

中国绿化基金会(China Green Foundation)——为了满足国内外关心绿化事业,愿意提供捐赠的人士的意愿,由国家领导人支持,社会各界共同发起,经国务院批准,该基金会于1985年成立,属于全国性公募基金会,业务主管单位是国家林业局。该基金会是筹集民间绿化资金的重要组织,目前设有11只专项基金。2016年6月6日,中国绿化基金会第一支由民间公益粉丝团发起并负责管理运营的公益基金"千度暖烊公益基金"正式成立,致力于倡议和影响更多青少年关注中国的生态环境建设与保护,这也是中国第一个00后偶像粉丝绿色公益基金。

菜鸟绿色联盟公益基金——该基金是中国首个物流环保公益基金。由菜鸟网络、阿里巴巴公益基金会、中华环境保护基金会发起,圆通、中通、申通、韵达、百世、天天等六家快递公司共同出资,于2017年3月在北京成立。该基金专注于解决日趋严重的物流业污染现状,降低行业成本,推动快递包装创新改良。基金计划投入3亿元,用于开展绿色物流、绿色消费、绿色供应链等方面的研究、倡导和推动。

绿色回收公益基金——该基金由某电子回收平台联合中华环境保护基金及中国物资再生协会电子产品回收利用分会共同发起成立,旨在全国高校及城市社区组织、推广、执行闲置物资尤其是废弃电器电子产品的回收示范活动,并开展团体标准制定,以推动闲置物资的绿色公共回收渠道建设,提高公众环保意识,探索可持续的废弃物资回收、处理模式,推动产业发展[1]。

(三) 市场化盈利型绿色基金

市场化盈利型绿色基金是指以盈利目的为价值取向,采用市场化方式进行投资的绿色基金。这类基金是当前应积极鼓励、大力发展的主要绿色基金类型。随着绿色法规、政策的不断完善和强化,制度安排与机制设计使得绿色经济在很多细分领域越来越具备盈利性投资价值,甚至个别行业投资回报率或交易机会极为诱人,因此也吸引了越来越多的逐利型资本进入。对于市场化盈利型绿色基金,可以从公募基金和私募基金两个视角来梳理。

从公募基金角度来看,基于基金业法规的限定,公募基金投资于已上市公众公司股票或债券,因此都是二级市场基金。根据我们收集的数据,国内最早包含绿色基金概念的二级市场公募基金是建信基金管理有限责任公司发行的上证社会责任交易型开放式指数证券投资基金。包含低碳、环保、社会责任、生态、新能源等绿色概念的公募绿色基金目前国内已经有63只,主要投资于A股上市公司的股票以及公开发行的债权类产品。

从私募基金角度来看,绿色私募基金主要包含在中国证券投资基金业协会备案的各类私募基金以及证券公司、基金公司、期货公司等持牌机构发行的各类私募资产管理计划、基金专户产品以及资产支持证券(ABS)类产品。其中包含绿色、低碳、环保、节能、社会责任、生态、新能源等绿色主题的私募基金共计692只。总体来看,绿色私募基金的投资方向以一级市场居多,但也包括部分二级市场基金。由于私募基金具有操作灵活、受监管及合规约束较少等特点,更适合与不同投资偏好或投资风格的市场化资金相匹配,也更

---

[1] 徐辉.绿色回收公益基金在京成立.公益时报,2018年6月15日.

便于金融创新,因此更适合作为绿色基金的重点发展方向,大力发展绿色私募基金,可以更有效地服务于绿色产业,更好地发挥绿色金融的作用。

由于绿色基金的概念相对宽泛,没有明确的界定标准,因此无论是绿色公募基金或是绿色私募基金的数据统计,都很难做到精确和完善,本书重在归纳阐述分类依据和思路。

二、以资金投向分类

从资金投向上划分,我们可以将绿色基金分为资本市场绿色基金、信用市场绿色基金、绿色权益及衍生品市场基金,除此以外的则是投向非盈利领域的绿色基金。

(一) 资本市场绿色基金

资本市场绿色基金具体又可以从资金投向的两个细分维度上进行分类:一个是从一级市场和二级市场的投资角度分类,另一个是从股权型和债权型投资角度进行分类。也有若干基金是一二级市场、股权与债权投资都包含的混合型基金。我们可以根据以上标准将资本市场绿色基金分类总结成表 10.1。

表 10.1 资本市场绿色基金分类表

	股 权 型	债权型(固定收益型)
一级市场	风险投资、股权投资	债权、名股实债、PPP 投资
二级市场	股票投资	债券、ABS 投资

以下对各类基金分别介绍和举例。

作为一级市场股权型绿色基金的代表,风险投资(VC)、股权投资(PE)类绿色基金特别重要,因为支持绿色产业可持续发展,股权投资是必不可少的金融工具。特别是对于早中期绿色项目,必定需要风险偏好较高的绿色股权基金作为资金来源。这方面的典型案例有建银国际和上海城投于 2010 年共同发起成立的建银城投(上海)绿色环保股权投资基金。此外,上市公司+PE 发起的绿色并购基金也属于绿色股权投资基金的细分类型,例如:云投生态发起成立的云南云投生态环保产业并购基金、格林美发起设立的智慧环保云产业基金等。

一级市场的债权型绿色基金,主要是投资于债权融资、名股实债类项目、PPP 项目等。债权型绿色基金相较于股权型绿色基金的优势在于:资金的安全性相对更有保障,因为债权有抵押、质押和增信且优先于股权受偿;资金回收也即退出方式更为明确,即通过分期或到期一次性偿还本息来实现。其劣势在于:出资门槛通常较高,灵活性也较差,对于新设或增信措施不足的项目很难取得债权融资;此外,债权型绿色基金回报率较低,吸引力有限,更适合于政策性资金或风险偏好较低的资金。典型的一级市场债权型绿色基金有华夏银行绿水青山专项基金、中保投京杭大运河建设发展基金、中国 PPP 融资支持基金等。

二级市场权益型(股票型)绿色基金近年来规模持续增长,与绿色产业的快速发展、上市公司数量增多,以及基金管理公司挖掘绿色投资价值、践行责任投资原则等因素都有不同程度的关系。从我们统计的数据来看,截至 2018 年年底,二级市场股票型以及混合型绿色公募基金已经有 62 只;二级市场绿色私募基金由于披露信息有限,数据难以准确统计,但从可了解的案例来看,设立数量也保持持续增长。案例有北京新华汇嘉投资管理有限公司管理的新华汇嘉美丽中国 1 期基金、北京骥才资本管理有限公司管理的骥才千里马新能源汽车证券投资基金。

二级市场债权型绿色基金在国内以专项资产管理计划、资产支持计划(ABS)为主,公募基金产品相对较少,主要原因有二:一是二级市场债权产品例如债券、ABS 都相对标准化,资金主要根据风险评级、到期收益率、久期等因素进行配置,债券的绿色属性并不属于投资决策核心因素;二是可供投资的绿色债权标的——绿色债券、绿色 ABS、绿色票据等资产标的较少,不足以满足该类基金的投资选择样本范围,因此设立基础不成熟。主要案例有富国基金管理有限公司管理的富国绿色纯债一年定期开放债券型证券投资基金。

(二) 信用市场绿色基金

信用市场是金融市场的重要组成部分,信用市场形成以信用为基础的金融活动,信用成为交易的关键环节和支撑,信用的评价和增强有利于金融活动的实现和交易的达成。发展绿色金融,无疑离不开发展绿色信用市场。

绿色担保基金是典型的信用市场绿色基金,对于绿色信用市场的发展和建设意义重大。它能够改善、优化绿色项目或绿色金融产品的信用水平,从而降低绿色项目或绿色金融产品的融资成本,同时降低绿色产业投资风险,为吸引更多的社会资本参与绿色产业发展提供支持。

绿色担保基金与通常意义的绿色基金实现收益的方式不同,它是靠释放信用、承担风险来赚取担保费用以实现收益的。当然,绿色担保基金在发挥自己的核心功能的前提下,也可以根据情况参与到股权及债权投资中获利。绿色担保基金能够提供的增信产品主要包括绿色中小企业信用担保、绿色金融担保、保证担保等。绿色担保基金能够发挥的功能包括减少信息不对称、降低市场交易成本、信用增强和提升、保障绿色债权的实现、资金放大杠杆作用、风险管理作用等[1]。

相较于其他类型的绿色基金,绿色担保基金对于推动绿色产业发展、增加绿色金融的渗透度所发挥的政策性、功能性价值更为突出,因此也更适合由政府主导来发起设立。政府发起设立绿色担保基金可以一定程度地解决绿色金融面临的若干问题,如绿色效益的内部化问题、降低公共财政负担、提高资金使用效率等。绿色担保基金还可以将绿色融资中公共财政的隐性担保显性化,成为政府实现特定政策目标的有效金融工具,这对于完善健全绿色金融体系具有重要意义。设立并发挥绿色担保基金的作用,需要完善绿色产业及绿色金融市场的信用体系,建立绿色企业征信系统,完善企业绿色融资机制,制定有关配套法规及政策,保障绿色信用市场的有效性。

从国际上设立绿色担保基金的实践经验来看,绿色担保基金对于财政资金撬动社会资金投资绿色产业的引导效应非常明显。例如,美国能源部对新能源项目启动的绿色担

---

[1] 安国俊等.国内外绿色基金发展研究.中国金融出版社,2018.

保基金,仅以2.2%的违约率也即资金投入,撬动了97.8%的社会资金投入,效果超出预期。我国也在世界银行的支持下,基于"世界银行/GEF中国节能促进项目"设立了EMCo贷款担保基金,以此给EMCo相关项目提供增信,提升获得商业贷款的机会。该基金项目实施6年,共支持了148个绿色项目,撬动资金杠杆率为6.06倍。担保基金的收益与支出基本持平,本金未受任何损失。该绿色担保基金效果及作用明显,政策目标得到有效实现。

(三) 绿色权益及其衍生品市场基金

绿色金融市场不断发展和深化,绿色效益内部化的制度安排在创新中涌现,各类绿色权益逐步形成,其交易及其风险管理成为必然需求。该领域的绿色基金也应运而生,主要包括碳基金、排污权基金、气候及环境基金,以及对绿色权益进行风险管理的衍生品基金、投资于绿色衍生品的对冲基金等。

绿色权益主要包括碳排放权、排污权、林权、农地经营权、海洋产权(海域使用权)、绿色技术产权、知识产权、环境保护、节能及能源利用权益(用能权)等。在这些基础资产上创设的绿色金融衍生品也应运而生,如碳配额远期、碳期货、碳掉期、碳期权、气候期货、期权、互换等。

绿色权益的主要交易场所——国外碳交易平台主要有欧盟的欧盟排放权交易机制(European Union Greenhouse Gas Emission Trading Scheme,EU ETS)、英国的英国排放权交易机制(UK Emissions Trading Group,ETG)、美国的芝加哥气候交易所(Chicago Climate Exchange,CCX)、澳大利亚的澳大利亚国家信托(National Trust of Australia,NSW)、韩国碳排放权交易市场(KETS)。国内碳交易或环境交易平台主要有北京环境交易所、上海环境能源交易所、海峡股权交易中心等。

正是基于交易市场、交易平台的出现和发展,以上各类绿色权益交易规模不断增加,为投资于绿色权益及其衍生品的绿色基金打开了空间,其种类、数量和规模也持续增长,目前规模最大的是碳基金。

自《京都议定书》生效之后,在主要国家推动下以及各大国际金融机构的带动下,全球碳交易市场迅猛发展,在这一背景下碳基金诞生并迅速发展。世界银行于2000年设立了首只碳基金,至2010年,碳基金的总数达到90余只,规模接近200亿美元。私营部门、社会资本参与日趋活跃,碳基金从早期的以政府投资为主过渡到以私人投资为主。

碳基金主要投资于减排量购买协议(ERPAs)或对项目直接融资(Direct Financing)。减排量购买协议(ERPAs)投资是指碳基金直接向发展中国家减排项目购买温室气体减排量,未来再以更高价格出售获利;直接融资(Direct Financing)是指碳基金对相关项目的建设直接给予资金支持(股权或债权),同时以较低价格换取碳信用指标(ERUs、CERs),未来出售获利。目前减排量购买协议投资是主要方式。我国碳基金出现较晚,代表案例有中国清洁发展机制基金、中国绿色碳基金、华能碳基金、海通宝碳基金、嘉碳开元投资基金、嘉碳开元平衡基金等。

其他投资于绿色权益及衍生品的基金数量和规模还较小,尚在探索和发展阶段,值得关注和鼓励,也需要有关机构加强研究和政府加强扶持。

(四)公共产品及公益市场绿色基金

公共产品及公益市场绿色基金属于非盈利领域投资或资金支持方式。

由于绿色公共产品具有明显的外部性特征、社会效益明显、投入产出不对等,私人部门不愿意直接投资,只能由政府进行投资或支持。

绿色公益事业属于企业或个人履行社会责任的体现,绿色公益事业通常以捐助、低成本或无偿支持等方式给予绿色项目以资金支持。

此类绿色基金与上文以价值取向分类中政策、功能型,社会责任及公益型绿色基金基本重合,不再重复介绍。

[本章小结]

绿色基金是绿色金融的重要组成部分,其作用和价值正日益显现。本章通过有关知识的系统梳理,可以让我们对绿色基金有一个全面充分的认识。当然,作为一个新兴金融类别,绿色基金还在不断发展中,尚有不少法律、机制、利益等实际问题需要面对,未来还会不断完善、发展和变化,值得我们在学习的基础上去探索、解决和创新。对于有志于参与绿色基金实践操作的读者,希望通过本章的学习、指导和启发,能有所收获。

[思考与练习]

1. 绿色基金的定义、内涵与外延还有哪些需要补充和完善?
2. 总结与探讨绿色基金的创新机制设计,尝试设计一套具有创新性的绿色基金方案。

[参考文献]

1. 安国俊,张宣传,柴麒敏,白波,张旗等.国内外绿色基金发展研究.中国金融出版社,2018.
2. 《赤道原则》.
3. 《关于构建绿色金融体系的指导意见》(2016年8月30日,中央全面深化改革领导小组第二十七次会议审议通过).
4. 《绿色投资指引(试行)》(中国证券投资基金业协会).
5. 马骏.构建中国绿色金融体系.中国金融出版社,2017.
6. 马骏.绿色金融.外文出版社,2016.
7. 马中,周月秋,王文.中国绿色金融发展研究报告(2018).中国金融出版社,2018.
8. 《全球契约》.
9. 张承惠,谢梦哲(Simon Zadek).中国绿色金融——经验、路径与国际借鉴(修订版).中国发展出版社,2017.
10. 中关村新华新能源产业研究院.中国城市绿色金融发展报告(2017).

第十一章 绿色并购金融

[学习要求]

1. 掌握绿色并购的概念和绿色并购的主要特征,熟悉绿色并购的终极目标、绿色并购理论表述等。
2. 熟悉绿色并购金融的风险防范,熟悉并购贷款的贷后管理与风险管理策略。

[本章导读]

本章主要从绿色并购的核心概念和绿色并购理论着手,系统、完整地阐述绿色并购的概念特征、绿色并购贷款管理要求,并提出绿色并购金融的风险防范管理和风险管理策略。

第一节 绿色并购概述

"十九大"报告提出的推进生态文明建设和环境保护工作已经成为我们国家新的战略发展方向之一。加强生态文明建设是转变国民经济发展方式的重要组成部分,引导企业改变粗放发展转变为绿色发展方式,走环保循环经济的发展道路,才能保证未来国家的可持续发展。目前制造业发展的环保问题已成为与我国追求的绿色发展行业所面临的急需解决的问题。绿色发展已成为我国走新型工业化道路、调整优化经济结构、转变经济发展方式的重要动力,成为推动中国走向富强的有力支撑。因此,绿色并购已成为我国转变经济发展方式,追求绿色发展的重要途径之一。

一、绿色并购的概念

绿色并购是指境内并购方企业为追求绿色发展模式,获取绿色竞争优势,通过受让现有股权、认购新增股权、收购资产、承接债务等方式,以实现合并或实际控制已设立并持续经营的具有绿色技术和绿色资源等绿色要素目标企业的并购交易行为。绿色并购行为可以是为了兼并重组、延伸绿色产业链、拓展绿色市场、结构性环保优化升级、区域绿色资源整合等多种目的。同时,亦可以通过绿色并购基金综合运用各种资本市场融资方式采用多渠道和多形式满足客户支付并购交易价款的资金需求,为客户建立绿色并购业务综合交易平台,采用包括股权投资、债权融资、夹层融资等多种金融工具开展绿色投融资并购活动,通过被投资绿色企业或绿色资产实现 IPO 或注入上市公司、对外转让及其他资本市场手段退出。绿色竞争优势就是指企业控制或所有的绿色环保节能技术、开发的绿色核心装备、辅助以国内外先进绿色管理理念、手段、策略等,在绿色生产竞争过程中预计会给企业带来的政府性绿色财政税收奖补、贴息、政府采购、绿色政策审批通道和以此带来先发性市场性经济利益的流入。解决制造业绿色环保问题可以通过绿色并购吸收其他企业的绿色技术、绿色资源和绿色竞争优势,开发绿色产品,拓展绿色竞争优势,实现节能减排和资源优化,最终实现企业的绿色发展。

随着我国政府环保整治工作和社会民间环保组织(可以发起公益性司法诉讼)及媒体等监督制约的有力开展,存在环保问题的制造业企业面临的整改压力越大,重污染企业受政府和公众舆论监督的压力开始寻求绿色可持续发展,在金融工具的使用上倾向于绿色并购金融手段;在成功实施绿色并购后,重污染企业的财务会计信息质量可能会有不同程度的下降,但绿色并购可以增加绿色信息透明度以减轻政府和公众外界监督关注的问题,并购后披露了更多的绿色软环境信息内容,提升了企业绿色管理水平,使企业重点转向绿色可持续转型发展道路。绿色并购的终极目标是有效减轻企业对环境造成的负面影响,降低企业未来环境成本,提高企业绿色资源配置,增强产品的绿色竞争优势,实现企业环境目标与财务目标上的双赢,从而提升改善企业社会公众形象。从经济行为视角看,绿色并购可以有效地将生产或并购形成的绿色管理经验、绿色节能环保技术、绿色核心设备等资本资产转化为绿色竞争优势,有效整合各类绿色要素资源,形成绿色产品品牌,真正产生并购协同作用,使企业在扩张过程中成长成为受环境约束的企业和绿色发展意识强的企业。

二、绿色并购的特征

绿色并购就是将绿色理论融入并购的决策性依据,以实现产业可持续发展,即将绿色发展理贯彻到目标企业选择、并购交易决策及并购后管理整合、进一步提升绿色竞争力的全过程,以实现经济效益和生态社会效益的有机统一。如前所述,处于不同经济周期确立绿色并购战略的企业在不同的发展阶段具有不同的并购战略,绿色并购的实质就是集中金融资源资本,获取和吸收消化再创造绿色竞争优势,推动绿色发展,最终综合提升企业绿色含金量价值。一般而言,绿色并购具有如下六个特征。

(一) 绿色并购主体一般为具有绿色环保企业或拟向绿色行业转型的主体企业

绿色并购主体包含主并企业、目标企业以及并购后的企业。第一,绿色并购企业一般具有明晰的绿色发展战略、绿色核心装备和绿色技术领先、绿色竞争优势突出的特点。绿色企业在发展过程中已经累积形成绿色战略、绿色节能环保生产、固废物处理等绿色设备或者吸收引进国内外绿色技术形成的绿色竞争优势。第二,绿色环保型企业及其员工在明晰的绿色发展战略下已经逐渐形成上下一致认同的资源节能、环境保护和"绿色发展就是金山银山"的绿色企业文化理念,并在生产经营过程中始终贯彻落实,形成企业的特有核心竞争力。第三,其生产的产品具有绿色节能环保竞争优势,符合环境保护的绿色需求,节约社会能源,符合政府环境治理、社会公众舆论监督的要求。

(二) 绿色并购突出绿色性这一显著特征

绿色性依附于绿色产业的减少环境成本实现自然与社会可持续发展这一属性。关于绿色产业的定义,国际绿色产业联合会(International Green Industry Union)发表了如下声明:"如果产业在生产过程中,基于环保考虑,借助科技,以绿色生产机制力求在资源使用上节约以及污染减少(节能减排)的产业,我们即可称其为绿色产业。"绿色产业的绿色性是一种生产方式和清洁、节约的环保范畴,任何产业只要能做到环保、节约、高效,就应该属于绿色产业的范围,包括节能环保省出来的,以用能权、碳排放、排污权、温室气体减排等实现交易融资的绿色技术专利,清洁能源的"绿色电力",采用新能源的"绿色汽车",节能减提处理固废物的"绿色工业"等。绿色并购的绿色性是指主并企业以获取或拓展企业所缺少的绿色科技、绿色节能、绿色战略发展与研发等绿色竞争优势为目的兼并和扩张。绿色科技、绿色装备、绿色战略执行管理等绿色竞争优势是现代企业可持续发展的基石。并购作为优化企业配置、获取绿色资源、扩大企业绿色产业规模的有效途径,对于企业获取绿色竞争优势有着极其重要的意义。

(三) 绿色并购有利于形成绿色产业链

绿色产业链是指在整个产业价值链中,通过内生发展、兼并等手段促进上下游各个生产环节从源头原料供应到末端产出产成品全过程的绿色标准化发展,促进从产品设计、生产开发到产品包装、产品分销的整个产业链绿色化,以实现生态系统和经济系统良性循环,实现与自然、与社会各相关群体的良性和谐互动,实现经济效益、生态效益、社会效益有机统一,达到短期利益和长期发展的统一,实现产业的可持续发展。并购形成的绿色产业链注重合理开发资源、保护生态环境,使用绿色技术具有一定的先进性。并购形成绿色产业链可以实现全过程产品生产的标准化,全程控制产业链各环节产品的标准化,通过产品的标准化来提高绿色产品的形象和价格,减少环境成本,规范市场秩序,实现优质优价,提升具有较高绿色含金量的拳头产品的国际竞争力。

(四) 绿色并购是一种带有合理性整合、社会公益性的并购

绿色并购就是为了获取绿色技术并进而取得绿色竞争力优势的并购,需要合理整合并购双方的诉求,兼顾彼此利益,技术设备硬件和企业文化软件进一步融合,达到战略统一协调,因而它一般是非恶意的并购。同时,绿色并购要求企业对环境保护、高效、绿色、安全转型、节能减排等适合自身的绿色产业发展与政府和社会公众利益达成共识,以点带面,加快绿色产业链集群升级进程,加速推广应用绿色技术,发展不侵害社会公众的民生环境,实现"既要金山银山,又要绿水青山"。

(五) 企业绿色并购受到政府层面鼓励支持和金融机构的信贷支持

政府对符合绿色产业发展的并购会出台政策性规定予以明确支持,政策上给予审批绿色通道、财政奖补贴息等支持;在政府政策规定扶持的号召下,人民银行和银保监会出台配套信贷支持文件鼓励商业银行发放绿色贷款,并明确绿色信贷部分给予准备金少缴、降低风险资本占用、监管评级加分等措施,使得金融机构在信贷资源方面倾斜绿色并购发展的企业。

（六）企业绿色并购的形式多种多样

主要并购形式有承担债务式并购、购买式并购、吸收股份式并购、控股式并购。

三、绿色并购的理论发展

（一）并购动因理论

Brouther（1998）认为，并购动因可以分为经济动因、个人动机和战略动机三类。Weston等（1998）将现有文献中的并购动机分为战略驱动的并购、管理层无效驱动的并购、管理层利益驱动的并购、股市无效驱动的并购四类。从国内外资料的研究情况来看，可以将企业并购理论动因归为：实现战略管理协同、扩大规模经济效益、降低成本分散风险、提升一定比例市场占有能力、提升管理效率、应对市场失灵等。

1. 实现战略管理协同效应

协同效应是德国物理学家赫尔曼·哈肯提出的概念，协同效应（Synergy Effects），简单地说，就是"1＋1＞2"的效应。协同效应可分外部和内部两种情况，外部协同是指一个集团内的企业因为相互共享业务机会和资源，协同作战，使得一个单独经营的公司取得更多的业务机会，获取更多的经济效益，提升发展能力；内部协同则指企业产供销及管理的特定时段共同在同一战略指导下集中人财物等资源做大业务规模而产生的整体复合增长效应，这种合并会使合并后企业所增长的效率超过其各个组成部分增加效率的总和。战略并购协同的正效应一般能使企业并购后整体竞争力增强，使得企业经营性净现金流量在当前或在可预见的未来超过两家公司预计经营性现金流量之和，使得当前或在可预见的未来合并后公司业绩比两个公司独立存在时的预计业绩高。战略协同效应可以从实现资源＋技术之间的优势互补的并购协同性活动中产生。如一家拥有雄厚资金实力的企业和一家拥有一批优秀科技人才的企业重组合并，就会产生协同正效益。

2. 扩大规模经济效益，降低成本，提升一定比例的市场占有能力

一般认为，通过并购实现扩大再性产，可以进一步扩大经营规模，强势方可以输出人财物技术等，可降低单位生产平均成本，从而提高产品有盈利能力和利润率，提升一定比例的市场占有能力。并购活动能提高企业经营绩效，增加社会福利，实现正效益。

3. 提升管理效率，应对市场失灵

当 A 公司的处于市场占有率居前且管理效率优于 B 公司时，经过尽调后分析预计得出 A 并购 B 公司的确能改善目标公司的效率，并购公司根据尽调结论就可以输出多余的资源和能力，投入到对目标公司的管理中。从实证角度来看，正向并购能有效提升企业管理效率。特别当经济处于低谷期，行业利润稀薄时，并购处于行业低谷期优势互补企业，输出管理技术，提升单位效益，挽救濒临亏损但有发展前景的企业，共渡难关，应对行业低谷期引起的市场失灵，期盼市场好转带来的并购正效应。一个企业处在某一行业的时间越长，其承受的经营和风险压力越大，通过并购的途径进入其他行业和市场，适当实施两元化或多角度经营，实现企业培育跨越发展的支柱。

（二）绿色并购理论

目前绿色发展、环境保护、提高绿色竞争力已成为国家经济发展的倡议方式，具有绿

色竞争力的绿色发展促进各行业开展节能减排绿色技术的研发与应用,从而进一步促进对各行各业尤其是制造类企业提升绿色竞争优势,克服传统制造业尤其是污染企业通过绿色投资、信贷或并购等金融方式减少能源成本,改造环保生产工艺,提高污染处理物附加值,生产出绿色附加值高的产品,提升企业承担社会环保责任声誉,实现企业、社会、消费者多方面的共赢。

1. 绿色并购理论促进企业实现经济效益利己主义和环境效益的利他主义的双平衡

(1) 绿色并购经济效益利己主义论[1]指企业环保投资从利己主义假说分析来看,通过绿色并购可以快速获得"绿色标的"所拥有的节能减排绿色新技术或绿色清洁能源,解决降低污染企业的负面成本,有利于实现企业自身绿色规模生产带来的经济收益。

企业自身利己主义层面动因。处于环保弱势的污染企业单位环保成本过高,严重的可能超过单位产品带来的收益,通过并购来扩大企业规模、增强包括绿色竞争力在内的企业竞争力以应对竞争,有利于企业获取绿色技术和绿色资产,将绿色技术注入产品、将绿色产品重新包装推广到市场,打开销路;同时享受到政府补贴、税收减免、贷款贴息等,更易于企业融资。绿色并购后企业的规模经济效益可有效降低了单位绿色成本,占有扩大市场占有率,在提升企业绿色竞争力的同时提升企业总体价值,实现企业价值最大化。

有绿色竞争力的中小微企业在发展壮大过程中因资本弱小、融资困难、资金不足、具有市场拓展营销和管理经验的中高端人才不足、持续研发能力不强等问题需要横向或纵向强弱联合整合,而优势主并购企业往往拥有较强的资金和人财物以及持续发展潜力,但是由于绿色技术落后、绿色竞争力不足等制约因素不能实现大踏步的发展。这种以并购为纽带的优势互补可以使主并购企业与中小微企业联手实现获得规模经济、绿色产业经济、盈利经济效益。

(2) 绿色并购环境效益利他主义论[2]指绿色并购需要考虑公众利益、承担环境效益的因素,使股东和经营管理层充分意识到当前粗放且有损环境发展模式的危害,拥有较高社会道德意识、绿色环保意识和长远发展战略眼光的股东和管理层会坚定其绿色产业转型的决心。并购之后的整合和运转有利于企业内部提高环保投入和绿色技术研发水平,减少对社会公众的损害,有利于当地生态环境的改善。从有利于社会公众和环境来看,绿色并购是重污染企业实现绿色产业转型、提高环境绩效的有效方式,也是形成绿色发展追求绿色GDP方式,推进区域生态环境改善,实现生态和谐发展的重要发展途径。

绿色并购能够发挥正面效应作用,体现出污染企业积极履行社会责任、保护环境的良好信号,缓解由污染负面影响带来的公众抵制情绪和政府压力。尤其在资本市场中的并购活动需发布并购公告,或在当地影响力较大的媒体上发布重整方案,通过相对公开的信息披露将企业自身内在的"整改转型"利己意识外化为主动保护环境的利他的实际行动,

---

[1] 潘爱玲,刘昕,邱金龙,申宇.媒体压力下的绿色并购能否促使重污染企业实现实质性转型.中国工业经济,2019(2).

[2] 潘爱玲,刘昕,邱金龙,申宇.媒体压力下的绿色并购能否促使重污染企业实现实质性转型.中国工业经济,2019(2).

向市场传递污染企业绿色技术产业转型和合规守法经营的信号。作为市场利他主义的利好消息,实施绿色并购能够为企业贴上"绿色环保"的标签,获得公众环境满意度,避免可能存在的环境公益诉讼,容易取得公众和政府谅解,特别是在资本市场对因媒体负面报道而下挫的股价具有显著的提升作用,即响应公众环境关注度履行环保社会责任能够显著提高环保类股票的收益。

绿色并购的目标是要实现经济效益和环境效益之间的有效平衡,消除环保整改对企业正常生产经营活动的负面作用。一方面,实施绿色并购之后,引进绿色技术的污染企业对现有主要生产设备进行绿色升级改造,提高产品的绿色含量,防止经营业绩滑坡,而且进一步通过输出改造后的生产设备不断复制创新这种绿色设备生产模式,做大流水生产线上的绿色产品生产规模,提高升级后绿色产品的经济效益;另一方面,绿色并购可有效提升污染企业的环境绩效水平,减轻媒体的压力,获得较高的社会公众评价满意度。

2. 绿色并购理论也是政府实现优化资源配置,达到带动绿色产业群绿色 GDP 增长和创造适合人居美好环境的和谐统一的政策依据

一是最高层政府立法层面执行动因。在绿色低碳循环经济和生态文化建设的大框架下,政府最高层绿色环保方面的立法起来越完善,以法律、行政法规、部门规章、地方条例等方面环保条文和执行通知规定了环保准入、排放标准、违规处罚等内容,企业持续经营的台阶和环保成本越来越高。2018 年环保风暴使得部分企业因达不到环保各类标准、改善污染未通过环保审核而进入限产限排,最终因环保成本上升导致经营亏损无以为继、不达标准被关转并停、强制取缔等方式退出市场,这种压力下促使出现较多的并购机会。

立法以主导下的资源优化配置观是政府引导其管辖下企业产业升级、发展绿色经济从而努力促成推进绿色并购的理论基础。资源优化配置观一直是政府各级层面出台的规定强调的立法立规出发点,认为绿色并购有利于盘活存量资产,提高资产整合效率,有利于国资混改的有力推进即国有资产与民间资产、产业链整合即本地区资产与外地资产、上下游非同一产业之间资产的融合,进而推动一体化绿色产业发展,这是各级政府所乐见所津津乐道的具体行政立法带来的效应。

近几年来环境产业的发展不断得到政策立法倾斜,绿色产业的发展远景被看好,但 2018 年金融政策收缩和环保风暴压力,部分绿色环境产业遭遇资本寒冬,环境企业产业链出现了资金危机,许多民营环境企业开始寻求国资参股或并购,在下半年环境产业资本遇冷的情况下,环境企业开始进行业务的整合,很多民营上市环保企业通过出售部分业务或者股份,而争取更多的市场机会,与国资合作共赢成为当前解决环境企业在金融机构融资难的方法之一。根据中国水网的不完全统计,2018 年国有资本或国资参股企业进行的绿色并购项目至少有 13 起,涉及资金 37 亿元人民币。例如,四川铁投拟收购天翔环境、中建启明并购环能科技等。国资委副主任翁杰明在回答记者提问时表示:"目前,国企并购民营上市公司项目占并购项目总量的 32%,上海、深圳等地国企采取相应方法参与上市公司改造,一大特点是对于股权质押的解套,客观上有利于帮助民营企业解决现有困境。企业运行正常后,在符合市场和企业发展规律基础上来决定国有资本去留。"

二是地方主政决策者追求绿色产业绿色 GDP 层面与适合人居美好环境的动因。

2018年环保风暴使得部分企业经营亏损无以为继、不达标准被关转并停等方式企业会带来员工下岗失业率等众多社会民生问题,为妥善解决以上问题,大多数情况下政府主导优势企业对有希望再生的该类企业进行绿色并购,带动有发展前景的中小微企业发展,实现产业腾笼换鸟、产业改造升级。做大本地企业绿色产业规模、提高绿色经济指标增长率。落实好生态文化建设考核决定了地方决策者的政绩,是地方决策者推动绿色并购的动因,进而实现带动绿色产业群绿色GDP增长和创造适合人居美好环境的和谐统一。

第二节 绿色并购的参与机构

一、政府

在企业绿色并购活动中,地方政府一般起到重要的角色,在培训地方绿色产业集群时有时往往起到关键性的作用,政府在企业绿色并购中可以充当并购市场的培育引导者、协调促成者和监督者,政府可以通过制定相关绿色并购法律法规鼓励绿色并购与退出,打破地方保护主义,指导绿色并购后企业整合,推动和促进绿色产业类的企业并购。随着我国生态文化建设和绿色产业布局结构调整力度的进一步加大,绿色并购重组已进入了一个全新的阶段。

政府在绿色并购重组中的角色和定位体现在四个方面。

(一)绿色经济发展培育引导者

地方绿色经济的健康发展必须依靠区域优势绿色产业群和一批核心优质企业带头发展壮大。地方政府有必要从战略角度为企业绿色并购进行引导和培育先行的案例,批量复制,成为地方绿色经济发展的推动器。政府应及时出台绿色经济培训战略规划,制定绿色产业发展战略实施的时间表和实施步骤图。在金融监管者方面建立健全与绿色并购金融相关的法律法规及其框架体系。

(二)绿色经济协调促成者

政府在绿色产业方面可以发挥桥梁作用,扫清不合理的障碍和降低重组并购成本,在充分交流、商计和协调的基础上促进利益和意见的统一,及时帮助企业在并购后正常生产经营活动,鼓励效益高、竞争力强的绿色企业对经营困难、经济效益差、土地利用率低的污染企业实施重组;鼓励成长型企业对资源闲置企业进行重组,从而实现腾笼换鸟式的绿色产业经济的发展。

(三)资本市场绿色产业集群的催化者

一是营造并催化成功绿色资本并购产业圈。目前国家大发展证券市场资本运作,出台并实施《资本市场鼓励绿色并购若干意见》,形成鼓励绿色并购的"资本市场政策大餐",即以资本为纽带,以绿色环保上市企业为龙头,推进绿色产业集群转型升级,绿色产业链整体发展提升;同时进一步用足、用好上级有关兼并重组政策,设立绿色并购专项政策扶持资金,通过财政贴息、补助等方式,鼓励企业通过增资扩股、股权转让、企业联盟、产业基金并购、上市公司并购等多途径开展绿色重组,激励商业银行加大对资本市场企业重组信贷支持力度。二是鼓励支柱绿色行业上市龙头企业对中小企业进行兼并重组,支持上市公司充分发挥资本市场优势,开展并购重组和产业整合。

(四)简化相关审批与许可

政府进一步减少审批事项,除特殊规定外,建议取消市场机制能有效调节的审批事项,优化绿色并购相关审批流程,推行并联式审批,从简限时办理企业兼并。

二、并购实施主体

钢铁、有色、造纸、航空、陶瓷、污水处理、固定废物处理、垃圾发电等行业企业在发展中已认识到未来绿色并购交易市场所蕴含的巨大商机和良好的绿色产业转型发展空间。并购实施主体企业在开展特色绿色并购的时候,借力绿色并购金融,积极参与开发绿色并购项目,将国家的环境资源优化配置与商业企业利益的最大化充分结合起来,做大做强本企业。

企业开展对外绿色并购投资时,除关注对收购对象选择、交易价格的谈判、交易结构的设计等外,绿色并购主体的选择,如由母公司还是子公司来操作显得尤为重要。选择什么并购主体开展并购,对公司的并购关联性、并购规模、并购地方保护政策、并购节税、并购后的整合管理及相配套的金融融资以及并购披露等均要有审慎的评估和论证。

在开展绿色并购时,在绿色并购主体的选择上有以下四种形式:(1)以母体公司作为投资主体直接展开投资并购;(2)由大股东或母体公司成立子公司作为投资主体展开投资并购,配套资产注入行动;(3)由大股东出资成立产业并购基金作为投资主体展开投资并购;(4)由母体公司出资成立产业并购基金作为投资主体展开投资并购和注入未来配套资产等行动。

三、金融机构

绿色并购金融机构除了银行、保险、证券、基金等机构外,还包括资产管理公司、信用评价机构等。金融机构是整个绿色并购金融体系的基础层,也是绿色并购交易的参与主体之一,其所提供的金融服务将有助于绿色并购市场资源的有效配置,促进绿色并购金融市场的发展。

(一)商业银行

商业银行绿色并购业务是并购思维、并购方法、并购工具与绿色经济圈、绿色产业群相结合形成的业务板块。在生态经济建设的发展阶段,商业银行绿色并购金融业务能够创造性地为绿色经济、绿色产业发展中的融资问题提供信贷一揽子解决方案,同时将商业银行绿色金融业务提升到一个新的层次。商业银行应不断探索,通过创新多样化的绿色并购金融产品,有效降低特色绿色并购金融产业发展中的风险;积极创新并购贷款的不同操作解决方案,扩大绿色并购金融信贷在绿色产业圈的适用范围。

(二)保险业

保险业在绿色并购金融体系框架内承担着规避和转移风险的责任,其在为绿色并购金融的运行可能带来的风险买单时,应严格限制保险资金投资方向,建立绿色保险理念,使保险资金的投资运用与绿色经济发展相结合。一是在推出保险产品方面,针对不同行业绿色并购金融制定差别费率保险;二是专门为清洁新能源技术和新节能环保的绿色并购金融活动设计专项绿色保险产品;三是在购活动中可要求特定行业购买强制环境责任保险,其他行业实行自愿保险,即鼓励开展环境污染强制责任保险,持续推进环境污染责任保险"承保机构、参保企业、承保模式"全面放开。商业银行开展并购金融业务可在并购特定行业环境高风险领域依法要求实施强制购买环境污染强制责任保险或环境保护商业保险,要求将环境污染责任保险或环境保护商业险责任内容公示示范,扩大保险责任公知覆盖面。鼓励保险机构对企业开展环保体检,为加强并购环境风险监督提供决策支持。同时定期开展并购风险评估,在并购出风险后应高效开展保险理赔。

(三)证券业

证券业主要体现在投资银行端。券商投资银行部门在绿色并购金融中可以有以下四个方面的功能:一是设置有开展绿色并购资金用途的上市公司增发配股再融资的环境门槛、拟上市企业首发需满足环境等级评价的要求,对符合高要求的环境企业给予更大的优惠和扶持;二是对开展绿色并购资产上市企业,扶持其在金融市场上发行绿色资产支持证券、绿色资产支持票据、绿色非公开定向融资工具等符合国家绿色产业政策的创新产品,积极推动绿色中小型企业发行绿色集合债,支持金融机构和企业到境外发行绿色债券;三是直接在二级市场投资未来有良好表现的绿色并购经济板块的上市公司;四是开展绿色并购资产证券化可以盘活存量,有利于加快并购资产周转。绿色资产证券化的推进,有利于绿色经济主体的资产负债表优化,如果应用得当,对于绿色并购项目资本金难题、绿色产业的整合等都可以发挥重要作用。

(四)基金业

相比于国外成熟市场,中国的绿色并购基金还处于萌芽阶段。未来绿色并购基金要扩大参与主体范围,构建多层次绿色并购基金体系,设立包括国家、银行、企业等形式的绿色并购基金。按照新颁布的资管统一新规,政府组建绿色基金的合规路径依然存在,主要需要把握两个方面。其一,期限的匹配性。可以考虑发行较长期限的理财产品,其流动性通过客户之间的转让实现,这在客户基础较好的银行或者通过统一的理财产品交易平台是完全可以实现的。其二,如果与地方政府合作设立绿色类型产业基金,需要按照市场化原则进行管理,不得要求出具承诺,不得要求份额回购及固定收益。一般而言,银行参与绿色基金,可以选择地方政府为合作对象,也可以选择上市公司及产业龙头企业为合作对象。与政府合作的产业基金,重点关注环保整改项目、绿色产业的引导、绿色产业的整合、绿色产业的招商引资。

(五)其他机构

在绿色并购金融机构的组成中,还应包括开展绿色并购资产管理公司、绿色并购信用评级机构、绿色并购金融信息服务机构等。目前,这些机构尚还有待政策的支持,以及市场的进一步成熟。绿色并购金融信息服务机构应包括对企业绿色并购数量及形成过程的揭示、价值核算以及向社会披露企业绿色并购信息。有条件的资产管理公司可设立绿色并购资产管理部门。绿色并购信用评级机构通常通过收集相关企业或项目的信息,进行评级。我国可将特色绿色并购信息纳入企业信用评价,如将企业的环境行为分为红、黄、蓝、绿等信用等级。

四、中介机构

绿色并购交易涉及资产评估、金融融资、会计账务税务、合规法律程序等,单凭并购双方很难完成这些复杂的程序,因此有关组织诸如投资银行、会计师事务所、律师事务所等都参与并购交易,这些参与并购交易的相关组织被称为中介机构。在上市公司并购事项中,涉及的中介机构一般包括上市公司独立财务顾问、律师事务所、会计师事务所、资产评估机构、收购方财务顾问(如需)等中介机构。

绿色并购中,投资银行方可以为并购方策划并购,也可以为目标方代理实施反并购策略,对是否符合环保生态保护情况进行尽职调查。在实施并购和反并购过程中需要有会计师事务所和律师事务所等中介机构配合完成实施。

(一)独立财务顾问(券商、社会资本方、财经公关或财务顾问公司等)

1. 独立财务顾问一般由上市公司或上市公司的董事会、董事会下设的专门委员会聘请

在重大资产重组中,根据《上市公司重大资产重组管理办法》,上市公司应当聘请独立财务顾问、律师事务所和具有相关证券业务资格的会计师事务所等证券服务机构就重大资产重组出具意见。

资产交易定价以资产评估结果为依据,上市公司应当聘请具有相关证券业务资格的资产评估机构出具资产评估报告。

在要约收购中,根据《上市公司收购管理办法》,被收购公司董事会应当对收购方的主体资格、资信情况及收购意图进行调查,对要约条件进行分析,对股东是否接受要约提出建议,并聘请独立财务顾问提出专业意见。

2. 在某些情形下,上市公司独立董事可以或必须单独聘请独立财务顾问

虽然根据《关于在上市公司建立独立董事制度的指导意见》的规定,"独立董事聘请中介机构的费用及其他行使职权时所需的费用由上市公司承担",但是独立董事聘请的和上市公司直接聘请的独立财务顾问在立场上毕竟有差别。

例如,根据《上市公司重大资产重组管理办法》规定,重大资产重组构成关联交易的,独立董事可以另行聘请独立财务顾问就本次交易对上市公司非关联股东的影响发表意见;根据《上市公司收购管理办法》规定,管理层收购的,独立董事发表意见前,应当聘请独立财务顾问就本次收购出具专业意见,独立董事及独立财务顾问的意见应当一并予以公告。

3. 在上市公司收购中,(收购方)财务顾问由收购方聘请

《上市公司收购管理办法》规定,收购方进行上市公司的收购,应当聘请在中国注册的具有从事财务顾问业务资格的专业机构担任财务顾问。收购方未按照本办法规定聘请财务顾问的,不得收购上市公司;《上市公司收购管理办法》还规定,收购方提出豁免申请的,应当聘请律师事务所等专业机构出具专业意见。

4. 在上市公司收购中,可以聘请其他专业机构协助

在上市公司收购中,根据《上市公司收购管理办法》规定,财务顾问为履行职责,可以聘请其他专业机构协助其对收购方进行核查,但应当对收购方提供的资料和披露的信息进行独立判断。

(二) 会计师事务所(联动资产评估事务所)

会计师事务所在绿色并购中的作用体现在以下五个方面。

第一,在前期尽职调查阶段对目标公司近三年的财务报表进行分析评估,配合投资者或贷款人对可能产生风险的会计明细科目、税收缴纳、交易结构和现金流量表等作出评析意见;协同资产评估公司对目标公司资产和债务情况是否合理或高估提供分析性意见。

第二,提供节税的合理化选择方案,揭示目标公司可能存在的潜在税收风险,配合投资银行部门通过交易结构方式的设计和注册地的选择争取使税收利益最优化。

第三,建立财务会计预测模型,对各种设想的财务重要指标因子进行模拟运行和现金流量表的流动情况作出预测测算。合理预测目标公司未来几年的经营业绩情况和现金流量表的走向趋势,对未来各阶段销售额和支出等可能出现的财务结构变化提供参考性建议。

第四,配合投资银行部门、资产评估事务所对并购目标企业整体资产价值作出合理估价,从所得税和会计政策优化的角度来分析购买价值。

第五,履行为并购企业的例行年度会计报表的审计职能,评估并报告并购后企业的各项会计指标的运行情况。

(三) 律师事务所

律师事务所在绿色并购中要发挥好律师在《公司法》《证券法》《税法》等有关的法律基础上的专业特长,尽职做好各项法律服务工作。

第一,在前期尽职调查阶段协助并购企业查明目标企业是否存在包括但不限于股东诉讼、经营纠纷、专利知识产权、污染纠纷、环保处罚等行政处罚、法律诉讼和重大纠纷因素问题。

第二,在谈判阶段注重合规性审查,负责审查收购公司的章程,以确定没有重大障碍阻止收购计划的正常进行;草拟商业谈判的协议条款,审查绿色环境并购执行中的合法合规性要求,使谈判中的重要内容均能符合环境保护等法律法规部门规章的各项规定。

第三,在并购实操阶段,主要负责股东会、董事会、监事会成员和经营管理班子选举的会议,做好各方股东的沟通协调工作,包括协调好各方股东、主要债权人如金融机构间的联系,做好新章程和授权管理事项。在出资收购资金时,律师要配合做好与资金供给者如金融机构要求的评审条款落地执行的契约,并将收购过程中所有有关的文件经审查需事后执行的事项全部纳入最后的合同协议执行条款中。

五、并购基金市场的主要参与主体

基金投资者(出资人和受益人):对具有潜在市场价值的并购基金进行投资,并获取退出增值收益。

金融机构:协助募集相应并购资金,并向并购整合活动提供资金或顾问支持。

基金管理人：管理人专门负责对并购基金财产的投资管理和并购交易整体策划，负责并购项目的筛选、尽调、风控管理、上会审核、并购后管理及退出方案设计。

基金托管人：一般为托管银行，负责保管基金财产，并依照管理人的指示运用基金财产进行投资活动。此外，托管人还负有监督基金管理人的投资活动的职责。

并购标的企业：被并购企业或其股权、资产。

中介服务机构：一般包括投融资平台、律师事务所、会计师事务所、投资银行机构、投融资咨询机构以及专业的研究机构等机构，主要提供法律和财务等方面的咨询服务。

各级政府：各级政府推动、出台相关政策，促进（或阻碍）并购行业发展。

行业协会：行业协会（如中国并购公会）可为相关产业并购提供政策指导和行业发展咨询。

第三节　绿色并购金融的运作

我国目前已经成为全球第二大并购市场，并购重组也成为我国金融市场最有效和最具动力的一部分，商业银行已纷纷将并购金融业务作为其战略转型的突破口，中国的并购金融已然迈入新阶段。商业银行除了继续加强支持传统并购融资领域，还可以利用在资金、信息、行业等方面的优势，在并购整合中发挥更大作用，为企业并购整合、产业转型升级提供一体化、有特色的融资服务。

一、并购金融的背景、意义、内涵和政策

（一）背景

我国提出了"去产能、去库存、去杠杆、降成本、补短板"的供给侧改革和建立生态文明社会任务。就商业银行而言，可以借助并购顾问的传导作用，协助落实供给侧结构性改革和生态文明建设的有关任务，帮助去除过剩产能掣肘以利于经济复苏。

（二）意义

现阶段并购重组已是推进供给侧改革和建立绿色产业圈的重要方式，国家去除僵尸企业和环保风暴引起的关停并转的任务彰显了以并购重组为手段的供给侧改革的重要性，以市场化为导向的并购重组正在不断加速，并购市场机遇巨大，商业银行在助力企业并购升级的同时，也为自身的业务转型发展带来机会。

（三）内涵

并购金融包括并购基金等金融产品在内的综合并购金融业务，商业银行推出的并购贷系列金融产品主要是为了满足客户并购交易多样化的金融产品需求。并购交易的融资需求包括债务融资工具包括并购贷款、并购债、并购票据；股权融资工具包括并购投资及重大资产重组配套融资；混合融资工具包括优先股、可转债、定向权证、可交换债券；此外，还有增长势头强劲的并购基金。

在并购金融市场，银行不仅需要为企业提供融资服务，同时还需要搭建信息平台，为并购买方客户寻找合适标的，为并购卖方客户提供价值挖掘、买家搜寻的服务。在达成初

步并购意向后,银行应提供交易谈判、尽职调查、融资方案设计、开具保函、外汇政策咨询及并购战略咨询等财务顾问服务,以实现商业银行并购金融服务从"融资"到"融智"的转变。

(四)政策

1. 外部监管文件

(1)银监会——《商业银行并购贷款风险管理指引》(以下简称《指引》)。

该指引对商业银行开展并购贷款业务的风险评估、管理、交易金额、结构设置等方面作了具体规定。

商业银行全部并购贷款余额占同期本行一级资本净额的比例不应超过50%。商业银行对单一借款人的并购贷款余额占同期本行一级资本净额的比例不应超过5%。

商业银行应在内部组织并购贷款尽职调查和风险评估的专业团队,对项目进行调查、分析和评估,并形成书面报告。专业团队的负责人应有3年以上并购从业经验,成员可包括但不限于并购专家、信贷专家、行业专家、法律专家和财务专家等。

商业银行原则上应要求借款人提供充足的能够覆盖并购贷款风险的担保,包括但不限于资产抵押、股权质押、第三方保证,以及符合法律规定的其他形式的担保。以目标企业股权质押时,商业银行应采用更为审慎的方法评估其股权价值和确定质押率。

(2)国家发改委等七部委——《绿色产业指导目录(2019版)》。

2019年3月国家发改委等七部委于近日联合印发了《绿色产业指导目录(2019年版)》(以下简称《目录》),提出绿色产业发展的重点,对绿色产业的范畴提出统一界别标准。《目录》涵盖节能环保、清洁生产、清洁能源、生态环境、基础设施绿色升级和绿色服务等六大类,并细化出30个二级分类和210个三级分类,其中每一个三级分类均有详细的解释说明和界定条件,是目前我国关于界定绿色产业和项目最全面、最详细的指引,能切实解决在具体实践操作过程中所遇到的困难。

2. 内部流程文件:商业银行内部规章制度即《并购贷款业务管理办法》

开展并购贷款业务,可以根据并购方需求推荐并购目标,并从并购方战略考虑,进行可行性研究,设计并购方案,同时为并购交易设计适当的融资结构,包括资金安排、融资方式等。可以组织律师事务所、会计师事务所等中介机构对并购交易结构、资产状况、法律文件提供专项意见,并参与或代理并购谈判协助并购方制作各种并购文件。通过并购贷款,提供符合并购方需求的并购资金,业务开展过程中应争取提供并购后企业整合及其他财务顾问业务服务。

二、金融机构绿色并购贷款的案例分析

案例 11.1　国资公司收购环保整改企业

1. 并购方

(1)并购方是省国资委下属企业,旗下有两家上市公司,是当地省政府重点扶持的十大集团之一。

(2) 公司拥有一整条探矿—采矿—选矿—冶炼完整的有色金属产业链。

(3) 公司属于有色冶金行业,以铝、铅锌、锰、钛、硅五大产业为主。铝、铅锌产量居全国前列。

(4) 铅锌业务是公司的传统产业,产量分别居全国第四位和第三位。

2. 环保整改目标企业

(1) 该矿山企业为民营企业。

(2) 目标企业拥有两项采矿权和一项探矿权,采矿方式粗暴且环境破坏污染严重,政府多次下令整改整顿。

(3) 目标企业净资产评估值合计为 28.3 亿元。

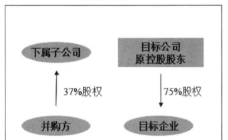
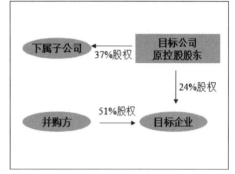

图 11.1 国资公司收购环保整改企业

并购涉及金额 19.86 亿元,其中 3.7 亿元以下属子公司股权置换方式解决,剩余部分 16.16 亿元的 8.16 亿元由并购企业自筹资金解决,其余 8 亿元(占并购资金 49.51%)采用并购贷款解决。

提款条件,包括但不限于以下条件:

(1) ××集团与目标企业的股东已经签署《股权转让协议》("《股权转让协议》");

(2) 根据《股权转让协议》,××集团已经受让目标企业 51% 的股权,且已完成工商变更登记手续;

(3) ××集团将所持有的目标企业的 51% 的股权质押给银行,并已完成质押登记手续;

(4) 借款人用于收购目标企业 51% 股权自筹部分资金按《股权转让协议》约定的支付计划按时到位;

(5) 借款人的股东会、董事会等有权机构通过的包括下列五项内容的决议:一是批准贷款合同条款并同意借款人订立和履行贷款合同;二是授权有关人员代表借款人签署贷款合同;三是授权有关人员代表借款人签署与贷款合同有关的所有文件及通知;四是借款人在银行开立资金专用账户,与并购交易相关的资金划付必须通过此账户操作,且由银行对相关资金划付金进行监管;五是关于贷款合同及其项下的并购交易所有必需的政府机构或其他有权机构的批准文件。

案例 11.2　兴业银行固废环保公司并购贷款项目

1. 业务背景

近十年来，在一片抗议声中，中国的垃圾焚烧发电项目与日俱增，数量越来越多、规模越来越大。诸多企业纷纷进军垃圾焚烧发电业"跑马圈地"。虽然垃圾焚烧发电收益率低，但持续稳定，但在中央大力提倡"美丽中国"的政策引导下，各路资本这两年对环保产业青睐有加。面对日趋激烈的市场竞争，垃圾焚烧的处理服务费也在不断降低，价格战已经打响。

固废处理属于公用事业，政府承担主要责任，并以补贴等方式承担运行费用。与发达国家垃圾处理收费类似，我国正逐渐形成统一的垃圾收费方式。垃圾处理服务费一般包括基本经营成本、三废（飞灰、炉渣、渗滤液）处理费用、折旧费、合理利润及税费。电厂的收益大致有两类：地方政府支付的垃圾处理费和焚烧垃圾电价收入。其中，垃圾处理费各地不一样，以中标价为准；而垃圾焚烧电价则执行全国统一的每千瓦时 0.65 元（含税），每吨生活垃圾折算上网电量为 280 千瓦时。目前固废处置行业企业数量较多，市场份额较为分散，加之目前固废业务技术路线、商业模式尚未完全成型，产业化程度和市场集中度还非常低，尚未出现主流标准技术和寡头垄断格局。

目前，民营固废处理厂的经营以与政府协议 BOT 的方式为主，政府负责固废垃圾的收集，固废处理厂负责固废垃圾的处理。由于政府的议价能力较强，通常会抑制固废处理企业的利润率，但由于固废处理企业具有技术、项目运营经验方面的优势，在项目谈判前，能做出较为准确的估算，且项目运营期长，处理费价格具备长期上涨趋势，项目运营中后期的盈利情况十分可观。因此，此类项目通常能保证合理、甚至是较高利润率。

D 环保股份有限公司是国内第一家在境外上市的民营环保企业。经过近年来的高速发展，D 环保已逐步成长为中国废物处理行业的领先企业，目前 D 环保已建成全国规模最大，技术最先进的重金属废物处理和资源化基地，目前在全国建有近 60 家分子公司，年处理废物能力达百万吨。

2. 金融服务方案

（1）客户需求。D 环保是多家商业银行重点客户，授信额度充足，财务弹性好，保持良好的信用记录，是多家商业银行重点户。公司近几年业务发展速度较快，自 2014 年以来加大了并购业务力度，业务规模迅速扩张，有着较强的资金需求。该公司主要考虑公司债、绿色债券、并购基金等多种融资方式，以尽快系统解决公司资金问题。

D 环保已与被并购方 L 环保产业股份有限公司及其股东签订了《增资及股转协议》，已确定了并购的合同价款、股权转让的先决条件、合同价款的支付方式等相关约定，目前已使用超募资金和自有资金支付了 2.7 亿元并购价款，还需支付 1.05 亿元。

（2）服务方案。本次并购交易资金包括企业自有资金以及 D 环保就上述并购交易总金额的 50% 由兴业银行提供并购贷款，期限 5 年，利率为基准利率上浮 10%；使用被收购方 L 环保产业股份有限公司 60% 股权质押，待工商变更后股权质押给兴业银行。

由于交易时间限制和兴业银行审批流程的时间要求,如果在兴业银行审批结果确定前,或已经通过但贷款未发放之前,D环保使用自有资金支付并购价款,则待本笔贷款落地后置换自有资金。

3. 案例价值

D环保是兴业银行绿色金融专属客户,与兴业银行的合作关系良好。2012年上市后募集资金全部托管在兴业银行,此次并购贷款项目,在为公司提供优质服务的同时,银行也获得了较高的收益,银企双方实现了共赢。

第四节 绿色并购金融的风险防范

一、防范绿色并购中的绿色陷阱

中国企业近几年来出海一系列重要海外并购,几乎全部瞄准的是能源、矿藏类资源,但中国企业必须面对这样一个问题:资源类企业的环保难题。由于资源类企业大多是耗能多、污染重的重工业企业,中国企业在买到手之后就需要支付高额环保成本,对于这点中介机构和海外投资银行方帮助策划时要予以重视,并进行专业评估。

与发展中国家相比,发达国家的企业在环保上支付的成本要高很多。1997年12月,《联合国气候变化框架公约》第三次缔约方大会通过了《京都议定书》,在协定中发达国家承诺的减排义务最后都落实到企业,通过企业的具体行动来完成,企业成本的上升也就成为必然。在节能减排上,欧洲国家始终比较激进。早在2007年2月,欧盟就单方面承诺2020年温室气体排放量和一次能源消费量比1990年减少20%,可再生能源比重提高到20%,企业的减排面临着更加严格的限制。

中国企业在海外收购时首先要对被收购企业在当地的环保成本作出评估,对可能要付出的环保支出估算好,对欧洲企业、美国企业还是在发展中国家的企业,需要分开来区别对待,应该更多地向环保成本付出低的地区倾斜。如在发达国家的企业,有没有碳捕捉和降低碳排放的措施,在一些暂时环保要求不高或暂时还没有征收碳税的国家有没有高于当地标准的节能减排的措施,能不能拿到碳排放的额度,未来是否征收相关的环境税费,一旦征收就直接增加了企业的盈利风险,严重的很可能会拖垮中国企业。

污染从发达地区向欠发达地区转移是一个大的规律,随着经济危机带来的经营压力加大,为削减环保成本转移污染有加剧的趋势。随着非洲、拉美等发展中国家这些被转移了污染的国家环保意识增强、政府对环保要求的提高,跨国企业需要将这些污染企业再次转手。在中铝、力拓高达195亿美元的并购案中,力拓打算出售给中铝的一处矿山资源为印尼的格拉斯伯格(Grasberg)铜金矿。该矿是世界第二大铜矿和世界最大的金矿,产品主要是面向中国市场。这样的一项资产看似优良,但格拉斯伯格铜金矿却存在着严重的环境污染问题。格拉斯伯格矿山在生产中,产生的尾矿渣废料被直接排入当地河道系统,然后在洪泛平原沉积。铜残渣会严重破坏环境,污染水源,影响到当地居民的健康。该矿山的尾矿渣处理方式遭到了环保主义分子的指责,还陷入了有关当地独立运动的争论中。

格拉斯伯格矿山污染问题,早就是发达国家的企业不愿意接手的一块烫手山芋。在2007年必和必拓公司(BHP)试图以1 450亿美元收购力拓公司时,就有消息说必和必拓一旦成功并购,将出售污染严重矿山的股份,不过最后交易并没有成功。中铝对力拓的并购经审慎专业评估后,对并购目标做出环境调研,最后也因同样问题而放弃收购,否则如接手格拉斯伯格矿山将面临棘手的环保问题,从而避免买到手的刚好是别人想丢掉的包袱而陷入"绿色陷阱"。

二、并购贷款的贷后管理风险管理策略

(一)定期评估绿色并购项目各阶段的财务指标和还款现金流情况

《指引》第三十一条规定商业银行在贷款存续期间,应定期评估并购双方未来的绿色并购项目现金流的可预测性和稳定性,定期评估借款人的还款计划和还款来源是否匹配。在贷款合同约定的基础上,根据并购交易后的季度财务指标情况,分析计算评析并购后并购双方的相关财务指标包括但不仅限于债务人的净资产波动、流动比率、偿债保障比率、速动比率、净资产负债率、息税前利润、利润率增长率以及贷款到期前绿色投融资活动产生的净现金流情况等。

《指引》第三十条规定,商业银行应在借款合同中约定,借款人有义务在贷款存续期间定期报送并购双方、担保人的财务报表以及贷款人需要的其他资料。资料、数据应该在第一时间报送,即时向贷款银行通报,银行将数据与并购前数据作出比较,评估并购项目的执行情况;还可以将并购贷款与前一次的数据做比较,分析变化原因,以期控制风险,减少损失。如发现财务指标有较大异常,应采取相应的应对措施以减少并购贷款产生的风险。

(二)审慎防范绿色金融风险,加强金融基础设施的统筹监管和互联互通,推进金融业综合统计和监管信息共享,要求企业披露并购贷款发放后的相关重要绿色环保等信息

依法依规建立绿色企业环保信息强制性披露制度,实施重大环境污染事件黑名单制度,推动企业环境违法违规信息及环境信用评价信息纳入各省公共信用信息平台。健全绿色金融风险监测预警机制,依托各省区域金融稳定协调合作机制,充实绿色金融合作内容,分析研判绿色金融风险形势,形成风险防控合力,为经济社会可持续发展创造稳定的金融生态环境。

并购贷款发放后,应定期对并购双方企业进行定期贷后现场检查,内容包括但不限于此:任何第三方组织或机构如评级公司、绿色环保公益组织、媒体等公开或非公开对借款人的评价、报道,任何执法、司法机构对借款人进行的调查(依法应保密的除外);有关政府环保监管机构的监察结果、处罚情况;任何对银行账户、财产采取的限制令;核查报送的企业经营和财务信息是否存在较大波动;定期核查借款人是否遵守各项环境责任等合同条款;国家或当地政府是否出台对并购放款或并购后企业产生影响的相关最新政策,并分

析其影响程度;并购方及并购后企业公司治理结构、高级管理人员、绿色生产经营、后续重大绿色投资计划及财务政策的变动情况,是否对贷款偿还产生不利影响;按照专项资金账户监管协议,检查监控并购方主要财务收支、现金流情况。

三、绿色并购贷款的其他陷阱和对策

据普华永道数据统计,至今为止超过50%的中国企业海外并购都不成功。商务部报告也指出,中国企业的海外项目只有13%处于盈利可观状态,63%处于非盈利或亏损。并购风险及应对策略主要有以下四个方面。

问题1:掏空转壳。这是指收购标的企业将人力资源、管理团队、客户合约、绿色技术专利等较难在财务数据中反映出来的重要资源,悄悄转出,使收购公司买到的仅是一个空壳。

对策1: 在并购合同中收购方可以要求标的公司保证,在尽职调查开始实施到并购合同签署期间,不可处分公司的任何资产包括绿色技术专利、核心骨干或从事任何足以影响公司运营的行为,否则可按双方约定数额进行赔偿。整合团队时,必须根据事先的计划,在第一时间把整合后的业务发展战略,以及对客户、供应商、合作伙伴的利益保障机制,与各方进行面对面的沟通,并采取强有力措施保证客户服务水平不随并购的动荡期而被忽视和伤害。

问题2:高估陷阱。收购方在竞价过程中,由于高估市场,或者同对手的不理性竞标,很可能以高出实际的价格收购。结果是市场整合后并不能达到预期,甚至整合失败。

对策2: 请专业评估机构列出尽调清单中要包含各类资产运营、会计、市场、人力等各部门的情况,认真分析财务报表,应请经验丰富的中介机构,包括并购代理公司、会计师事务所、资产评估机构、律师事务所等,对信息进行进一步的证实,并扩大尽职调查的范围。同时,比较同类的公开市场交价格,冷静把并购成本和并购整合完成之后公司能获得的收益进行一个前瞻性的对比,评估未来绿色资产发展潜力和绿色竞争力优势所在,得出有利于收购方的合理绿色资产价格。

问题3:国别政策风险。对于国外的很多大型企业、国资企业、上市企业、制造企业、资源类企业的并购一般需要中国政府和外国政府的双方审批。

对策3: 国内来说,一般根据项目、企业、国别地区等不同,需要发改委、商务部等审批,国企需要国资委,上市公司需要证监会审批。从外国政府来看,还要先识别审批机构。根据交易的性质、大小和所涉及的法律不同,一般应考虑反垄断、国家安全、主管行业机构等几方面的审批。比如,美国的外国投资委员会(CFIUS)可以以妨碍国家安全、控制国家商业等原因阻止一项收购项目的完成。

问题4:公关危机风险。海外并购,特别是对目标企业的整体收购,常常会伴随着资产重组和配置,因此也牵扯到目标企业员工的去留问题。除此之外,环境污染、品牌更换等都可能引起当地居民的反对。

对策4: 最好的做法就是聘请当地的公关咨询公司和专家来解决。

[本章小结]

1. 绿色并购的终极目标是有效地减轻企业对环境造成的负面影响,降低企业未来环境成本,提高企业绿色资源配置,增强产品的绿色竞争优势,实现企业环境目标与财务目标上的双赢,从而提升改善企业社会公众形象。

2. 绿色并购金融旨在促进将生产或并购形成的绿色管理经验、绿色节能环保技术、绿色核心设备等资本资产转化为绿色竞争优势的综合并购金融业务,使企业在扩张过程中成长为受环境约束的企业和绿色发展意识强的企业。并购交易的融资需求包括债务融资工具(并购贷款、并购债、并购票据)、股权融资工具(并购投资及重大资产重组配套融资等),此外还有增长势头强劲的绿色并购基金。

3. 审慎防范绿色并购金融风险,加强绿色并购贷款管理,要求企业披露并购贷款发放后的相关重要绿色环保等信息,防范并购金融中的各项陷阱。

[思考与练习]

1. 简述绿色并购的概念和特征,以及绿色并购理论的发展。
2. 简述绿色并购贷款的风险防范和贷后管理要求。

[参考文献]

1. 复旦绿金(微信公众号),复旦绿金网站(网址:figf.fudan.edu.cn)。
2. 潘爱玲,刘昕,邱金龙,申宇.媒体压力下的绿色并购能否促进重污染企业实现实质性的转型.中国工业经济,2019(2).
3. 市值风云(APP公众号).
4. 王宛秋,李一哲.企业举债并购的绩效和风险研究——兼论商业银行并购贷款风险的规避.商业会计,2012(12).
5. 胥朝阳,周超.绿色并购初探.财会通讯,2013(2).
6. 胥朝阳.并购重组:传统制造业绿色转型的推进器.会计之友,2015(10).
7. 袁跃.李东辉:东方园林的绿色并购.首席财务官官,2015(12).
8. 赵国栋,陆浩如."去产能"视角下商业银行并购贷款业务发展探讨.现代金融,2016(3).
9. 中国并购公会,http://www.ma-china.com/.
10. 中国并购重组网,http://www.bgczw.com/.
11. 中国金融学会绿色金融专业委员会,http://www.greenfinance.org.cn/.
12. 钟凤英,刘程.商业银行并购贷款贷后风险管理.商业经济,2011(3).
13. 周超.基于绿色竞争力提升的企业并购,模式及绩效研究.武汉纺织大学硕士论文,2014.

第十二章 绿色供应链金融

[学习要求]

1. 了解绿色供应链的产生背景和基本内容。
2. 了解绿色供应链金融的基本模式。
3. 了解绿色供应链金融的主要类型。
4. 思考绿色供应链金融的发展前景和趋势。

[本章导读]

在绿色金融体系中,绿色供应链金融是一个较为特殊的学科领域。从发展历程看,绿色供应链金融出现在绿色金融之后,也是现代金融模式革新过程中的一个新兴产物。所以,在这个领域的理论积累相较绿色金融而言更为薄弱,通常的读物和文献中以一些实践案例居多。许多学者正在通过案例的积累和实践的总结提炼相关的理论体系。绿色供应链金融本身是绿色金融和供应链金融的结合模式,在绿色金融和供应链金融都蓬勃发展的这个时代,随着市场需求应运而生,同时也产生了很多崭新的机制模式和需求关系,这对绿色金融的体系而言可能是具有突破性的,值得深入研究。

第一节 绿色供应链的基本概念

一、绿色供应链的产生背景

供应链管理的产生与全球工业化和商业化进程发展的阶段有密不可分的联系。在20世纪50年代,企业管理文化的崛起启发了一些大型企业对供应链系统管理的关注。起初,供应链管理仅仅是企业视为内部流程的物流管理,即便是一些知名企业也没有将供应链管理与企业整体管理联系起来。到了20世纪80年代末及90年代,人们对供应链的理解发生了新的变化,原先只限于内部管理流程的供应链管理被赋予了更宽泛的内容,原来被排斥在供应链之外的最终用户、消费者、设计者的地位得到了前所未有的重视,很多企业开始将供应链管理视为企业集成管理的一项核心手段。

全球环境保护风潮与供应链管理理念几乎经历了同步发展的历程,尾随着大规模的工业革命之后,西方工业发达国家开始面临严峻的环境污染问题。随着污染公害事件的频频发生以及环保启蒙教育的普及,20世纪60年代掀起了一股环境意识觉醒的浪潮,并在1972年由联合国在瑞典首都斯德哥尔摩举行的第一次人类环境会议上通过了著名的《人类环境宣言》及保护全球环境的行动计划。此后,环境保护作为全球发展的重要议题,热度经久不衰,并逐渐浸润入企业的管理文化中,成为企业履行社会责任、实现企业价值的一个重要方面。

绿色供应链的理念提出始于20世纪90年代中期,正处于大部分西方发达国家跨入后工业发展、追求经济发展品质的时期。当时,在以欧美为主的社会文化氛围中,民众对环境保护的诉求已经十分高涨,科学学界和企业管理界都在不断把企业管理和环境保护进行系统结合,很多基于企业环境管理的理论和实践都基本形成了一些公认的理解,行业环境准则、企业环保公约成了这一时期最活跃的风向标,绿色供应链管理也随之应时而生。

二、绿色供应链的内容

1996年,密歇根州立大学的制造研究协会首次提出了绿色供应链的概念:绿色供应链是环境意识、资源能源的有效利用和供应链各个环节的交叉融合,是实现绿色制造和企业可持续发展的重要手段,其目的是使整个供应链的资源利用效率最高,对环境的负面影响最小[1]。

2003年,联合国环境规划署(United Nations Environment Programme,UNEP)认为,绿色供应链管理应包括监测企业环境绩效,与公营企业合作开展绿色设计,为供应链企业提供培训和信息以建立其环境管理能力等[2]。

随着理论和实践体系的完善,绿色供应链管理从供应链的狭义范畴逐渐扩展到更为广泛的系统化的含义,从原来供应链管理要素的供应商、制造商、零售商、用户和物流商等静态环节要素发展为基于设计、采购、制造、分销、物流、消费、回收等动态的系统要素。从总体认知上,基本上都秉持了两大理念上的共识:第一,绿色供应链的诞生及发展源于社会文明发展到一定水平后,产业经济发展和生态环境保护之间的一种具有相互依存的共生发展模式的需求。这一理念既不是在经济发展上绑缚上环境保护的枷锁,也不是为环境保护戴上经济发展的帽子,这是一种两者协作且融为一体的新型发展模式。第二,绿色供应链作为一种管理模式和手段机制,需要体系化的理念塑造和系统干预,需要突破传统上以产业节点为边界的管理架构,从管理维度具有跨企业甚至跨行业的延展性,终极目标是可以形成"从摇篮到坟墓"式的全生命周期管理体系,是一种可以贯穿目前生态环境保护命题的发展模式。

绿色供应链体系的环节主要有绿色设计、绿色采购、绿色生产、绿色营销、绿色包装、绿色物流、绿色消费和资源回收。"绿色"的理念和目标覆盖了产品的全生命周期,而不是

---

[1] 王能民,孙林岩,汪应洛.绿色供应链管理.清华大学出版社,2005.
[2] 朱庆华.绿色供应链管理.化学工业出版社,2004.

某一局部范围或阶段,仅靠单个企业内部的绿色化管理并不能体现供应链整体的"绿色度",而需要对供应链各个环节实施绿色管理和绿色运行。

(一) 绿色设计

绿色设计也称生态设计。在产品整个生命周期内,着重考虑产品环境属性(可拆卸性、可回收性、可维护性、可重复利用性等)并将其作为设计目标,在满足环境目标要求的同时,保证产品应有的功能、使用寿命、质量等要求。绿色设计的原则被公认为是"3R"原则(Reduce,Reuse,Recycle),即减少环境污染、减小能源消耗,产品和零部件的回收再生循环或者重新利用。

(二) 绿色采购

绿色采购是指通过优先购买和使用环保产品和服务,减少对环境不利的影响因素,最大程度降低或消除在制造、运输、使用、处理和回收利用等过程中对环境造成的不利影响。环保产品和服务可以包括:节约能源和资源、减少废物产生和污染物排放,可回收材料制成的产品,可重复使用产品,可造生能源,使用替代燃料车辆,使用替代有毒有害化学品、放射性物质、危险品等产品。

(三) 绿色生产

绿色生产即清洁生产,是以节能、降耗、减污为目标,以管理和技术为手段,实施工业生产全过程污染控制,使污染物的产生量最少化的一种综合措施。这包括在生产过程选择绿色资源,清洁利用矿物燃料,加速以节能为重点的技术改造,提高能源利用效率,采用无污染、少污染的技术、新设备,开展原材料的循环套用和回收利用,综合利用边角下料和废旧物资,提高资源利用率,强化工艺、设备、原材料储运管理和生产组织过程的管理,减少物料的流失和泄漏事故,对排放的污染物进行"三废"综合治理。

(四) 绿色包装

绿色包装是指包装产品从原材料选择、包装品制造,到使用和废弃的整个生命周期,均符合生态环保要求,完全以天然植物或有关矿物为原料制成,能循环和再生利用,易于降解的无公害包装。

(五) 绿色物流

绿色物流指从保护环境的角度改进物流体系,形成环境共生型的物流体系,在物流过程中抑制物流对环境造成的危害,同时实现对物流环境的净化,充分利用物流资源。

(六) 绿色营销

绿色营销是指企业以绿色文化为价值观念,在充分意识到消费者日益提高的环保意识和由此产生的对清洁型无公害产品需要的基础上,发现、创造并选择市场机会,通过一系列理性化的营销手段来满足消费者以及社会生态环境发展的需要,实现可持续发展的过程。

(七) 绿色消费

绿色消费也称可持续消费,是指一种以适度节制消费,避免或减少对环境的破坏,崇尚自然和保护生态等为特征的新型消费行为和过程,倡导消费者在消费时选择未被污染或有助于公众健康的绿色产品,注重对废弃物的处置,转变消费观念,崇尚自然、追求健康,在追求生活舒适的同时,注重环保、节约资源和能源,实现可持续消费。

(八) 资源回收

资源回收也称循环回收,是在产品完成其消费使用价值后通过逆物流进入回收体系,使其可再生和可利用的部分重新进入供应链系统,补充供应链在生产阶段对原材料的需求,使产品的价值不断得到最大化,减少对新材料和新资源的需求。

从绿色供应链涉及的产业生态链(如图12.1)来看,其相关利益贯穿整个产品生命周期的所有成员,不仅是产品的生产链,亦包括产品的使用链。近年来,以消费端拉动的供应链环境行为提升的实践及成效十分突出,这在一定程度上更好地完善了绿色供应链内涵的理论释义。

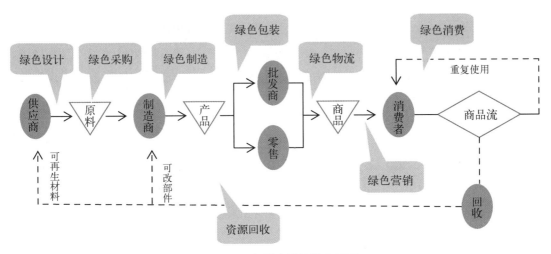

图 12.1 绿色供应链结构分解图

第二节 绿色供应链金融的形成和模式

一、供应链金融

在供应链金融模式中,金融机构和企业的"点对点"关系会转变成"点对链"或者"点对链上其他节点"的关系。金融机构可以突破传统的金融关系,不与金融被服务对象发生直接关系,而通过供应链中的核心节点发生间接关系。从体系结构上看,供应链中的核心节点企业类似于金融体系中间接融资关系的中介,但又与一般意义的金融中介有明显不同。核心节点企业可以不参与资金流通,只是为供应链中企业提供信用担保,用自身的信用来作为其他节点企业争取资金资源的筹码。另一方面,投融资格局中金融中介机构要从资金经营者利润中收取一定的利息来维持自身的盈利性,但在供应链金融中,核心企业用自身信用作为担保所换取的利益并不是直接的资本利息,而是会体现在整个供应链的价值提升带来的生产边际效益,而这在绿色供应链金融中又往往会由供应链环境表现整体提升所带来的市场经济效应来完成(如图12.2)。

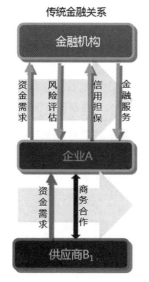 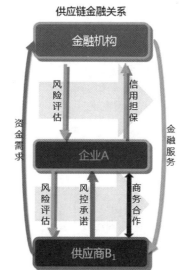

图 12.2 传统金融关系和供应链金融关系图

任何金融模式的运转都会把风险管理放在非常重要的位置,风险管理的成效会直接影响到投资方和受资方最终的价值实现。在传统金融关系中,金融机构对金融服务对象会形成一套完整的风险评估和风险控制制度。在供应链金融中,风险评估和风险控制的责任会通过供应链进行延伸,这对于金融机构而言,实现了一定程度的风险转移,风险承担方由投资方变为了投资方和供应链核心企业共同承担。一般来说,由于供应链上的核心企业和节点企业在经济范畴上属于共同利益体,或者其利益关系紧密性和一致性高于企业与金融机构的关系,所以在风险识别和风险控制环节形成的相互制约、相互监督和相互促进效益会更为明显。

从表 12.1 可以看出我国主要的商业银行对于供应链金融模式也相当重视,而且从供应链金融规模来看,数额上也是逐年递增。但是,就整个银行行业在供应链金融的占比方面,银行在供应链金融的发展上还有很长一段的路要走。而且,随着我国"一带一路"战略的兴起,也给银行一个绝佳的机会来向那些渴望在"一带一路"沿线设立跨国企业的公司供应链提供绿色金融服务,这样的一个长足的发展机会需要银行作出更具激励性的政策,还要在供应链金融服务种类上多下工夫,创造更多且更有效的金融产品。

表 12.1 2014 年我国主要商业银行供应链金融业务概况[1]

类 别	供应链金融业务规模	主导品牌	发 展 策 略
建设银行	贸易融资余 7 679.79 亿元,增幅 68.05%	供应链融资十大产品	加快供应链融资业务发展,提升综合收益水平和业务防范能力,推进公司业务转型
工商银行	贸易融资余达 11 102.19 亿元,增长 771.46 亿元,增幅 7.5%	国内保理、产品融资、订单融资等	加快贸易融资业务向供应链金融模式升级,创新提供电子供应链融资方案,为供应链核心企业及上下游中小企业提供内外贸、本外币一体化供应链金融服务

---

[1] 林毅.建设银行供应链金融业务发展策略探讨.厦门大学博士论文,2014.

(续表)

类别	供应链金融业务规模	主导品牌	发展策略
中国银行	供应链金融业务余额达1.02万亿元,人民币贸易融资达3 473.46亿元	融易达、融信达、通易达、融资达等	完善供应链融资电子化系统功能,通过创新供应链融资与现金管理产品组合模式,支持全产业链资金管理
农业银行	——	供应链融贸易	开展农业供应链金融,加快研发供应链融资产品,强化对行业领客户的"总对总"营销,以云托管模式建立基于核心企业的供应链销售平台
交通银行	累计拓展产业链网络1.5万个,拓展链属企业超过9万户,国内贸易融资余额达1 134.72亿元	蕴通供应链	不断完善"一家分行做全国"产业链金融业务,以贸易金融为主导,围绕核心企业业务链条充分挖掘产业链资金流量价值,着力提升集群式拓展与服务水平
平安银行	新增供应链网络金融客户10 049户,新增日均存、贷款741亿元和21亿元,实现收入36.28亿元,贸易融资授信余额3 705.56亿元,其中中国内贸易融资2 742.36亿元	平安供应链金融3.0	将供应链金融末端延伸到境外,实现全供应链的结算、融资一条龙服务,提升对全球客户的服务效率,借助"供应链金融综合服务平台",将产品研发、平台建设与新业务拓展融为一体
中信银行	供应链金融授信客户8 035户,新增952户;融资余额2 165.57亿元,新增150.68亿元;累计带动日均存款1 420.69亿元,新增253.58亿元	中信供应链金融	积极推进供应链金融业务产品创新和行业拓展,开发封闭融资、组合融资类产品和标准仓单融资等创新产品,推出电子供应链金融业务,为客户提供全新的在线业务渠道
招商银行	电子供应链交易金额11 688.67亿元,增幅48.19%;贸易融资余额1 708.87亿元,增幅超70%	电子供应链金融	打造智慧供应链金融平台,为企业的供应链管理提供专业化和定制化金融服务

二、供应链上的环境风险

(一) 供应链上的环境事件

绿色供应链金融的形成源于近几年供应链上一些环境污染公众事件的频频曝光,从而带来市场对于供应链上环境风险防控的需求。2011年,中国的3家环保非政府组织联合发布了一份题为《苹果的另一面》的调研报告,在报告里披露了苹果公司在中国的供应商存在严重的生产线违规排污情况,相关供应商所在地方政府对其开展了环保监察,并因此开展了一批整顿工作,造成苹果公司在华供应链的经营危机,同时又对苹果品牌价值造成了严重影响。2011年,苹果正在开展的大规模产品全球化推广受到了供应链的制约,不得不放慢了市场拓展的步伐。此后,苹果公司开始借助供应链管理工具开展绿色供应链战略行动,包括开展全链信息披露和供应商审核等行动。在美国,苹果公司与花旗银行定制绿色供应链金融贷款项目,使苹果公司的上游中小型供应商可以申请相关绿色贷款,前提条件是银行与供应商确认其绿色生产的信息证明,并且使苹果公司证明与供应商的购销关系。

无独有偶,2017年德国知名汽车零部件公司舍弗勒集团的一级供应商由于在中央环保督查期间被列为环保违法违规项目,被当地政府勒令停产,造成舍弗勒供应链上重要部件断供,从而导致舍弗勒下游的49家汽车整车厂的200多款汽车型号被迫停产。作为世界知名的动力零部件供应商,舍弗勒在当年全球汽车零部件供应商百强榜上排名第19位。这样一位行业巨头,因为供应链上的环境问题,让主机厂面临运营危机,而汽车供应链的行业特征决定其断供风险会造成很大的商业影响。该事件由于舍弗勒向政府提出的一封《紧急求助函》而发酵成公众事件,同时引起了中国企业界对于供应链环境风险的重视。当时,国家环境保护部官微发布了一篇文章,提出"建议各大汽车品牌以此次舍弗勒断供危机为教训,从检索和核查供应链的环境合规入手,对供应链的环境风险进行一次彻底的摸底,切实解决产业生产过程造成的污染问题,迈向环保、节能的绿色发展之路"。

由于供应链生态上的企业之间是相互依存的,任何一个节点出现问题都会影响到其上下游企业,对整个供应链的正常运行造成影响,甚至造成供应链中断,所以这种潜在的供应链运行风险会成为企业供应链管理考量的关键因素。供应链上的环境风险在早期的供应链管理中并不受重视。随着近几年环保相关法律法规的出台、环境执法和督查强势推进,以及公众对环境质量诉求上升,供应链一些环境管理基础较差、环保合规水平低下的企业首当其冲成为污染治理和环境整顿的对象。由于目前企业环境信息公开还存在很大的提升空间,就会造成供应链上下游企业之间环境信息不对称的情况,信息获取延迟或者忽视供应商环境表现可能造成对供应链中断的预估不足,成为一种供应链上新的运营风险。

(二)供应链环境风险的来源

无论是"毒苹果事件"还是"舍弗勒事件",从表面上看只是一般环境合规风险在供应链运营中的延伸影响,但却反映出供应链环境风险管理的本质性问题。

1. 供应商环境信息获取不足

虽然政府在不断推动中国的企业环境信息披露,但无论从披露范围或披露质量来看,相较于国外企业信用管理的发达国家还是存在明显不足的。就现状而言,企业的环境合规信息主要以政府强制披露为主,存在较为有限的企业自愿披露或者主动披露,而我国绝大多数的中小型企业在环境信息披露方面几乎是一片空白。在供应链中,上下游的环境信息互通通常只关心环保投资、排污费、环保税等环境经济问题,而关于环保合规问题:一是由于信息本身缺乏沟通机制,不利于核心企业找到可信的渠道获取准确的环境信息;二是环境合规信息往往由政府部门先行掌握先行惩处却延迟公告,无法使供应链上利益相关方获得有效预警和及时预判。

2. 核心企业忽视供应商的环境表现

在传统的供应链管理中,核心企业选择合作的供应商时多数遵循"QCDS"原则,即质量、成本、交付与服务并重的原则。在这四个要素中,通常质量和成本是最优考虑的。很多具有成熟的供应链管理体系的国际跨国公司依赖企业的尽职调查来完成风险识别,然而在很多的尽职调查中潜在供应商的环保合规问题被忽视了,或者即便在尽职调查中有所体现,但却因为缺乏专业环境合规甄别技术而导致草率过场,这对于一些环境高风险行业的供应商来说尤其致命。

3. 缺乏对供应商的环境风险管控机制

由于环境风险的甄别具有较高的专业性和复杂性,且会受到法制环境和社会氛围的强烈影响,具有不稳定性的特征,所以即使在选择供应商时开展了环境审核,也会因为外部环境的法规要求变动、社区舆情的变化和内部管理体系的疏漏产生风险。一般情况下,一个企业的供应商管理部门由采购部门或生产部门来负责,而环境事务却由专门的环境安全健康部门负责,两者通常分属不同的业务板块。如果没有一个跨部门的供应链风环境问题合作平台,那么就很难在企业内部形成有效的供应商环境风险管控机制。从现状来看,只有少数的跨国品牌将这一职责放在了一些更具有综合协调职能的部门,如可持续发展部、公关部、战略部。

三、绿色供应链金融的基本模式

(一) 绿色供应链金融和传统供应链金融

绿色供应链金融就是建立在绿色供应链的基础上,强调为了达到更好的绿色发展效果,金融机构在开展信贷服务、投融资服务、保险金融等资本运作时优先考虑供应链中可以实现绿色生产的企业,使产品在生产过程的全生命周期中消耗的资源和对环境造成的危害降到最低,即金融机构在对资本使用提出要求时更加强调对整个供应链的环境保护,最终实现供应链发展与生态环境相融合的目的。供应链上的绿色金融需要把绿色供应链上面的核心企业及与其相关联的上下游配套互补企业作为一个整体,区别于传统的金融模式一对多的架构,绿色供应链金融全环节环境评估为依托,以供应链环境风险管理为保证,以实现产品全周期环境友好为目标,将绿色金融服务在整条供应链全面展开。

绿色供应链金融首要考虑的并非是供应链上各个企业的经济效益,而是在供应链经营过程中带来的环境影响以及对可能产生的污染环节是否可以进行保障,生态保护是银行以及其他金融机构在进行金融服务的时候最先关注的问题。事实上,银行和各种金融机构可以很好地实施对整个行业资源合理分配的功能,优先借贷给绿色企业,不仅仅能有效控制污染环境的风险,还为一些仍然只追求高利润,而不考虑环境因素的高能耗企业敲响了警钟,促使这些企业在科技创新上加大功夫,加入好绿色的元素。绿色供应链金融更多是把这些具有合作关系的企业组成一个有机的整体,共同来承担可能带来的环境后果,将环境风险由不可控变为可控,促进解决企业开展环境治理集资难、融资难的问题,能推动全社会产业向环保的绿色产业转型。

就两者的区别(见表12.2)来看,因为绿色供应链更多的将环境因素考虑在融资的过程当中,所以在融资过程中出现的风险也会相应发生变化,主要包括:(1) 系统风险,主要是由自然环境(如自然灾害)和社会环境(如市场的机制调控)变化决定;(2)信用风险,是指在供应链上的不同环节的供应商之间和金融机构出现矛盾和违约现象;(3)市场风险,主要是可能由市场行情的改变以及一些导致绿色质押物变现能力发生损失的可能性。

表12.2 传统供应链金融与绿色供应链金融的区别[1]

区 别	传统供应链金融	绿色供应链金融
融资要求	强调中小企业商品交易的客观、真实,以及核心企业经济发展的实力和信誉	更加关注生态环境保护,绿色供应链金融融资模式是实现企业经济发展与生态环境相结合的发展手段
审核角度	银行主要审核中小企业的运营状态,库存商品的数量、总资产规模、与核心企业的关系是否紧密,有效防止贷款收不回的情况	银行主要审核中小企业制造商的环境许可证和环保部门出具的评估证明,而后才是企业的总规模、运营状态等
融资模式的运行	授信业务的流程是封闭的、自偿的、连续并且不间断的	运行过程中各企业之间是一个循环的整体,主要是资源利用、回收与融资相结合

(二)绿色供应链金融和绿色金融

绿色供应链金融从概念从属上属于绿色金融一种创新型组织模式,本质上是为了采用流转化或者重组结构化的业务模式来提升绿色金融关系中现金流的流转效率,优化金融资源的分配结构,推动供应链上的企业可以以更高的效率使用资金,让有限资金向供应链上环保短板处流转。绿色供应链金融是供应链上的各节点企业和金融机构一起通过协商达成的环保事务投融资的一致意见和商业合作,其涉及主体较多,与一般的绿色金融有本质的区别。

绿色供应链金融是绿色金融融资模式的升级。金融机构通过与有着商务合作的企业群展开合作,运用供应链作为桥梁,让致力于开展绿色发展投融资的资金和资源能及时快速地流向供应链上最利于产生绿色绩效的方向,从而在一定程度上降低供应链的环境风险。与此同时,绿色供应链金融关系中的金融机构可以通过与供应链企业打包式的合作方式,巧妙地把自身信用体系嫁接到企业的购销行为当中,从而大幅度地提高自身的信用等级。这将有利于整个供应链中的各个节点企业在争取绿色资金方面获得平等的地位,让供应链上的企业参与公平的竞争,使绿色资金的融资渠道生态链更加良性可持续。

另一个方面,对于跨行业跨地区的供应链而言,核心强势企业往往都是些系统化管理水平较高、环境表现尚可、资本话语权较强、资金获取相对容易的节点。供应链上大量的中小型节点企业反而是缺乏管理体系、环境绩效恶劣,但无法获得绿色融资支持的。所以,绿色供应链金融的组织结构能帮助更多的本无法获得环保项目投资的中小型企业获得资金,解决一些更为迫切的环保合规问题。

(三)绿色供应链金融的参与主体

绿色供应链的参与主体之间的结构关系,大致上可视为与供应链金融类似,即绿色供

---

[1] 牟伟明.中小企业绿色供应链金融及其风险控制研究.会计之友,2016(3).

应链融资主体、绿色供应链金融资金提供方和绿色供应链金融基础服务方三种角色。

1. 绿色供应链金融的融资主体

绿色供应链金融的生态圈中，受益者主要是在供应链上生存的中小型企业，他们可能是一些核心企业的一级供应商，也可能是一些核心企业的二、三级供应商，所以融资主体是一些上游中小企业，而核心企业充当辅助角色。他们需要通过借助核心节点企业的信用来提升自己的信用等级，从而完成对一些绿色发展和环境保护类项目的资金募集。这些中小型供应商向金融机构提出资本需求，需提供企业资产信用状况等证明材料，并提交质押，而金融机构向核心企业求证供应链交易的真实性，确认核心企业的供应商在生产过程中采取环境治理策略的可靠性，才会作出是否向供应商企业提供绿色供应链金融服务的决策。

从金融关系上，核心企业对资金流动的参与程度不高，只起到辅助作用，但由于核心企业与供应商之间紧密的共存关系，基于核心企业的环境管理决策会对供应商产生重要的影响，这种影响比其他非商务合作性的企业关系更容易使供应商产生实质性的行为改变。随着国内外企业文化发展要素中环保意识的迅速觉醒，以及国际社会对企业履行社会责任的诉求日益高涨，核心企业对自身供应链的可持续性越来越重视，所以促使融资实质性主体由企业演变成了一整条供应链。

2. 绿色供应链金融资金提供方

在供应链金融中，资金供方一般为商业银行、证券公司、交易机构、基金公司等，尤其是已经开展绿色金融业务的机构。对于供应链系统而言，这些传统的融资机构也发展出许多新型的主体形式。例如，一些B2B(Business to Business)平台企业和物流流通企业有产业互联网发展大背景下的独特优势，对供应链上的资金流转具有天然的储备及运作机制。这些资金供方是绿色供应链金融资源的提供主体，同时也是金融风险的最终承担者。

由于在绿色供应链金融关系中，资金提供方会面临供应链上中小型企业不履行环境管理策略从而导致绿色承诺失效的风险，资金供给方会和核心企业一起形成对供应链上中小企业在其生产经营过程中是否采取适当的环境管理策略的监督机制，所以在资金使用的过程中，资金供给方不仅会关注资金的经济收益情况，也会关注资金相关项目的环境效益情况。

3. 绿色供应链金融服务方

对于供应链金融的实施系统而言，需要配套完备的基础设施服务和认证服务，这对于绿色供应链金融而言显得尤其重要。在基础设施建设方面，要有供应链信息服务商、区块链技术服务商、资金经纪方等，用以衔接融资对象和资金供方的需求关系，建立基础服务链。认证服务对于带有绿色属性的投融资行为是必不可少的一个环节，用来界定项目性质和融资主体资金使用的符合性，也是开展供应链上环保项目投资风险控制的必要工具。

值得一提的是，相对于其他领域的金融行为，绿色金融的评价和认证具有非常复杂的技术性和专业性，一般的金融机构并不具备环保专业鉴定和评价的能力，所以绿色供应链金融的服务方中一般会有环保鉴定或认证第三方机构的存在，这一类第三方机构可能是政府部门,也可能是非政府公益性组织或环境咨询鉴定企业。

4. 参与主体的分布现状

根据行业调研报告[1],虽然绿色供应链在中国的推行面并不大,但供应链金融所涉及的各类利益相关方基本都涉足了绿色供应链金融的业务。

根据图 12.3,可以看出我国目前绿色供应链参与主体以供应链公司外贸综合服务平台、B2B 平台、金融科技公司为主。传统的供应链公司占了最大的比重,主要是因为这些供应链公司在采购执行、销售执行等供应链服务的基础上提供垫资、垫税服务,供应链公司的金融服务模式成熟、回款相对稳定、收益预期相对明确。B2B 平台是指企业与企业之间通过专用网络 Internet,进行数据信息的交换、传递,开展交易活动的商业模式。在绿色供应链模式中,B2B 平台通

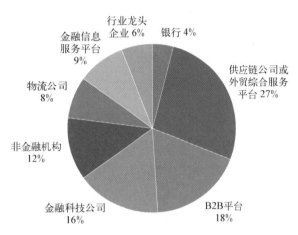

图 12.3 绿色供应链金融主要参与主体的市场分布

过构建一个绿色的"生产线"将供应链金融的各方主体吸引过来,包括资金供应方、担保机构、保险公司、仓储公司、物流公司等。通过平台的交易、服务、物流、风控等来保障、帮助资产方客户得到相对便宜的资金,帮助资金方更全面、更精准地控制风险。这也是主要的金融科技公司利用技术来支撑其在绿色供应链的作用。行业龙头企业是最能契合绿色供应链的绿色内涵的参与主体,因为它就是参与的中心企业,通过与上下游企业的配套服务强制要求供应商达到绿色的标准。

银行作为一个提供资金的机构,却只有 4% 的比重,这说明我国的银行在绿色供应链上通过更优惠的政策和激励制度还大有可为。另一方面也说明了我国目前金融机构对于绿色供应链金融的支持和发展力度还不够大,可能存在制度上和政策上的缺陷。

第三节 绿色供应链金融模式的主要类型

一、供应链上的绿色信贷

就现状而言,供应链上的绿色信贷是绿色供应链金融的最主要的类型。绿色信贷是指银行将促进环境保护、资源节约、污染治理等作为信贷决策的重要依据,优先将资金借贷给支持绿色发展、开展绿色生产的企业,限制放贷给高耗能、高污染的企业[2][3]。从

---

[1] 普华公司.绿色供应链金融市场现状报告.2015.
[2] 张承惠,谢孟哲.中国绿色金融:经验、路径与国际借鉴.中国发展出版社,2015.
[3] 陈青松,张建红.绿色金融与绿色 PPP.中国金融出版社,2017.

这个概念上来看,绿色信贷是一种引流社会资金和优化产业结构的催化剂,企业为了使自身更好、更快地获得银行的贷款资金,就不得不在生产加工和销售渠道注意环境污染问题,使得符合国家标准的绿色企业越来越多,高污染高能耗的企业由于缺乏运转资金逐步被淘汰。我国近几年的绿色信贷规模也是逐年增加,而且绿色信贷余额占所有信贷款项的比例也在逐年增加,说明我国在绿色金融的投资方面已经初具规模,也越来越重视绿色信贷的地位。

目前供应链上的绿色信贷可以分为两种不同的发展阶段,本书称其为初级阶段和发展阶段。

(一) 初级阶段

初级阶段的供应链绿色信贷主要驱动力来自商业银行的风险控制需求。商业银行无法全面了解供应链上的环境风险,尤其对供应链上量大面广的中小型节点企业的环境表现缺乏专业的风险评估。一些中小型节点的风险往往会成为供应链经营安全的巨大隐患,一些影响力较大的供应链污染事件往往来自那些非重要利益方,但其产生的蝴蝶效应使整条供应链蒙受损失,所以商业银行迫切需求对于供应链投资项目开展环境风险鉴别。

目前我国一部分商业银行已经开始重视开展企业供应链的环境风险预评估工作。他们通过与政府、核心企业、第三方机构的合作,获得供应链上的环境信息,开展环境风险识别,从而影响其对链上投资项目放贷的决策。银行本身开展风险评估的时候,还会将从不同渠道获得的环境风险信息透露给相关核心企业,使核心企业与银行共同组成供应链风险监督体,以金融关系来建立风控参与体系。银行、核心企业、供应商和服务商之间的关系可见图12.4。

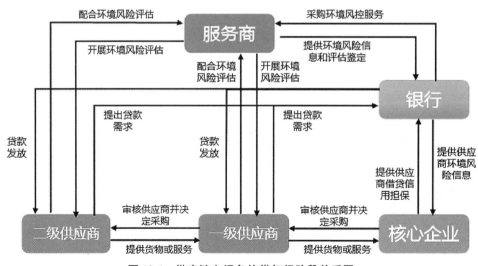

图12.4 供应链上绿色信贷初级阶段关系图

(二) 发展阶段

在解决供应链上环境风险问题的基础上,绿色信贷会向更高层次的合作模式推进。商业银行的发展本质是希望利用启动资金到量大面广的中小企业市场中建立一个值得信赖和依靠的港湾,特别是在区域经济发展水平不均等的国情中,各地区差异化的产业经济引导着广阔的资本投入市场。供应链由于是一种跨区域的共生关系,就会形成同一条供应链上,部分企业所在区域具有良好的生态资源和廉价劳动力,而部分企业所在区域具有稀缺的资源禀赋却占有大量的资本优势。那些具有绿色发展理念的企业不会忽视这样的差异性造成的商业机会,会致力于从原材料的产销到和上下环节的合作供应商之间形成的良好的绿色供应链供给模式,从而产生良好的经济效益,又可以不对当地的环境造成很大的危害,这本身是我国推行绿色供应链金融模式发展的初衷。

但是,在供应链绿色金融的推进过程中,企业在向银行等金融机构申请贷款时还是存在这一些问题。以商贸业为例:在传统情况下,商贸企业如超市在选择供应商时的自由度是很高的,如果存在一个供应商的产品成本过高,超市完全可以换一个更有价格优势的供应商进行合作。对于零售行业而言,采购商和供应商之间的关系十分松散,并不紧密,这两者没有根本的制约和被制约的关系,也就形成了一种一家超市同时和好几家供应商建立起十分不紧密的供应关系,是一个网状的供应链结构。所以,这些供应商基本不会理会客户要求由于对环境的考量在生产产品过程中增加成本,而商业银行作为放贷的金融机构出于风险的考虑,面对这些竞争力欠缺的中小企业,往往无法妥善地执行放贷操作。所以,这些供应商更加缺乏在生产过程中考虑环保绿色的元素的积极性,作为零售采购方,一般情况下也不会为了某一个因环境治理成本因素导致价格偏高的供应商来作贷款的担保。所以,这就是这些中小企业所面临的问题——缺乏变"绿"的驱动力。但是,作为一些大型零售集团,比如沃尔玛、永辉超市这样的大型连锁式超级市场,就可以较好地解决这类资金问题。首先,零售集团有一个更加强大稳固的供应链体系,不管是从产品的生产、购买到中间的运输、上货,到最后的送至消费者的手中,这一系列环节都经过了强大的供应链系统的控制,一环扣一环,哪一个环节出现问题能做到及时响应;其次,某些产品有着固定的供应商,他们有着十分密切的供求关系[1]。所以,当这些供应商渴望继续与大集团合作时,零售集团就会愿意作为担保向银行等金融机构贷款用于更加绿色环保的生产模式,这些中小供应商就没有了后顾之忧,即既有经济效益,又不对环境造成很大的影响,与超市形成了一种双赢的局面,显然这种有着紧密合作和制约关系的供应链就能通过金融手段来实现绿色发展。

除了这种由于更紧密的供应链来解决借贷问题的方法,对于零件要求更精密的高端专业性设备制造行业,如汽车制造、飞机制造、发动机制造等行业则是另一种情况。专业设备制造企业对于供应商提供的产品有着非常严格的检查标准,如供应商 KPI 考核工具、供应商风险评估体系和分级体系、供应链额外费用的审核标准统一及跟踪机制。只有满足了设备生产线需求的所有条件之后,才会和零件供应商达成协议,而且往往都是 5 年、10 年甚至更长时间的合作,所以在一般情况下,专业设备制造供应链会保持一种紧密唯一的一对一线状的供应链。这种关系是十分牢固的,且对双方都具有约束力,供应商为了达到客户的制造标准又要注意环境影响,一定会适当增加成本,而类似于整车企业、飞

---

[1] 何国文,邱国斌.沃尔玛超市供应链管理现状及启示.青年时代,2016(23).

机组装企业、发动机装配企业也会接受这个成本,使成本在供应链中消化。以美国通用电气公司为例,在和供应商的合作中,供应商提出为了产品达标和实现绿色生产要申请贷款,如果银行无法及时放贷,这时候 GE 总部存在一个强大的"金库"——GE 资产管理有限公司。这个公司有着丰厚的资金储备,面对供应商没有足够的资金无法贷款的情况,可以帮助供应商向银行担保来进行借贷。有些合作紧密的大型供应商,在资金流需求规模在可承受范围之内的时候,GE 公司可以自行向其贷款而不需要银行。同时,GE 在放贷的同时,帮助这类供应商一边实现清洁生产,一边又在成本方面给予优惠,这种机制很好地形成了一种投入—产出紧密关联的合作模式。

(三) 主要问题

这种基于绿色供应链的信贷模式看似十分完美,可在目前的实施过程中却很少有大企业和供应商能形成如此良好的借贷模式,在放贷放款的过程中存在着很多操作性问题。

1. 绿色信贷的惠及面不够

虽然绿色信贷的理念在全国已经传播了几年了,但在实际操作中,很多银行特别是一些地方银行对绿色信贷的认识还是不够,缺乏建立规范完善的绿色借贷操作体系。绿色供应链信贷是在绿色信贷的基础上建立起来的创新制度,所以有赖于绿色信贷市场的发展和普及。

2. 供应链上环境信息披露不足

环境信息强制披露在中国的推进一直处于初级阶段。目前只有上市公司有一定的环境信息披露的要求,但其披露的质量亦不佳。另一方面,供应链上绝大多数的中小型企业不仅没有环境信息披露的意识,更缺乏环境信息管理的基本能力,导致一些核心企业想开展供应链环境整体系统管理也无从下手,或者初期评估的起点太低、成本太高,也使银行无法做出正确低风险的放贷行为。

3. 供应链管理机制亟待突破

在企业层面,传统意义上的供应链管理一般归采购部门或者生产部门负责,而环境管理在大多数情况下归属于安全、环保、健康部门(EHS 部门)负责。要使供应链管理中融入环境规制要求,必须打破部门与部门的传统职责分工,寻求合作机制或共事机制,这在目前的主流企业管理框架中是比较欠缺的。

二、供应链上的绿色保险

传统意义上的绿色保险是指与企业环境风险管理有关的各种保险安排,广义上来讲就是在适应绿色发展过程中为解决因经济活动中的环境问题衍生的环境风险,从而提供一种保险制度安排和长期治理机制[1]。在绿色保险方面,我们国家起步较晚,直至 2008 年,国务院才在全国某些省市开始试点,后来随着国家对企业环境污染的要求越来越严格,对绿色保险的发展越来越重视,又出台了很多有关绿色保险发展的意见和指示,如图 12.5 所示,投保绿色保险企业的数量有了显著的增长。

---

[1] 王文,曹明弟.绿色金融与"一带一路".中国金融出版社,2017.

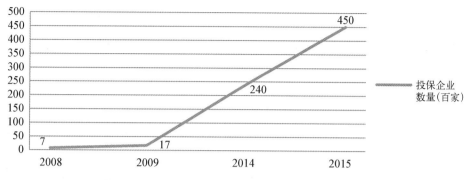

图 12.5　2008—2015 年我国投保环境责任保险数量

绿色保险关系中主要参与方：(1) 承保方，一般是开展保险活动组织的商业保险公司（以及保险经纪公司或者保险公司联合体）；(2) 投保方，一般是提出保险需求并为此支付保费的企业；(3) 受保方，一般是一旦出险发生理赔所收到赔付的企业。在传统模式的保险关系中，通常投保方和受保方是同一家企业，即企业为了降低自身由于环境事件或污染问题产生的经济损失而通过保险机制来适度降低经营风险。然而，在供应链上的绿色保险的组织关系有着明显的不同。由于供应链把链上不同的企业组成了利益共同体和风险共担体，保险关系由企业和保险公司之间的点对点关系变成了供应链和保险公司之间的点对链关系。所以，在供应链保险关系中，会出现投保人和受保人不是同一家企业的情况，使保险关系融入供应链的商务关系中。

(一) 环境风险管控传递类保险

我国在供应链上推行绿色保险，整体而言还是处于起步阶段，特别是一些保险机构缺乏多种适合不同规模企业的保险，所以从市场现状来看，并没有适合开展以供应链为承保对象的成熟产品，而相对比较常见的产品多属于针对环境突发性事件所衍生的污染责任险。很多跨国公司，尤其是欧美风险管理体系较为严格的大品牌会对一些环境高风险供应商提出用保险的金融手段来降低供应商断供对供应链影响的风险。

在推进外贸型国家战略的进程中，我国一些企业会面临来自国际供应链的各种环境风险的考量。虽然我国环境责任保险的强制性不够，但与国外发达国家进行项目合作时，特别是想要成为战略性生产供应商时，会被要求出具具有明显环境风险防控作用的污染保险保单，但我国目前的保险市场并不具备这种针对性的绿色保险险种的，从而因一个绿色保险的问题造成了合作契约上的困难。随着绿色保险的推进，一些仿制型的绿色保险产品也在市场上崭露头角，但实际实施过程中就算购买了此类保险完成了保单，也无法覆盖到深层次的风险管理层面，对解决环境风险问题的作用并未体现出来。根据媒体记载，我国某大型钢铁集团，作为中国钢铁龙头企业，就曾经遭遇过这个问题。国内目前很少企业通过供应链的组织架构来推进绿色保险，从而实现整个供应链的环境风险管控，但在欧美和日本国家，这是供应链风险管控的一项通用措施。结合我们国家的"一带一路"战略，面对不同的沿线国家各自不同的生态环境状况，当这些大型企业，特别是有较高环境污染风险的企业在走出国门的同时，一方面要受到当地政府规制风险，当东道主国家认定该企业在该国生产所造成的环境问题已经威胁到当地居民的正常生活,那么企业就要面临政府采取强制措施停止生产,比如2014年3月,中国在秘鲁最大的投资项目——特罗莫克铜矿项目也因为环境问题被当地政府叫停,造成了高达3亿元人民币的损失。另一方面还要接受环境诉讼风险,投资企业要受到东道国根据国际法所制定的相关环境法规的约束,可谓是困难重重。这些都是源于我国缺乏全面和完善的海外投资环境政策指引和规范,面对紧迫的环境污染责任风险,如何有效控制风险、在风险发生后如何转移风险,政府和国家没有合适各种规模企业实用的绿色保险,大多数保险公司都以环责险为主,专业性比较低,赔付条件严苛,缺乏一套完善的环境污染强制责任保险制度[1]和环境污染风险管理体系,立法存在缺失导致国家部门在督促企业投保时没有强制的法律效力,参与绿色保险的企业都是自愿投保,大多数有污染风险的企业都怀着侥幸心理而不购买保险。

国外的历史经验已对绿色保险如何规避环境风险及提升环境管理进行了验证。在当前国内上位法无法逾越、强制性环境污染责任保险尚未落地的现实背景下,以供应链为单元来推行绿色保险不失为更有操作性、更有驱动力的组织单元。由核心企业所介意的环境风险意识起步,传导到整条供应链,使供应链上企业对环境风险的重视程度达成共识,是目前推行绿色保险的一个有益的方向。

(二) 供应链上断供风险类保险

如前文所言,由于供应链上的环境合规问题和环境事件引起的供应链经营中断是供应链经营的一大风险。随着我国环境执法日益加强,环境管控措施也越发严格。供应链上的企业因为环保合规问题被要求停工停产的情况时有发生,这一类供应链事件从责任保险的意义不属于不可抗力(不能预见、不能避免和不能克服的客观情况),一般情况下保险公司不会为这样的企业开发保险产品。

但是,从供应链体系的角度,一些核心企业的上游存在因环境问题的断供风险并不属于核心企业自身经营责任的范畴,属于核心企业经营环境客观存在的风险,就可纳入保险业务的考虑范围。这对于企业本身遵守环保要求,但当地政府由于重污染天气或者季节性防控要求而执行的限产停产的事件具有较好的风险防范意义。2015年修订的《中华人民共和国大气污染防治法》规定:"县级以上地方人民政府应当依据重污染天气的预警等级,及时启动应急预案,根据应急需要可以采取责令有关企业停产或者限产。"由此可见,政府在重污染天气下要求相关企业停工停产是有明确的法律法规及政策依据,所以在客观上确实存在供应链因为重污染天气而被迫中断的风险。

众所周知,保险作为金融机制的一种类型,除了有分摊损失和经济补偿的功能外,还具有社会管理的功能属性。供应链上的环境管理专业性强、复杂性高,且容易受到外部政策环境的影响,对于很多核心企业来讲都存在管理漏洞和能力缺失。如果引入保险机制,运用保险企业风险防控的平台,有利于将供应链上环境风险监管职能转嫁给更容易整合资源的保险行业来解决,这对于提升供应链的整体风险防控水平是有积极的意义的。

---

[1] 张承惠,谢孟哲."一带一路"引领中国.中国文史出版社,2015.

目前,国内外都鲜有这种针对供应链上的环境风险设计的保险产品,但近几年在国内的汽车行业已逐步兴起了针对汽车供应链的整体性断供保险产品。其初衷是为了解决在汽车售后服务供应链中汽车配件供应的稳定性和质量保障问题,通过汽车售后服务商的采购服务,参与零配件供应商供货风险的评估和控制。这种以供应链为对象的保理产品能给供应链上通过绿色保险开展风险控制提供借鉴。

三、供应链上碳金融

随着气候变化议题的全球化,碳金融成为绿色金融领域一个热门分支。就当前的国情而言,供应链上的碳金融涉及的范围比较有限,主要集中在碳排放权及衍生品交易、碳资产质押融资、碳资产托管等领域。

(一) 碳排放交易

2013年以来,中国逐渐开展碳交易试点,全国的碳市场建设也初步成型。国家发布了《碳排放权交易管理暂行办法》,在若干省市和限定行业内开展碳交易市场的拓展,交易的主体多为能耗大户和大型公共建筑,配额分配以免费分配为主、拍卖分配为辅。中国目前的碳交易为政府主导型交易市场,所以在考虑资源和成本投入的情况下无法顾及所有行业及所有企业,在推行初期更倾向于"抓大放小"的工作思路。然而,从碳排放总量控制来说,一些参加碳排放交易的用能大户固然碳排放总量惊人,但经过几年的试点,很多节能减排的空间已经被大幅压缩,要进一步开展减排措施,其成本越来越高且边际效益越来越小。与此同时,大量未纳入规定碳交易市场的行业和企业因缺乏减碳鼓励调节机制而缺乏自行开展节能减排的积极性。根据一些区域性调研,很多企业存在迫切地参与碳交易市场的需求,却因为目前的门槛因素被阻挡在市场之外。

表12.3显示了目前全国开展碳交易试点的地区中企业参与交易市场的基本门槛及企业数量和涉及行业。可以看到,除了深圳以外,其他地区只针对年二氧化碳排放量超过万吨级别的企业开放交易市场,而这些企业在通常情况下也是污染排放大户,大部分属于政府环境重点监管的范围,常年接受来自政府的节能减排管控压力,从而培育出较好的能源管理和环境管理水平。从这个意义上来说,让这些企业首先成为试点对象,有利于迅速开展碳交易市场建设,且顺利启动、执行并总结和碳交易市场相关的各项制度尝试和技术工具使用经验。然而,当试点结束进入到全面推进阶段,会遇到试点阶段未遇到的问题。

表12.3 全国碳交易试点城市纳入交易门槛及相关规模信息表

试点区域	纳入交易的排放门槛	纳入交易的行业
深圳	3 000 吨	
上海	工业:2万吨CO_2; 非工业:1万吨CO_2	工业企业、航空、港口、机场、铁路、商业、宾馆、金融等
北京	1万吨CO_2	第三产业

(续表)

试点区域	纳入交易的排放门槛	纳入交易的行业
广东	1万吨CO_2	工业企业,交通,建筑
天津	2万吨CO_2	工业企业
湖北	6万吨标煤	工业企业
重庆	2万吨CO_2	工业企业

第一,市场将面向行业种类更广泛、管理水平更参差、统计基础更薄弱的大量企业。虽然我国的生态环境保护事业在近十年得到了飞速的发展,但对于全国上千万的企业数量而言,大多数企业的环境教育仍处于初级阶段,尤其是我国90%以上的企业属于中小型企业。这些企业可能并不具备能源或环保的专业人士,理念上离先进的可持续发展企业文化差距较大,需要花巨大的宣传教育资源来对企业进行培育,这将会是个比较漫长的过程,会对碳市场的全面拓展带来严峻的挑战。

第二,政府将面临更高成本的组织需求,边际效益减少。碳交易市场产生的逻辑根源是由于不同企业治理温室气体的成本差异造成的经济需求,所以追求整体减排推进工作的边际效益最大化是政府拓展碳交易市场的考量因素。然而,在初期一些大型减排工程项目完成市场交付以后,减排空间会逐渐缩小,市场潜力会由原来的企业减排单体量趋向转向多企业数量规模趋向。但是,在中国这样由政府主导的碳交易市场中,组织方是很难付出足够的资源来负担巨大规模企业"点对点"模式碳交易市场运作的。此时,市场会开始关注一些单体减排量不大,但群体减排成本低且组织模式成熟的项目,从而会产生一些全新的交易体。

供应链上的碳交易在现阶段尚属于比较创新的市场机制,政府层面还未对这种模式开展计划部署,但从一些大型跨国公司的调研中可以发现,随着碳交易市场的普及,"点对链"交易模式具有相当广阔的市场。2018年,全球零售商巨头沃尔玛宣布了10亿吨碳减排计划,该项目宣称至2030年,沃尔玛将在其全球供应链上减少10亿吨的二氧化碳排放,其中有5 000万吨的减排将产生在中国。其第一批减排项目将在中国的100家重点供应商落地。这些供应商多数都未纳入中国的碳交易市场,本身并不具备自行开展碳减排的驱动力,但由于其供应链中的重要客户对其提出了碳减排要求,为了维持商务合作而答应实施减碳项目。同时,沃尔玛聘用了专业第三方团队来对减碳项目开展设计、推进和评估,以期完成承诺目标。从沃尔玛的案例中可以看到,要发动大规模的企业主动参与到碳减排,利用供应链上的制约合作关系是一个有效的机制。然而,要使供应链上的核心企业产生如沃尔玛一样的内生动力,一个重要的举措就是允许核心企业带领其供应链整体参与碳交易市场。

将碳交易市场的参与主体由以企业为单位变为以企业和他的供应商(一级、二级……多级)组成的企业群为单位,不仅能使全行业、全规模的社会主体参与到碳交易市场,大幅提高碳交易市场的规模性和多样性,同时也极大程度地将碳交易市场中本身由政府负担的组织成本转嫁到供应链中的核心企业身上。出于供应链整体经济效益的考量,核心企业会积极推进自身供应链的碳减排工作,以期能在市场中获得成本补偿,这对于一些自身碳排放总量并不突出但供应链却具有高排放属性的企业来说尤其有吸引力。

(二)其他碳金融相关产品

除碳交易外,其他碳金融产品在我国发展相对迟缓,其中碳基金和碳质押存在小规模的试点。在供应链上的碳金融产品,一方面,可从边界定义上理解为跨越企业边界而将供应链作为金融主体单位,从而扩大绿色金融的需求和市场,调节绿色金融项目的成本,提高整条供应链的环境经济效益;另一个方面,也可理解为在供应链内部实施局部金融行为,即不需要传统的金融机构参与,亦可开展供应链金融行为自组织,比如,有些资本雄厚、行业话语权突出的企业,可以在自身的供应链中设立碳基金,解决供应商的资金问题,鼓励供应商们开展战略性环保合作。

四、绿色供应链金融的发展趋势展望

在当今经济一体化和贸易全球化的背景下,绿色供应链金融的发展也面临着前所未有的机遇,尤其是在以政策主导为驱动的中国金融市场中,政府所释放的信号对市场发展具有很大的启发性。2017年,国务院办公厅印发了《关于积极推进供应链创新与应用的指导意见》(以下简称《意见》),这是在国家层面第一次对供应链创新发展提出要求和指导。《意见》中明确指出的两大重点任务就是发展供应链金融和倡导绿色供应链,并且将此作为推进供应链全球布局、促进供需精准匹配和产业转型升级的关键抓手,如表12.4所示。

表12.4 国务院《关于积极推进供应链创新与应用的指导意见》

重点任务	主 要 内 容	具 体 内 容
任务四	积极稳妥发展供应链金融	1. 推动供应链金融服务实体经济; 2. 有效防范供应链金融风险
任务五	积极倡导绿供应链	1. 大力倡导绿色制造; 2. 积极推行绿色通道; 3. 建立逆向物流体系

在这个政策意见的背后透露出目前我国在发展实体经济和系统经济的痛点,而每一个痛点的背后都会催生出巨大的市场需求,所以跨供应链环境管理和供应链金融服务领域的绿色供应链金融将会成为一个异军突起的制度模式,在政策基础成熟的条件下可以大规模推广。同时,由于我国对经济系统性风险日益重视,在风险管理的指导思路中也越来越倚靠类似供应链这种从局部到系统的管理维度来解决风险问题,所以从风险管控的角度,无论是做金融产品还是推进产业发展,都会更多地考虑外延影响,从而使投资理念和投资行为产生不一样的导向。

另一个方面,由于大数据和区块链技术的突飞猛进,使原本一直作为难啃的骨头的供应链上环境管理趋于可行。随着技术的成熟,供应链上的环境信息传递将不再需要开展耗费人力和财力的审计和核查,而只需要对企业的基本商务数据和公开数据开展综合研判,运用人工智能的工具进行风险计算,以帮助金融机构获得供应链上所有企业的风险信息及投资回报判断,大幅降低了由于信息不充分和信息不对称造成的人力成本,从而使绿色供应链金融产品具有更高的竞争力,推动更多金融机构参与其中。

本章主要从绿色供应链的起源、概念和内容引申出绿色供应链金融的独特模式的介绍。从绿色供应链金融与传统供应链金融及绿色金融的关联及区别入手使大家了解绿色供应链金融的典型模式。然后,就目前市场存在的集中不同的绿色供应链金融的类型开展了介绍,通过一些案例对绿色供应链信贷、绿色供应链保险以及供应链的碳金融进行了阐述,也分析了一些目前存在的制度性问题。最后,对绿色供应链金融的发展趋势提出了展望,从而对这个领域的未来发展提供一些积极的看法。

[思考与练习]

1. 绿色供应链的产生和绿色供应链金融的产生有着什么样的背景?
2. 绿色供应链金融与传统供应链金融有何关联及区别?
3. 绿色供应链金融与绿色金融有何关联及区别?
4. 目前绿色供应链金融有哪些主要类型?
5. 你对绿色供应链金融的发展前景如何看待?

1. 陈青松,张建红.绿色金融与绿色PPP.中国金融出版社,2017.
2. 丁俊发.中国供应链管理蓝皮书.中国财政经济出版社,2015.
3. 何国文,邱国斌.沃尔玛超市供应链管理现状及启示.青年时代,2016(23).
4. 林毅.建设银行供应链金融业务发展策略探讨.厦门大学硕士论文,2014.
5. 绿色供应链综合服务平台,http://www.chngreenchain.com/.
6. 牟伟明.中小企业绿色供应链金融及其风险控制研究.会计之友,2016(3).
7. 唐塔普·斯科特.区块链革命.中信出版集团,2018.
8. 王能民,孙林岩,汪应洛.绿色供应链管理.清华大学出版社,2005.
9. 王文,曹明弟.绿色金融与"一带一路".中国金融出版社,2017.
10. 亚太经合组织(APEC)绿色供应链合作网络天津示范中心,http://www.greensupply.cn/.
11. 张承惠,谢孟哲."一带一路"引领中国.中国文史出版社,2015.
12. 张承惠,谢孟哲.中国绿色金融:经验、路径与国际借鉴.中国发展出版社,2015.
13. 朱庆华.绿色供应链管理.化学工业出版社,2004.

第十三章　绿色 PPP 金融

[学习要求]

1. 掌握 PPP 的概念和绿色 PPP 的主要特征,熟悉绿色 PPP 理论表述和绿色 PPP 政策等。
2. 熟悉绿色 PPP 金融的运作机制以及绿色 PPP 金融的项目融资模式。
3. 熟悉绿色 PPP 金融的风险防范机制。

[本章导读]

加强生态文明建设是国民经济持续健康发展的重要基础。2015 年 9 月,中共中央、国务院发布《生态文明体制改革总体方案》首次明确提出"要建立我国的绿色金融体系",要实现"既要金山银山,又要绿水青山"。2016 年 8 月 31 日中国人民银行、财政部、发展改革委、环境保护部、银监会、证监会、保监会七部委发布了《关于构建绿色金融体系的指导意见》(银发〔2016〕228 号),该文第二十一条明确提出"支持在绿色产业中引入 PPP 模式,鼓励将节能减排降碳、环保和其他绿色项目与各种相关高收益项目打捆,建立公共物品性质的绿色服务收费机制"。因此,PPP 金融市场中以节能减排降碳、绿色交通运输、清洁能源、环境综合治理、绿色建筑等为代表的绿色 PPP 项目占有重要地位。本章主要从绿色 PPP 的核心概念和绿色 PPP 理论着手,系统、完整地阐述绿色 PPP 的概念特征、绿色 PPP 金融的运作机制,绿色 PPP 金融的项目融资模式,并提出绿色 PPP 金融的风险防范管理和风险管理策略。

第一节　绿色 PPP 金融概述

一、PPP 含义和绿色 PPP 的界定

2014 年年底国家统计完成政府存量政府债务后明确提出大力发展 PPP 模式,以减轻地方政府债务的压力。PPP 模式即 Public Private Partnership 的首字母缩写,通常译为"公共私营合作制",即我国政策文件中提及的政府与社会资本合作模式。根据《国务院办公厅转发财政部、发展改革委、人民银行关于在公共服务领域推广政府和社会资本合作模

式指导意见的通知》(国办发〔2015〕42号)的规定,PPP即政府和社会资本合作模式,是公共服务供给机制的重大创新,是指政府采取竞争性方式择优选择具有投资、运营管理能力的社会资本,双方按照平等协商原则订立合同,明确责权利关系,由社会资本提供公共服务,政府依据公共服务绩效评价结果向社会资本支付相应对价,保证社会资本获得合理收益。政府和社会资本合作模式有利于充分发挥市场机制作用,提升公共服务的供给质量和效率,实现公共利益最大化。

该文件进一步指出,在公共服务领域推广政府和社会资本合作模式,是转变政府职能、激发市场活力、打造经济新增长点的重要改革举措。围绕增加公共产品和公共服务供给,在能源、交通运输、水利、环境保护、农业、林业、科技、保障性安居工程、医疗、卫生、养老、教育、文化等公共服务领域,广泛采用政府和社会资本合作模式,对统筹做好稳增长、促改革、调结构、惠民生、防风险工作具有战略意义。

2015年9月,中共中央、国务院发布《生态文明体制改革总体方案》首次明确提出"要建立我国的绿色金融体系"。2016年8月31日,中国人民银行、财政部、发展改革委、环境保护部、银监会、证监会、保监会七部委发布了《关于构建绿色金融体系的指导意见》(银发〔2016〕228号),明确提出"支持在绿色产业中引入PPP模式,鼓励将节能减排降碳、环保和其他绿色项目与各种相关高收益项目打捆,建立公共物品性质的绿色服务收费机制。推动完善绿色项目PPP相关法规规章,鼓励各地在总结现有PPP项目经验的基础上,出台更加具有操作性的实施细则。鼓励各类绿色发展基金支持以PPP模式操作的相关项目"。因此,PPP市场中以节能减排降碳、绿色交通运输、清洁能源、环境综合治理、绿色建筑等为代表的绿色PPP项目占有重要地位。

环境治理和修复等绿色项目具有典型的公益性特征,同时又具有投资需求大、项目运营和投资回收周期长等特点,因此一直以来主要依赖公共财政的投入。据统计,我国70%以上的环保资金来源于政府或公共部门。然而,随着绿色发展的不断深化、环境治理及相关公共服务的需求还将进一步快速增长。在财政去杠杆不断深化、政府严控债务规模的背景下,绿色发展"拥抱PPP"成为必然的选择。

二、绿色PPP的特征

与其他领域的PPP不同,绿色金融发展空间巨大,因此绿色PPP所属的产业为绿色投融资产业。绿色PPP具有以下明显的特点。

一是属于民生工程居多,社会公益性较强,生态环境保护特点突出,在财政部PPP信息中心公布的PPP示范项目一级行业"生态建设和环境保护"显示绿色生态类的PPP项目居前。

二是总投资规模较大,资金拼盘要求较高,一般在自筹资本金规模20%以上,余下的依靠绿色金融的产品如PPP项目贷款解决大部分建设贷款。

三是涉及的范围较广,涵盖领域包括海绵城市、地下管网、大气、水环境、土壤修复、固定废物处置、垃圾焚烧发电等。

四是绿色PPP项目前期建设期无现金流,项目进入运营期后产生的现金流对应需支付的建设期贷款本息存在缺口,项目周期一般较长,运营期时间拉长有利于减轻或平滑资金压力,需要政府完全付费或是可行性缺口补助,完全由使用者付费的方式较少。

五是需要建立起公共物品性质的绿色服务收费机制,政府依据公共服务绩效评价结果向社会资本支付相应对价,保证社会资本获得合理收益。公共服务绩效评价结果的评价决定政府支付绿色服务费用,需要一定的评价指标来衡量项目运营期的好坏,监督制约项目运营方的项目质量和维护保养能力,保证绿色PPP项目的成功。

三、中国绿色PPP政策(与绿色环保产业相关)

总体上看,环境经济和生态文化建设体系已在建设过程中,我国绿色金融政策也已形成初步的框架,并促进了绿色金融市场的快速发展,有关绿色PPP的项目政策的指向性也更为明确(见表13.1)。

表13.1 中国绿色PPP相关政策

年份	文 件	绿色政策和绿色金融
2013年	《中共中央关于全面深化改革若干重大问题的决定》	发展环保市场,建立吸引社会资本投入生态环境保护的市场化机制
2014年	财政部《关于推广运用政府和社会资本合作模式有关问题的通知》	各级财政部门要重点关注城市基础设施及公共服务领域,如污水和垃圾处理等
2014年	发改委《关于开展政府和社会资本合作的指导意见》	污水及垃圾处理等市政设施,以及水利、资源环境和生态保护等项目均可推行PPP模式
2015年	发改委、财政部《关于在公共服务领域推广政府和社会资本合作模式的指导意见》	在能源、交通运输、水利、环境保护、农业、林业、等公共服务领域,鼓励采用政府和社会资本合作模式,吸引社会资本参与
2015年	财政部、环保部《关于推进水污染防治领域政府和社会资本合作的实施意见》	鼓励和引导水污染防治领域的PPP项目,建立合同约束、信息公开、过程监管、绩效考核的规范化PPP模式
2016年	环保部《关于积极发挥环境保护作用促进供给侧结构性改革的指导意见》	全国范围内组织建立环境保护PPP中央项目储备库,并向社会推介优质项目。中央财政专项资金、中央拨付的各类环保资金等将优先支持环境保护PPP项目的实施。围绕环境基础设施建设、区域环境综合整治等,建立重点推介项目库,上报一批、实施一批、储备一批;建立PPP项目绿色通道、部门联批联审一站式服务,制定支持性政策措施,确保高质量PPP项目的顺利实施
2016年	发改委、环保部《关于培育环境治理和生态保护市场主体的意见》	在市政公用领域,大力推行特许经营等PPP模式,加快特许经营立法
2016年	财政部《关于在公共服务领域深入推进政府和社会资本合作工作的通知》	在垃圾处理、污水处理等公共服务领域,项目一般有现金流,市场化程度较高,PPP模式运用较为广泛,操作相对成熟,各地新建项目要"强制"应用PPP模式,中央财政将逐步减少并取消专项建设资金补助

(续表)

年份	文 件	绿色政策和绿色金融
2016年	环保部、农业部、住房和城乡建设部《培育发展农业面源污染治理、农村污水垃圾处理市场主体方案》(环规财函〔2016〕195号)	这也是十八届三中全会确定的生态文明体制改革方案之一,鼓励有条件地区开展整县或者区域一体化农业农村环境治理PPP项目
2017年	财政部、证监会《关于规范开展政府和社会资本合作项目资产证券化有关事宜的通知》	优先支持水务、环境保护、交通运输等行业开展资产证券化
2017年	《关于政府参与的污水、垃圾处理项目全面实施PPP模式的通知》	政府参与的新建污水、垃圾处理项目全面实施PPP模式,尽快在该领域内形成以社会资本为主,统一、规范、高效的PPP市场
2017年	中共中央办公厅、国务院办公厅《关于创新体制机制推进农业绿色发展的意见》	加大PPP在农业绿色发展领域的推广应用
2018年	《中共中央和国务院关于全面加强生态环境保护,坚决打好污染防治攻坚战的意见》	推进社会化生态环境治理和保护。采用直接投资、投资补助、运营补贴等方式,规范支持政府和社会资本合作项目;对政府实施的环境绩效合同服务项目,公共财政支付水平同治理绩效挂钩。鼓励通过政府购买服务方式实施生态环境治理和保护
2019年	国家发改委、中国人民银行、财政部、自然资源部等九部委《建立市场化、多元化生态保护补偿机制行动计划》	在坚决遏制隐性债务增量的基础上,支持有条件的生态保护地区政府和社会资本按市场化原则共同发起区域性绿色发展基金,支持以PPP模式规范操作的绿色产业项目

第二节 绿色PPP金融的参与机构

参照财政部《PPP项目合同指南(试行)》的相关内容,绿色PPP项目的主要参与机构有政府方、社会资本合作方、项目保险机构。

一、政府方

政府方作为PPP项目的发起人,是PPP项目合同中最重要的法律主体。实施机构与政府之间应该是一种委托代理关系,即项目实施机构作为代理人,在委托人(即政府)的授权范围内行使代理权,以政府的名义实施代理行为,但其行为的法律后果要由政府承担。因此,PPP项目的实施机构必须经项目所在地行政区域内的直辖市、市、县人民政府授权,在授权范围内,代表政府实施PPP项目的前期准备、采购、签约,以及监督管理等相关工作。在实践中,基于政企分开、政府债务与企业负债分离等共识,根据"政府或其指定的有关职能部门或事业单位可作为项目实施机构"的要求,通常县级以上人民政府很少作为实施机构,普遍是以"有关职能部门或事业单位"为项目实施机构。

(一) 政府

政府是绝大部分绿色PPP项目的发起者和核心参与主体。在绿色PPP项目中,政府的两个方面作用:一是作为绿色公共公益事务角色的管理者,负有向公众提供优质且价格合理的绿色公共公益产品和服务的义务,承担绿色PPP项目的规划、审批、采购、管理、监督等行政管理职能;二是作为绿色公共产品或政府采购(或购买)服务的购买者,政府通过与社会资本签订绿色PPP项目合同或政府购买服务合同与之形成平等民事主体关系,并按照项目合同的约定行使权利、履行义务。

(二) 发改部门和财政部门

发改部门在PPP项目中主要负责PPP项目库入库管理、PPP项目立项审核、推广实施等"前台"工作,目的是推广PPP、拓宽PPP的适用领域和适用范围,使其更好地为经济服务。具体职责主要包括两个方面:(1)开展PPP项目储备库;(2)进行PPP项目立项联审。

财政部门在PPP项目中履行其财政管理职责。财政部门对于发改部门推广、立项、审核和PPP项目,本着财政可承受、物有所值、债务风险可控和规范运作原则,进行财政支出审批或债务风险防控审批等。财政部门侧重于从预算管理和资产管理的角度,通过物有所值评价、财政承受能力论证、PPP项目开发目录、PPP项目采购管理和合同审核、PPP综合信息平台等方式,对PPP项目全生命周期进行管理和监督。

根据发改委印发的《关于切实做好传统基础设施领域政府和社会资本合作有关工作的通知》(以下简称《通知》)的内容,发改委负责传统基础设施领域PPP项目,公共服务领域PPP项目由财政部牵头负责。传统基础设施领域推广PPP模式重点项目,包括能源、交通运输、水利、环境保护、农业、林业、重大市政工程领域。发改部门在PPP事务上的主要职责,是根据国家重大战略发展目标和规划,拟订社会固定资产投资总规模和投资结构的目标、政策及措施,审批、推进重大建设项目,从而达到推进经济体制改革和经济结构战略性调整目标。财政部门在PPP事务上的主要职责,是管理PPP项目中政府负有支出责任的财政公共支出,管理地方政府及其融资平台公司的债务规模,防范过度负债的风险。因此,财政部门的职责特点是守住政府的"钱袋子",是管好资金的收入和支出,控制财政和债务风险。

作为我国政府PPP事务的两个主管部门,财政部门和发改部门在PPP事务上目标一致、利益相关。发改部门的政绩以PPP模式的推广效果为主,但也要兼顾地方政府债务安全;财政部门的政绩以财政可承受、地方债务合规、风险可控为主,但也要兼顾PPP模式的推广效果。

(三) PPP项目的行业主管部门

PPP项目都分属各领域,行业主管部门就是相应领域的主管部门。根据规定,行业主管部门应当根据预算管理要求,将PPP项目合同中约定的政府跨年度财政支出责任纳入中期财政规划,经财政部门审核汇总后,报本级人民政府审核,保障政府在项目全生命周期内的履约能力。本级人民政府同意纳入中期财政规划的PPP项目,由行业主管部门按照预算编制程序和要求,将合同中符合预算管理要求的下一年度财政资金收支纳入预算管理,报请财政部门审核后纳入预算草案,经本级政府同意后报本级人民代表大会审议。

行业主管部门主要负责项目建议发起、可研报告立项、预算列支编制报审及履行行业监督职责。

(四) PPP 项目的实施机构

项目实施机构是 PPP 项目合同中的承载主体。实施机构是指政府或政府指定的有关职能部门或事业单位担任,在政府授权范围内负责具体 PPP 项目的准备、采购、监管和绩效后评估等工作的主体,与社会资本协商、谈判,建立合作关系的承载主体,也是 PPP 项目合同的政府方签约主体。

二、社会资本合作方

社会资本合作方是指与政府方签署 PPP 项目合同的社会资本主体。社会资本方包括民营企业、国有企业、外国企业和外商投资企业、混合所有制企业或其他组织。

从选择社会资本方的核心标准来看,符合表 13.2 的融资平台势必已拥有较高的资金、运营、管理能力。更重要的是,其已深谙当地建筑市场、金融市场,因此从经验角度上看,反而更适合作为当地 PPP 项目的社会资本方。

表 13.2 法规对社会资本的定义

法规文号	对社会资本的定义
财金〔2014〕76 号	在基础设施及公共服务领域,与政府长期合作的,担任设计、建设、运营、维护基础设施工作,并通过"使用者付费"和"政府付费"方式获得合理回报的一方。(从 PPP 模式的定义演变而来)
财金〔2014〕113 号	本指南所称社会资本是指已建立现代企业制度的境内外企业法人,但不包括本级政府所属融资平台公司及其他控股国有企业
发改投资〔2014〕2724 号之附件《PPP 项目通用合同指南》	签订项目合同的社会资本主体,应是符合条件的国有企业、民营企业、外商投资企业、混合所有制企业、或其他投资、经营主体
财金〔2014〕156 号之附件《PPP 项目合同指南(试行)》	本指南所称的社会资本是指依法设立且有效存续的具有法人资格的企业,包括民营企业、国有企业、外国企业和外商投资企业,但本级人民政府下属的政府融资平台公司及其控股的其他国有企业(上市公司除外)不得作为社会资本方参与本级政府辖区内的 PPP 项目
国办发〔2015〕42 号	作为社会资本的境内外企业、社会组织和中介机构承担公共服务涉及的设计、建设、投资、融资、运营和维护等责任; 对已经建立现代企业制度、实现市场化运营的(融资平台公司),在其承担的地方政府债务已纳入地方财政预算、得到妥善处置并明确公告今后不再承担地方政府举债融资职能的前提下,可作为社会资本参与当地政府和社会资本合作项目,通过与政府签订合同方式,明确责权利关系。

(一) 项目实施运营主体

1. 项目公司

在 PPP 实践中,社会资本通常不会直接作为 PPP 项目公司的实施主体,而会专门针对该项目成立项目公司,作为PPP项目合同及项目其他相关合同的签约主体,负责项目具体实施。项目公司是社会资本为实施PPP项目这一特殊目的而设立的公司。政府在项目公司中不应处于控股地位,且不具有实际控制力及管理权。项目公司自注册之日起开始运作,至项目合作期结束,经营权或所有权转移后,项目公司即清算并注销。

2. 承包商

承包商主要负责项目的建设,通常与项目公司签订工程总承包合同。对于规模较大的项目,承包商可能会把部分工作分包给专业分包商。

3. 专业运营商

根据不同PPP项目运作方式的特点,项目公司有时需根据政府授权合同约定会将进入运营期后部分运营和维护事务交给专业运营商负责。但是,《关于进一步加强政府和社会资本合作(PPP)示范项目规范管理的通知》(财金〔2018〕54号)(以下简称"财金54号文")首次强调了社会资本方的运营责任,禁止引入社会资本以外的专业运营公司。财金54号文明确规定"不得约定将项目运营责任返包给政府方出资代表承担或另行指定社会资本方以外的第三方承担",直接限制了最终引入的社会资本(如金融机构)没有项目运营能力或不承担项目运营职责的做法。

(二) 中标联合体成员

政府鼓励社会资本方联合体进行PPP项目的投标。

第一,从法规角度来看:表13.3中政府鼓励社会资本方联合体进行PPP项目的投标。

表 13.3 政府鼓励社会资本方联合体投标 PPP 项目

法 规 文 号	规　　　定
发改投资〔2016〕1744号	(第九条)鼓励不同类型的民营企业、外资企业,通过组建联合体等方式共同参与PPP项目。
发改投资〔2016〕2231号	(第十三条)鼓励社会资本方成立联合体投标。

第二,从选择社会资本方的核心标准来看:相较于单个企业,联合体一般拥有更强的核心能力,更高的资质,所以更适应PPP项目。

第三,如果设立项目公司,则联合体各成员一般不对外承担连带责任。因为组建项目公司后,由项目公司作为主体完成项目的融资、设计、建设、运营、管理等工作,并对外承担责任,而联合体成员作为项目公司的股东,除非PPP协议另有约定,否则仅在出资额内承担有限责任。但联合体成员应当在共同投标协议中明确各方的出资比例,站在施工企业的角度,作为联合体成员的主要目的是参与工程建设并在该阶段获利,而入股项目公司更能确保目的的实现。

(三) 金融机构

金融机构有商业银行、出口信贷机构、多边金融机构(如世界银行、亚洲开发银行等)以及非银行金融机构(如信托公司)等,融资方主要负责为项目提供贷款资金支持。

金融机构可以单独作为社会资本方参与PPP项目。首先,并无法规禁止金融机构单独作为社会资本方参与PPP项目;其次,参照上文总结的社会资本方的核心标准,金融机构拥有最核心的标准——资金实力,至于运营、管理、设计、建设,金融机构完全可以委托其他具有相应资质和能力的企业去完成;再次,相对于施工类企业,金融机构更能从整体上把控项目的风险,因为金融机构作为项目资金主要投资人,最早投入、最晚获利,显然会更加关心项目全生命周期的绩效,也更加注重项目的风险把控。金融机构作为社会资本直接参与PPP项目是指其直接作为投标人独立或组成联合体参与PPP项目的竞争,其中金融机构以联合具有基础设施设计、建设、运营维护等能力的社会资本的形式参与PPP项目的方式是国家鼓励的一种投资合作模式,能有效地解决项目融资问题。单纯只有金融机构参与投标的PPP项目则有悖于PPP提升公共服务供给质量和效率的创新合作理念。

(四) 第三方咨询评估机构

《国务院办公厅转发财政部发展改革委人民银行关于在公共服务领域推广政府和社会资本合作模式的指导意见》(国办发〔2015〕42号)(以下简称"国办42号文")明确规定:"作为社会资本的境内外企业、社会组织和中介机构承担公共服务涉及的设计、建设、投资、融资、运营和维护等责任。"第三方专业机构会根据项目需要,在项目中提供专业咨询顾问等服务。咨询机构的作用主要表现在以下两个方面。

首先,协助参与方了解PPP。PPP模式在运作过程中要求各个部门、发起单位和参与主体要对PPP有深入的认识和了解。因此,专业咨询机构的引导作用不可或缺。

其次,促进PPP项目规范化实施。有咨询机构参与的项目,送审材料相对齐全和规范。在高水平的专业服务支撑下,有效地提高了项目准备的质量,便于充当地方政府与社会资本之间的沟通桥梁,平衡双方的利益冲突,促进项目顺利实施。

三、项目保险机构

《财政部关于印发政府和社会资本合作模式操作指南(试行)的通知》(以下简称"财金〔2014〕113号文")规定履约保障边界条件是项目边界条件(项目合同的核心内容)之一,并认为"履约保障边界主要明确强制保险方案以及由投资竞争保函、建设履约保函、运营维护保函和移交维修保函组成的履约保函体系"。

PPP项目中通常购买的保险根据项目阶段的不同而有区别。为转移风险,绿色PPP项目合同中建议设置强制保险方案。项目实践中应注意避免同一阶段所购买保险投保范围重合。

(一) 建设期主要保险类型

PPP项目合同中约定的建设期应购买的保险指的是由投保人(通常为项目公司)为项目建设所购买的保险。施工合同示范文本的规定,项目公司作为发包人应当购买的保险包括工程保险,具体指建筑工程一切险或安装工程一切险、工伤保险。此外,项目公司和承包人可以为其施工现场的全部人员购买意外伤害保险,承包人应为其施工设备等办理财产保险。

(二) 运营期主要保险类型

不同类型项目在运营期内有不同的保险要求,这种区别在运营型项目与轻运营类项目差别尤其明显。对于绿色 PPP 运营型项目，如污水处理项目、自来水项目而言，对项目设备的保险尤为重要。通常 PPP 项目合同中要求购买的保险包括财产一切险、环境责任险、三者责任险。

通常，项目公司购买的保险合同应当覆盖绿色 PPP 项目的整个合作期间，不得随意缩短保险期间，变更保险种类、保险范围等核心条款，投保的保险金额应根据 PPP 项目规模合理确定。当发生保险事故时，及时协助受益人进行索赔。

第三节　绿色 PPP 金融的项目融资模式

一、商业银行绿色贷款

PPP 项目的贷款方通常有商业银行、出口信贷机构、多边金融机构（如世界银行、亚洲开发银行等）以及非银行金融机构（如信托公司）等。根据项目规模和融资需求的不同，融资方可以是一两家金融机构，也可以是由多家银行或机构组成的银团。PPP 项目融资资金额较大，融资期限较长，适合于采用银团的方式进行项目融资。根据中国银行业协会要求，单一客户或单一项目融资超过 10 亿元，原则上通过银团方式提供融资；若融资金额超过 30 亿元，则必须通过银团方式提供融资。一般分为政策性银行贷款、固定资产贷款（项目贷款）、流动资金贷款等。

二、保险资金的绿色融资

近几年来，保险资金积极参与绿色金融体制机制创新，发挥保险资金优势，面向环保、新能源、节能等领域绿色项目，为我国经济向绿色化转型提供融资支持。目前保险资金主要重点关注六类绿色投资类项目：一是清洁交通类，如城市轨道交通、客货运铁路、水陆交通中的航道整治等；二是节能减排与传统产业升级类，如"上大压小"、油品升级等项目；三是清洁能源类，主要集中在水电和风电领域；四是绿色建筑类，主要是棚户区改造类项目中的生态新城、特色小镇等打造绿色环保新型城市的项目；五是污染治理类，主要集中在水环境综合整治、水系截污、城市污水处理、城市地块环境综合整治等项目；六是国家重点项目类，如南水北调工程等。

保险资金的长期性符合绿色产业投资的长期需求。保险资金体量大、长期性等特征，与绿色产业发展匹配度高，能够保障绿色产业获得持久稳定的资金来源与绿色项目的可持续性，并促进绿色产业资本的深化，通过信用增级和直投，助力解决绿色产业投入不足的问题。同时，保险资金参与绿色投资，将绿色保险理念融入绿色治理体系，也成为促进绿色产业发展和延伸保险产业链的重要推手。

2017 年 5 月 5 日，中国保监会印发了《关于保险资金投资政府和社会资本合作项目有关事项的通知》，支持保险资金通过基础设施投资计划投资符合条件的 PPP 项目。该通知针对 PPP 项目公司融资特点，给予了充分的政策创新支持：一是拓宽了投资渠道，明确保险资金可以通过基础设施投资计划形式,向PPP项目公司提供融资;二是创新投资方式,除债权、股权方式外,还可以采取股债结合等创新方式,满足PPP项目公司的融资需求;三是完善监管标准,取消对作为特殊目的载体的PPP项目公司的主体资质、信用增级等方面的硬性要求;四是建立绿色通道,优先鼓励符合国家"一带一路"、京津冀协同发展、长江经济带、脱贫攻坚和河北雄安新区等发展战略的PPP项目开展融资。

三、信托公司绿色融资

在构建金融生态方面,信托业与银行业、证券业、保险业等金融细分行业一直保持着良好的同业合作关系。在构建国家绿色金融体系的大格局中具有充分而广泛的合作前景,尤其是在绿色信贷证券化和丰富绿色投融资工具和衍生品交易方面,信托财产独立性以及交易结构灵活性的制度安排,有助于与上述业务领域的同业金融机构开展广泛业务协同,深度发掘各自细分市场优势,增强绿色金融体系的完整性和优势整合效应,可以为更有效地培育实体经济的新增长点和助力实体经济增长潜力的发挥。绿色信托产品仍主要以向绿色企业发放信托贷款为主,而股权、债券、资产证券化以及PPP绿色产业基金等模式的信托产品则为辅助。PPP模式中信托可以充当项目的股东分担项目风险和收益。信托财产具有风险隔离的作用,信托财产具有独立性,信托财产独立于信托公司固有财产,信托公司不得将信托财产归入其固有财产。信托公司因依法解散、依法被撤销或者依法被原告破产等原因进行清算的,信托财产不属于其清算财产。

我国信托公司是绿色投资者的一员,信托公司从开展绿色信托、倡导绿色经营到投身绿色环保活动等,多方面积极践行着绿色金融。比如,在支持绿色产业发展方面,在包括风电、光伏发电、水电、生物能源、节能改造、污水处理、环保基础设施建设、碳金融等多个领域,加大融资力度,积极开展绿色信贷,累计提供的资金支持实现了较大幅度的增长。根据中国信托业协会发布的《中国信托业2017年度社会责任报告》,截至2017年年末,信托公司存续绿色信托项目564个,资金规模1 693.19亿元,涵盖污水管网工程、河道整治、新能源汽车、生物能源等多种业务类型。

四、绿色私募股权投资基金投资

国务院及部委出台了一系列相关文件,为社会资本中的私募股权参与PPP项目提供了政策支持。《国务院关于创新重点领域投融资机制鼓励社会投资的指导意见》(国发〔2014〕60号)规定:"在同等条件下,政府投资优先支持引入社会资本的项目,根据不同项目情况,通过投资补助、基金注资、担保补贴、贷款贴息等方式,支持社会资本参与重点领域建设。"及"大力发展股权投资基金和创业投资基金,鼓励民间资本采取私募等方式发起设立主要投资于公共服务、生态环保、基础设施、区域开发、战略性新兴产业、先进制造业等领域的产业投资基金。政府可以使用包括中央预算内投资在内的财政性资金,通过认购基金份额等方式予以支持。"

《国务院办公厅转发的通知》(国办发〔2015〕42号)规定:"中央财政出资引导设立中国政府和社会资本合作融资支持基金,作为社会资本方参与项目,提高项目融资的可获得性"及"鼓励地方政府在承担有限损失的前提下,与具有投资管理经验的金融机构共同发起设立基金,并通过引入结构化设计,吸引更多社会资本参与。"以上文件说明政府鼓励引导私募股权基金以社会投资人身份介入 PPP 项目,培育优质基础资产;在税负相当的情况下,私募股权基金多以有限合伙企业的形式投资 PPP 项目,私募股权基金应创新股债结合模式以克服 PPP 项目股权投资"风险大、利润薄"的缺陷。

五、绿色项目收益权的融资

在 PPP 项目投融资中,通常会有基于特许经营而形成的某种收费权质押的情形,可以作为项目融资的一种手段。项目收益权,是指权利人基于法律法规的规定或者政府的行政特许而获得的就特定基础设施项目或者公共事业项目等取得收益的权利。PPP 项目的收益来源包括使用者付费、政府付费和可行性缺口补助等。

六、PPP 项目绿色工程保理融资

工程保理又称托收保付,PPP 项目建设和运营中,销售方将其现在或将来的基于其与买方订立的货物销售/服务合同所产生的应收账款转让给保理商(提供保理服务的金融机构),由保理商向其提供资金融通、进口商资信评估、销售账户管理、信用风险担保、账款催收等一系列服务的综合金融服务方式。它是国内贸易中以托收、赊账方式结算货款时,销售方为了避免收汇风险而采用的一种请求第三者(保理商)承担风险责任的做法。

保理融资是指保理商买入基于贸易和服务形成的应收账款的业务,服务内容包括催收、管理、担保和融资等。保理融资用于 PPP 项目时,整个过程为 PPP 项目公司将其在贸易和服务中形成的应收账款出售给商业银行,由商业银行拥有债权,并负责催收,此时 PPP 项目公司通过保理业务融资。另外一种是 PPP 项目公司的交易对手方在与 PPP 项目公司贸易和服务中,形成应收账款,贸易商将债券转让给银行,由银行向 PPP 项目公司催收账款。

七、绿色项目的资产证券化

PPP 项目的资产证券化指证券公司、基金管理公司子公司作为管理人,通过设立资产支持专项计划开展资产证券化业务,以 PPP 项目收益权、PPP 项目资产、PPP 项目公司股权等为基础资产或基础资产现金流来源发行资产支持证券。当 PPP 项目进入到平稳运营并能够形成稳定、持续现金流的时候,项目具备了较好的资产证券化的条件,项目公司中的原投资人可以通过资产证券化的方式,置换出其在项目公司中的部分沉淀资金,或者在原融资方式难以持续的情况下,拓宽项目公司的融资渠道。

资产证券化作为 PPP 项目融资的金融手段之一,其基础资产特征与 PPP 项目投资收益稳定、回报期长的特点相契合。随着资产证券化产品上市从审核制改为注册制,PPP 项目资产证券化成为推动 PPP 模式发展的重要动力。对于可将 PPP 项目投资产生的收益或稳定的现金流,如高速公路、桥梁、供水、供热、供气所产生的收费收益权,借助资产证券化,转化为可上市交易的标准化产品,增强资本的流动性,便于 PPP 基金中的社会资本退出。

八、绿色金融融资租赁等其他方式

PPP 项目多为长期合同,需要匹配稳定的中长期资金,以规避项目建设及运营中现金流的管理风险,而融资租赁模式与此需求则非常契合,对于供气、供水、供电、收费公路、旅游景区等既有现金流,又有固定资产的 PPP 项目尤为适用。因此,融资租赁将是 PPP 项目重要融资方式之一。事实上,作为 PPP 项目融资的新选择,融资租赁的业务模式也顺应了中央大力推广 PPP 模式的政策号召,有利于地方政府盘活存量资产,减轻地方政府债务负担。国务院办公厅《关于加快融资租赁业发展的指导意见》(国办发〔2015〕68 号),对融资租赁业提出了总体发展意见,明确提出"加大各级人民政府在公共服务、基础设施建设和运营中购买金融租赁服务",为融资租赁业务介入 PPP 项目提供了政策支持。

融资租赁是集融资与融物、贸易与技术更新于一体,本质上是采取融物的方式达到融资的目的,适用于基础设施领域等大型、长期的 PPP 项目。融资租赁主要模式包括直接融资租赁、设备融资租赁和售后租回。

九、绿色 PPP 债券融资

根据现行债券规则,满足发行条件的 PPP 项目公司可以在银行间交易市场发行永(可)续票据、中期票据、短期融资债券等债券融资,可以在交易商协会注册后发行项目收益票据,也可以经国家发改委核准发行企业债和项目收益债,还可以在证券交易所公开或非公开发行公司债。

十、PPP 与 REITs 基金合作模式

PPP 和 REITs 基金在近几年来得到了国家层面政策的有力支持,国家鼓励 REITs 和 PPP 结合发展的主要政策如下。

2016 年 12 月 21 日,国家发展改革委、中国证监会发布《关于推进传统基础设施领域政府和社会资本合作(PPP)项目资产证券化相关工作的通知》(发改委〔2016〕2698 号),明确提出"共同推动不动产投资信托基金(REITs),进一步支持传统基础设施项目建设"。

2017 年 6 月 7 日,财政部、中国人民银行、中国证监会发布《关于规范开展政府和社会资本合作项目资产证券化有关事宜的通知》(财金〔2017〕55 号),明确提出"推动不动产投资信托基金(REITs)发展,鼓励各类市场资金投资 PPP 项目资产证券化产品"。

PPP 项目进入运营阶段时,通过项目公司股东为融资人,以项目公司股权或股权收益权作为标的资产进行融资,盘活存量资产。当前国内资产证券化实务中以股权或股权收益权作为基础资产的资产证券化项目主要是私募 REITs 项目,未来 PPP+REITs 即可借鉴此种方式,REITs 能够成为 PPP 有效的投资退出渠道和再投资渠道。

十一、PPP 资产交易所

2017 年 2 月 28 日,财政部政府和社会资本合作中心(以下简称"CPPPC")、天津金融资产交易所(以下简称"天金所")签署战略合作协议,确定合作共建天金所"政府和社会资

本合作（PPP）资产交易和管理平台"，该平台是财政部 PPP 中心推广的首家全国性 PPP 资产交易和管理平台。2017 年 3 月 1 日，CPPPC 与上海联合产权交易所签订战略合作协议，上海联合产权交易所 PPP 资产交易中心作为财政部 PPP 中心指导下的 PPP 资产交易流转试点平台也正式成立。

PPP 资产交易贯穿 PPP 项目启动、融资、建设、运营、退出、终止等环节，选择合适的项目资产交易方式可以为 PPP 项目在不同阶段找寻更加合适的参与方或更具匹配度的资金来源，增强 PPP 生态圈的流动性。PPP 资产交易的方式包括 PPP 项目股权交易、债券交易以及证券化等多种形式。

第四节　绿色 PPP 金融的项目风险防范

一、要重点分析绿色 PPP 金融项目的当地财政实力，分析政府购买服务的合规性

（一）区域及政府层级要求

绿色 PPP 金融项目要求区域经济较为发达，人口较多，公共产品需求稳定。要求各省准入标准为区、县级（含）以上，其中要求 GDP300 亿元以上、区县级地方财政一般预算内收入在 30 亿元以上。其中，县级仅限于百强县；行政区级要求 GDP600 亿元以上、地方财政一般预算内收入在 60 亿元以上；新区要求为国家级（含）及以上。

（二）地方政府性债务资产负债率要求

国内研究通常采用三类指标衡量地方债务：一是债务率，指地方债务余额与地方政府综合财力的比值；二是负债率，指当期债务收入与 GDP 的比值；三是债务依存度，指当期债务收入与财政支出的比率。

建议地方政府性债务资产负债率不超过 100%，省会城市债务率可放宽到 150%，省会城市以外的其他重点城市和直辖市区级政府债务率可放宽到 120%；当年偿债率不超过 20%。

$$债务率 = （年末债务余额 / 当年政府综合财力） \times 100\%。$$

$$偿债率 = （当年偿还债务余额 / 当年政府综合财力） \times 100\%。$$

其中：综合财力＝公共财政预算支出＋政府性基金预算支出＋国有资本经营

（三）政府绿色 PPP 纳入财政预算的界定

建议政府类债务原则上要求还款资金纳入预算管理。从目前市场及银行的项目来看，建议设定下述两项标准。

一是建议将针对项目出具的财政函件纳入人大预算决议：第一，财政出函，明确财政资金还款（或回购）；第二，政府针对项目还款（或回购）资金纳入预算的事宜，向人大打报告；第三，人大回函，明确同意政府的报告。

二是建议接受政府对于人大预算整体匡算的解释：第一，提供人大关于预算的整体匡算报告，金融机构支持的项目类型需列入预算支出的范围；第二，政府或财政出具函件，

明确金融机构支持的项目为预算整体匡算的一部分,即已通过整体匡算的方式纳入预算。

(四)分析政府购买服务的合规性

政府购买服务,是指政府直接提供的一部分公共服务事项以及政府履职所需服务事项,按照一定的方式和程序,交由具备条件的社会力量和事业单位承担,并由政府根据合同约定向其支付费用。依据《政府购买服务管理办法(暂行)》规定的购买内容和指导目录,可以选择公共教育、医疗卫生、住房保障、公共交通运输、环境治理、城市维护项目为重点方向。项目建议落实以下三个基本要件。

(1)政府购买服务项下的采购支出按《政府采购法》及《实施条例》要求,纳入政府预算管理。购买主体的购买预算已下达,编制政府采购实施计划,报同级政府采购监管部门备案。

(2)根据《政府采购法》要求,承接主体按规定程序确定,签订合同。合同中明确购买服务的内容、期限、数量、质量、价格等要求,以及资金结算方式、双方权利义务事项和违约责任等内容。

(3)承接主体(即融资主体)除符合《政府购买服务管理办法(暂行)》相关要求外,金融机构还应当按照商业化原则对其资质、实力进行评判。

适用政府购买的服务有以下三种情况。

一是 2016 年 2 月 2 日,财政部、国土资源部、中国人民银行、银监会四部委联合发布《关于规范土地储备和资金管理等相关问题的通知(财综〔2016〕4 号)》(以下简称"4 号文"),提出"地方国土资源主管部门应当积极探索政府购买土地征收、收购、收回涉及的拆迁安置补偿服务""土地储备机构应当积极探索通过政府采购实施储备土地的前期开发"。该文明确土地拆迁服务可以采用政府购买服务,而土地的前期八通一平的开发只能用政府采购而不是购买服务。

二是 2016 年 4 月 20 日,财政部、住房城乡建设部联合发布《关于进一步做好棚户区改造相关工作的通知》,明确 2016 年新开工棚户区改造项目,由政府主导运作的,要按照规定实施政府购买服务。

三是 2018 年 6 月,《中共中央、国务院关于全面加强生态环境保护 坚决打好污染防治攻坚战的意见》规定:"推进社会化生态环境治理和保护。采用直接投资、投资补助、运营补贴等方式,规范支持政府和社会资本合作项目;对政府实施的环境绩效合同服务项目,公共财政支付水平同治理绩效挂钩。鼓励通过政府购买服务方式实施生态环境治理和保护。"

二、金融机构对绿色 PPP 项目有关政府偿债能力的风险评审要求

根据不同运营模式,建议对地方政府负有付款责任的项目和完全市场化运营项目分别按以下要求进行业务评估。

(一)地方政府负有付款责任的项目

(1)项目已纳入政府年度工作计划,政府承担的付款责任金额上可计量、法律责任上可确认、时间上可规划,建议金融机构授信金额原则上不超过政府付款责任。由政府承担补贴或付费责任的,建议应当纳入政府预算管理,并以取得地方人大、地方政府及其组成

部门出具的有效书面文件（如地方人大决议、地方人民政府正式文件、财政等政府组成部门批准文件、财政融资规模控制卡、政府差额还款补足协议、政府回购协议等，具体以当地政府规定为准）作为依据。

（2）项目合法性手续齐备，资本金比例及来源符合规定，符合国家政策、环保达标。

（3）项目具有明确约定的退出计划及违约责任认定，并将金融机构作为唯一优先受偿方。

（4）项目财务独立核算，建设期以及未来退出期（经营期）的现金流能够实现在金融机构封闭运作流转。

（5）当项目进入还款期，如发现政府支付未纳入当年财政预算的，建议立即停止放款，根据协议约定采取从客户有关账户扣款、处理抵质押物等措施控制风险；如发现回款资金不足约定情况的 2/3 的，应要求客户与政府联系了解情况，提出解决方案；如发现回款资金不足约定情况的 1/2 的，应立即停止放款，采取从客户有关账户扣款、处理抵质押物等措施控制风险。

（二）完全市场化运营项目（含可行性缺口政府补贴）

（1）项目所属行业符合国家政策导向和金融机构行业授信政策，项目资本金到位情况应符合金融机构相关授信标准，项目具有合理的可行性研究报告和实施方案。

（2）不存在拆迁难、施工难等明显阻碍项目进度的不利因素。应取得合法有效的房屋拆迁许可文件，具备合法有效的补偿方案。

（3）项目未来收益可预期且稳定可靠，项目建设期以及未来经营期的经营现金流能够实现在金融机构封闭运作流转。

（4）能提供金融机构认可的担保条件。

（5）涉及使用付费者为公众的，但未通过价格听证机制的，放款不得采用信用方式，应追加有效抵押担保方式；若项目在完工后无法通过价格听证的，应停止放款，同时要求客户立即偿还贷款本息。

（三）增信措施

原则上建议落实合法足值有效的抵质押担保或落实有代偿能力的保证担保。确实不能提供有效资产抵押或保证担保的，建议采用特许经营权、购买服务协议预期收益单独设定质押并办理质押登记手续，抵质押率应符合金融机构规定。暂时不具备抵质押情况的，建议借款人股东（包括政府出资方代表和社会资本出资方）应当提供连带责任保证担保，并且出具书面承诺：在项目具备资产抵押或收费权质押条件时，无条件在本行办理追加抵押或质押手续。地方政府负有付款责任的项目或总行核心客户作为社会资本出资主体且借款主体符合信用贷款相关制度规定的，可采用信用方式用信。

（四）管理要求

除执行固定资产贷款和项目融资一般规定外，还应重点关注以下三个因素。

1. 第一还款来源

对于具有明确的收费基础，且经营收费能够或基本能覆盖投资成本的项目，建议重点评估项目的经营收入和成本；贷款期限设定是否符合项目现金流实际，担保是否足值充分；重点测算经营性现金流剔除项目运营必要支出后能否覆盖贷款本息，审慎评估还款来源的充足性和稳定性。对政府付费或财政补贴项目,是否将政府付费或补贴纳入同级政府预算。

对经营收费不足以覆盖投资成本、需要政府补贴部分资金或资源的项目或者缺乏"使用者付费"基础、主要依靠"政府付费"回收投资成本的项目,建议要充分了解地方经济发展、财政收支和政府负债情况,重点评估政府债务率、负债率、偿债率、支付能力等指标是否符合要求。若政府有存量PPP项目,要关注政府在存量PPP项目中的协议履行情况。

2. 风险分担机制

建议重点审查特许经营协议、服务购买协议等是否合法;双方权利义务、交易条件、履约保障等约定是否明确;风险分担机制是否合理,是否具有持续执行的可行性;项目合同期限、项目回报机制、收费定价调整机制和产出说明等是否明确合理。

原则上,项目设计、建造、财务和运营维护等商业风险由社会资本承担,法律、政策和最低需求等风险由政府承担,不可抗力等风险由政府和社会资本合理共担。

3. 市场需求分析

根据地区经济发展水平和人口规模合理预测公共服务市场需求,重点审核政府最低需求保证、价格调整条款是否可行,对于可能有竞争性的项目政府是否有唯一性承诺等。

三、做好绿色 PPP 金融的项目的合同管理

合同管理是PPP项目管理的核心,PPP项目不仅参与方多,而且投资规模大,建设和运营周期长,不确定因素多,风险复杂,客观上要求用一系列的协议和合同,来协调参与各方之间的关系,界定参与各方之间的权利和义务,实现参与各方的利益,以确保项目的顺利实施。

PPP项目合同体系复杂,财政部公布的《PPP项目合同指南(试行)》中,提出了PPP项目的基本合同体系(见图13.7)。

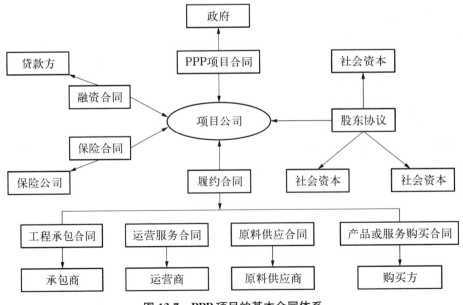

图 13.7 PPP 项目的基本合同体系

同时,该指南清晰地揭示了PPP合同体系的特点:

(1)项目公司是PPP项目合同体系中的核心履约主体;

(2)项目公司与政府签署的PPP项目合同是整个合同体系的基础和核心;

(3)PPP项目合同体系中,各个合同之间并非完全独立、互不影响,而是紧密衔接、相互贯通的,合同之间存在一定的传导关系;

(4)在合同履行阶段,合同关系的传导方向有可能发生逆传导。

项目公司合同管理对象有六大类:PPP项目合同、股东协议、履约合同、融资合同、保险合同、其他合同。其中,履约合同包括工程设计合同、工程承包合同、第三方服务合同、运营服务合同、材料设备供应合同、产品或服务购买合同等;其他合同指项目管理中可能涉及的其他合同,例如与专业中介机构签署的投资、法律、技术、财务、税收等方面的咨询服务合同。

项目公司应制定专门的合同管理办法和流程,进行有效的管理各类合同的签订和执行一般按以下流程。

(一)履约主体对象的确定

履约主体对象的确定一般按竞争性原则来选择,按照合同的性质、金额的大小,根据国家和地方相关法律法规的规定,通过公开招标、邀请招标、竞争性谈判等方式选择履约对象。

(二)合同谈判

项目公司管理层应组织合同部门认真研究合同条款,与合同谈判对象充分磋商,合理分配各方的权利、责任、义务和风险。合同条款的制定不得违背PPP项目合同的精神。

(三)合同评审

按项目公司合同管理办法对合同条款进行内部评审。合同关系复杂、合同标的物数量及金额大的可聘请独立的第三方和律师进行外部评审,揭示风险,公平、公正、合理、完整规范的确定合同内容。

(四)合同签订

在合同评审的基础上,补充完善合同条款后,由项目公司与合同当事方签订各类合同。

(五)合同执行

合同签订后,合同当事各方按合同约定履行权利、责任和义务,项目公司应对合同履约的质量进行监控,出现偏差应及时纠偏,出现违约事件,按合同的约定追究违约方的责任。

合同判断应注意的事项:一是请金融机构提前介入PPP项目磋商和谈判。若与施工单位作为联合体共同竞标社会资本时,应直接参与项目磋商与谈判,通过合同条款的具体规定控制风险。即使作为财务投资人,也应提前介入合同文本拟定,确保上述风险得到妥善处理,避免因项目政府与施工单位的PPP合同条件失当而错失融资机会。一个反面案例是:北京第十水厂就因社会资本方安菱联合体在合同中单方承担不可抗力风险而无法获得金融机构贷款。

二是通过合同条款设计避免风险。PPP项目合作期限长、风险因素多,主要有政府信用风险、法律政策变化风险、建设风险、运营风险、价格风险、流量风险、金融风险、不可抗力风险等。其中,金融风险又包括利率风险、通货膨胀风险、汇率风险、融资风险等。建设风险主要是延期风险、质量风险、残值风险、造价风险等。政府信用风险包括不当干预、监管不利、审批延误、违约等风险。

根据《国家发展改革委关于开展政府和社会资本合作的意见》(发改投资〔2014〕2724号),"原则上,项目的建设、运营风险由社会资本承担,法律、政策调整风险由政府承担,自然灾害等不可抗力风险由双方共同承担"。也就是说,除了法律变更风险由政府承担外,原则上所有市场风险、商业风险均由社会资本承担。其实,根据项目具体情况和政府与社会资本不同职责分工,部分市场风险也可能由政府承担,例如政府指定设计的项目(如鸟巢项目),政府应承担设计变更带来的造价和延期风险。因此,根据项目具体情况,细致设计合同条款是避免风险的有效途径。

三是在合同中约定专属于金融机构的权利,例如介入权,确保在项目存在失败风险时金融机构能够提前介入项目管理避免项目违约。又如联合体之间股权自由转让权,确保投资机构股权退出时不存在合同障碍。再如资金监管权、知情权等,确保金融机构可以随时掌握项目财务状况。

四、绿色PPP金融项目的各类风险分析和应对措施

根据《关于推广运用政府和社会资本合作模式有关问题的通知》(财金〔2014〕76号),PPP项目风险按照"风险由最适宜的一方来承担"的原则,项目设计、建设、财务、运营维护等商业风险原则上由社会资本承担,政策、法律和最低需求风险等由政府承担。金融机构在参与PPP项目中,面临诸多风险,具体如下。

(一) 项目建设风险

PPP项目需要在规定的时间内建设完成达到可使用状态,才能在后续的经营中获得现金流和利润,尤其对于政府采用可用性付费方式直接购买产品和服务的非经营性项目,项目的"可用"是付费的前提条件。因此金融机构在对项目方融资时可以将建设施工方的资质要求列入合同条款,要求选择具有较强实力的工程施工企业参与项目建设,通过合同约定或者购买保险,由建设公司或者保险公司承担项目建设延期、不合格等引起的损失。

(二) 项目经营管理风险

实际运营过程中,由于基础设施项目的经营状况或服务提供过程中受各种因素的影响,项目盈利能力往往达不到预期水平而造成较大的营运风险。比如供水、供热、供电等项目在面临运营成本上升需要提高价格时,由于民众反对或政府出于特定目的不予调整等。杭州湾跨海大桥项目和鑫远闽江四桥则是由于出现了竞争性项目而导致项目收入无法达到预期,而政府又无法按约定给予补偿,影响了社会资本的收益情况。

银行、保险等金融机构一般仅以资金方或财务投资者的身份参与PPP项目,对于PPP项目的建设、管理、运营等并不擅长,若项目一旦出现经营不善或管理纠纷,会直接影响收益的实现。因此,金融机构在向项目公司提供融资之前,应对融资主体和管理团队进行详尽的尽职调查,寻找具有良好口碑的合作方,对项目的运营及未来现金流收入进行财务分析和测算,确保可行性缺口补助和政府付费项目纳入政府的全口径预算管理,并通过

相关协议争取参与重大事项决策的权利。

（三）增信措施落实风险

PPP项目融资中可能涉及房地产抵押、信用保证、股权质押、应收账款质押等多种增信方式，实际操作中可能存在增信方式不能落实的风险。尤其对于非上市公司股权质押和基础设施收益权应收账款质押等一些需要政府登记的增信方式，各地在执行中的口径尺度会有很大差异。根据我国现行的《担保法》，可用于质押的收费权类型局限于公路、桥梁、隧道、渡口等"不动产收益权"范围，因此在融资协议签订之前就要对不同地区的抵押登记政策进行了解，把担保方式的落实作为放款的前提条件，并尽量采用多种增信方式进行组合，在选择担保物时也要优先考虑易于处置变现的标的。

（四）政策风险

PPP项目运作在很大程度上受政府政策影响，政府缺乏经验，违反财政补贴机制和项目唯一性的承诺，往往造成社会资本无法收回投资本金或取得合理的利润。对于政府的政策风险，必须从当地产业结构、财政实力、市场化程度、过往资信记录等多方面进行考量，并通过签订详细的法律合同，降低地方政府"随意签约，肆意毁约"的概率，在区域选择优先考虑沿海经济发达地区和内地省会城市和财政实力较强的其他城市。

（五）财政可承受能力风险

根据最新颁布的《政府和社会资本合作项目财政承受能力论证指引》(财金〔2015〕21号)，地方政府每一年度全部PPP项目需要从预算中安排的支出责任，占一般公共预算支出比例应当不超过10%。金融机构需要密切关注特定地区（尤其是列入地方政府性债务风险预警名单的高风险地区）的财政收入状况、PPP项目目录，并密切跟踪各级财政部门（或PPP中心）定期公布的项目运营情况，包括项目使用量、成本费用、考核指标等信息，确保所参与项目涉及的地区政府整体PPP支出控制在一定比例之内。

（六）信用风险

金融机构对PPP项目的投资能否收回本金和获得合理的利润，很大程度上依赖于项目实施主体等交易对手的信用状况，对于获得特许经营权的项目实施主体，应选择有较高施工资质、项目经验丰富的专业机构，并对其资金实力、财务经营状况和信用资质进行分析。

（七）财务风险

财务风险是指基础设施经营的现金收入不足以支付债务和利息，债权人主张债务而导致项目公司破产，造成PPP模式应用的失败。财务风险既可能由于政府不守信而造成，也可能因为运营主体经营管理不佳，或者随着社会经济和文化的改变而影响原有业务模式的需求而导致。社会资本可能必须独自承担此类风险，所以金融机构在为项目融资时尽量要求由政府预算支出保障、市场化国有平台或融资担保机构提供担保，由政府部门和融资担保机构分担部分财务风险。

（八）国有股权转让的法律风险

在部分项目中，金融企业向项目公司增资扩股或购买原有股权的方式取得项目公司的股权，合同约定期限到期时，国有股东或国有资产监督管理部门通过回购方式受让项目公司股权，在实际操作时两次股权转让大多未经过资产评估程序，而且多采用协议转让方式。根据《企业国有资产法》《企业国有资产评估管理暂行办法》《关于企业国有产权转让有关事项的通知》,相关国有股的转让需要通过资产评估,并在产权交易场所公开进行交易,因此该类操作具有一定的法律风险。金融企业在项目开始之初就必须考虑国有股权转让的程序问题。

(九)问题解决

一是健全和完善 PPP 法规体系与制度框架,并建立政府部门的诚信机制。《中共中央国务院关于完善产权保护制度依法保护产权的意见》(以下简称《意见》)明确规定:大力推进法治政府和政务诚信建设,地方各级政府及有关部门要严格兑现向社会及行政相对人依法作出的政策承诺,认真履行在招商引资、政府与社会资本合作(PPP)等活动中与投资主体依法签订的各类合同,不得以政府换届、领导人员更替等理由违约毁约,因违约毁约侵犯合法权益的,要承担法律和经济责任。《意见》还提出,因国家利益、公共利益或者其他法定事由需要改变政府承诺和合同约定的,要严格依照法定权限和程序进行,并对企业和投资人因此而受到的财产损失依法予以补偿。《意见》提出,将政务履约和守诺服务纳入政府绩效评价体系,建立政务失信记录,建立健全政府失信责任追究制度及责任倒查机制,加大对政务失信行为惩戒力度。

建议加快国家层面的 PPP 立法,明确 PPP 应用范围,政府审批权限、流程和管理程序,政企的核心权利和义务,合同框架和风险分担原则,退出机制和纠纷处理机制,财政规则与会计准则,政府监管与公众参与制度等,并应加快建立政府部门的诚信机制,增强投资人对 PPP 项目的投资意愿。

二是完善市场准入和退出机制,进一步放宽社会资本进入基础设施领域的标准,改善市场准入和运营环境,减少各种市场准入限制。完善项目退出机制,建立 PPP 项目产权交易市场和股权转让系统,为私募股权基金等社会资本通过股权转让实现投资回收和合理合法退出项目。

三是在项目执行中建立项目现金流监测机制,及时了解项目财务状况,并建立紧急情况下的预警和应急处理机制,及时消除项目可能出现的违约风险。

[本章小结]

本章主要介绍了绿色 PPP 金融的概念、理论、主要运作方式和如何进行风险防范等内容。绿色 PPP 模式是绿色金融体系融资的重要载体之一。绿色 PPP 理论是 PPP 理论在生态建设和绿色金融可持续发展领域的一个关键组成部分。绿色 PPP 模式和生态文明建设都拥有可持续的发展理念,绿色 PPP 模式是在生态文明建设中实现可持续发展的治理模式之一。我国绿色金融政策也已形成初步的框架,有关绿色 PPP 金融的项目政策的指向性也更为明晰,促进了绿色金融市场的发展。绿色银行积极引导私人社会资本投入绿色经济领域就是绿色 PPP 金融。在 PPP 模式下,通过引导节能环保、清洁能源、绿色交通运输等社会资本投入绿色 PPP 项目,从而促进本国绿色经济的发展,绿色 PPP 金融在 PPP 市场发展中起着关键的作用。

[思考与练习]

1. 简述绿色PPP的概念和特征和绿色PPP理论的发展。
2. 简述绿色PPP的风险评审。
3. 简述绿色PPP金融的项目各种融资模式。
4. 简述绿色PPP金融的项目的各类风险并提出应对措施。

[参考文献]

1. 财政部政府和社会资本管理中心项目管理库,http://www.cpppc.org:8086/pppcentral/map/toPPPChooseList.do.
2. 财政部政府和社会资本合作中心,http://www.cpppc.org/.
3. 陈青松,张建红.绿色金融与绿色PPP.中国金融出版社,2017.
4. 陈学辉.政府参股PPP项目公司法律地位理论反思与标准.行政法学研究,2017(5).
5. 陈玉琢,石玮,唐川,王同金.PPP实务涉及PPP项目三大税收问题解析.中国财经报,2017-08-17.
6. "道PPP"社会公众号(由财政部政府和社会资本合作中心主办,主要发布PPP政策、PPP动态、PPP项目信息等).
7. 国家发展与改革委员会PPP专栏,http://tzs.ndrc.gov.cn/zttp/PPPxmk/.
8. 黄华珍,王祎.监管新政下保险资金投资PPP项目的路径与风控要点分析.和讯网,2016-07-24.
9. 黄华珍,吴昕栋,孙泉.明股实债禁令之后,PPP真股投资如何防范风险——以业绩对赌为中心.搜狐网,2018-01-27.
10. 蓝虹.环境金融新论:体系与机制.中国金融出版社,2018.
11. 刘倩,许寅硕.PPP与绿色金融结合发展的五个领域及案例详解.中国水网,2017-05-03.
12. 刘新辉,董健君.私募基金监管要点解读系列:PPP基金最新监管要点.中伦资讯.
13. 刘晔.社会资本参与PPP项目面临的融资现状及可供选择的主要融资工具.湖南天地人律师事务所.
14. 马晓明,粟辉.中国绿色金融背景下PPP模式的发展及建议.现代管理科学,2017(9).
15. PPP产业大讲堂.PPP资产权属研究.2016-08-01.
16. 秦玉秀.PPP全流程运作实务核心要点图解与疑难问题剖析.中国法制出版社,2017.
17. 石景芬,覃星宇,刘继才.PPP项目公司"投资者—运营商"双角色主体下双层委托代理模型.软科学,2018(9).
18. 王兴忠.关于PPP项目运营管理的几点思考.经营者,2018(9).

19. 兴业研究：我国绿色项目 PPP 发展现状与改进建议. 中国金融信息网, 2017-09-08.
20. 杨社生. PPP 项目公司的建设管理实践和建议. PPP 知乎, 2018-01-12.
21. 曾则, 万志宏. 商业银行绿色金融实践. 经济管理出版社, 2016.
22. 张明. 以 PPP 模式运作的银行贷款还款来源分析. 经济研究导刊, 2015(20).
23. 中国 PPP 服务平台, http://www.chinappp.cn/projectcenter/.
24. 中国金融学会绿色金融专业委员会, http://www.greenfinance.org.cn/.
25. 中建政研政府和社会资本合作研究中心, http://www.pppcenter.org.cn/.
26. 周月萍, 樊晓丽, 刘昊. PPP 项目收益权质押的裁判实践及风控建议. 中国建筑装饰装修, 2018(1).
27. 朱耿洲. 融资租赁是 PPP 项目重要的融资方式. 金融租赁及融资租赁圈. 2017-04-21.
28. 祝麟, 刘之菁, 吴帆, 姜宁, 汤子薇. 县域绿色金融＋绿色 PPP 模式的实践与思考——以江山市为例. 绿色中国, 2017(20).
29. 邹银晖, 孙慧. PPP 项目收益权质押问题的探究. 中伦律师事务所, 2016-04-18.

第十四章 绿色保险

[学习要求]

1. 熟悉绿色保险发展历程、产生背景和相关概念。
2. 深刻理解绿色保险在社会经济发展过程中的作用,尤其在生态环境保护事业中的地位作用和社会效益。
3. 理解国际上绿色保险的法律制度和经验做法,能够结合我国实际,开展中外绿色保险制度的比较思考和研究。

[本章导读]

本章介绍了绿色保险产生的背景,对当前学术界和实务界对绿色保险的概念进行了梳理,指出了绿色保险的特征、功能和作用;介绍了欧美等西方国家绿色保险的法律制度和实践;回顾了国内绿色保险尤其是环境污染责任保险的发展历程以及相关的政策法律制度和实践应用。

近年来,我国出现了突发性环境污染事故和累积型环境污染事件的爆发态势,不仅给人民群众财产健康造成巨大威胁,还带来社会不安定因素,而且因为沉重的赔偿负担,造成污染企业破产倒闭,也减缓了高质量发展的进程。

中国环境与发展国际合作委员会课题组对1952—2010年的国内近700件环境污染事故进行分析,发现如下规律:一是事故总数呈现波动上升;二是主要集中在化学原料及化学制作品制造业、道路和水上运输业、冶炼业、采矿业、石油和天然气开采业等六大行业,其中,化学原料及化学制作品制造业占事故总数的66%;三是主要分布在经济发达地区,事故次数排在前五位的省份分别为江苏、山东、广东、湖南和辽宁,其中四个省的国内生产总值(GDP)排在全国前十名。研究认为,中国环境污染事故的发生频率与经济发展之间具有正相关性,而环境污染事故高发行业正是中国经济发展极为需要的支撑行业[1]。分散污染事故高发行业的环境风险,也是高质量发展的必然要求。

2012年联合国环境规划署发布的《保险业可持续发展原则》(UNEPFI-PSI),提出了

---

[1] 陈雨露、Andrew STEER 等.绿色金融改革与促进绿色转型研究.http://www.cciced.net/zcyj/yjbg/zcyjbg/2015/201607/P020160708359643584244.pdf.

保险业应对环境、社会与治理风险问题的全球框架,希望借助保险风险防范、风险管理功能支持绿色经济发展。如何发挥金融工具的作用,助力破解高质量发展中面临的环境问题,随着国家绿色金融改革的推进,绿色保险日益受到关注。

第一节 绿色保险概述

一、绿色保险的概念

绿色保险是为解决因经济社会活动中的环境问题衍生的环境风险而提供的一种保险制度安排和长期治理机制[1],包括与农业、其他社会生产领域相关的通过创新保险模式来实现改善环境的保险,是一种以环境保护为目的,协调各生产领域的险种。绿色保险能有效调动多方力量,构建政府、企业和社会全社会参与的环境治理机制,有效防范环境责任风险、分担损害赔偿责任、保障受害者合法权益,在保护并改善环境、促进绿色经济发展、支持生态文明建设方面发挥积极作用。

广义上说,绿色保险通常是指与环境风险管理有关的各种保险安排,其实质是将保险作为一种可持续发展的工具,以应对与环境有关的一系列问题,包括气候变化、污染和环境破坏等[2]。绿色保险包括环境污染强制责任保险,与气候变化相关的巨灾保险,环保技术装备保险、环保类消费品的产品质量安全责任保险、船舶污染损害责任保险、森林保险和农牧业灾害保险等产品[3]。

有学者将绿色保险定义为以平滑企业收益为目的,通过稳定企业经营业绩或现金流来增强投资人信心、协助企业融资的保险产品。蔡宇认为,绿色保险是指在支持环境改善、应对气候变化和资源节约高效利用等方面提供的保险风险管理服务及保险资金支持[4]。

也有学者从保险业绿色转型的角度对绿色保险进行了阐述,认为绿色保险是保险业转变发展方式的具体表现。从本质上讲,绿色保险不仅仅是一种保险产品,其根本目的是实现保险业自身与经济社会的长期可持续发展[5]。

狭义上说,绿色保险是指环境污染强制责任保险。环境污染责任保险是以企业发生的污染事故对第三者造成的损害依法应负的赔偿责任为标的的保险[6]。也有一些学者对环境污染责任保险进行了定义。邹海林[7]认为,环境污染责任保险是指以被保险人

---

[1] 马骏等.中国绿色金融发展与案例研究.中国金融出版社,2016.
[2] 田辉.中国绿色保险的现状、问题与未来的发展.中国经济时报,2014-5-6.
[3] 中国人民银行、财政部、国家发展改革委、环境保护部、银监会、证监会、保监会.关于构建绿色金融体系的指导意见.2016-8-31.
[4] 蔡宇.对绿色保险功能作用的探索、实践和思考.当代金融家,2018(9).
[5] 张顺庆,张莺.绿色保险.中国环境出版社,2016.
[6] 国家环境保护总局办公厅关于印发《关于开展环境污染责任保险调研报告》的通知(环办〔2007〕100号).
[7] 邹海林.责任保险论.法律出版社,1999.

因污染环境而依法应当承担的环境赔偿或治理责任为标的的责任保险,在该定义中,被保险人涵盖了环境污染的所有法人和自然人,包括企事业单位、一些社会组织和个人。别涛[1]、杜鹃[2]认为,环境污染责任保险,是指以排污单位因污染环境而依法应当承担的环境赔偿或治理责任为标的的责任保险,在该定义中,环境侵权者仅仅是排污单位,但实际上导致环境污染不良后果的不一定都是排污单位,如矿山开采过程中导致泥石流,煤矿开采过程中的瓦斯爆炸等,都会对生态造成破坏,可能间接造成环境污染。笔者认为,环境侵权者是被保险人,应该涵盖污染环境的所有法人、自然人和个体工商户。

根据《关于环境污染责任保险工作的指导意见》(环发〔2007〕189号),要求生产、经营、储存、运输、使用危险化学品企业;已发生污染事故的石油化工企业和危险废物处置企业开展环境污染责任保险试点工作。文件指出,现阶段环境污染责任保险的承保标的以突发、意外事故造成的环境污染直接损失为主。

蔡宇[3]根据服务领域及服务功能,将绿色保险产品及服务分为环境风险管理类、生态环境保护类、服务绿色产业发展类三大类。

二、绿色保险的基本理论

(一)环境侵权责任社会化理论

环境侵权责任社会化是指把单个个体的环境侵权所发生的损害视为社会损害,并通过一定的损害赔偿机制由社会上不特定的多数人来承担和消化。环境污染是伴随社会进步、经济发展不可避免的"副产品",在企业的日常经营中,即便是在完全符合排污标准的情况下,也不可避免会产生环境污染;另外,排污企业在生产发展过程中所产生的利益的受益者也不仅是排污企业自己,还包括其周围社区甚至整个社会上不特定的多数人,如排污企业向社会提供了丰富的物质产品和精神产品,既然利益由社会共享,那么责任也应由社会共担,但应当区分各主体的责任大小。

(二)环境污染成本内部化理论

环境污染成本内部化理论是为解决环境成本的外部性问题而提出的。环境污染具有典型的外部性,企业在进行生产经营过程中,无偿地开发或利用环境资源,产生环境污染,破坏了生活在企业周围甚至更广范围内的公民的良好生活环境,企业一部分的收益是建立在对其他主体产生负面影响的基础上的,但企业并没有为此承担全部成本,这种收益与成本的不匹配性不能通过市场价格反映出来,通常需要政府进行干预。政府进行干预的实质就是将环境污染成本内部化。

(三)可持续发展理论

"既满足当代人的需要,又对后代人满足其需要的能力不构成危害的发展"。可持续

---

[1] 别涛,王彬.以社会化突进化解损害赔偿难题——环境污染责任保险法律制度研究系列谈之一.中国环境报,2006-10-20.

[2] 杜鹃.我国环境污染责任保险基础理论与发展策略研究.复旦大学出版社,2012.

[3] 蔡宇.对绿色保险功能作用的探索、实践和思考.当代金融家,2018(9).

发展理论的基本观点有两个：一是人类要发展；二是发展有限度，不能危及后代人的发展。具体来说，就是谋求经济、社会与自然环境的协调发展，制衡不断出现的环境恶化和环境污染，控制重大自然灾害的发生，维持新的平衡。

三、绿色保险的特征

绿色保险除了一般保险业所共有的分摊经济损失、经济补偿等方面的基本特征以外，还具有鲜明的助推生态文明建设和绿色发展的特征。

（一）公益性

作为绿色保险产品的组成部分，环境污染责任保险对投保人发生的突发环境事故应承担的赔偿责任提供保障，有效缓解由于赔偿额度巨大给投保人造成的经营困难，也有效解决由于企业无力修复突发环境污染事故造成的生态环境破坏，让环境污染得到及时修复，受害者得到及时赔偿。为避免环境污染者因支付能力不足而破产，使受害人迅速得到救济而走出困境，西方各工业发达国家都对从事高度污染危险行业的企业要求强制投保环境污染责任保险。由此可以看出，环境污染责任保险基于保护环境、防治污染的需要而设立，受益的不仅是投保人，更是为人类所共有的环境利益而存在，具有明显的公益属性。

（二）政策性

环境污染责任保险伴随着环境问题而生。因环境污染具有广泛性、复杂性与不确定性，涉及受害人较多，环境污染事故一旦发生，不可避免地会出现较大的赔付金额与较高的经营风险，保险公司要保持必要的经营利润和企业收益平衡，需要政府的财政与税收双重扶持，环境污染责任保险对政府具有很强的依赖性。各国在实行环境责任保险制度时，政府经常从财政、税务上进行扶持，如减免税收、注入保险基金等，这些支持对环境污染责任保险的发展至关重要。

（三）环境友好性

绿色保险涵盖环境风险管理类、生态环境保护类、服务绿色产业发展等方面。尤其是近年来日益成熟的首台（套）重大技术装备保险、光伏组件产品质量保险、风力发电指数保险、太阳辐射指数保险、农业天气指数保险、再制造汽车零部件保险、绿色企业信贷保证保险、碳保险等保险产品的开发与完善，保险公司通过提供项目建设、运营风险的分摊，可以将合作方要承担的风险最小化，平滑企业收益，让企业经营绩效更加稳定，降低投资方经营风险。另外，保险资金投资绿色环保、新能源、生态农业、节能制造等产业，直接助推绿色经济的发展。

四、绿色保险功能和作用

环境污染责任保险是以企业发生污染事故对第三者造成的损害依法应承担的赔偿责任为标的的保险。利用保险工具来参与环境污染事故处理，有利于分散企业经营风险，促使其快速恢复正常生产；有利于发挥保险机制的社会管理功能，利用费率杠杆机制促使企业加强环境风险管理，提升环境管理水平；有利于使受害人及时获得经济补偿，稳定社会经济秩序，减轻政府负担，促进政府职能转变。

(一)促进环境风险管理

绿色保险框架下的高危企业环境风险排查与监控机制,通过事前预防、事中管理、事后补救与响应,全面提升企业防范和治理环境污染事故的能力。保险公司通过承保前风险评估,开展风险隐患排查和预警警示,有助于强化企业的环境责任意识和节能减排的压力,降低环境事故发生概率;通过事中管理,有助于提升企业应对环境事故的能力,降低发生环境责任事故的风险和损失;通过事后的响应和补救,追踪调查,有助于强化企业安全生产的责任,全面提升企业环境管理水平,最大限度降低环境事故发生的概率和风险。

(二)提高企业风险承载能力

突发的环境污染事故具有受害范围大、受害人数多、赔偿金额大、处理周期长等特点,污染企业往往因为承担数额巨大的赔偿而影响企业的生产经营,甚至是破产倒闭。通过投保环境污染责任保险等绿色保险产品,将企业环境污染赔付责任转移给保险公司,有效减缓因突发意外事故等原因引发的企业环境风险,提高企业抵抗风险能力。由保险公司来支付赔偿和环境清理费用,也有利于有效保护生态环境,使受污染的地块及时得到修复和治理。

(三)助力产业结构转型

绿色保险通过市场化的手段使保费作为经营成本内部化,将保费与企业行业风险等级和企业风险管理水平挂钩,用经济手段倒逼企业加强日常环境风险管理,同时也促使企业加强科技创新,对生产工艺和流程进行改造和升级,降低企业的污染排放水平和单位能耗水平,及时调整企业发展战略,转向环境风险小、污染排放小、资源能源消耗低的行业和领域,从而间接推动企业的转型升级。

(四)优化社会治理

突发意外事故导致污染物释放、散布、泄漏、溢出或逸出,造成环境污染,容易造成纠纷和引发旷日持久的诉讼,很多受害者得不到有效而充分地赔偿,甚至得不到赔偿,从而激化了社会矛盾,甚至会引发群体性事件。绿色保险通过市场化的赔偿机制,保险公司依据签署的保险合同,向投保人收取一定的保险费用,并承担经济赔偿责任,在保险事故发生时由其对受害者的损失承担相应的赔偿责任。这大大提高了赔偿速度,有效降低环境侵权者与受害者之间的谈判成本,有效迅速地救济污染受害者,保障了环境污染受害者的合法权益。

第二节 国外绿色保险制度和实践

一、各国环境责任保险介绍

在当今世界各主要发达国家,环境责任保险业务和保险制度已经进入较为成熟阶段,并成为各国通过社会化途径解决环境赔偿问题的主要方式之一。目前国际上环境污染责任保险存在三种比较典型的模式,分别是以美国为代表的强制保险的制度,以德国为代表的强制责任保险与财务保证或担保相结合的制度,以英国、法国和日本为代表的自愿保险为主、强制责任保险为辅的制度。

(一) 美国绿色保险制度[1]

美国是实行强制性绿色保险制度的代表,从20世纪60年代就开展了绿色保险,绿色保险在美国经历了三个发展历程:1966年以前,事故型公众责任(Comprehensive General Liability,CGL)保单承保环境责任险;1966—1973年,CGL保单开始承保因为持续或逐渐性的污染所引起的环境责任;1973年后,CGL保单将故意造成的环境污染以及逐渐性的污染引起的环境责任排除于保险责任范围之外。

美国的绿色保险经历了约40年的发展历程,本节对美国绿色保险的发展历程进行分析,考察其对美国绿色保险市场发展的经验教训。

1. 环境保护立法和司法对保险发展的影响

20世纪70年代,美国的民众开始关注自然环境以及经济发展对它的影响。自然环境被认为是同生活质量息息相关的资源。在这一时期出现了大量的环境立法,企业面临的环境责任也越来越多。

除了环境法规之外,法院对保险索赔的判决以及对环境保险条款的司法解释,也对环境保险市场产生了重要的影响。其中,以1983年新泽西杰克逊镇的一场环境污染诉讼最为典型。在这个案例中保险公司认为污染是因为垃圾填埋场的有毒物质逐渐渗漏造成的,而公众责任保单上明确规定了仅承保"突发和事故性"污染,因此保险公司拒绝提供5 100万美元的辩护和赔偿费用。然而,新泽西的法院判定突发并不仅仅指一瞬间,只要污染不是故意行为造成的,那么就符合事故的定义。不利于保险人的司法解释(1983年新泽西杰克逊镇案例)让除外条款实际上保护不了保险人的利益。1986年保险人将所有的环境责任约定为公众责任保单的除外责任。

1975年专门的环境损害责任保单(Environmental Impairment Liability,EIL)出现。环境损害责任保单属于索赔型环境责任保险,承保特定场所的突发性和渐进性污染。由于RCRA和CERCLA的规定产生了大量的环境保险需求,承保环境损害责任保险的保险公司从1980年的3家扩大到了1982年的12家。然而,在RCRA、EIL、Superfund这三者的纲领性指导下,化学品污染保险市场逐步建立,并一度于20世纪80年代初期出现繁荣,最多有40余家保险公司参与。好景却不长,环境责任的风险开始逐步显现,以1983年为例,1983年承保渐进性的环境污染责任的保费收入为3 500万美元,而保险公司需要因此偿付的损失约为9 000万美元,到了1985年市场上只有2家保险公司承保环境损害风险。1985—1986年不仅可获得绿色保险的保障范围有限,价格猛涨,更严重的是,美国大部分的企业完全无法获得绿色保险。

综上所述,这一时期的环境保护立法和司法解释是一把双刃剑,美国环境保护法规的不断出台,最初刺激了美国绿色保险的发展。然而,由于保险人缺乏衡量环境责任损失的技术和经验,同时连带责任、追溯责任等环境条款和法院不利于保险人的司法释义让保险

---

[1] 张顺庆,张莺.绿色保险.中国环境出版社,2016.

人承担了许多保单本身无力承担的责任,造成保险公司亏损严重。直接导致的后果是保险公司在公众责任保单中完全排除了任何形式的环境责任保险。

2. 绿色保险产品

在美国,绿色保险最初由商业责任保单所承保,即它并未被列为除外责任。然而,在过去的二十余年里,许多重大案例导致保险人在商业责任保险中加入关于污染的特殊除外条款。反过来,保险人开始对环境责任风险提供特定的保障。一系列大型的知名保险公司目前已经提供环境保险,包括 XL 环境保险公司、苏黎世(美国)保险公司、Kemper 环境保险公司、美亚保险公司、丘博保险公司等。许多小公司也在环境保险领域有一席之地。

绿色保险分为各种不同的类型,最常见的形式见表14.1。一般而言,所有的绿色保险都有相同的基本结构,并包含三个基本要素:(1)对未知或已知特定类型污染的保障;(2)保障条件;(3)除外条件。保单一般以索赔为基础,这意味着保单只会在下列情况下提供赔付:(1)针对被保险人,或者污染在保险期间由被保险人发现;(2)被保险人在保险期给予保险人赔付或污染的书面声明。

表14.1 美国的环境责任保险类型

保　　单	保　障　描　述
法定污染责任保险	保障范围涵盖保险财产的清理,包括对未知或某些条件下的已知污染进行自愿清理和/或强制清理;以及保单生效后的清理费用,还包括防护费用。保障范围扩展至第三方的身体损伤或财产损失,也可能包括污染导致的收入损失或者租赁费用。
清理费用上限保险	包括对未曾预料清理费用增加的保障。典型的保障仅在发生无法识别的污染、污染超过估计状况、法规要求变更或补救计划失效时才触发。这些保障并不包括防护费用,也将保单中未特别提及的污染类型排除在外。
综合污染责任保险及清理费用上限保险	上述两类的混合。
费用上限保单(Cost Cap Insurance)	① 这是一种"止损型"保单,承保已经发现的污染清理费用超过预期的部分。保险人和被保险人会事先商定一个限额,由于以下原因清理费用超过限额的部分由保险人承担:成本上升、法规或者规范的变化、发现更多的污染(数量/种类)。 ② 将传统环境保险与自保相结合。被保险人和保险人就污染清理费用达成一致估计,被保险人确认一笔较大免赔额或自留额(止损额),保险人承担所有超过止损额的清理费用,至保单限额为止。
贷款人污染责任保险	① 如果在保险期内,贷款人由于抵押物的污染而被起诉,保险人要补偿贷款人的诉讼费用,并支付索赔。 ② 如果在保险期间发生污染事故并且借款人违约,保险人将代借款人向贷款人支付未偿的债务,这种保单称为"贷款余额"保单;或者保险人向贷款人支付贷款余额和清理费用中的较少的那个,这种保单称为"较小者"保单。

(续表)

保　单	保　障　描　述
有限/混合风险保险[1] (Finite/Blended Risk Insurance)	① 被保险人将清理费用的现值支付给保险人,保险人代被保险人承担清理指定场所的财务责任。 ② 通过有限/混合保险,被保险人将环境风险的财务责任完全转移给了保险人,保险人提供了时间溢价、环境污染和清理费用超过上限三种风险的保障,实际上是污染责任保险和费用上限保险的结合。

如表 14.1 所示,保险保障适用于广泛的污染相关损失,包括人身伤害、第三方财产损失、现场和非现场清理。其他保单或其附加险种,包括商业中断费用、污染物运输费用、用以保护垃圾填埋场,或者其他污染物投放地点的处理与保障。

环境责任保险并不倾向于涵盖诉讼,因为这些保单本身就是为支付此类索赔特别设计。同时,环境责任保险已经成为许多房地产交易中的重要条件。

3. 绿色保险市场

由于环境法规这把"双刃剑",美国环境保险市场大起大落。到 20 世纪 80 年代中后期,美国的环境保险不仅保费很高,而且保障范围也很窄。到 20 世纪 90 年代中后期,保险人已经能够更加精确地估计自身的损失,因此不仅责任范围扩展了不少,而且价格也降到了比较合理的水平。1997 年,环境损害责任保单(EIL)的保费比起 1987 年下降了 75%。同时,保险市场规模越来越大,新的保险人正在进入环境保险市场,而已有的保险人也在增加保险能力。1995 年以来环境保险投保量每年以 20%—30% 的速度增长,2005 年环境责任保险的总保费达到 20 亿美元。购买保单的企业分布在制药、食品、化工等多个行业。绿色保险市场开始展现出健康发展的趋势。

(1) 绿色保险产品更具有针对性。到了 20 世纪 90 年代中期,出现了一些特定的环境责任保单。保险人对承保的责任范围也进行了细分。保险人可以通过合同修正条款,修改基础保单,使保障范围更加适应特定的被保险人。20 世纪 90 年代后期,环境责任保单越来越灵活,保险人通过和环境工程师以及环境顾问的合作,致力于开发更具有针对性的保险产品。这些保险产品针对每一种具体的风险(而不是每一个行业)制定。

(2) 绿色保险产品用途得到扩展。环境保险被越来越多地使用于支持房地产的金融活动,在 2003 年前后成为一种被普遍接受的风险管理工具。这些环境保险产品的创新用途包括:代替环境评估报告,提高贷款证券化产品的评级;代替环境保证金,用于担保即使抵押的地产出现环境问题,贷款人仍然能够收回贷款;保单随地产转让,保证地产的购买者不会因为购买地产承担环境责任,促进交易的发生;恰当的保单条款甚至可以合理地避税。

(3) 环境风险管理融入整体风险管理体系。管理环境风险已经进入了一个新的时

---

[1] 在绝大多数安排中,第三方通过规定一项有限风险的保险合同(买断)对已知环境状况的给定财产获得所有权,获得现金支付并承担与已知污染状况相关的清理和赔偿责任,包括与美国环保局或其他监管机构进行协商。当第三方失灵时,有限风险保单为第三方提供保护。

期。环境保险产品的作用不仅仅局限于管理环境风险,而且融入了公司的整体经营风险和财务风险管理体系。

综上所述,保险公司积累了30多年的承保经验,通过保险条款的设计,有效控制了风险。保险供给增多,带来了保费的下降,刺激了保险需求的增长。除了标准保单以外,出现了一些针对性很强的保单,绿色保险产品走向了多样化和个性化。另一方面,随着人们对环境风险认识的深入,投保主体不断丰富,绿色保险不再仅仅局限于污染严重的行业,涉及各个领域。不仅如此,环境保险还衍生出新的功能,在企业的合并重组、房地产的出售以及银行的抵押贷款业务等多方面起着重要的作用。

(二)德国环境责任保险制度

1. 保险方式

德国环境污染责任保险起初是采取强制责任保险与财务保证或担保相结合的制度,但德国自1990年12月10日《环境责任法》通过和实施后,德国开始实施强制环境损害责任保险,要求其国内所有工商企业必须投保,以使受害人能及时得到损害赔偿。此法还以附件方式列举了存在重大环境责任风险的设施名录。

为确保环境污染受害人能够得到赔偿,加害人能够履行其义务,德国《环境责任法》第19条明确规定,列入特定名录设施(Listed Facilities)的经营者必须采取责任保证措施,包括与保险公司签订损害赔偿责任保险合同,或由州、联邦政府、金融机构提供财务保证或担保。如果经营者未能遵守提供保险等财务保证的规定,或者未向主管机关提供其已经做出保险等财务保证的证明材料,主管机关可以全部或部分禁止其设施的运行。此法第21条还进一步规定,对违反规定的设施经营者,可处1年以下有期徒刑或罚金。

2. 保险范围

从保险范围和责任免除来看,德国起初对渐进性污染引起的损失责任不予保险,并将其列为责任免除。从1965年起,保险责任范围逐渐扩大。1978年后,保险人又同意对大气和水污染造成的财产损失赔偿责任承保,但如果责任事故发生在被保险企业地域之外,可预见的经常排放物引起的损失仍列为除外责任。总体而言,德国模式保障范围有限,它主要参照常规责任保险的保障范围,并针对欧盟指令的额外保障,未广泛实行强制保险。

3. 保险金额

德国《环境损害赔偿法》规定,保险金额不得低于5000万马克(约2556万欧元)。若干特定种类的营运设施,因其危险性高低有别,联邦政府可以规定最低保险金额,但最低不得少于1000万马克(约511万欧元)。

(三)英法环境责任保险制度

法国以任意责任保险为原则,法律特别规定实行强制责任保险除外。法国在20世纪60年代还没有专门的环境污染损害保险,对企业可能发生的突发性水污染事故和大气污染事故,以一般的责任保险加以承保。直到1977年,法国保险公司和外国保险公司成立了污染再保险联盟以后,制定了污染特别保单。同时,将承保的范围由偶然性、突发性的污染损害事故扩展到渐进性环境污染所造成的环境损害。

在环境责任保险制度中,以任意性保险为原则,采用非特殊机构承保,但在参与的国际公约范围内实行强制性保险。英国于 1965 年发布的《核装置法》规定安装者必须负责最低限额为 500 万英镑的核责任保险。英国作为《国际油污损害赔偿民事责任公约》和《设立国际油污损害赔偿基金国际公约》的成员国,在海洋油污损害赔偿领域也实行强制性环境责任保险。英国实行的强制性环境责任保险有油污损害责任保险、核反应堆事故责任保险。

20 世纪 90 年代,英国、法国等国家要求潜在的环境侵权人购买保险或是具有足额的财务担保,以保证履行可能发生的损害赔偿责任,但是由于并没有一个能够准确测量环境损害具体数值的技术,保险公司不能够利用精算工具进行定价。到 2000 年,调整为允许有关企业在自愿基础上购买保险或寻求相关金融机构担保,对企业具备的经济损害赔偿能力不做强制规定,但核反应堆责任保险目前依然是强制保险。

(四) 日本环境责任保险制度[1]

日本的环境污染责任保险采用自愿为主、强制投保为辅的方式进行,保险产品分类比较细致,涉及四大类,分别是:环境污染赔偿责任保险;附属地污染清理费用的污染损害赔偿责任保险;附属设施赔偿责任保险的特约型污染损害赔偿责任保险;承保业者污染损害赔偿责任保险。日本的环境污染责任保险将环境风险分为三大类,即土地污染风险、加油站漏油污染风险和非法废弃物投弃风险。在日本,环境污染赔偿责任保险不属于强制险,企业根据自身经营中发生环境污染事故风险的高低,自行决定是否有参保的必要。目前,科研机构、农业和化工企业这些经常和化学物质打交道的机构和公司,以及担心交易的土地可能受污染的不动产商是这一保险的主要客户。

二、气候保险[2]

气候保险作为新型绿色保险近年来受到了日益重视。气候保险是一种遭受气候风险的资产、生计和生命损失提供支持的促进机制。尤其是对当前日益加剧的气候变化和频繁增加的极端天气给生产生活造成的人身财产损失提供保障,非常具有现实意义,很多国家和国际组织已经在展开积极的探索。

国外气候保险的设计主要包括六个主要环节,分别是收集相关气象数据、确定干旱指数、量化干旱风险、构建保险合约、合约定价,以及保险产品与现代产品捆绑。

日本政府早在 1938 年就制定了《农业保险法》,尝试农业保险制度。由于日本经常遭受台风,20 世纪六七十年代开始,在住宅综合保险中加入"台风保险"。目前日本在农业领域的气候保险主要是冰雹、洪水等风险责任,采取高额财政补贴、再保险等方式进行风险分散。

美国针对洪水制定了相关的气候变化法律。推出了美国国家洪水保险计划,由政府

---

[1] 李文芳,李小晶.国外绿色保险制度比较及启示.绿色金融、公司金融与金融发展研究.经济科学出版社,2016.

[2] 马中,周月秋,王文.中国绿色金融发展报告(2017).中国金融出版社,2018.

主导,政府要求高洪水风险地区的房屋和建筑物在向联邦监管或者联邦保险的接待机构申请贷款时,必须购买洪水保险。政府的社区救助方案还帮助合格的社区识别、预防以及解决洪泛区管理中存在的问题。国家洪水保险计划的资金来源于收取的保费,在损失超过一定限额时,允许向财政部贷款。政府部门负责资金运作,保险公司提供洪水保单及相关服务。

蒙古在2006年推出指数型家禽保险项目,通过与当地私人保险公司合作向牧民提供保险,牧民只承担不影响业务可行性的小损失的费用,更大的损失转移到私人保险公司,从而保护牧民免受家畜气候损失。

《联合国气候变化框架公约》和《京都议定书》都呼吁工业化国家研究制定出帮助发展中国家应对气候变化的措施,其中保险被认为一种可行的选择。2010年,联合国粮食计划署启动2 800万美元的适应资金,为穷国农民设置气候危险保险,帮助他们保护庄稼、维系生计。

三、经验与启示

(一)制度建立依赖于法律的健全和监管体制的完善

责任是一种法律的创造,环境责任保险制度的建立归根结底取决于法律的健全与执行的力度。西方国家的实践证明了这一点。美国关于环境保护的法规主要有《1970年大气清洁法》《1987年水清洁法》《1980年环境问题的处理、赔偿和责任综合法》等,采用污染者支付费用的原则,而且政府还可以采取货币赔偿或刑事制裁的方式对污染者处以严厉的惩罚。《1980年环境问题的处理、赔偿和责任综合法》则制定了一种针对美国财产所有者的严格责任,规定土地的现有所有人要承担位于其土地上的有害废弃物的清理费用,即使该废弃物是由该土地的前所有人或房客倾倒在其土地上的。

欧盟成员国对环境问题的关注与美国保持同步的发展。在制定环境政策的过程中,欧盟提出了比美国更高的标准——预防原则。预防原则提出,如果存在严重的或不可恢复的环境污染的威胁,"缺乏充分的科学确定性将不能作为推迟防止环境恶化的低成本措施实施的理由"。

(二)险种设计中要规避道德风险和逆向选择

环境污染一旦发生,其赔偿数额往往比较巨大,且责任认定较为复杂,因此要尽可能防止被保险人道德风险和逆向选择的发生。由于不同企业造成的污染损失额有很大的差异,因此在厘定保险费率时,要运用科学的方法对风险进行评估,可以按照不同行业制定不同的保险费率,以避免逆向选择的发生。

企业投保环境责任保险后,要制定相应的条款限制或降低被保险人的不诚实或欺诈行为,如限制保险责任范围、明确除外责任、对被保险人的不诚实行为给予严厉经济制裁等,以降低道德风险。

(三)因地制宜确定保险责任范围与除外责任

为保障保险公司稳定经营,环境责任保障能力和范围往往有限,尤其在初期。随着发展,为满足企业转嫁风险的需求,保险责任范围有逐渐扩大的趋势。美国、法国等国家通过修改环境污染责任保险制度,扩大了保险责任的范围。

美国的环境责任保险单的责任范围是严格限定的。其标准责任保单把与有害废弃物清理有关的费用排除在承保责任之外。对于一家涉及生产或实用技术的公司来说,环境污染的清除成本和对受害方的补偿费用可能是个天文数字,例如 1989—2000 年 Exxon Valdez 公司由于阿拉斯加的石油泄漏使公司及其保险人支付的清理费用达 20 亿美元,而最终的责任比这还要再多出几百亿美元。事实证明,当时美国所有的财产意外伤害保险公司的资本约为 2 300 亿美元。这种财产损失责任还会因为集团诉讼而加重,足以使整个保险业破产。因此,发展环境责任保险要适度。

(四) 宜采用政府强制与政府引导相结合的发展模式

在分析环境责任保险的强制性与非强制性这一问题时不能不提到日本,现在日本已经制定实施了涉及空气污染、水污染和有害废弃物的范围广泛的法律和法规。但是,日本广泛使用的是根据地方政府和中央政府官员给出的"行政建议",来同企业就工厂的运营和工业发展设施达成"污染控制协议"。协议限定具体的排放标准,提出监督和报告的要求。污染控制协议是一种自愿协议,不具有法律强制力。日本的工业公司则不愿意因没有实现他们自愿制定的标准而失去信誉,因而制定出一个有效的实施机制。我们从中可以看到民族文化对法律的运用所产生的影响。

第三节 我国绿色保险的制度建设

相比发达国家,我国在绿色保险实践方面起步较晚。长期以来,我国绿色保险主要险种为环境污染责任保险。

1991 年,我国在大连、沈阳、长春等城市率先开展了环境责任保险尝试,但由于经营主体单一、费率水平高、赔付较少、保险规模小等原因,实践运行一直不景气,甚至处于停滞状态。有数据显示,1991—1994 年,大连市环境污染责任保险累计参保企业有 15 家,四年只发生了一笔环境污染责任保险赔付案件,赔偿金额为 12.5 万元,赔付率为 5.7%,而沈阳在 1993—1995 年期间,只有一家企业投保,三年未发生保险事故,赔付率为零。可以说,2005 年以前,我国的环境污染责任保险基本处于停滞状态。

直到 2006 年以后,国家相关部门出台了系列推进环境污染责任保险发展的政策法规和规范性文件,继续推动基本处于停滞状态的环境污染责任保险向前发展。2006 年,《国务院关于保险业改革发展的若干意见》(国发〔2006〕23 号)明确提出,要采取市场运作、政策引导、政府推动、立法强制等方式,发展环境污染责任保险业务。在此基础上,原国家环保总局与原中国保监会于 2007 年联合下发了《关于环境污染责任保险工作的指导意见》(环发〔2007〕189 号),在湖南、江苏、湖北、上海、重庆、沈阳、昆明、深圳、宁波等 10 个省市的重点行业和区域开展了环境责任保险试点,提出要在"十一五"期间,初步建立符合我国国情的环境污染责任保险制度;到 2015 年,环境污染责任保险制度相对完善,并在全国范围内推广。根据环发〔2007〕189 号指导意见,各地环保部门和保险监管部门联合推动地方人大和人民政府,制定发布了一系列推进环境污染责任保险的法规、规章和规范性文件,引导保险公司开发相关保险产品,鼓励和督促高环境风险企业投保,取得积极进展。但是,由于制度设计的局限性和外部保险大环境的影响,企业投保积极性不高,导致环境污染责任保险试点没有发挥应有的作用。

面对环境风险管理新形势和新要求,在前期试点工作基础上,2013年,原环境保护部和原保监会联合发布了《关于开展环境污染强制责任保险试点试点工作的指导意见》(环发〔2013〕10号),在涉重金属企业、石油化工等高环境风险行业以及按地方有关规定已被纳入投保范围的企业中开展环境污染强制责任保险试点,对保险条款和保险费率、环境风险评估和投保程序、理赔机制、争议处理、信息公开以及促进企业投保的保障措施等方面进行了规定,也取得了阶段性的成果。至2014年年底,全国就有28个省(自治区、直辖市)开展环境污染强制责任保险试点,2.4万(次)家企业投保,累计提供风险保障500多亿元,支付赔偿款2 000多万元。但是,依然没有达到预期目标。

2014年8月,国务院发布了《关于加快发展现代保险服务业的若干意见》(国发〔2014〕29号):提出要发挥责任保险化解矛盾纠纷的功能作用;强化政府引导、市场运作、立法保障的责任保险发展模式,把与公众利益关系密切的环境污染、食品安全等领域作为责任保险发展重点,探索开展强制责任保险试点;提出推动保险服务经济结构调整;建立完善科技保险体系,积极发展适应科技创新的保险产品和服务,推广国产首台首套装备的保险风险补偿机制,促进企业创新和科技成果产业化;提出完善对农业保险的财政补贴政策,进一步拓宽了绿色保险的内涵。

2015年6月,中共中央、国务院印发了《关于加快推进生态文明建设的意见》,首次在中央和国务院层面明确提出要深化环境污染责任保险试点,建立巨灾保险制度。2015年9月,中共中央、国务院印发了《生态文明体制改革总体方案》,提出要在环境高风险领域建立环境污染强制责任保险制度。2015年4月,国务院印发《水污染防治行动计划》,鼓励涉重金属、石油化工、危险化学品运输等高环境风险行业投保环境污染责任保险。

作为环境污染责任保险重要的配套支撑措施,2015年开始建立生态环境损害赔偿制度。2015年12月,中共中央办公厅和国务院办公厅印发《生态环境损害赔偿制度改革试点方案》,在吉林、山东、江苏、湖南、重庆、贵州、云南7个省(市)开展生态环境损害赔偿制度改革试点工作。2017年12月,中共中央办公厅和国务院办公厅印发《生态环境损害赔偿制度改革方案》,自2018年1月1日起,全国试行生态环境损害赔偿制度,到2020年,力争在全国范围内初步构建责任明确、途径畅通、技术规范、保障有力、赔偿到位、修复有效的生态环境损害赔偿制度。

2016年8月31日,中国人民银行、财政部、国家发展改革委、环境保护部、银监会、证监会、保监会印发《关于构建绿色金融体系的指导意见》(以下简称"意见")。意见对发展绿色保险提出了明确要求,在环境高风险领域建立环境污染强制责任保险制度。按程序推动制修订环境污染强制责任保险相关法律或行政法规,由环境保护部门会同保险监管机构发布实施性规章。选择环境风险较高、环境污染事件较为集中的领域,将相关企业纳入应当投保环境污染强制责任保险的范围。鼓励保险机构发挥在环境风险防范方面的积极作用,对企业开展"环保体检",并将发现的环境风险隐患通报环境保护部门,为加强环境风险监督提供支持。完善环境损害鉴定评估程序和技术规范,指导保险公司加快定损和理赔进度,及时救济污染受害者、降低对环境的损害程度。

意见指出,鼓励和支持保险机构创新绿色保险产品和服务。建立完善与气候变化相关的巨灾保险制度。鼓励保险机构研发环保技术装备保险、针对低碳环保类消费品的产品质量安全责任保险、船舶污染损害责任保险、森林保险和农牧业灾害保险等产品。积极推动保险机构参与养殖业环境污染风险管理,建立农业保险理赔与病死牲畜无害化处理联动机制。

意见指出,鼓励和支持保险机构参与环境风险治理体系建设。鼓励保险机构充分发挥防灾减灾功能,积极利用互联网等先进技术,研究建立面向环境污染责任保险投保主体的环境风险监控和预警机制,实时开展风险监测,定期开展风险评估,及时提示风险隐患,高效开展保险理赔。鼓励保险机构充分发挥风险管理专业优势,开展面向企业和社会公众的环境风险管理知识普及工作。

从总体上看,支持环境污染责任保险发展的法律和政策体系正在逐步形成。一些法律也对环境污染责任保险作出了规定。2000年实施的《海洋环境保护法》提出了倡导建立船舶油污保险,《防治船舶污染海洋环境管理条例》专门对有关行为人投保船舶油污损害民事责任保险或者取得财务担保的行为进行了规定;交通运输部也出台了《船舶油污损害民事责任保险实施办法》等。2015年修订的新《环境保护法》鼓励投保环境污染责任保险。2017年,原环境保护部拟定了《环境污染强制责任保险管理办法》(征求意见稿),为后续环境污染强制责任保险在全国落地提供规范。目前,我国绝大多数省、市、自治区已通过地方性法规、规范性文件或实施方案等多种形式,鼓励开展环境污染责任保险试点。浙江、江苏、江西、广东、海南、湖南、陕西、辽宁等省份的地方性法规均鼓励和支持企业投保环境污染责任保险,并在重点区域、重点行业实行强制性环境污染责任保险。江苏、广东、四川、甘肃等地通过将投保环境污染责任保险与企业环境保护信用评价、环保专项资金申报、信贷支持、排污许可管理等相结合,引导企业积极投保。参见表14.2。

表14.2 环境污染责任保险的地方性法规

条 例 名 称	相 关 条 文	实施日期
宁波市大气污染防治条例	第8条 企业事业单位和其他生产经营者应当采取有效措施,防止、减少大气污染,对所造成的损害依法承担责任。本市鼓励投保环境污染责任保险。	2016.07.01
安徽省大气污染防治条例(2018.9.29修改)	第29条 推行企业环境污染责任保险制度,鼓励企业投保环境污染责任保险,防控企业环境风险,保障公众环境权益。	2015.03.01
巢湖流域水污染防治条例(修订)	第42条 县级以上人民政府应当根据国家规定开展环境污染强制责任保险、排污权交易,落实污水处理、污泥无害化处理、垃圾收集处理等方面优惠政策,实施有利于环境保护的经济政策。	2014.12.01

(续表)

条 例 名 称	相 关 条 文	实施日期
陕西省大气污染防治条例	第21条 逐步推行企业环境污染责任保险制度,降低企业环境风险,保障公众环境权益;省环境保护行政主管部门根据区域环境敏感度和企业环境风险度,定期制定和发布强制投保环境污染责任保险行业和企业目录;鼓励、引导强制投保目录以外的企业积极参加环境污染责任保险。	2014.01.01
青海省湟水流域水污染防治条例	第27条 高环境风险企业推行环境污染责任保险制度,及时赔偿污染受害者损失,保护污染受害者权益。	2014.01.01
湖南省湘江保护条例	第4条 鼓励湘江流域重点排污单位购买环境污染责任保险或者缴纳环境污染治理保证金,防范环境污染风险;湘江流域涉重金属等环境污染高风险企业应当按照国家有关规定购买环境污染责任保险。	2013.04.01
海南省环境保护条例	第55条 鼓励危险化学品生产使用、危险废物处理、放射源使用等环境风险大的单位参加环境污染责任保险。	2012.10.01
江苏省通榆河水污染防治条例	第27条 推行环境污染责任保险制度。鼓励和支持保险企业在沿线地区开发环境污染保险产品,引导排放水污染物的单位投保环境污染责任险。	2012.04.01
新疆维吾尔自治区环境保护条例	第43条 鼓励从事有毒有害化学品生产、危险废物处理等环境风险大的单位参加环境污染责任保险。	2012.02.01
浙江省饮用水源保护条例	第38条 县级以上人民政府应当采取措施,鼓励、引导饮用水水源保护区内的企业和运输危险品的车辆、船舶,投保环境污染责任保险。	2012.01.01
重庆市长江三峡水库库区及流域水污染防治条例	第23条 鼓励排污单位根据环境安全的需要,投保环境污染责任保险。	2011.10.01
辽宁省辽河流域水污染防治条例	第7条 鼓励有水污染物排放的工业企业办理环境污染责任保险。	2011.04.01
山西省减少污染物排放条例	第18条 鼓励有毒有害化学品生产、危险废弃物处理等重污染排污单位参加环境污染责任保险。	2011.01.01
河南省水污染防治条例	第8条 鼓励单位和个人通过保险形式抵御水环境污染风险。	2010.03.01
江苏省固体废物污染环境防治条例	第40条 鼓励和支持保险企业开发有关危险废物的环境污染责任险;鼓励和支持生产、收集、贮存、运输、利用、处置危险废物的单位投保环境污染责任险。	2010.01.01
河北省减少污染物排放条例	第26条 积极推进有毒有害化学品生产、危险废物处理等重污染排污单位参加环境污染责任保险。	2009.07.01
江西省环境污染防治条例	第4条 组织编制突发环境事件应急预案,逐步推行环境污染责任保险	2009.01.01

(续表)

条例名称	相 关 条 文	实施日期
沈阳市危险废物污染环境防治条例	第8条 支持和鼓励保险企业设立危险废物污染损害责任险种;支持和鼓励产生、收集、贮存、运输、利用和处置危险废物的单位投保危险废物污染损害责任险种。	2009.01.01
福建省海洋环境保护条例	第3条第2款 载运散装油类的船舶应当依法办理油污损害民事责任保险。 第30条第2款 在港内从事油料补给和残油、污油水接收处理的船舶,应当依法办理油污损害民事责任保险。	2002.12.01
深圳经济特区海域污染防治条例	第17条 禁止载运2 000吨以上散装货油、未持有油污损害民事责任保险或其他财务保证证书的船舶进行装卸作业。	2000.03.01

根据原环境保护部数据显示,2007—2015年第三季度,投保环境污染责任保险的企业已经超过4.5万家次,保险公司提供的风险保障金累计超过1 000亿元,在补偿环境污染受害者、化解矛盾纠纷、促进环境风险防范与管理等方面起到了积极作用。但是,由于中央和地方立法关于环境污染责任保险是鼓励性条款,也没有相应的实施细则跟进,与其他险种相比,环境污染责任保险的比例几乎可以忽略。

随着试点工作的逐步开展,绿色保险的风险保障范围不断拓宽,业务扩大到气候变化、新能源、农业、养殖业、节能环保以及科技创新领域,成为绿色金融体系的重要组成部分。

2017年6月国务院决定在广东、浙江、江西、贵州、新疆五省(区)建设各有侧重、各具特色的绿色金融改革创新试验区,在体制机制上探索可复制可推广的经验,绿色保险迎来了新的契机,推进步伐明显加快。以浙江衢州为例,探索出了生猪保险的龙游模式、食品安全责任险的柯城模式、安环保险、电动自行车保险、高龄老人意外险、精准扶贫险等绿色保险衢州模式(见表14.3)。

表14.3 浙江省绿色金融产品和服务清单(绿色保险部分)

序号	产品或服务名称	产品或服务简介	产品或服务的适用对象	产品或服务的申请条件	产品或服务的提供单位
1	养殖业保险(龙游模式)	龙游模式的生猪养殖保险将生猪保险与病死动物无害化处理联动,实现了承保全覆盖、理赔无死角、定损更科学、流程无缝高效的目标,已推广至全省。目前,正将经验在全省推广至养鸡、养鸭、养羊等养殖业保险。	养殖企业、养殖农户	(1) 在当地饲养,经畜牧兽医部门验明无伤残,无本保险责任范围内疾病; (2) 管理制度健全饲养圈舍卫生,能按所在县(市、区)畜牧防疫部门审定的免疫程序接种且有记录; (3) 饲养场所在当地洪水水位线以上的非蓄洪、行洪区。	浙江省内人保等财产保险公司

(续表)

序号	产品或服务名称	产品或服务简介	产品或服务的适用对象	产品或服务的申请条件	产品或服务的提供单位
2	安环保险	针对企业需求,将保险责任扩展至安全生产事故责任、环境污染事故责任和危险品运输责任,涵盖了化工产业上下游的主要风险;并针对企业生产、运输、仓储等全流程风险提供菜单式选项,新增危化品运输车辆超额保障等,以"保险+风控"为重要抓手,补齐全流程风险监控与事故风险保障的短板,综合治理安全生产与环境污染风险。	化工企业	提出投保申请,经保险人审核同意,缴纳保险费即可投保。	浙江省内人保、太平洋等财产保险公司
3	环境污染责任险	以企业发生污染事故对第三者造成的损害依法应承担的赔偿责任为标的的保险。保险责任涵盖:第三者责任、清污费用、紧急应对费用、法律费用。	企业、机关、事业单位和社会法人	(1)依法设立并符合国家环评标准;(2)经营场所及设备经有关环境保护管理部门验收合格;(3)提出投保申请,经保险公司核保通过,缴纳保险费即可。	浙江省内人保、太平洋、平安等财产保险公司
4	绿色企业安全生产	绿色企业发生生产安全事故,对其造成的死亡、伤残等承担赔偿责任的保险,责任保险保险责任也可以扩展至对环境污染造成的损失。	绿色企业	提出投保申请,经保险人审核同意,缴纳保险费即可投保。	浙江省内人保、太平洋、平安等财产保险公司
5	船舶污染责任保险	沿海内河船舶保险附加油污责任险,保障因油泄露污染水域,被保险人采取合理措施清除或减少污染而支出的费用,以及对第三者造成污染损害等在法律上应负的赔偿责任,并补偿政府有关部门为防止或减轻上述损害而支出的合理费用等。	合法登记注册的船舶	船舶所有人(包括船舶的登记所有人及光船承租人、管理人和经营人等)提出投保申请,经保险人审核同意,缴纳保险费即可投保。	浙江省内人保、太平洋、平安等财产保险公司
6	公众自然灾害保险	针对浙江省台风、暴雨等自然灾害多发的情况,为自然灾害造成人身伤亡提供的保险保障。	社会公众	提出投保申请,经保险人审核同意,缴纳保险费即可投保。	浙江省内人保等财产保险公司

(续表)

序号	产品或服务名称	产品或服务简介	产品或服务的适用对象	产品或服务的申请条件	产品或服务的提供单位
7	农业保险	在种植业、林业、畜牧业和渔业生产中因保险标的遭受约定的自然灾害、病虫草害、疫病等保险事故所造成的财产损失,保险人按合同约定负责赔偿。	农业生产经营者	提出投保申请,经保险人审核同意,缴纳保险费即可投保。	浙江省内人保、安信、太平洋等财产保险公司
8	农业指数类保险	指数类农险产品为政策性财政补贴农险产品的补充,以个性化定制保险产品提高服务当地农业风险管理的能力。保险责任一般为投保地区出现符合合同约定的风力/温度/降水/日照/价格/产量等事件,导致被保险人的投保标的产量下降所造成的损失,保险人按合同约定负责赔偿。	农业生产经营者	开办相关保险产品的地区,农户提出投保申请,经保险人审核同意,缴纳保险费即可投保。	浙江省内人保、安信、太平洋等财产保险公司
9	安贷宝	保障农户及小微企业主建造光伏发电站的银行贷款资金安全,如借款人发生意外,可由保险公司帮助偿还贷款。	农户和光伏电站企业主	经过农商行、农村信用社等开办该业务的银行审核通过发放贷款。	浙江省内太平洋人寿保险公司
10	与绿色相关的意外险产品	专为市政园林工作人员、美丽乡村建筑工人、森林养护人员、绿色金融从业人员,以及共享单车、新能源汽车的驾乘人员等提供的人身意外保险。	相关绿色行业从业人员或个人	提出投保申请,经保险人审核同意,缴纳保险费即可投保。	浙江省内人保等财产保险公司
11	森林保险	保障林木因火灾死亡,以及因暴雨、台风、暴风、龙卷风、洪水、泥石流、冰雹、冻害、暴雪、雨淞、干旱造成保险林木的流失掩埋、主干折断、倒伏或者死亡的风险,为林木的生产、灾后恢复等环节提供有力的经济保障。	林业生产经营者、林农	(1) 拥有林权证或土地流转合同等土地证明文件; (2) 所属土地种植林木; (3) 林木生长正常; (4) 林木为投保人所有或管理。	浙江省内人保等财产保险公司

第十四章 绿色保险

(续表)

序号	产品或服务名称	产品或服务简介	产品或服务的适用对象	产品或服务的申请条件	产品或服务的提供单位
12	新能源车车贷险项目	借款人贷款购买新能源车,银行放贷,保险公司出具保证保险为借款人的还款行为做担保,帮助更多的客户获得新能源车购车贷款。	新能源车购车人	贷款用途为购买新能源车	浙江省内人保、太平洋、平安等财产保险公司
13	绿色企业环保节能设备首台(套)重大技术装备综合保险	针对重大技术装备特殊风险提供定制化的首台(套)重大技术装备综合险产品,保障范围同时涵盖质量风险和责任风险,全面保障因产品质量缺陷导致的维修、更换、退货,以及因此造成的第三方财产损失和人身伤亡,降低用户风险,加快节能环保类首台(套)装备的推广运用。	节能环保类设备制造企业	(1)近3年被浙江省评为首台(套)产品,或产品技术参数符合《国家首台技术装备推广目录》;(2)企业提出投保申请,经保险人审核同意,缴纳保险费即可投保。	浙江省内人保、太平洋、平安等财产保险公司
14	绿色企业重点新材料首批次应用保险	主要保障因新材料质量缺陷导致合同用户企业要求更换或退货的风险,因新材料质量缺陷造成合同用户企业财产损失或发生人身伤亡的风险,是保障质量风险和责任风险的创新型综合保险产品,有利于加快新材料创新成果转化和应用。	节能环保类产品生产企业	(1)材料产品列入工业和信息化部《重点新材料首批次应用示范指导目录》;(2)企业提出投保申请,经保险人审核同意,缴纳保险费即可投保。	浙江省内人保等财产保险公司

案例 14.1 安环险——保障衢州好生态

2016年11月25日,全国第一份安全生产和环境污染责任保险(以下简称"安环险")在衢州市落地。在这两年时间里,衢州市政府通过"政保合作"模式推出的安环险成效如何? 2018年12月6日,记者对此进行了采访。

补齐短板,不断推进安环险

"安环险实施两年来,投保企业已经由最初的71家增加到88家,这些投保企业分别来自我市危险化学品生产业、制造业、合成材料生产业、电子元件制造业、金属制品业等十余个行业。"R保险公司工作人员说,到目前为止,安环险为投保企业提供了210亿元的保障。

据悉,R保险衢州分公司推出的安环险,首次将安全生产和环境污染保障合二为一,包含安全生产、环境污染以及危化品运输三项保险责任。安环险主要有三个特点:一是补短板,针对工伤保险(五险一金)赔偿金额较低和道路危险货物承运人责任保险保障额度偏低的短板,安环险大幅提升了保障标准,保障额度达到100万元/人;二是补空白,对未参保或无法参保工伤保险的员工提供保障,对事故造成的第三者人身伤亡和直接财产损失进行赔偿;三是补过程,引入国内领先的多家第三方服务机构,由第三方技术服务机构为企业找出风险点,提出风险管理建议和管理服务,加强企业过程管控和事故预防。

"过去投保后,企业如果没有获得赔保,总会感觉'亏了'。现在保险公司努力把前期服务工作做好,聘请了专家给我们企业做风险管控,省了企业做安全环境风险管理的费用,让我们感觉安环险买得很值。"某投保企业员工说。

"安环险对员工投保的工伤保险也是一个补充,这也大大减轻了我们企业的经济负担。"衢州某药业公司员工说。

政保合作,助力衢州好生态

开展"安环保险"工作,是衢州市政府创建全国绿色金融改革创新试验区的一个具体实践,也是运用保险工具参与社会治理的有效探索。衢州市政府采取"政保合作"的模式推出安环险,无疑促进了我市化工行业转型升级,也助力了衢州好生态。

据了解,为了更好地助推安环险的实施,衢州市政府预计每年支出近千万元资金,对参保企业最高提供50%保费补贴,对第三方服务提供最高30%费用补贴。

"我们第一年8.5万元的安环险保费补贴已经拿到手,和以往企业购买的险种相比,安环险保费更合理,保障更全面。"谢文杰说,特别是专业的第三方机构每月都会定期来企业进行过程管理,同时,我们企业上新设备或进行设备检修、更换,第三方专业机构也会来现场进行指导,这可以帮助企业提高防范风险的能力和水平。

2017年伊始,R保险公司衢州市分公司与三家第三方机构签订了合作协议,聘请了这三家机构派出现场服务小组和专家为投保企业进行现场服务。

衢州市安监局有关人员表示,企业购买安环保险后,第三方"安全保姆"和"环境医生"立即上岗,政府有关部门可以有效缓解检查压力,可以解决监管人手不足的矛盾。有了第三方专业人员的介入,政府有关部门还可通过查看第三方出具的风险报告了解企业的生产风险情况,进而采取有效的管理措施。此举为2016年年初列入中央深改组的"安全生产监管体制改革——社会化服务"找到了具体抓手和落脚点,让衢州市走在了全国前头。

到目前为止,三家专业机构共为投保企业提供了3 481次现场服务,排查出安全环境风险隐患近6 000个。同时,三家机构为投保企业进行了50多次专业培训,为企业解决了多个安全、环境方面难题。在两年时间里,衢州市投保企业平均隐患整改率超过85%。

衢州安环险的实践,成效非常明显。具体表现在三个方面。一是切实减轻企业经济负担。与以往单独购买保险相比,企业投保安环险的保费支出降低50%以上;同时,由保险公司聘请第三方开展专业化风险管理工作,大幅减轻参保企业缴纳社会化服务费的负担。通过这种"政保合作"模式,逐步建立起企业与保险、安全、环保等四方的良性互动的工作机制,有效促进当地安全环保形势持续稳定好转。二是切实发挥专业机构风控作用。

引入社会化服务,借助市场"看不见的手",衢州市创新商业保险与专业风险管理服务相结合的发展新模式。一方面,借助保险费率的价格市场化调节功能,根据企业风险等级及生产规模,"一企一策"制定保险方案,实行差异化费率。对管理规范、安环风险较小的企业降低费率,对不注重管理、安环风险较大的企业则采取提高保费或限期整改等措施。另一方面,聘请第三方专业机构提供风控服务,保险公司将相关风险报告等信息录入风险管控平台,成为辅助政府监管的"第三只眼",帮助相关部门掌握企业风险,便于及时采取针对性的行政监管措施。三是切实考虑多方利益的平衡。对政府来说,减轻了财政负担和风险负担,通过稳定的可预见的财政支出,确保社会化风险管控服务落到实处,有效降低危化企业所隐藏的自然环境及社会风险,避免财政的无效支出和风险事故事后处置费用。对保险公司来说,通过第三方专业服务的风险管理和服务前置,有效控制承保风险,确保保险项目的平稳运行。对第三方专业服务机构来说,通过风险排查及评估等工作的开展,获得进一步发展壮大的机会。对危化企业来说,有效降低了经营风险,将意外风险尽可能地关在门外,低成本高收益,确保了经营成果最大化及企业可持续发展。

资料来源:《衢州日报》,2018年12月7日,编写时适当作了修改和编辑。

案例14.2　湖州出台"绿色保险"地方标准

如何规范、统一全市企业环境污染责任保险风险等级认定?这家企业环境风险水平在哪一级?湖州市企业的环境风险整体在哪一个层次?这些困扰政府部门、保险机构及企业三方多年的问题终于有了一个明确的答案。2019年4月1日,湖州市地方标准《环境污染责任保险风险评估技术规范》经湖州市市场监管局批准发布,作为国内首个绿色保险市级地方标准,该标准为科学合理确定企业环境污染责任保险风险等级提供了技术支撑,具有明显的先进性和适用性。

据了解,环境责任保险是一种特殊的责任保险,发挥的是"兜底"作用。它又被称为绿色保险,是围绕环境污染风险,以被保险人发生污染水、土地或空气等污染事故对第三者造成的损害依法应承担的赔偿责任为标的的保险。在环境污染责任保险关系中,保险人承担了被保险人因意外造成环境污染的经济赔偿和治理成本,使污染受害者在被保险人无力赔偿的情况下也能及时得到给付。

未雨绸缪,作为全国生态文明先行示范区,湖州市在绿色保险领域又先行一步。早在2018年1月,《湖州市人民政府关于环境污染责任保险工作的实施意见》下发,昭示着绿色保险在湖州市全面启动。由市生态环境局牵头,市政府金融办、市保险行业协会、保险公司、第三方污染治理公司等部门人员成立了标准起草组,通过广泛收集材料与多方实地调研,组织专家对7个行业142家企业进行了现场勘查,开展承保前风险评估。在此基础上,参考企业的环评、环评批复、"三同时"验收结论等相关资料,根据产品、原辅材料、生产工艺、产污环节、污染防治措施等企业实际生产情况,从使用、存储或释放的事故环境风险物质数量、工艺过程与风险控制水平、环境风险受体的敏感性以及环境应急管理等方面对企业环境污染风险予以分析评估，通过实践应用检验标准草案的合理性及适用性。

根据该标准的"细致"评分，企业环境风险水平仿佛"跃然纸上"。通过"5+5"十大类风险指标，共包括80项静态风险指标和90项动态风险指标，累计170项内容，从方方面面考量企业的环境风险状况。通过静态、动态两大类风险指标，经过7个评估流程，最终呈现的是低风险、一般风险、中等风险、较高风险、高风险五个等级的划分，企业环境风险等级一目了然。据了解，该标准适用于湖州市铅蓄电池、电镀、化工、纺织染整、制革、造纸6类行业的危险废物收集、贮存、利用、处置行业的环境污染责任保险风险评估，其他行业可参照执行。尤为值得一提的是针对危废处置行业工艺的特殊性，在标准设置了危废处置行业的专用条款。"之前国家和地方尚未出台此类规范或标准，制定《环境污染责任保险风险评估技术规范》湖州市地方标准，填补了该领域的标准空白。"据悉，就区域而言，该地方标准可以保障保险费率的科学性，保证有序开展环境污染责任保险工作。就全国范围而言，建立在绿色保险标准之上的"环境污染责任保险制度"，是建立健全绿色金融体系的必然要求和重要内容，丰富了生态环境保护的市场手段，对打好打胜污染防治攻坚战，补齐全面建成小康社会生态环境短板具有积极意义。对企业而言，风险评估的标准化，为被保险人（企业）日常环境风控提供了指引，有利于提高环境管理水平，降低企业的环境风险。

资料来源：湖州在线，2019年4月4日，编写时作了适当修改和编辑。

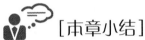

[本章小结]

绿色保险作为市场化的风险治理机制，通过社会化、市场化途径解决环境污染损害，日益渗透到生产生活的各方面，已经在促进企业加强环境风险管理，减少污染事故发生，迅速应对污染事故，及时补偿、有效保护污染受害者权益，借助保险"大数法则"，分散企业对污染事故的赔付压力等方面发挥了积极作用。虽然由于绿色保险本身存在的一些问题，绿色保险规模不是很大，比较典型的险种如环境污染责任保险还没有纳入强制险种的范畴，在一定程度上也影响了绿色保险的发展。

绿色保险作为绿色金融的重要组成部分，为解决当前面临的严峻的环境问题，打赢污染防治攻坚战提供了新的工具，为金融保险部门参与生态文明建设找到了着力点。如何根据我国当前的环境保护和经济的发展阶段，借鉴国际经验，基于绿色保险政策性和公益性的特点，构建适合我国绿色发展的绿色保险体系，做大做强做优绿色保险，加强符合绿色保险发展需求的人才队伍建设，切实发挥绿色保险在生态文明建设中更大的作用，是今后绿色保险要重点关注的问题。

[思考与练习]

1. 什么是绿色保险？绿色保险的基本理论有哪些？
2. 简述美国、德国、法国的绿色保险制度，并指出各国绿色保险制度的特点。

3. 国外保险制度给中国的绿色保险市场提供了哪些借鉴？

4. 我国的环境责任保险试点模式是怎样的？存在哪些问题？造成这些问题的原因有哪些？

5. 要想使得绿色保险市场能健康发展，应该注意哪些问题？

6. 结合乡村振兴战略，设计一款绿色保险产品。

7. 如何运用绿色保险工具，助力打赢污染防治攻坚战？

[参考文献]

1. 保罗.伯特尼、罗伯特.史蒂文斯.环境保护的公共政策.上海人民出版社,2004.

2. 保罗.弗里曼、霍华德.昆路德.保险与环境风险管理.中国金融出版社,2016.

3. 别涛,王彬.环境污染责任保险制度的中国构想.环境经济,2006(11).

4. 别涛.环境污染责任保险法规汇编.法律出版社,2014.

5. 蔡守秋,潘凤湘.论我国环境损害责任制度：以综合性责任分担为视角.生态经济,2017(3).

6. 陈冬梅,李峰.环境责任保险可行性研究.保险研究,2004(8).

7. 陈冬梅,夏座蓉.环境污染风险管理模式比较及环境责任保险的功能定位.复旦学报(社会科学版),2011(4).

8. 陈冬梅,夏座蓉.析美国环境保护立法、司法及环境责任保险市场的发展.东岳论丛,2012(2).

9. 陈冬梅.我国环境责任保险试点评析.上海保险,2016(1).

10. 陈冬梅.中国保险业对中国金融安全的影响.中国金融安全报告(2014).上海财经大学出版社,2014.

11. 贾爱玲.环境责任保险制度研究.中国环境科学出版社,2010.

12. 经济合作与发展组织.环境风险与保险.李萱译.中国金融出版社,2016.

13. 李志学,张丽.环境责任保险费率的 Black-Scholes 期权定价方法.统计与决策.2011(9).

14. 联合国环境规划署,https://www.unenvironment.org/.

15. 马宁.环境责任保险与环境风险控制的法律体系建构.法学研究,2018(1).

16. 秦宁.中国环境责任保险制度研究.中国海洋大学出版社,2010.

17. 生态环境部,http://www.mee.gov.cn/.

18. 所罗门·许布纳等.财产和责任保险.陈欣等译.中国人民大学出版社,2002.

19. 托马斯·思德纳.环境与自然资源管理的政策工具.上海人民出版社,2005.

20. 王超然,吴佳蔚,朱宁,黄璐,徐笑.环境责任保险亟待创新突围——基于湘鄂冀三地环境责任保险试行现状调研的分析.环境经济,2011(8).

21. 王康,孙健.环境责任保险投保意愿实证研究.保险研究,2016(5).

22. 王明远.环境侵权救济法律制度.中国法制出版社,2001.

23. 王顺庆,张莺.绿色保险.中国环境科学出版社,2016.

24. 王小江,冯文丽.环境污染责任保险的法律规范与政府责任选择.保险研究,2013(8).

25. 吴冲.我国建立环境责任保险制度需要攻克的几个难点.上海保险,2011(7).

26. 夏座荣.构建有效运行的环境责任保险制度.复旦大学出版社,2009.

27. 小哈罗德·斯凯博等.国际风险与管理:环境—管理分析.荆涛等译.机械工业出版社,1999.

28. 游桂云,戴蕾奇,张蕾.环境责任保险精算定价实证研究.统计与决策,2012(5).

29. 游桂云,赵智慧,戴蕾奇.环境责任保险定价理论与方法选择.价格理论与实践,2011(10).

30. 游桂云.环境责任保险模式选择与定价研究.中国海洋大学出版社,2009.

31. 於方,牛坤玉,贾倩.论环境责任保险中的环境风险与环境损害评估.环境保护,2017(14).

32. 原庆丹等.绿色信贷与环境责任保险.中国环境科学出版社,2012.

33. 詹姆斯·特里斯曼等.风险管理与保险.裴平主译.东北财经大学出版社,2002.

34. 张雷.国内外环境责任保险比较研究.中国海洋大学出版社,2005.

35. 张丽.我国环境责任保险产品设计与价格测算模型研究.西安石油大学,2011.

36. 张伟,袁建华,罗向明.经济发展差距、环境规制力度与环境污染保险的制度设计.金融经济学研究,2015(3).

37. 赵天洋.政企博弈、法规冲突与市场主导型环境污染责任保险模式构建.上海保险,2015(8).

38. 赵雅聪,赵世浩.基于博弈论角度的环境污染责任保险各方利益分析.上海保险,2016(5).

39. 郑苏晋,姚丹.我国环境污染责任保险费率奖惩系统比较.保险研究,2015(8).

40. 中国保险学会,http://www.isc-org.cn/.

41. 中国金融学会绿色金融专业委员会,http://www.greenfinance.org.cn/.

42. 中国银保监会,http://www.cbrc.gov.cn/.

43. 周国熠,万里虹.我国环境污染责任保险试点及相关问题探析.保险研究,2009(5).

44. 周红雨,陈维.关于开展污染责任保险调研报告.武汉金融,2009(1).

45. 周生贤.生态文明建设与可持续发展.人民出版社,2011.

46. 周运涛.我国环境责任保险发展停滞的经济学分析.经济研究导刊,2010(6).

47. 朱南军.环境治理的经济学思维与环境责任保险.保险研究,2011(10).

48. Heidi Kreuzer. Managing Risk with Environmental Insurance. *Pollution Engineering*, 2001(5).

49. Jurg B, Bernd W, Christian S. EC Environmental Liability Directive a Model for Hazard Analysis. *Expertise & Risk Communications*. Swiss Re, 2006.

50. Kenn Anderson, Arthur Harrington. Introduction to Environmental Insurance and Other Risk Management Tool. http://www.clu-in.org/conf/tio/ei 050206.

51. Lucas Bergkamp. Environmental Risk Spreading and Insurance. *Reciel*, 2003 12(3), pp.269-283.

52. Merrifield J. A. General Equilibrium Analysis of the Insurance Bonding Approach to Pollution Threats. *Ecological Economics*. 2002(1), pp.103-115.

53. Michael J. Bell, Jonathan Pearlson. Environmental Insurance: a financing Facilitator. *Briefings in Real Estate Finance*, 2003(3).

54. Nick Lockett. Environmental Insurance Liability. Cameron May, 1996.

55. Paul K.Freeman, Howard Kunreuther. *Managing Environmental Risk through Insurance*. Kluwer Academic Publishers, 1997.

第十五章 绿色债券

[学习要求]

1. 掌握绿色债券与其他债券的区别。
2. 判断哪些类型债券为绿色债券。
3. 了解绿色债券的标准政策。
4. 了解目前市场上绿色债券分类。
5. 掌握相关各主体在绿色债券发行过程的职责及权限范围。

[本章导读]

在国际及我国绿色发展战略的大背景下,绿色经济正成为全球可持续发展的主要驱动力量。绿色债券则是推动绿色经济起航的强劲动力。近年来,绿色债券在国际及国内绿色金融市场中呈现"井喷式"发展,作为一支同时兼顾"债券"和"绿色"特点的融资工具,绿色债券的高速发展有利于减缓气候变化、减少环境污染的环境效益。本章将对绿色债券的发展形式、基本知识、交易管控、发展与挑战等方面进行阐述。

第一节 绿色债券概述

绿色债券通常指政府部门、金融机构或企业等向社会募集资金,专项用于符合规定条件的绿色项目或者为这些项目进行再融资,同时承诺按一定利率支付利息并按约定条件偿还本金的债权债务凭证。绿色债券是绿色金融领域大力发展的融资工具,绿色债券区别于其他债券的核心特征就是其募集资金用于实现绿色环境效益。

绿色债券品种主要包括绿色金融债、绿色公司债、绿色债务融资工具、绿色企业债、绿色熊猫债和绿色资产支持证券(ABS)等。

绿色债券在兼顾债券本身自有的特性外,其最大的特点便在于"绿色"的概念:绿色债券要求发行人募集资金须投放于具有环保效益的绿色项目。

一、绿色债券票面要素

绿色债券作为债券的一种分类,与其他债券票面要素内容相近,但其发行成本具有明显优势。

绿色债券发行成本主要指绿色债券的发行利率。据统计，2016年我国贴标绿色债券的加权平均发行成本集中在3%—4%，较银行同期贷款利率低。其中，绿色企业债加权平均发行利率为3.2%，在绿色债券发行的主要类型中居于最低水平。与其他融资方式相比，绿色债券融资具备显著的融资成本优势。

绿色债券的评级分布：AAA、AA+、AA、AA−。

绿色债券的期限结构：5年以上、3—5年、3年以下。

二、绿色债券分类

按照发行主体分类有绿色金融债、绿色公司债、绿色企业债、绿色债务融资工具、绿色熊猫债、绿色资产支持证券等。

（一）绿色金融债

绿色金融债是指银行等金融机构通过债券融资后，再以信贷投放的方式将资金借给最终使用企业投入绿色项目，绿色金融债由中国人民银行核准发行和监管，是金融机构法人募集资金用于支持绿色产业并按约定还本付息的有价证券，所募资金只能用于支持绿色产业项目，具体涉及资源节约、生态保护和污染物削减等，应符合由中国金融学会绿色金融专业委员会制定的绿色债券项目支持目录。

（二）绿色公司债

绿色公司债券是公司债券的一个子类，由证监会负责监管，重点支持节能、污染防治、资源节约与循环利用、清洁交通、清洁能源、生态保护和适应气候变化等绿色产业，应符合中国金融学会绿色金融专业委员会制定的绿色债券项目支持目录。

（三）绿色企业债

绿色企业债券主要用于支持节能减排技术改造、绿色城镇化、能源清洁高效利用、新能源开发利用、循环经济发展、水资源节约和非常规水资源开发利用、污染防治、生态农林业、节能环保产业、低碳产业、生态文明先行示范实验、低碳试点示范等绿色循环低碳发展项目，应符合国家发展和改革委员会制定的《绿色债券发行指引》中的产业分类[1]。

（四）绿色债务融资工具

绿色债务融资工具是银行间市场交易商协会负责监管的，主要包括面向具有法人资格的非金融企业在银行间债券市场发行中期票据、短期融资券、项目收益票据、资产支持票据等债务融资工具，募集资金用于环境改善、应对气候变化等绿色项目。

（五）绿色熊猫债

绿色熊猫债指境外实体在中国内地发行的人民币债券，募集资金专门用于绿色资产或绿色项目。绿色熊猫债的发行应兼顾熊猫债和绿色债的相关指引。

（六）绿色资产支持证券

资产证券化是指以基础资产未来所产生的现金流为偿付支持，通过结构化设计进行

---

[1] 新版本目录推出后将实现绿色产业分类的统一标准。

信用增级，在此基础上发行资产支持证券（Asset-backed Securities，ABS）的过程。其主要模式包括央行和银监会主管的信贷资产证券化、证监会主管的企业资产证券化，以及交易商协会主管的资产支持票据。随着绿色金融市场的不断完善，绿色资产证券化已进入快速发展阶段。

三、交易与管理

目前中国并没有统一的绿色债券监管机构，而是按照绿色债券的类型实行分类监管。比如，绿色金融债券由中国人民银行核准发行和监管；绿色企业债券由国家发展和改革委员会核准发行和存续期监管；绿色公司债由上海或深圳证券交易所或中国证券监督管理委员会核准发行，并由中国证监会监管；非金融企业绿色债务融资工具由银行间交易商协会负责注册等。随着监管机制的不断完善，2018年绿色债券标准委员会正式成立，标志着我国绿色债券自律管理协调机制落地运行，是落实国家绿色金融发展战略、扎实推进绿色债券市场健康规范发展的务实举措。

四、发行与承销

（一）绿色债券的发行

绿色债券的发行主要包括以下三个环节。

首先，确认所发债券是否具备绿色属性。发行人应根据所发债券的类型，查看相应的参考文件，确认所投项目是否在官方认定的范围内且达到认定标准。发行人可提供由独立的专业评估机构或第三方认证机构出具的认证报告，就募集资金拟投项目的属性进行评估与认证。

其次，绿色债券的发行流程类似于普通债券，但更加重视治理、可追踪性和透明度，发行人募投项目确认投向绿色产业项目后，应根据项目特征和需要去选择绿色债券发行方案。设计发行方案、期限、选择权、还本付息方式等都有着较大的发挥空间。

最后，在发债类型的选择过程中，要综合考虑包括企业性质、资产规模、募集资金用途、募投项目建设期、项目回收期、项目预测现金流情况等在内的多重因素。

（二）绿色债券承销

企业在进行债券融资前，承销商会负责债券的准备和发行相关工作，根据债券的性质和要求向发行人提供多方面的建议，以实现最优筹资。

监管机构对不同种类债券的承销商资格制定了不同的规定。根据《公司债券承销业务规范》，发行公司债券应当由具有证券承销业务资质的证券公司承销。由于交易所市场是公司债的发行场所，因此在交易所市场上主承销商均为证券公司。对于金融债、企业债以及中期票据等非金融企业债务融资工具，各相关文件均规定应由金融机构承销，对于各金融机构的业务资格没有明确的要求，但是各类债券的承销人资质存在一定的差别，如金融债的承销人应为注册资本不低于2亿元的金融机构。《全国银行间债券市场金融债券发行管理办法》明确规定，发行金融债券时，发行人应组建承销团。

五、市场主体与参与者

（一）绿色债券各方主体

绿色债券的发行主体：金融机构、政府、企业单位等。

债券交易所：银行间市场、交易所（沪深两市、新三板）、机构间私募产品报价与转让系统、券商柜台、银行柜台。

监管机构和债务类型：针对上述不同交易所，监管机构与债券类型不同。人民银行、银监会主管发行债券，财政部发行国债和地方政府债，发改委批准发行的企业债。证监会审核公开发行债券和非公开发行债券，保监会核准发行的保险公司债（上交所）。

登记结算和托管机构：中央国债登记结算有限责任公司、上海清算所；中国证券登记结算有限责任公司；中国证券登记结算有限责任公司及证监会认可的其他机构。

（二）一级市场参与者

1. 发行人

发行人是债券一级市场的供应者，为债券市场提供了品种多样的固定收益产品。随着金融市场不断发展和完善，发债主体从开始的财政部发展成为包括中央政府、中央银行、政策性银行、金融机构和企业等类型不同、多层次的发行人结构。

随着人们环保意识的增强和发达国家投资者对绿色债券需求的增长，专用于绿色投资的绿色债券投资基金于2010年前后成立，债券的发行更加针对主流投资者。与此同时，绿色债券的发行人、发行品种和投资者类型逐渐多样化，更多的新兴市场（如中国、印度等）也逐渐参与其中。发行主体方面，由最初的单一银行主体，发展为如今的银行、企业、SPV（特殊目的载体）、市政机构、开发性金融机构等多类主体。绿色债券发行币种由最初的美元和欧元逐渐扩大到人民币、加元、英镑、卢比、卢布、韩元等25种币种。

越来越多国家积极参与绿色债券发行，如立陶宛、哥伦比亚均发行了首只绿色债券，斐济发行了首只发展中国家绿色主权债券，美国的住房贷款担保机构房利美（FannieMae）发行了一只金额高达249亿美元的绿色住房抵押贷款证券（MBS），直接促使美国成为2017年全球最大绿色债券发行市场。

绿色债券的投资者多为偏好长期投资和较低风险的投资者。自2007年第一支绿色债券发行后，绿色债券发行人和投资者呈现多样化的发展趋势。2014年，超过一半的绿色债券投资者为资产管理公司。绿色债券市场日益受益于多样化的机构和个人投资者。

随着绿色债券市场的发展，也逐渐出现了绿色债券指数和专注于绿色债券投资的绿色债券基金。个人投资者对于绿色债券的直接投资都会受限，但是可以通过认购绿色债券基金来参与绿色债券投资。2017年9月12日，国家开发银行（以下简称"国开行"）在全国银行间债券市场发行"长江经济带水资源保护"专题绿色金融债券。本期债券发行规模不超过50亿元，为国开行2017年第三期绿色金融债。其中，44亿元金融债在银行间债券市场发行，剩余不超过6亿元以柜台债的形式，通过工商银行、农业银行、中国银行营业网点和电子渠道，首次向社会公众零售，数小时销售一空。作为首个可以由个人投资者购买的绿色国开债，该债券的发行将会对我国绿色债券市场带来深远的影响。

2. 投资人

债券一级市场投资人即债券认购者也就是购买债券的投资者,主要有社会公众团体、企事业法人、证券经营机构、非营利性机构、外国企事业机构和个人投资者等。由于大部分债券采用承购包销的形式,因此在一级市场主要投资人是机构投资者,特别是资金实力雄厚的金融机构。

3. 中介机构

随着市场发展的日趋完善和机构专业化程度的加强,为了保证债券发行的顺利进行一级发行后存续期间交易流通的安全有效,中介服务机构提供了专业化的服务支持。目前中介服务机构主要有三类。

第一类是承销商,其一方面是债券的投资人,另一方面也承担着为发行人进行产品设计和推介的工作。

第二类是信息咨询类机构,如信用评级机构、律师事务所、会计师事务所等,为债券发行及存续期间提供评估及信息支持。在绿色债券发行过程中,与普通债券的不同,必须有专业的绿色债券认证机构在债券发行前出具认证报告及存续期跟踪评估认证报告、专项审计报告等。

第三类是登记托管类机构,目前主要是中央国债登记结算公司及中国证券登记结算公司,托管登记结算机构通过进行注册登记和证券账户的管理,记录债券的要素,并协助发行人及认购人明确各自的权利和义务关系,并为债券存续期间的有关活动提供必不可少的基础性支持。

除发行人和认购人外,在债券一级市场上的其他参与者我们都可称之为中介服务机构,这些机构基本并不直接参与债券的认购,也并不以筹资或是以取得利息或资本收益为目的。这类机构主要提供的是服务支持,有效地沟通和连接了债券和资金的供需双方。中介机构与金融工具、市场主体三者相互依存互为条件,共同构成债券市场的有机整体。构建科学合理的一级市场服务体系,充分发挥中介服务机构的作用将进一步促进债券一级市场的健康有效发展。

(1) 承销商。

现有的各类债券中,国债、政策性金融债等发行规模较大、信用级别高的债券基本采用承销团方式。在这种方式下承销团成员承担义务和权利,包括:按照发行人制定的有关规划,在债券招标发行中参与招标标的要素的确定;发表自主认购一定数量债券意愿,并在债券进入二级市场流通前可将投标确定的债券额度进一步分配给其他投资人。

对于企业债、短期融资债券和中期票据等信用产品来讲,多采用主承销商制度。对于主承销商来说,除前面所讲义务和权利外其必须具备对发行人的发现、推荐的功能。在新的核准方式下,主承销商的这个功能尤为突出。另外,作为主承销商,统筹协调绿债认证机构、会计师事务所、信用评级机构、律师事务所等中介机构的团队合作,合理安排各个中介机构进场时间,这些具体的工作程序也显得十分重要。同时,随着债券发行规模化扩容,对承销商的销售能力提出了更高的要求。此外,承销商在一级市场中具有双重身份,其本身是债券的投资人,同时也承担着为发行人提供协调、推介和销售等中介服务的功能。

随着信用产品占比的不断提高,发债主体也呈现出从金融机构向非金融类机构拓展、高信用级别债券向不同信用级别债券范围拓展的趋势。有很多新的发债主体对于债券市场及自身的债券产品缺乏认识和专业设计,具体工作包括:以行业公认的业务标准和道德规范,对债券发行人进行全面尽职调查,充分了解发行人的经营情况及其面临的风险和问题;为发行人提供必要的专业服务,确保发行人充分了解有关法律制度和市场管理政策,以及所应承担的相关责任;会同律师事务所、会计师事务所核查发行人申请材料的真实性、准确性和完整性;督促发行人按照有关要求进行信息披露,并会同律师事务所、会计师事务所核查信息披露文件的真实性、准确性和完整性;按照签订协议,做好债券推介和销售工作。

(2)信息咨询类服务机构。

目前的信息咨询类服务机构主要包括评级机构、会计师事务所和律师事务所等、第三方评价机构。信息咨询类服务机构的产生和发展是社会信用水平发展、金融市场规范化发展的产物。在目前的债券发行过程中,评级报告、法律意见书及财务报告等文件都是重要的信息披露文件,是社会认识债券产品及发行人的重要途径。

① 信用评级机构。信用评级的综合内容主要包括产业分析、财务分析、筹资投向分析和履约能力分析。具体就债券而言,信用评级机构主要依据发行者的偿债能力、发行者的资信和投资者承担的风险等方面进行评级。目前任何机构发行证券时都十分重视债券的评级,债券等级的高低直接影响债券的发行价格、市场销路和筹资成本。信用评级制度是债券市场重要的市场化机制之一,独立、公正、客观的信用评级制度对债券市场的发展和培育良好的社会信用环境有很大的促进作用。

② 会计师事务所。会计师事务所作为证券市场上从事证券服务的中介机构,其承担的任务有:对证券发行人的会计科目、会计报表等做常年会计查账验收工作;为公司证券发行上市出具审计报告;为上市公司出具中期或年度审计报告等。目前证券市场的有关审计工作很大一部分是由注册会计师实行的,证券业务的审计就是由专职机构和人员实施的为证券的发行和交易服务的,对被审计单位的财政、财务收支及其他经济活动的真实性、合法性和效益性进行审查和评价的独立性监督活动。通过会计师事务所的有关工作可以真实客观地解释主体的经营和财务情况,从而为投资人提供决策的依据。

③ 绿色债券认证机构。绿色债券区别于其他债券的最大特点就是绿色属性,但投资者普遍缺少环境方面的专业知识,很难对其绿色资质进行准确判断。同时,投资者对发行人在募集资金使用和管理、绿色项目类别、信息披露的真实性等问题存在疑虑。因而,引入外部机构对绿色债券进行评估认证,增强绿色债券的公信力,逐步成为发行绿色债券过程中不可或缺的步骤(关于第三方认证机构将在第二章详细讲解)。

(3)登记托管类机构。

登记托管类机构是指依法设立的为证券交易提供几种登记、存管与结算服务的,不以营利为目的的中介服务机构。登记是指专业机构根据委托维护持有人名册,从而确认证券权属状态的行为。证券登记的目的是对证券持有人持有证券的事实及权属状态予以确认。登记服务包括:初始登记即首次发行的登记;变更登记即权属状态发生变更的登记。

债券的存管、托管是托管登记机构的核心业务,债券存管是指登记托管机构发挥其簿记功能,保存证券头寸的电子记录。托管机构对其存管的证券负有保管责任、必须确保交存证券的安全。

登记托管机构从市场建设角度讲属于证券市场的基础性服务机构。与其他中介不同,登记托管机构在一定程度上承担着维护市场秩序、保证市场安全正常运转的职责,因此肩负更多的社会责任。该类机构的建设和发展是衡量金融市场发达程度的重要指标之一。就债券市场而言,目前中央国债登记公司作为债券市场的总托管机构,为国内大部分债券提供了登记、托管及结算服务工作。在一级市场中,除极少数的公司债券外,其他债券基本都由中央结算公司完成债券的要素注册和初始登记及交易流通前的一系列变更登记工作。

第二节 国际绿色债券发展

一、国际绿色债券标准

国际绿色债券认定标准主要有两套标准。一套是由国际资本市场协会(International Capital Market Association,ICMA)制定的《绿色债券原则》(*Green Bond Principle*,GBP),历经多次修订,目前适用的是2018年6月发布的最新版本;另一套是由气候债券倡议组织(The Climate Bonds Initiative,CBI)发布的《气候债券标准》(*Climate Bond Standard*,CBS),目前适用的是2018年推出的CBS3.0版本。GBP和CBS属于一般性的绿色债券规范,所约定的管理相关的要求主要为通用性质的规定,这也与国际绿色债券市场自下而上的形成发展特点密切相关。

(一) ICMA倡导的GBP标准

GBP规定任何将募集资金用于绿色项目(包括项目、资产或产业,下同)并具备其提出的四个核心要素(又称四项原则)的债券都是绿色债券。GBP中罗列的绿色项目类别包括可再生能源、能效提升、污染防控、自然资源和土地使用的环境可持续管理、陆地与水域生态多样性保护、清洁交通、可持续水资源与废水管理、气候变化适应、生态效益性或循环经济产品、生产技术及流程、绿色建筑。

(二) 气候债券倡议组织倡导的CBS

气候债券倡议组织认可的绿色项目类型包括太阳能、风能、快速公交系统、低碳建筑、低碳运输、生物质能、水资源、农林、地热能、基础设施环境适应力、废弃物管理、工业能效和其他可再生能源等。要强调的是,CBS明确排除了所有与化石燃料相关的项目。

面对成倍增长的绿色债券,如何在融资与运营过程中创造更规范的操作规程和更合理的项目准入资格,是解决投融资双方信息的关键问题。在绿色债券市场高速发展的过程中,国内外在其发行全过程中制定相应标准政策,为发展提供技术指引与评判标准。然而,各标准内容存在不统一现象,多重标准对各参与方而言容易造成项目筛选的难度。

二、国际绿色债券鼓励政策

在国际市场中,各国政府积极利用多种政策工具以促进经济转型,这其中许多工具可以使政府通过撬动债券市场,实现其公共的低碳和绿色发展目标。政策工具拉动两个具体杠杆。其一是减少实体经济中相关项目风险的政策和监管框架。绿色债券与其他法规和绿色信贷工具共同引入融资,而非取代已有的政策倡议。其二是运用公共财政工具和手段支持私人发行的规模、流动性以及使市场增长的必要风险/回报表现,并且为公共基金设定绿色投资要求。公共部门应选定信贷支持措施,以有效地使用公共资金,这样政府只需承担市场无法解决的特定风险。公共部门应避免使用覆盖所有绿色投资风险的全面担保,它使市场严重偏离或者仅挑选胜出者。国际市场中还通过税收减免等政策来支持绿色投资,通过给予绿色债券投资利息收入免税优惠来支持绿色债券投资。例如,美国税收激励计划已成为债券市场发展的一个重要组成部分,也已落实用于支持可再生能源和能源效率债券。

(一) 税收减免债券

债券投资者获得税收减免而不是利息收入,因此发行人不需要支付其绿色债券发行的利息。在清洁能源领域的一个案例就是美国联邦政府的清洁可再生能源债券(CREBs)和合格节能债券(QECBs)计划(能源项目协会,2012)。该计划使得市政府发行的应税债券以清洁能源和节能为目的,市政债券息票的70%由美国联邦政府对债券持有人的税收减免和补贴提供。

(二) 直接补贴债券

债券发行人得到政府的现金返还,以补贴其净利息支付。这种结构也已用于美国的CREB和QECB计划。

(三) 免税债券

债券投资者不需要支付所持有绿色债券的利息收入税(这样发行人可以获得较低利率)。这种类型的税收激励通常应用于美国市场的市政债券。特别是在绿色债券领域,一个突出的案例是巴西对为风电项目融资的债券发行实行免税。

三、国际绿色债券市场

债券的发展趋势趋向于绿色、开放与创新,绿色债券可谓是顺势而为、应运而生。在绿色金融概念发展的大环境下,绿色债券以其环境效益高等特点,已成为绿色金融体系中最受欢迎的一种形式。

全球绿色债券的发展过程目前可以分为两个阶段。

一是初始发展阶段(2007—2012),2007年全球绿色债券发行规模为8.07亿美元,受金融危机的影响,2008年全球绿色债券发行规模明显减少,发行量为4.41亿美元。自2007年欧洲投资银行发行全球首支绿色债券至2012年,发展速度趋于平缓。

2013年至今为第二个阶段,呈现井喷式增长。2013年全球发行绿色债券规模为110.42亿美元,与2012年相比,增长率达到了476.4%。2014年增至366亿美元,在2015年达到424亿美元,在2016年再破新高,飞跃到810亿美元。根据气候债券倡议组织

（Climate Bond Initiative, CBI）数据显示，截至2017年12月31日，全球绿色债券发行金额为1 555亿美元，同比2016年增长78%，相对于2015年翻了一倍之多。美国、中国和法国合计占据了全球绿色债券发行金额的56%，并与德国、西班牙、瑞典、荷兰、印度、墨西哥、加拿大成为领先全球的前十名。

根据彭博的数据显示，截至2017年12月31日，全球绿色债券发行金额为1 346亿美元，同比增长48%。中国、法国和荷兰领跑全球绿色债券发行，并与美国、德国、墨西哥、瑞典、西班牙、加拿大和澳大利亚成为领先全球的前十名。

通过对比CBI和彭博的数据，我们会发现两个统计口径下数据主要存在两点不同。第一，全球绿色债券的发行金额不同。第二，各个国家的排名变化很大。尤其是美国，其排名由CBI的第一名变为了彭博的第四名。主要是因为以下原因：首先绿色债券的认定标准不同。彭博在统计数据时依据《绿色债券原则》(ICMA)，而CBI在统计绿色债券数据时依据的是《气候债券标准》(CBS)，从而导致在统计各国乃至全球的绿色债券发行上彭博的数据都可能不同于CBI。另外，美国的排名之所以发生很大变化是因为美国最大绿色债券发行人房利美（Fannie Mae）所发行的249亿美元的绿色住房抵押贷款证券(MBS)，彭博没有对其进行绿色贴标，而CBI则将其纳入统计。海外市场在绿色债券的发展进程中拥有更加丰富的实践经验，在市场发展进程、标准制定及未来趋势等方面，可为国内绿色债券市场发展提供经验借鉴。

根据气候倡议组织公布的2017年度绿色债券数据信息，全球绿色债券发行规模创年度新高，中国发行总规模位居第二。2017年，全球绿色债券发行量达1 555亿美元，创年度发行规模新纪录，同比增长78%。共有239个绿债发行人，其中146个是首次发行，发行人基数逐年扩大；发行人来自37个国家，共有10个新成员：瑞士、阿根廷、斯洛维尼亚、阿联酋、智利、新加坡立陶宛、马来西亚、斐济和尼日利亚。2017年，美国、中国和法国绿债发行量领先全球十大排名，共占全球总量的56%；德国、西班牙、瑞典、荷兰、印度、墨西哥和加拿大则占其余十大位置（详见图15.1）。

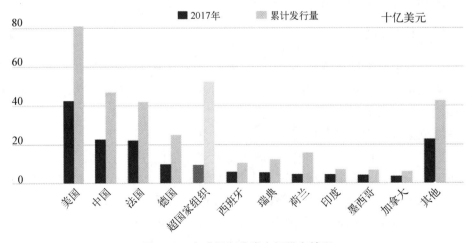

图15.1 全球绿色债券市场排名情况

资料来源：气候债券倡议组织（The Climate Bonds Initiative）。

(一)新兴市场绿债发行

2017年,中国和印度主导新兴经济体绿债发行,更多新市场加入,如斐济和尼日利亚主权绿色债券发行,以及巴西和整个拉丁美洲稳步进展,都为新兴市场绿债发展带来更大的多样性。

2017年中国绿色债券发行总额为364亿美元,剔除煤炭、某些大型水电项目等,符合国际绿色债券标准的发行额为225亿美元,按国际绿色债券标准,中国绿色债券发行规模位居全球第二;其中,第一季度保持平稳,第四季度发行量偏高,全年与2016年度数据相当(2016年绿色债券发行额351亿美元,其中符合国际绿色债券标准的发行额为229亿美元)。2017年,中国发行的经认证的气候债券达60亿美元。随着政府释放出积极遵循国际最佳实践的信号,已有3家国有大型银行,包括中国工商银行、国家开发银行和中国银行采用气候债券标准和认证机制。银行发行量占74%,较2016年的80%有所下降。

2017年,印度绿色债券发行量翻了一倍多,达43亿美元,使印度跻身2017年十大绿债发行国家榜单。经认证的气候债券发行人包括印度可再生能源发展署(IREDA)(3亿美元)、Power Finance(4亿美元)和印度铁路金融公司(5亿美元)

拉丁美洲位于2017年绿色债券发行也出现较好成绩,巴西绿色金融发展方向进一步明确,其中农业和林业绿色债券比例保持全球最高。哥伦比亚和墨西哥也有新的绿色债券发行。

2017年,马来西亚Tadau Energy公司、Quantum solar公司及Permodalan Nasional公司在马来西亚发行首批绿色伊斯兰债券(Green Sukuk),规模分别为5 850万美元、2.36亿美元,及4.61亿美元。由于马来西亚证券委员会颁布的激励措施,如对SRI Sukuk(符合社会责任投资的绿色伊斯兰债券)减免发行税等,使该国逐步奠定自己成为绿色伊斯兰金融创新者的角色。

(二)全球主要市场发行人

全球最大绿色债券发行人来自美国住房贷款担保机构房利美(Fannie Mae),其绿色住房抵押贷款证券(MBS)计划总额达249亿美元,推动美国成为2017年全球最大绿色债券市场。二是法国政府因发行97亿欧元(折107亿美元)的主权绿色债券而成为2017年第二大绿债发行人。其首次发行在2017年1月,规模为70亿欧元(折76亿美元),是有史以来全球最大的单一绿色债券,随后两度增发,累计发行额增至107亿美元。三是中国国家开发银行,全年累计绿债发行规模46亿美元。四是紧随其后的是超国家组织欧洲投资银行(EIB)和准主权发行人纽约大都会运输署(MTA),全年绿债发行规模均为42亿美元。

(三)欧洲绿色债券发行现状

气候债券倡议组织(CBI)发布的报告指出,欧洲仍然是全球绿色债券市场的基石,是全球最大的区域市场。

欧洲投资银行于2007年发布了第一个绿色债券,以筹集资金用于气候相关项目。截至2018年12月底,欧洲累计发行1 900亿欧元绿色债券。共有193个实体进入市场,约占全球总量的1/3;欧洲发行各种债务形式、币种和期限;98%的发行收益来自外部审查和报告标准。

十大国家	2017年发行总量（亿美元）	各国的三大绿色债券发行人（包括超国家组织）		
美国	424	房利美公司	纽约大都会运输署	苹果公司
中国	225	国家开发银行	北京银行	工商银行
法国	221	法国政府	ENGIE	法国国营铁路公司
德国	96	德国复兴信贷银行	柏林房地产融资银行(Berlin Hyp)	Innogy
超国家组织	90	欧洲投资银行	国际金融公司	亚洲开发银行
西班牙	56	Iberdrola	西班牙天然气公司	ADIF ALTA VELOCIDAD
瑞典	53	Specialfastigheter	瑞典银行	北欧联合银行
荷兰	44	TenneT Holdings	荷兰水利银行(NWB)	Obvion
印度	43	Greenko	印度再生能源发展署(IREDA)	印度铁路金融公司
墨西哥	40	墨西哥城国际机场		
加拿大	35	道明加拿大信托银行(TD Bank)	加拿大出口发展公司	安大略省政府

图 15.2　2017 全球发行人信息情况

资料来源：气候债券倡议组织(The Climate Bonds Initiative)。

表 15.1　全球绿色债券市场比例分析

地　　区	绿色债券市场	发行人	累计发行量(亿美金)
非洲	4	11	20
亚太	18	222	1 200
欧洲	22	193	1 900
超国家金融机构	—	11	660
拉美	7	24	70
北美	3	167	1 370

资料来源：气候债券倡议组织(The Climate Bonds Initiative)。

迄今为止，欧洲市场多元化是一项巨大的成就。看到更多企业发行绿色债券，尤其是来自经济规模较大的国家以及包括英国、德国和法国在内的高度发达和活跃的债券市场，这将是一件好事。一直以来，欧洲发行人将大部分绿色债券收益分配给能源领域。然而，近年来，随着建筑和交通运输比重增加，能源在整体构成中的份额有所下降。

比利时的绿色主权债券将 85% 的收益分配到铁路投资，这反映了 2017 年的趋势，法国、西班牙和意大利政府支持的铁路公司正开拓绿色债券市场规模。随着欧洲铁路运输升级的大计划，预计运输领域将进一步向前推进。

国际绿色债券市场的发展将会在数量与质量上实现飞跃发展，一方面随着越来越多的政府希望为气候适应型基础设施提供资金并实现国家自主贡献(NDC)承诺，发达和新兴经济体主权绿色债券发行量将会逐渐增加,既有发行国将会增加绿色债券的发行量,同时亦会出现首发国加入绿债行列。同时以美国市政为主力的准主权绿色债券发行将继续推动整个绿债市场发行量走高。

另一方面,绿色债券的通用国际标准和定义将继续完善,提高其适用性。且更多的指导方针、法规和激励机制将会相继出台,在增加监管的同时也将鼓励其积极健康发展。

第三节　国内绿色债券发展

一、国内绿色债券标准

目前,中国市场中关于绿色项目的评判标准依据主要为由国家发展和改革委员会制定的《绿色债券发行指引》(发改办财金〔2015〕3504号),以及中国金融学会绿色金融专业委员会编制的《绿色债券支持项目目录(2015年版)》。由于两家机构监管的债券品种不同,工作运作的机制也不一样,对绿色项目的认定标准不完全一致,给绿色项目的界定造成了一定困扰。在2016年七部委发布《关于构建绿色金融体系的指导意见》提出统一绿色债券界定标准要求之后,2017年相关部门在积极推进相关研究工作,中国绿色债券标准的统一指日可待。

《绿色债券发行指引》给出了绿色债券适用的12个重点领域,包括节能减排技术改造项目、绿色城镇化项目、能源清洁高效利用项目、新能源开发利用项目、循环经济发展项目、水资源节约和非常规水资源开发利用项目、污染防治项目、生态农林业项目、节能环保产业项目、低碳产业项目、生态文明先行示范实验项目,以及低碳发展试点示范项目,并对每类项目的下辖领域进行了细分。

《绿色债券支持项目目录(2015年版)》中将发行绿色债券支持的项目分为节能、污染防治、资源节约与循环利用、清洁交通、清洁能源、生态保护和适应气候变化6类,并对每个分类都进行了说明或界定条件。

二、国内绿色债券鼓励政策

2017年6月,人民银行、发改委、财政部、环保部、银监会、证监会、保监会等七部委印发《绿色金融改革创新试验区总体方案》,建立包括江西省赣江新区绿色金融改革创新试验区,贵州省贵安新区绿色金融改革创新试验区,新疆维吾尔自治区哈密市、昌吉州和克拉玛依市绿色金融改革创新试验区,浙江省湖州市、衢州市绿色金融改革创新试验区和广东省广州市绿色金融改革创新试验区在内的绿色金融改革创新试验区。旨在构建区域性绿色金融体系运行模式,充分发挥绿色金融在调结构、转方式、促进生态文明建设、推动经济可持续发展等方面的积极作用,推动区域经济增长模式向绿色转型。

广东省花都区发布招商优惠政策,对绿色债券发行机构按其实际发行债券金额的1%给予补贴,每家机构每年最高补贴100万元。

浙江省湖州市绿色金融改革领导小组牵头协调绿色债券市场为中长期绿色项目的融资服务，建立绿色债券的贴息和专业化担保机制。对在银行间市场发行贴标绿色债券的本地民营企业或本地金融机构，按照实际募集金额的1‰给予补助，最高补助50万元。

浙江衢州市开展绿色直接融资，对在银行间市场发行贴标绿色债券的本地民营企业或本地金融机构，按照实际募集金额的1‰给予补助，最高补助100万元。鼓励衢州企业积极争取贴标绿色债券募集资金支持，按照实际争取到的债券本金，给予的1%利息补贴，最高补助100万元。

贵州贵安新区对绿色信贷、绿色债券、绿色保险、绿色基金等，根据规模给予500万元、200万元、100万元等不同标准的奖励。

江西赣江新区大力扶持小微企业发展。对专项用于投资新区民营小微企业的企业债券，按其实际发行额的1‰给予债券发行人一次性奖励，最高不超过200万元；对发行集合债券的民营中小微企业，按其实际融资额的1‰给予一次性奖励，最高不超过200万元。

新疆维吾尔自治区对在试验区开展绿色金融业务较好的金融机构，中国人民银行要优先给予再贷款支持，并按实需原则，全额满足再贴现需求，对金融机构向三个试验区绿色项目库中的"纯绿"项目发放贷款或发行债券等融资进行奖励、补贴或风险补偿。同时，各银行业金融机构向绿色项目库中项目投放的绿色信贷，可由担保公司、自治区再担保（集团）有限公司、承贷机构、企业所在地政府，分别按照40%、30%、20%、10%的比例，共同承担贷款本金代偿责任，单个金融机构每年累计风险补偿不超过500万元。

一些非试验区2019年政策力度也非常大，各个省份都陆续推出了政策。比如厦门，辖内企业或机构发行绿色债券后，按照实际发行债券金额给予奖励。奖励标准为：实际发行债券金额在10亿元（含）以上或等值外币的，给予一次性奖励150万元；实际发行债券金额在5亿元（含）—10亿元或等值外币的，给予一次性奖励100万元；实际发行债券金额在2亿元（含）—5亿元或等值外币的，给予一次性奖励50万元；实际发行债券金额在5000万元（含）—2亿元或等值外币的，给予一次性奖励25万元。上述企业或机构实际发行债券金额的40%（含）以上在本市投资的，再给予同档次同等金额的奖励。

江苏对环境基础设施资产证券化和绿色债券进行贴息，按发行利率给予不高于30%的贴息，持续时长2年，每只债券每年最高不超过200万元。

深圳支持辖区内符合条件的企业发行绿色债券，包括绿色债务融资工具、绿色公司债、绿色企业债等，鼓励企业创新发行绿色可续期债券和项目收益债券等结构化绿色债券产品。对成功发行绿色债券的该市企业，按照发行规模的2‰，给予单个项目、单个企业最高50万元的补贴。

北京中关村管委会支持企业通过发行绿色债券融资。对于发行绿色债融资的企业，按照票面利息的40%给予补贴。单家企业年度直接融资的利息补贴不超过100万元。同一笔直接融资业务的利息补贴不超过3年。

2018年10月，北京市金融工作局、北京市发展改革委、北京银监局、央行营管部等八部门联合发布《关于构建首都绿色金融体系的实施办法》，明确提出加快构建基于绿色信贷、绿色债券、绿色上市公司、绿色基金、绿色保险、碳金融等在内的绿色金融体系，是首都金融发展的战略方向,是构建"高精尖"经济结构的重要支撑。

三、国内绿色债券市场

2015年9月,中共中央、国务院发布的《生态文明体制改革总体方案》中首次提出"建立中国的绿色金融体系",随后的"十三五"规划纲要中明确提出要"将绿色金融列为战略性优先事项"。2016年8月31日,人民银行等七部委发布的《关于构建绿色金融体系的指导意见》,标志我国绿色金融体系的建立。可以说,发展绿色金融符合我国"五位一体"战略布局和生态文明建设指导思想,引导金融资本从源头管控入手,促进经济社会向可持续发展和绿色低碳方向转变,从而协同推进我国经济发展和环境保护事业的发展。在绿色金融体系建设发展过程中,绿色债券已成为调动全球债券市场、满足绿色投资需求的有效工具。在2016年1月,浦发银行与兴业银行发行首支绿色债券,填补了我国绿色债券的空白,也由此拉开了绿色债券迅猛发展的帷幕。中国的绿色债券市场存在巨大的潜力,2016年中国已一跃成为全球绿债市场的领跑者。根据中国金融信息网绿色债券数据库统计,2017年上半年由于市场利率波动中国绿色债券发行下降,下半年则快速回升,全年中国在境内和境外累计发行绿色债券(包括绿色债券与绿色资产支持证券,如无特殊说明则下同)123只,规模达2 486.8亿元,同比增长7.6%,约占同期全球绿色债券发行规模的22%。其中境内发行113只,发行规模2 044.8亿元。

2017年中国境内绿色债券(不包括绿色资产支持证券)的发行主体类型更加多元、信用层级更为丰富、首次出现1年期和2年期的绿色债券,同时长期债券发行有所增加,10年期以上绿色债券发行7只,而2016年仅有3只发行,规模103.5亿元,其中2只15年期,规模50亿元。此外,还有3只永续绿色债券发行,规模30亿元;募集资金方向则主要包括清洁能源、污染治理、清洁交通等领域(如图15.3和图15.4所示)。

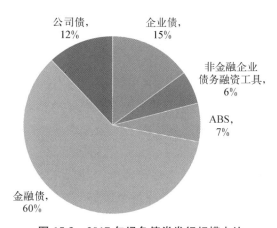

图15.3 2017年绿色债券发行规模占比

资料来源:中国金融信息为绿色债券数据库。

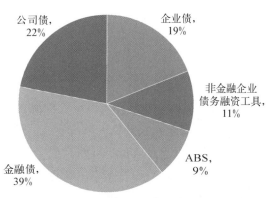

图15.4 2017年绿色债券发行数量占比

资料来源:中国金融信息为绿色债券数据库。

中国绿色债券市场虽然起步较晚,但发展迅速。特别是一些绿色债券领域的创新产品,如绿色资产担保债券、绿色资产支持证券不断涌现。2016年11月,中国银行伦敦分行在境外发行5亿美元"绿色资产担保债券"。中国银行本次发行的债券以中国银行伦敦分行为主体在境外发行,以中国银行在境内持有的绿色资产作为担保资产池,为债券项下的支付义务提供担保。债券募集资金用于中国银行在境内的绿色信贷项目。担保资产池中资产全部为"中债—中国气候相关债券指数"的样本券,在资金用途和担保资产层面具有"双重绿色属性",兼顾了国内外绿色债券市场准则和最佳实践,也是落实中英财金对话的重要成果之一。资产证券化以未来的现金流作为基础资产进行结构化融资,其结构特点非常适合以绿色项目为主业的主体进行融资。2017年绿色资产证券化产品发行扩大至10只,较2016年增长6只,规模达到146亿元,较2016年增加近80亿元。绿色资产证券化产品在中国境内绿色债券市场发行规模占比5%。

2017年3月,证监会发布《关于支持绿色债券发展的指导意见》,对绿色公司债券的发行主体、资金投向、信息披露以及相关管理规定和配套措施做出了原则性的规定。同月,中国银行间市场交易商协会发布《非金融企业绿色债务融资工具业务指引》及配套表格,明确了企业在发行绿色债务融资工具时应披露的项目筛选和资金管理等信息,首次要求发行前披露项目环境效益;鼓励第三方认证机构在绿色债务融资工具发行前及存续期进行持续评估认证;明确了绿色债务融资工具可纳入绿色金融债券募集资金的投资范围;明确开辟绿色通道并鼓励建立绿色投资者联盟。

在国内政策的良好导向、绿色债券制度的完善、第三方监管认证的加强、信息披露的强化等多项举措下,我国的绿色债券市场将会成为绿色金融发展进程中最为重要的一项融资工具。

第四节 绿色债券交易与管控

一、绿色债券特征

绿色债券作为一种新的金融工具,与普通债券相比,它能够享受绿色通道,审批速度比传统债券更快。对发行绿色债券的企业而言,相关部门在资产负债率和募集资金用途方面放宽,企业通过发行绿色债券,充分向市场展示其环境友好型企业的形象,为推动可持续发展作出贡献,同时强化其环境风险管理流程。绿色债券具有一定稀缺性和公益性,通常带有统一标识,并定期披露相关环境效益信息,因此绿色债券更受社会责任投资者青睐。

绿色债券具有成本低、期限长、安全性、专项性、偿还性、收益性等特点,在流动性管理上具有更高的灵活性。基于以上特点,绿色债券从一诞生起就在绿色金融的发展中发挥着引领作用。

国内的金融企业绿色债券用于支持金融企业的绿色信贷资产,非金融企业绿色债券募集资金则可用于项目建设和运营,以及偿还用于绿色项目的借款或债务。总体而言,国内绿色公司债和绿色债务融资工具在绿色债券的实践中,对于绿色项目的建设或运营相关的资金比例暂无具体的规定和要求,即未就可用于项目建设、偿还债务或配套绿色项目的运营补流做出详细的资金比例的约束和规定。绿色企业债则规定可以使用50%以下的募集资金用于偿还贷款或补充营运资金,绿色企业债更倾向于直接用于支持项目建设。

绿色债券与普通债券之间一个关键的不同体现在募集资金使用和管理上,具体体现在三个方面。

一是专一的用途,即募集资金必须用于清洁能源、节能、污染防治、资源节约与循环利用、生态保护和适应气候变化、清洁交通这六大类绿色产业项目(此分类根据2015版本目录,新版本目录即将推出)。

二是专门的管理,即募集资金需要专户或者专门台账进行管理,以确保资金专款专用于绿色产业项目。

三是专项的披露,即除了常规金融债券需披露的内容外还需要对募集资金使用情况和绿色债券认证报告及专项审计报告进行定期披露,对绿色债券支持绿色产业项目发展及其环境效益影响等实施情况持续跟踪评估。

推动经济向绿色、可持续模式转型已经成为发展的主旋律,节能、环保、清洁能源、清洁交通等绿色产业正逐步成为支撑我国经济的新增长点,构建绿色金融体系也已经上升为我国战略性优先事项。绿色债券可以帮助解决期限错配问题,可以提高发行人的市场声誉和赢得未来客户,可以通过成为"绿色企业"来强化对污染投资的内在约束机制以规避环境风险,可以获得政府不断强化的对绿色产业的政策支持。

发行绿色债券可以为绿色企业提供新的融资渠道、解决期限错配的问题,银行也可以借此产生新的业务增长点,甚至是降低企业的融资成本。更为重要的是,各地方如果能够大力推动绿色债券的发展,也是践行生态文明理念的有效途径。

二、绿色债券优势

(一)债务融资工具优势

随着债券市场机制的不断发展完善,债务融资工具已为大部分企业所认可,主要源于其具有以下优势:

(1)债务融资工具的注册发行效率高;

(2)融资成本低,发行利率一般低于同期限银行贷款(针对信用评级较高的发行主体而言);

(3)锁定有利融资工具,从而为企业节约融资成本,银行贷款一般随基准利率浮动,而债务融资工具可在利率低点锁定融资成本,从而为企业节约成本;

(4)债务融资工具的发行方式较为灵活,除集合票据外,通常为一次注册、多次发行;

(5)债务融资工具品种较多样,可为企业提供多种选择;

(6)债务融资工具产品的金额与期限设计较为灵活,企业可根据自身实际情况选择相应的产品。

(二)绿色债券优势

相比于传统债券的优势,绿色债券的募集资金要求投向于绿色项目,因此更受投资者青睐,同时要求定期披露,资金使用透明等,这在一定程度上降低了投资者的风险。

1. 政策支持/主导流向

中共中央、国务院发布《生态文明体制改革总体方案》,首次明确了建立中国绿色金融体系的顶层设计;随后在"十三五"规划纲要中明确提出要"将绿色金融列为战略性优先事项";2016年8月31日,人民银行等七部委发布的《关于构建绿色金融体系的指导意见》,标志着我国绿色金融体系的建立;在十九大报告中,习近平主席明确指出"加快生态文明体制改革,建设美丽中国",并把"发展绿色金融"作为推进绿色发展的路径之一。发展绿色金融符合我国"五位一体"战略布局和生态文明建设指导思想,引导金融资本从源头管控入手,促进经济社会向可持续发展和绿色低碳方向转变,是转变经济发展方式、推进绿色发展的必经之路。

2. 社会/环境效益显著

绿色债券带来的环境效益已初见成效。第三方评估认证报告与募集资金使用情况的披露中,对绿色项目的环境效益(如减排量/节能量等指标)进行分析统计,相比之下,绿色债券更受投资者,尤其是责任投资人青睐。

(三) 绿色债券各主体与其他债券主体的区别与优势政策优势

1. 中国证监会系统

(1) 准入管理:绿色通道制度。

(2) 申报及审核:专人对接、专项审核,适用即报即审政策。

(3) 募集资金使用:绿色产业项目的建设、运营、收购、或偿还绿色产业项目的银行贷款等债务。

2. 上海证券交易所(简称"上交所")

(1) 在申报文件中,可以通过信息索引等方式,简化信息披露。

(2) 采取公开发行方式的,上交所进一步提升预审核效率,审核不超过10个工作日,发行人可在中国证监会核准后自主组织一次或者分期发行。

(3) 采取非公开发行方式的,发行人选择好发行时点后,直接确定发行要素,在发行前备案阶段向上交所提交发行申请文件,经上交所对挂牌条件确认后即予以发行,挂牌条件确认流程大幅简化。

3. 国家发展和改革委员会系统

(1) 债券募集资金占项目总投资比例放宽至80%。

(2) 发行绿色债券的企业不受发债指标限制。

(3) 在资产负债率低于75%的前提下,核定发债规模时不考察企业其他公司信用类产品的规模。

(4) 鼓励上市公司及其子公司发行绿色债券。

(5) 在偿债保障措施完善的情况下,允许企业使用不超过50%的债券募集资金用于偿还银行贷款和补充营运资金。

(6) 主体信用评级AA+且运营情况较好的发行主体,可使用募集资金置换由在建绿色项目产生的高成本债务。

三、风险管控

随着绿色债券的高速增长,市场上存在一些"漂绿"现象,要做到有效防控、使绿色债券市场高质量发展,必将引入有效的监管机构作为风险管控的重要手段,同时加强绿色债券的第三方管控,可为发行质量提供保障。然而,目前尚未强制绿色评估,信息披露或不足。对于绿色项目的界定,监管机构中提出鼓励发行人聘请独立的机构对所发行绿色债券进行评估或认证,但并没有强制要求提供第三方绿色认证,因此可能存在一些"假绿色"的情况。若发行人的募投计划不甚清楚,由此产生较大的道德欺诈风险,容易影响绿色债券的整体形象。

相对于普通债券而言,不管是绿色金融债券还是非金融债券,都对信息披露进行了严格的要求,如对于绿色金融债券,发行人不但要在募集说明书中披露拟投资的绿色产业项目类型、项目筛选标准、项目决策程序、环境效益目标,以及发债资金的使用计划和管理制度等信息,还要在债券存续期间定期公开披露募集资金使用情况。

上交所的指引中要求应当指定专项账户,用于绿色公司债券募集资金的接收、存储、划转与本息偿付,绿色公司债券存续期内,发行人要在披露的定期报告等文件中,披露绿色公司债券募集资金使用情况、绿色产业项目进展情况和环境效益等内容。未来需要重点关注绿色债券发行人是否能够真正按照最初的要求使用募集资金以及及时、真实地披露出募集资金使用情况,以及绿色项目的建设发展进展等内容。

对于发行项目收益类绿色债券的企业,由于项目尚处于在建或拟建阶段,对于未来项目建设将面临一定的工程建设风险和资金到位风险,这都将影响绿色项目的顺利投产以及正常运营,进而影响绿色债券本息的偿还。但是,绿色债券的快速发展也使发行人、相关参与机构以及监管部门在一定程度上承受着一定压力,对于绿色债券我国仍处于探索阶段,仍然面临的一些问题。

为此,人民银行、证监会联合制定发布了《绿色债券评估认证行为指引(暂行)》,从机构资质、业务承接、业务实施流、报告出具,以及监督管理等方面作出了具体的规范和要求。此举旨在规范绿色债券评估认证行为,提高绿色债券评估认证质量,促进绿色债券市场健康发展,更好地服务于实体经济的绿色发展。另一方面,中国人民银行2018年发布29号文《中国人民银行关于加强绿色金融债券存续期监督管理有关事宜的通知》,对绿色金融债发行存续期的管理提出要求,提升信息披露透明度,确保资金切实用于绿色发展。

未来,绿色债券市场仍将面临较大的需求,随着绿色债券发行的不断增加,相关政策、流程以及规章制度也会越来越完善,市场也会日趋成熟,绿色债券市场将迎来广阔的发展空间。

第五节 绿色债券的发展机遇与挑战

从2007年第一支绿色债券发行开始,标志着债券将进入新时代,绿色债券在国内外市场的发展将会继续持续推进。由于其对环境社会效益的促进,符合气候变化及低碳理念,另一方面作为债券属性,绿色债券是对绿色金融市场的重要一环,它将促进金融市场的稳健发展。

中国正面临工业化进程开始以来空前的环境和资源压力,经济转型升级的巨大挑战,这意味着绿色投资领域有着巨大空间,目前绿色债券市场占全国债券发行市场总规模的2%(全国债券市场12万亿元左右),所以未来其发展空间巨大,债券市场也将更加关切新兴产业和绿色主题,有专家建议,绿色债券占比未来可达15%—20%。

在中国绿色债券市场新的发展机会不断涌现的过程中,绿色债券对发行人的吸引力持续增强,支持政策不断出台,债券通将有效促进国内绿色债券市场发展,但同时也面临绿色债券综合成本不具优势、绿色债券多重标准、比较缺乏成熟的责任投资者群体等多方挑战。在绿色债券迅猛发展的浪潮中,往往伴随着欲速则不达的弊端,而失去了绿色债券在治理环境及气候变化的初衷。因此,在绿色债券的发行全生命周期,信息披露及第三方的监管认证是非常必要的管理手段。通过第三方的评估与跟踪追溯,可以确保项目募集资金的用途符合绿色项目标准要求,并对项目在环保效益方面的效益进行核算,量化效益指标,提高质量保障,在绿色债券的使用管理上需要完善制度、加强管理手段。提高透明度和信息披露,促进债券市场的诚信度。绿色债券发展的关键是如何保证发行绿色债券的企业真正地把所募集资金投入到绿色项目,避免出现劣币驱逐良币的现象。

中国绿色债券市场作为一个新兴市场,不可避免地存在一些问题,如绿色评估标准不统一、监管不协调、责任投资者队伍缺乏等,各种融资的优势还没有通过相应制度安排充分体现出来等。我们建议可从以下四方面进行完善。

第一,完善绿色债券相关制度。降低"漂绿"或虚假绿色项目产生的风险,需要统一对绿色债券的界定和项目分类,进一步给出每类项目明确的"绿色"界定标准和条件。

第二,监管机制的健全。通过健全募集资金使用的管理制度,统一绿色债券信息披露制度,出台绿色债券认证准入和实施准则,建立完善的绿色评估体系。

第三,增进绿色债券的激励政策。采用多形式的政策激励办法,增强增信措施,明确税收优惠,完善责任投资者队伍建设,使得绿色债券能够享受到相应便利和成本,支持绿色债券发行和绿色项目实施。

第四,进一步拓展绿色债券的应用。扩展发债主体,覆盖多种债券品种,鼓励不同主体以不同形式发行绿色债券,创新债券发行方案。

[本章小结]

随着更多的实体企业参与到一级市场发行绿色债券,监管方出台新的政策,不断实现新的创新,更多的承销商、第三方认证机构投身于绿色债券市场,参与数量大幅提升,为绿色债券市场的贡献一份力量,将推动绿色债券市场进一步完善,同时在参与主体的示范作用下,将会有更多发行人或投资者参与到市场中,绿色融资工具种类更加丰富,市场更加完善;政府和监管方将会出台新的政策法规,进一步规范绿色债券市场,促进债券市场的健康发展,市场透明度将得到提高。

[思考与练习]

1. 绿色债券相比于普通债券有哪些特点和优势?
2. 绿色金融债券和绿色公司债券的区别主要有哪些?

案例 15.1 绿色金融债的发行案例

某商业银行经中国银监会当地监管局和中国人民银行核准,在全国银行间债券市场发行"××银行股份有限公司 2017 年第一期绿色金融债券",发行规模为不超过人民币 35 亿元,债券期限品种为 3 年期固定利率品种。此次 35 亿元募集资金将专项用于当地的绿色信贷投放,定向为绿色债券项目支持目录内的节能环保、污染防治、清洁交通、资源节约与循环利用相关项目提供融资支持。

此 35 亿元债券由主承销商组织承销团,通过簿记建档、集中配售的方式在全国银行间债券市场公开发行,发行前依据《中华人民共和国商业银行法》《全国银行间债券市场金融债券发行管理办法》《全国银行间债券市场金融债券发行管理操作规程》、中国人民银行公告〔2015〕第 39 号和其他相关法律、法规、规范性文件的规定以及中国银行业监督管理委员会当地监管局和中国人民银行对本期债券发行的批准,结合发行人的实际情况编制路演材料。

案例 15.2 绿色公司债的发行案例

某集团公司经中国证券监督管理委员会核准向合格投资者公开发行面值总额不超过 150 亿元人民币的绿色公司债券,发行评级 AAA。该集团公司 2016 年绿色公司债券(第一期)为本次债券项下的第一期发行,于 2016 年 8 月 30 日发行完成,实际发行规模 60 亿元。该集团公司 2017 年绿色公司债券(第一期)为本次债券项下的第二期发行,实际发行规模 35 亿元,发行期限 3 年期,最终票面利率为 4.56%。

该集团公司的绿色债券资金用途主要用于清洁能源等目标项目。该集团公司依据《中华人民共和国公司法》《中华人民共和国证券法》《公司债券发行与交易管理办法》《公开发行证券的公司信息披露内容与格式准则第 23 号——公开发行公司债券募集说明书(2015 年修订)》及其他现行法律、法规的规定,以及中国证券监督管理委员会对本次债券的核准,并结合发行人的实际情况编制路演材料。

[参考文献]

1. 和讯网,http://bond.hexun.com/.

2. 洪艳蓉.绿色债券运作机制的国际规则与启示.法学,2017(2).

3. 柯素芳.2018年我国绿色债券行业发行现状分析.前瞻经济学人,2018-08-03.

4. 马骏.我国绿色债券市场与发展前景.中国金融信息网,2018-03-08.

5. 气候债券倡议组织.债券与气候变化市场现在报告.CBI官网,2016,2017.

6. 史英哲.中国绿色债券市场发展报告2018.中央财经大学绿色金融国际研究院学术文库,2018.

7. 碳排放,http://www.tanpaifang.com/tanjinrong/.

8. 中国金融信息网,http://greenfinance.xinhua08.com/.

9. 中国债券信息网,https://www.chinabond.com.cn/.

10. Climate Bonds Initiative,https://cn.climatebonds.net/.

第十六章 绿色债券评估认证

[学习要求]

1. 了解绿色评估认证的相关知识。
2. 掌握评估标准、评估内容及评估方法。
3. 了解在评估过程中有哪些注意事项,以及如何把控评估中易产生的风险因素。

[本章导读]

绿色第三方认证是信息披露的重要关口,是绿色债券真实性与可靠性的保证。国际通用的绿色债券准则(GBP)和气候债券标准(CBS),对第三方认证具体实施提出了指导方针,GBP和CBS构成了国际上对于绿色债券市场执行标准的坚实基础。

2017年12月,为了加强绿色债券第三方认证规范、避免"漂绿"风险,中国人民银行与证监会联合公布了《绿色债券评估认证行为指引(暂行)》,这是我国乃至全球第一份针对绿色债券评估认证工作的规范性文件,对机构资质、业务承接、业务实施、报告出具、监督管理等方面做了相应规定。本章将对绿色债券认证的基本知识、认证标准要求、认证方法及风险管理进行阐述。

第一节 绿色评估认证概述

一、什么是绿色评估认证

绿色债券的募集资金需要按规定投向可产生环境效益的绿色项目,而在此过程中往往存在信息不对称的情况,影响投资人的信心。为保证投资项目可信度,发行人往往引入第三方认证,增加绿色债券项目信息披露的透明度,以提高发行人声誉和投资者的信赖程度。

第三方评估认证是指发行人聘请独立的专业机构,通过专业的评估方法和流程,对绿色债券的募集资金用途、项目筛选和评估、资金追踪管理和项目运作以及环境可持续影响等进行专业评估认证,对债券的绿色属性及绿色程度进行评定。

合理健全的业务流程对规范评估认证行为,保障评估认证结论的客观公正有着重要意义,也有助于绿色债券认证市场的有序竞争和可持续发展。

国际上活跃的认证机构主要包括环境咨询机构、学术研究机构、国际审计机构、社会责任咨询公司和传统检验认证机构,依据主要是 GBP 原则和 CBS 标准。GBP 建议债券发行人使用外部审查的方式来确认其发行的债券符合绿色债券原则所规定的核心要件。气候债券组织(CBI)对第三方认证的要求相对严格。如果债券发行人希望债券被认证为气候债券,必须进行第三方认证,CBI 推荐的第三方认证包括:一是利用气候债券倡议组织批准的审核者,根据气候债券标准进行绿色债券的认证;二是寻找信誉良好的科学机构对绿色债券的资质进行审查。

2016 年 8 月 31 日中国人民银行等七部委发布的《关于构建绿色金融体系的指导意见》指出,推动证券市场支持绿色投资需要研究探索绿色债券第三方评估和评级标准,规范第三方认证机构对绿色债券评估的质量要求,鼓励机构投资者在进行投资决策时参考绿色评估报告。

二、评估认证机构要求

中国人民银行、证监会在 2017 年 12 月联合发布了《绿色债券评估认证行为指引(暂行)》(以下简称《指引》),该文件中明确指出"绿色债券评估认证包含发行前和存续期评估认证两部分"。发行前评估认证重点判断发行人绿色债券框架"是否合规完备",内容包括绿色项目以及绿色项目筛选和决策程序是否合规、募集资金管理、信息披露报告制度是否完备、环境效益目标是否合理。存续期评估认证重点判断上述内容"是否有效执行",主要包括对募集资金使用、信息披露合规性以及环境效益预期目标实现程度的评价。

央行与证监会一直鼓励进行绿色债券评估认证,但在《指引》公布之前,我国绿色债券评估认证行为缺乏官方指引和标准。绿色债券评估认证行为的开展仍停留在民间机构和企业自发探索的层面,且各评估认证机构的认证标准、方法均自成体系且不尽相同。对评估认证机构的规范和管理尚未出台具体的规定,对于认证机构的资质、从业人员资质、认证标准及流程、认证质量管理等均无具体要求。

《指引》对绿色债券评估认证机构提出了制度要求、资质要求、人员要求,评估认证机构开展绿色债券评估认证业务,应当具备以下基本四个条件。

(1)建立了开展绿色债券评估认证业务所必备的组织架构、工作流程、技术方法、收费标准、质量控制、职业责任保险等相关制度;

(2)具有有权部门授予的评级、认证、鉴证、能源、气候或环境领域执业资质;

(3)具有相应的会计、审计、金融、能源、气候或环境领域专业人员;

(4)最近 3 年或自成立以来不存在违法违规行为和不良诚信记录。

2018 年 12 月 7 日,在中国人民银行、证监会等主管部门的指导下,绿色债券标准委员会成立,旨在研究制定绿色债券评估认证备案操作规则,实施市场化评价,并开展执业行为检查,通过形成优胜劣汰的市场环境提升专业水平,确保绿色债券的纯度。

三、绿色评估认证发展情况

绿色债券市场诞生以来,对绿债评估认证的第三方机构需求大大增加,各相关部门机构也分别发布文件对认证工作进行鼓励和指导。

（1）中国人民银行公告（2015）第39号文中对绿色金融债券发行作出如下要求：

第五条　鼓励申请发行绿色金融债券的金融机构法人提交独立的专业评估或认证机构出具的评估或认证意见。

第十一条　发行人应当按季度向市场披露募集资金使用情况。发行人应当于每年4月30日前披露上一年度募集资金使用情况的年度报告和专项审计报告，以及本年度第一季度募集资金使用情况，并将上一年度绿色金融债券募集资金使用情况报告中国人民银行。

第十二条　绿色金融债券存续期内，鼓励发行人按年度向市场披露由独立的专业评估或认证机构出具的评估报告，对绿色金融债券支持绿色产业项目发展及其环境效益影响等实施持续跟踪评估。

（2）2017年3月2日，《中国证监会关于支持绿色债券发展的指导意见》提出，绿色公司债券申报前及存续期内，鼓励发行人提交由独立专业评估或认证机构就募集资金拟投资项目属于绿色产业项目所出具的评估意见或认证报告。开展绿色公司债券评估认证业务的评估认证机构，应当建立评估认证的相关制度、流程和标准，本着独立、客观、公正、规范的原则，出具绿色公司债券评估认证报告。鼓励评估认证机构之间加强沟通协调和行业自律，建立完善统一的评估认证标准和流程。

（3）《非金融企业绿色债务融资工具业务指引》第五条　鼓励第三方认证机构对企业发行的绿色债务融资工具进行评估，出具评估意见并披露相关信息。

（4）《银行间债券市场发行绿色金融债券有关事宜公告》第五条　除本公告第四条规定的申请材料外，鼓励申请发行绿色金融债券的金融机构法人提交独立的专业评估或认证机构出具的评估或认证意见。

（5）《绿色债券评估认证行为指引（暂行）》，从机构资质、业务承接、业务实施、报告出具，以及监督管理等方面作出了具体的规范和要求。这是首次对绿色债券评估认证行为统一标准。其主要内容包括：成立绿色债券标准委员会，统筹各机构的自律管理。这一机制为各主管机构绿色债券相关文件中首次提出，并设定为在公司信用类债券部际协调下的绿色债券自律管理的机制；强化行业监督，确认评估认证机构需要承担的责任，并明确发行人和评估认证机构的惩罚机制；设置了评估认证机构的准入门槛和资质要求，预计将提高评估认证业务的专业性、公信力和权威性；在评估认证主要内容、评估认证方式等方面作出明确要求，提高绿色债券评估认证技术标准。

据统计，国内绿色债券第三方认证数量占比情况为2016年至2017年12月26日发行的146只绿色债项中，有102只出具了第三方评估认证意见，占比达到了71%。目前我国有十余家机构为绿色债券提供第三方评估认证的服务。这些机构主要包括会计师事务所、评级机构、绿色行业咨询公司等。在第三方评估认证机构中，从发行只数和金额等规模来比较，占比最大的为安永华明会计师事务所。

四、绿色评估认证的意义

第三方评估认证工作，可以更好地向市场披露和确认绿色债券的绿色属性，在一定程度上保障市场的有序发展。

以绿色金融债券为例,金融机构发行绿色债券通过第三方的评估与跟踪追溯,可以确保项目募集资金的用途符合相关监管部门及绿色项目标准的要求,并对项目环保效益进行核算,量化效益指标,提高质量保障。通过第三方鉴证服务,将有效提高绿色债券发行人公信力,为发行人获取有关扶持政策如贴息、减税等提供切实依据;通过发行前鉴证流程,梳理绿色项目筛选及资金管理现有制度,有助于发行人建立起完善的绿色债券资金及项目管理体系;发行后的存续期认证报告为发行人提升信息披露透明度,增强投资人信心。

第三方鉴证机构可为金融机构提供发行前鉴证、发行后年度鉴证、发行后募集资金使用情况鉴证、季度/年度报告信息披露指导等服务。第三方鉴证帮助金融机构在绿色项目的合规性、绿色项目筛选和决策的制度的完备性、募集资金管理制度的完善性、信息披露和报告的符合性、环境效益预测及其合理性都进行分析、认证。

(一) 国际气候债券认证的意义

气候债券倡议组织认为债券认证对于发行人和投资人均具有益处。

对于发行人而言有四个益处。第一,债券认证可以提供更多元化的投资者基础。债券认证标志着发行人发行的债券确实具有低碳性质,这对寻求气候相关投资的投资者来说很重要,大部分发行认证的气候债券的发行人都发现对发行债券感兴趣的投资者范围更广。第二,债券认证更易吸引投资者。债券的认证使得潜在投资者更快地在彭博或其他市场信息提供平台上找到可信的绿色或气候债券。第三,债券认证可提高发行人声誉。债券认证能够表明债券发行人所在单位努力扩大资金流的目的在于帮助实现低碳经济,确保下一代人的繁荣发展。第四,与独立审查相比,债券认证要求发行人支付的费用更低。债券认证也免去了投资者对债券的环境效应进行尽职调查的成本。

对于国际投资者而言,投资者可以利用气候债券标准作为筛选工具,以此来保证固定收益投资具有真正的低碳性质。虽然债券认证只确认债券是符合气候债券标准的,并没有提供债券信用风险或收益的保证,但是债券认证能够节省投资者在分析不同领域和资产类别债券的低碳资质中所需要的时间和费用。

一个流动的认证气候债券的市场同时能让投资者通过以下三种方法积极参与低碳经济的建设:

(1) 主动通过资助低碳经济的转型来对冲未来的气候风险;

(2) 向市场发出信号,表明自己对经过适当风险调整后的绿色交易流的投资偏好;

(3) 向政府发出信号,表明自己愿意投资在稳定的政策框架下具有稳定风险调整后收益的实现低碳经济转型的项目和资产。

(二) 国内绿色债券认证的意义

在我国,绿色债券评估认证对于发行人、投资人及监管机构均有不同的意义。

对于发行人而言:

(1) 满足监管政策要求;

(2) 建立科学完善的绿色债券资金及项目管理体系;

(3) 提升信息披露透明度,吸引责任投资,为后续融资行为奠定良好基础;

(4) 提高发行人社会知名度及品牌形象;
(5) 为获取相关扶持政策如贴息、减税等提供切实依据对于投资人;
(6) 获得更具公信力的信息,增强投资信心;
(7) 降低投资风险,确保资金投向绿色产业项目;
(8) 充分了解投资绿色项目所产生的环境效益,投资绿色项目,承担社会责任。

对监管机构而言:
(1) 确保社会资金投向绿色产业项目;
(2) 易于判断绿色资产及项目的环境社会效益;
(3) 为制定和执行配套利好政策提供数据基础。

第二节 绿色评估认证标准政策

一、国际绿色评估认证标准

目前,国际通用的绿色债券标准包括绿色债券准则(GBP)和气候债券标准(CBS),国内标准包括《绿色债券支持项目目录》、发改委发布的《绿色债券发行指引》等。该指引提出,"原则上应当依据绿色债券标准委员会认可的国际或国内通行的鉴证、认证、评估等业务标准,按照相应的业务流程实施"。目前我国正在推进绿色债券认证标准的统一,预计统一标准将结合我国国情和国际通行的评估认证业务标准,发布之后将为发行人、投资人、评估认证机构提供明确的项目类型和界定标准。GBP 由国际资本市场协会(ICMA)联合多家国际金融机构于 2014 年共同合作推出,已成为被国际市场主体认可的主要共识准则。该原则于 2018 年 6 月修订最新版,推荐发行人使用外部审查以确保发行的绿债符合 GBP 的关键要求,并且提出了四种评估认证方式。

(1) 咨询评估:向顾问机构咨询发行债券环境可持续方面的专业意见,属于第二意见咨询形式。

(2) 审计核查:对绿债框架和相关资产进行审计,重点关注内部标准和主张。

(3) 第三方认证:聘请第三方机构对绿债符合外部评价标准的情况进行审核认证。

(4) 评级:由专门的研究机构或评级公司对绿色债券的绿色属性进行评级,并且该评级要独立于发行人的 ESG 评级。与 GBP 原则不同,气候债券倡议组织(CBI)开发的 CBS 并未区分绿色等级,而仅针对是否"绿色"进行认证。

在 2018 年最新修订的 CBS 3.0 中,鼓励发行人在发行债券前和发行后对债券做出认证,规定了第三方认证的流程,并发布太阳能、风能、低碳建筑、快速公交系统、低碳运输五个行业标准,且对评估、审计和认证程序进行监督。发行人可以通过 CBI 认可的核查机构对债券进行认证。目前全球共有 6 家认可机构,包括安永(EY)、Trucost、必维国际检验集团(Bureau Veritas)、DNV-GL、毕马威(KPMG)、商道融绿(SynTao Green Finance)。GBP 和 CBS 两项标准相互补充,共同形成了国际绿色债券市场的自愿性规则,为绿色债券评估认证工作的有效执行打下了坚实基础。

国际规则中对第三方认证的要求根据《绿色债券原则(2018)》,其对第三方认证的态度是引导或推荐式的,具体表述为:"建议债券发行人使用外部审查的方式来确认其发行的债权符合绿色债券原则(即 GBP)所规定的核心要件"。

气候债券组织(CBI)对第三方认证的要求相对严格。根据气候债券组织倡导的 CBS 规则,其对第三方方认证采取强制态度,包括发行前认证和发行后持续认证。其规则表述为:"符合气候债券标准的债券可以被认证为'气候债券',该认证保证了这些证券对低碳和气候适应经济做出的贡献。为获得'气候债券认证'审批盖章,债券发行人必须任命一个第三方审核者,让审核者就债券是否满足气候债券标准的环境和财务要求提供一份保证报告。气候债券标准委员会将为气候债券认证做最后的确认。气候债券标准允许债券在发行前取得认证,使发行人在债券营销和投资者宣传中使用气候债券认证标志。在债券发行以及债券募集资金开始分配后,发行人必须继续任命第三方审核者,获取保证报告并上交给气候债券标准委员会,以保证债券仍然符合认证标准。"根据上述规则,如果债券发行人希望债券被认证为气候债券,必须进行第三方认证(见图 16.1 和图 16.2)。

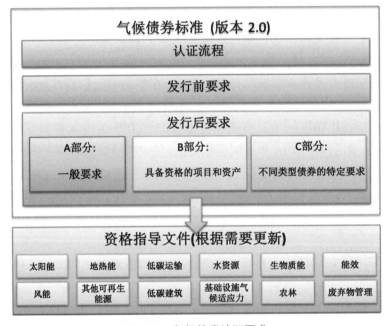

图 16.1　气候债券认证要求

资料来源:气候债券倡议组织官方网站。

1. 发行前认证流程

2.发行后认证流程

图 16.2　气候债券认证流程

资料来源：气候债券倡议组织官方网站。

二、国内绿色认证标准与政策

2017年12月27日，中国人民银行、证监会联合发布《绿色债券评估认证行为指引（暂行）》（以下简称《指引》），这是我国第一份针对绿色债券评估认证工作的规范性文件，对机构资质、业务承接、业务实施、报告出具、监督管理等方面做了相应规定。

《指引》主要的政策内容有如下六个方面。

（1）专门成立绿色债券标准委员会，统筹各机构的自律管理，并开展包括行业监督、机构市场化评议、机构业务审查等工作，并牵头研究制定契合市场需求的操作细则；《指引》中提出，由绿色债券标准委员会对绿色债券评估认证机构统筹实施自律管理。绿色债券标准委员会这一机制，为各主管机构绿色债券相关制度文件中首次提出，并设定为在公司信用类债券部际协调机制下的绿色债券自律管理协调机制。

绿色债券标准委员会将负责各机构的自律管理协调，维护市场秩序，并对各机构进行市场化评议；并通过不定期地抽取一定数量的评估认证报告，执业质量交叉检查，并作为市场评价的重要参考。绿色债券标准委员会将会适时检查和调阅各机构的业务工作底稿，并监督检查各机构的年度自查情况。通过这些管理手段，评估认证机构的业务质量、规范程度将进一步得到提升。

此外，绿色债券标准委员会将根据市场实际和产品特点，研究制定相应的操作细则。未来评估认证市场将可能在行业评估标准等领域，实现更深层次的规范统一。

（2）强化行业监督，确认评估认证机构需要承担的责任，并明确发行人和评估认证机构的惩罚机制；绿色债券若在存续期被出具了"不符合"的结论，将面临绿色标识被撤销的可能；发行人需要在规定时间内向绿色债券标准委员会提交情况说明和整改计划，并在规定时间内完成整改。若仍未取得"符合"或"未发现不符"结论的，将被撤销绿色债券标识；而绿色债券标识一经撤销，在存续期内不再恢复。此外，绿色债券标准委员会将根据实际情况，要求绿色债券发行人、评估认证机构，补充提供或重新提供评估认证报告。

《指引》要求评估认证机构对所采用的外部成果和意见负责，明确了评估认证机构会受到自律处罚和行政处罚的八类违规情形；评估认证机构若存在违规行为，将由自律管理部门予以自律处分；情况严重的，将由管理部门予以行政处罚。

行业监督规定、责任明晰以及惩罚机制的细化，预期将能进一步规避发行人的道德风险,提高绿色项目的可靠性和真实性,促进评估认证机构切实履行独立第三方的评估认证工作职责,为市场提供更准确的信息。

(3) 设置了评估认证机构的准入门槛和资质要求,将提高评估认证业务的专业性、公信力和权威性;《指引》对从事绿色债券评估认证业务的机构资质、项目组人员构成以及参与人员的专业素质方面皆作了明确规定,规范绿色债券评估认证市场秩序。

对于相关机构层面,《指引》明确参与绿色债券评估认证业务的机构需具有必备的组织架构、工作流程、技术方法、质量控制等规范性制度、流程,且获取评级、认证、鉴证、能源、气候或环境领域执业资质;同时,最近 3 年或自成立以来不存在违法违规行为和不良诚信记录。专业素质层面,《指引》要求参与绿色债券评估认证业务人员需具有相应的会计、审计、金融、能源、气候或环境领域专业素质,其中绿色债券评估认证项目组成员原则上应当同时配备熟悉会计、审计和金融领域的专业人员和熟悉能源、气候和环境领域的专业人员。

另外,绿色标准委员会将组织领域内机构和专家对绿色债券认证机构进行市场化评议,并在指定网站披露评议结果。上述要求和设计可提高绿色债券评估认证业务的专业性与报告质量。

(4) 从技术层面对绿色债券评估认证的主要内容、评估认证方式作出了相关规定;提高绿色债券评估认证技术标准。

(5) 对业务承接、业务实施和报告出具三个环节,均作了详细的规范和要求,统一了绿色评估认证业务流程的基本要求。

(6) 原则上推动绿色债券跟踪期认证,进一步完善存续期内的信息披露,充分保障绿色债券的绿色属性。

根据《指引》,业务承接前评估认证机构应从人员配备、技术水平、专业原则和独立性等方面充分评估自身是否具备承接评估认证业务的基本条件,对业务承接时的项目人员配备,合同内容和收费方面均作了相关说明和指导。值得关注的是,目前绿色债券评估认证市场存在部分低价竞争行为,《指引》提出评估认证机构应遵循成本可覆盖、业务可持续原则合理确定收费,不得采取不正当竞争手段承揽业务,这一指导有助于抑制不正当竞争,为客观公正、可持续发展的绿色债券认证市场提供了必要条件。

第三节 绿色债券认证

一、绿色认证方法与过程概述

《指引》对绿色债券评估认证的内容作了详细的规定,明确绿色债券认证评估包括发行前和存续期两类,其中发行前认证需要对拟投资的绿色项目合规性、筛选制度完备性、募集资金管理制度、信息披露制度,以及预期环境效益做出评估,并认证是否符合绿色债券的相关要求;而存续期评估认证则需要确定发行前评估认证的相关制度是否切实执行,以及资金实际使用情况和环境效益是否达到预期。此外,对于存续期评估认证的时间期限,《指引》也针对不同类型的债券做出了明确的规定:绿色金融债券存续期间按年进行认证;非金融债则在存续期满一年进行存续期首次认证,并于投资的绿色项目发生更新时进行更新认证。

(一) 评估阶段

标准化的认证流程包括风险评估与认证计划制定、认证程序执行、认证报告编制三个主要阶段。

1. 第一阶段,风险评估与认证计划制定

完成选定范围,了解项目整体内容控制,评估错报风险,认定重大性水平及识别认证重点等工作,最后形成认证计划。

2. 第二阶段,认证程序执行阶段

提名项目审核,资金流向管理审核,信息披露审核及环境社会公平性审核等,同时形成鉴证报告底稿。

3. 第三阶段,编制鉴证报告

经内部评审通过后,最终形成鉴证报告终稿。

(二) 评估方式

《指引》列举了12类评估认证方式:

(1) 访谈发行人和项目方相关人员;

(2) 观察发行人有关内部管理制度的运行情况;

(3) 检查发行人有关制度文件以及信贷、会计、账户、内审等档案资料;

(4) 分析募集资金到账、拨付、收回与已投资项目之间的勾稽关系;

(5) 向主管部门确认或查询项目的合规性;

(6) 实地勘察项目的真实性、实际运行及环境效益情况;

(7) 验算项目环境效益等数学或工程计算结果;

(8) 对来源于外部的信息进行确认;

(9) 对项目的实际环境效益进行实验;

(10) 利用外部专家的工作成果;

(11) 征询外部机构的意见;

(12) 其他必要的程序。

在实际评估认证过程中,可就项目的具体情况选择评估方式或合理增加其他评估方式。例如,对于绿色金融债,拟投项目以资产池形式呈现,因此在发行前评估时,对于待建或者在建项目,"实地勘察项目的真实性、实际运行及环境效益情况"、"对项目的实际环境效益进行实验"等方法并不完全适用,而应通过项目相关可研报告等技术文件对其预期环境效益作出判断和测算。然而,在存续期跟踪评估认证过程中,则可通过获取募投项目建成后的实际运行指标、实地勘察或实验等方式测算实际环境效益。

(三) 评估内容

《指引》对绿色债券评估认证的标准依据、主要内容、评估认证方式的规定,是对评估认证业务内容的细化,为评估认证机构业务开展提供了依据,对提高评估认证质量有重要的积极作用,同时有助于相关机构统一绿色债券评估流程和内容。预计各绿色债券评估认证机构将根据指引进一步调整认证流程和内容,但具体评估认证体系和技术方法,尤其是对环境效益的测算和评估方面,仍存在一定差异。

《指引》要求发行前和存续期跟踪评估认证需包括项目合规性、项目筛选和决策制度、募集资金管理制度、信息披露和报告制度、项目环境效益等主要内容。项目合规性是筛选项目的前提条件,评估认证过程中须查验项目相关批文,以确定项目是否合规并获准建设;项目筛选和决策制度作为筛选项目的主要依据,其评估认证要点在于考察相关制度流程是否能够选择出符合绿色债券标准的绿色项目,绿色项目是否可以产生确定的环境效益,该认证环节主要目的是防止募集资金用于非"绿"项目,杜绝项目的"漂绿"行为;对募集资金管理制度的评估,主要是对募集资金管理制度的规范性进行评价,考察其是否能够保证募集资金"专款专用",防止资金流向非绿项目;绿色债券发行前和存续期内的信息披露和报告,是监管部门和投资人监督和了解绿色债券发行情况、发行后募集资金使用、绿色项目投资进度、项目环境效益的重要途径,因此须对相关制度的完备性和执行情况进行评估;项目环境效益则是衡量债券"绿色程度"的重要指标,评估认证过程中需考察项目技术先进程度、运行水平、环境保护措施等影响因素,对项目环境效益进行测算。现阶段部分已发布的认证报告缺乏绿色项目环境效益和绿色程度的评估认证内容。《指引》对评估认证要素尤其是环境效益要素作出了明确规定,大大提高了评估认证的技术标准,有助于进一步规范各机构的评估认证业务。

二、发行前评估内容

发行前评估内容分为五个方面,即要对绿色项目的合规性、发行人关于绿色项目筛选和决策的制度的完备性、募集资金管理制度的完备性、信息披露和报告的完备性、环境效益预测及其合理性都进行分析、认证。在对发行前评估认证报告内容的把控方面,应关注其齐备性、合理性。

《指引》对评估认证方式、内容和程序实施范围均作了具体的要求,对评估认证业务的具体实施提供了详细的要求和指导。评估认证工作包括大量的调查、验算或计算工作,考虑上述工作对于评估认证结论和报告的重要性,《指引》尤其细化了评估认证工作底稿的要求以及保存时间,也为相关方的自查和监督管理提供了基础。

三、绿色项目评估筛选

发行人应明确所支持的绿色产业项目类别,要在绿色债券募集说明书中说明募集资金拟投资的绿色产业项目类别,根据技术标准筛选具体项目。要注意的是,公告明确的各类绿色项目并非广泛的定义,各小类都设有明确的技术筛选标准。

发行前绿色项目的评估和筛选,是保证绿色债券符合标准要求的重要前提。业务承接及项目筛选流程如表16.1和表16.2所示。

表 16.1　业务承接环节流程规定

流 程	相 关 要 求
承接前评估	根据《指引》在人员配备、技术水平、专业原则和独立性等方面的具体要求,充分评估自身是否具备承接评估认证业务的基本条件。
合同签订	应当与发行人签订书面评估认证合同,载明业务性质对象、内容、时间、范围、收费、报告形式等内容。
收费指导	遵循成本可覆盖、业务可持续原则合理确定收费;不得采取低于成本价格、承诺评估认证结论等不正当竞争手段承揽业务。
项目人员要求	项目组应同时配备会计、审计和金融,以及能源、气候和环境领域专业人员。
认证业务时间	从评估认证合同签订日到评估认证报告签发日的时间不少于 15 天。

表 16.2　业务实施环节流程规定

流 程	相 关 要 求
评估认证方式选择	根据绿色债券类型和项目具体特点等因素合理选择。
发行前和存续期评估认证内容	包括但不限于绿色项目合规、筛选和决策制度、募集资金管理制度、信息披露和报告制度以及环境效益等情况。
评估认证程序实施范围	科学确定,合理采取全查或抽查方式。
工作底稿	评估认证机构应当及时编制评估认证工作底稿,记录评估认证程序、证据、重大事项和评估认证揭露,并签字;底稿保持时间要求从债券存续期届满后保存两年或监管的时限要求中择高遵循。

注:图表内容来自《绿色债券评估认证行为指引(暂行)》。

在绿色债券发行前,发行人还应向投资者及公众说明绿色债券募集资金支持项目预期可实现的环境效益。

第四节　存续期评估认证

一、存续期认证方法概述

关于绿色债券后续跟踪认证及时效一直为市场关注,监管层对绿色债券评估认证态度发生了一定的变化,由早前的鼓励发行人按年度向市场披露由独立的专业评估或认证机构出具的评估意见或认证报告,对绿色债券支持的绿色产业项目进展及其环境效益等实施持续跟踪评估,转变为原则上绿色金融债券和非金融企业绿色债券皆应实行周期性认证。

《指引》要求绿色债券评估认证不仅要在发行前评估,也要求存续期按年定期评估。

其中,绿色金融债在债券存续期内每满 1 年之日起 4 个月内进行存续期评估认证,非金融企业绿色债券存续期内评估认证至少按照项目存续状态,实行首次认证的自债券存续时间满1年之日起4个月内进行,更新认证自己投资绿色项目发生更新之日起4个月内进行。上述绿色债券评估认证报告必须通过指定网站或约定的渠道及时披露。

绿色债券的绿色属性在于其绿色项目所带来的明确的生态环境效益,债券存续期内,资金的用途是否按计划使用、是否发生变更、变更用途是否符合绿色用途、绿色项目建设进展如何、是否如期达成预期的环境效益、是否伴生其他类型的环境风险或环境影响,这些都必须跟踪评估认证予以确认。因而,《指引》原则上确认要进行跟踪评估认证,亦是出于对保障我国绿色债券市场健康有序发展的考虑,确保绿色债券投放于绿色项目、并切实持续地产生环境效益。

存续期评估认证主要内容与发行前评估内容的五个方面一一对应,存续期认证报告关注的则是上述各方面内容执行与落地的情况。

在时间要求方面,非金融企业绿色债券存续期评估认证至少应按照项目存续状态,实行首次认证与更新认证相结合的方式。原则上,首次认证自债券存续时间满1年之日起4个月内进行,更新认证已投资的绿色项目发生更新之日起4个月内进行。券商应持续督导评估认证机构定期出具存续期评估认证报告。

二、已投绿色项目审核

在绿色债券存续期内,须对募集资金投放项目的发展及其环境效益影响进行持续跟踪与评估,并按年度出具存续期鉴证报告。鉴证内容主要包括环境效益、节能减排效益、社会影响等。存续期鉴证方法包括文件审阅、现场勘查、入户调查及利益相关方访谈等。

不同类型绿色项目具有不同的审核关注点,原则上都需要一些相关基础文件,如项目立项文件、可研报告、可研批复、环评报告及环评批复等;另外,针对不同类型项目要求不同的合规性文件。例如,光伏发电项目的衰减率,由于涉及酸碱率、转化率等指标,除基础性文件外,还需查看环境影响评价、温室气体减排量和掺烧比例等;又如,绿色建筑项目须关注保温材料、节能灯具、屋顶反光材料使用情况及单位建筑面积能耗等数据。

三、募集资金使用情况

发行人须制定绿色债券募集资金使用计划,说明资金投放计划及资金闲置期间的管理与使用;须注意的是,闲置资金的管理与使用有一定的要求,不能投向高污染高排放或高风险的领域;同时,发行人应制定绿色债券募集资金管理办法,在管理办法中制定项目评估和筛选流程、资金使用和管理、信息披露与报告流程,并明确各部门人员职责,以实现有效监管。

对于金融机构发行人而言,要确保储备项目和未来新增项目是绿色行业、绿色类别,而对于非金融机构发行人而言,要确保募集资金投放项目是符合类别要求的。

绿色债券认证重点之一即是资金用途。监管政策对资金管理方面做出要求。无论是《中国人民银行公告(2015)第39号》、还是《关于开展绿色公司债券试点的通知》,均要求发行人开立专门账户或建立专项台账对绿色债券募集资金的接收、存储、划转与本息偿付进行专户管理,这大大提高了对资金使用的跟踪和管理的效果和效率。

《中国人民银行公告(2015)第39号》中对于闲置资金也提出要求,发行人可以将募集资金投资于非金融企业发行的绿色债券以及具有良好信用等级和市场流动性的货币市场工具。绿色金融债的发行人应当合理安排发行计划，准备足额充分的绿色项目资产池，并按照合理的时间进度，尽量保证募集资金充分应用于支持绿色信贷项目，尽量避免资金闲置。非金融企业绿色债券的政策文件规定中，则基本未就闲置资金的管理做出具体规范约束。结合国内绿色项目融资的实践情况，非金融企业的绿色项目通常已具体确定，建设或者运营资金的需求金额，以及用以偿还项目建设贷款的时间计划和金额通常均比较明确；而监管部门亦会在审核或注册环节，充分考虑发行人的绿色债券发行计划和绿色项目的匹配程度。理论上和实践中的实际情况表明，非金融企业的绿色债券融资通常可以充分匹配项目的资金需求和时间安排，发行后的闲置可能也相对较小。

根据气候债券倡议组织和中央国债登记结算有限责任公司联合发布的《中国绿色债券市场2018年度报告》，通过对2017年11月之前发行的且已纳入气候债券倡议组织数据库的所有绿色债券进行审查，第二份全球绿色债券发行后募集资金使用报告的研究显示如图16.3和图16.4所示。

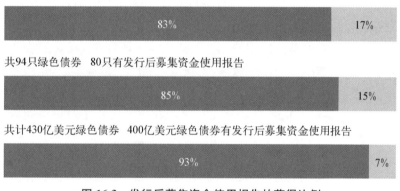

图16.3　发行后募集资金使用报告的获得比例

资料来源：中国绿色债券市场2018年度报告（CBI）。

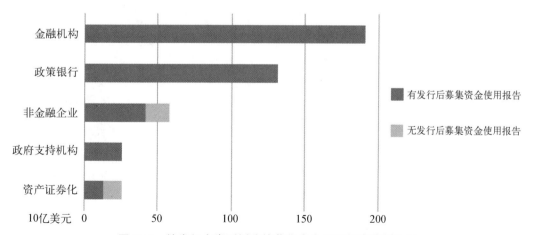

图16.4　按发行人类型划分的募集资金使用报告获得比例

资料来源：中国绿色债券市场2018年度报告（CBI）。

四、信息披露

《关于开展绿色公司债券试点的通知》中规定,除按普通债券进行信息披露要求外,绿色公司债券还须披露募集资金使用情况、绿色产业项目进展情况和环境效益等内容,确保了资金的使用符合相关规定。

《中国人民银行公告(2015)第39号》中也作出相关规定,降低了资金使用不规范的风险。

央行发布《中国人民银行关于加强绿色金融债券存续期监督管理有关事宜的通知》(银发〔2018〕29号),并同时发布了《绿色金融债券存续期信息披露规范》以及信息披露报告模板,将对存续期绿色金融债券募集资金使用情况进行监督核查,重点核查发行人募集资金投向绿色项目的真实性、筛选和决策程序的合规性、募集资金管理的规范性、环境效益目标实现情况等。其中,当年现场核查范围应覆盖辖区内全部绿色金融债券发行人,核查比例原则上不低于全部发行人募集资金已投放金额的20%。

绿色金融债券募集资金使用情况季度报告应重点说明报告期内募集资金的使用情况。季度报告内容应包括但不限于报告期内新增绿色项目投放金额及数量、已投放项目到期金额及数量、报告期末投放项目余额及数量,以及闲置资金的管理使用情况等,并对期末投放项目余额及数量进行简要分析。绿色金融债券募集资金使用情况年度报告应全面说明报告年度募集资金的整体使用情况及预期或实际环境效益等。年度报告内容应包括但不限于报告期内新增投放金额及数量、已投放项目到期金额及数量、报告期末投放项目余额及数量、闲置资金的管理使用情况、投放的绿色项目情况及预期或实际环境效益等,并对相关内容进行详细分析和展示。发行人应在年度报告中对报告期内投放的绿色项目情况进行披露,披露内容可隐去关键商业信息(见表16.3)。

表16.3 监管部门对绿色债券信息披露要求

监管机构	券种	绿色债券信息披露要求
中国人民银行	绿色金融债	申请发行时:募集说明书应当包括募集资金拟投资的绿色产业项目类别、项目筛选标准、项目决策程序和环境效益目标以及绿色金融债券募集资金使用计划和管理制度等。鼓励申请发行绿色金融债券的金融机构法人提交独立的专业评估或认证机构出具的评估或认证意见。
		债券存续期间:发行人应当按季度向市场披露募集资金使用情况。发行人应当于每年4月30日前披露上一年度募集资金使用情况的年度报告和专项审计报告,以及本年度第一季度募集资金使用情况,并将上一年度绿色金融债券募集资金使用情况报告中国人民银行。
		绿色金融债券存续期内,鼓励发行人按年度向市场披露由独立的专业评估或认证机构出具的评估报告,对绿色金融债支持绿色产业项目发展及其环境效益影响等实施持续跟踪评估。
证监会	绿色公司债	申请发行时:募集说明书应当披露拟投资的绿色产业项目类别、项目认定依据或标准、环境效益目标、募集资金使用计划和管理制度等内容。同时,发行人应提供募集资金投向绿色产业项目的承诺函。

(续表)

监管机构	券种	绿色债券信息披露要求
证监会	绿色公司债	债券存续期间：发行人应当按照相关规则规定或约定披露募集资金使用情况、绿色产业项目进展情况和环境效益等内容。债券受托管理人在年度受托管理事务报告中也应当披露上述内容。
		申报前及存续期内：鼓励发行人提交由独立专业评估或认证机构就募集资金拟投资项目属于绿色产业项目所出具的评估意见或认证报告。
国家发展和改革委员会	绿色企业债	针对绿色企业债的信息披露未作出特别要求。
交易商协会	绿色债券融资工具	注册时：注册文件中明确披露绿色项目的基本情况，绿色项目符合相关标准的说明以及绿色项目带来的节能减排等环境效益目标。
		债券存续期间：每年4月30日前披露上一年度募集资金使用和绿色项目进展情况，每年8月31日前，披露本年度上半年募集资金使用和绿色项目进展情况。鼓励第三方认证机构在评估结论中披露债务融资工具绿色程度，并对绿色债券融资工具支持绿色项目发展及环境效益影响等实施跟踪评估，定期发布相关评估报告。

《指引》规定了评估认证结论的类型包括符合、未发现不符、不符合以及无法发表结论的免责声明，同时鼓励披露绿色程度，并对债券存续期内的评估认证时间、信息披露等方面作出了明确要求。此外，《指引》考虑了认证为不符合绿色债券标准的情况，为此设计了整改和再次认证的流程规定，为发行人提供了整改和再次评估认证的机会，同时也对再次认证仍未获得符合或未发现不符结论的债券确立了撤销绿色债券标识的制度安排，这有助于发行人充分认识绿色债券的实质内涵，贯彻落实绿色债券的相关要求，有望保障债券在整个存续期内的绿色属性。

总体来看，目前监管部门对于绿色债券的信息披露要求是在普通债券信息披露要求的基础上，在发行时对绿色项目的符合性、预期环境效益目标、资金管理及信息披露管理制度等信息进行披露。

对于绿色债券发行人来说，市场的责任不仅取决于发行时的承诺，还取决于在资产或项目融资过程中如何持续跟进这些承诺。通过发行后募集资金使用的报告，发行人有机会通过展示绿色债券所实现的积极气候影响，与债券持有人、潜在投资者和其他市场参与者进行互动。发行期对绿色债券的鉴证可帮助投资者了解绿色资金妥善运用到符合条件的项目，并帮助投资者了解发行人相关的流程和控制措施的严格度，而存续期对绿色债券鉴证，可以了解资金使用，以及环境效益是否符合预期。存续期间，须进一步披露三部分信息：募集资金使用及投放情况，募投项目进展情况，环境效益实现情况。因此，监管机构鼓励第三方认证评估机构对债券发行及存续期进行评估认证。

五、环境效益

绿色债券的本质属性，是将发行债券获得的募集资金，投向符合要求的绿色项目，项目建成运营后产生确定的环境效益。由于绿色金融债券的募投项目往往是储备的项目资产池,大多处于规划和设计阶段,相关募投项目的技术统计数据情况无法确认,其具体环境效益无法量化。然而,非金融企业的绿色债务融资工具、绿色公司债和绿色企业债,通常募投项目明确,相关设计或运营指标可直接获得,具体环境效益可通过上述数据估算得出。

绿色项目评价的主要方面是项目环境效益的定性或定量评估。关于项目环境效益的测算方法,不同类型的绿色项目测算内容不尽相同:污染防治类,主要关注每年废水、废气、固废等减排量,能源节约类,主要评估节约的用电量、水资源量;资源节约与循环利用类,可以评估其垃圾处理量等,清洁交通类,主要关注每年节能量和减少尾气排放量等信息。编者在这里举例说明:对于工业节能设施建设运营项目,基准线为国家能源消耗限额标准准入值,测算方法采用差额对比法;对于节能技术改造项目,基准线为节能改造前工序或产品能耗指标,测算方法为前后对比法;在测算二氧化碳排放量指标时,节能项目 CO_2 减排量=节能量×二氧化碳排放系数;节电项目 CO_2 减排量=节电量×项目所在地区电网电力二氧化碳排放因子(见表16.4)。

表16.4 绿色项目类别及环境效益评估重点

序号	项目类别	环境效益评估重点
1	节能	节约用电、用水、土地资源及其他资源节约量
2	污染防治	废水、废气、固体废物削减量,CO_2、SO_2、NO_X、烟尘减排量,COD、氨氮削减量
3	资源节约与循环利用	节约水资源量、尾矿处理量、固体废物资源利用量再生资源利用量
4	清洁交通	节约能源量、汽车尾气减排量
5	清洁能源	化石能源节约量,CO_2、SO_2、NO_X、烟尘减排量
6	生态保护、适应气候变化	生态效益评估

发行人通过接受独立第三方评估,为投资者所关心的环境效益信息提供更高程度的保证水平。目前对于独立专业机构评估或债券环境效益影响的披露仅为鼓励性建议,非强制性执行。然而,规范的第三方评估和充分的环境效益信息披露有利于确保债券的绿色性质,维护绿色债券投资者利益,促进绿色债券发挥对于建设生态文明的作用。

根据国际最佳实践,在绿色债券存续期间,需要有公信力的第三方评估机构按照国际公认的方法学对项目产生的环境效益进行跟踪评价,确保项目产生的环境效益能够实现发行文件中的承诺。

第五节 认证过程的风险管理

第三方机构在评估认证过程中,要对风险进行识别、控制,并制定有效处理办法,主要在以下两方面应当引起注意。

一、独立性

评估认证机构及从业人员开展绿色债券评估认证业务，应当在实质和形式上保持独立性。要特别关注评估认证机构与发行人之间不存在经济利益、关联关系等情形。对于评估认证机构与发行人之间存在经济利益、关联关系、自我评价、外部压力等情形的，评估认证机构不得承接评估认证业务。"独立性"是保证绿色评估认证结果公正、客观的重要先决条件。若无法保证绿色评估认证机构和发行人之间实质和形式上的独立性，将无法排除发行人与绿色评估认证机构联合"串谋漂绿"的可能。《指引》对评估认证机构独立性的要求，为投资者获取公正、客观、透明的绿色债券评估认证信息提供了基本保障，对防范"漂绿"和促进绿色债券市场的良性发展，有着重要的积极作用。

二、复合型人员与审核时间的要求

《指引》提出了评估认证项目组配备复合型人才的要求及时间上的要求。人员方面，不仅需要会计、审计和金融领域的专业人员，还需要能源、气候和环境领域的专业人员。时间方面，从评估认证合同签订日到评估认证报告签发日的时间不少于15天。

在项目的审核过程中，要关注的是评估认证机构是否综合考虑绿色债券类型、项目具体特点、评估认证目标、重要性水平等因素。

第六节　认 证 报 告

券商在绿色债券承销业务过程中，应当协助发行人协调中介机构的相关工作，督促发行人履行信息披露义务，其中，绿色债券评估认证是投资者及监管机构关注的重点之一。评估认证机构的执业资质要求可以是评级、认证、鉴证、能源、气候或环境领域执业资质。不同领域执业的评估认证机构采取的评估认证标准与评估认证方法不尽相同。根据目前的实际开展情况来看，会计师事务所，如安永华明会计师事务所，按照《国际认证业务标准第3000号——除历史财务信息审计和审阅之外的认证业务》(ISAE3000)的要求设计评估认证程序。信用评级机构一般采用打分卡模式等进行评估认证程序。对评估认证方法的要求方面，《指引》指出评估认证机构应当综合考虑绿色债券类型、项目具体特点、评估认证目标、重要性水平等因素，合理选择评估认证方式，设计评估认证程序。

一、评估认证结论为符合或者是未发现不符的情形

如果评估认证结论为符合或者是未发现不符的情况的，视为通过绿色债券评估认证。

二、评估认证结论为不符合的情形

如果存续期评估认证被出具不符合结论的评估认证报告的，发行人应当于评估认证报告签发之日起10个工作日内，向绿色债券标准委员会提交导致不符合结论的情况说明

及整改计划。

整改时间原则上为从评估认证报告签发之日起不超过 3 个月,整改期满之日起 2 个月内,发行人应当向绿色债券标准委员会提交整改情况报告和新的评估认证报告,取得符合或未发现不符结论的,向绿色债券标准委员会报备后,保留绿色债券标识;否则撤销绿色债券标识。

三、评估认证结论为无法发表结论的情形

对于无法发表结论的情形,发行人应自评估认证报告签发之日起 2 个月内,提请新的评估认证机构再次评估,获得符合或未发现不符结论的,向绿色债券标准委员会报备后,保留绿色债券标识;否则撤销绿色债券标识(见表 16.5)。

表 16.5 报告出具流程规定

流　程	相　关　要　求
出具形式	向发行人出具书面报告,评估认证业务负责人在报告上签字
发行前和存续期认证时间要求	金融债券存续期每满 1 年之日起 4 个月内;非金融企业绿色债券首次认证存续期每满 1 年之日起 4 个月内,更新认证自发生更新之日起 4 个月内
信息披露	应按照不同债券发行方式对信息披露范围的要求,通过指定网站公开披露或通过约定渠道定向披露
评估认证结论类型	包括符合、未发现不符、不符合以及无法发表结论的免责声明,鼓励披露绿色程度
不符合情况下的整改程序	存续期评估认证为不符合结论的,应按指引相应流程和时限内整改并向绿色标准委员会提交整改情况报告和新的评估认证报告
绿色债券标识撤销	再次评估后仍未取得符合或未发现不符结论的,撤销绿色债券标识,一经撤销,债券存续期内不再恢复

第七节　中国绿色债券的国际认证

目前境外的机构投资者正在寻求具有积极环境效益的投资,这些国际投资者的资本具有相对较低的利率,可以为国内的绿色经济转型提供重要的资金来源。

国际认证为发行人吸引国际投资者投资中国绿色债券市场提供便捷的渠道,为发行人和核查机构进行核查认证提供便利,为国内发行人提升在全球市场的名望。

国际气候债券标准和认证机制为全球绿色债券市场提供了可信的、基于科学基础的绿色定义和标准,在该机制下符合要求的债券可以获得正式的认证。

所有的国内绿色债券发行人都应获得有关监管单位的批准以发行并贴标绿色债券。这和国际气候债券标准和认证机制的流程类似。国内绿色债券发行人只需额外提供一些文件就可以获得国际认证。国际认证可以和国内监管单位的审批流程同步进行,也可以在发行人获得批准后进行。

在制定绿色债券认证流程的过程中，CBI 充分考虑了普通债券的发行流程。债券认证分为两个阶段。

（1）发行前阶段：进行债券的发行准备、确认、公布、注册、定价和推销的时期。

（2）发行后阶段：从债券发行后到募集资金分配到具备资格的项目和资产之间的时期。

发行前对绿色/气候债券进行认证有助于发行人和承销商进行债券的推销。发行后阶段必须进行进一步的保证工作，以确认绿色/气候债券符合气候债券标准。

气候债券认证流程如图 16.5 所示。首先，债券发行人填写气候债券信息表，并提交给气候债券标准秘书处。接下来，发行人任命一个第三方审核者来检查绿色/气候债券所融资的项目和资产是否符合气候债券标准，并确认发行人是否已经建立了能够追踪债券募集资金用途的内部流程和控制。此时，审核者为债券符合气候债券标准发行前要求提供了保证。

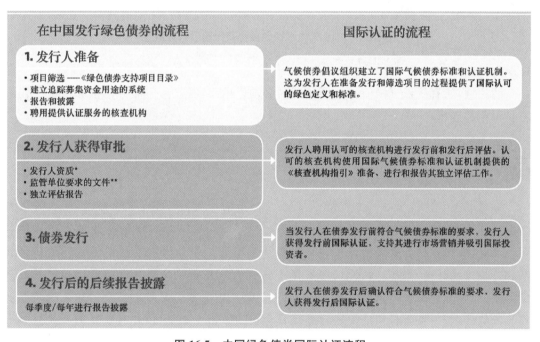

图 16.5　中国绿色债券国际认证流程

资料来源：气候债券倡议组织官网。

审核者最后确认保证报告后，发行人须向气候债券标准秘书处递交认证申请和保证报告，由气候债券标准委员会负责审核这些文件。

绿色/气候债券发行后，当债券募集资金开始分配到项目和资产上时，发行人必须再次让审核者检查债券是否符合气候债券标准发行后要求，并向气候债券标准秘书处递交这次检查并最终确认后的保证报告以及债券认证申请，由气候债券标准委员会负责审核。确认绿色/气候债券仍然符合气候债券标准后，委员会将确认该债券为认证气候债券。截至 2018 年年末，我国共有 5 只绿色债券获得气候债券认证（见图 16.6）。

2018年有五只中国绿债获得气候债券认证

受认证的气候债券规模虽同比下降,但数量有所上升。所有获得气候债券认证的中国绿色债券都是在海外市场上发行的。气候债券认证有助于向国际投资者展示中国绿色债券的环境资质。

发行人	发行日期	发行规模（按发行币种）	按美元等值规模	行业标准	气候债券倡议组织授权的核查机构
中国银行（东京分行）	2018年11月	300亿日元 8亿人民币	3.79亿	交通、水	安永
兴业银行	2018年11月	6亿美元 3亿欧元	9.42亿	太阳能和风能、交通	Sustainalytics
中国建设银行	2018年9月	5亿欧元	5.89亿	风能和海洋能、水、交通	安永
中国工商银行（伦敦分行）	2018年6月	10亿美元 5亿欧元	15.8亿	太阳能、风能和海洋能、交通	中财绿融
中国银行（伦敦分行）	2018年6月	10亿美元	10亿	风能和海洋能、交通、水	安永

图 16.6　2018 年中国绿色债券获得国际认证数量

资料来源：中国绿色债券市场 2018 年度报告(CBI)。

请注意,所有认证气候债券在偿还期内必须作出年度报告,但债券审核和保证工作不需要每年都进行。

[本章小结]

绿色金融与传统金融的本质差别,就在于其所能产生的环境与社会效益,但投资者和金融机构普遍缺乏环境、能源等相关领域的专业知识,难以对其绿色属性做出准确的判断。因此,环境与社会效益的评估和认定需要有专业的第三方机构和严格规范的认证标准和方法。从这个角度看,《指引》的发布不仅极大地完善了我国绿色债券市场的基础制度体系,更为绿色金融体系整体的完善,做出了重要的探索。对绿色债券的绿色性质开展第三方认证,按照监管机构的要求对募集资金投向做出详细说明,并对项目的环境效益进行披露,不仅有效提高绿色债券发行公信力,为发行人获取有关扶持政策如贴息、减税等提供切实依据。通过发行前鉴证流程,还可以梳理绿色项目筛选及资金管理现有制度,有助于发行人建立起完善的绿色债券资金及项目管理体系。同时,发行后的存续期认证报告为发行人提升信息披露透明度,增强投资人信心,是更好地推动绿色债券市场发展的一项重要举措。

[思考与练习]

1. 开展绿色债券评估鉴证的意义和必要性?
2. 绿色债券发行前签证和发行后鉴证分别有哪些注意事项?

第十六章 绿色债券评估认证

案例16.1 绿色债券发行前认证案例分析

某城商银行发行50亿元绿色金融债券,为确保项目投向符合《绿色债券项目支持目录》的要求,该银行聘请第三方鉴证服务机构为其开展发行前鉴证服务。发行前的鉴证工作主要包括以下三阶段。

阶段Ⅰ:风险评估与鉴证计划制定

第三方机构通过对该银行相关文件的预审,明确鉴证范围,初步判断了解项目整体内部控制评估错报风险、认定重大性水平、识别后续现场审核的重点,基于以上内容制定了发行前鉴证计划,并出具预审发现。

阶段Ⅱ:提名项目审核

依据《绿色债券支持项目目录》开展项目遴选,需确保绿色项目遴选的标准和依据科学合理,所指定绿色项目符合相关标准的说明,并初步计算绿色项目带来的节能减排等环境效益。根据项目所处的不同阶段,判定需要审核的资料清单,并对标的项目所在国家的相关法律法规及行业标准。审核文件包括但不限于:可行性研究报告、备案或者立项批复、环境影响评价报告、环境影响评价报告批复、选址意见书、土地预审批复、水土保持报告、水体保持报告批复、节能评估报告、施工期环境监理报告、排污许可证、排污申报登记、周边社区投诉记录、任何与污染物排放有关的重大罚款、处罚等文件。

另一方面,对于资金流向管理也是重点审核内容,该银行建立专项台账管理绿色债券募集资金,并建立完备的部门监管机制确保募集资金专款专用。

阶段Ⅲ:出具审核意见

根据审核发现提出"不符合项"和"澄清要求",银行对提出的所有"不符合项"和"澄清要求"实施纠正措施或提供进一步证据之后,第三方机构关闭"不符合项"和"澄清要求",并出具对该银行绿色债券发行前的审核意见。

案例16.2 绿色债券存续期认证案例分析

某商业银行发行30亿元绿色金融债券,为确保项目投向符合《绿色债券项目支持目录》的要求,该银行聘请第三方鉴证服务机构为其开展发行后鉴证服务。发行后鉴证工作包括如下三阶段。

阶段Ⅰ:存续期项目合规性及环境效益评估鉴证内容及方法的选择

第三方机构在存续期鉴证服务中对募集资金投放项目的发展及其环境效益影响实施持续跟踪评估,依据《绿色债券项目支持目录》对已投项目类别进行评估。

阶段Ⅱ:项目环境效益影响跟踪评估

根据国标、行标、国际公认方法学对不同类别项目关键绩效指标进行效益数据核算。

项目类型	环境效益计算
太阳能光伏发电项目关键绩效指标	上网电量、所在电网排放因子
污水处理项目关键绩效指标	废水处理量，进出口COD及氨氮浓度
清洁交通项目中的清洁燃油项目关键绩效指标	国Ⅴ汽油和国Ⅳ柴油年产量
生物质资源回收利用项目关键绩效指标	非粮生物质液体燃料年产量；生物质发电量及供热量
城市轨道交通项目关键绩效指标	客运量
可持续建筑项目关键绩效指标	节能量

评估阶段对该银行的两个绿色项目开展了现场踏勘。

其中一个项目是××城市轨道交通项目，第三方评估人员对建设全线进行环境、社会调查，通过对资金管理部门、工程部门进行访谈，以确认项目公司建立了完善且严格的财务系统和流程。通过审阅《项目可研报告》《环境影响报告表的审查意见》资料，审核发现，该××轨道交通项目在资金使用和合规性方面符合标准要求，项目具体的环境效益即初期——2020年，全日客流量32.8万人次，近期2027年，35.5万人次。预计温室气体年均减排量51 402.98吨二氧化碳。

另外一个项目是××风电项目，第三方团队通过对资金管理部门、工程部门进行访谈以确认项目公司建立了完善且严格的财务系统和流程，审阅《项目可研报告》《环境影响报告表的审查意见》等资料，关注该项目的生态影响、地质灾害影响、节能情况，经过现场审核发现，该××风电项目在资金使用和合规性方面符合标准要求。项目具体的环境效益指标为：年发电小时数超过1 900小时，节约标准煤：20.99万吨，减少CO_2排放量为：63.02万吨。

阶段Ⅲ：出具审核意见

经过现场审核组员之间对审核发现进行交叉复核后，提出"不符合项"和"澄清要求"，在银行实施纠正措施或提供进一步证据之后，审核组关闭"不符合项"和"澄清要求"，并出具审核意见。

[参考文献]

1. 巴曙松.绿色债券的第三方认证及其在国内的落地情况.悟空问答.2018-05-25.
2. 范家琦.中国绿色债券评估认证的规范化发展建议.消费导刊,2018(13).
3. 《绿色债券评估认证行为指引（暂行）》.人民银行,中国证监会公告〔2017〕第20号.
4. 马骏.我国绿色债券市场与发展前景.中国金融信息网,2018-03-08.
5. 王宗鹏.绿色债券认证标准国际经验借鉴.合作经济与科技,2017(24).
6. 胥巍.当前国际绿色债券发展情况及启示.中国集体经济,2018(6).
7. 张斌.借鉴国外经验完善制度建设推动我国绿色债券市场稳健发展.北方金融,2018(1).
8. Climate Bonds Initiative，https://cn.climatebonds.net/.

第十七章 绿色证券

[学习要求]

1. 了解绿色证券的发展。
2. 理解绿色证券对企业 ESG 信息披露。
3. 了解绿色资产证券化。

[本章导读]

绿色证券作为我国金融体系中最具潜力的绿色融资模式之一受到市场越来越多关注,可助力金融业高质量发展。绿色证券对于提高直接融资比重、提升服务实体经济能力、促进经济可持续发展的作用逐步凸显。绿色证券积极推动着绿色产业的发展,绿色证券以较低的融资成本,有效地结合重点绿色产业发展资金需求,帮助人们在享受经济效益的同时实现较好的环境效益。

第一节 绿色证券概述

证券是多种经济权益凭证的统称,也指专门的种类产品,是用来证明券票持有人享有的某种特定权益的法律凭证,主要包括资本证券、货币证券和商品证券等。狭义上的证券主要指的是证券市场中的证券产品,其中包括产权市场产品如股票,债权市场产品如债券,以及衍生市场产品如股票期货、期权、利率期货等。

绿色证券目前在学术界尚未对其形成统一的界定或定义,其最初的形成实质上是我国环保与证券相结合的一项政策,绿色证券主要是指上市公司在上市融资和再融资过程中,要经由环保部门进行环保审核,随着"一票否决"政策的推广和强化,与之相关的环境信息披露、环境绩效评估也逐渐成为公司公开发行证券和上市公司持续信息披露的要求,主要包括绿色债券、绿色资产支持证券等绿色基础证券和基于绿色基础证券的绿色指数与绿色基金产品等。发展绿色证券有利于发挥资本市场优化资源配置、服务实体经济的功能,支持和促进生态文明建设,贯彻和落实绿色发展与可持续发展理念。它是继绿色信贷、绿色保险之后的第三项环境经济政策,是环境保护制度与证券监督制度的交融。同时,在对绿色证券市场进行研究与试点的基础上,制定了一套针对高污染、高能耗企业的证券市场环保准入审核标准和环境绩效评估方法。

绿色证券要求政府部门在监管证券市场时引入环境保护的理念与方法，将市场主体的环境信息作为衡量其在证券市场表现的重要指标。从整体上构建了一个包括以绿色市场准入制度、绿色增发和配股制度，以及环境绩效披露制度为主要内容的绿色证券市场，从资金源头上遏制住这些企业的无序扩张。可以说，绿色证券是环保主管部门与证券监管部门对拟上市企业实施环保审查、对已上市企业进行环境绩效评估并向利益相关方披露企业环境绩效内容，从而加强上市公司环境监管，调控社会募集资金投向，促进上市公司持续改进环境绩效表现的一系列政策制度与实施办法的总称。

中国绿色证券制度框架虽已基本确立，但相关制度规则尚待完善，在实践过程中仍存在问题。上市公司环保核查及后续监督制度覆盖面有限，目前只有高污染行业的IPO申请环境需要环保审核意见，并未覆盖所有行业的上市申请，且对以上市企业再融资行为亦无环保核查要求。近年来中国上市公司环境污染事故频繁发生，急需上市公司完善信息披露制度，披露内容应涉及企业主要污染物排放情况、污染物治理措施及效果等重要信息。

一、绿色证券建立的国际经验

绿色证券的概念最早于1992年联合国环境与发展会议上提出，在环境问题日益突出的情况下，可持续发展理念被社会广泛接受，发达国家上市公司越来越重视其社会责任表现，并有意提高自身环境保护意识，树立企业自身形象，部分发达国家已经开始通过立法或者建立标准，规范上市公司年报环境信息的披露，要求上市公司进行环境绩效报告。例如，美国证券管理委员会于1993年开始要求上市公司从环境会计的角度对自身环境表现进行实质性报告。之后，英国、日本、挪威、欧盟等各国政府和国际组织进行了各种证券市场绿色化的尝试和探索。

二、绿色证券对市场的作用

绿色证券对污染控制起到良好的经济刺激效果。《关于加强上市公司环保监管工作的知道意见》(以下简称《意见》)规定："重污染行业生产经营公司申请首次公开发行股票的，申请文件中应当提供国家环保总局的核查意见；未取得环保核查意见的，不受理申请。"由此可见，环保核查意见已成为证监会受理申请的必备条件之一。企业从事低污染风险不仅为其再融资获取了机会，也为其扩大生产提供了前提，同时各方的共同监督也会促使企业抽取一定比例的融资来改进污染治理技术，形成一个良性循环。

随着环境信息公开制度的发展，公众可以直观真切地了解企业经营中的环境风险，直接影响了企业的股票价格、资信以及市场竞争力，间接刺激企业从事低污染、低风险的生产。另外，绿色证券对企业环境行为起到监督功能。《意见》中要求省级环保部门严格执行环保核查制度，做好上市公司环保核查工作并提供相关意见。对于核查时段内发生环境违法事件的上市公司，不得出具环保核查意见，督促企业按期整改核查中发现的问题。而证监会不得通过未出具环保核查意见的企业的上市申请，同时督促上市企业的环境信息披露,监督企业的环境行为。环保总局鼓励社会各界举报上市公司的行为。

绿色证券的重点是加大企业融资后环境监管,调控其融得的资金使其真正用于企业的绿色发展。对股民而言,上市企业的业绩和其经营行为是他们特别关注的。这种从股民自身利益出发的监督行为更有利于真实信息披露。与此同时,其他企业之间在自身利益的驱动下,会相互监督,制约对方获得资本。

绿色证券可以减少资本风险的转嫁。上市公司环保监管缺乏,导致双高企业利用资金继续扩大污染,或在融资后不兑现环保承诺,造成环境事故屡屡发生,因而潜伏着较大的资本风险,并在一定程度上转嫁给投资者。企业利用资本进行生产经营,但由于环境事故发生,致使企业须进行大量经济补偿,从而使得资本不仅不能获得收入,还存在收不回的风险。绿色证券的推行可以有助于减少企业将资本风险转嫁给投资者的可能性,因为那些存在高风险的企业不再拥有直接融资的机会,扩大污染的概率大大减少。

绿色证券、绿色保险、绿色信贷、绿色债券等相关政策,构成了我国绿色金融体系的初步框架。绿色证券对准备上市融资的企业设置环境准入门槛,通过调整社会募集资金投向来遏制企业过度扩张,并利用环境绩效评估及环境信息披露,加强对公司上市后经营行为的监督作用。

三、绿色证券的特性

绿色证券坚持绿色发展、循环发展、低碳发展的理念,将环保核查、环境绩效评估、环境信息披露纳入证券市场指标体系,通过证券基础制度、监管机制等创新式发展,推动社会全面、协调、可持续发展的新模式。

绿色证券的主要特性体现为政策推动性,以及环保与可持续发展性。绿色证券以环境保护、可持续发展为出发点,注重证券活动与生态平衡的协调发展。由于环境资源具有复杂性与公共性等特点,而同时经纪人又容易热衷追求效益而忽视公平,具有较强的趋利性和短视性,环境问题便成为典型的负外部性问题。为了达到将外部性内部化的效果,在实践中往往采取命令控制法或经济刺激法加以规制。因此,政府作为经济发展的重要力量必须通过制定相关政策,规范市场主体由追逐经济利益最大化转向追逐生态效率与经济效率相协调的轨迹。政府出台绿色证券相关政策,可使证券市场对资金的配置始终贯彻绿色发展、可持续发展的理念,合理引导资金流向。

四、绿色证券发展必要性

绿色证券的发展首先是适应经济绿色化发展的需求,2015年9月,中共中央、国务院印发了《生态文明体制改革总体方案》,该方案提出"加强资本市场相关制度建设,研究设立绿色股票指数和发展相关投资产品,研究银行和企业发行绿色债券,鼓励对绿色信贷资产实行证券化。支持设立各类绿色发展基金,实行市场化运作。建立上市公司强制性环保信息披露机制,积极推动绿色金融领域各类国际合作"。"十三五"期间资本市场建立健全较为完善的绿色证券体系是党中央、国务院的战略决策,可促使更多的社会资本投入绿色产业,推动实现"绿色化"的发展总目标。

其次,建立健全绿色证券体系及标准,为绿色企业拓宽融资渠道,满足绿色行业的直接融资需求,降低融资成本。积极鼓励专业的绿色投资机构(如养老基金和保险公司)投资绿色行业、支持绿色证券产品的推出与创新,以满足绿色行业的融资需求,支持清洁能源、绿色低碳行业的发展,助力推动经济转型升级。

最后,绿色证券将促进资本市场实现长期稳定发展。长期以来,我国资本市场的波动性较大,投资者多以短期投资为主,较少关注长期投资。根据美国MSCI(Morgan Stanley Capital International)绿色行业指数投资研究表明,绿色企业的发展具有稳定性及可持续性,其长期收益率略高于其他行业,适合长期价值投资。建立健全绿色证券体系,有利于促进资本市场实现长期稳定发展,可将更多的绿色环保企业引入资本市场能够降低市场的波动率,增强市场的稳定性和可持续性,亦可增强上市公司的ESG(环境、社会和公司治理)信息披露,加强投资者对ESG信息披露的认识,促进投资者更多地关注企业长期发展。

第二节 绿色证券标准的建立及市场发展

一、绿色证券境外市场

近年来随着全球环境问题的凸显,发达国家不同程度地加强了对上市公司环境信息披露的要求。境外成熟资本市场推行强制信息披露的主要目的是加强企业的社会责任和综合竞争力,同时认识到对资源的有效利用、风险管理和绿色金融创新对国家长期竞争战略的重要性。

联合国环境规划署可持续金融体系项目研究表明,资本市场与环境保护之间具有密切关系:一是上市公司在环境方面的不良表现会降低客户盈利能力,增加其债务风险;二是环境事件可能对资本市场产生巨大影响,在短时间内冲击上市公司的股票及其衍生品价格;三是上市公司通过节能降耗可以降低成本,增加利润;四是资本市场的相关者(如上市公司股东、所在地方政府和社区、客户、雇员等)对公司提出环境保护方面的要求。

国际资本市场对ESG(E代表环境,S代表社会,G代表公司治理)投资理念表现出越来越浓厚的兴趣,越来越关注上市公司的可持续发展能力。由于非财务管理政策及绩效能够为投资人评估提供更为全面和广泛的信息,很多投资者将上市公司发布的ESG报告作为获取上市公司非财务信息的重要渠道。

欧盟在1992年发表《走向可持续发展》报告中认为,会计必须将环境信息作为一个重要内容包含于相关决策信息当中。1993年3月,欧盟通过并发布了环境管理与审计体系。2014年12月,欧盟修改了审计指导原则,要求员工人数多于500人的企业在审计报告中披露ESG信息。美国证券交易委员会自1993年开始要求上市公司从环境会计的角度对自身的环境表现提供实质性报告,这是首次在证券市场上要求上市公司定期提供与环境有关的报告。2014年,美国上市公司中有近百家公司提交了110份关于应对企业可持续发展挑战的股东会决议,内容包括气候变化、供应链问题和水资源相关风险等。世界各主要证券交易所积极实施企业教育计划,引进相关发展指数,并设置了可持续发展和ESG披露标准作为公司上市的先决条件。其中一些交易所将可持续报告视为企业长期盈利性的重要印刷,如伦敦证券交易所、巴西证券期货交易所、香港联合交易所等。

香港联合交易所于2015年12月21日发布《环境、社会及管治(ESG)报告指引》咨询总结文件,体现出资本市场在注重上市公司现行运营及盈利状况的同时,越来越关注上市公司的可持续发展能力,非财务管理政策及绩效表现能够为投资人评估企业提供更为全面和广泛的信息。

二、绿色证券国内市场

随着绿色产业在国家战略地位的提升,以及鼓励绿色产业发展政策的陆续出台,绿色证券投资将迎来发展良机。

2001年国家环境保护总局发布的《关于做好上市公司环保情况核查工作的通知》,该通知指出对存在严重违反环评和"三同时"制度、发生过重大污染事件、主要污染物不能稳定达标或者核查过程中弄虚作假的公司,不能通过或暂缓通过上市环保核查,并对核查对象、核查内容和要求、核查程序作了具体规定。随后,国家环保总局和中国证券监督管理委员会陆续发布相关政策。

2003年,《关于对申请上市的企业和申请再融资的上市企业进行环境保护核查的通知》,自此开展了重污染上市公司的环保核查工作。

2007年,原国家环保总局颁布了《关于进一步规范重污染行业经营公司申请上市或再融资环境保护核查工作的通知》及《上市公司环境保护核查工作指南》,进一步规范和推动环保核查工作。

2008年1月9日,中国证券监督管理委员会发布了《关于重污染行业生产经营公司IPO申请申报文件的通知》,要求重污染行业生产经营公司申请首次公开发行的,申请文件中应当提供原国家环保总局的核查意见,未取得环保核查意见的,不受理申请。

2008年2月28日,原国家环保总局正式出台了《关于加强上市公司环保监管工作的指导意见》。

2018年4月24日,中国证券业协会绿色证券专业委员会成立。推动和引导证券行业深入参与绿色证券业务,切实服务于实体经济、国家战略,践行绿色发展理念。

2018年9月30日,证监会发布修订后的《上市公司治理准则》,修订后的准则共10章、98条,内容涵盖上市公司治理基本理念和原则,股东大会、董事会、监事会的组成和运作,董事、监事和高级管理人员的权利义务,上市公司激励约束机制,控股股东及其关联方的行为规范,机构投资者及相关机构参与公司治理,上市公司在利益相关者、环境保护和社会责任方面的基本要求,以及信息披露与透明度等。

2018年11月10日,中国证券投资基金业协会正式发布了《绿色投资指引(试行)》,界定了绿色投资的内涵,明确了绿色投资的目标、原则和基本方法,意图引导从事绿色投资活动的基金管理人、基金产品以市场化、规范化、专业化方式运作,培养长期价值投资取向、树立绿色投资行为规范。

三、绿色资产证券化

绿色资产证券化属于绿色债券的一种,绿色资产证券化所募集的资金需用于绿色产业项目的建设、运营、收购,或偿还绿色产业项目的银行贷款等债务,即源于原始权益人拥有的收费收益权或债权进行绿色资产证券化,或将符合绿色产业支持目录的信贷资产打包入池进行募集资金。

上海证券交易所在资产证券化业务问答(二)中对绿色证券作出以下回复:

上海证券交易所《关于开展绿色公司债券试点的通知》中明确符合要求的绿色资产支持证券申请在上交所挂牌转让相关事项参照绿色公司债券执行。

符合下列条件之一可认定为绿色资产支持证券:

(1)基础资产属于绿色产业领域。基础资产现金流主要来源于绿色项目所产生的收入或基础资产主要是为绿色项目融资所形成的债权。上述绿色产业领域的基础资产占全部入池基础资产的比例应不低于70%。专项计划涉及循环购买安排的,应当明确相应入池标准、资产筛选及确认流程,确保专项计划存续期间基础资产属于绿色产业领域。

(2)转让基础资产所取得的资金用于绿色产业领域。所得资金应主要用于建设、运营、收购绿色项目、偿还绿色项目贷款或为绿色项目提供融资等。上述用于绿色项目的金额应不低于转让基础资产所得资金总额的70%。用于为绿色项目提供融资的,应明确拟支持的绿色项目类别、筛选标准、决策程序和资金管理制度等。

(3)原始权益人主营业务属于绿色产业领域。原始权益人最近一年合并财务报表中绿色产业领域营业收入比重超过50%(含),或绿色产业领域营业收入比重虽小于50%,但绿色产业领域业务收入和利润均为所有业务中最高,且均占到总收入和总利润30%以上的,转让基础资产所取得的资金可不对应具体绿色项目,但应主要用于原始权益人绿色产业领域的业务发展,其金额应不低于所得资金总额的70%。计划管理人应对资产支持证券是否符合上述认定条件进行核查并出具核查意见。

在对于绿色资产证券化的评估认证上,由于其属于绿色债券的一种,因此其认证方法按照《绿色债券评估认证行为指引(暂行)》执行。

随着中国证券化市场规模的扩大,绿色资产证券化快速增长。从2016年第一只绿色资产证券化(简称"ABS")的发行到现在,中国共有30只绿色ABS发行,发行总额达47亿美元(315亿元人民币)。2018年,有21亿美元(138亿元人民币)等值的绿色ABS发行,这一数字略超过2017年的规模,发行只数从10只增加到17只。中国绿色ABS募集资金的使用涵盖各种绿色领域,如可再生能源、低碳建筑、水管理和低碳运输。同时,绿色ABS抵押品类型也变得更加多样化。大多数中国绿色ABS由应收账款担保,包括出售可再生能源电力的应收款、应收租赁款、绿色商业建筑抵押贷款、电动汽车租赁和上网电价应收账款等。例如,华电福新发行的包括12层级绿色ABS就是由可再生能源补贴应收账款作为担保。另有两只商业地产抵押贷款支持证券(CMBS)规模达3.53亿美元。绿色ABS的比例从2016年绿色债券总发行量的1.7%增加到2018年的5%。然而,绿色ABS仍然只占绿色债券市场的一小部分,而且增长潜力显著(见图17.1)。

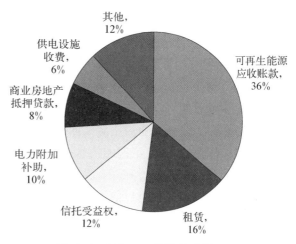

图17.1 绿色ABS抵押品类型

注:其他ABS抵押品类型包括来自水电、电动汽车租赁、污水处理、公共交通收入以及电力和供热的应收账款。

资料来源:2018年中国绿色债券报告(CBI)。

(一) 绿色资产证券化融资优势

资产证券化以未来的现金流作为基础资产,债券评级与主体评级分离,不依赖于原始权益人的整体资质,对发起人而言是融资成本较低的资源配置方式。绿色资产证券化流程与其他资产证券化流程的唯一不同之处,就是发起人必须将发行资产支持证券募集的资金用于资助绿色资产或项目。通过发展绿色资产证券化推动经济绿色发展有以下融资优势。

第一,降低融资门槛。在全球和中国绿色债券市场上,信用风险基于发行人的整个资产负债表而定,对于潜在绿色债券发行人而言,要获得足够高的信用评级仍是一项挑战。在中国,非国有企业尤其如此。然而,绿色资产证券化有助于解决中国发行人信用评级低的问题,对于绿色资产支持证券来说,信用评级根据绿色项目风险而定,即不受原始发行人影响。绿色资产证券化允许绿色资产与发起人的资产负债表和信用评级相分离。例如,具备"B"级评级的原始绿色债券发行人在账簿上拥有"AAA"级评级的资产,可以通过对这些资产进行证券化的方式,按照"AAA"级而不是"B"级来募集资金。中国发行人若拥有较低信用评级,可以采用绿色资产证券化的方式,使发行绿色债券的信用评级不受其整个资产负债表的影响。这种做法可以拓宽发行人获取低成本资金的途径。

第二,获得低成本融资。公开债券市场上发行的资产支持证券可以使获取资金的成本比银行融资更低,成为小规模资产通过银行融资的替代融资渠道。目前我国正在大力倡导绿色金融,低碳环保及节能减排项目数量多,但环保行业通常是一个中长期投资,所以中小企业的发展往往受制于其资本实力及融资能力,而资产证券化恰恰为中小企业的发展提供了一个契机。中小企业通过资产证券化可以得到较低成本的融资,有助于推动绿色经济的发展,同时也化解了中长期绿色项目融资难、融资贵的问题。

第三,为投资者解决了投资标的难以识别的问题。绿色行业市场前景广阔,但是投资者往往不知道哪些是绿色项目或绿色资产,通过资产证券化将未来绿色项目的收益打包入池,包括能效合同收入、碳收益、排放权和排污权等,从源头确保资金使用到指定绿色项目,并且须对相关基础资产进行详细的信息披露,投资者大可以直接投资于绿色资产证券化产品,同时获得较大的流动性,降低投资风险。

(二) 绿色资产证券化发展前瞻

1. 建立健全绿色资产证券化的市场规范、认定标准、监督管理体系

国际金融市场对绿色债券的标准涉及三个方面:第一,资金是否投向绿色项目,定义较为严格;第二,发行企业对资金投向有非常清晰的监督标准;第三,投资者对绿色债券的透明度要求较高,要求有定期的信息披露报告,并通过报告信息可以跟踪资金的具体使用情况。目前我国绿色债券的市场规范、认定标准、监督管理体系尚未完备,未来需要更清晰且权威的规范和标准。目前而言,发改委和其他平台关于绿色债券的体系还未统一,建议加快制定统一的标准,完善绿色债券交易制度。

2. 潜力巨大,大力发展绿色项目为大势所趋

就以往发行产品而言,基础资产多集中于污水处理费、垃圾处理费、生物质发电电费收益权,未来中国有潜力发行更多以低碳经济和生态领域产业(如新能源可再生能源利用类、污染防治类)为基础资产的资产支持证券。

同时,发行绿色资产证券化的企业一般为朝阳行业,与产能过剩行业形成鲜明的反差,出现违约风险的概率也会大大降低,大力发展绿色项目必然是大势所趋。

3. 须加快设置绿色资产证券化的配套扶持政策

虽然目前银行、交易所及机构均明确鼓励相关部门和地方政府出台优惠政策支持绿色公司债券发展,但目前而言,各交易场所层面由于权限所限,仅能就绿色资产证券化加快审核速度。

由于绿色资产证券化期限较长、项目收益较低,为推动其快速发展,建议设置针对绿色资产证券化的配套扶持政策。从投资者层面出发,为激发投资者对绿色资产证券化的购买需求,建议对合格投资者购买所获得的溢价,减免企业所得税和增值税。

4. 须构建信息持续披露体系,加强信息披露

由于绿色资产证券化期限较长,因此资金是否投向绿色项目需要持续的信息披露。第一,建议发起机构在绿色资产证券化发行完成后,继续主动接受监督,对于绿色项目的各项进展进行定期披露和临时披露。第二,建议中介机构定期跟进项目,对于有阶段性成果的绿色项目应当进行二次尽职调查,进行披露。

第三节 绿色证券指数

绿色证券指数可体现绿色企业所发行证券的整体市场表现,作为绿色投资标的,还可作为开发绿色金融衍生品的基础。

20世纪90年代各类绿色证券指数相继推出,使更多的投资者和上市公司开始关注可持续发展问题。有价值的投资将带来长期良好的投资回报,而绿色指数正是指引价值投资方向的有效参考工具。

绿色证券指数选取出来的在社会责任方面表现良好的企业,未来能产生较高的投资回报。具有良好社会责任表现的企业,更加关注长期可持续发展,因此保证了较低投资风险和相对稳定的投资收益。跟踪该类指数的资产投资通常具有较大的资产规模和较好的经济收益。

目前境外绿色证券指数主要分为三类:一是社会责任ESG指数;二是环境生态指数;三是环保产业指数。

绿色股票指数指根据特定标准对绿色股票进行评选,选取综合评分较高的上市公司为样本,根据其股票价格所设计并计算出来的股票价格指数,用以衡量绿色股票市场的价格波动情形。绿色股票指数的表现反映了过去能源结构在当前市场环境中所面临的困境,是绿色金融体系的重要部分。

我国绿色股票指数可分为三类。

(1) 可持续发展指数,主要是对企业在环境、社会责任、公司治理等方面的综合评价,可被细分为ESG、公司治理、社会责任等类别。

(2) 环保产业指数,主要涵盖资源管理、清洁技术和产品、污染管理等范围,可被细分为新能源、新能源汽车、环境治理等类别。

(3) 绿色环境指数,目前只包含了碳指数,该类指数通过计算上市公司的碳足迹(二氧化碳排放量/主营收入),来选取碳排放量比较低的上市公司。

通常,绿色信贷、绿色债券、绿色发展基金、绿色保险等金融工具都属于财政、金融和监管类的激励机制,从而降低融资成本或提高项目收益,以帮助绿色投资项目达到合理的回报率,这是一个自上而下的过程。但是,绿色指数产品不同,它主要通过对社会公众公开募集资金,普通大众可以通过购买指数型产品参与到从事环境改善和保护的上市公司中,甚至养老金、保险资金等大型机构投资者也可将资金投入到绿色上市公司中来,发挥社会责任属性,这是一个自下而上的过程。

绿色股票指数及相关产品工具属性更加突出,比如公开透明、规则纪律、分散化、成本低、多样化、增强收益、降低风险等多种要素融合。其中,分散化是降低风险的重要方式。无论是绿色信贷、绿色债券、绿色基金甚至绿色保险,都是投资在单一或几个绿色项目上,这样风险集中度很高,违约风险较大。但是,绿色股票指数是组合投资,通过分散化降低单个项目和公司的风险,最大限度降低风险,有利于公众投资。

绿色股票指数具有如下三个特点。

(1) 广泛性。绿色股票指数涵盖水、碳、核能、清洁能源、可替代能源、再生能源、可持续发展、社会责任等众多主题板块。

(2) 风险分散。绿色股票指数通常是一组上市公司的组合,有利于避免投资者对单个环保类项目投资的风险。

(3) 大众参与。绿色股票指数是具有互联网精神的绿色金融方式,可以帮助投资者选择绿色企业,并通过绿色股票指数投资产品,引导更多市场资本投资绿色产业。

第四节 绿色证券环境效益

一、环境绩效评估

(一) 评估及披露依据

上市公司进行环境信息披露的法律依据包括:《证券法》《环境保护法》《大气污染防治法》《上市公司信息披露管理办法》(证监会令第40号)、《企业事业单位环境信息公开办法》《排污许可管理办法(试行)》《环境信息公开办法(试行)》《公开发行证券的公司信息披露内容与格式准则第2号——年度报告的内容与格式(2017年修订)》《公开发行证券的公司信息披露内容与格式准则第3号——半年度报告的内容与格式(2017年修订)》等。

(二) 上市公司环境信息披露内容

上市公司基本的环境信息在日常经营中应通过年度报告、半年度报告等形式及时进行披露,主要包括以下内容:(1)基础信息,包括建设项目基本情况、生产经营和管理服务的主要内容、产品及规模等;(2)排污信息,包括主要污染物及特征污染物的名称、排放方式、排放口数量和分布情况、排放浓度和总量、超标情况,以及执行的污染物排放标准、核定的排放总量;(3)防治污染设施的建设和运行情况;(4)建设项目环境影响评价及其他环境保护行政许可情况;(5)突发环境事件应急预案;(6)其他应当依法公开的环境信息。

发生可能对上市公司证券及其衍生品种交易价格产生较大影响的重大环境事件,投资者尚未得知时,上市公司应当立即进行披露,说明事件的起因、目前的状态和可能产生的影响及后续进展。例如:发生突发环境事故,公司因环境管理不力被环境监管部门行政处罚,新公布的环境法律、法规、规章,可能对公司产生的重大影响。

已经领取排污许可证的上市公司,应当按照排污许可证规定的关于执行报告内容和频次的要求,编制排污许可证执行报告。排污单位的年度执行报告应当每年在全国排污许可证管理信息平台上填报、提交并公开,同时向核发环保部门提交通过全国排污许可证管理信息平台印制的书面执行报告。年度执行报告包括以下:(1)排污单位基本生产信息;(2)污染防治设施运行情况;(3)自行监测执行情况;(4)环境管理台账记录执行情况;(5)信息公开情况;(6)排污单位内部环境管理体系建设与运行情况;(7)根据自行监测结果说明污染物实际排放浓度和排放量及达标判定分析;(8)排污单位超标排放或者污染防治设施异常情况的说明;(9)其他排污许可证规定的内容执行情况等。

(三) 上市公司的环境信息披露管理

上市公司制定的信息披露事务管理制度中,应将环境信息需披露内容和披露方式纳入其中。信息披露事务管理制度中已具备环境信息披露内容的,须进一步细化环境信息披露内容和披露要求等。

负责信息披露的部门或人员应当与公司安环部、法务部建立信息共享制度,及时掌握并披露相关环境信息。

环境信息披露途径：上市公司年度报告、中期报告形式。2017年12月26日，中国证券监督管理委员会发布证监会公告〔2017〕17号、18号文，明确要求上市公司应在公司年度报告和半年度报告中披露其主要环境信息，如不披露，须充分说明原因。

重要环境事件发生后，应及时进行临时报告，并对外发布公告。

对于日常的基础环境信息，企业可以通过其网站、企业事业单位环境信息公开平台或者当地报刊等便于公众知晓的方式公开环境信息，同时可以采取以下一种或者几种方式予以公开：(1)公告或者公开发行的信息专刊；(2)广播、电视等新闻媒体；(3)信息公开服务、监督热线电话；(4)本单位的资料索取点、信息公开栏、信息亭、电子屏幕、电子触摸屏等场所或者设施；(5)其他便于公众及时、准确获取信息的方式。

（四）违反环境信息披露义务面临的法律风险

上市公司未按规定制定上市公司信息披露事务管理制度的，由中国证监会责令改正。拒不改正的，中国证监会给予警告、罚款。

上市公司未按照规定披露信息，或者所披露的信息有虚假记载、误导性陈述或者重大遗漏的，责令改正，给予警告，并处以30万元以上60万元以下的罚款。对直接负责的主管人员和其他直接责任人员给予警告，并处以3万元以上30万元以下的罚款。未按照规定报送有关报告，或者报送的报告有虚假记载、误导性陈述或者重大遗漏的，责令改正，给予警告，并处以30万元以上60万元以下的罚款。对直接负责的主管人员和其他直接责任人员给予警告，并处以3万元以上30万元以下的罚款。上市公司的控股股东、实际控制人指使从事前两款违法行为的，依照前两款的规定处罚。

上市公司通过隐瞒关联关系或者采取其他手段，规避信息披露、报告义务的，按照前款规定处罚。

上市公司及其他信息披露义务人违反信息披露规定，情节严重的，中国证监会可以对有关责任人员采取证券市场禁入的措施。

推动企业重视环境信息披露工作，以此促进内部环境治理的持续改善，是环境信息披露制度建立的初衷。企业不但由此避免了环境行政处罚的损失，而且能够通过环境治理的改善获得相关的环保补助、政策支持等。但是，如果企业敷衍、被动地进行环境信息披露，从外部性来讲，影响了投资者和公众对上市公司的有效监督；从内部性讲，实际上是企业主动放弃了新形势下高质量发展的良机。

二、环境信息披露

上市公司是资本市场的基石，在落实环境保护责任方面责无旁贷，建立强制性环境信息披露制度有助于提升上市公司质量，也是资本市场稳健发展的重要制度、促进环境质量改善的新举措。一般而言，企业利益相关者和社会各界人士，经常通过企业的官方网站、定期报告和报纸杂志等新闻、媒介来了解关联企业的日常营运发展状况和遵守财务制度状况。

伴随环境及环保问题成为人类共同注重的社会问题，社会各界对环境的重视程度不断增加，作为产生环境污染源头的生产企业，出于法律制度、社会舆论的监督，出于对企业良好公众形象的树立而主动披露环境信息,一些上市公司逐步开始在自己的网站和年报中及时上报动态变化。

企业从事环保工作日常动态监管,会产生大量的记录的信息,这些信息经过整理以后,直接反馈出企业在环境保护方面的性状,并对其生产和运营,包括上市投融资,均会产生各种各样的影响,多以图表和文字形式,集中反映其综合环境指数的构成及各类信息。

环境信息披露状况是指公司向大众公布其在生产营运进程中和环境相关的行为及其对环境造成的影响。《经济合作组织公司治理法则》指出:"信息披露载体与信息披露本身一样紧要,应当为信息使用者提供了公平、及时和有效的获取信息渠道。"根据披露频率的差异,上市公司环境信息披露状况分为定期披露和临时披露,前者多以公布公司年报、年度社会各界责任报告、可持续发展报告和年度环境报告的方法实行,后者临时披露大多以临时报告形式在公司网站公布。从现实实际分析,一般公司对环境信息预判体系表现指数较少,且较为零碎,环境信息更缺少统一性和可比性,难以满足利益关联者的环境信息需求。

第五节 上市公司 ESG 披露

一、我国 ESG 信息披露现状

随着企业社会责任成为全球共识,以及可持续发展理念的普及,上市公司的治理能力、环境影响、社会贡献等非财务指标也日益受到关注。

ESG 提供了一个整合框架,可以帮助企业系统性推进公司治理的变革、全面地评估非财务指标程度,强化上市公司在环境保护、社会责任、公司治理方面的引领作用,进而实现公司可持续发展。

2018 年,我国共有 856 家 A 股上市公司披露其年度企业社会责任报告(Corporate Social Responsibility,CSR),较上年增长 64 家,有 78 家公司首次披露其社会责任报告,但仅有约 1/4 的 A 股上市公司披露了其 CSR 报告,整体披露比例仍处于较低水平(见图 17.2)。

2017 年,沪市披露年报的上市公司中,接近 900 家披露了环境保护相关信息,相比 2016 年披露的 230 家左右,同比增幅高达 241%。相比过往的环保信息披露,上市公司此番的补充可谓非常详细,其中包括了排污信息、排放量指标、污染防治设施建设、环境保护行政许可等多个维度。这些被环境保护部门列为重点排污单位的上市公司,多为制药类、传统工业制造类、食品加工类、电子化工类等。随着责任投资、影响力投资在中国加速落地,我们可以看到越来越多的责任投资人运用 ESG 标准来指导投资实践,从 ESG 角度出发,将投资决策标准从财务绩效扩展到绿色发展、公共利益和稳健成长。

截至 2018 年 11 月,通过对中国在港上市公司在 2018 年发布的《环境、社会及管治报告》的统计,共有 1 002 家企业发布了 ESG 报告或社会责任报告、可持续发展报告等。

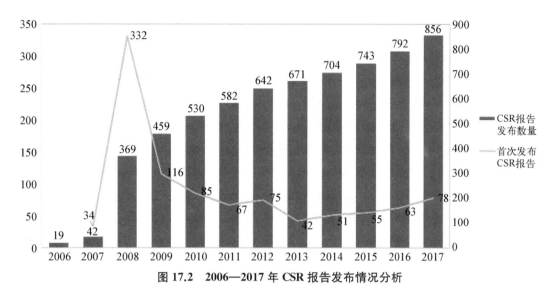

图 17.2 2006—2017 年 CSR 报告发布情况分析

资料来源：中欧国际工商学院。

2018 年，内地在港上市公司社会责任报告平均篇幅约为 30 页，相较 2017 年度平均篇幅（23.5 页）增加近 7 页，页数最多的报告为 159 页，而最少的仅为 2 页；从"披露、未披露有解释、未披露无解释"三个披露程度对 1 002 份报告的环境范畴和社会范畴的披露情况进行分析发现，环境板块中"披露、未披露有解释、未披露无解释"的比例为 81.6%、8.4%、10.0%，社会范畴的比例分别为 98.9%、0.2%、0.9%。环境范畴的整体披露程度不敌社会板块。

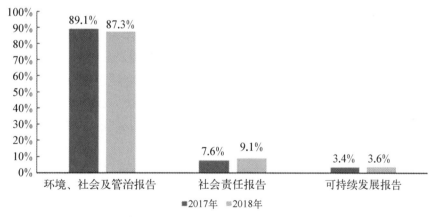

图 17.3 2017 年及 2018 年企业 ESG/CSR/可持续发展报告发布情况

资料来源：《中国企业社会责任报告研究 2018》。

ESG 投资理念在全球范围内，得到养老金、共同基金、捐赠基金等机构投资者的广泛认可，很多大型国际投资机构，投资时更倾向于遵循 ESG 原则的公司。据相关研究数据分析，ESG 表现出与公司绩效紧密的相关性，从长期角度来看其正影响的效果相当显著。尤其在新兴市场，ESG 对公司绩效的影响更加明显。

二、ESG 信息披露与鉴证

(一) ESG 信息披露要求

随着企业可持续发展理念越来越深入人心,投资者对企业 ESG 信息披露也越来越重视。有效的 ESG 披露不仅能够满足政府、行业协会、交易所的相关要求,还可以提高企业声誉、加强环境风险管控、践行企业社会责任、实现企业社会共赢。当前,境外国家和地区 ESG 信息披露政策大概分为三类:完全强制披露,部分强制披露(不披露就解释)和自愿披露结合,以及不披露就解释。表 17.1 介绍了境外国家和地区的 ESG 信息披露政策。

表 17.1 国际 ESG 披露要求

披露形式	国　家	内　　容
强制披露	美国	所有上市公司必须披露环境问题对公司财务状况的影响,公开环境诉讼相关信息。
	法国	上市公司必须披露与气候变化相关的财务风险信息。
	澳大利亚	披露经济、环境及社会相关风险。
	香港	上市公司按照《环境、社会及管制报告指引》进行 ESG 信息披露,对部分指标不披露须解释。
强制+自愿	欧盟	污染严重企业强制披露,其他企业自愿披露。
	英国	监管机构指定公司披露 ESG 信息,鼓励有条件企业自愿披露 ESG 信息。
不披露就解释	巴西	所有上市公司须发布可持续报告,如不披露报告,必须解释。
	新加坡	根据 ESG 信息披露指引披露信息,不披露就解释。

2003 年以来,国内监管部门和交易所颁布了一系列政策文件及指引,强制或鼓励国内企业进行 ESG 信息披露。至 2018 年,中国监管部门明确要求上市公司对环境、社会和公司治理方面的信息进行披露并提供了上市公司 ESG 信息披露框架。2018 年 9 月 30 日,中国证券监督管理委员会发布 29 号文,公布实施新版《上市公司治理准则》,要求上市公司应当贯彻落实创新、协调、绿色、开发、共享的发展理念,弘扬优秀企业家精神,积极履行社会责任,形成良好的公司治理实践。

根据 2016 年中国人民银行等七部委《关于构建绿色金融体系的指导意见》的分工方案,计划分步骤建立强制性上市公司披露环境信息制度:第一步,2017 年年底修订上市公司定期报告内容和格式准则,要求进行自愿披露;第二步,对所有上市公司实现半强制披露要求:强制要求重点排污单位信息披露环境信息,未披露的需做出解释(2018 年 3 月);第三步,强制要求所有上市公司进行环境信息披露(2020 年 12 月前)。

(二) ESG 第三方鉴证

ESG 报告的鉴证,是指聘请独立第三方对企业 CSR 报告/ESG 报告进行审核,给出一个客观的结论,以表明这份报告是否做到客观、是否披露了重大性议题、报告披露是否完整等。

ESG 鉴证是检验 ESG 报告真实性的必要工具,是帮助投资者鉴别 ESG 报告的重要手段,也是企业 ESG 报告的重要组成部分。

报告审验(鉴证)在上市企业 ESG 信息披露中履行比例较低,由于没有强制的要求且执行成本较高,只有极少数的企业(以国企为主)聘请了第三方对其社会责任报告进行审验(鉴证)。超九成的报告都缺乏第三方的鉴证,其可靠性存疑。

近年来,企业 ESG 信息披露数量不断增加、质量有所提升,监管部门目前已经建立起了初步的 ESG 信息披露框架。但是,当前上市公司 ESG 信息披露还存在一些问题。

首先,企业 ESG 信息披露意识不强、缺乏动机。企业有动机隐藏对自己不利的信息,有选择性地披露对自己有利的信息,ESG 信息披露常常存在"报喜不报忧"的情况,导致投资者和企业之间存在严重的信息不对称问题。

第二,ESG 信息披露无统一框架,企业 ESG 信息难以横向纵向比较。披露框架和指标体系的缺失会导致同一企业每年披露标准不一,信息各异;各企业披露的信息指标差别很大,且口径不一。

第三,缺乏具有公信力的 ESG 信息数据库,投资者整合 ESG 信息难度很大。ESG 涉及环境、社会和治理三个维度,信息范围非常广,信息点很多。市场上 ESG 信息非常分散,ESG 信息整合难度很大,投资者将 ESG 风险纳入投资决策中面临巨大挑战。ESG 投资、绿色金融产品的创新与学术研究都离不开可靠的数据支持,中国亟待建立完整、具有公信力、有专业度的 ESG 数据库。

第六节 ESG 投 资

一、国际责任投资

(一) 责任投资

责任投资,是指将企业对环境的影响、社会责任的履行情况以及公司治理结构纳入投资分析,旨在获得可持续的长期投资收益。相较于传统投资方法,责任投资具有显著的投资正外部性,更加有利于经济社会的绿色可持续发展。在选择投资的企业时不仅关注传统的财务指标,还着重考虑环境保护、社会责任和公司治理三个要素(即 ESG),是一种更全面的考察企业的方式。根据联合国负责任投资原则(Principles for Responsible Investment,PRI),投资机构在投资运营中须遵守如下六条原则:一是将 ESG 理念纳入投资分析与决策过程;二是积极行使股东权利,推动企业完善环境保护、社会责任和公司治理;三是要求所投资的企业适时披露 ESG 相关问题;四是推动 PRI 原则在投资领域的广泛采纳;五是齐心协力提高 PRI 原则实施过程的效率;六是定期报告 PRI 原则的贯彻落实情。

(二) 责任投资发展 UNPRI 推动 ESG 投资在全球范围发展

ESG 投资在海外已得到大力支持及较长足发展。对于海外 ESG 投资的发展历程,较早来看,可追溯至 20 世纪 70 年代发达国家普遍兴起的绿色消费及环境保护等倡议在投资领域中的应用。这与当时发达国家经历经济高速发展后遗留下种种逐渐恶化的环境问题当然密不可分。进入21世纪之后,企业社会责任投资发展最终在全世界范围内得到进一步的深入与强化,主要得益于2006年创立的联合国责任投资原则(PRI)。截至今日,全球多家金融机构已相继签署PRI合作伙伴关系,并自觉遵从PRI投资原则,将ESG理念纳入旗下基金产品的投资决策中。

随着ESG投资理念的发展,国际主要的指数公司都推出了ESG指数及衍生投资产品。1990年,全球最早的ESG指数Domini 400 Social Index(后更名为MSCI KLD 400 Social Index)在美国发布。目前有MSCI ESG系列指数(全球/美国/新兴市场)、富时发布的FTSE4Good系列指数、标普道琼斯的The Dow Jones可持续发展系列指数。主流的共同基金也纷纷发行ESG主题基金,较为著名的有贝莱德的MSCI US ESG ETF基金,以及领航(Vanguard)的FTSE Social基金。多数ESG责任投资基金和传统投资基金相比,均在较长时期内保持了较小的波动率,并提供了较为持续稳定的价值回报。

截至2017年4月,全球已经有50多个国家超过1 700多家投资机构(包括资产所有者、投资者和中介服务机构)签署了PRI合作伙伴关系,管理资产规模接近70万亿美元,其中包括许多全球知名金融机构及养老基金等,包括资产管理公司贝莱德、欧洲安联保险公司、对冲基金英仕曼、美国公共养老金加州公共雇员退休基金等,国内已知的金融机构则有华夏基金和易方达基金,均已于2017年加入UNPRI。

当前,全球范围内众多金融机构都已将ESG因素纳入自身的研究及投资决策体系中,而许多国家的证券交易所及监管机构也相继制定政策规定,要求上市公司自愿自主或者强制性披露ESG相关信息。

(三) 海外ESG评价体系

目前海外主流的ESG评价体系主要有MSCI ESG评价方法及汤森路透ESG评价体系,还有高盛GO SUSTAIN投资策略也纳入了对公司的ESG评价。

ESG指数的编制需要基于对庞大基础数据的处理,包括大量的非标准化数据、报告,以及主观判断,经过整合后才形成标准化的数据库。构建ESG指数需要有强力的ESG评分数据库和系统支撑。处理ESG数据可能需要上百位工作人员,且在随后需要不断对市场上发生的新闻、事件进行处理,以周度或者月度的频率去更新数据库和ESG评分体系,数据维护也需要大量人力和物力。

ESG评分和评级仍然是较为不透明的。MSCI的官网上对于具体指数编制的信息没有特别详细,ESG数据库仍需要购买,仅能从外部了解指数大致的编制方法和过程,具体指标选取、指标结果处理、权重生产,仍然在黑箱中;汤森路透所公布的ESG指数处理较为详细,但是其基于的ESG数据库需要购买,背后数据处理较为复杂,难以复现。

另外,海外的权重并不一定适合中国。ESG投资在中国仅仅处于发展初期,而中国上市企业相对于国外发达市场企业,信息披露的质量和程度稍有弱化,结合中国市场、机制等有较大差异,海外市场的评分指标、评分权重也不一定适合中国。基于ESG评级和评分,中国的ESG指数编制过程可能也会产生重大差异。

海外ESG指数发展已经较为成熟,但从编制过程来看仍具有较强的主观性因素。

MSCI和汤森路透目前已经能够提供全面完善的ESG投资产品体系,缺点可能并不明显,其最大的问题仍在于主观性较强,所以如果国内企业编制相关ESG指数,从结果上也可能具备较大差异。

总体而言,国际市场中ESG的发展路径主要依赖于投资者的需求推动,投资者关注投资标的在社会贡献、环保、公司治理方面的举措,直接推动金融机构开发ESG产品、提供配套金融服务,推动企业主动向ESG方向转型,是市场化、需求推动的自发性行为趋势。再加上发达国家资本市场较为完善成熟的基础体系、监管部门的重视、相关政策的出台、组织机构的助力和第三方服务的发展,使得ESG责任投资在发达国家市场中得以迅速发展。

二、国内ESG投资发展分析

ESG投资考察环境影响、社会责任、公司治理三个方面,包括企业对环境的影响、对于社会的责任,以及企业内部的公司治理情况内容。将ESG因素纳入投资决策中的ESG投资,即是一种期望在长期中带来更高投资回报率的新兴投资策略。

目前ESG投资在国内仍属于发展初期,近年随着环境问题的显现,相关政策文件的约束强化,上市公司对于社会责任报告及相关ESG信息的自主披露积极性有所提升,但目前国内ESG指标体系的发展建设仍不成熟,究其原因,与许多公司披露信息的质量无法得到保证,由此也无法进行较好的指标量化有关,因此未来仍需相关的政策约束对此进行进一步强化。从整体来看,目前仍有一些国内的ESG评级指标体系值得我们关注。截至2018年5月30日,A股共有822家上市公司已披露2017年度企业社会责任报告,披露率达到23.7%,同比增长4.45%,增速较2016年的8.40%有所下滑,根据上交所发布的2017年社会企业责任报告,2017年上交所共有475家上市公司披露社会责任报告,同比增长14.2%,其中自愿披露的有150家,自愿发布率达到31.6%。从2017年的ESG报告披露率来看,银行及非银板块披露率最高分别达到92%、80%,明显高于其他申万一级行业,如披露率仅次之的钢铁、交运、地产行业,披露率分别为41%、40%、37%。

近年来我国责任投资受到越来越多的关注:一方面是由于经济发展的可持续性受到了前所未有的挑战,公众意识和监管力度不断提升;另一方面也在于我国企业和金融市场不断融入经济全球化,需要与国际市场在观念和机制上实现更好的对接。这对我国上市公司提高ESG表现以及资产管理行业践行责任投资理念提出了紧迫的要求。

中国证券投资业协会调查牵头对中国A股市场实施ESG投资可能产生的效果进行了实证分析,研究发现,在权益投资和债券组合中纳入ESG因素后,长期业绩表现优于同期指数,这是对行业实实在在的经济效益吸引力。自A股首次被纳入MSCI后,MSCI将持续搜集A股上市公司的公开资料,并对所有纳入MSCI指数的A股公司进行ESG研究和评级。2018年6月1日,A股首批234只公司已被正式纳入MSCI新兴市场指数,此次纳入比例为2.5%。

资产管理行业追求价值增长的本质也天然契合ESG投资理念。通过对公募基金做的初步研究，从近十年可获取的数据看，在自由现金流、分红和投资资本回报率三大指标方面，公募基金重仓持有的上市公司均优于其未持有的上市公司，这一结论有力支持了公募基金坚持价值投资的判断。

ESG责任投资不仅止步于公募基金和上市公司，私募基金也是ESG原则的天然践行者。私募证券基金通过专业化投资，选择具有价值增长性的投资标的，让更多资本支持实体经济有价值的地方。私募股权基金被很多人称为"智慧的资本"和"发现未来的资本"，发现并投资于有潜力的创新型、绿色产业，更为重要的是可以全面整合人才、市场、管理、商业模式等要素资源，帮助企业提升治理水平，快速做大、做强。创业投资基金推动创新创业和技术发展，还有效介入被投企业的规划、运作和经营管理中，促进技术、知识产权和人力资本转化为现实生产力，促进创新成果产业化、市场化和规模化，促进培育经济发展新业态、新动能，助力实体经济的长期价值增长和供给侧结构性改革。

目前投资者对于上市公司的传统评价方式，主要还是考虑该公司的基本面情况，包括近年盈利能力、财务状况（其中又包括收入情况、成本费用情况、现金流状况、偿债能力等等）、估值水平以及所在行业的景气度及公司未来发展空间等。然而，ESG投资策略还将企业的ESG表现纳入投资评估决策中，对公司治理、环境影响、社会责任等三项非财务指标类因素进行考核。例如，在环境方面，需要评估企业活动对气候变化的影响、对自然资源的保护情况、能源是否得到合理有效的利用以及对废物的处理方式等内容；在社会责任方面，需要评估企业对于公司自身员工的管理、给予员工的福利与薪酬，以及与上下游如供应商及服务商的关系，公司产品的安全性问题及税收贡献等可能对社会造成的各种外部性影响；在公司治理方面，则需要评估包括董事会结构、股权结构、管理层薪酬及商业道德等各方面问题。

第七节　绿色金融科技助力企业信息披露

利用金融科技工具，健全多层次绿色资本市场。金融科技工具有别于传统金融的风险评估认证模式，通过技术手段实现绿色金融方面的运营管理，如绿色项目的识别筛选、风险管理以及环境违法信息的整合等，有助于缓解绿色行业信息不对称的问题，帮助绿色企业找到资金支持方。

在绿色证券信息披露管理要求下，上市企业可利用绿色金融科技大数据平台帮助企业实现绿色信贷全流程智能化管理，支持绿色项目识别、环境效益计算和监管部门报送；协助机构投资人实现ESG信息筛选、计算、数据分析等功能，对ESG信息进行实时动态管理，实现数据可追踪、可对比、可计量的实时测算环境效益和报表定制化输出，提高管理与报送工作效率及准确度。

当前金融监管机构对绿色金融数据治理的关注日益加深，金融机构在关注自身ESG绩效表现、支持绿色产业的标准识别以及开展绿色信贷等业务时对环境效益数据的采集和分析的需求愈发强烈，而数据的可得性、完整性和真实性一直是困扰金融机构和绿色金融行业发展的桎梏,绿色金融体系的配套科技工具亟待开发和应用。

以安永研发的绿色金融在线管理系统为例,其具备以下三项管理功能。

(1) 绿色项目识别。实时处理信贷信息,按照绿色标准映射方法学和绿色词库对项目进行识别,同时运用信息爬虫技术抓取项目涉及环境安全违法和淘汰落后产能信息,并为绿色贷款进行贴标。

(2) 环境效益测算。系统为绿色项目自动匹配绿色分类,基于预先设置于细分行业的环境效益测算工具,测算项目产生的环境效益。

(3) 绿色信贷报送。根据中国人民银行、银保监会等监管机构要求,报送不同时段中符合要求的系统绿色信贷数据统计报表。

除上述功能之外,绿色金融在线管理系统还为金融机构用户端预留同业数据比较和分析,监管机构用户端预留数据统计和监管功能,以及资产交易平台预留交易功能端口。

第八节 绿色证券挑战与展望

目前我国绿色经济政策仍在探索阶段,政策体系、法律保障体系等尚不完善,存在不少法律空白。绿色证券的指导意见以上市公司环保核查制度和环境信息披露制度为核心。在已披露的企业类型中,多数是强污染企业,其他企业披露较少。我国企业普遍采取的披露形式是董事会报告和附表附注形式,只有少数企业采取独立报告的形式,因而很难全面、直观地了解和评价企业的环境状况,企业的公开程度仍然不够。政府环保部门、会计执业组织在信息披露中起到明显作用,社会公众的环保意识对环境信息的披露起到推波助澜的作用。绿色证券的稳健发展需要政策制度的支持。加强上市公司环境信息披露制度对于督促企业切实履行社会责任、保护证券市场投资者的利益和防范环境风险具有重要意义。

相关部门应进一步强化关于环保信息披露要求及中介机构核查责任,在自愿环保信息披露制度的基础上逐步建立并完善强制环保信息披露制度。同时,加强IPO过程中的环境信息披露,要求拟上市公司提供第三方出具的环境信息报告或在审计报告中披露环境信息,并设定清晰的报告要求,这些信息披露需要与国际准则接轨,也应该根据我国的环境现状来制定。

一是通过建立健全激励机制,鼓励企业自我完善信息披露,鼓励构建多样化的绿色金融投资产品。积极营造绿色证券的投资舆论环境,加强对投资者进行针对性的绿色证券投资教育与服务,充分发挥媒体的舆论引导和宣传教育功能,引导社会对绿色证券投资的关注,完善健康的投资环境。二是完善绿色证券投资者体系,鼓励有影响力的机构投资者在投资决策中引入环境评估,督促上市公司承担社会责任和完善信息披露,推动绿色证券投资者教育与保护的能力建设。三是要建立上市公司的环境绩效评估制度。研究建立上市公司环境绩效的全面评估和持续改进机制。借鉴国际先进经营,组织研究上市公司环境绩效评估指标体系。

绿色证券在推行的过程中难免会出现如法律法规制度等不健全等诸多困难，这需要通过各方努力协调来不断完善。同时绿色证券由于其市场特殊性也必然存在独有的难题，正确认识并解决这些困难才能更好地运用绿色经济杠杆。不可否认的是，绿色证券是国家运用经济手段刺激上市公司进行环境质量、低碳减排、绿色节能的重要尝试。

[本章小结]

绿色证券以上市公司环保核查制度和环境信息披露为核心，从整体上构建了一个包括以绿色市场准入制度、绿色增发和配股制度以及环境绩效披露制度为主要内容的绿色证券市场。绿色证券通过调控募集资金投向来遏制企业过度扩张，并利用环境绩效评估及环境信息披露，加强对公司上市后经营行为的监管。作为我国目前金融体系中最具潜力的绿色融资模式，发展绿色证券对于提高绿色金融的直接融资比重、提升绿色金融服务实体经济的能力、促进经济可持续发展具有重要意义。

[思考与练习]

1. 上市企业在 ESG 信息披露中面临的难题和解决途径有哪些？
2. ESG 表现评级面临的机遇和挑战？

案例 17.1　上市公司 ESG 信息披露及环境效益计算案例分析

1. 上市公司 ESG 指标披露

某上市金融机构依据《上市公司治理准则》《环境、社会及管治报告指引》，面向资本市场发布 ESG 报告，披露 ESG 信息。该银行 2018 年 ESG 报告共披露定量指标 109 个。其中，环境类指标 12 个，社会类指标 74 个，公司治理类指标 23 个。

环境指标包括业务电子替代率、绿色信贷余额、节能环保项目贷款余额、全行电子对账综合签约率、温室气体减排量、能源消耗情况等指标。

社会指标包括员工人数、社保覆盖率、合同签订率、男女员工比例、员工培训人次公益慈善投入总额、小微企业贷款余额等指标。

公司治理指标包括每股社会贡献值、反腐倡廉培训次数、纳税总额等指标。

2. 环境效益计算案例

在这里，将以环境效益计算为例，讲解温室气体排放指标计算公式。

温室气体总排放量＝温室气体排放总量（直接排放）＋温室气体排放总量（间接排放）

温室气体排放总量（直接排放）包括：天然气、汽油、柴油燃烧所产生的排放；温室气体排放总量（间接排放）包括电力使用产生的间接排放量。

该银行的温室气体主要包括天然气燃烧产生的直接排放量，以及电力使用产生的间接排放量。

以某上市企业天然气产生的直接排放量为例：

天然气消耗所产生的温室气体直接排放量＝CO_2排放量＋CH_4排放量＋N_2O排放量

CO_2排放量＝天然气消耗量(m^3)×天然气平均低位热值(38 931 KJ/m^3)×天然气二氧化碳排放系数(54 300 kg/TJ)×10^{-12}

CH_4排放量＝天然气消耗量(m^3)×天然气平均低位热值(38 931 KJ/m^3)×天然气CH_4排放系数(0.3 kg/TJ)×CH_4全球变暖潜能值(21)×10^{-12}

N_2O排放量＝天然气消耗量(m^3)×天然气平均低位热值(38 931 KJ/m^3)×天然气N_2O排放系数(0.03 kg/TJ)×N_2O全球变暖潜能值(310)×10^{-12}

电力排放计算公式：

二氧化碳排放当量＝外部购电量(度)×区域电网二氧化碳排放因子

请读者注意：上述公式中的排放因子及天然气平均发热值根据不同时期不同地区的标准而定，在计算时请关注各地区发布的数值。

[参考文献]

1. 蔡恒培.ESG责任投资专题调研报告.中国证券投资基金业协会研究部.2018.

2. 曹萍.绿色资产证券化创新发展大有可为.http://bond.hexun.com/2016-03-22/182885756.html,2018-1-18.

3. 季建邦.论绿色证券制度的完善.法制与社会,2009(19).

4. 蒋洪强.绿色证券.中国环境科学出版社,2011.

5. 李怡芳.全球责任投资最新发展及启示研究报告.上海证券交易所,2018-01-04.

6. 朱晋,李永坤.绿色产业资产证券化融资方式及金融机构介入模式探析.现代管理科学,2017(10).

7. 马险峰.绿色金融对证券投资基金业带来的影响.中国金融信息网,2017-03-30.

8. 秦二娃,王骏娴.健全绿色股票指数体系 服务绿色经济发展.中证金融研究院,2016.

9. 上海证券交易所,www.sse.com.cn/services/greensecurities/home/.

10. 推动证券市场支持绿色投资——访证监会中证金融研究院副院长,人民日报,2016-09-02.

11. 香港联合交易所,https://www.hkex.com.hk/? sc_lang=en.

12. 许荣,钟伟伟.绿色证券政策简议.环境保护与循环经济,2008(4).

13. 张澄澄.关于推行绿色证券的思考.现代商贸工业,2008(9).

14. 赵永刚.绿色金融与绿色股票指数研究.中证指数.2017-02-15.

15. 中国基金业协会.中国上市公司ESG评价体系研究报告.中国财政经济出版社,2018.

16. 中国金融学会绿色金融专业委员会,http://www.greenfinance.org.cn/.
17. 中国企业社会责任报告研究 2018.社会科学文献出版社,2018.
18. 中国证券投资基金业协会,www.amac.org.cn/.
19. 中国证券业协会,http://www.sac.net.cn/.

第十八章 特色环境要素权益金融

[学习要求]

1. 掌握特色环境要素权益金融的概念和环境要素权益金融的主要特征。
2. 熟悉环境要素权益价值论、环境要素权益金融理论表述。
3. 熟悉用能权和水权的环境权益金融。

特色环境要素市场是发展生态文明建设的重要组成部分,也是实现生态补偿机制的重要方式。特色环境权益要素作为具有价值的资产,具有一定的流通性和金融性。特色环境权益要素交易已从地方试点逐渐往全国市场发展,将成为我国转变经济发展方式,追求绿色发展的重要的要素市场之一。本章主要从特色环境要素权益金融的核心概念和特色环境要素权益金融理论着手,系统、完整地阐述多种特色环境要素权益金融,如排污权、林权、用能权、水权金融的概念特征、金融运作机制,特色环境要素权益金融的贷款要求,并提出相应的风险管理策略。

第一节 特色环境要素权益金融概述

一、特色环境要素和环境要素权益金融含义

环境要素通常指的是自然环境要素,包括水、大气、岩石、生物、阳光和土壤等。本书特色环境要素指的是企业在社会经济活动中,运用自然环境要素进行生产发展而对稀缺环境容量资源造成影响的要素。从目前的实践来看,特色环境要素主要包括用水权、碳排放、排污权、用能权、林权等要素。

环境权益要素金融是指将企业所获取的环境权益要素作为资产,并服务于环境权益要素交易的一类金融业务,包括环境权益要素的使用、资金管理、环境权益要素制度的建立、环境权益要素交易等,也包括环境权益要素融资、期货、期权、基金、掉期交易以及环境权益要素证券等各种金融衍生品。目前主要的环境权益要素金融的表示形式为抵押融

资,符合条件的企业或其他合法持有人将其所持有的环境权益要素抵押给符合条件的资金融出方,办理抵押登记,以融入资金。环境要素权益金融使得环境权益要素成为企业的无形资产,企业可以通过环境要素权益抵押融资,用于生产技术改造等生产经营活动节能减排,并为企业融资需求开辟新渠道,实现绿色发展的良性循环。

二、特色环境要素权益金融的特征

(一)特色环境要素权益金融的对象具有特殊性

特色环境要素权益的标的为企业所获得的环境权益要素,特色环境要素权益金融相关制度实施时间较短,大部分商业银行对于其操作模式及风险等方面了解不多,不敢贸然参与,对于大、中银行来说过程烦琐、人力成本比较高、缺乏规模效应、收益不高,且其相关业务也只局限在国内试点地区。

(二)特色环境要素权益金融产品结构单一,期限短,贷款规模小

目前与特色环境要素权益相关的金融产品主要是抵押贷款,至于其他的创新金融产品,如期货、期权金融配套产品仍未实际落地。由于特色环境要素权益具有有效期限,银行无法进行长期贷款,贷款以短期为主,如排污权抵押贷款所能申请的中长期贷款也不超过3年,且中小企业占有的环境要素权益较少,贷款额度受到限制。

(三)特色环境要素权益金融抵押权实现的空间限制

目前全国性统一的特色环境要素权益交易市场尚未完成,特色环境要素权益仍然有空间上的限制,各省份的政策、规则没有完全一致,在实现抵押权时,对交易对象的属地、要求和具体的完成手段有较大的限制,政府干预使得特色环境要素权益的市场化程度不高,不利于环境要素权益的自由流通,直接对商业银行抵押权的实现造成流动性风险。

(四)特色环境要素权益金融管理部门众多

排污权抵押贷款需各大领域的共同参与,包括环境上的管理、金融上的管理和国家相关宏观调控等,在现阶段中国的行政管理体制下,涉及环境管理部门、国家发展改革委、人民银行、工信部、水利部、科技部、中国银行业管理监督委员会等部门。由于各个部门的运转规范不同,要对数个部门共同参与的项目制定出统一的要求,较为困难。

三、特色环境要素权益金融的理论发展

(一)环境要素权益价值论[1]

环境要素权益价值理论认为:一方面,社会发展所需要的物质基础是自然资源,环境是人类赖以生存的物质基础,具有绝对价值的,这种绝对存在的价值不因人的意志而有所偏离,即自然环境具有"内在价值";另一方面,环境价值是可以循环使用的,这种价值的大小则是应当由人类从生态补偿的角度和资源稀缺的角度出发,除了一般资源所具有的稀缺性和有限性外,还应具有再生困难性、环境资源开发投资的递增性、有偿使用性等特征。

---

[1] 汪劲.论现代西方环境权益理论中的若干新理念.中外法学,1999(4).

(二) 货币环境要素权益价值论

"货币环境价值"就是用货币形式表示自然环境的部分价值,形成对环境价值衡量指标体系,真实反映企业或行业的环境利润,把应该为环境所付的费用量化集中并加以合理使用,最终实现对自然资源和环境系统的有效使用和保护。

(三) 环境要素权益产权论

环境要素产权论认为:产权是指由物的存在及关于它们的使用所引起的人与人之间互相认可的行为关系。引导人们不仅要关注经济行为的结果及效率,还要高度注重由这类生产、消费、流通等活动对社会和环境造成的影响。环境金融是环境产权理论在金融可持续发展与环境治理中的实践和体现,基于产权理论,形成环境金融产品的市场化和资产化,并将其运用于环境损害与环境利益行为的分析及环境可持续发展的经济制度的选择之中。

(四) 环境要素权益利益衡量论

利益冲突反映了社会资源的稀缺与匮乏,当资源与人的需求相比呈现出匮乏状态,这就需要资源的优化配置,利益衡量理论是对环境利益与经济利益的冲突进行的调整,是对环境公益与环境私益的整合,融资的目的就是为了产生经济效益,使各项资源得到最优配置。通过权利、义务的分配将这种环境利益具体化,实现环境利益与经济利益的共容与互换,为环境利益平衡的提供制度供应,充分发挥环境利益的创制、维护及分配功能。

(五) 环境权益要素治理理论

环境权益要素治理理论提倡治理主体的多元化,使政府由"一元独占"向政府、市场、公众的"三元支撑"转化,环境金融也是围绕这一目标用一系列的金融交易制度和模式将污染环境的外部成本内部化,改变长期以来在企业、社会收益及产品价格中忽略和无视环境成本的状况。

(六) 环境权益要素新公共服务理论

作为公共物品的环境资源具有明显的非排他性和非消费性,这导致了所有人都可以自由、无偿地享用和毫无节制地开发、滥用稀缺的环境资源,其结果是造成了环境与生态资源的过度浪费与恶化,因此,仅有市场机制很难提供上述问题的解决途径,必须由政府出面来提供这种公共物品。在环境金融的具体内容上,新公共服务理论表现为:对于提供公益性较强的环境项目以政府融资为主体、银行等金融机构融资为补充;对于提供公益性较弱的环境项目,则以银行融资等为主体,政府融资为引导。防止政府行政的过度干涉。

四、特色环境要素金融的分类

(一) 排污权融资

排污权又称排放权,是排放污染物的权利。它是指排放者在环境保护监督管理部门分配的额度内,并在确保该权利的行使不损害其他公众环境权益的前提下,依法享有的向环境排放污染物的权利。

排污权融资指借款人以依法可以转让的排污权为抵押物,向金融申请获得贷款的金融活动,目前排污权抵押贷款的标的物主要有化学需氧量、氨氮、二氧化硫和氮氧化物等。

(二)林权融资

林权是指一定社会主体对一定森林、林地、林木所享有的所有权、使用权、经营权或一定权益组合。林权融资系指林权所有人将其所拥有的林权中的所有权、使用权抵押给金融机构,并据此获得贷款的融资行为。

(三)用水权、用能权融资等其他环境容量资源要素权益融资

水权是指水的所有权和各种利用水的权利的总称,包括水的所有权、取水权及与水利有关的其他权益等。用水权融资指借款人以依法可以转让的用水权为抵押物,向金融申请获得贷款的金融活动。

用能权,是指企业年度经确认可消费各类能源(包括电力、原煤、蒸汽、天然气等)量的权利,用能权融资指的是借款人以依法可以转让的用能权为抵押物,向金融申请获得贷款的金融活动。

五、特色环境要素权益金融的参与机构

(一)政府

从人类长期生存和可持续发展的视角审视,政府作为国家权威和意志的代表,作为宏观经济的调控者,应该在以下四个方面充分发挥政府主导作用,采取相应措施:(1)制定行之有效的战略规划;(2)建立健全与特色环境要素权益金融相关的法律法规及其框架体系;(3)积极构建全国统一的特色环境要素权益金融交易平台;(4)出台相关扶持政策。

(二)环境要素交易所(平台)

环境要素交易所是特色环境要素权益金融流转平台。建立统一规范、公开的特色环境要素权益金融交易平台,实现信息发布、市场交易、权益登记、资源流转、中介服务、法律政策咨询等一站式服务,消除金融机构对特色环境要素权益金融抵押在信息不对称、交易不透明、变现难把握等方面的顾虑,提高金融机构开办特色环境要素权益金融抵押贷款的积极性。

(三)环境要素权益的实施主体

环境要素权益的实施主体是企业,主要包括电力、石化、化工、建材、钢铁、有色、造纸、航空、陶瓷等行业企业。企业在开展特色环境要素权益金融的时候,要建立和强化特色环境要素权益金融的理念,充分认识到未来特色环境要素权益金融交易市场所蕴含的巨大商机和良好的发展空间,积极参与开发特色环境要素权益金融项目,将国家的环境资源与企业利益的最大化充分结合起来。

(四)金融机构

特色环境要素权益金融机构包括银行、保险、证券、基金等机构,此外,资产管理公司、信用评价机构等也应包括在内。金融机构是整个特色环境要素权益金融体系的基础层,也是特色环境要素权益交易的参与主体之一,其所提供的金融服务将有助于特色环境要素权益市场资源的有效配置,促进特色环境要素权益金融市场的发展。

第二节 排污权权益融资

一、排污权抵押贷款的概念和特征

排污权抵押贷款指借款人以依法可以转让的排污权为抵押物，向银行申请获得贷款的融资活动，目前排污权抵押贷款的标的物主要有化学需氧量、氨氮、二氧化硫和氮氧化物等。

各地的排污权抵押贷款政策均由当地环保主管部门和人民银行分支机构共同发文（见表18.1）。由于各地的排污权交易工作的进度不同，抵押贷款的目的不同，各地的政策也有所区别。

表 18.1 我国排污权实践

1	《绍兴市排污权抵押贷款管理办法（试行）》（绍银发〔2009〕4号，中国人民银行绍兴中心支行、绍兴市环保局联合发文）
2	《山西省排污权抵押贷款暂行规定》（并银发〔2011〕183号，中国人民银行太原中心支行、山西省环保厅联合发文）
3	《河北省排污权抵押贷款管理办法》（银石发〔2014〕133号，中国人民银行石家庄中心支行、河北省环保厅联合发文）
4	《福建省排污权抵押贷款管理办法（试行）》（福银〔2015〕151号，中国人民银行福州中心支行、福建省环保厅联合发文）
5	《湖南省主要污染物排污权抵押贷款管理办法》（长银发〔2015〕147号，中国人民银行长沙中信银行、湖南省环保厅、湖南省财政厅联合发文）

排污权抵押贷款的主要特点有三个。

（一）以有偿获得的排污权为主要标的

国内部分试点地区的排污权分为初始无偿取得的排污权和有偿取得的排污权，多数地区出台的《排污权抵押贷款管理办法》均明确以有偿取得的排污权为主要标的。

（二）明确贷款用途

以《重庆市排污权抵押贷款管理暂行办法》为例，其明确规定排污权抵押贷款"主要用于企业流动资金周转和能源节约、污染物排放减少的技术改造等生产经营活动，不得用于购买股票、期货等有价证券和从事股本权益性投资，不得用于违反国家有关法律、法规和政策规定的用途"。其他地区的管理办法也有类似的规定。

（三）价值评估以双方协商为主

由于排污权市场是一个区域性比较强、流动性比较差的交易市场，排污权贷款额度要综合考虑排污权价值、信用等级、环境风险、贷款用途和企业实际需要等因素；排污权价值则主要根据排污权指标数量、排污权交易基准价、排污权交易市场价格，并参考贷款期限、经济周期和国家环境政策等因素确定，由贷款人和借款人双方协商评估为主。一般来说申请排污权抵押贷款额度不超过抵押排污权评估价值的80%。

在贷款抵押物的规定上,主要有两个限制条件:一是以排污许可证形式确认;二是有偿取得。前者决定了排污权作为抵押物获得了行政认可,后者则体现了排污权的经济价值。

二、排污权抵押贷款的实证

排污权抵押贷款分为两种。

(一)生产经营贷款模式

贷款对象是持有《污染物排放许可证》,且污染物排放量未超《污染物排放许可证》的企业。贷款用于企业生产经营或节能环保技术改造项目。企业凭《污染物排放许可证》向金融机构申请贷款,银行调查企业的经营状况及污染物排放情况。抵押物价值由银行和企业协商评估确定,主要参考公共资源交易平台(排污权交易场所)上企业排污权交易的价格和政府公开的回购价格,贷款额度一般不超过排污权评估价值的80%。企业与银行签订抵押合同后,在当地环保局办理抵押登记手续。一旦贷款发生风险,处置方式包括:一是通过市场交易方式向第三方转让;二是可以要求环保局回购排污权,用于弥补银行贷款损失。

(二)购买排污权贷款模式

贷款对象是在排污权交易所交易并已签署《排污权交易合同》或经环保部门初始总量核准的企业。贷款用于企业购买排污权指标。企业凭《排污权交易合同》或环保部门初始总量核准文件向银行申请贷款。银行根据企业购买排污权的合同总价来确定抵押物价值和贷款额度。对符合条件的企业,银行先向企业发放一笔信用贷款,企业使用贷款资金购买排污权指标后,再将购得的排污权追加抵押给银行,并在产权交易所办理抵押登记手续。贷款一旦发生风险无法收回,环保部门也为银行提供回购保障。

例如:某药业以有偿取得的排污权辅以其他担保物模式。2015年12月,该药业有限公司以其相关生产设备和购买的排污权(二氧化硫5吨/年、氮氧化物4.86吨/年,总成交金额为26.09万元)为抵押物,从某银行获得一笔100万元的抵押贷款,其中排污权贷款额23万元。

(三)贷款审核要素

1. 融资用途

排污权抵押融资主要用于借款企业流动资金周转等生产经营所需、环保治理工程等技术改造研发活动。

2. 排污权抵押融资金额、期限、利率、担保价值核定及抵押登记

经办机构应根据借款人需求、综合偿债能力、抵押物价值、抵押率及经营项目收益等综合情况合理确定排污权抵押融资金额。

(1)单一担保:仅以排污权作为抵押担保的,融资金额不得超过排污权价值评估额的50%,且融资额度最高不超过人民币500万元。

(2)组合担保:以排污权作为辅担保的,排污权抵押计算的融资金额不得超过排污权价值评估额的70%,且对应融资额度最高不超过人民币1 000万元,但在授信方案设计上主担保方式担保责任应对融资总额全覆盖。

排污权价值应经具有排污权评估资质且经银行认可的评估机构综合考虑排污权有偿获取价格、政府收储价格、当期交易价格和剩余排污指标有效期限等因素后审慎确定。

排污权抵押融资期限控制在1年以内(含),且不得超过借款人排污权有效期限的届满日。

排污权抵押担保的范围包括融资债务本金和利息、罚息、损害赔偿金、违约金和实现抵押权的费用,并在抵押合同中约定。

在抵押权存续期间,借款人不得将抵押的排污权再次抵押、转让、租赁给他人。

(3) 价值评估:经办行对借款企业的排污权抵押融资申请资料初步审查通过后,与借款企业达成初步融资意向的,由银行指定的具有排污权评估资质的资产评估机构出具价值评估报告。

排污权价值评估基准日与借款协议的生效日前后间隔时间不得超过3个月。对评估基准日与借款协议生效日之间存在的重大可能影响排污权价值事项的,借款企业和经办行应委托原排污权价值评估机构就该事项对排污权价值的影响方式和影响程度发表意见。

(4) 抵押登记:签订排污权抵押融资业务合同后,经办客户经理应同借款人在订立合同之日起5个工作日内到核发排污许可证的环保部门申请办理抵押手续,做好排污权抵押备案。

对于已颁发排污许可证的,需要核发部门对排污许可证进行抵押登载备案。

对于新(改、扩)建项目通过交易获得的排污权指标,需要环保部门进行抵押登记备案,同时函告交易机构并抄送银行,具体交易凭证项下成交的排污权指标已抵押给银行,在抵押期间不得进行交易。后续正式颁发排污许可证或变更登记许可证后再进行抵押登记备案。

排污权抵押期间,未经经办行同意,抵押人不得以任何形式进行处置或交易被抵押的排污权。抵押人需处置或交易抵押排污权的,应征得银行同意,借款人不能提供银行认可的合法足值有效担保的,经办行应按照合同约定宣布授信业务提前到期,处置或交易排污权的价款收入应优先清偿银行相应债务。排污权处置后,经办行和借款人应及时向核发排污许可证的环保部门申请对排污许可证进行变更登记。

三、排污权租赁

排污权租赁,是指排污单位将其有效期内的排污权,临时转让给其他排污单位使用的行为,或政府将储备排污权临时转让给排污单位使用的行为,承租方向出租方临时租赁排污指标需向其支付一定费用。排污权租赁不改变相应排污权的归属。也就是说,有闲置排污权指标暂且不用的企业,或不能通过购买途径获得排污权指标的企业,都可以通过这种新的途径实现排污权的合理利用。

目前各级政府鼓励企业开展排污权指标临时租赁,以满足企业对排污权指标的短期需求。在实务中租赁双方必须安装刷卡排污系统。刷卡排污系统是指在企业排污口安装一套电子控制器和电磁阀,通过在线监测系统,可准确掌握企业污水的瞬时、日、月和季度流量等,从而准确掌握企业每个月的排污量及减排量。企业排污权指标一旦用完,电磁阀将自动关闭,企业要想继续生产排污,必须购买新的排污权指标量。刷卡排污强化了对重点排污企业的环境监管,促使企业依法有序排污,同时激发了排污权交易二级市场的活跃度,是开展排污权租赁的前提。实施排污权有偿租赁,将进一步提升排污权交易的便捷性和企业的自主性,形成并活跃排污权交易市场,优化环境资源配置,激励企业主动削减污染物排放量,提升环保意识。

以福建省为例,排污权租赁需遵守以下各项规定。

排污权租赁活动应当遵守国家法律法规,遵循合理预测、提前租赁的原则。租赁双方均应通过排污权核定并拥有排污许可证。

排污单位有以下情形,且提前申请租赁的,可开展排污权租赁活动:(1)排污单位因突发性事故,可能导致全年污染物排放总量超标的;(2)排污单位因污染治理设施不稳定,可能导致全年污染物排放总量超标的;(3)排污单位在未扩大生产能力的情况下,因生产波动,可能导致全年污染物排放总量超标的。

排污单位排放污染物已超过污染物排放总量控制指标的,或超过污染物排放标准浓度限值的,或未完成环境保护主管部门下达的限期治理要求的,均不得进行相应污染物排污权的租赁行为。

排污权的租赁时长统一为一年,仅限发生租赁行为的当年度内使用。承租方在其初始排污权有效期内,只能承租一次,且承租的排污权不得转租、托管等。已出租的排污权在租赁期内不得出售、转让及再次出租。

租赁办理主要流程:(1)意向承租方向核发其排污许可证的环境保护主管部门提交申请及相关证明材料。环境保护主管部门对意向承租方申请条件进行审核,出具审查意见。承租条件应符合福建省建设项目主要污染物排放总量指标管理相关规定。(2)意向承租方(或意向出租方)向海峡股权交易中心提交排污权指标租赁申请,提交材料和办理流程参照福建省排污权交易规则执行。承租方提交的材料中应包括核发其排污许可证的环境保护主管部门就租赁情形的审查意见函和排污许可证。(3)海峡股权交易中心根据排污权交易相关规则,组织租赁双方进行交易。(4)交易达成后,出租方应按排污权有偿使用收入征收和使用管理相关规定,缴纳租赁部分排污权指标的初始排污权指标有偿使用费。租赁双方应按排污许可证管理相关规定,凭交易凭证到核发其排污许可证的环境保护主管部门将排污权租赁情况登载入排污许可证。

四、排污权金融和交易的社会责任管理

改革开放以来,新中国在工业化和城市化建设中硕果累累,但也尝到了环境污染的苦果。其实从全球来看,其他进行过工业化的国家也经历过类似的阵痛:美国汤姆斯河的"癌症村"、伦敦的"雾都劫难"、日本的"水俣病"等事件,至今仍令人记忆犹新。

中国不能再走先污染、后治理的道路,边发展、边治理的道路也行不通。为此,不管是政治家还是金融工作者都必须拿出勇气和力量,投身到绿色发展中去,这是唯一能够挽救地球并让大家生活得更美好的途径。正如习近平总书记指出,"我们既要绿水青山,也要金山银山;宁要绿水青山,不要金山银山。"

作为一项重要的创新性金融融资方式,排污权抵押融资旨在引导和激励更多社会资本投入节能减排产业,同时有效抑制污染性投资,实现经济、社会、环境的可持续发展。

金融机构应根据监管政策进一步明晰业务方向,完善绿色信贷、绿色金融业务的范围、标准,明确业务发展的主要着力点。打造绿色品牌,大力支持工业节能减排、综合环境治理、清洁能源利用等绿色项目,积极推进以排污权抵押融资为代表的绿色金融产品创新和服务创新,完善系统化管理,通过将绿色信贷认定嵌入信贷流程,对客户的环境和社会风险分类管理并将系统标识嵌入信贷全流程。

银行贷后跟踪管理工作应尽到以下三个方面的责任和义务。

(1) 跟踪了解借款人生产经营情况,污染物排放情况,还应及时掌握了解借款人销售现金流情况。贷款用于新建、改建、扩建项目购买排污权指标的,须核查项目的环境影响评价审批等情况。

(2) 加强抵押排污权价值的动态监测,关注环境保护政策及市场波动情况,如有相关因素造成排污权价值较大贬值或影响抵押有效性的,应重新进行评估并及时要求借款人追加担保或提前还款。

排污权抵押期间,若相应的污染物排放标准发生变更,借款人初始排污权应进行重新核定,应重新办理初始排污权抵押手续。

(3) 经办行要加强与当地政府、环保部门和交易机构的沟通与联系,取得当地政府、环保部门的支持和配合,条件成熟的应与当地环保部门签订监管合作协议,共建信贷风险防范联动机制。

政府环保主管部门应尽的责任和义务:配合银行的贷前调查做好环保相关信息的查询服务工作,加强对企业排污指标的监管,协助贷款方获取企业污染物超标排放、排污费缴纳等环保信息,创造公平公正的排污权交易环境;加强对借款人排污指标的监管,防止偷排漏排等违法行为的发生,及时将借款人污染物超标排放、排污权有偿使用费欠缴等信息通知贷款人。政府环保主管部门负责排污权抵押过程中排污许可证信息变更工作,配合贷款人做好排污权抵押信息查询工作,防止排污权被抵押期间再次用于交易流转;协助贷款人做好抵押排污权的管理和处置,完善排污权收储和回购机制。

一是政府整合全国各地环保资源,建立健全全国统一的以排污权交易、监督、管理于一体的排污权交易平台,并重点加强对排污权实时监控系统、电子竞价体系、网络动态报价系统、资金结算系统等的开发和运用。完善构建排污权交易市场,明确排污许可证交易的法定过程,减少排污企业之间信息不对称,从而降低排污企业购买排污许可证的成本。

二是建立排污权抵押贷款信息平台。信息不对称是造成排污权抵押贷款风险的主要原因之一,同时也会加大交易成本。因此,环保部门和金融机构应建立排污权抵押贷款信息平台:一方面,环保部门应提高排污企业各类环境信息的公开力度,包括排污权权属、环境信用、污染监管等,避免企业将排污权进行转让、重复抵押及超额使用;另一方面,金融机构应持续加强对企业资金去向的监管,通过资金渠道及时发现并制止企业的环境违法行为。

三是设立平准基金,调解排污权市场价格。

为消除排污权价格不稳定带来的隐患,可参照股票市场和有色金属交易市场的操作方式,在排污权交易市场上引入第三方平准基金,通过对排污权市场的逆向操作,比如以在排污权价格暴跌时购入,在排污权价格上涨过旺时卖出的方式,调节市场的非理性波动,稳定交易价格。

第三节　林权权益融资

2004年5月,全面说明林权抵押政策规定的《森林资源资产贷款抵押登记办法(试行)》法令正式发布,明确了林权抵押贷款的操作流程,为林权抵押贷款的广泛开展提供了坚实的法律依据。

2009年,国家林业局联合中国人民银行、财政部、中国银行业监督管理委员会、保险监督管理委员会共同颁布了《关于做好集体林权制度改革与林业发展金融服务工作的指导意见》,为林权抵押贷款的顺利发展提供了良好的政策环境。

2013年,中国银监会、国家林业局下发关于林权抵押贷款的实施意见银监发〔2013〕32号,要求银行业金融机构要积极开展林权抵押贷款业务。

《国务院办公厅关于完善集体林权制度的意见》(国办发〔2016〕83号),要求加大金融支持力度,建立健全林权抵质押贷款制度,鼓励银行业金融机构积极推进林权抵押贷款业务,适度提高林权抵押率。

2018年12月,国土资源部下发《关于推进2018年林权抵押贷款有关工作的通知》,提出到2020年,在适合开展林权抵押贷款工作的地区,林权抵押贷款业务基本覆盖,金融服务优化,林权融资、评估、流转和收储机制健全地发展。

一、林权抵押贷款的概念

林权抵押是指林权权利人不转移林权的占有,而将其依法有权处分的林权作为债权担保的行为。以林木采伐后的木材设立抵押不属于林权抵押。

**案例18.1　中泰信托速生杨木林财产信托优先信托收益投资计划
(2004年2月发行,2007年1月结束)**

2004年1月,上海世华科技投资有限责任公司与上海中泰信托投资有限责任公司合作发行的速生杨林木财产信托优先信托权益投资计划是林业首次通过信托方式进行融资的大胆尝试。该计划以世华科技为委托人,将其合法拥有的评估现值为4.25亿元的速生杨林木财产用于设计信托计划,上海中泰信托投资有限责任公司担当受托人,在市场上向特定投资者出售。投资者在信托期间享有该资产的优先受益权。

资金用途：世华科技的工业林木财产信托优先受益权

信托公司：上海中泰信托

融资方：世华科技

规模：1.7亿元

期限：3年

年收率：5%

付息方式：按年分配

还款来源：林木销售及保险理赔

风控措施：

1. 优次级结构化设计，优先级1.7亿元，劣后级2.55亿元。在优先级受益未满足的情况下，世华科技无法获得在本信托计划中的2.55亿元。

2. 信托中的林木由世华科技管理，具体管理事项由林木所在地政府实施。政府承诺对管理不当造成的损失进行赔偿。

3. 融资方世华科技承诺到期后回购这笔资产，并且信托计划的受益人可在每个信托年度结束前3个月要求世华科技回购其权益。

4. 新加坡上市公司上海光兆植物速生技术有限公司提供连带责任担保。

5. 信托中林权证已过户至中泰信托，由中泰信托以自己名义按委托要求进行投资，并以此资金信托的收益权质押给中泰信托，进一步控制项目风险。

项目亮点：

1. 还款来源充足：信托中的林木已与多家造纸公司签订了保底销售协议，其中与上市公司晨鸣纸业签订的包销协议保底价达到2亿元，并有公证机关公证。信托中的林木资产已由融资方投保，最高赔付金额3亿元。

2. 政府支持力度大：林木管理具体由当地政府实施，当地政府承诺对管理不当造成的损失进行赔偿。

3. 担保方实力雄厚。由新加坡上市的上海光兆植物速生技术有限公司对优先受益权进行担保，确保优先利益达到期水平。

4. 风控措施多样。报告优次级结构化设计，融资方承回购，连带责任担保等。

案例评析：

在风险控制方面，合作各方从以下几个方面进行控制：首先，信托中的林木由世华科技管理，具体管理事项由林木所在地政府实施。地方政府已承诺对管理不当造成的损失进行赔偿。林木的销售和保险理赔等收入均为本信托的收益。在优先信托权益未满足时，作为委托人的世华科技公司无法获得在本信托计划中的2.55亿元剩余信托权益。其次，该信托专项投资的工业森林是生物组培育技术生产的快速生长新树种，信托中的林木已与多家造纸公司签订了保底销售协议，其中与我国著名上市公司晨鸣纸业签订的包销收购协议保底价即达到人民币2亿元，且该包销协议已经公证机关公证。信托中的林木资产已由世华科技投保了火险及相关附加险，最高赔付金额为人民币3亿元。本项目由在新加坡上市的上海光兆植物速生技术有限公司对优先信托权益的信托收益进行担保，确保优先信托收益达到预期水平。最后,该信托中林权证已过户至中泰信托。同时,委托人在本计划中所得价款除去各种费用后,由委托人信托给中泰信托,由中泰信托以自己名义按委托要求进行投资,并以此资金信托的收益权质押给中泰信托,以进一步控制项目风险。中泰信托与世华科技合作推出的集合资金信托计划是信托融资方式在林业项目的初次尝试,并取得了不错的销售业绩,提前收回了投入金,盘活了世华科技的固定资产,提高了流动性,分散了经营风险,证明了这种新型金融工具是可以在林业产业中运用的。

案例 18.2　Aracruz 木浆出口收益证券化

1. 背景

(1) 公司背景。

Aracruz,是巴西主要的木浆和纸张制造商,也是世界领先的漂白桉木浆供应商,总部坐落于圣保罗。Aracruz 拥有两家木浆工厂,一家位于圣埃斯皮里图州的 Aracruz 市,另一家位于南里奥格兰德州的 Guaibal 市。同时,Aracruz 在巴西的四个州拥有森林资源资产。Aracruz 先后在圣保罗、纽约和马里兰三地的证券交易所上市,Aracruz 的主要股东包括 Vorotantim 公司、BNDES 公司和巴西国家经济和社会发展银行等。

(2) 发行背景。

在 20 世纪 90 年代初,Aracruz 依靠公司信誉很容易在国际资本市场上融得资金,Aracruz 也是第一家在美国发行预存债券的巴西公司。但在 1994 年 12 月,墨西哥比索危机爆发,拉丁美洲公司的传统手段融资受到了很大的限制,Aracruz 同样遭到了波及,于是 Aracruz 开始考虑通过资产证券化方式融资。

2. 交易结构

总值:8.25 亿美元。

发行时间:2004 年 5 月。

(1) 资产池选择。Aracruz 以公司现有的出口收益和未来的出口收益所产生的现金流为基础资产。

(2) SPV Aracruz 选择在开曼群岛成立免税公司,Arcel Finance Limited 作为证券化的独立 SPV。

(3) 信用增级。Aracruz 选择外部增级和内部增级相结合的信用增级方式,外部增级方面,保险公司 XL insurer 为证券提供了信用保证,使得 Aracruz 所发行证券的信用等级由 B 上升为 AAA;内部增级方面,Aracruz 采用资产限制、负债限制和现金流限制的方式进行,比如要求 Aracruz 的资产总额必须超过 15 亿美元,负债率不得超过 60%,贸易收益必须超过证券偿付额的 2.5 倍。

3. 评价与启示

(1) 评价。"Aracruz 木浆出口收益证券化"不仅成功实施,而且成功的到期,为 Aracruz 的发展提供了廉价资金保障。

（2）启示。

启示一：Aracruz 的公可信用评级为 BBB—，高于巴西的国家信用评级，同时在市场处于强势地位，这些条件是"Aracruz 木浆出口收益证券化"成功实施的关键条件，也表明森林资源资产贸易收益证券化同样对发起人的规模、信用等级和市场地位有较高要求。

启示二：Aracruz 的产品主要针对美国和欧洲市场，市场环境稳定，Aracruz 也长期与美国的几家大型纸公司保持合作关系，贸易合同有保障，这些条件是"Aracruz 木浆出口收益证券化"成功实施的又一关键条件，表明林资源资产贸易益证券化同样对市场条件与贸易合同的稳定性有较高要求。

二、林权融资的风险评审

（一）林权抵押贷款审查

1. 审核林权证及可抵押林种，查清林权抵押所需的授权性依据

（1）审核林权权属证明及登记的林权可抵押林种。

在以林权作抵押时，应对抵押人所持有的林权证与载有拟抵押森林、林木和林地类型、坐落位置、四至界址、面积、林种、树种、林龄、蓄积、权证终止日期等内容的相关资料进行审核确保记载事项与实际内容相符。抵押林权真实性风险包括权属清晰真实性和抵押林权资产价值评估真实性。权属清晰真实风险取决于抵押的森林资源信息是否真实可靠。

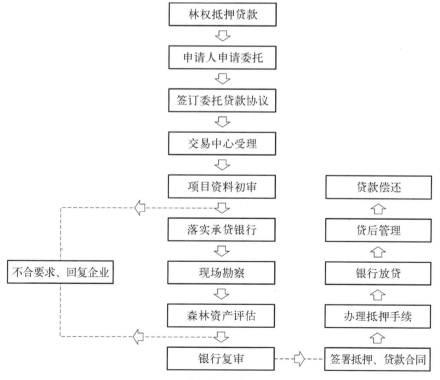

图 18.1 林权抵押贷款审查流程

审查林权中登记的哪类林种可用于抵押,审核林权证载明的"林种"一项,确定拟抵押的哪类林权可用于抵押贷款。

(2) 查清林权抵押所需的授权性依据。

根据我国《物权法》《关于林权抵押贷款的实施意见》及相关法律的规定,首先审核林权证载明的林地使用权权利人和森林或林木所有权权利人是否与抵押人一致;根据林权所有人的性质,以下七种情况须取得所有人同意抵押的证明。

(1) 以农村集体经济组织统一经营的林权进行抵押,应提供该集体经济组织2/3以上成员同意或者2/3以上村民代表同意的决议,以及林权所在地乡(镇)人民政府同意抵押的书面证明。

(2) 以承包经营的林权抵押,抵押人应提供承包合同;以其他方式承包经营或流转取得的林权抵押的抵押人应提供承包合同或流转合同和发包方同意抵押意见书。

(3) 以家庭承包经营的林权抵押的,应取得家庭所有成员的同意。

(4) 林业专业合作社办理林权抵押的,抵押人应提供理事会通过的决议书。

(5) 以共有林权抵押的,应提供其他共有人同意抵押的书面承诺或证明。

(6) 有限责任公司、股份有限公司办理林权抵押的,抵押人应提供经股东会、股东大会或董事会通过的决议。

(7) 以国有或国有控股企业林权抵押,应取得国有资产监督管理机构等审批机关批准。

2. 聘请专业林权资产评估部门评估抵押物的价值

要求抵押人聘请具有相应资质的评估机构和人员对拟抵押森林、林木和林地资产价值进行评估。抵押林权资产价值评估是贷款决策的重要依据,森林资源资产是特殊的抵押资产,对它们进行评估需要很强的专业技术。

3. 审核林权是否核发了采伐许可证,核实采伐限额、更新造林和林地承包权

林权抵押贷款审查:一是审核采伐许可证,林木采伐在我国实行指标管理;二是考察采伐限额和更新造林要求,我国实行林木采伐限额制度和采伐许可证制度;三是了解林地承包问题。以承包方式取得国有或集体林地经营权的,应调查经营者的承包期限是否合理,是否付清承包期内应支付的承包费用,承包经营权取得的方式是否合法等。

4. 办理林权抵押保险

森林保险是指参与投保的森林资源资产遭受损毁或是灭失后,保险公司会予以相应的补偿。健全的森林保险制度能够有效转移林权抵押贷款风险。办理林权保险应注意以下三点:一是选择对抗林权抵押灭失的险种,重点以病虫害、森林火灾等多发性、高风险性险种为主,防范抵押物出现损失;二是明确投保金额可有效覆盖抵押物价值,一旦发生损失,保险赔偿可覆盖林权贷款本息金额;三是关注投保保险期限。

5. 林权抵押的风险处置

林权抵押出现风险应采取以下风险处置措施:要有效控制林木采伐证和木材运输证,控制林木砍伐。

贷款到期后,借款人未清偿债务或出现抵押合同约定的实现抵押权的情形时,可通过竞价交易、协议转让、林木采伐或司法诉讼拍卖等途径处置已抵押的林权。处置已抵押的

林权方式有两种。

(1) 转让及竞价交易流转、采伐或以物折价抵债、司法处理。司法应该是避免市场交易风险的有效手段。从理论来讲，通过司法途径实现林权抵押权可以考虑通过司法拍卖、强制采伐、强制收储等方式实现。

(2) 林权由政府部门收储。林权收储是对森林、林木的所有权和林地的使用权，非竞争性地进行收购，并依法处置的森林资源流转行为。建立林权收储机制主要是在林权抵押融资人到期不能偿还贷款时，由林权收储机构按相关程序，对抵押林权进行非竞争性收购，解决不良林权抵押融资抵押物处置难的重要手段。在抵押林权处置中，可通过积极与森林资源收储中心协商，由森林资源收储中心收购被抵押的林权，较快实现抵押权益。

6. 转让过程中应注意的问题

(1) 林随地走，林地使用权和林木所有权一并抵押处分。《土地管理法》规定，林地属于农用地而不属于建设用地。《森林资源资产抵押登记办法》(已失效)明确规定林木和林地使用权需一并抵押。虽然该文件已经失效，但关于林木和林地使用权一并抵押的法律规定值得借鉴。不动产登记制度的实施，为林权产权流转提供了现实的法律依据，也说明以往林权产权流转的法律规定有一定欠缺，现实中林权流转机制也不完善，整体的处分困难的问题。

(2) 国有林地转让处置和担保的情况。财政部、国家林业局颁布的《森林资源资产评估管理暂行规定》，在产权交易过程中，当交易价低于评估结果的90%时，应当暂停交易，在获得产权转让批准机构同意后方可继续交易。根据《国有林场管理办法》的规定，国有林场不得以其经营的国有森林资源资产为其他单位和个人提供任何形式的担保。

案例 18.3　陕西省国际信托股份有限公司关于南方林业信托贷款项目处置进展公告

南方林业信托欠陕西省国际信托股份有限公司 2 亿多元。进行上述贷款时，南方林业两家关联企业分别以评估值 5.46 亿元、4 273 万元的林业资产，按约为 39% 的质押率，为上述贷款提供抵押担保。2014 年 6 月 14 日，陕西国投公司在《中国证券报》《证券时报》和巨潮资讯网上披露了《关于南方林业信托贷款项目有关情况的公告》。因福建泰宁南方林业发展有限公司(以下简称南方林业公司)无法按期偿还信托贷款，陕西国投公司采取了申请强制执行保全资产和受让信托受益权等方式以求妥善解决相关问题。2014 年 6 月 12 日，陕西国投公司收到福建省泰宁县人民法院《执行裁定书》(泰执委字〔2014〕第 13-1 号)。其中裁定查封、冻结、拍卖、变卖被执行人江西泰联林业发展有限公司、华阳林业(三明)开发有限公司提供抵押担保的财产。根据法定程序，福建泰宁县人民法院主持对部分抵押林权资产进行了拍卖，目前拍卖结束，福建泰宁县人民法院下达了《执行裁定书》。

2017 年 5 月 11 日，陕西国投公司收到福建泰宁县人民法院《执行裁定书》(泰执委字

〔2014〕第13号之八),将被执行人华阳林业(三明)开发有限公司12.68万亩林权及13 198亩林地使用权进行司法拍卖,以7 060万元成交,陕西国投公司将分两次取得拍卖款。另外,因南方林业公司进入破产清算程序,资产有待进一步厘清,三明市中级人民法院通知福建省泰宁县人民法院暂缓拍卖被执行人江西泰联林业发展有限公司抵押林权,具备条件时,陕西国投公司将申请继续拍卖。

(二) 林权抵押贷款实证分析

林权抵押贷款要构筑"五道防线",为破解银行所担心的评估、监管、处置等难题,三明市"福林贷"等林权按揭贷款案例中,三明市政府从银行角度总结分析提出有以下风险防控机制。

一是资产评估。为保证评估的公允性,林权收储公司对林权评估全程跟踪,最大程度减少出险。

二是林权监管。林权收储公司委托第三方监管抵押林权,防止盗砍滥伐等人为破坏带来的风险。

三是森林保险。林业部门与保险公司合作,在现行政策性森林综合保险基础上再叠加林权抵押贷款保险,保险费率仍为0.22%。

四是收购处置。贷款如果出现风险,抵押林权由资产管理公司直接从银行全额收购,再公开拍卖变现。

五是收储兜底。林权拍卖若出现流拍,则由林权收储公司收储,将林权资产变现用以偿还贷款本息,并将剩余资金返还林权所有者。

第四节 用能权和用水权权益等其他环境权益融资

一、用能权环境权益融资

(一) 用能权和用能权交易

所谓用能权,是指用能单位在一年内经确认可消费各类能源量(包括电力、原煤、蒸汽、天然气等)的权利,也就是一年内按规定可以消费的能源总量。

用能权概念提出的背景,是能源消费总量控制。中共中央、国务院在印发的《生态文明体制改革总体方案》也提出:"推行用能权和碳排放权交易制度。结合重点用能单位节能行动和新建项目能评审查,开展项目节能量交易,并逐步改为基于能源消费总量管理下的用能权交易。建立用能权交易系统、测量与核准体系。"党的十八届五中全会公报提出:"建立健全用能权、用水权、排污权交易、碳排放权初始分配制度。"

用能权指标是政府用能权交易主管部门分配给用能单位指定时期内的能源消费额度,是用能权的凭证和载体(1单位用能权指标相当于1吨标准煤)。

用能权交易是指纳入用能权交易体系的用能单位从用能权一级市场和二级市场取得、使用和买卖用能权指标的行为。用能权交易体系纳入的受控用能单位为年综合耗能 3 000 吨标煤（等价值）及以上的工业企业，及列入交易范围企业所有新增用能项目和其他新增年耗能 1 000 吨标煤（含）以上的项目。例如，下面是一份嘉善县用能权指标交易公告。

案例 18.4　嘉善县用能权指标交易公告[1]**（JSYN18003 号）**

根据《嘉善县用能总量指标交易实施意见（试行）》，嘉善县公共资源交易中心受嘉善县经济和信息化局委托，就用能权指标有偿使用组织出让，现将有关事项公告如下：

一、出让标的、基准（底）价和有效期

用能权指标名称	年用能总量指标（等价值）
用能权指标委托出让总量（吨标煤/年）	2 540.8
基准（底）价（元/吨标煤）	100
用能权指标有效期（月）	24

注：用能权指标有效期为 2018 年 11 月 7 日至 2020 年 11 月 6 日。

用能总量分配机制可考虑分级管理。一般而言，评为 A 类的企业应该予以支持，评价为 C 类、D 类企业原则上不得新增用能。如果超过分配的用能额度，超过的部分要向有结余的企业进行购买。每年工业用能总量根据上年度能源控制总量、实际消费量、产业结构、可用于项目的土地等要素资源情况进行分解。非工领域用能预算根据近三年用能增速，采取加权平均法予以核定。

（二）用能权融资

《试点方案》明确指出："鼓励金融机构积极创新和运用金融产品，为用能权交易市场参与者提供灵活多样的金融产品和服务。"意即发展与用能权交易相关金融产品和机制。在用能权交易市场建立初期，如果市场要素配置不当，很可能导致市场活力不足，无法起到应有的作用。市场成熟后，如果缺乏监管和调节，也有可能导致市场的混乱和失控，其结果可能背离市场设立的初衷。因此，发展与交易相关的金融产品，引导市场的健康发展，平抑异常波动也十分必要。在这方面，可以借鉴碳金融的一些做法和尝试。目前的碳金融产品种类较多，除碳金融原生产品外，又有碳远期、碳期货、碳期权、碳掉期等碳金融衍生品，还有碳基金、碳债券、碳质押、碳抵押、碳信托、绿色信贷等碳现货创新衍生产品。用能权抵押和租赁的银行授信准入与操作方式可参照排污权抵押和租赁。

按照国家《用能权有偿使用和交易制度试点方案》《关于浙江省、河南省、福建省、四川

---

[1]　参见 http://www.jszbw.com/web/index.jsp。

省用能权有偿使用和交易试点实施方案的复函》等要求,浙江、福建、河南和四川等四个试点地区积极推进试点各项工作,不断完善制度设计、监管机制、技术体系、配套政策和交易系统等,做好制度实施的准备工作。2018年年底,福建、浙江正式启动用能权有偿使用和交易。

根据浙江用能权交易的实践综合来看,浙江省的主要做法体现在三个方面。

首先,由各地区节能主管部门或委托地方节能审核机构对企业的初始用能权进行核定,其中分为存量用能权和增量用能权两类核定标的[用能权交易主体为各市、县(市、区)政府和有关企业。初期以企业与政府交易为主,市场成熟后交易主体为企业与企业、企业与政府。综合我国的用能权交易实践来看,交易主体均在公共资源交易中心的平台进行交易,目前不可以进行交易中心之外的双边交易,但随着用能权交易机制的不断发展与完善,进行场外的双边交易势在必行]。

其次,企业通过缴纳使用费或通过交易获得用能权,用能权折合成标准煤来计算,用能权在规定期限内进行抵押和出让(交易标的:交易标的为用能权指标,以吨标准煤(等价值)为单位,交易后的用能权指标有效期为2020年年底)。

最后,企业发生产能转移、破产、淘汰关闭等变更行为时,有偿获得的用能指标配额由各级政府指定的交易机构进行回购。目前浙江省的试行政策是配额内核算用能权,若配额内用完满足不了生产需要,则需另外购买;若配额内未用完,则余额可用于交易,一年核算一次。

从福建用能权交易市场的经验来看,其交易系统与碳排放权交易系统公用,市场交易体制较为健全。对接的是经信委主管的用能权注册登记簿系统,虽然市场不够活跃,但是福建省指定的用能权交易中心可以帮助金融机构对用能权融资做抵押登记、冻结,也支持回购交易模式,为用能权融资创造了条件。

二、用水权环境权益融资

中国部分地区常年干旱少雨,水资源缺乏,尤其是在随着工业化进程的加快,水资源越来越成为不可替代的稀缺资源,水资源的供求矛盾严重,水资源短缺越来越成为制约经济社会发展的重要因素。因此,通过制度创新来更好地配置水资源,提高水资源的使用效率具有重大实践意义。水权交易制度的建立,进而通过水权进行融资,支持地方经济发展,是水资源制度创新的主要内容。

2014年,水利部在七个省份开展了水资源使用权确权和水权交易试点工作,这些水权交易实践,多数发生在我国水资源严重短缺地区,如新疆、甘肃、宁夏、内蒙古、陕西、河北等地。经过几年的探索和尝试国内水权交易试点基本结束,部分试点已完成验收。

(一) 水权交易模式

水利部印发的《水权交易管理暂行办法》的通知(水政法〔2016〕156号)规定:按照确权类型、交易主体和范围划分,水权交易主要包括以下三种形式。

(1) 区域水权交易:以县级以上地方人民政府或者其授权的部门、单位为主体,以用水总量控制指标和江河水量分配指标范围内结余水量为标的,在位于同一流域或者位于不同流域但具备调水条件的行政区域之间开展的水权交易。

（2）取水权交易：获得取水权的单位或者个人（包括除城镇公共供水企业外的工业、农业、服务业取水权人），通过调整产品和产业结构、改革工艺、节水等措施节约水资源的，在取水许可有效期和取水限额内向符合条件的其他单位或者个人有偿转让相应取水权的水权交易。

（3）灌溉用水户水权交易：已明确用水权益的灌溉用水户或者用水组织之间的水权交易。

区域性水权和取水权交易均规定必须通过"水权交易平台"进行交易。

（二）中国水权交易所

中国水权交易所成立于2016年6月28日。其中的交易模式可分为公开（挂牌）交易和协议转让。

1. 公开交易

区域水权交易、取水权交易按成交金额的1.5%收取，双方各承担0.75%。单笔服务费低于10 000元的向双方各收取5 000元。水权交易所已提供交易撮合服务但未达成交易的，向双方各收取5 000元。

2. 协议转让

按区域水权交易、取水权交易成交金额的1.0%收取，双方各承担0.50%。单笔服务费低于2 000元的按2 000元计收。

从2016年6月份以来区域水权交易、取水权交易总成交金额约10亿元，交易服务费约1 150万元。

此外，灌溉用水户水权交易按成交金额的1.0%收取，双方各承担0.50%。单笔服务费低于10元的按10元计收。

（三）水权金融

随着第一批全国水权交易试点的结束及相关政策法规的出台，水权交易市场环境有所改善，但现有交易仍是以政府主导为主，缺乏市场导向。尽管水权交易的需求和潜力巨大，但是我国水权交易起步较晚，水权交易市场相对不成熟。如东阳—义乌水权交易、宁夏和内蒙古的水权置换都是以政府为主导的水权交易。政府主导型的水权交易难以形成竞争性水权交易均衡价格。完善的水权交易市场应当包括一级市场和二级市场，一级市场是指初始水权配置市场，二级市场是水权交易市场。市场导向的二级水权市场可以通过证券交易所、期货交易所等机构完成交易，但我国目前政府主导型的水权交易极大制约了水权金融的产生和发展。

从资料来看，内蒙、江西等地均进行过相关探索，但并没有可复制推广的案例。可以进行相关调研，探索从生态补偿和水资源消耗总量和强度双控等角度出发确定供需双方，通过水资源管理系统平台进行确权、管理，建立初步的水权交易市场。

进入21世纪，我国在一些地方出现了一些水权交易的案例，如东阳—义乌水权交易案、慈溪—绍兴水权交易案、张掖水票交易案、武威水权交易、宁夏水权转换、内蒙古水权转换、漳河有偿调水案、河南新密水权交易案等。2014年7月，水利部印发了《水利部关于开展水权试点工作的通知》(以下简称《通知》)。《通知》指出,在宁夏、江西、湖北、内蒙古、河南、甘肃和广东七个省开展水权试点工作,试点的主要内容包括水资源使用权确权登记、水权交易流转和水权制度建设等。《通知》提出,各地应结合本地实际情况,积极探索用水户间、行业间、流域上下游、流域间和地区间等多种形式的水权交易流转方式;各地应当积极培育水权交易市场,逐步建立健全水权交易平台。

1. 水权金融概要研究

表 18.2　水权金融品种及属性

金融品种	金融属性
水信贷银行	水信贷银行一般指水项目的银团贷款和水费收费权质押担保。广泛意义而言,排污权也是一种特殊的水权
水资源银行	水资源银行是水资源卖方和买方集中统一储存、购销的中介机构,用水户自愿将用水定额和水权出售给水资源银行,由水资源银行出售给水权购买者。水资源银行主要充当经纪人、清算所和造市者的作用
水投资银行	水资源类公司现金流比较稳定且运营时期较长,因此它们对于通过水投资银行发行长期资本工具锁定财务成本的需求比较强烈。对水务板块来说,目前主要有两大业务,一是自来水供应,二是污水处理。前者目前市场行情要好于后者。适合中长期投资。水务板块拥有稳定的现金流和相对的垄断性,因此海外成熟资本市场的水务类上市公司大多是分红能力强、业绩稳定的蓝筹性质的公司,较为稳定。参考全球水指数,目前环球水务股的市盈率不是太高。如果投资者在传统的投资组合中加入水资源投资,可以作为中长线投资
水产业基金	水基金对于水权交易的重要作用是提供水权交易工程建设资金,以推进水权交易的顺利进行,是一种新型投资工具。其主要作用是吸收社会闲散资金用于包括水权交易工程建设在内的水利水务投资
水权期货交易	水权期货属于标准化交易工具,是指水权购买者通过在水权期货市场进行与水权现货市场相反的买卖操作来达到套期保值的目的。要求交易双方事先将未来交易的时间、资产、数量、价格都确定下来。一般在交易所进行交易
水权期权交易	水权期权是一种能在某一确定时间(时期内)以某一确定的价格购买或者出售指定水权的权利。水权期权合约中的价格称为执行价格或敲定价格。合约中的日期为到期日、执行日或期满日

表 18.3　各类金融机构参与水权交易的作用

机构类型	机构在水权交易中的作用情况
商业银行	水权项目融资、应收账款融资、水权抵押贷款
证券公司	水权交易项目涉及资金较大,相关利益方可以通过证券公司发行股票或者债券的方式进行融资。我国水权交易刚刚起步,因此水权证券在交易初期往往交易清淡,证券公司可以作为做市商为水权交易做市。
资信评级机构	水权交易风险相对较大,相关企业通过证券融资的难度较大。对此资信评级机构可以在客观公正的基础上对水权相关证券进行评级,从而帮助水权交易企业和水权项目融资,加快项目投资进程

(续表)

机构类型	机构在水权交易中的作用情况
保险公司	水权交易面临较大的政策风险、项目完成风险、支付风险和价格风险,会给投资者或者贷款人带来风险,因此需要保险公司介入,为相关交易提供保险,从而有助于提高水权交易项目的流动性和投资潜质
水权基金公司	水权基金公司是水权交易市场的重要投资工具和投资主体。水权金融对于促进水权交易市场的发展具有重要作用。首先,水权交易涉及面广,技术含量高,水权基金以中介身份加入水权交易,可以有效衔接水权交易供求双方,促成水权交易的顺利进行。第二,水权基金可以为投资基金公司开拓新的业务领域和投资项目,有利于投资公司开发新的金融衍生品

建议依托中国水权交易所,积极拓展水权交易主体范围、交易产品范围、交易形式、交易时限,先行推广水权租赁市场与水权交易市场建设,进而在合理论证的基础上,推进水银行、水基金、水股票制度建设,积极设计水权金融衍生产品,如水期货交易、水指数交易等,创新水权交易实践,提高水权交易市场的完备性,提升中国水权交易水平。

2. 国内外水权融资案例

(1) 水信贷银行。

表18.4 水信贷银行融资案例

案例名称	水权融资内容	抵押品
案例一:中国农业银行什邡支行向冰川水务投资有限公司融资案	2012年12月底,农行什邡支行向什邡冰川水务投资有限公司提供期限为15年的一般固定资产贷款2亿元用于"什邡市八角水库"项目建设。2014年3月27日,农行什邡支行向什邡市冰川水务投资有限公司放贷2 000万元。2014年4月25日、30日和5月9日,又分三次分别放贷1 000万元、500万元和3 000万元	水资源经营权
案例二:南水北调工程银团融资案	国家开发银行、中国工商银行、中国农业银行等七家银行向南水北调东、中线一期主体工程4个法人项目提供488亿元的银行贷款	水费收费权

案例一资料来源:易延端、尤婷.用水库水资源经营权质押融资搞建设——什邡水利工程建设投融资体制迈出破冰之履.四川省水利厅网站,2014-06-03,http://www.scwater.gov.cn/zhxw/8326.htm.

案例二资料来源:黄小辉.银团贷款和水费收费权质押担保在南水北调工程融资中的成功应用.水利经济,2006(4):30-34.

这些尝试为我国水权金融的发展提供了初步尝试,也为我国水权融资提供了思路。

(2) 水权投资银行。

澳大利亚的水融通、水股票制度。从1983年开始,澳大利亚开始水权交易实践。2007年,澳大利亚水权市场改革开始向可持续水权市场转变,水权市场经过深化改革,逐渐趋于成熟。最著名的水权交易制度是新南威尔士州在墨累—达令流域采用的"水权买卖"和"水融通"交易制度。前者是将水权转移给其他所有者,后者不涉及水的所有权而只在某一时段内交易可实际利用的水量。2007年,维多利亚州进行了水权制度改革,提出了水股票制度,即在土地登记制度中,作为土地所有者被承认拥有土地所有权人的水权,并自动转换为水股票,取水许可转换为水股票时,管理机构须将作为用水许可所有者登记的人视为水股票的持有者。这种交易品类似股票,其价值是可变动的,但所有权则具永久性且可以买卖。水股票使得用水权本身成为可交易的商品,并使水资源或水权具有明确的财产权属性和交易品属性,拓展了交易的盈利能力与流动性。

(3) 中国的水资源(水务)基金。

中国的水资源基金目前处在起步阶段。中国香港首款水资源基金——领先动力水资源基金在香港市场亮相。该基金主要跟踪世界水资源总回报指数,该指数由20只全球最大的水资源行业股份组成,其中的业务包括水务供应、供水系统的基建及水质处理。

中国社会福利基金会水基金成立于2013年7月,是第一个由中华人民共和国民政部备案、中国社会福利基金会批准、监督指导的关于水方面的全国性公募资质专项基金。基金下设项目包括:安全水项目、精准扶贫项目、水文化体验项目、水生态安全项目、水污染治理项目、健康水安居项目、公益我行孵化项目。水基金主要关注水污染、水干旱、水内涝等三个水方面领域,以解决水污染、安全水为首要任务,解决对象首先以贫困偏远落后地区等为资助目标,已实施帮扶地区为青海、西藏、安徽、广西、广东、云南、湖南、河北、宁夏等地区。

2018年2月,国内首支为保护重要水源地而建立的基金——千岛湖水基金在杭州成立。该基金是中国水源地保护慈善信托资助的首个项目,也是目前国内规模最大的水基金。中国水源地保护慈善信托成立规模1 000万元,由阿里巴巴公益基金会、民生人寿保险公益基金会各出资500万元,万向信托作为受托人,美国大自然保护协会(The Nature Conservancy,TNC)作为项目执行过程中的科学顾问。水基金模式是国际上针对面源污染治理最有效的管理模式与资金机制之一。该模式一方面通过土地经营权流转,将原来小农耕作的分散土地集中管理,开展生态友好型耕作方式,消除或减少影响流域水质的关键土地上的农业面源污染,改善流域水质,保障土地生态健康;另一方面,水基金模式引导享受生态服务(如清洁水)的消费者为生态系统的保护和恢复而付费,帮助参与水基金生态友好型活动的农户获得劳务报酬,并享受水基金下游产业盈利的分红。水基金的运作模式可以总结为"受益者付费"——下游受益者环节通过捐赠和投资的形式参与上游水源地保护,为其提供可持续的资金和资源。

[本章小结]

特色环境要素权益金融的目标是有效地减轻企业融资压力,充分利用特殊环境要素的价值,提高企业环保的意识和积极性;通过特色环境要素权益的金融属性,实现企业环保节能利润上的双赢,提升改善企业社会公众形象。

环境权益要素金融业务包括环境权益要素的使用、资金管理、环境权益要素制度的建立、环境权益要素交易等,也包括环境权益要素融资、期货、期权、基金、掉期交易以及环境权益要素证券等各种金融衍生品,未来发展的空间非常大。目前由于地域性的限制,主要的环境权益要素金融的表示形式为排污权、林权、用能权、水权等抵押融资,符合条件的企业或其他合法持有人将其所持有的环境权益要素抵押给符合条件的资金融出方,办理理抵押登记,以融入资金。

审慎对待特色环境要素权益金融业务风险,加强特色环境要素权益金融贷款管理,结合企业准入、市场流动性、政策性风险等相关重要信息,防范特色环境要素权益金融各项风险。

[思考与练习]

1. 简述特色环境要素权益金融的概念和特征和特色环境要素权益金融理论的发展。
2. 简述排污权、林权环境要素权益的风险评审要求。
3. 简述用能权融资和浙江省用能权交易情况。
4. 简述水权环境要素权益金融的分类。

[参考文献]

1. 北京环境交易所,http://www.cbeex.com.cn/.
2. 车秀珍,杨娜,郝明途.深圳市开展排污权抵押贷款的问题和对策研究.生态经济,2016(11).
3. 程玥,朱冬亮,蔡惠花.集体林权制度改革中的金融支持制度实施及绩效评估.中国社会科学出版社,2016.
4. 范德林.集体林权制度改革和林业投融资创新途径.东北林业大学学报,2009(8).
5. 复旦绿金网站,http://figf.fudan.edu.cn.
6. 高飞,高厚礼,王琦.我国排污权金融业务发展研究.改革与战略,2016(3).
7. 国务院发展研究中心,世界银行"中国水治理研究"课题组.我国水权改革进展与对策建议.发展研究,2018(6).
8. 韩英夫,黄锡生.论用能权的法理属性及其立法探索.理论与改革,2017(4).
9. 胡宸.浅析林权抵押贷款法律风险与防控.中国农村信用合作报,2016-10-18.
10. 孔跃,李宗录.用能权交易的内涵、理论基础与机制构建.山东青年政治学院学报,2016(11).
11. 刘明明.论构建中国用能权交易体系的制度衔接之维.中国人口·资源与环境,2017(10).
12. 刘普.中国水资源市场化制度研究.武汉大学硕士论文,2010.
13. 刘士磊.我国森林资源资产证券化模式选择.北京林业大学硕士论文.2013.
14. 刘世庆,巨栋,刘立彬,郭时君.中国水权制度建设考察报告.社会科学文献出版社,2015.
15. 聂影,吕月良,沈文星.福建省集体林权制度改革的理论探索与创新.中国林业出版社,2008.

16. 潘闻闻.中国建立水银行制度的理论初探.中国水利,2011(22).

17. 宋浩平,王益君.基于产品创新的农村合作金融机构信贷管理模式优化.区域金融研究,2010(8).

18. 孙鹏程,贾婷,成钢.排污权有偿使用和交易制度设计、实施与拓展.化学工业出版社,2017.

19. 田晓红,刘淑花.林业投融资创新途径探析.经济师,2010(3).

20. 汪险峰,张志明.林权抵押贷款问题多亟须完善.人民法院报,2013-12-30.

21. 王慧敏.国外水权交易制度建设经验及启示.中国水利报,2016-07-14.

22. 杨曦.排污权的金融功能及排污权抵押贷款实践——浙江的探索与思考.区域经济,2016(11).

23. 张建斌.金融支持水权交易：内生逻辑、运作困境和政策选择.经济研究参考,2015(55).

24. 中国金融学会绿色金融委,http://www.greenfinance.org.cn/.

25. 中国林业产权交易所,http://www.cfexc.cn/forest-main/index.html.

26. 中国绿色金融联盟,http://www.epemc.com.

27. 中国水权交易所,http://www.cwex.org.cn/.

28. 中研绿色金融研究院,http://www.sino-gf.com.cn/.

第十九章 碳 金 融

[学习要求]

1. 掌握碳金融的定义及作用。
2. 了解国际碳金融市场的主要产品和国际碳金融的发展与实践。
3. 了解基于清洁发展机制、基于国内碳市场和基于低碳业务的碳金融,掌握国内碳金融产品与业务。
4. 了解碳排放权配额和 CCER 的含义,以及国内碳市场发展现状和存在的问题。
5. 未来碳金融市场发展趋势。

[本章导读]

本章内容首先阐明了碳金融的定义、背景及意义,并通过对国际碳金融产品和业务的介绍,总结国际碳金融市场的发展经验。然后,详细介绍了中国基于清洁发展机制、基于国内碳市场和基于低碳业务的碳金融,并分别阐述了对应的碳金融产品和业务发展情况。最后系统分析了碳金融市场存在的问题及未来发展方向。

第一节 碳金融的背景与意义

一、碳金融的定义

碳金融目前没有一个统一的概念,一般而言,泛指所有服务于限制温室气体排放的金融活动,包括直接投融资、碳指标交易和银行贷款等。在 2011 年的《碳金融十年》报告中,世界银行对"碳金融"的描述是"出售基于项目的温室气体减排量或者交易碳排放许可所获得的一系列现金流的统称"。

国内学者对碳金融概念的界定则分为两个层次:狭义的碳金融,指企业间就政府分配的温室气体排放权进行市场交易所导致的金融活动;广义的碳金融,泛指服务于限制碳排放的所有金融活动,既包括碳排放权配额及其金融衍生品交易,也包括基于碳减排的直接投融资活动和相关金融中介等服务。

本书中采用的碳金融定义为:运用金融资本去驱动环境权益的改良,以法律法规作支撑,利用金融手段和方式在市场化的平台上使得相关碳金融产品及其衍生品得以交易或者流通,最终实现低碳发展、绿色发展、可持续发展的目的。

二、碳金融的产生背景

二氧化碳等温室气体排放导致的全球气候变暖问题在经济学中被称为负外部性问题,因为排放这些温室气体的主体虽然给外部带来了危害,却没有支付任何补偿,最终把本应由私人承担的成本转嫁到外部,变成了全社会的成本。要对负外部性进行校正,把环境成本内部化到排放主体的成本结构之中,传统上主要依靠政府力量来实现:一是行政管制,即政府直接规定企业的排放量;二是统一征税,即政府对所有排放主体征收所谓的庇古税。实践过程中,两种方法都呈现出管制一刀切及税率欠缺弹性等明显局限,难以对企业减排产生适度且均衡的激励和约束。经济学家如罗纳德·科斯等发展起来的产权理论,则为解决温室效应等环境负外部性问题带来了新的思路。根据科斯定理,产权界定清楚,人们就可以有效地选择最有利的交易方式,使交易成本最小化,从而通过交易来解决各种问题。如果把二氧化碳等温室气体的排放权视为一种归属明确的权利,则可以通过在自由市场上对这一权利进行交易,从而将社会的排放成本降为最低。碳交易的思想由此萌芽。

在科斯定理基础上,进一步发展出了"总量与交易"(Cap-and-Trade)理论:政府根据环境容量及稀缺性理论设定污染物排放上限(总量),并以配额的形式分配或出售给排放者,作为一定量特定排放物的排放权。1968年,美国经济学家戴尔在此基础上率先提出了排放权交易体系(ETS)的设计;1972年,蒙哥马利用理论模型解释了通过市场方式解决各种污染负外部性成本的问题,进一步增强了用产权理论解决污染问题的影响力。ETS最初的成功应用是在排污权交易方面,即美国1995年开始实施的著名的"酸雨计划"。随后,在《京都议定书》的谈判过程中,ETS被用于解决全球变暖问题,确立了国际排放贸易(IET)、联合履约(JI)和清洁发展机制(CDM)三种碳交易机制。IET是总量控制下的配额交易体系,JI和CDM两种项目产生的减排量则可以用于抵消部分配额,两者结合形成了强制碳交易市场。此外,一些机构及个人出于社会责任目的,通过购买项目减排量实现自身碳中和,在此基础上形成的自愿碳交易(VER)市场,成为碳市场的重要补充。这便是碳市场的起源。

三、碳金融的作用与意义

(一) 碳金融的作用

1. 化解绿色金融挑战

绿色金融发展的关键,是建立起校正环境污染和温室效应等负外部性的经济机制,将企业产生的环境成本内化到自身的成本结构之中,同时对企业减轻环境耗损的经营行为给予相应的激励,最终阻断企业的环境套利行为。建立绿色金融体系的最大挑战是实现深层次的改变,避免浅表层面的"漂绿"。实现这一点需要对环境成本进行量化和风险定价,并在此基础上对环境绩效进行合理估值,最终将经营绩效与环境绩效纳入统一的财务报表。碳金融市场已经成功实现了对温室气体排放这一类环境成本的科学量化和市场化定价,并为其提供了流转、估值和变现的便捷渠道,将其所对应的风险成本或潜在收益转化成企业的财务绩效,成为绿色金融体系中率先实现落地生根的环节。作为化解绿色金融挑战的突破口,碳金融不但对绿色金融体系向资源节约与污染治理等领域的拓展具有示范引领作用,由于气候挑战的全球性质,碳金融在绿色金融的国际合作方面也将发挥独特作用。

2. 推动三高企业转型

三高企业即高能耗、高污染、高排放的企业。这类企业有很大一部分依赖于化石能源的使用。碳金融市场通过控制温室气体排放,可限制化石能源的使用,企业受到自身利益驱动将自主优化结构,因此碳金融有助于促进三高企业加快转型。

3. 鼓励低碳产业发展

碳金融有助于鼓励新兴低碳产业发展。比如,通过在汽车行业引入新能源汽车碳配额交易,可以引导生产端和消费端更快地向新能源汽车倾斜,帮助新能源汽车更快实现普及。在扩大新能源汽车的生产与消费方面,碳金融不但可以节约大量财政补贴并杜绝骗补等欺诈行为,而且杠杆效应要比补贴政策更大[1]。

4. 优化能源结构

能源结构优化的核心是不断降低化石能源的比重,大力发展绿色能源,以实现减缓气候变化的目标。在我国能源总产量中煤炭占70%以上,其中大部分用于火力发电。碳交易通过将电力、石油等高碳能源生产环节纳入控排范围,使企业逐渐摆脱对化石能源的依赖,实现了清洁生产和减排。

碳市场大力扶持可再生能源。我国风电、光伏发电等可再生能源领域在近年的迅猛发展离不开早期源自CDM项目的碳收益的支撑。自2005年正式开展CDM项目起,至2016年7月,我国已批准的CDM项目已达5 067个,其中70%以上的项目属于新能源和可再生能源类[2]。同时,"十二五"期间我国风电、太阳能发电装机规模分别增长了4倍和168倍,带动非化石能源消费比重提高了2.6%。碳市场有望为我国实现2030年可再生能源在一次能源消费中占比提高到20%的目标提供重要支持。

(二)碳金融的意义

1. 完善碳市场机制

碳市场机制的设计初衷,是用市场手段尤其是碳价信号引导高碳排企业节能减排、鼓励低碳企业健康发展,最终实现总量减排和低碳发展目标。发展金融化的碳市场,可以在碳现货交易的基础上进一步丰富和完善碳市场机制,保证碳价的有效性和权威性,让碳价信号真正发挥对实体经济的引导作用,提高碳市场的资源配置效率和运行效率,同时为企业开展碳资产管理提供必要的金融工具。

---

[1] 能源汽车碳配额交易已经在美国加州以碳积分的名义成功实施,对加速新能源汽车的普及发挥了关键作用。我国自2016年起多个部门先后出台了不同的管理办法,具体实施还处于观望阶段。

[2] 中国清洁发展机制网,http://cdm.ccchina.org.cn/list.aspx? clmId=16&page=0,2018-1-14.

2. 丰富绿色金融体系

碳金融市场在温室效应这一类环境成本的量化和定价方面的成功实践,为建立和完善基于环境成本核算与环境收益评估的绿色金融体系奠定了坚实的基础。碳金融市场在碳资产估值和流转方面不断增大的市场规模,也使之成为绿色金融体系越来越重要及充满活力的组成部分,也是开展绿色金融国际合作的重要桥梁。同时,碳金融还可为传统金融市场和投资者丰富金融产品种类,增加金融市场的深度和厚度。

3. 争取国际碳定价权

全国碳市场启动后,中国将成为全球最大的单一碳市场,通过发展碳金融市场争取国际碳定价权具有越来越重要的现实意义。

一是积极参与全球气候治理。在推动历史性的《巴黎协定》达成及生效的过程中,中国发挥了重要的领导力,是在政治层面积极参与全球气候治理的经典篇章,而争取全球碳定价权则是在市场层面参与全球气候治理的重要环节。

二是积极引导气候融资和低碳投资。要落实《巴黎协定》,引导全球经济实现低碳转型,拓展国际国内多层次的气候融资渠道是重中之重。我国要节能减排、扩大内需、推进产业升级换代、实现"双中高"增长,扩大低碳投资势在必行。权威可信的碳价信号,对于气候融资和低碳投资都可以发挥重要的引导作用。

三是化解绿色贸易壁垒。2009年欧美曾经酝酿推出"碳关税",近年来主要的国际经贸谈判及协议都越来越注重环境标准,目前包括世界银行、IMF等国际机构都在积极研究推动为碳定价,我们应争取定价主动权,形成权威中国碳价,避免过去在大宗商品领域被别人定价的被动情况重演。

第二节 国际碳金融应用

一、碳金融产品

(一)欧盟碳市场体系中的主要产品

欧盟以其成熟的传统金融市场及产品为依托,结合配套法规和公民突出的环保意识助力,在碳交易及低碳经济方面处于领先地位。欧盟碳交易所于2005年1月1日正式运作,经发展其产品详见表19.1。

表 19.1 欧盟碳市场体系中的主要产品

产品分类		产品名称	产品特性	备注
碳现货交易产品(spot)	减排指标	欧盟碳配额(EUA)	基本产品	
		欧盟航空碳配额(EUAA)		

(续表)

产品分类		产品名称	产品特性	备注
碳现货交易产品（spot）	项目减排量	CDM机制[1]下的核证减排量（CER）	可被控排主体用于抵消一定比例的EUA	
		JI机制[2]下的减排量ERU		
碳衍生交易产品		碳远期（forward）	非标准化合约，一般通过场外市场进行交易，可以帮助双方锁定未来的价格及交付	CDM项目产生的CER通常采用远期的形式进行交易，双方在CDM项目开发初始签署合同，约定在未来特定时间、以特定价格、购买特定数量的CER
		碳期货（future）	标准化合约，一般在交易所进行交易。通过购买碳期货合约代替碳现货，可以对未来将要买入或卖出的碳现货产品进行套期保值，规避价格风险	EUA及CER通常采用期货方式进行交易，占欧盟碳市场交易总量的90%以上，极大地提高了欧盟碳市场的流动性
		碳期权（option）	标准化合约，代表能在未来特定时间以特定价格购买或出售特定数量现货的权利。碳期权的持有者可以实施或放弃在约定的时间内选择买入或不买入、卖出或不卖出的权利	根据履约方式不同碳期权分为美式期权和欧式期权，ICE采取的是欧式期权，即只有在到期日才能执行该期权
		碳掉期（swap）	为避免出现目标碳减排信用难以获得的情况推出的碳衍生交易产品	目前欧盟碳市场上有EUA和CER的碳互换工具
碳融资工具		碳债券	也称作绿色债券，是政府、企业为筹措低碳项目资金向投资者发行并承诺在约定时期内支付利息和本金的债务凭证	根据项目类别不同，可以分为气候债券、环境债券、可再生能源债券、CDM机制下债券等
		碳基金	既是一种融资工具，同时也指代依托该工具形成的管理机构	世界银行2000年创设首只碳基金。欧洲的碳基金例如德国复兴信贷银行（KFW）碳基金、荷兰清洁发展基金和联合实施基金等，以及在欧盟碳市场下的第一个非政府型碳基金欧洲碳基金（ECF）[3]

---

〔1〕 发达国家和发展中国家间。
〔2〕 发达国家间。
〔3〕 ECF 2005年由法国信托银行和富通银行合作成立，由Natixis环境与基础设施公司的碳融资团队管理，致力于在全球范围内投资温室气体减排项目。

(续表)

产品分类	产品名称	产品特性	备注
碳支持工具	碳指数	可以反映碳市场的供求状况和价格信息,为投资者了解市场动态并提供投资参考	巴克莱资本全球碳指数(BC GGI)、瑞银温室气体指数(UBSGHI)、道琼斯-芝加哥气候交易所-CER/欧洲碳指数(DJ-CCX-CER/EC-I)和美林全球二氧化碳排放指数(MLCX Global CO_2 Emission Index)、EEX 现货市场的 ECarbix 碳指数等
	碳保险	为碳市场交易体制提供保障	苏黎世保险公司(Zurich)推出的 CDM 项目保险业务,可以同时为 CER 的买方和卖方提供保险,交易双方通过该保险能够将项目过程中的风险转移给 Zurich

(二) 全球主流的碳金融衍生产品

目前全球主流的碳金融产品有四类:零售类、投资类、资产类和保险类。

1. 零售类碳金融产品

零售类碳金融产品的主要目标客户群是个人、家庭和中小企业,旨在把公众行为和碳减排联系起来,鼓励绿色消费,使购买者获得一定的经济利益,并同时履行一定的减排义务,从而使环境、经济和社会效益得以兼容。国际上的主流零售类产品见表 19.2,包括住房建筑贷款类、私人账户类、低碳运输交通贷款和绿色信用卡四大类。

表 19.2 国际零售类碳金融产品列举

产品分类	产品特性	主要产品	活跃发行机构
住房建筑贷款类	涉及绿色节能房屋的初次贷款和节能设备的贷款	智能社区抵押贷款、便捷太阳能融资、住房节能改造贷款、家庭节能灯和太阳能热水器与绿色开关项目等	花旗银行、富国银行、荷兰银行、本迪戈银行等
私人账户类	将受保人的存款制定用于低碳项目的贷款等融资安排	生态存款和关注土地存款账户	西太平洋银行和太平洋岸边银行
低碳运输交通贷款	为低碳排放汽车及运输提供贷款和帮助	低碳汽车优惠贷款、卡车公司节油技术及设备贷款以及低碳采购与低排放车辆补贴	温哥华城市商业银行、美洲银行和劳埃德银行
绿色信用卡	通过销售折扣或低利率贷款来鼓励绿色消费	巴克莱呼吸信用卡、气候信用卡、生态 Visa 卡、绿色 Visa 卡、绿色电力信用卡等	荷兰合作银行、汇丰银行、巴克莱银行、富国银行及荷银集团等

2. 投资类碳金融产品

投资类碳金融产品的主要目标客户群体是有着复杂财务需求的大型企业、机构等团体，其中融资类产品最为盛行。国际上的主流产品有低碳融资项目、债券、股权类和与各项指数挂钩的产品（见表19.3）。

表19.3 国际投资类碳金融产品列举

产品分类	产品特性	主要产品	发行机构
低碳融资项目	针对清洁能源、能源技术开发等的项目型投资，缓解低碳技术投入资金不足问题	清洁能源、可再生能源项目融资、废弃物再生项目融资、沙漠电力、太阳能脉冲项目、可再生能源私募股权、巴拿马森林恢复债券等	花旗银行、巴黎银行、巴克莱银行、富通银行、渣打银行、摩根大通等
债券和私募股权	为降低碳排放而发行，解决低碳融资困境	森林保护私募股权、CCC股权债务碳融资、二氧化碳减排认证等	美洲银行、英国气候变化资本集团、瑞银克拉里登人民银行等
碳指数	可反映碳市场的供求状况和价格信息	可替代能源指数、巴克莱资本全球碳指数（BC GGI）、瑞银温室气体指数（UBS GHI）、美林全球二氧化碳排放指数等	

3. 资产管理类碳金融产品

低碳资产管理类产品中较受欢迎的产品是碳基金，产品列举见表19.4。此类产品是通过前端支付、股权投资或提前购买协议为减排项目融资的投资工具。按投资者类型分为公共、公私混合和私人基金。主要融资方式有政府承担所有出资、政府通过征税方式出资、企业自行募集等。最常见的方式是由政府和企业按比例共同出资。各类金融机构和各国政府都积极参与其中，交易金额一般较大。

表19.4 国际碳基金产品示例

产品分类	产品特性	主要产品	发行金融机构	发行地区
绿色扶持基金	为致力于能源减排的小企业进行融资，私人投资者能获得更高收益	气候保护基金和DWS环球气候变化基金	德意志银行	欧洲
		低碳加速器基金	荷兰银行	欧洲
		低碳固定收益凭证	荷兰国际集团	欧洲
		低碳开放式基金	ASN银行	欧洲
		绿色科技信用增强基金	劳埃德银行	非洲
私募项目基金	私人资产可以投资于风能、太阳能、生物燃料、生物多样化、森林可持续化项目	可持续发展项目投资项目	花旗银行	美国
		森林保护项目	美国银行	美国
		低碳非洲基金	劳埃德银行	非洲
		生态变现股票型基金	瑞士银行	欧洲

(续表)

产品分类	产品特性	主要产品	发行金融机构	发行地区
低碳投资基金	具有较高的潜在回报	生态绩效资产基金	瑞士联合银行	欧洲
		清洁能源目标基金	瑞士联合银行	欧洲
		气候变化战略证书	瑞士联合银行	欧洲
		生物燃料项目贷款	荷银集团	巴西

4. 碳保险产品

此类产品利用保险形式刺激碳减排,为碳市场的交易体制提供了一种保证,促进市场发展。低碳保险类产品(见表19.5)可分为两类:与公众生活密切相关的产品,交易金额小,风险系数低;针对碳价波动的风险类产品,交易金额大,风险系数相对高。

表 19.5　国际碳保险类产品示例

产品分类	产品特性	主要产品	发行金融机构	发行地区
汽车与运输保险	与汽车的使用及运输减排相挂钩,达到减排目的	基于里程的保险	英杰华集团、通用汽车金融保险公司	欧洲、北美
		"你的驾驶"保险	英杰华保险	全球
		低碳汽车保险	联合金融服务公司	全球
		可再生能源保险	瑞士瑞信银行	欧洲
		节能汽车优惠/汽车年排量减抵	合作服务集团、英杰华集团	欧洲、北美
建筑房屋商业保险	绿色建筑、低碳能源等风险保护	绿色建筑覆盖保险	加利福尼亚消防基金	美国
		"气候中立者"房屋保险	美国 ETA 保险公司	美国
		小企业绿色商业保险	法国 AXA 保险公司	欧洲
		环境损害保险	荷兰拉博银行	欧洲
		节能房屋融资保险	加拿大银行	加拿大
碳交易保险	针对碳交易过程中的风险提供保险	碳减排交易保险	瑞士再保险公司	欧洲
		碳排放信用保险	美国国际集团	美国

二、碳金融业务

(一)绿色信贷业务

绿色信贷有助于促进低碳经济发展,在赤道原则和气候原则框架下,很多发达国家的商业银行都开办了多种类型的低碳融资项目,发放低碳贷款,引导社会资金流入节能减排项目领域。

项目融资是以项目本身具有比较高的投资回报可行性或者第三者的抵押为担保的一种融资方式。信贷的主要抵押形式包括项目经营权、项目产权和 CERs 收益权等碳权质押。商业银行注目于三个领域：(1)低碳技术领域，旨在降低能耗消费的碳强度，控制二氧化碳的增长速度，如碳捕捉、碳封存、碳蓄积和低能耗设施等；(2)可再生能源领域，旨在摆脱经济发展对化石能源的依赖，如生物能、风能、太阳能等；(3)能源效率管理领域，如高效建筑、能源储存与转化等。据美国联邦储备系统的数据显示，美国商业银行的绿色信贷业务比重占全部信贷业务的70%以上。针对可再生能源领域，摩根大通银行推出了风能融资项目，西太平洋银行推出了生物能源融资项目，爱尔兰银行推出了支持履行废物处理承诺的贷款，美国银行推出了环境可持续性贷款。

(二) 低碳中间业务

商业银行基于碳排放权开发了三类中间业务：(1)碳金融理财、咨询、财务顾问业务；(2)登记、托管、结算和清算等账户管理业务；(3)信用评估与保函、信用证、担保等信用增级服务业务。典型代表包括美国银行开发的围绕碳信用的登记、托管、结算和清算业务；荷兰银行为碳交易客户提供的经纪、代理、信息服务业务；韩国光州银行推出的"碳银行"计划等业务。随着业务的不断拓展，一些商业银行开始参股搭建碳产品交易平台或直接参与到碳排放权的交易中。例如，巴克莱银行率先为欧盟排放交易系统(EU ETS)创立了专门的碳交易平台；美国银行分别与芝加哥气候交易所(CCX)和欧洲气候交易所(ECX)达成协议，为其碳产品的交易和平台建立提供专业技术及服务。

(三) 碳金融理财产品

此类产品主要挂钩二氧化碳排放权期货合约、气候变化环保指数和环保概念股票。渣打银行推出的理财产品与美国纽约证券交易所新能源环保概念股票挂钩，汇丰银行推出了与水资源、可再生能源等气候变化环保指数挂钩的理财产品，德意志银行推出了挂钩"德银DWS环球气候变化基金"的理财产品。此外，一些相关基金也受到了投资者的欢迎，如施罗德环球气候变化策略基金、德银远东DWS气候变迁基金、ING全球气候变迁基金、日盛抗暖化基金、德盛绿能基金。

(四) 碳基金业务

碳基金是商业银行、政府和企业以减缓温室气体排放为目的，在全球范围购买碳信用并伺机转卖获利或投资于温室气体减排项目的专门基金。碳基金最常见的两种投资方式有碳减排购买协议和直接融资。碳减排购买协议是发达国家间或发达与发展中国家间通过提供资金和技术的方式，支持具有温室气体减排效果的项目，项目产生的温室气体减排量由碳基金收购的业务。直接融资即直接为CDM项目提供资金支持。国际上商业银行大部分设有专项基金。例如，汇丰银行、瑞士信托银行和法国兴业银行共同出资，建立了碳排放交易基金。

三、实践经验

(一) 强化政府支持

国外商业银行碳金融业务的发展离不开政府的积极推动和支持提供的良好的外部环境。政府的支持政策覆盖了碳金融业务的方方面面。政府设立碳基金为碳金融产品提供基础性金融工具，如日本温室气体减排基金、欧盟绿色财政基金、美国低碳发展基金等；施行金融激励措施推动碳金融产品发展,如澳大利亚为符合低碳或节能标准的房屋购买与更新提供优惠贷款政策、美国对清洁能源技术项目提供优惠利率贷款政策、欧盟推出政策对碳信用额度的价格波动和风险进行保险与担保;丰富产品种类以鼓励商业银行发展碳金融业务,如苏格兰银行的多种碳金融按揭贷款产品、荷兰拉博银行的环境损害保险业务、法国巴黎银行的清洁能源项目长期融资专业金融服务等。

(二) 完善法律约束

完善的法律法规约束使得国外碳金融业务能够有序发展。欧盟2000年启动了《欧洲气候变化方案》,德国2002年制定了《节省能源法案》,英国2007年实施了《气候变化法案》,同年日本颁布《环境税》旨在削减碳排,澳大利亚出台《国家温室气体与能源报告法》和《碳主张与交易实践法》。总体看,这些法律制度主要集中在四个方面:(1)碳排放交易制度,包括交易主体、交易标的物、碳排放权的初始分配和权利转移、碳排放权交易监管机制及法律责任;(2)碳基金的管理制度,包括基金融资方式、分配方式、聘雇制度和监督制度等;(3)碳减排项目融资的法律规定,包括引导生态投资、鼓励民间多样化融资的配套法律法规及政策;(4)碳保险的相关规定,包括保险方式、保险责任的使用范围、责任免除、赔偿范围、保险费率、索赔时效和保险机构设置等。

(三) 健全交易制度

完善的碳交易制度保障了碳金融业务的快速发展。此类制度一般从基准年、管制气体、管制范围、管制对象、承诺期五个方面进行规定,交易必须经历严格的流程体系(从核发配额总量到配额初始分配、监测与查证、对超额排放的惩罚)。国际较有代表性的碳交易制度有京都碳排放权交易制度、欧盟排放权交易体系、美国区域二氧化碳预算交易计划和芝加哥气候交易所的温室气体资源减量措施。各国制度侧重点不同,美国区域二氧化碳预算交易计划详细规定了超额排放的处罚和各排放单位的抵换,相关规范的严格程度远超京都碳排放权交易制度和欧盟排放体系。芝加哥交易所则对市场中排放权的数量及其流动性的控制非常严格。

(四) 采纳赤道原则

赤道原则是目前全球大多数的金融机构遵循的行业标准。根据赤道原则,商业银行在授信时对超过1000万美元的项目应防范潜在的环境风险。通过对融资项目进行评估、决策与监督最终实现规避项目融资中可能的环境与社会风险已发展成为行业惯例。赤道原则最早由荷兰银行和国际金融公司等9家银行提出,在2003年6月正式实行。截至2016年4月,全球超过80家金融机构采纳了赤道原则,遵照赤道原则发放的项目融资贷款遍及全球100多个国家和地区,总额度达到了全世界新兴市场国家项目融资总额的80%。

国际上的另一项原则《气候原则》则要求商业银行在营运和决策方面要充分考虑气候变化可能带来的风险。这是由气候组织提出的针对金融行业应对气候变化的行业准则。首批加入的有五家金融机构包括汇丰银行、法国农业信贷银行、慕尼黑再保险、渣打银行和瑞士再保险。未来可能发展成为行业惯例。

(五) 满足公众需求

公众环境意识的提高提升了对碳金融产品的需求,促进了碳金融业务的发展。较高的环境理念普及度和环境危机的频发使得发达国家社会公众对环境破坏的严重性和危害性高度重视。公众的消费与投资理念具有较高的环保意识,对碳金融产品的关注度与投资热情逐渐提高。公众的高环保意识、政府的大力支持使得投资者和消费者对碳金融产品的需求明显增加,为商业银行开发碳金融产品奠定了良好的市场基础。

第三节 国内碳金融应用

一、基于清洁发展机制的碳金融

(一)清洁发展机制概念

清洁发展机制(CDM)是根据《京都议定书》建立的通过发达国家与发展中国家合作以减排温室气体的灵活机制。它允许工业化国家的投资者在发展中国家实施有利于发展中国家可持续发展的减排项目,从而减少温室气体排放量,以履行发达国家承诺的限排或减排义务。根据《京都议定书》第12章的定义,清洁发展机制主要解决两个目标:一是帮助发展中国家缔约方持续发展,为实现最终目标作出应有贡献;二是帮助发达国家缔约方进行项目级的减排量抵消额的转让与获得。

CDM规则当中包含的温室气体有:CO_2(二氧化碳)、CH_4(甲烷)、N_2O(氧化亚氮)、HFCs(氢氟碳化物)、PFCs(全氟碳化)、SF_6(六氟化硫)。其中,二氧化碳是最普遍的温室气体,其他五种温室气体可以根据不同的全球变暖潜能,以二氧化碳来计算其最终的排放量。CDM包括以下方面的潜在项目:(1)改善终端能源利用效率;(2)改善供应方能源效率;(3)可再生能源;(4)替代燃料;(5)农业(甲烷和氧化亚氮减排项目);(6)工业过程(水泥生产等减排二氧化碳项目,减排氢氟碳化物、全氧化碳或六氟化硫的项目);(7)碳汇项目(仅适用于造林和再造林项目)。在我国,开展清洁发展机制项目的重点领域以提高能源效率、开发利用新能源和可再生能源及回收利用甲烷和煤层气为主。

(二)市场概况

《京都议定书》催生了温室气体"减排量"的全球交易,逐渐形成了一个以减排废气为商品的特殊金融市场——碳金融市场。为履行在《京都议定书》中承诺的相关义务,我国积极推行CDM项目的实施开发。

在2005年《京都议定书》正式生效后的一个月内,国家发改委就批准了北京安定填埋场填埋气收集利用和内蒙古辉腾锡勒风电场两个CDM项目。其中,内蒙古辉腾锡勒风电场项目是中国第一个真正意义的清洁发展机制(CDM)项目,于2005年6月26日成功注册。此项目CDM资格的成功注册促进了清洁能源、可再生能源技术的开发和利用,使项目在实现了环境效益的同时也具备一定的经济效益,为我国可持续发展作出了贡献。此后,中国政府逐步完善CDM管理体制,制定CDM管理办法,加强各个层次各个领域的能力建设,进一步推动了中国CDM项目开发。

截至 2016 年 8 月,国家发展改革委批准的 CDM 项目共计 5 074 个,减排类型包括新能源和可再生能源、甲烷回收利用、燃料替代以及节能和提高能耗等。表 19.6 列出了国家发改委于 2016 年批准的部分 CDM 项目[1]。

表 19.6 国家发展改革委批准的 CDM 项目(2016 年部分)

项目名称	减排类型	项目业主	国外合作方	估计年减排量 (t CO_2e)
贵州务川县沙坝 30 MW 水电项目	新能源和可再生能源	贵州中水能源发展有限公司	荷兰国际能源系统集团公司	85 624
沈阳老虎冲垃圾填埋沼气发电项目	甲烷回收利用	沈阳市老虎冲垃圾处理有限责任公司	意大利阿兹亚环境股份公司	126 179
贵州翁元 20 MW 水电项目	新能源和可再生能源	镇宁越峰水电开发有限公司	MGM Carbon Portfolio S.AR.L.(卢森堡)	47 873
湖南桐坝小水电项目	新能源和可再生能源	株洲泓泰水电实业有限公司	ECO 资产管理公司	43 996
华能通辽开鲁建华风电场项目	新能源和可再生能源	华能通辽风力发电有限公司	英国碳资源管理有限公司	714 845
铁法煤业集团煤层气利用项目	甲烷回收利用	铁法煤业(集团)有限责任公司	三井物产株式会社	873 553
甘肃祁连山水泥 6 000 KW 水泥余热利用项目	节能和提高能效	甘肃祁连山水泥集团股份有限公司	瑞典能源署	27 618
宁夏石嘴山市惠农区集中供热项目	节能和提高能效	石嘴山市星瀚市政产业(集团)有限公司	KFW	416 758
楚雄市东华镇养猪场沼气项目	甲烷回收利用	楚雄市明宏生态科技工贸有限责任公司	Climate Corporation Emissions Trading GmbH	32 449
浙江省镇海电厂燃油改建燃气发电工程项目	燃料替代	浙江浙能镇海天然气发电有限责任公司	Trading Emission Limited(英国)	984 779

二、基于国内碳市场的碳金融

(一)国内碳市场发展现状

《"十二五"规划纲要》和中国共产党"十八大"明确提出要逐步建立全国碳排放交易市场,表明国家高度重视应对气候变化的市场化机制建设。2011 年 10 月,国家发展改革委批准上海、北京、天津、重庆、湖北、广东、深圳七个省市开展碳排放权交易试点工作。

自 2013 年起,北京、上海、广东、深圳、天津、湖北、重庆七大碳排放交易试点先后正式

---

[1] 资料来源:中国清洁发展机制网。

挂牌交易。根据中国碳排放交易网数据,截至 2017 年年底全国七大试点地区碳配额累计成交情况如表 19.7 所示。

表 19.7　2017 年全国七大试点地区碳配额累计成交概况

试点地区 (挂牌交易时间)	成交总量 (万吨)	成交总额 (亿元)	成交均价 (元/吨)
深圳(2013.06.18)	2 427	7.3	30.1
上海(2013.11.26)	2 694	4.3	16
北京(2013.11.28)	2 013	7.1	35.3
广东(2013.12.19)	4 816	7	14.6
天津(2013.12.26)	350	0.5	14.1
湖北(2014.04.12)	5 129	10	19.5
重庆(2014.06.19)	816	0.3	3.7
总　　计	1.824 5 亿吨	36.5 亿元	—

资料来源:中国碳排放交易网。

2017 年 12 月,国家发改委正式印发《全国碳排放权交易市场建设方案(发电行业)》,标志着全国统一碳排放交易市场成立。该方案的目标任务是,坚持将碳市场作为控制温室气体排放政策工具的工作定位,切实防范金融等方面风险。以发电行业为突破口率先启动全国碳排放交易体系,培育市场主体,完善市场监管,逐步扩大市场覆盖范围,丰富交易品种和交易方式。逐步建立起归属清晰、保护严格、流转顺畅、监管有效、公开透明、具有国际影响力的碳市场。为实现控制温室气体排放目标,方案分三个阶段稳步推进碳市场建设工作:

(1) 基础建设期。用一年左右的时间,完成全国统一的数据报送系统、注册登记系统和交易系统建设。深入开展能力建设,提升各类主体参与能力和管理水平。开展碳市场管理制度建设。

(2) 模拟运行期。用一年左右的时间,开展发电行业配额模拟交易,全面检验市场各要素环节的有效性和可靠性,强化市场风险预警与防控机制,完善碳市场管理制度和支撑体系。

(3) 深化完善期。在发电行业交易主体间开展配额现货交易。交易仅以履约(履行减排义务)为目的,履约部分的配额予以注销,剩余配额可跨履约期转让、交易。在发电行业碳市场稳定运行的前提下,逐步扩大市场覆盖范围,丰富交易品种和交易方式。创造条件,尽早将国家核证自愿减排量纳入全国碳市场。

(二) 碳金融产品与业务

1. 原生产品

中国碳排放权交易市场的主要交易产品为:碳排放权配额和中国核证自愿减排量(CCER),也就是通常简称的碳现货。政府在总量控制的前提下将排放权以配额方式发放给各企业;同时,减排成本高的企业也可以通过购买其他企业富余碳排放权配额或

CCER 的方式,从而以最低成本完成减排目标。

(1) 碳排放权配额。

碳排放权是指企业依法取得向大气排放温室气体(二氧化碳等)的权利。经当地发改委核定,企业会取得一定时期内"合法"排放温室气体的总量,这个"合法"总量即为配额。当企业实际排放量较多时,超出部分需花钱购买;而当企业实际排放较少,结余部分则可在碳交易市场上出售。

中国的碳配额分配方案通常采用基准法和历史强度法。采用基准法行业的产品相对一致,因此可以统计和计算整个行业单位产品的碳排放量情况,并设置一相对较高水平的数值作为基准值,这样既可以保障配额的分配可随着产品产量的变化而调整,又可以真正地做到鼓励先进淘汰落后。历史强度法是基于某一家企业的历史生产数据和排放量,计算其单位产品的排放情况,并以此为基数逐年下降。历史强度法的好处在于排放量可随着产品产量的变化而调整,督促企业进行自身的节能减排。无论是基准法还是历史强度法,都是基于产品产量而确定的总排放量,即排放总量是一个变数。如果产品产量增长速度高于基准或者历史强度的下降速度,则总量不仅不会减少反而会增加,并未真正达到总量控制或者减排的目的。

(2) CCER。

CCER,即中国核证自愿减排量(Chinese Certified Emission Reduction)。联合国清洁发展机制(CDM)规定,发达国家企业提供技术和资金帮助发展中国家的企业实现温室气体减排,其获得的减排量可以抵消其减排指标。2012 年 6 月,中国国家发展和改革委员会发布了《温室气体自愿减排交易管理暂行办法》,设置中国核证自愿减排量机制,该减排量可以用于控排企业的履约用途,也可以用于企业和个人的自愿减排用途。

2. 衍生产品

目前,我国碳金融市场的衍生产品主要包括碳远期、CCER 质押、借碳和碳回购等。

(1) 碳远期。

碳远期交易是指买卖双方签订远期合同,规定在未来某一时间进行商品交割的一种交易方式。远期交易在本质上属于现货交易,是现货交易在时间上的延伸。碳远期业务的推出是国内碳市场具有突破性的实践,将进一步推动中国碳市场的规范创新发展。

以上海碳市场为例,上海碳配额远期产品是以碳排放配额为标的,由交易参与方通过上海环交所交易平台完成交易和交割,并由上海清算所作为中央对手完成清算服务的一种场外碳金融衍生品。远期业务的开发对上海以及全国碳市场的发展具有以下重大意义:① 丰富中国碳市场内涵,加快中国多层次碳交易市场建设;② 促进碳现货市场交易的繁荣和稳定,提升碳市场的价格发现功能;③ 加强发展碳金融衍生品,防范金融市场系统风险等。

(2) CCER 质押。

CCER 质押,是指企业以 CCER 碳资产作为质押物或抵押物进行担保,获得金融机构融资的业务模式。2014 年,中国首单 CCER 质押贷款在上海推出。

上海银行根据 CCER 开发情况及相关制度安排,创新开发了 CCER 质押融资产品,即将 CCER 作为一种全新的担保资源,帮助企业有效盘活碳资产。上海宝碳是上海环境能源交易所的会员单位,是一家从事碳资产开发的轻资产企业,按常规贷款操作无法在银行获得融资。上海银行考虑到上海宝碳拥有众多的 CCER 资产资源,碳资产实力较为丰厚,故以七个试点市场碳配额价格的加权平均价作为 CCER 质押定价参考,以较高质押率向宝碳发放了贷款。

2014 年 12 月,上海银行、上海环境能源交易所签署碳金融战略合作协议,并与上海宝碳新能源环保科技有限公司签署中国首单 CCER 质押贷款协议。通过在上海环境能源交易所质押中国国家发改委签发的 CCER,上海银行为上海宝碳提供 500 万元人民币质押贷款,该笔业务单纯以 CCER 作为质押担保,无其他抵押担保条件。

(3) 借碳业务。

借碳交易业务是上海环境能源交易所于 2015 年 6 月推出的一项创新型业务。借碳,即符合条件的配额借入方存入一定比例的初始保证金后,向符合条件的配额借出方借入配额并在交易所进行交易,待双方约定的借碳期限届满后,由借入方向借出方返还配额并支付约定收益的行为。

借碳旨在通过碳资产管理机构专业经验,帮助试点控排企业管理碳配额,盘活存量碳资产,提高碳配额流动性,活跃碳市场。2015 年 8 月,申能财务公司与四家电厂签订首单借碳交易业务。

(4) 碳回购。

碳排放配额回购,是指配额持有人(正回购方)将配额卖给购买方(逆回购方)的同时,双方约定在未来特定时间,由正回购方再以约定价格从逆回购方购回总量相等的配额的交易。该项业务是一种通过交易为企业提供短期资金的碳市场创新安排。对控排企业和拥有碳信用的机构(正回购方)而言,卖出并回购碳资产获得短期资金融通,能够有效盘活碳资产,对于提升企业碳资产综合管理能力,以及对提高金融市场对碳资产和碳市场的认知度和接受度有着积极意义。同时,对于金融机构和碳资产管理机构(逆回购方)而言,则满足了其获取配额参与碳交易的需求。

2016 年 3 月,深圳妈湾电力有限公司和美国 BP 公司完成了国内首单跨境碳资产回购交易。由深圳碳市场配额量最大的管控单位妈湾电力有限公司出售 400 万吨碳配额给 BP 公司,获得资金用于投入公司可再生能源的生产。双方约定到 2016 年 6 月,妈湾电力公司回购此前出售的配额,期间还实现了 CCER 的置换。

三、国内碳金融业务

(一) 海通宝碳基金

海通宝碳基金于 2014 年 12 月 31 日在上海环境能源交易所正式启动。海通宝碳基金拟定总体规模 2 亿元人民币,是目前我国体量最大的碳基金,也是首个针对中国核证自愿减排量(CCER)的专项投资基金。

2015 年 1 月 14 日,海通宝碳基金成立仪式在上海环境能源交易所举行。该只基金的成立,不仅提升了碳资产价值,同时填补了碳金融行业空白,更让整个碳市场的地位提升至新的高度,其所具有的突破性和创新性对整个碳金融行业和节能环保领域有着深远

(二) 中广核风电"碳债券"

2014年5月12日,由中广核风电有限公司、上海浦东发展银行、国家开发银行、中广核财务有限责任公司及深圳排放权交易所联合推出的中广核风电附加碳收益中期票据(以下简称"碳债券")在银行间交易商市场成功发行。这是国内首个金融与碳资产相结合的绿色债券,既是国内碳金融市场的突破性创新,也实现了国内碳交易市场发展及跨要素市场债券品种创新的双赢。

该笔"碳债券"的发行金额为10亿元,发行期限为5年。"碳债券"的推出,填补了国内与碳市场相关的直接融资产品的空白,体现了金融市场对发展国内低碳金融的支持。另外,首单"碳债券"的发行,不仅拓宽了我国可再生能源项目的融资渠道,也提高了金融市场对碳资产和碳市场的认知度与接受度,有利于推动整个金融生态环境的改变,对于构建与低碳经济发展相适应的碳金融环境具有积极的促进作用。

(三) "中建投信托·涌泉1号"碳信托

2015年4月,中建投信托推出国内首只碳排放信托。该款名为"中建投信托·涌泉1号"的集合资金信托总规模为5 000万元,投资范围是在中国碳交易试点市场进行配额和国家核证资源减排量之间的价差进行交易盈利。

这款产品初期的投资策略集中在配额及国家核证自愿减排量(CCER)的市场交易上,重在建立交易仓位,通过价差获利。具体的盈利模式为低价买入CCER,高价卖出配额,以CCER置换配额盈利;或者是在买方确定的前提下进行配额、CCER的低买高卖获得投资收益。此外,该产品具有一定公益属性,每个优先级投资者将获得经认证的减排量购买证书和碳中和证书。

四、国内碳金融的实践经验

(一) 政策体系的支持

在碳金融发展方面,我国已出台一系列政策对其各方面进行支持。

早在2007年年底,银监会出台了《节能减排授信工作指导意见》,要求商业银行做到"三个支持""三个不支持"和"一个创新"。"三个支持"指银行业金融机构要对列为国家重点的节能减排项目给予支持,对得到财政、税收支持的节能减排项目给予支持,对节能减排显著地区的企业和项目在同等条件下给予支持。"三个不支持"指银行业金融机构不应支持被列入国家产业政策限制和淘汰类的新建项目,不支持能耗、污染问题突出且整改不力的企业和项目,不支持被列为落后产能的项目。"一个创新"指鼓励银行开展节能减排授信创新。表19.8列出了2007年以来有关碳排放权交易市场的政策体系。

表19.8 碳排放权交易市场政策体系

时 间	政 策 内 容
2009年11月	国务院决定将"2020年单位国内生产总值二氧化碳比2005年下降40%—45%"作为约束性指标纳入国民经济和社会发展中长期规划

(续表)

时　间	政　策　内　容
2010年7月	国家发改委下发《关于开展碳排放权交易试点工作的通知》,要求试点地区积极探索有利于节能减排和低碳产业发展的体制机制,研究运用市场机制推动控制温室气体排放目标的落实
2010年10月	国务院下发《关于加快培育和发展战略性新兴产业的决定》,提出要建立和完善主要污染物和碳排放交易制度
2011年8月	国务院下发《"十二五"节能减排综合性工作方案的通知》,提出"开展碳排放交易试点,建立自愿减排机制"
2011年11月	国家发改委批准了七个省市建立试点碳市场
2011年12月	国务院制定了《"十二五"控制温室气体排放工作方案的通知》,全面部署控制温室气体排放的重点工作,方案对目标任务作了分解,明确了各地区单位生产总值二氧化碳排放下降指标
2012年6月	国家发改委印发了《温室气体自愿减排交易管理暂行办法》的通知,对交易主体、原则、交易量、方法学的使用或建立、交易量管理等具体内容作了详细规定,使自愿减排交易市场获得了规范
2013—2014年	北京、上海、天津、湖北、广东、深圳、重庆七个试点碳市场建立并开始实质交易
2014年12月	国家发改委公布《碳排放权交易管理暂行办法》,指导推动全国碳市场的建立和发展
2016年1月	国家发改委办公厅发布《关于切实做好全国碳排放权交易市场启动重点工作的通知》,对全国统一碳市场启动前重点准备工作做了具体部署
2016年11月	国务院发布《"十三五"控制温室气体排放工作方案的通知》明确提出到2020年,单位国内生产总值二氧化碳排放比2015年下降18%,力争部分重化工业2020年左右实现率先达峰
2017年12月	国家发改委宣布全国碳市场正式启动,并于12月20日正式印发了《全国碳排放权交易市场建设方案(发电行业)》,标志着我国通过市场机制利用经济手段控制和减少碳排放进入了崭新的阶段

政策的支持对于碳金融的发展是必不可少的,虽然现在已有一定政策出台对碳金融体系发展进行支持,但是我国碳金融尚处于起步阶段并且是一个全新的金融领域,各种管理制度并不完善,社会大众对其理解也不全面。这就要求国家推出更多的政策对其发展做出指导,加快相关法律政策等的完善和健全。

(二) 交易平台的建立

我国是在试点碳市场的基础上筹建全国统一的碳市场。深圳试点以深圳排放权交易所为交易平台。2014年8月8日,国家外汇管理局正式批复同意境外投资者参与碳排放权交易,深圳碳试点在国内首家获准引进境外投资者。

上海试点以上海环境能源交易所为交易平台。上海碳交易试点具有"制度明晰、市场规范、管理有序、减排有效"的特点。2015年试点企业实际碳排放总量相比2013年启动时减少约7%。

北京试点以北京环境交易所为交易平台。北京市是七个试点省市中交易主体数量最多、类型最丰富的一个,也是首个实现跨区域交易的试点省,继 2014 年年末与河北省承德市首度实现跨区域碳排放权交易后,2016 年正式启动京蒙跨区交易。

广东试点以广州碳排放权交易所为交易平台。2015 年 3 月 9 日,广东率先实现 CCER 线上交易,为碳排放配额履约构建多元化的补充机制。

天津试点以天津排放权交易所为交易平台。天津市是唯一同时参与了低碳省区和低碳城市、温室气体排放清单编制及区域碳排放权交易试点的直辖市。配额发放方面,除了电力热力行业按照基准法分配配额,其他企业统一采用历史法,再结合企业当年实际产量予以确定。

湖北试点以湖北碳排放权交易中心为交易平台。纳入交易的企业主体是湖北省行政区域内年综合能源消费量 6 万吨标煤及以上的工业企业。湖北试点尽管纳入门槛较高,企业数量较少,但覆盖的碳排放比重较大,且注重配额分配灵活可控。

重庆试点以重庆碳排放交易中心为交易平台。纳入的排控企业主要集中在电解铝、铁合金、电石、烧碱、水泥、钢铁等六个高耗能行业。

我国七个试点碳市场横跨了东、中、西部地区,区域经济差异较大,制度设计上也有区别,导致交易活跃度、价格波动性等市场表现不同,这些试点经验为全国碳市场的建设提供了丰富的借鉴和潜在的发展方向。

(三) 运行工具的开发

从试点市场的交易品种来看,目前主要是配额现货和 CCER 交易,北京等试点还有林业碳汇、节能项目产生的减排量。2016 年,七部委印发的《关于构建绿色金融体系的指导意见》明确,发展各类碳金融产品,有序发展碳远期、碳掉期、碳期权、碳租赁、碳债券、碳资产证券化和碳基金等碳金融产品和衍生工具,探索研究碳排放权期货交易。

除了基础产品的交易,部分试点进行了碳相关融资工具方面的尝试,虽然产品数量不多,但一定程度上为全国碳市场金融创新建设提供了潜在的方向。表 19.9 列出了部分碳排放权试点推出的碳金融产品情况。

表 19.9 部分碳排放权试点碳金融产品情况

试点	时间	产品	参 与 方	交易量
北京	2014 年 12 月	碳排放配额回购融资	中信证券股份有限公司、北京华远意通热力科技股份有限公司	融资总规模达 1 330 万元
北京	2015 年 6 月	场外掉期交易	中信证券股份有限公司、北京京能源创碳资产管理有限公司、北京环境交易所	1 万吨
上海	2015 年 5 月	碳资产质押融资	浦发银行、上海置信碳资产管理有限公司	—
上海	2017 年 1 月	碳远期	上海清算所	—
深圳	2014 年 5 月	碳债券	中广核风电有限公司、上海浦东发展银行股份有限公司、国家开发银行股份有限公司、中广核财务有限责任公司、深圳排放权交易所	发行金额 10 亿元

(续表)

试点	时间	产品	参与方	交易量
深圳	2014年12月	碳基金	深圳嘉碳资本管理有限公司	"嘉碳开元平衡基金"的基金规模为1 000万元
广东	2015年12月	碳资产质押融资	广碳所	—
广东	2016年5月	碳资产托管	广州碳排放权交易所、广州微碳投资有限公司、深圳能源集团股份有限公司	—
湖北	2014年9月	碳资产质押融资	湖北碳排放权交易中心、兴业银行、湖北宜化集团	4 000万元的质押贷款
湖北	2014年11月	碳基金	华能集团、诺安基金	基金金额3 000万元

资料来源：中国碳排放交易网。

案例19.1 碳远期业务

2014年上海环境能源交易所基于上海碳市场的试点探索，率先提出了与银行间市场清算所股份有限公司（以下简称"上海清算所"）合作开展上海碳配额远期交易业务（"远期业务"）的初步设想。经过三年多的创新实践，远期业务方案逐步优化、业务规则日趋完善，交易系统开发精益求精，经历了仿真运行、试运行。在国家发改委、中国人民银行、上海市发改委、上海市金融办等部门的精心指导下，在上海联合产权交易所及各位股东的支持下，远期业务于2017年1月12日正式上线运行。远期业务的推出是上海碳市场在绿色金融领域具有突破性、创新性的实践，该业务的成功推出不仅可以弥补我国绿色金融的市场空白，满足实体经济多样化需求，也将进一步推动上海碳市场及绿色金融市场的规范创新发展。

案例19.2 碳回购业务

2015年3月21日，兴业银行与春秋航空股份有限公司、上海置信碳资产管理有限公司在上海环境能源交易所签署《碳配额资产卖出回购合同》，为国内首单碳配额回购业务。由春秋航空向置信碳资产根据合同约定卖出50万吨2015年度的碳配额，在获得相应配额转让资金收入后，将资金委托兴业银行进行财富管理。约定期限结束后，春秋航空再购回同样数量的碳配额，并与置信碳资产分享兴业银行对该笔资金进行财富管理所获得的收益。

第四节 我国碳金融存在的问题及未来发展

一、我国碳金融存在的问题

低碳经济下,碳金融发展是全球经济发展中的重点,而我国由于碳金融起步比较晚,还存在一定的问题。碳交易市场的金融属性决定了其发展必定基于发达的金融市场体系,政策、经济及环境等因素是驱动碳金融市场发展的重要因素。此外,我国尚不完善的金融市场体系,以及行业、金融政策的不确定性,也会阻碍碳金融市场的进一步发展。

(一)法律、政策及金融监管体系不够完善

一是制度建设方面,政策先行,法律滞后。我国尚未出台与碳金融市场发展相匹配的法律制度,以引导企业节能减排、提高碳市场的资源配置及运行效率。由于缺乏法律保护,碳金融市场的交易双方、中介服务机构等在开展碳金融业务时缺乏积极性。

二是监管体制方面,存在监管真空。我国初期碳金融监管执行机构包括国家和地方发展改革委员会及中国证券监督管理委员会,两者在监管权限上存在一定差异。发改委主要负责碳交易市场现货交易的监管,证监会主要监管碳金融衍生品及上市公司的碳业务。但是,碳评级机构、审计机构等中介商未被纳入碳金融的监管体系。

(二)碳金融市场建设有待加强

一是 MRV 体系有待完善。MRV 体系中第三方核查机构的资质及独立性影响政府监管的透明度与公信力。从试点情况看,核查机构注册地本地化要求、核查人员专业水准等方面问题对核查机构的独立性、竞争的有序性及碳数据的准确性具有重要影响。

二是碳配额分配方式。目前我国碳配额分配方式主要采用以基准法为主、历史法为辅的免费分配加有偿分配的方式。从试点经验看,采用基准法测算碳配额对方法学要求较高,需遵循统一行业分配标准的原则;企业碳配额过高不利于实现减排效果,过低则会损害企业的积极性。此外,七大试点市场区域间碳配额有偿分配部分的价格差异,势必会加剧区域间的无序竞争,影响市场公平。

三是碳排放信息披露制度有待完善。加强控排企业碳排放信息披露制度建设,有助于提高企业节能减排的意识,推动企业减排。当前我国碳排放信息披露发展处于初级阶段,碳排放信息披露制度存在着碳市场没有统一的披露规则与标准、缺乏碳数据审计制度、企业缺少碳排放信息披露的动力、存在经营信息保密的顾虑等问题。

(三)碳市场的资源配置效率有待提高

碳市场资源配置效率主要通过碳价的有效性、稳定性来体现,运行效率则主要取决于市场的流动性、碳价的权威性。我国碳市场交易方面,尚未形成完整的交易价格机制,加之受交易方式限制,碳价波动较大。以履约期为节点,碳价及成交量起伏较大;非履约期碳成交量均偏小,凸显市场流动性不足。此外碳市场活跃程度、透明度较低,难以吸引金融机构投资者开展交易,增加了市场被操控的风险。

（四）碳金融衍生品发展受限

碳金融衍生品是碳金融市场发展的关键,目前市场上比较活跃的碳金融产品主要为碳资产质押、碳基金及配额托管业务等。从试点情况看,市场活跃程度低、地区配额与全国配额的对接情况、缺乏碳金融衍生的监管条例、控排企业和金融机构相关碳金融知识缺乏等问题阻碍了碳金融衍生品的发展。

二、我国碳金融的未来发展

近几年来,随着全球范围内对碳交易市场的看重和对气候问题的强烈关注,全球碳交易产业发展迅猛。据联合国和世界银行预测,2012年全球碳交易市场容量为14 000亿元人民币,到2020年将达到220 000亿元人民币。在碳金融领域的探索,发达国家已经进行了大量积极的实践,而我国则刚刚起步。根据目前国内外碳金融市场的现状,未来碳金融市场的发展将出现以下趋势。

（一）多元化交流平台

目前,虽然全球气候政策前景不明,但各个国家的低碳共识在不断增加。例如,国际碳排放权交易中心和国际碳排放权交易联合会等碳金融交易组织的成立,旨在打造一个多元化的专业交流平台,搭建政府和市场之间的桥梁,加强行业自律和国际交流,以培育和繁荣绿色金融和低碳产业,形成规范性的市场;越来越多的国际碳基金进入中国,对具有碳交易潜力的节能减排项目进行投融资。

在后《京都议定书》时代,碳金融市场不仅成为我国在国际市场上争夺碳交易定价权的关键所在,而且面对可能要面临的国际减排压力,中国也迫切需要建立一个完善的碳金融市场来面对强制减排到来时对我国经济的冲击,并由此增强我国在国际碳金融市场上的竞争力。

（二）强制性碳金融市场

我国目前已经建立的碳交易市场,有些还只是从事节能减排和环保技术及资产类的交易,并没有真正意义上的碳交易活动,且目前我国的碳交易市场仍然是以自愿参与为主要模式,没有强制性的法律交易约束。对企业缺乏足够的约束机制是我国碳金融市场存在的主要问题之一。未来要使我国的碳金融市场健康发展,需要结合我国的基本国情,有计划、分步骤地建立强制性的碳交易市场。

（三）创新型碳金融衍生品

要活跃碳市场,除了扩大现货市场自身交易规模之外,引入专业机构、激活碳金融、开发新交易品种,以资本市场操作思维挖掘碳市场潜力,是未来碳市场发展的必然趋势。

目前,碳金融市场的衍生产品主要包括:(1)碳排放权的证券化。将具有开发潜力的CCER项目卖给投资银行等,由银行将这些碳资产汇入资产池,再以该资产所产生的现金流作为支撑在金融市场发行有价证券进行融资,最后用资产池产生的现金流来清偿所发行的有价证券;(2)碳排放权交付保证。由金融机构为项目最终交付的减排单位的数量提供担保,以提高项目开发者的收益,并降低投资者风险;(3)碳交易保险。项目交易存在许多风险都有可能给投资者或贷款人带来损失,因此需要保险或担保机构的介入来分散风险；(4)套利交易工具。不同的碳金融市场上交易的产品有所不同,且存在一定价差,由于所涉及的减排量相等,故产生一定的套利空间;(5)以 CCER 收益权作为质押的贷款以及其他包括银行和保险提供的碳金融产品,例如贷款、担保、各种创新金融产品等。

全球金融模式正在不断调整创新,国内经济发展方式也在谋求深层次转变。我国金融业需积极应对国际、国内经济和金融环境的发展变化,做到在未来的国际碳排放权及其衍生的碳金融市场占有一席之地,这对于国内碳金融的发展也将是一个巨大的契机。

[本章小结]

随着世界各国经济的发展,全球环境污染问题也日益严重。自"温室效应"在19世纪末首次被提出之后,世界各国开始广泛关注气候变暖带来的系列影响,以温室气体排放权为交易标的的碳金融市场由此逐步发展起来。本章主要介绍了碳金融市场的发展背景及定义,通过对国际碳金融产品与业务的描述,总结了国际碳金融市场的发展经验,并详细介绍了国内碳金融市场的发展现状及存在的问题,从而提出未来碳金融的发展趋势。通过对本章知识的学习,使读者对碳金融市场有更深入的了解。

[思考与练习]

1. 碳金融的发展对环境污染问题起到了什么样的作用?
2. 我国碳金融的发展存在哪些主要的问题?
3. 国际碳金融市场的发展可以给我国提供怎样的经验借鉴?
4. 描述未来我国碳金融市场的发展趋势。

[参考文献]

1. 董丽,陈宇峰.碳金融理财产品:发展前景、制约因素与对策建议.吉林金融研究,2018(8).
2. 雷立钧.国际碳基金的发展及中国的选择.内蒙古财经学院学报,2010(3).
3. 刘倩.全球碳金融服务体系的发展与我国的对策.经济纵横,2010(7).
4. 绿金委碳金融工作组著.中国碳金融市场研究,2016.
5. 钱仁汉.碳金融市场发展国内外经验及启示.西部金融,2017(9).
6. 任卫峰.低碳经济与环境金融创新.上海经济研究,2008.
7. 世界银行.碳金融十年.广州东润发环境资源有限公司译.石油工业出版社,2011.
8. 王会钧.借鉴国际经验发展我国商业银行碳金融业务.Economic Relations and Trade,2016(6).
9. 吴玉宇.我国碳金融发展及碳金融机制创新策略.上海金融,2009(10).
10. 谢淑萍.低碳经济架构下的碳金融产品与政策研究.中国科技投资,2016(19).

11. 杨星.碳金融概论.华南理工大学出版社,2014.

12. 姚珉,张晖.国外银行碳金融业务的发展对我国商业银行的启示.改革与战略,2012(8).

13. 易兰等.碳金融产品开发研究:国际经验及中国的实践.人文杂志,2014(10).

14. 张晓康.CDM在河北省秸秆发电项目中的应用研究.河北工程大学学报,2008(12).

15. 张晓艳,张斌.国外商业银行碳金融业务发展对我国的启示.未来与发展,2015(2).

16. Murphy D., et al. *International Carbon Market Mechanisms in a Lost — 2012 Climate Change Agreement*. Policy Dialogue with Civil Society on the UNFCC Negotiations. Montreal, Quebec, May 19, 2009.

后　　记

　　《绿色金融概论》通过介绍绿色金融的概念发展、制度政策、法律法规、市场动态等方面的内容,旨在将理论知识与实际案例有机结合,激发学生对绿色金融相关知识的学习兴趣,培育和提高学生绿色发展和负责任投融资的意识。

　　《绿色金融概论》的出版离不开各位参编作者的辛勤付出,在此对全体编写成员及所有参与教材审核与修改的人员表示衷心的感谢!

　　教材在编撰过程中难免会出现一些错误、缺漏,还请读者和使用者批评指正,谢谢!